Helmut Schröder · Petra Thürmann · Carsten Telschow ·
Melanie Schröder · Reinhard Busse
Hrsg.

Arzneimittel-Kompass 2022

Qualität der Arzneimittelversorgung

Springer Open

Hrsg.
Helmut Schröder
Wissenschaftliches Institut der AOK
Berlin, Deutschland

Dr. Melanie Schröder
Wissenschaftliches Institut der AOK
Berlin, Deutschland

Prof. Dr. med. Petra Thürmann
Universitätsklinikum Wuppertal
Wuppertal, Deutschland

Prof. Dr. med. Reinhard Busse
TU Berlin
Berlin, Deutschland

Dr. Carsten Telschow
Wissenschaftliches Institut der AOK
Berlin, Deutschland

ISBN 978-3-662-66040-9 ISBN 978-3-662-66041-6 (eBook)
https://doi.org/10.1007/978-3-662-66041-6

Die Deutsche Nationalbibliothek verzeichnet diese Publikation in der Deutschen Nationalbibliografie; detaillierte bibliografische Daten sind im Internet über http://dnb.d-nb.de abrufbar.

Planung: Fritz Kraemer

Fotonachweis Umschlag: © Alexander Raths / stock.adobe.com (Symbolbild mit Fotomodellen)

Springer ist ein Imprint der eingetragenen Gesellschaft Springer-Verlag GmbH, DE und ist ein Teil von Springer Nature.
Die Anschrift der Gesellschaft ist: Heidelberger Platz 3, 14197 Berlin, Germany

Vorwort

Mit dem Arzneimittel-Kompass 2022 liegt nunmehr die zweite Ausgabe dieser neuen Publikationsreihe vor. Mit dem Schwerpunkt „Qualität der Arzneimittelversorgung“ wird der Frage nachgegangen, wie die Versorgung mit Arzneimitteln derzeit aufgestellt ist. Insbesondere wird analysiert, an welchen Stellen und für welche Gruppen von Patientinnen und Patienten Defizite in der Versorgung erkennbar sind und wie diese gelöst werden können. Dabei kommen auch in der diesjährigen Ausgabe des Arzneimittel-Kompass wiederum die verschiedenen Disziplinen aus der Wissenschaft und der Praxis zu Wort, d. h. die an der Versorgung beteiligten Akteure wie die Patientenvertretung, die Ärzte- und die Apothekerschaft, die Krankenhäuser, die pharmazeutische Industrie oder die gesetzliche Krankenversicherung. Wir freuen uns, dass wir mehr als 50 Autorinnen und Autoren gewinnen konnten, ihre Fachexpertise in das vorliegende Werk mit 19 verschiedenen Fachbeiträgen einzubringen.

Auch in diesem Jahr konnten wir bei der Planung der vorliegenden Ausgabe noch nicht überblicken, wie lange uns die Covid-19-Pandemie beschäftigen wird und welche weiteren Herausforderungen wir alle und die Welt zu bewältigen haben. Gerade auch vor diesem Hintergrund gilt unser spezieller Dank allen beteiligten Autorinnen und Autoren, durch deren großes Engagement der Arzneimittel-Kompass erneut erscheinen konnte.

Danken möchten wir insbesondere auch allen Kolleginnen und Kollegen im Wissenschaftlichen Institut der AOK (WIdO), die an dieser Buchproduktion beteiligt waren und in beeindruckender Weise den Beleg erbracht haben, dass eine Bucherstellung auch unter weiterhin erschwerten Bedingungen gelingen kann. Zu nennen sind hier vor allem Melanie Hoberg, Heike Hoffmeister, Clara Mertel und Susanne Sollmann, die uns bei der Organisation, der Betreuung der Autorinnen und Autoren und durch ihre redaktionelle Arbeit sowie das ausgezeichnete Lektorat exzellent unterstützt haben. Danken möchten wir gleichermaßen allen Kolleginnen und Kollegen im Projekt GKV-Arzneimittelindex sowie dem Backoffice des WIdO, ohne deren Unterstützung diese Buchpublikation nicht möglich gewesen wäre. Ebenfalls danken wir Gabriela Brückner und Dr. Katrin Schüssel aus dem WIdO für die inhaltliche und methodische Beratung wie auch für die Bereitstellung der Analyseergebnisse, die auf den Arzneimittelverordnungsdaten aller AOK-Versicherten basieren.

Unser Dank geht nicht zuletzt an den Springer-Verlag für die gewohnt hervorragende verlegerische Betreuung, insbesondere durch Frau Hiltrud Wilbertz.

Berlin und Wuppertal
im September 2022

Inhaltsverzeichnis

III Sicht der Akteurinnen und Akteure

IV Der Arzneimittelmarkt 2021

Zum Einstieg ins Thema

Inhaltsverzeichnis

Einführung und Zusammenfassung

Helmut Schröder, Petra Thürmann, Carsten Telschow, Melanie Schröder und Reinhard Busse

Inhaltsverzeichnis

H. Schröder et al. (Hrsg.), *Arzneimittel-Kompass 2022*, https://doi.org/10.1007/978-3-662-66041-6_1

Für eine qualitativ hochwertige Arzneimittelversorgung, die für eine Gesellschaft essenziell ist oder sein sollte, sind qualitativ hochwertige, wirksame und unbedenkliche Arzneimittel eine notwendige, aber noch keine hinreichende Voraussetzung. Damit von Seiten der Patientinnen und Patienten, der Leistungserbringenden, der Politik und der Wissenschaft die Qualität der Arzneimittelversorgung positiv bewertet wird, muss unter anderem überhaupt eine bedarfsgerechte Therapie zur Verfügung stehen, eine angemessene Einsatzbreite der Arzneimittel unter Berücksichtigung ihrer Einsatzgebiete sichergestellt werden, aber auch vom medizinischen Personal adäquat und korrekt eingesetzt und von den Patientinnen und Patienten richtig angewendet werden.

Qualitätssicherung und Qualitätsmanagement sind bereits seit Ende der 80er Jahre im Sozialgesetzbuch V verankert. Gute Qualität der Versorgung und Patientensicherheit steht seit Jahren regelmäßig auf der Agenda der deutschen Gesundheitspolitik. So sollte neben der wirtschaftlichen Verfügbarkeit der von den Patientinnen und Patienten benötigten Versorgung deren gute Qualität ein Kernanliegen der Gesundheitspolitik und aller Akteure sein.

Es scheint – zumindest legen die Beiträge im aktuellen Arzneimittel-Kompass dies nahe – als handle es sich hinsichtlich der Qualität der Arzneimittelversorgung weniger um ein Wissensdefizit, sondern eher um eine Umsetzungsherausforderung, die bewältigt werden sollte. Zahlreiche Informationen für Ärztinnen und Ärzte wie Leitlinien, die regelmäßigen Publikationen wie beispielsweise „Arzneiverordnung in der Praxis" der Arzneimittelkommission der deutschen Ärzteschaft (AkdÄ), „Arzneimittelbrief", „Arznei-Telegramm" oder „Arzneiverordnungs-Report" stehen zur Verfügung und geben Einblick in das, was in der Wissenschaft bekannt ist. Auch der Aktionsplan zur Verbesserung der Arzneimitteltherapiesicherheit in Deutschland, den das Bundesministerium für Gesundheit bereits 2007 ins Leben gerufen hat, benennt die Herausforderungen. So soll auch der Arzneimittel-Kompass allen Akteuren im Gesundheitswesen helfen, Wege aufzuzeigen, wie es gelingen kann, das Wissen über eine qualitativ hochwertige Arzneimittelversorgung auch in die Praxis umzusetzen. Insbesondere Qualitätsbemühungen rund um die stationäre Versorgung im Krankenhaus sind hier bereits deutlich früher gestartet. Die wissenschaftliche Entwicklung von Qualitätsindikatoren wird kontinuierlich weiterentwickelt; diese können von Ärztinnen und Ärzten sowie von Patientinnen und Patienten genutzt werden, um die Qualität der Krankenhäuser bewerten zu können. Mit diesen Instrumenten wird auch eine qualitätsorientierte Zentralisierung der Leistungserbringung in spezifischen Versorgungsbereichen ermöglicht.

Mit dem vorliegenden Arzneimittel-Kompass wollen die Herausgebenden darauf hinweisen, dass die qualitätsorientierte Weiterentwicklung der deutschen Versorgungslandschaft gerade auch bei der Arzneimittelversorgung notwendig ist. So soll diese Publikation zur Transparenz über die Qualität der Arzneimittelversorgung beitragen und Impulse für die Versorgungsgestaltung geben. Adressaten dafür sind die Verantwortlichen in Gesundheitspolitik und Selbstverwaltung auf Bundes- und Landesebene, Entscheidende und Gestaltende in den ärztlichen Praxen und den Apotheken, Wissenschaftlerinnen und Wissenschaftler und auch die interessierte Fachöffentlichkeit. Damit sind wir gemeinsam auf dem Weg, um das Ziel einer qualitativ hochwertigen Arzneimittelversorgung für alle Patientinnen und Patienten erreichen zu können.

Im Arzneimittel-Kompass 2022 wird die Arzneimittelversorgung spezifischer Gruppen fokussiert. In der Vergangenheit – und das nicht erst in der Pandemie – wurde immer wieder aufgezeigt, dass für einige Gruppen von Patientinnen und Patienten, wie beispielsweise ältere Menschen, Kinder und Jugendliche sowie andere spezifische Gruppen, Herausforderungen in Bezug auf eine optimale Arzneimittelversorgung existieren. So werden ältere Menschen oftmals nicht in klinische Studien für neue Medikamente einbezogen, obwohl sie sie am häufigsten einnehmen. Insgesamt entfallen im Jahr 2021 auf die Gruppe der Versicherten ab 65 Jahren, die 22 % der Gesamtpopulation darstellen, 56 % der Arzneimittelmenge nach Tagesdosen. Bei den Versicherten, die älter als 70 Jahre sind, erhalten mehr als 90 % innerhalb eines Jahres mindestens eine Arzneimittelverordnung. Aus diesem Grund widmen sich verschiedene Beiträge insbesondere der Arzneimittelversorgung von älteren Patientinnen und Patienten. Auch eine andere Gruppe fällt durch einen hohen Anteil von Arzneimittelpatientinnen und -patienten auf: Rund 86 % der Kinder unter 5 Jahren erhalten mindestens eine Arzneimittelverordnung innerhalb eines Jahres. Darunter befinden sich zahlreiche Arzneimittel, die keine Zulassung für diese Altersgruppe haben.

Im Arzneimittel-Kompass 2022 mit dem Schwerpunkt „Qualität der Arzneimittelversorgung" wird eine Vielzahl weiterer wichtiger Themenbereiche diskutiert, die im folgenden kurz skizziert werden.

Zum Einstieg in das Thema bilden **Peter Hensen und Dominik Rottenkolber** einen **theoretischen und konzeptuellen Rahmen in Bezug auf die Qualität der Arzneimittelversorgung**. Eine inhaltstheoretische Annäherung an den Qualitätsbegriff in der gesundheitlichen Versorgung (Versorgungsqualität) verbinden sie mit Beobachtungsbereichen und Handlungsebenen der Arzneimittelversorgung. Darüber hinaus eröffnen sie struktur-, mess- und handlungstheoretische Zugänge der Qualitätssicherung und des Qualitätsmanagements, um Anknüpfungspunkte für die Qualitätsbestimmung und Qualitätsgestaltung im Gesundheitswesen, insbesondere für den Bereich der Arzneimittelversorgung, aufzuzeigen. Ergänzend dazu betrachten sie anwendungsbezogen ausgewählte Aspekte eines pharmazeutischen und therapeutischen Qualitätsbegriffs.

1.1 Beiträge mit vertiefender Diskussion ausgewählter Fragestellungen

Im ersten von mehreren Beiträgen zur speziellen Versorgungssituation älterer Menschen widmen sich **Marjan van den Akker, Sebastian Harder, Mirjam Dieckelmann und Christiane Muth** der Ausprägung, den Herausforderungen und den Lösungsansätzen der **Multimedikation**. Aufgrund des demographischen Wandels und der damit einhergehenden Häufung von chronischen sowie Mehrfacherkrankungen steigt auch der Anteil von Menschen, die dauerhaft fünf oder mehr Medikamente einnehmen. Diese so genannte Multimedikation ist zwar häufig, oft angemessen und sogar notwendig; sie stellt jedoch Behandelte und Behandelnde vor große Herausforderungen. Dieses Kapitel referiert den epidemiologischen Sachstand zum Zusammenhang zwischen Multimedikation und Adhärenz und verwandten Konzepten und beschreibt Strategien zur Optimierung von Multimedikation mit dem Ziel, die Versorgung von Menschen mit Multimedikation und infolgedessen deren Lebensqualität zu verbessern.

Dem Thema der **Potenziell inadäquaten Medikation für ältere Menschen – PRISCUS 2.0** widmet sich der Beitrag von **Petra Thürmann, Nina-Kristin Mann, Anette Zawinell, Katja Niepraschk-von Dollen und Helmut Schröder**. Fast ein Viertel der gesetzlich krankenversicherten Personen sind älter als 65 Jahre. Ihre Arzneimittelversorgung ist geprägt durch die ansteigende Zahl der Erkrankungen im Alter und damit steigt auch die Menge der verordneten Arzneimittel. Zudem reagiert der Körper durch sich im Alter verändernde Stoffwechselvorgänge anders auf manche Arzneimittel als bei jüngeren Menschen. Dies kann zu potenziell inadäquater Medikation und damit zu einem

Anstieg von unerwünschten Arzneimittelereignissen und nicht zuletzt zu einer erhöhten Mortalität führen. Im Jahr 2022 wurde eine aktualisierte PRISCUS-2.0-Liste von Arzneimitteln entwickelt, die für ältere Menschen ab 65 Jahre potenziell ungeeignet sind. Die Analyse der Arzneiverordnungsdaten zeigt, dass nahezu jede zweite ältere GKV-versicherte Person potenziell inadäquate Medikamente verordnet bekommt. Aus der differenzierten Betrachtung der Verordnungen ausgewählter PRISCUS-2.0-Wirkstoffe nach Facharztgruppen lassen sich Ansätze zur Optimierung der Arzneimittelversorgung ableiten. Auch die regionalen Prävalenzunterschiede der Verordnung von PIM-Arzneimitteln können als Hinweise verstanden werden, dass Verbesserungen umsetzbar sind. Durch die Entwicklung der PRISCUS-2.0-Liste, die Beschreibung der hohen Betroffenheit unter den älteren Arzneimittelpatientinnen und -patienten wie auch die kostenfreie Bereitstellung der Liste kann die Qualität der Arzneimittelversorgung älterer Menschen in der Praxis weiter optimiert werden.

Susann Behrendt, Ulrich Jaehde, Tanyel Özdes und Antje Schwinger widmen sich der **Arzneimittelversorgung in Pflegeheimen**. Ein Fünftel aller gesetzlich versicherten Pflegebedürftigen in Deutschland lebt dauerhaft im Pflegeheim. Sie sind in der Regel hochbetagt und multimorbid, zwei Drittel gelten als dementiell erkrankt. Angesichts der damit verbundenen Herausforderungen für die Arzneimittelversorgung dieser Menschen nimmt der Beitrag häufige und potenziell kritische Arzneimitteleinsätze in den Blick: den dauerhaften Einsatz von Antipsychotika bei Demenz bzw. von Benzodiazepinen/Z-Substanzen, die Verordnung von Wirkstoffen gemäß PRISCUS-Liste sowie die Polymedikation. Ausgehend von den Analysen für das Innovationsfonds-Projekt *Qualitätsmessung mit Routinedaten in der Pflege* (QMPR) versteht der Beitrag die Arzneimittelversorgung von Pflegeheimbewohnenden nicht nur als Ergebnis ärztlicher Performanz, sondern verortet diese Prozesse an den Schnittstellen der Versorgung. Während die Häufigkeit potenziell kritischer Arzneimitteleinsätze insgesamt deutliches Optimierungspotenzial erkennen lässt, zeigt sich auch: Maßnahmen zur Optimierung müssen auf mehreren Ebenen ansetzen und den Stellenwert von Qualifizierungsmaßnahmen für die an der Versorgung beteiligten Berufsgruppen und eine zielgerechte, berufsgruppenübergreifende Zusammenarbeit anerkennen. QMPR-Indikatoren, die für jedes Pflegeheim einzeln die Häufigkeit potenziell kritischer Arzneimitteleinsätze messen, können hier einen wichtigen Beitrag für mehr Transparenz leisten und letztlich Awareness schaffen.

Welche Herausforderungen die **Arzneimittelversorgung von Kindern** mit sich bringen, legen **Irmgard Toni, Katrin Moritz, Julia Zahn und Antje Neubert** dar. Besondere Herausforderung der Arzneimittelversorgung von Kindern ist deren unterschiedliche Physiologie im Vergleich zu Erwachsenen. Dass klinische Studien dies berücksichtigen sollten, liegt auf der Hand. Dennoch erhalten im stationären Bereich überraschend viele Kinder und Jugendliche Medikamente außerhalb der Zulassung; ein Großteil der im stationären Bereich eingesetzten Arzneimittel müssen vor der Verabreichung individuell verändert werden. Die EU-Kinderarzneimittelverordnung von 2006 hat bislang zu keiner nachhaltigen Verbesserung der Situation geführt. Ein signifikanter Rückgang der Off-Label-Verordnungen zeigt sich nicht. Daher kommen der Aufbereitung und schnellen Verfügbarkeit der bestehenden Evidenz für die Dosierung von Kinderarzneimitteln eine hohe Bedeutung zu. Mit dem Kinderformularium.de steht ein wichtiges neues Hilfsmittel für pädiatrisch tätige Ärztinnen und Ärzte sowie Apothekerinnen und Apotheker zur Verfügung.

Ingrid Mühlhauser und Maria Beckermann werfen einen Blick auf die **Menopausale Hormontherapie** und beschreiben, ob und wie neu gewonnene Evidenz zur Veränderung der Arzneimitteltherapie führt. Nach Abbruch der Women's Health Initiative Study (WHI-Studie) wegen unerwartet häufiger Brustkrebserkrankungen unter menopausaler Hormontherapie (MHT) im Jahr 2002 wurde dieses Thema medial intensiv diskutiert; es folgte ein massiver Einbruch bei den Hormonverordnungen. Neuere Studien mit ähnlichen Ergebnissen fanden weniger Beachtung. Trotzdem lässt sich in den letzten Jahren wieder eine Zunahme von Hormonverordnungen – auch ohne gesicherte Evidenz – beobachten, insbesondere durch die Verordnung von transdermalen Hormonpräparaten. Die Autorinnen sehen keinen Beleg, dass diese ein günstigeres Risikoprofil als die in der WHI-Studie untersuchten Hormonkombinationen haben. Aussagekräftige Studien hierzu seien erforderlich, damit nicht erneut Hormone unkritisch ohne Vorliegen gesicherter Evidenz verordnet werden und Patientinnen dadurch zu Schaden kommen.

Eike Eymers und Thomas Römer stellen am Beispiel der **Oralen Kontrazeptiva** vor, dass aussagekräftige Studien in Bezug auf das Risiko bestimmter Hormonkombinationen vorliegen und diese in entsprechenden Empfehlungen des BfArM und der Leitlinie aufgeführt werden. Deren Umsetzung in der Praxis ist zwar erkennbar, jüngste Veröffentlichungen haben hingegen noch nicht zu einer nennenswerten Veränderung des Verordnungsverhaltens geführt. Insgesamt würden gemäß Eymers und Römer klarere Aussagen in den Empfehlungen sowohl zu einer höheren Behandlungssicherheit für die Patientinnen als auch zu einer forensischen Sicherheit bei den Verordnenden beitragen. Die Verhütungsberatung sei in der Gruppe der jungen Frauen besonders wichtig, um die Risiken in Bezug zum Nutzen der Empfängnisverhütung individuell zu bewerten. Hier gilt es, aus der Vielzahl der verfügbaren Kontrazeptionsmethoden individuell die richtige Methode auszuwählen, wobei weitere Aspekte – etwa der Nutzen bei der Behandlung des prämenstruellen Syndroms, der Dysmenorrhoe oder der Akne – nicht aus dem Blick zu verlieren sind.

Die anspruchsvolle **Arzneimittelversorgung bei multipler Sklerose** (MS) stellen **Friedemann Paul und Achim Berthele** in ihrem Beitrag vor. Die „Krankheit mit den tausend Gesichtern" zeigt eine Vielgestaltigkeit möglicher Symptome und einen unvorhersehbaren Verlauf in Bezug auf Krankheitsschübe und neurologische Behinderung. Hier hat die Erkrankung durch ein breites Spektrum an Immuntherapeutika inzwischen vieles von ihrem Schrecken verloren. Zwar ist die MS weiterhin nicht heilbar, aber der Weg zu Konzepten einer individualisierten MS-Therapie ist eröffnet. Allerdings kritisieren die Autoren eine Vielzahl an strukturellen Defiziten: So orientiere sich die Arzneimittelentwicklung eher an finanziellen Anreizen als an den Bedürfnissen der Patientinnen und Patienten. Zudem zeigten sich bei den Patienten und deren Ärztinnen und Ärzten Wissenslücken in Bezug auf die Krankheit und ihre Behandlung, die es zu füllen gelte. Registerdaten, die in Dänemark und Schweden generiert werden, hätten gerade in den letzten Jahren wesentliche Erkenntnisse zu diversen Immuntherapiestrategien geliefert, weshalb sie auch für Deutschland zu fordern wären.

Claudia Langebrake widmet sich der Schnittstelle der **Arzneimittelversorgung zwischen ambulanter und stationärer Behandlung**. Die Versorgung mit Arzneimitteln im ambulanten und stationären Bereich ist in Deutschland sehr unterschiedlich organisiert, sodass es an den Sektorengrenzen unweigerlich zu Informationsverlusten kommt. Dadurch können Medikationsfehler entstehen, die negative Auswirkungen auf die Arzneimitteltherapie- und Patientensicherheit haben können. Um dies zu verhindern, sollten gemäß der Autorin sowohl bei der Aufnahme von Patientinnen und Patienten ins Krankenhaus als auch bei deren Entlassung relevante Informationen lückenlos und korrekt sowie in einfach zu verarbeitender Form zur Verfügung stehen. Durch die Verwendung strukturierter Medikationspläne könnte unter Verwendung elektronischer Verordnungssysteme – idealerweise eingebunden in die digitale Patientenakte – die korrekte Medikation der Patienten eingelesen und weiterverarbeitet werden. Somit liegen ideale Voraussetzungen für ein umfassendes Medikationsmanagement durch (Stations-)Apothekerinnen und

Apotheker vor, um die Qualität der Arzneimitteltherapie an den Schnittstellen zu erhöhen.

Irit Nachtigall, Christiane S. Hartog, Caroline Isner, Maria J.G.T. Vehreschild und Marzia Bonsignore arbeiten in ihrem Beitrag Erkenntnisse aus der **Arzneimittelversorgung von Patientinnen und Patienten mit Covid-19** auf. Die rasche und dramatische Entwicklung der neuartigen Infektionskrankheit stellte und stellt die Mitarbeitenden medizinischer Einrichtungen vor große Herausforderungen. Die Evidenz für neue oder bekannte Medikamente lag anfangs noch nicht vor und eine durch Impfungen vermittelte Präventionsmöglichkeit stand ebenfalls noch nicht zur Verfügung. Viele Studien erfolgten parallel, Pressemeldungen zu Ergebnissen überschlugen sich und waren geprägt von Hoffnung und Frustration. Nicht immer wurde in diesem Kontext die einer Therapieempfehlung zugrundeliegende Evidenz in dem Ausmaß geprüft, wie es im prä-pandemischen Setting üblich gewesen wäre. Das Kapitel rekapituliert am Beispiel dreier Medikamente die Bemühungen um die zeitnahe Identifizierung von wirksamen und sicheren Therapieoptionen und die sich daraus ergebenden Herausforderungen in Bezug auf wissenschaftliche Ansprüche und ethische Aspekte.

1.2 Beiträge aus Sicht der verschiedenen Akteurinnen und Akteure auf die Qualität der Arzneimittelversorgung

Neben den tiefen Einblicken in spezielle Versorgungsbereiche und Patientengruppen soll in diesem Abschnitt den an der Arzneimittelversorgung beteiligten Akteurinnen und Akteuren das Wort erteilt werden, um aus ihrer Sicht die Qualität der Arzneimittelversorgung zu beschreiben und auf Verbesserungspotenziale hinzuweisen.

Die **Sicht der Patientinnen und Patienten** stellen dabei **Susanne Teupen und Florian Innig** in ihrem Beitrag vor. Unter dem Begriff Qualität der Arzneimittelversorgung lassen sich aus ihrer Sicht viele Aspekte subsumieren. Grundlegende Prämisse sei, dass die Patientinnen und Patienten mit wirksamen und sicheren Arzneimitteln versorgt werden und es bei den unterschiedlichen Personengruppen nicht zu Über-, Unter- und Fehlversorgung kommen soll. In Deutschland gibt es einen bemerkenswert schnellen Zugang zu neuen Arzneimitteln. Diesen gelte es auch künftig zu erhalten, da er einen deutlichen Einfluss auf die hohe Versorgungsqualität hierzulande darstelle. Gleichzeitig seien die steigenden Kosten bei Arzneimitteln insgesamt eine Herausforderung für das solidarische Gesundheitssystem in Deutschland.

Aus der **Sicht der Ärzteschaft** beschreibt **Daniel Grandt** einige Aspekte, die derzeit eine sichere Verordnung von Arzneimitteln in der Praxis erschweren. Der Arzneimitteltherapieprozess wurde in den letzten Jahrzehnten kaum weiterentwickelt, während die Multimorbidität und die Komplexität der Behandlung stetig zugenommen haben. Die gesamte Medikation der Patientinnen und Patienten sollte deren Ärztinnen und Ärzten bekannt sein und elektronisch unterstützt sollten Hinweise auf klinisch relevante Risiken erfolgen, wozu eine elektronische Verordnung erforderlich wäre. Auch eine Rückverfolgung der Arzneimittel bis zu den Patientinnen und Patienten könne diese schützen. Insgesamt fehle in der Arzneimittelversorgung der Entwurf eines fehlertoleranten Ideal-Prozesses und der Wille, diesen zu realisieren, wofür Digitalisierung und eine Optimierung der derzeitigen Prozesse erforderlich seien. Nicht nur Arzneimittel könnten Leben retten, auch adäquate, digital unterstützte Prozessorganisation könne dies erreichen.

Gedanken zur Qualität der Arzneimittelversorgung in Deutschland **aus Sicht der Apothekerschaft** machen sich **Martin Schulz, Nina Griese-Mammen, Uta Müller und André Said**. Aus ihrer Sicht sollte die Qualität der Arzneimittelversorgung daran bemessen werden, dass jede Patientin und jeder Patient das richtige, also individuell bestwirksame und bestverträgliche Arzneimittel in der richtigen Dosierung und zur richtigen Zeit bekommt. Dies zu unterstützen sei Anspruch und Angebot der Apothekerschaft. Gerade vor dem Hintergrund, dass der Medikationsprozess komplex sei und bei einer ärztlichen Verschreibung die Anamnese, die Verordnung, die Patienteninformation, das Einlösen des Rezepts in der Apotheke, die Abgabe mit Beratung und Information, die Einnahme/Anwendung des Arzneimittels, die Dokumentation und das Monitoring umfasse. Wie das Projekt Arzneimittelinitiative (ARMIN) gezeigt habe, sollten dessen wirksame und sichere Interventionen bundesweit in die Regelversorgung eingeführt werden. So sollte allen Patientinnen und Patienten mit Polymedikation, d. h. wenn sie mehr als fünf systemisch wirkende Arzneimittel erhalten, eine Medikationsanalyse mit pharmazeutischer und medizinischer Arzneimitteltherapiesicherheits-Prüfung angeboten werden, gefolgt von einem interdisziplinären Medikationsmanagement.

Frank Dörje, Sabine Krebs und Jochen Schnurrer beschreiben die Herausforderungen aus der **Sicht der Krankenhäuser**. Nach Infektionsgefahren stellen Medikationsfehler das größte mit einer Krankenhausbehandlung verbundene Risiko für Patientinnen und Patienten dar. Medikationsfehler geschehen, weil auf dem Weg von der ärztlichen Verordnung bis zur Applikation viele Schritte im Medikationsprozess erfolgen müssen, die von zahlreichen Personen unterschiedlicher Berufsgruppen ausgeführt und in verschiedenen Medien dokumentiert werden. Der tradierte Versorgungsprozess ist fehleranfällig und daher – insbesondere aufgrund mangelnder Transparenz und vor dem Hintergrund der bekannten strukturellen Defizite – im Sinne einer erhöhten Arzneimitteltherapiesicherheit dringend zu optimieren. Krankenhäuser würden in der Zukunft an diesem Qualitätsstandard gemessen – nicht nur von Patientinnen und Patienten sowie Kostenträgern, sondern auch von den Mitarbeitenden, z. B. Pflegenden und ärztlichem Personal, die bei der Wahl ihres Arbeitsplatzes auf Sicherheit, Entlastung und Unterstützung im Medikationsprozess achten würden.

Die **Sicht der gesetzlichen Krankenversicherung** vertreten **Sabine Jablonka, Anna Böhnlein und Constanze Wolf**. In Deutschland sind neue Arzneimittel schnell und umfassend verfügbar und die Kosten werden – anders als in den meisten anderen Ländern – unmittelbar erstattet. Durch die Bestimmung des Zusatznutzens über den Gemeinsamen Bundesausschuss ist das Wissen um den möglichen Stellenwert von Arzneimitteln hoch. Ein nachhaltiges Investment in eine zuverlässigere Arzneimittelversorgung hinsichtlich der Produktqualität wäre der Ausbau der Prüfungen in der Produktion. Robustere Lieferketten würden das Risiko von Ausfällen weiter minimieren. Die AOK-Gemeinschaft hatte bei Rabattvertragsausschreibungen bereits entsprechende Kriterien integriert, scheiterte aber am Widerstand der pharmazeutischen Hersteller. Soll zukünftig die Nachhaltigkeit der Arzneimittelversorgungssicherheit in Verträgen gestärkt werden, sei eine gesetzliche Legitimierung der entsprechenden Kriterien auch für Vergabeverfahren dringend notwendig.

Aus **Sicht der pharmazeutischen Industrie** beschreibt **Han Steutel** die Arzneimittelversorgung in Deutschland. Hierzulande bestünden Strukturen und Prozesse, die insgesamt eine sichere Arzneimittelversorgung bei hervorragender Qualität gewährleisteten. Dies bedeute vor allem: hohe Zulassungsstandards, rascher Zugang der Patientinnen und Patienten zu neu zugelassenen Medikamenten und resiliente Lieferketten. Die Sicherung der hochqualitativen Arzneimittelversorgung müsse daher ein zentrales Ziel sein und dürfe nicht zu Gunsten von kurzfristigen Einsparmaßnahmen aufgegeben werden. Innovationsfreundliche Rahmenbedingungen seien der Garant für stetigen medizinischen Fortschritt durch kontinuierliche Investitionen und Arzneimittelinnovationen. Weiterhin stabile Versorgungsstrukturen und die Aufrechterhaltung etablierter Rahmenbedingungen, die unter anderem den frühen Zugang zu neuen Arzneimitteln sicherstellten, sorgten zwangsläufig für eine steigende Qualität der Arzneimittelversorgung.

1.3 Beiträge zum Arzneimittelmarkt

Der letzte Abschnitt rundet das Werk mit einem breiteren, nicht am Schwerpunkt orientierten empirischen Blick auf den deutschen Arzneimittelmarkt, auch im Vergleich zu anderen europäischen Märkten, ab.

Carsten Telschow, Melanie Schröder, Jana Bauckmann, Katja Niepraschk-von Dollen und Anette Zawinell geben in ihrem Beitrag einen **Überblick zum Arzneimittelmarkt der gesetzlichen Krankenversicherung (GKV)**. Sie erläutern die Ursachen und Hintergründe der Umsatzsteigerung, die den Arzneimittelmarkt auch in diesem Jahr insbesondere durch neue, patentgeschützte Arzneimittel prägen. Aber auch dem Segment der Arzneimittel gegen seltene Erkrankungen (Orphan Drugs) mit jährlich starken Umsatzsteigerungen bei äußerst geringem Versorgungsanteil kommt eine wachsende Bedeutung zu. Angesichts der ebenfalls dynamischen Kostenentwicklung bei den Biologika wird bereits seit langem die Öffnung des „Nachahmer-Segments", der Biosimilars, für exklusive Rabattverträge diskutiert. In zwei Szenarien schätzen die Verfassenden ein Einsparpotenzial ab, wobei bereits realisierte Einsparungen berücksichtigt werden müssen. Ein Blick auf besondere Entwicklungen in der Arzneimittelversorgung während der Covid-19 Pandemie, die auf eine Resilienz der Arzneimittelversorgung in der GKV hindeutet, ergänzt die Sicht auf den GKV Arzneimittelmarkt des Jahres 2021.

Seit nunmehr zehn Jahren werden neu eingeführte Arzneimittel in Deutschland auf ihren Zusatznutzen untersucht und Preise auf Basis dieser Bewertung vereinbart. **Antje Haas, Anja Tebinka-Olbrich, Daniel Erdmann, Susanne Henck, Maximilian Blindzellner, Christine Göppel und Lukas Lehmann** beschreiben **Ziel, Funktionsweise und Ergebnisse des AMNOG**. Die gut etablierte Regelung hat eine beeindruckende Anzahl von Bewertungen zu neuen Arzneimitteln erbracht und es wurden Preise auf Basis dieser Bewertung vereinbart. Der Umsatz dieser Arzneimittel sowohl im ambulanten als auch im stationären Sektor wächst stark. Im Weiteren gehen die Autorinnen und Autoren der Frage nach, wie bei begrenzten Ressourcen nutzengerechte Arzneimittelpreise gewährleistet werden können. Die aus Sicht des Autorenteams notwendigen gesetzgeberischen Fortentwicklungen werden skizziert, um eine tatsächlich am nachgewiesenen Zusatznutzen orientierte Preisfindung zu gewährleisten und um die finanzielle Stabilität der GKV zu erhalten.

Abschließend stellen **Reinhard Busse, Cornelia Henschke, Sabine Vogler und Dimitra Panteli Arzneimittelmarkt und -versorgung in Deutschland im europäischen Vergleich** anhand vier zentraler Parameter (Ausgaben, Verbrauch, Generikaanteile und Preise) im Zeitraum von 2010 bis 2020 dar. Im Vergleich mit zehn europäischen Ländern, darunter große Arzneimittelmärkte und Nachbarländer, weist Deutschland hohe Pro-Kopf-Arzneimittelausgaben auf. Hinsichtlich des Verbrauchs von Arzneimitteln gehört Deutschland zu den Vergleichsländern, in denen infolge der demographischen Entwicklung die erwartete steigende Verbrauchstendenz zu erkennen ist. Eine systematische Übersicht von Ergebnissen der Preisvergleichsstudien mit deutscher Beteiligung zeigt, dass sowohl die Preise einzelner Arzneimittel wie auch das Preisniveau für Arzneimittelgruppen in Deutschland im Vergleich am höchsten sind. Dies trifft insbesondere auf neue, patentgeschützte Arzneimittel zu.

Die Herausgeberinnen und Herausgeber sind überzeugt, dass mit der vorliegenden Ausgabe des Arzneimittel-Kompass eine Bestandsaufnahme zur Qualität der Arzneimittelversorgung in Deutschland gelungen ist. Der oft exemplarische Einblick in einzelne Bereiche wie auch die verschiedenen Sichtweisen sollen dazu beitragen, ein Verständnis bei allen Beteiligten für die Herausforderungen zu wecken und sich gemeinsam der Verbesserung der Qualität zu widmen. Selbstverständlich sind weder der Blick in die einzelnen Bereiche noch die daraus abgeleiteten Optimierungspotenziale erschöpfend behandelt, was bei einem so facettenreichen Thema auch kaum möglich wäre. Die vielen berücksichtigten Hinweise und Beispiele sollen – im Sinne eines Kompasses – Anregungen geben, sich diesem Ziel auf unterschiedlichen Wegen zu nähern.

Qualität der Arzneimittelversorgung – Theoretischer und konzeptueller Rahmen

Peter Hensen und Dominik Rottenkolber

Inhaltsverzeichnis

H. Schröder et al. (Hrsg.), *Arzneimittel-Kompass 2022*, https://doi.org/10.1007/978-3-662-66041-6_2

■■ Zusammenfassung

Dieser Beitrag gibt eine Einführung in den Themenkomplex „Qualität der Arzneimittelversorgung" und liefert hierzu eine konzeptuelle Rahmung. Es wird zunächst eine inhaltstheoretische Annäherung an den Qualitätsbegriff in der gesundheitlichen Versorgung vorgenommen (Versorgungsqualität) und dieser mit Beobachtungsbereichen und Handlungsebenen der Arzneimittelversorgung verbunden. Darüber hinaus werden struktur-, mess- und handlungstheoretische Zugänge der Qualitätssicherung und des Qualitätsmanagements eröffnet, um Anknüpfungspunkte für die Qualitätsbestimmung und Qualitätsgestaltung im Gesundheitswesen, insbesondere für den Bereich der Arzneimittelversorgung, aufzuzeigen. Ergänzend dazu werden ausgewählte Aspekte eines pharmazeutischen und therapeutischen Qualitätsbegriffs anwendungsbezogen näher betrachtet.

2.1 Einleitung

Die Arzneimittelversorgung im deutschen Gesundheitswesen steht nicht zuletzt aufgrund der hohen Arzneimittelausgaben der gesetzlichen und privaten Krankenversicherungen oftmals im Fokus des gesundheitspolitischen Diskurses. So belief sich der Arzneimittelumsatz (exkl. MwSt.) in deutschen Apotheken im Jahr 2021 auf 54,66 Mrd. €, wovon 51,21 Mrd. € (93,7 %) auf Arzneimittelverordnungen und lediglich 3,45 Mrd. € (6,3 %) auf die Selbstmedikation entfielen (ABDA – Bundesvereinigung Deutscher Apothekerverbände e. V. 2022, S. 82). Angesichts dieser enormen monetären Belastungen für die Kostenträger stellt sich folgerichtig die Frage, ob den hohen Ausgaben auch eine entsprechend hohe Qualität der damit erzeugten Angebotsprodukte sowie bereitgestellten und erbrachten Leistungsangebote gegenübersteht.

Dies wirft insbesondere die Frage auf, welche „Qualität" denn genau bei der Arzneimittelversorgung in den Fokus genommen werden soll und wie diese darzustellen und zu gestalten wäre. Der Gesetzgeber hat sich hierzu bereits an zentraler Stelle in der Sozialgesetzgebung zur gesetzlichen Krankenversicherung geäußert. So konstatiert er in § 2 SGB V grundlegend, dass die „[...] Qualität und Wirksamkeit der Leistungen [...] dem allgemein anerkannten Stand der medizinischen Erkenntnisse zu entsprechen und den medizinischen Fortschritt zu berücksichtigen" haben. Zu diesen Leistungen zählt explizit auch die Versorgung mit verordnungspflichtigen Arzneimitteln. Besondere Relevanz erfährt der Aspekt des „medizinischen Fortschritts" im Rahmen der frühen Nutzenbewertung für erstattungsfähige Arzneimittel nach § 35a SGB V, bei der neue Wirkstoffe gegenüber einer durch den Gemeinsamen Bundesausschuss (G-BA) festgelegten zweckmäßigen Vergleichstherapie ihren Zusatznutzen nachweisen müssen. Gleichzeitig sind nach § 135a SGB V alle Leistungserbringer zur „[...] Sicherung und Weiterentwicklung der Qualität der von ihnen erbrachten Leistungen" verpflichtet. So ist das Qualitätsthema, beginnend von der Entwicklung neuer Wirkstoffe über die Verordnung durch die am Versorgungsprozess beteiligten Ärztinnen und Ärzte bis zur Einnahme durch die Patientinnen und Patienten, mannigfach und vielgestaltig in die Prozesse und Institutionenvielfalt der Arzneimittelversorgung integriert. Konzepte traditioneller Qualitätssicherung, systematischer Qualitätsverbesserung und berufsfachlicher Qualitätsentwicklung durchdringen ganz selbstverständlich das Leistungs- und Versorgungsgeschehen. Zusätzlich haben in den letzten Jahren Verfahren der vergleichenden Qualitätsbeurteilung und -darstellung im Rahmen des Health Technology Assessments (HTA) national und international zunehmend Raum gewonnen, wie beispielsweise die Aktivitäten im Rahmen des European Network for Health Technology Assessment (EUnetHTA) zeigen (Kisser et al. 2022). In diesem Beitrag soll eine kurze Einführung bzw. konzeptuelle Rahmung der Qualitätsbestimmung und -gestaltung im Kontext der Arzneimittelversorgung gegeben werden.

2.2 Annäherung an den Qualitätsbegriff

Qualität ist keine Beobachtungsgröße, die allgemeingültig, absolut und vorhersehbar in Erscheinung tritt. Bereits in der begrifflichen Grundlegung trennt sich zum einen die wertneutrale Analyse und Erfassung von Merkmalen und Eigenschaften einer Beobachtungseinheit (Qualität als Beschaffenheitsbegriff) und zum anderen eine normativ-evaluative Konzeptualisierung im Sinne der Bildung von Wertmaßstäben und dazugehörenden Werturteilen (Qualität als Gütebegriff).

Qualität ist ein mehrdeutiges *Konstrukt*, das sich unter dem Einfluss verschiedener Anspruchsgruppen, sachlicher Erfordernisse und individueller Erwartungen unterschiedlich formt. Als *normatives Konzept* definiert es ein bestimmtes „Sollen", das gesellschaftliche und persönliche Wertmaßstäbe zum Ausdruck bringt. Als *pragmatisches Konzept* steht es wiederum für das Bestreben, unterscheidbaren Anforderungen und Ansprüchen mit den gegebenen Möglichkeiten bzw. vorhandenen Fähigkeiten gerecht zu werden, gewissermaßen als bestmögliches „Können" unter bestimmten Bedingungen und Voraussetzungen. Eine in dieser Weise zum Ausdruck gebrachte Relativität des Qualitätsbegriffs findet ihren sprachlichen Ausdruck auch im Begriff einer kontextbezogenen bzw. „optimalen" Qualität, die sich von einer „maximalen" Qualität, d. h. von einem idealisierten Qualitätsverständnis unterscheidet (Harteloh 2003).

Nähert man sich einer wie auch immer zu bestimmenden „Qualität der Arzneimittelversorgung", so fügt sich diese ein in ein übergeordnetes Verständnis von *Versorgungsqualität* (Quality of Care), mit der verallgemeinernd sowohl die „Qualität des Gesundheitsversorgungssystems" als auch die „Qualität der Gesundheitsleistungen" im Rahmen der individuellen und einzelbetrieblichen Leistungserbringung begrifflich gefasst wird. Versorgungsqualität umfasst subjektive Aspekte, die durch die verschiedenen Kundinnen- und Kundengruppen der Versorgungsleistung festgelegt und wahrgenommen werden (subjektiver Qualitätsbegriff). Auch objektive bzw. objektivierbare Aspekte, die durch Leistungsanbieter und Leistungserbringer (z. B. Krankenhäuser, Fachkräfte) oder andere „zuständige Dritte" (z. B. Zulassungsbehörden, Qualitätsinstitute) bestimmt und beurteilt werden (objektiver Qualitätsbegriff), fallen darunter.

Mit der Fokussierung auf die Arzneimittelversorgung wird gewissermaßen eine „Teil-" Qualität oder ein inhärentes Merkmal der Versorgungsqualität im Gesundheitswesen in den Blick genommen; ein Qualitätsaspekt, der sich der gleichen Anspruchs- und Erfüllungslogik eines auf die gesundheitliche Versorgung bezogenen Qualitätsverständnisses bedient und dabei gleichzeitig besondere und verschiedenartige Beobachtungsbereiche und Handlungsebenen facettenreich umschließt (◘ Abb. 2.1).

Der Qualitätsaspekt umfasst mehrere Stationen (z. B. Entwicklung und Produktion von Arzneimitteln, Vertrieb und Bereitstellung von Arzneimitteln, Applikation und Einnahme von Arzneimitteln), unterschiedliche Akteure (z. B. pharmazeutische Industrie, Apotheken, verordnende Ärztinnen und Ärzte), zum Teil gegensätzliche Interessen (z. B. gesellschaftlich, politisch, wirtschaftlich, berufsfachlich, wissenschaftlich) und etliche Instanzen eines hochregulierten Gesundheitsmarkts (z. B. Bundes- und Landesgesetzgeber, Gemeinsamer Bundesausschuss, Zulassungsbehörden). Es geht um die Erzeugung von Gütern und Waren (Produkt- und Produktionsqualität) sowie um die Erbringung von versorgungsrelevanten Dienstleistungen (Dienstleistungs- und Beziehungsqualität).

2.2.1 Modelltheoretische Zugänge zum Qualitätsbegriff

Um ein Konzept wie das der *Versorgungsqualität* fassen und bestimmen zu wollen, muss theoretische Vorarbeit geleistet werden. Bezugsgrößen hierfür liefern *Qualitätsanfor-*

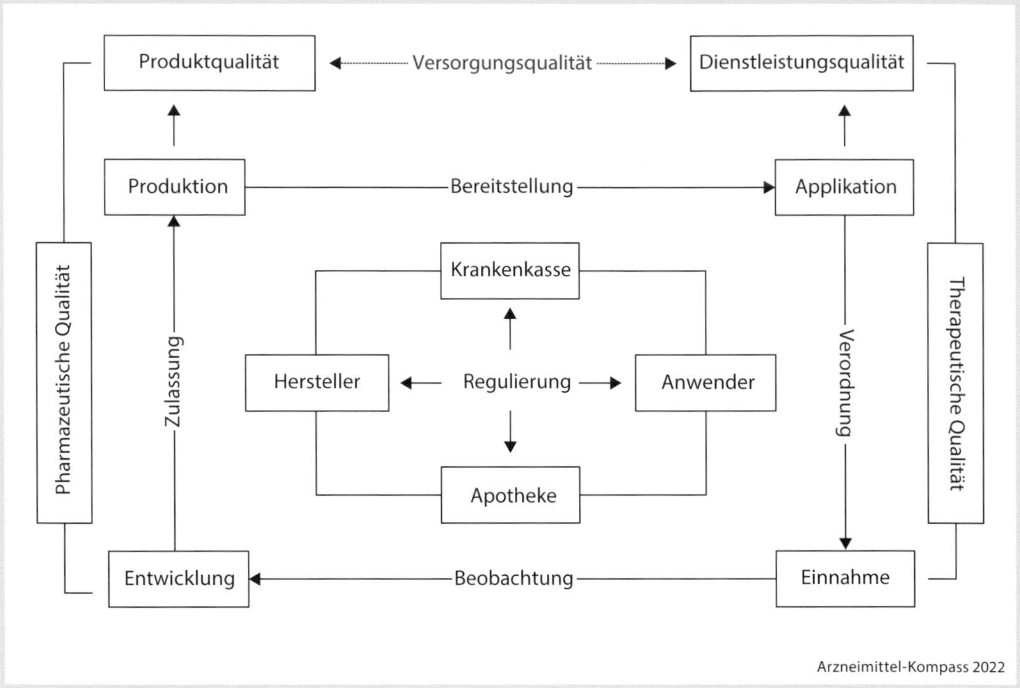

Abb. 2.1 Beobachtungsbereiche der Arzneimittelversorgung

derungen, d. h. Aussagen über die erwartete oder erforderliche Beschaffenheit der jeweils zu betrachtenden Leistungseinheit, die in einem Qualitätsmodell beobachtet und gemessen werden soll. In den allermeisten Fällen machen Qualitätsmodelle inhaltstheoretische Aussagen zu grundsätzlichen und wünschenswerten Anforderungen an die Versorgungsqualität und führen diese listenartig als Kriterien auf. Nahezu übereinstimmend finden sich in der Literatur dazu (Donabedian 1988, 1990; Maxwell 1992; Campbell et al. 2000; IOM 2001; Evans et al. 2001; Arah et al. 2006; Allen-Duck et al. 2017): Wirksamkeit (Efficacy, Effectiveness), Wirtschaftlichkeit (Efficiency, Economy), Zugang zur Versorgung (Accessibility, Access to care), Sicherheit (Safety), Gleichheit (Equity, Fairness), Angemessenheit (Appropriateness, Relevance to Need), Patientinnen- und Patientenorientierung (Social Acceptibility, Patient-Centeredness, Responsiveness), Zufriedenheit (Satisfaction), Kontinuität (Continuity of Care, Integrated Care) oder Rechtzeitigkeit (Timeliness).

Prozesstheoretische Aspekte über Wirkzusammenhänge oder prognostische Aussagen über die tatsächlich zu erreichende Qualität bleiben damit weitgehend unberücksichtigt. Qualitätsaussagen dieser Art liefern aber den wissenschaftlich geleiteten Referenzrahmen für ein *Qualitätsverständnis*, das von möglichst allen an der Versorgung Beteiligten geteilt und getragen wird. Derart multidimensionale Qualitätsaussagen üben gewissermaßen eine „Leitplankenfunktion" für die im Einzelnen vorzunehmende Spezifizierung von Versorgungsqualität aus (Reerink 1990).

Wird gesundheitliche Versorgung entlang der in der sozialwissenschaftlichen Theoriebildung gebräuchlichen Gliederung aggregierter Gestaltungs- und Handlungsebenen betrachtet, so wird in der Regel zwischen einer gesamtgesellschaftlichen (Makroebene), intra- und interorganisationalen (Mesoebene) und indi-

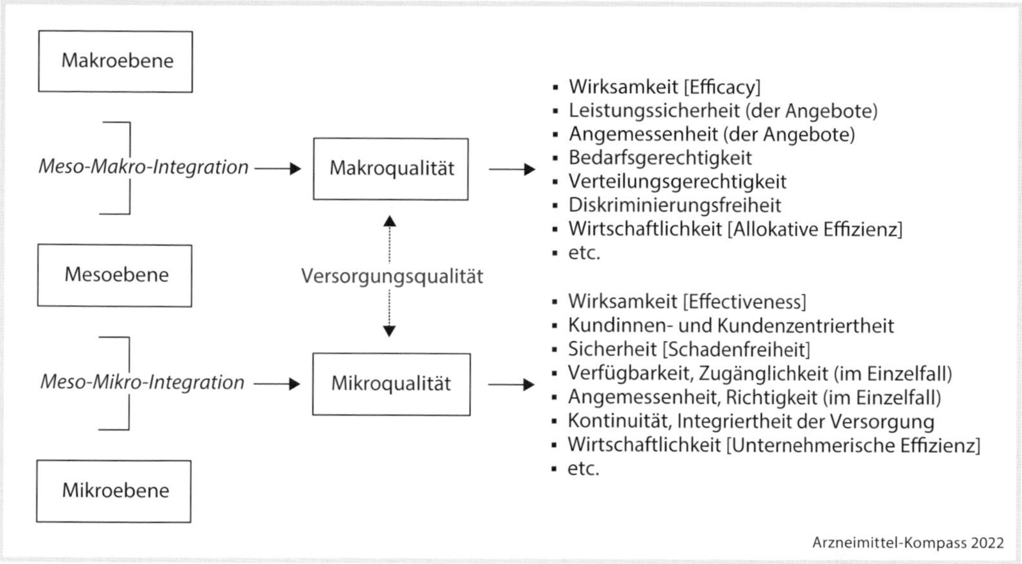

Abb. 2.2 Makro- und mikrodimensionale Qualitätskriterien der Gesundheitsversorgung

viduell-interaktionellen Handlungs- und Gestaltungsebene (Mikroebene) unterschieden. Die drei Ebenen sind jedoch nicht eindeutig durch benennbare Umschlagpunkte gegeneinander abgrenzbar; sie sind viel eher durch Übergangsbereiche miteinander verbunden, in die sich die Qualitätsbegriffe der Makro- und Mikroqualität einbetten lassen. *Makroqualität* bildet sich als Funktion politischer Willensbildung, staatlichen Steuerungshandelns und interorganisationalen Markthandelns im Übergangsraum von Meso- und Makroebene heraus (Meso-Makro-Integration). In gleicher Weise materialisiert sich am Übergang von der einzelfallbezogenen Leistungserbringung zur Gestaltung des dafür notwendigen Leistungsrahmens (Versorgungs- und Betreuungsorganisation) ein gemeinsamer Struktur- und Wirkort (Meso-Mikro-Integration), in dem die Qualitätsbestimmung als *Mikroqualität* in Erscheinung tritt (vgl. Hensen 2018, S. 25).

Die makrodimensionale Konzipierung von Qualität widmet sich beispielsweise der Frage, ob die benötigten und nachgefragten Versorgungsleistungen wirksam und effizient zum Einsatz kommen (allokative Effizienz), ob Zugänge zum Versorgungssystem benachteiligungsfrei und bedarfsgerecht ermöglicht werden (Verteilungsgerechtigkeit), ob ein ausreichendes und zweckmäßiges Leistungsangebot sichergestellt wird (Leistungssicherheit) oder ob die Leistungsangebote dem aktuellen Stand von Forschung und Technik sowie dem sozialen Bedarf entsprechen (Angemessenheit). Ein mikrodimensionales Qualitätsverständnis materialisiert sich dagegen auf der einzelbetrieblichen Ebene der Leistungserbringung und wird durch die konkret fachliche Handlungslogik der Fachkräfte bzw. Gesundheitsberufe sowie durch die organisationsbezogene und betriebswirtschaftlich geprägte Managementlogik der leistungserbringenden Institution geprägt (vgl. Matul und Scharitzer 2002, S. 537; Meinhold und Matul 2011, S. 99). Modelltheoretisch wird mit den Begriffen Mikro- und Makroqualität eine Systematisierung angeboten, versorgungsrelevante Qualitätskriterien der ausführenden Leistungsebene (Qualität der Gesundheitsleistung) und der übergeordneten Versorgungssystemebene (Qualität der Gesundheitsversorgung) zuordnen und gegenüberstellen zu können (Abb. 2.2).

Als Strukturierungshilfe für die Qualitätsbestimmung im Gesundheitswesen wird üblicherweise die sequenzielle Gliederungssystematik nach Donabedian herangezogen, mit der die Leistungserbringung (i. e. S. die Versorgungsleistung) anhand ihrer Struktur-, Prozess- und Ergebnismerkmale aufgefächert wird (Donabedian 1966, 1980, S. 81 ff.). Diese Trichotomie bietet zwar keine Definition von Qualität an sich; wohl aber eine brauchbare Operationalisierung des Qualitätsbegriffs, wie hier exemplarisch am Beispiel von pharmazeutischen Interventionen durch Stationsapothekerinnen und -apotheker, die alle Aufgaben im Bereich der Klinischen Pharmazie wahrnehmen (Díaz de León-Castañeda et al. 2019), gezeigt wird:

- *Strukturqualität* (Structure): Sie betrachtet die strukturellen Voraussetzungen, die für die Arzneimittelversorgung notwendig sind. Hierunter werden sämtliche personenbezogenen Voraussetzungen (z. B. Qualifikation, Fähigkeiten des Apothekenpersonals), materielle Elemente (z. B. Verfügbarkeit der benötigten Gebrauchs- und Verbrauchsgüter, bauliche, räumliche und apparative Ausstattung), aber auch organisatorische Elemente (z. B. Bereitstellung einer geeigneten Aufbauorganisation, Bekanntheitsgrad des pharmazeutischen Service innerhalb einer Klinik) der jeweils zu betrachtenden Leistungseinheit gefasst („Über die richtigen Voraussetzungen verfügen").
- *Prozessqualität* (Process): Sie betrachtet alle Aktivitäten, Tätigkeiten und Handlungen der versorgungsrelevanten Leistung (z. B. Bereitstellen der Arzneimittel), d. h. die dazugehörigen Teilprozesse (z. B. Beratung hinsichtlich der patientenindividuellen und -optimierten Auswahl, Dosierung und Applikation von Arzneimitteln sowie das Screening von Verordnungen hinsichtlich Arzneimittelinteraktionen und -nebenwirkungen) und Unterstützungsprozesse (z. B. Beschaffung der Arzneimittel durch die Klinikapotheke). Prozessqualität bezieht sich auf die Art und Weise der Leistungserbringung (z. B. Ablauforganisation) hinsichtlich ihrer zeitlichen und sachlichen Erforderlichkeit inklusive der Einhaltung von Vorgaben und Beachtung von Standards („Das Richtige richtig tun").
- *Ergebnisqualität* (Outcome): Sie betrachtet die Resultate hinsichtlich ihrer (pharmazeutischen) Zielerreichung (z. B. Veränderung des Gesundheitszustands der Patientinnen und Patienten). Ergebnisqualität bezieht sich auf Versorgungsendpunkte (z. B. Lebensqualität) oder auf sog. Surrogatparameter (z. B. Verbesserung einer Körperfunktion, Vermeidung von Schäden). Sie kann objektivierbare Veränderungen (z. B. Reduktion der Krankheitsprogression) oder subjektive Bewertungen (z. B. Patientinnen- und Patientenzufriedenheit, Zufriedenheit des medizinischen Personals auf Station mit der pharmazeutischen Intervention) umfassen („Den angestrebten, erreichbaren Zustand erreichen").

Diese Art der Konzeptualisierung (Three-Part-Approach) orientiert sich an dem produktionstheoretischen Grundsatz, nach dem Leistungen – so auch Gesundheits- und Versorgungsleistungen – durch das Zusammentreten von Potenzialität und Performanz ein komplexes, mehrdimensional zu bewertendes Produkt (Leistungsbündel) bilden (vgl. Kleinaltenkamp 2001, S. 40). Das Hinzuziehen von Anforderungen (Qualitätsanforderungen) und die damit in Verbindung stehende Bestimmung, ob und inwieweit diese Anforderungen erfüllt werden (Qualitätsmerkmale), begründet den Gebrauch des Fachbegriffs „Qualität". Diese Gliederungssystematik ist eine bis heute gebräuchliche Referenzfolie für die Qualitätsbestimmung auf allen Ebenen und in allen Beobachtungsbereichen des Gesundheitswesens. Sie ist anschlussfähig an die Produktions-, Dienstleistungs- und Prozesstheorie (Meyer und Mattmüller 1987; Fließ et al. 2005, S. 397) und liefert ein universales Werkzeug, um bereichs- und branchenspezifische Konkretisierungen, auch ihres räumlich-zeitlichen Ergebnisgehalts (z. B. individuelle Langzeit-

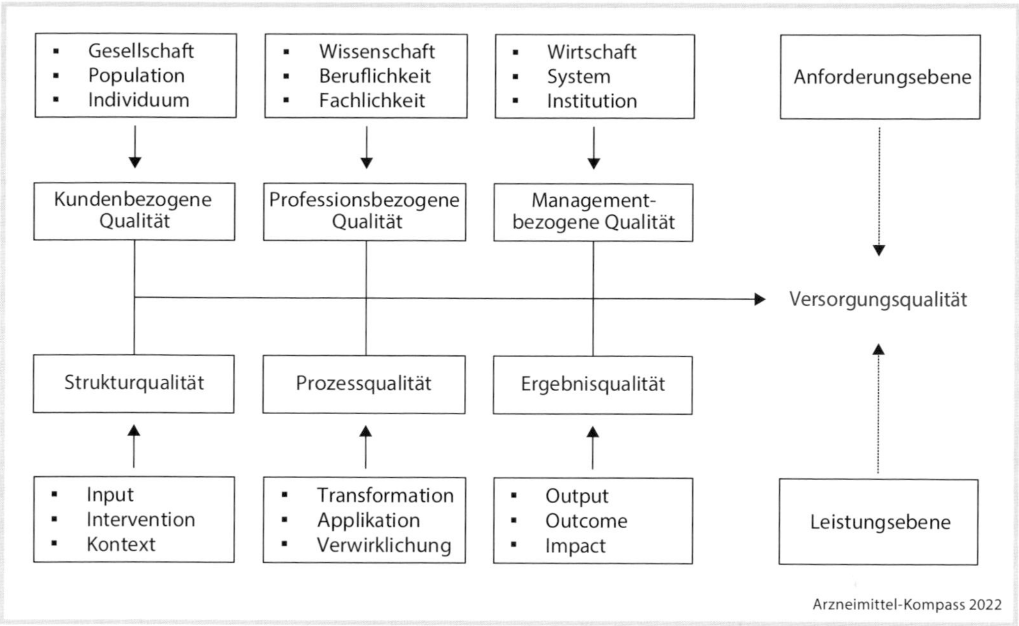

Abb. 2.3 Gliederungssystematik der Qualitätsbestimmung

ergebnisse als personenbezogener Outcome, gesellschaftliche Folgen als regionaler Impact) vorzunehmen. Die Gliederungssystematik betrachtet explizit jedoch nicht die verschiedenen Akteure mit ihren unterscheidbaren Anforderungen, sodass eine Anforderungsebene ergänzend zur Leistungsebene eingezogen werden muss (Abb. 2.3).

Mit der Unterscheidung von „Kundenbezogener Qualität", „Professionsbezogener Qualität" und „Managementbezogener Qualität" werden drei Qualitätsbegriffe voneinander unterschieden (Øvretveit 1992; Piligrimiene und Buciuniene 2008), mit denen Anforderungen aus verschiedenen Perspektiven gegliedert und konkretisiert werden können (Attree 1996). Zu jedem Element der sequentiellen Gliederungssystematik lassen sich spezifische Erfordernisse und Erwartungen formulieren, deren Erfüllung im Rahmen der Qualitätsbestimmung geprüft wird.

Die *Kundenbezogene Qualität* zielt auf die Erfüllung der von den Leistungsempfangenden und Adressaten der Leistungsangebote (z. B. Patientinnen und Patienten) gestellten Wünsche und Erwartungen (z. B. an die spezifische Arzneimitteltherapie). Es sind die Anforderungen, die situations- und interaktionsübergreifend an die Leistungsangebote (z. B. Verfügbarkeit bestimmter Arzneimittel) oder individuell an die konkrete Leistungserbringung (z. B. Verordnung eines bestimmten Produkts) gestellt werden. Daneben entspricht die *Professionsbezogene Qualität* den Anforderungen bzw. den Vorstellungen und Möglichkeiten, die von den Angehörigen der Gesundheitsberufe bzw. den Fachkräften an die Versorgung gerichtet werden. Sie umfasst Festlegungen darüber, welche Versorgungsangebote und -leistungen den Bedürfnissen und dem Bedarf der Kundinnen und Kunden bzw. Patientinnen und Patienten entsprechen (z. B. leitliniengerechte Arzneimitteltherapie), ebenso wie die richtigen Vorgehensweisen und Mittel, die angewendet werden sollen, um im Einzelfall den Bedarfen, Wünschen und Erwartungen gerecht zu werden (z. B. Auswahl und Anwendung eines Arzneimittels). Grundlage hierfür liefert ein in der Regel kodifiziertes und explizites Professionswissen (z. B. Studiendaten, Expertenstandards) wie auch ein informelles und implizit-praktisches Handlungs- und Erfahrungswissen. Die *Managementbezogene Qualität* entspricht den Anforderungen an die Bereitstellung und Organisation der Ressourcen und Verwendungsmittel, die innerhalb des institutionellen Leistungsrahmens notwendig sind, um sowohl den individuellen Wünschen und Erwartungen als auch den Bedarfen und versorgungsrelevanten Erforderlichkeiten entsprechen zu können (z. B. Organisation des Arzneimittelmanagements, nötige und mögliche Arzneimittelbeschaffung). Diese Anforderungsperspektive zielt auf einen möglichst produktiven und effizienten Mitteleinsatz unter Beachtung der Erfordernisse übergeordneter Stellen (z. B. gesetzliche Festlegungen, behördliche Auflagen) oder anderer gesellschaftlicher (indirekter) Anspruchsgruppen (z. B. Spezifikation des Versorgungsauftrags).

2.2.2 Messtheoretische Zugänge zur Qualitätsbestimmung

Qualität selbst ist keine Größe, die auszumessen wäre, sondern vielmehr eine Aussage, die ein Verhältnis bestimmt. Qualitätsbestimmung bedeutet, wichtige Elemente der Versorgung sichtbar zu machen, d. h. ihre Eigenschaften (auch: Merkmale) zu ermitteln und Ausprägungen zu messen, und sie sodann in Beziehung zu der Vielzahl der dazu existierenden Vorstellungen (auch: Anforderungen) zu setzen. Die Qualitätsbestimmung gibt somit Auskunft über die Beschaffenheit wie über die Erfüllung, den Erfüllungsgrad oder aber die Nicht-Erfüllung von Qualitätsanforderungen. Konzepte wie Qualitätssicherung und -management oder die Beurteilung der Versorgungsqualität, resp. Qualität der Arzneimittelversorgung, wären ohne entsprechende Feststellungen undenkbar. Dies gilt in makro- wie in mikrodimensionaler Betrachtung.

Die modellhafte Formulierung von *Qualitätskriterien* macht deutlich, dass Qualitätsbestimmung nicht bedeutet, jedes erdenkliche und messtheoretisch erfassbare Merkmal abzubilden, sondern lediglich jene Eigenschaften, die sich unmittelbar auf eine qualitätsrelevante Anforderung („Soll"-Konzept) beziehen. Der Begriff „Kriterium" wird allerdings uneinheitlich definiert und abstrahiert (Donabedian 1981). Er kann sowohl den Charakter einer übergeordneten Wertaussage (z. B. Angemessenheit der Versorgung) annehmen als auch den einer formal umschriebenen Qualitätsanforderung, die sich auf *messbare Merkmale* des Versorgungsgeschehens bezieht (z. B. leitliniengerechtes Handeln). Mess- und merkmalstheoretisch gelten Kriterien auch als „Eigenschaften, deren Erfüllung typischerweise bei einer qualitativ hochwertigen Versorgung erwartet wird." (Geraedts et al. 2002). In einem enger gefassten Verständnis liefert ein Qualitätskriterium also einen konkreten *Wertmaßstab* und die Vorstellung von einem definierten *Zielausmaß* (Referenzgröße) des zu erfüllenden Qualitätsmerkmals. Nur mithilfe eines festgelegten Zielausmaßes sind letztendlich Aussagen darüber möglich, ob und wann eine Versorgungsleistung als „zugänglich", „bedarfsgerecht" oder „angemessen" bzw. ein zu beurteilendes Arzneimittel als „wirksam", „sicher" oder „verkehrsfähig" im Sinne einer „hochwertigen Versorgung" bezeichnet werden kann.

Die Beurteilung qualitätsrelevanter Merkmale erfolgt in der Regel anhand von *Qualitätsindikatoren*. Ein Indikator ist eine Kenngröße, mit deren Hilfe unmittelbar nicht wahrnehmbare Zusammenhänge und Komplexe ausschnittsweise und stellvertretend abgebildet werden können. Es besteht eine „hypothetische Beziehung" zwischen dem gemessenen Indikator (z. B. Anzahl von unerwünschten Ereignissen) und der abzubildenden Variable (z. B. Sicherheit als Kriterium der Qualität der Arzneimittelversorgung), sodass ein indirektes Bild der Qualität des jeweiligen Sachverhalts erzeugt wird (JCAHO 1991; Idvall et al. 1997; Altenhofen et al. 2002). Indikatoren liefern Daten, aus denen Informationen über den

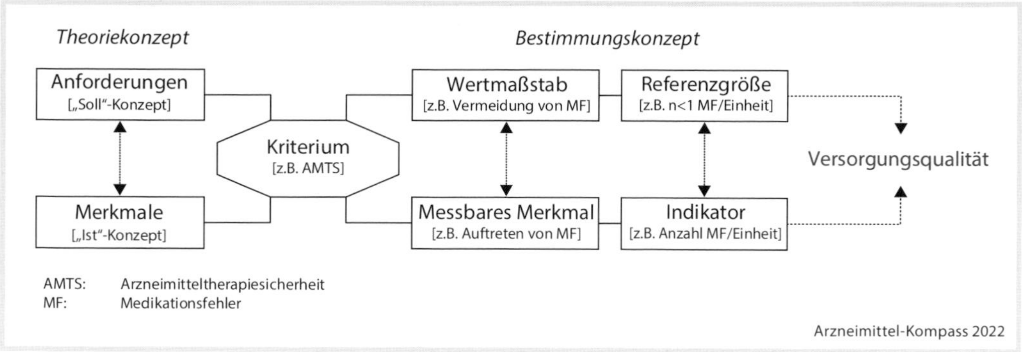

Abb. 2.4 Messtheoretisches Modell der Qualitätsbestimmung

Zustand eines Versorgungsaspekts oder Qualitätsmerkmals gewonnen werden können (z. B. Auftreten von Medikationsfehlern, Einhaltung von Standards). Ohne festgelegte Referenzgrößen werden Kenngrößen dieser Art mitunter auch als Kennzahlen oder Qualitätskennzahlen bezeichnet. Bei Hinzuziehung einer vorher definierten Referenzgröße zeigt der so ermittelte Merkmalswert dagegen an, ob oder in welchem Maße eine umschrieben gestellte Anforderung (z. B. Vermeidung von Medikationsfehlern) erfüllt ist oder eine (vorher definierte kritische) Abweichung vorliegt. Diese Zusammenhänge werden in einem einfachen Modell der Qualitätsbestimmung skizziert (Abb. 2.4). Darin bilden Anforderungen („Soll"-Konzept) und Merkmale („Ist"-Konzept) das Theoriekonzept, die messbaren Merkmale und die Indikatoren das Bestimmungskonzept.

Grundsätzlich setzt ein Indikator (oder eine Kennzahl) metrische Eigenschaften voraus und bildet einen Zahlenwert (Mainz 2004). Mit Indikatoren werden Teilaspekte des Leistungsgeschehens sichtbar, sodass Qualitätsaussagen zu einem bestimmten Versorgungsausschnitt (z. B. Arzneimitteltherapiesicherheit) möglich werden. Die Annäherung an ein komplexes Konstrukt (z. B. Qualität der Arzneimittelversorgung im Gesundheitswesen) im Sinne einer Gesamtbetrachtung wäre letztendlich nur durch die Verwendung mehrerer, nebeneinander zu betrachtender Indikatoren bzw. durch die Bildung von Indikatorprofilen oder Indikatorensets denkbar.

Die Aussagekraft eines Indikators (oder eines Indikatorprofils) ist stets an methodische Merkmale gekoppelt. Zunächst ist ein inhaltliches Verständnis für die Strukturen und Prozesse, die seine Ausprägung determinieren, notwendig (Kazandjian 1991). Zusätzlich zu dieser „Ortskenntnis" gelten als methodische Anforderungen üblicherweise: die Relevanz und der Nutzen für die Gesundheitsversorgung und Qualitätsverbesserung, die wissenschaftliche Güte des Indikators (z. B. Genauigkeit, Zuverlässigkeit, Unterscheidungsfähigkeit etc.) sowie Praktikabilitätskriterien wie z. B. die Möglichkeit, die gewünschte Indikatorausprägung überhaupt und mit vertretbarem Aufwand ermitteln zu können (Schyve 1995; Groene 2006; Reiter et al. 2008; Lüngen und Rath 2011; Schmitt et al. 2013). Die Konkretisierung und Auswahl dieser Anforderungen orientiert sich dabei immer am jeweiligen Einsatzbereich und gewählten Messansatz. So sollten Indikatoren beispielsweise unterschiedlich in der Lage sein, entweder alle problematischen Fälle zu erfassen und falsch-negative Ergebnisse zu vermeiden (hohe Sensitivität), wie dies beim Monitoring-Ansatz verfolgt wird, oder „gute" von „schlechter" Qualität unterscheiden zu können und dabei falsch-positive Befunde zu vermeiden (hohe Spezifität), wie dies bei Evaluations-Ansätzen beabsichtigt ist (Schrappe 2017).

2.2.3 Handlungstheoretische Zugänge zur Qualitätsgestaltung

Handlungstheoretisch lassen sich zwei methodische Grundhaltungen identifizieren (Verbeck 1998; Ruckstuhl et al. 2001), welche in ihrer praktischen Anwendung untrennbar miteinander verbunden sind. Bei der ersten geht es grundsätzlich darum, festgelegten, allgemein gültigen oder vereinbarten Qualitätsanforderungen zu entsprechen („Erfüllungsparadigma" der Qualitätssicherung[1]). Dahinter stehen Aktivitäten, die – als *retrospektive Qualitätssicherung* bezeichnet – im Rahmen des Leistungsgeschehens eine prüfende Funktion erfüllen und Anpassungen „im laufenden Betrieb" ermöglichen (Qualität durch Kontrolle und Korrektur); wie auch Maßnahmen, die – als *vorbeugende Qualitätssicherung* bezeichnet – präventive Maßnahmen der Fehlervermeidung und vorausschauende Maßnahmen zur Einhaltung definierter Qualitätsstandards bereithalten (Qualität durch Standardisierung und Korrektur- bzw. Vorbeugungsmaßnahmen). Aktivitäten dieser Art sind vielfach bereits Bestandteil eines professionellen oder kundenorientierten Selbstverständnisses, ohne dass sie zwangsläufig mit einem besonders zu benennenden Qualitätskonzept in Verbindung gebracht werden (z. B. Zählkontrollen im OP, Vier-Augen-Prinzip beim Stellen von Medikamenten).

Die zweite Grundhaltung zielt auf Veränderungen von Zuständen, Voraussetzungen und Bedingungen mit dem Ziel, die messbare Qualität der Leistungen auf ein höheres Niveau zu heben („Optimierungsparadigma" der Qualitätsverbesserung). Eine solche *Qualitätsverbesserung* orientiert sich in einem eng gefassten Verständnis an der Optimierung der vorhandenen Ressourcen, Vorgehensweisen und Mittel („Steigern der Leistungsfähigkeit"). In einem weiter gefassten Verständnis umfasst sie alle Aktivitäten und ergriffenen Maßnahmen zur Erhöhung der Effektivität und Effizienz des Leistungs- und Handlungsrahmens, mit der ein zusätzlicher Nutzen für die Versorgung und ihrer Adressaten erreicht werden soll („Steigern der Leistung"). Werden Veränderungen nicht nur anlassbezogen und problemorientiert in Form von Einzelmaßnahmen realisiert, sondern planvoll und regelmäßig auf Grundlage einer qualitätsbezogenen Haltung durchgeführt, wird von ständiger oder *kontinuierlicher Qualitätsverbesserung* gesprochen.

Als integrierende Klammer für diese handlungsorientierten Grundhaltungen hat sich der vergleichsweise junge Begriff des *Qualitätsmanagements* etabliert, der im Sinne eines „leitenden und lenkenden" Gestaltungsansatzes („Management von Qualität") die vorgenannten Prinzipien miteinander vereint. Qualitätsmanagement bringt in einem institutionellen Kontext – vor allem in der Konnotation eines *Umfassenden Qualitätsmanagements* (auch: Total Quality Management, TQM) – die unternehmerische bzw. einrichtungsinterne Perspektive der Qualitätsgestaltung zum Ausdruck und versteht Qualität als eine organisationsweite Führungs- und Unternehmensstrategie (Dotchin und Oakland 1992; Zink und Schildknecht 1994). Diesen eher konzepthaft gefassten Ansätzen der Qualitätsgestaltung können je nach Nomenklatur und Taxonomie eine Vielzahl von Unter- bzw. Querschnittsaufgaben (z. B. Qualitätsmessung, Qualitätsbewertung) zu- und untergeordnet werden.

Als ein gemeinsames Merkmal weisen die hier genannten „Wirkkonzepte der Qualitätsgestaltung" (Hensen 2019, S. 102) einen ho-

1 Der Begriff *Qualitätssicherung* steht sowohl für die ursprünglich rein produkt- und herstellungsorientierte Darlegung einer vorliegenden Qualitätsfähigkeit (*Quality Assurance* im Sinne einer vertrauensbildenden „Zusicherung"). Er steht als begriffliche Metapher oft auch für die Gesamtheit aller qualitätswirksamen Aktivitäten und Zielsetzungen, deren Bereitstellung und Aufrechterhaltung wie planvolles und systematisches Zusammenwirken in institutionellen Kontexten mit dem Begriff des Qualitätsmanagements belegt ist.

hen Systematisierungsgrad auf, der sich durch analytische (die Ausgangslage untersuchende) und intentionale (ziel- und zwecksetzende) Elemente bei der Realisierung qualitätsrelevanter Anforderungen auszeichnet. Dieser orientiert sich durchgängig am Prinzip der methodisch geleiteten Bemessung, Bewertung und Beurteilung („Evaluationsparadigma" der Qualitätsgestaltung) entweder im Sinne der Überwachung des unmittelbaren Leistungsgeschehens (operative Evaluation) oder im Sinne der Erfolgskontrolle von Plan- und Zielgrößen (strategische Evaluation). Die Zusammenhänge von Analyse und Zielplanung, Ausführung und Überwachung sowie Messung und Beurteilung des Geschehens bzw. der Resultate treten funktional als Kreislaufmodell in Erscheinung und werden im Qualitätswesen modellhaft als PDCA-Zyklus („Plan-Do-Check-Act") gefasst (Deming 1982). Konzeptübergreifend verfolgt eine solche Systematisierung stets die gleichen Absichten: das Definieren von Inhalten, Zielen und Teilzielen (für die Versorgung), das Planen und Verwirklichen von Durchführungs-, Überwachungs-, Mess-, Analyse- und Verbesserungsmaßnahmen, die Überprüfung und das Bewerten von Daten und Resultaten sowie das Treffen der richtigen Schlussfolgerungen und die Ableitung von Konsequenzen.

2.3 Qualitätsbezogene Aspekte der Arzneimittelversorgung

Die eingangs vorgenommene Unterscheidung in Produkt- und Dienstleistungsqualität (vgl. ◘ Abb. 2.1) kann anwendungsbezogen für die Arzneimittelversorgung in die Begriffssphären einer „pharmazeutischen Qualität" (Entwicklungs-, Herstellungs- und Produktqualität von Arzneimitteln im Allgemeinen) und der „therapeutischen Qualität" (Bereitstellungs-, Anwendungs- und Behandlungsqualität von Arzneimitteln im Einzelnen) überführt werden. Beide Begriffssphären lassen makro- wie mikrodimensionale Einordnungen zu und sind anschlussfähig an die zuvor vorgestellten mess- und handlungstheoretischen Zugänge der Qualitätsgestaltung gesundheitlicher Versorgung. Beispielhaft und stellvertretend werden im Folgenden ausgewählte Aspekte eines solchen pharmazeutischen und therapeutischen Qualitätsbegriffs näher betrachtet.

In § 4 Abs. 15 Arzneimittelgesetz (AMG) wird Qualität lediglich als „[...] die Beschaffenheit eines Arzneimittels, die nach Identität, Gehalt, Reinheit, sonstigen chemischen, physikalischen, biologischen Eigenschaften oder durch das Herstellungsverfahren bestimmt wird" beschrieben und bezieht sich somit zunächst auf produktionsbezogene Aspekte. Es steht außer Frage, dass die *Arzneimittelherstellung* strengen gesetzlichen Vorgaben unterliegen muss, da Produktions- und Produktmängel schwerwiegende Konsequenzen für die Patientinnen und Patienten zur Folge haben können. Aus diesem Grund bedarf „[d]ie Herstellung von Arzneimitteln [...] nicht nur einer behördlichen Erlaubnis, sondern vor allem eines umfassenden, durchgängigen Qualitätssicherungssystems. Sämtliche Vorgänge und deren Funktionstüchtigkeit müssen engmaschig kontrolliert und dokumentiert werden. Hierbei müssen die Vorschriften der Guten Herstellungspraxis (Good Manufacturing Practice, GMP) beachtet werden" (Blasius 2014, S. 54). Dazu zählen insbesondere die Überprüfung der bei der Produktion verwendeten Rohstoffe, die Inprozesskontrollen und die Chargenkonformität, damit die pharmazeutische Qualität für jede Produktionseinheit konstant bleibt.

Doch Qualitätssicherung beginnt schon sehr viel früher, zu einem Zeitpunkt, an dem sich ein neuer Wirkstoff noch in der *Entwicklungsphase* befindet. Für die Prüfung der Unbedenklichkeit und Wirksamkeit zeichnen zunächst die nationalen (in Deutschland das Bundesinstitut für Arzneimittel und Medizinprodukte (BfArM) bei Humanarzneimitteln bzw. das Paul-Ehrlich-Institut (PEI) für Impfstoffe und biomedizinische Arzneimittel) oder übergeordneten Zulassungsbehörden verantwortlich. So können im Rahmen eines zentralisierten Zulassungsverfahrens pharmazeutische Unternehmen auch eine EU-weite Zulassung bei der European Medicines Agency („Centralised Procedure“, Verordnung (EG) Nr. 726/2004) beantragen. Die für die *Arzneimittelzulassung* zuständigen Bundesoberbehörden bzw. die Europäische Arzneimittel-Agentur prüfen aus Kostengründen jedoch nur die von den Herstellern eingereichten Unterlagen und führen selbst keine prospektiven Untersuchungen in Form von randomisierten klinischen Studien zur Bestimmung der Wirksamkeit (Efficacy) und Unbedenklichkeit/Sicherheit (Safety) durch. Hier offenbart sich bereits ein Trade-off, da es kein allgemeingültiges absolutes Maß für die Sicherheit (z. B. im Sinne akzeptierter Nebenwirkungen) geben kann, da diese stets im Kontext des jeweiligen Indikationsgebiets und der Krankheitsschwere zu betrachten ist. Die „Qualität“ eines Arzneimittels kann somit nur einzelfallbasiert, d. h. für einen bestimmten Anwendungsbereich, im Rahmen einer Nutzen-Risiko-Analyse beurteilt werden (Hart 2005; Schultz-Heienbrok 2019, S. 87 ff.).

Grundsätzlich ergeben sich aus der Tatsache, dass Arzneimittel ausschließlich in einer streng kontrollierten klinischen Umgebung (Setting) entwickelt und erprobt werden, im Rahmen der praktischen Anwendung Diskrepanzen, da zwischen dem *maximalen therapeutischen Effekt* unter optimalen Studienbedingungen (Efficacy) und der *Wirksamkeit im Alltag* (Effectiveness) zu unterscheiden ist. So kann auf Basis klinischer Studien von einer höheren Efficacy ausgegangen werden als bei der Anwendung unter realen Bedingungen, bei der die Effectiveness durch patientenindividuelle Faktoren (z. B. mangelnde Compliance, Arzneimittelinteraktionen aufgrund von Polymedikation) geringer ausfällt (Singal et al. 2014).

Allein die Tatsache, dass ein Hersteller eine Zulassung erlangt hat, ermöglicht es den Ärztinnen und Ärzten aber noch nicht, das Medikament im Rahmen der Versorgung zu verordnen. Je nach Land sind zunächst noch im Rahmen des *Marktzugangs* („Market Access“) weitere Verfahren zu durchlaufen, um die Erstattungsfähigkeit des Präparats durch die Kostenträger sicherzustellen. Ein weiterer Qualitätsaspekt ist in diesem Kontext der Zugang zur Versorgung (Accessibility), der auch im Rahmen internationaler Gesundheitssystemvergleiche eine zunehmend zentrale Rolle spielt. So bezieht beispielsweise der Euro Health Consumer Index den Zugang zur Versorgung mit innovativen Arzneimitteln (Access to new drugs (time to subsidy)) in die Bewertung mit ein. Hier zeichnet sich für Deutschland ein grundsätzlich positives Bild hinsichtlich der Qualität des Zugangs und der Arzneimittelversorgung in ausgewählten Indikationsgebieten ab (Health Consumer Powerhouse 2019, S. 28).

Zum Zeitpunkt der *Markteinführung* sind die pharmazeutischen Unternehmen in Deutschland verpflichtet, im Rahmen der frühen Nutzenbewertung nach § 35a SGB V ein Nutzendossier beim Gemeinsamen Bundesausschuss (G-BA) einzureichen. Das Institut für Qualität und Wirtschaftlichkeit im Gesundheitswesen (IQWiG) führt im Auftrag des G-BA anschließend eine *Nutzenbewertung* durch, bei der insbesondere patientenrelevante Endpunkte der Arzneimitteltherapie (d. h. Mortalität, Morbidität, Lebensqualität und Unerwünschte Ereignisse) im Fokus der Betrachtung stehen und auf deren Basis der G-BA eine Entscheidung über einen möglichen *Zusatznutzen* des innovativen Präparates trifft (Penske 2020, S. 266 ff.; Anton et al. 2020, S. 286 f.). Im Rahmen der frühen Nutzenbewertung kommt es somit auch auf die sozialrechtliche Interpretation der Qualität von Arzneimitteln an, die sich entsprechend am § 12 SGB V („Wirtschaftlichkeitsgebot“) orientiert, um die Solidargemeinschaft der Versicherten vor einer finanziellen Überforderung zu schützen. Das Ergebnis der Nutzenbewertung ist in der sich daran anschließenden Preisverhandlung zwischen den Herstellern und dem GKV-Spitzenverband ein wichtiger Anhaltspunkt, um eine *wirtschaftliche Arzneimittelversorgung* (Cost Effectiveness) der Versicherten sicherzustellen, wenngleich ein direkter Zusammenhang zwischen dem

Ergebnis der Nutzenbewertung und den verhandelten Erstattungspreisen nicht immer gegeben sein dürfte (Radic et al. 2018; Theidel und Graf von der Schulenburg 2016).

Aus dem Zusammenspiel von Anforderungen an die Zulassungsstudien einerseits und den Anforderungen des G-BA/IQWiG im Rahmen der frühen Nutzenbewertung andererseits entstehen auch *ökonomische Spannungsfelder*, da die pharmazeutischen Unternehmen die „Qualität" ihrer Präparate in der Regel auf Basis der Zulassungsstudien begründen und darauf auch entsprechend ihre Preisvorstellungen stützen, die „reale Qualität" im Sinne der Real-World-Effectiveness aber aufgrund der zuvor geschilderten Aspekte geringer ausfallen kann, was zu einer Situation hoher Arzneimittelpreise bei gleichzeitig vermindertem klinischem Nutzen führen kann.

Andererseits können sich durch die regulatorischen und sozialrechtlichen Anforderungen auch Probleme hinsichtlich der *Verfügbarkeit von Medikamenten* ergeben. So konnten zahlreiche Arzneimittel (u. a. im Indikationsgebiet Diabetes) im Rahmen der frühen Nutzenbewertung keinen Zusatznutzen erlangen, woraufhin die pharmazeutischen Unternehmen die betreffenden Produkte vor dem erfolgreichen Abschluss der Preisverhandlungen wieder aus dem deutschen Markt zurückgezogen haben (Opt-out gemäß § 4 Abs. 7 Rahmenvereinbarung nach § 130b Abs. 9 SGB V). Wenngleich oftmals auch substitutive Therapieverfahren zugänglich sind, kann über die Angemessenheit (Relevance to Need) dieses Vorgehens kritisch diskutiert werden (Staab et al. 2018). Da innovative Präparate bereits mit Markteinführung (und somit vor Abschluss der Nutzenbewertung) verordnet werden können, bedingt eine denkbar frühe Einstellung auf neue Wirkstoffe vor dem Vorliegen des Ergebnisses der Nutzenbewertung ggf. eine Therapieumstellung der betroffenen Patientinnen und Patienten, die sich negativ auf die Versorgungsqualität auswirken kann und entsprechende Folgekosten durch Umstellungskomplikationen verursacht (Gallwitz und Müller-Wieland 2017).

Im Rahmen der ambulanten und stationären Versorgung spielt die *Arzneimitteltherapie* wiederum eine besondere Rolle. Aus der Perspektive der behandelnden Ärztinnen und Ärzte ist die Arzneimittelverordnung zunächst eine effiziente und niedrigschwellige Therapieform. Der einzelne Arzt oder die einzelne Ärztin „[...] kann dabei auf den medizinischen Sachverstand, die Fertigungstechnik und die Qualitätssicherung anderer, nämlich der [pharmazeutischen] Industrie, der Apotheker, der Zulassungsbehörden zurückgreifen und entlastet sich insofern teilweise von Risiken und Komplikationen eigener unmittelbarer Leistungen" (Hajen et al. 2017, S. 220).

Der *Medikationsprozess* selbst bildet ein komplexes Zusammenspiel unterschiedlicher Prozessschritte und kann wie folgt unterteilt werden (Aly 2015, S. 100 f.):

- Arzneimittelanamnese,
- Verordnung/Verschreibung,
- Information der Patientinnen und Patienten,
- Selbstmedikation,
- Verteilung/Abgabe,
- Anwendung (Applikation/Einnahmen)
- Dokumentation
- Therapie-Überwachung/Arzneimitteltherapiesicherheits-Prüfung,
- Kommunikation/Abstimmung,
- Ergebnisbewertung.

Eine qualitativ hochwertige Arzneimitteltherapie kann letztlich nur unter adäquater *intra- und interprofessioneller Kooperation* aller am Medikationsprozess beteiligten Personen gelingen. Dabei „[...] soll sichergestellt werden, dass die Patientinnen und Patienten auch beim Auftreten nicht vorhersehbarer Ereignisse vor Risiken bei der Arzneimitteltherapie geschützt werden" (Bundesministerium für Gesundheit 2021, S. 8). Somit müssen alle Handlungen auch vor dem Aspekt der Patientenorientierung (Patient-Centeredness) reflektiert werden. Das oberste Ziel sollte es sein, dass alle Patientinnen und Patienten eine ihrem *medizinischen Bedarf* entsprechende Versorgung mit Arzneimitteln erhalten (Horizontal

Equity) und nicht die individuelle finanzielle Leistungsfähigkeit (z. B. im Rahmen von Zuzahlungen) über qualitativ unterschiedliche Arzneimitteltherapien entscheidet.

Die pharmazeutische Qualität wird durch eine Vielfalt an ergänzenden Maßnahmen komplementiert, um die therapeutische Qualität der Arzneimittelversorgung zu unterstützen. Dies gelingt beispielweise dadurch, dass den Leistungserbringern die für die Arzneimitteltherapie erforderlichen Informationen von den Herstellenden zur Verfügung gestellt werden. Hierzu zählen neben den *Fachinformationen* beispielsweise auch die *Rote-Hand-Briefe* der pharmazeutischen Unternehmen, um Angehörige der Heilberufe über auftretende Arzneimittelrisiken und Risikominimierungsmaßnahmen zu informieren (Bergner et al. 2022, S. 568 f.). Auch die *Post-Marketing-Surveillance* ist ein wichtiges Instrument zur Identifizierung von Nebenwirkungen, um den „[...] regulatory gap between release of a manufactured product and reporting of an adverse event following patient exposure [...]" zu adressieren (Beninger 2018, S. 1965). Vor dem Hintergrund der Qualitätssicherung spielt die *Pharmakovigilanz* somit eine entscheidende Rolle. Deren Ziel ist es, durch eine kontinuierliche und systematische Überwachung der Sicherheit eines Fertigarzneimittels unerwünschte Ereignisse oder andere arzneimittelbezogene Probleme zu erkennen und zu bewerten, um so einen Beitrag zur Risikominimierung (und damit inhärent verbunden eine Erhöhung der Qualität der Arzneimittelversorgung) zu leisten (World Health Organization 2004).

Betrachtet man den gesamten Medikationsprozess, so stellt die ärztliche Verordnung nur einen ersten initialen Schritt dar, der – insbesondere vor dem Hintergrund polypharmazeutischer Therapien – zahlreiche Kriterien in Betracht ziehen sollte (Seidling und Haefeli 2014).

2.4 Fazit

Anhand der bisherigen Ausführungen wird deutlich, dass allgemeingültige oder übergeordnende Qualitätsaussagen für den Bereich der Arzneimittelversorgung nicht getroffen werden können. Andererseits ist festzustellen, dass Qualitätsbetrachtungen zur Arzneimittelversorgung sich in ein übergeordnetes Konzept von Versorgungsqualität bzw. in die allgemeingültigen Funktionslogiken von Produkt- und Dienstleistungsqualität einbetten lassen, auch wenn die hier vorgestellten Betrachtungs- und Handlungsebenen, die makro- und mikrodimensionale Konzipierung eines mehrdimensionalen und multiperspektivischen Qualitätsbegriffs ebenso wie die mess- und merkmalstheoretischen Grundlagen der Qualitätsbestimmung nur eine konzeptuelle Annäherung und begriffliche Konturierung des Themenbereichs anbieten.

Qualitätsaussagen können immer nur für ausgewählte Beobachtungsbereiche getroffen werden; und dann auch nur ausschnittsweise und stellvertretend für bestimmte, als relevant markierte Merkmale bzw. Kriterien gesundheitlicher Versorgung. Eine den Maßstäben einer guten Herstellungspraxis entsprechende Fertigungsqualität eines Arzneimittels muss noch lange nicht den Anforderungen des Gesetzgebers an die Zulassung und Verordnungsfähigkeit, den gesellschaftlichen Anforderungen an die ausreichende Verfügbarkeit und Leistungssicherheit, den therapeutischen Anforderungen der medizinischen Fachberufe und wissenschaftlichen Gemeinschaft oder den Anforderungen der damit zu therapierenden Patientinnen und Patienten entsprechen. Gleichzeitig sollte es aber Anspruch aller Akteure sein, die Arzneimittelversorgung von der Entwicklung neuer Arzneistoffe über die Rohstoffbeschaffung, Herstellung und Verfügbarmachung bis hin zur finanzierbaren Bereitstellung und zum medizinischen Therapieerfolg so zu gestalten, zu steuern und zu entwickeln, dass sie übereinkommenden Ansprüchen genügt, d. h. in optimaler und bestmöglicher Weise den gültigen Qualitätsvorstellungen und gegebenen Möglichkeiten entspricht.

Der Anspruch an die optimale Gestaltung, Steuerung und Entwicklung von Leistungen ist zugleich untrennbar an die Erfassung, Darstellung und Beurteilung der damit verbundenen Qualität gekoppelt. Qualitätsmessung, d. h. die Entwicklung und der Einsatz geeigneter Kennzahlen und Qualitätsindikatoren, mit denen relevante Merkmale guter Versorgung sichtbar gemacht werden oder mit denen die Aufmerksamkeit auf mögliche Qualitätsprobleme gelenkt werden können, stellt sich in sämtlichen Bereichen der Arzneimittelversorgung als Querschnittsaufgabe und als immanenter Auftrag aller Beteiligten dar, nicht zuletzt, um den Informations- und Transparenzbedürfnissen einer interessierten (wie auch betroffenen) Öffentlichkeit Rechnung zu tragen. Die in diesem Beitrag vorgenommene theoretische Rahmung soll hierfür Anknüpfungspunkte liefern und Anregung zu einer intensivierten Qualitätsbetrachtung geben.

Literatur

ABDA – Bundesvereinigung Deutscher Apothekerverbände e. V. (2022) Die Apotheke – Zahlen, Daten, Fakten 2022. https://www.abda.de/fileadmin/user_upload/assets/ZDF/ZDF22/ABDA_ZDF_2022_Broschuere.pdf. Zugegriffen: 30. Juni 2022

Allen-Duck A, Robinson JC, Stewart MW (2017) Healthcare quality: a concept analysis. Nurs Forum 52(4):377–386

Altenhofen L, Brech W, Brenner G, Geraedts M, Gramsch E, Kolkmann F-W, Krumpaszky HG, Lorenz W, Oesingmann U, Ollenschläger G, Rheinberger P, Selbmann H-K, von Stillfried D, Strobawa F, Thole H (2002) Beurteilung klinischer Messgrößen des Qualitätsmanagements – Qualitätskriterien und -Indikatoren in der Gesundheitsversorgung. Konsenspapier von BÄK, KBV und AWMF. Z Arztl Fortbild Qualitatssich 96(5):2–15

Aly A-F (2015) Definitionen zu Pharmakovigilanz und Arzneimitteltherapiesicherheit (AMTS). Arzneiverordn Prax 42:99–104

Anton V, Schnorpfeil W, Thiele K (2020) Markteintritt unter den Bedingungen der Frühen Nutzenbewertung. In: Tunder R (Hrsg) Market Access Management für Pharma- und Medizinprodukte: Instrumente, Verfahren und Erfolgsfaktoren. Springer Gabler, Wiesbaden, S 281–302

Arah OA, Westert GP, Hurst J, Klazinga NS (2006) A conceptual framework for the OECD health care quality indicators project. Int J Qual Health Care 18(1):5–13

Attree M (1996) Towards a conceptual model of „Quality Care“. Int J Nurs Stud 33(1):13–28

Beninger P (2018) Pharmacovigilance: challenges in getting from here to there. Clin Ther 40(12):1964–1966

Bergner S, Grüger T, Huber M, Lütkehermölle W, Paeschke N, Palissa H, Stephan K, Cibura S, Keller-Stanislawski B (2022) Instrumente behördlicher Kommunikation zu Anwendungsrisiken von Arzneimitteln. Bundesgesundheitsblatt 65(5):567–576

Blasius H (2014) Arzneimittelherstellung. Mehr als Produktion und Qualitätskontrolle. Deutsche Apotheker Zeitung 30:54. https://www.deutsche-apotheker-zeitung.de/daz-az/2014/daz-30-2014/arzneimittelherstellung. Zugegriffen: 27. Mai 2022

Bundesministerium für Gesundheit (2021) Aktionsplan 2021–2024 des Bundesministeriums für Gesundheit zur Verbesserung der Arzneimitteltherapiesicherheit in Deutschland. https://www.bundesgesundheitsministerium.de/fileadmin/Dateien/5_Publikationen/Gesundheit/Berichte/Aktionsplan_2021-2024_BMG_AMTS.pdf. Zugegriffen: 22. Mai 2022

Campbell SM, Roland MO, Buetow SA (2000) Defining quality of care. Soc Sci Med 51(11):1611–1625

Deming WE (1982) Out of the crisis. MIT Press, Cambridge

Díaz de León-Castañeda C, Gutiérrez-Godínez J, Colado-Velázquez JI, Toledano-Jaimes C (2019) Healthcare professionals' perceptions related to the provision of clinical pharmacy services in the public health sector: a case study. Res Social Adm Pharm 15(3):321–329

Donabedian A (1966) Evaluating the quality of medical care. Milbank Mem Fund Q 44(3,Suppl):166–206

Donabedian A (1980) The definition of quality and approaches to its assessment. Explorations in quality assessment and monitoring, Bd. 1. Health Administration Press, Ann Arbor

Donabedian A (1981) Criteria, norms and standards of quality: what do they mean? Am J Public Health 71(4):409–412

Donabedian A (1988) The quality of care. How can it be assessed? JAMA 260(12):1743–1748

Donabedian A (1990) The seven pillars of quality. Arch Pathol Lab Med 114(11):1115–1118

Dotchin JA, Oakland JS (1992) Theories and concepts in total quality management. Total Qual Manag 3(2):133–146

Evans DB, Edejer TT, Lauer J, Frenk J, Murray CJ (2001) Measuring quality: from the system to the provider. Int J Qual Health Care 13(6):439–446

Fließ S, Marra A, Reckenfelderbäumer M (2005) Betriebswirtschaftliche Aspekte des Pflegemanagements. In:

Kerres A, Seeberger B (Hrsg) Gesamtlehrbuch Pflegemanagement. Springer, Berlin, S 396–436

Gallwitz B, Müller-Wieland D (2017) Arzneimittel in der Diabetologie: Einschränkungen des Medikamentenportfolios. Dtsch Arztebl 114(20):24

Geraedts M, Selbmann HK, Ollenschläger G (2002) Beurteilung der methodischen Qualität klinischer Messgrößen. Z Arztl Fortbild Qualitatssich 96:91–96

Groene O (2006) Vorschläge der WHO zur umfassenden Leistungsbewertung von Krankenhäusern. Gesundh Ökon Qual Manag 11:226–233

Hajen L, Paetow H, Schumacher H (2017) Gesundheitsökonomie: Strukturen – Methoden – Praxisbeispiele, 8. Aufl. Kohlhammer, Stuttgart

Hart D (2005) Die Nutzen/Risiko-Abwägung im Arzneimittelrecht. Ein Element des Health Technology Assessment. Bundesgesundheitsblatt Gesundheitsforschung Gesundheitsschutz 48(2):204–214

Harteloh PPM (2003) The meaning of quality in health care: a concept analysis. Health Care Anal 11(3):259–267

Health Consumer Powerhouse (2019) Euro health consumer index 2018 report. https://healthpowerhouse.com/media/EHCI-2018/EHCI-2018-report.pdf. Zugegriffen: 22. Mai 2022

Hensen P (2018) Qualitätsentwicklung zwischen Institution und Interaktion – Eine Standortbestimmung aus professionstheoretischer Sicht. In: Hensen P, Stamer M (Hrsg) Professionsbezogene Qualitätsentwicklung im interdisziplinären Gesundheitswesen. Springer VS, Wiesbaden, S 3–67

Hensen P (2019) Qualitätsmanagement im Gesundheitswesen. Grundlagen für Studium und Praxis, 2. Aufl. Springer Gabler, Wiesbaden

Idvall E, Rooke L, Hamrin E (1997) Quality indicators in clinical nursing: a review of the literature. J Adv Nurs 25(1):6–17

IOM – Institute of Medicine (2001) Crossing the quality chasm: a new health system for the 21st century. The National Academies Press, Washington, DC

JCAHO (1991) Primer on indicator development and application. Measuring quality in health care. Joint Commission on Accreditation of Healthcare Organisations, Oakbrook Terrace

Kazandjian VA (1991) Performance indicators: pointer dogs in disguise – a commentary. J Am Med Rec Assoc 62(9):34–36

Kisser A, Knieriemen J, Fasan A, Eberle K, Hogger S, Werner S, Taube T, Rasch A (2022) Towards compatibility of EUnetHTA JCA methodology and German HTA: a systematic comparison and recommendations from an industry perspective. Eur J Health Econ 23(5):863–878

Kleinaltenkamp M (2001) Begriffsabgrenzung und Erscheinungsformen von Dienstleistungen. In: Bruhn M, Meffert H (Hrsg) Handbuch Dienstleistungsmanagement. Gabler, Wiesbaden, S 27–50

Lüngen M, Rath T (2011) Analyse und Evaluierung des QUALIFY Instruments zur Bewertung von Qualitätsindikatoren anhand eines strukturierten qualitativen Interviews. Z Evid Fortbild Qual Gesundh Wesen 105(1):38–43

Mainz J (2004) Quality indicators: essential for quality improvement. Int J Qual Health Care 16(Suppl, 1):i1–i2

Matul C, Scharitzer D (2002) Qualität der Leistungen in NPOs. In: Badelt C, Pomper F (Hrsg) Handbuch der Nonprofit-Organisation – Strukturen und Management, 3. Aufl. Schäffer-Poeschel, Stuttgart, S 532–556

Maxwell RJ (1992) Dimensions of quality revisited: from thought to action. Qual Health Care 1(3):171–177

Meinhold M, Matul C (2011) Qualitätsmanagement aus der Sicht von Sozialarbeit und Ökonomie, 2. Aufl. Nomos, Baden-Baden

Meyer A, Mattmüller R (1987) Qualität von Dienstleistungen. Entwurf eines praxisorientierten Qualitätsmodells. MAR 9(3):187–195

Øvretveit J (1992) Health service quality. Blackwell Scientific Press, Oxford

Penske M (2020) Market-Access-Strategien in Deutschland. In: Tunder R (Hrsg) Market Access Management für Pharma- und Medizinprodukte: Instrumente, Verfahren und Erfolgsfaktoren. Springer Gabler, Wiesbaden, S 261–279

Piligrimiene K, Buciuniene Z (2008) Different Perspectives on health care quality: is the consensus possible? Eng Econ 1(56):104–110

Radic D, Haugk S, Radic M (2018) Nutzenbewertung und Preisverhandlung unter AMNOG: Berechenbares Verfahren oder unfaire Pokerpartie? Gesundheitswesen 80(6):573–579

Reerink E (1990) Defining quality of care: mission impossible? Qual Assur Health Care 2(3–4):197–202

Reiter A, Fischer B, Kötting J, Geraedts M, Jäckel WH, Döbler K (2008) QUALIFY: Ein Instrument zur Bewertung von Qualitätsindikatoren. Z Arztl Fortbild Qualitatssich 101:683–688

Ruckstuhl B, Kolip P, Gutzwiller F (2001) Qualitätsparameter in der Prävention. In: Bundeszentrale für gesundheitliche Aufklärung (Hrsg) Qualitätsmanagement in Gesundheitsförderung und Prävention. Grundsätze, Methoden und Anforderungen. BZgA, Köln, S 38–50

Schmitt J, Petzold T, Eberlein-Gonska M, Neugebauer EA (2013) Anforderungsprofil an Qualitätsindikatoren. Relevanz aktueller Entwicklungen der Outcomes Forschung für das Qualitätsmanagement. Z Evid Fortbild Qual Gesundh Wesen 107(8):516–522

Schrappe M (2017) Das Methodenpapier des IQTIG: keine Kursänderung in Sicht. Die ex post-Qualitätskontrolle bleibt die vorherrschende Doktrin. Monit Versorgungsforsch 10(2):41–45

Schultz-Heienbrok R (2019) Arzneimittel verstehen: Die Kunst, aus Risiken Nutzen zu machen. Springer, Berlin

Schyve P (1995) Models for relating performance measurement and accreditation. Int J Health Plann Manage 10:231–241
Seidling HM, Haefeli WE (2014) Gute Verordnungspraxis. Ther Umsch 71(6):313–316
Singal AG, Higgins PDR, Waljee AK (2014) A primer on effectiveness and efficacy trials. Clin Transl Gastroenterol 5(1):e45
Staab TR, Walter M, Mariotti Nesurini S, Dintsios C-M, Graf von der Schulenburg J-M, Amelung VE, Ruof J (2018) Market withdrawals" of medicines in Germany after AMNOG: a comparison of HTA ratings and clinical guideline recommendations. Health Econ Rev 8(1):23
Theidel U, Graf von der Schulenburg J-M (2016) Benefit assessment in Germany: implications for price discounts. Health Econ Rev 6(1):33
Verbeck A (1998) TQM versus QM. Wie Unternehmen sich richtig entscheiden. vdf Hochschulverlag, Zürich
World Health Organization (2004) What is Pharmacovigilance? https://www.who.int/teams/regulation-prequalification/pharmacovigilance. Zugegriffen: 2022
Zink KJ, Schildknecht R (1994) Total Quality Konzepte – Entwicklungslinien und Überblick. In: Zink KJ (Hrsg) Qualität als Managementaufgabe. Mi-Wirtschaftsbuch, München, S 73–108

Vertiefende Diskussion ausgewählter Fragestellungen

Inhaltsverzeichnis

Multimedikation

Marjan van den Akker, Sebastian Harder, Mirjam Dieckelmann und Christiane Muth

Inhaltsverzeichnis

H. Schröder et al. (Hrsg.), *Arzneimittel-Kompass 2022*, https://doi.org/10.1007/978-3-662-66041-6_3

3

Zusammenfassung

In unserer Gesellschaft des längeren Lebens steigen mit der Lebenserwartung auch die Anteile der Bevölkerung mit chronischen Erkrankungen und Mehrfacherkrankungen und damit der Anteil von Menschen, die dauerhaft fünf oder mehr Medikamente einnehmen. Diese so genannte Multimedikation ist häufig, oft angemessen und sogar notwendig. Sie stellt jedoch Behandelte und Behandelnde vor große Herausforderungen, um den Überblick nicht zu verlieren, wo Risiken den Nutzen übersteigen und wo die Behandlung zur Belastung wird, die nicht mehr in den Alltag zu integrieren ist. Dieses Kapitel referiert Epidemiologie und Zusammenhänge zwischen Multimedikation und Adhärenz und verwandten Konzepten und beschreibt Strategien zur Optimierung von Multimedikation mit dem Ziel, die Versorgung von Menschen mit Multimedikation zu verbessern und damit deren Lebensqualität zu fördern.

3.1 Einleitung

Die folgenden Abschnitte geben zunächst einen Überblick zur Epidemiologie von Multimedikation in Deutschland, referieren die aktuelle Diskussion zu notwendiger vs. unerwünschter Multimedikation sowie zum Unterversorgungs-Paradox bei Multimedikation. Im Weiteren werden Zusammenhänge zwischen Multimedikation und Gesundheitskompetenz sowie Adhärenz mit deren Auswirkungen auf gesundheitliche Endpunkte dargestellt. Nach diesem Problemaufriss werden im Kapitel unterschiedliche Strategien zum Umgang mit Multimedikation erörtert – etwa zur Frage, wie die Nutzen-Schaden-Bilanz von multiplen Dauerverordnungen zwischen erwünschten und unerwünschten Arzneimittelwirkungen und Arzneimittelinteraktionen bewertet werden kann. Dazu werden wichtige Maßnahmen wie Medikationsanalysen (systematisches *Medication Review*), das kontrollierte Absetzen bzw. die Arzneimittelreduktion (*Deprescribing*) und die gemeinsame Entscheidungsfindung – sowie deren Zusammenführung unter Anwendung der Ariadne-Prinzipien – vorgestellt. Insbesondere werden dabei Bezüge zu Patientenpräferenzen und individuellen Kapazitäten bzw. zur Behandlungsbelastung hergestellt, deren Berücksichtigung unverzichtbarer Bestandteil für ein erfolgreiches Medikationsmanagement bei Menschen mit Multimedikation darstellt.

3.2 Definition und Epidemiologie

Zu den synonym verwendeten Begriffen der Polypharmazie und Multimedikation existieren unterschiedliche Definitionen, insbesondere bezüglich der Anzahl gleichzeitig eingenommener Medikamente. In der Regel ist mit Multimedikation gemeint, dass Menschen fünf oder mehr Dauermedikamente einnehmen (Seiberth et al. 2020), die sowohl verschreibungspflichtige als auch frei verkäufliche Medikamente, sog. Over-the-Counter-(OTC-)Produkte, sein können (Seiberth et al. 2020).

Datengrundlage des vorliegenden Beitrags sind Arzneimittelverordnungen der AOK-Versicherten des Jahres 2020, die das Wissenschaftliche Institut der AOK (WIdO) ausgewertet und auf alle gesetzlich krankenversicherten Personen in Deutschland hochgerechnet hat (zur Methodik der hier angewendeten Datenauswertung siehe Anhang). In Deutschland ist demnach etwa jede siebente gesetzlich versicherte Person von mindestens drei chronischen Erkrankungen betroffen und nimmt dauerhaft fünf oder mehr Medikamente ein. Ein vergleichbares Ergebnis lässt sich auch für ca. 1,3 von 9 Mio. BARMER-Versicherten finden (Lappe et al. 2022). Von Multimedikation sind dabei in besonderem Maße Ältere und Hochaltrige betroffen. Während weniger als jede 20. Person im Alter unter 65 betroffen ist, nimmt fast jede dritte Person über 65 Jahre fünf oder mehr Medikamente ein. In der Altersgruppe der über 79-Jährigen trifft das sogar

Textbox 1

Fallbeispiel chronische Herzinsuffizienz

Herr X, 72 Jahre, kommt aus der Klinik, in die er wegen Verdacht auf eine ambulant erworbene Pneumonie eingewiesen wurde. Diese konnte nicht bestätigt werden. Als Vorerkrankung war bei ihm Bluthochdruck, eine Fettstoffwechselstörung sowie ein erhöhter Harnsäurewert im Blut mit anamnestischen Episoden von arthritischen Beschwerden bekannt. Die Vormedikation bestand aus Ramipril, Hydrochlorothiazid (HCTZ), Amlodipin (Kombinationspräparat), Allopurinol und Atorvastatin; unter dieser Medikation waren die jeweiligen Parameter gut eingestellt. Während des stationären Aufenthalts wurde auch eine Echokardiographie angefertigt, in der erstmals eine eingeschränkte linksventrikuläre Pumpfunktion (LVEF 36 %) festgestellt wurde, für die eine linksventrikuläre Hypertrophie bei langjährigem Bluthochdruck verantwortlich gemacht wurde. Es bestand auch eine milde Atemnot bei Belastung, die als NYHA II gewertet wurde, aber es gab keine Zeichen eines Ödems. Daraufhin wurden ihm die Wirkstoffe Metoprolol, Spironolakton und Empagliflozin zusätzlich zur bestehenden Medikation neu verschrieben.

Das Fallbeispiel von Herrn X ist hypothetisch, weist jedoch hinsichtlich Multimorbidität und Multimedikation klassische Merkmale von Patientinnen und Patienten mit Herzinsuffizienz in der Hausarztpraxis auf (s. o.) (Loosen et al. 2022; Unlu et al. 2020; Baron-Franco et al. 2017). Die Verordnung von drei neuen Wirkstoffen zur Therapie der bei Herrn X bislang asymptomatischen Herzinsuffizienz folgt den Empfehlungen der aktualisierten evidenzbasierten Leitlinie der ESC. Diese enthält nach der Klassifikation der New York Heart Association (NYHA) Klasse-I-Empfehlungen für alle NYHA-II- bis IV-Stadien für Angiotensinkonversionsenzym-(ACE-)Hemmer (oder Angiotensin-Rezeptor-Neprilysin-Inhibitoren (ARNI)), Betablocker, Mineralokortikoid-Antagonisten und Dapa-/Empagliflozin und es werden im weiteren Erkrankungsverlauf je nach klinischer Ausprägung bzw. Komplikationen weitere Wirkstoffe empfohlen (Ivabradin, Schleifendiuretika, orale Antikoagulation, Digoxin) (McDonagh et al. 2021).

auf fast jede zweite Person zu – jeder zehnten bis zwanzigsten Person dieser Altersgruppe werden sogar zehn oder mehr Medikamente dauerhaft verordnet (Lappe et al. 2022).

Seit mehr als 15 Jahren ist bekannt, dass die meisten (evidenzbasierten) Leitlinien krankheitszentriert sind und dass eine unkritische Anwendung mehrerer dieser Leitlinien bei Menschen mit Multimorbidität problematisch ist, da ggf. gefährliche Interaktionen zwischen Erkrankungen und Therapien auftreten und die mit der Behandlung verbundenen Aufgaben die Belastungsgrenze der Betroffenen übersteigen können (Boyd et al. 2005; Muth et al. 2014a). Besonders deutlich wird dies am Beispiel der chronischen Herzinsuffizienz, die in hohem Maße mit Ko- und Multimorbidität assoziiert ist: Fast jede in schottischen Hausarztpraxen ambulant versorgte Person mit chronischer Herzinsuffizienz weist mindestens eine zusätzliche Erkrankung auf (etwa 95 bis 98 %), etwa jede siebente Person hat sieben oder mehr chronische Erkrankungen und erhält mehr als zehn Dauermedikamente (Baron-Franco et al. 2017). Ähnliche Zahlen liegen aus anderen westlichen Ländern vor (Ahluwalia et al. 2011; Braunstein et al. 2003; Carmona et al. 2011; Mastromarino et al. 2014). Die jüngst publizierte Leitlinie der European Society of Cardiology (ESC) (McDonagh et al. 2021) zur Behandlung der Herzinsuffizienz zeigt exemplarisch auf, wie leitliniengerechte Therapie zu einer rasch fortschreitenden Ausweitung des Arzneimittelportfolios eines Patienten führen kann (vgl. Textbox 1).

3

Tab. 3.1 Multimedikation bei Personen mit Erkrankungen (alle AOK-Versicherten 2020)

Erkrankung*	≥ 5 Dauermedikamente (%)	≥ 10 Dauermedikamente (%)
Koronare Herzkrankheit (KHK) und Herzinsuffizienz	**81,6**	**23,0**
Herzinsuffizienz	**73,3**	**18,0**
Morbus Parkinson	71,2	18,7
Koronare Herzkrankheit (KHK)	**69,1**	**14,7**
Demenz	63,8	12,6
Diabetes mellitus Typ 2	57,4	11,8
COPD – Chronisch-obstruktive Lungenerkrankung (ab 40 Jahre)	53,6	13,0
Osteoporose	53,0	10,6
Arthrose des Hüftgelenks (Coxarthrose)	47,1	8,5
Arthrose des Kniegelenks (Gonarthrose)	44,7	7,8
Bluthochdruck (Arterielle Hypertonie)	40,1	6,3
Asthma	29,0	6,4

nach WIdO-Indikationsprofilen
Quelle: Wissenschaftliches Institut der AOK (WIdO)
Arzneimittel-Kompass 2022

Bisherige Analysen (zuletzt 2017) weisen darauf hin, dass die Zahl eingenommener Medikamente stark mit der Zahl der Erkrankungen assoziiert ist (Baron-Franco et al. 2017). AOK-Daten zeigen krankheitsspezifische Unterschiede, wobei drei von vier Versicherten mit Herz-Kreislauf-Erkrankungen Multimedikation erhalten. Jede zweite Person mit Diabetes mellitus Typ 2 oder mit chronisch-obstruktiver Lungenerkrankung bekommt fünf oder mehr Dauermedikamente verschrieben. Bei diesen Erkrankungen nimmt jeder siebte der Betroffenen sogar zehn oder mehr Dauermedikamente ein (Tab. 3.1).

Im letzten Jahrzehnt ist der Anteil der AOK-Versicherten mit Multimedikation (standardisiert auf 2020) bemerkenswert stabil, aber die meisten Studien berichten hier steigende Tendenzen (Carmona-Torres et al. 2018; van den Akker et al. 2019). Der gegenwärtige Anteil von Menschen, die mindestens fünf Dauermedikamente einnehmen, liegt bei 14 %, bei 7 % für diejenigen, die mindestens sieben Dauermedikamente einnehmen, und bei etwa 2 % bei denen, die zehn oder mehr Medikamente dauerhaft einnehmen (Abb. 3.1).

3.3 Notwendige vs. unerwünschte Multimedikation und deren Folgen

An dem Primat eines evidenzbasierten Therapieangebots für alle behandlungswürdigen Erkrankungen soll nicht gezweifelt werden und die „Verordnung von Arzneimitteln ist bei weitem die häufigste medizinische Intervention“ (Freitag und Dreischulte 2022). Bei Menschen mit Multimorbidität ist die Verordnung von fünf oder mehr Medikamenten oft notwendig und angemessen. Eine unkri-

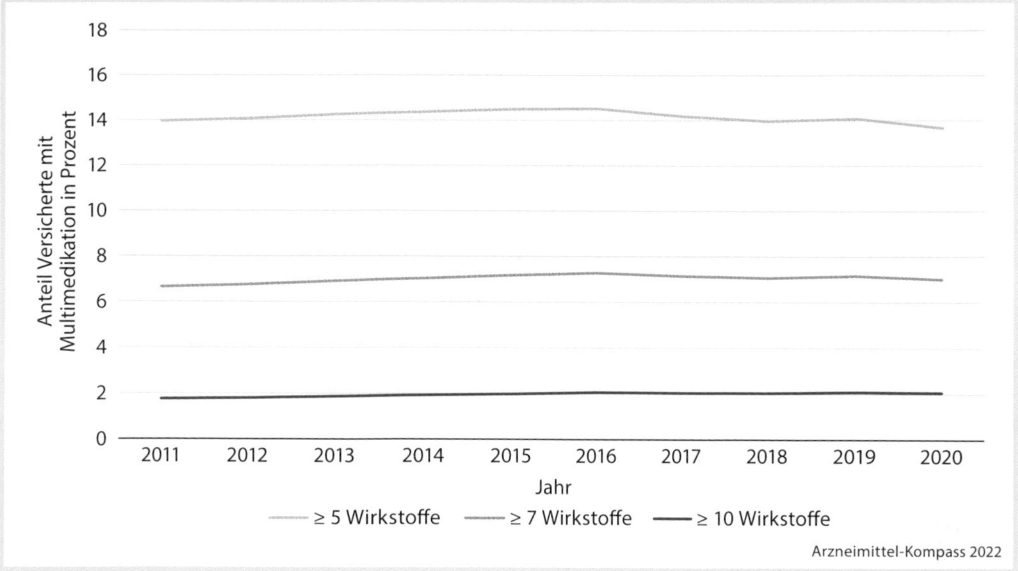

Abb. 3.1 Anteil der Versicherten mit Multimedikation, standardisiert auf das Jahr 2020. (Quelle: Wissenschaftliches Institut der AOK (WIdO))

tisch eingesetzte bzw. unzureichend überwachte Multimedikation hat aber erwiesenermaßen Folgen, wenn die damit verbundenen Risiken und unerwünschten Arzneimittelwirkungen ihren Nutzen übersteigen: Unerwünschte Neben- und Wechselwirkungen, Hospitalisierungsraten und Behandlungsbelastung steigen. Zudem sinkt die Therapie-Adhärenz der Behandelten und der Überblick geht bei Behandelten wie bei Behandelnden häufig verloren und bereitet den Boden für medizinische Fehler (Schurig et al. 2018).

Speziell am Übergang von stationärer zu ambulanter Versorgung (und vice versa) ist das Risiko einer mangelhaften Informationsweitergabe für Arzneimittelverordnungen besonders hoch. Grund dafür sind Kommunikationsbarrieren wie inkompatible Datenverwaltungssysteme in Krankenhaus und Praxis, fehlende elektronische Patientenakten und ungenügend aktualisierte Medikationspläne. Damit erhöht sich auch das Risiko von inadäquaten Verschreibungen inkl. Fehl- und Doppel-Verschreibungen, die zu unerwünschten Wirkungen führen können (WHO 2019).

Analysen von Versichertendaten zeigen, dass Multimedikation mit stationären Krankenhausaufenthalten korreliert. Der Anteil von gesetzlich Versicherten mit Multimedikation bei Krankenhausaufnahme nimmt von rund 12 % bei den bis zu 64-Jährigen auf fast 50 % bei den über 80-Jährigen zu. 65- bis 79-Jährige sind bei Krankenhausaufnahme gut dreimal so häufig, Menschen ab 80 Jahren viermal so häufig von Multimedikation betroffen wie Menschen bis 64 Jahre. Darüber hinaus zeigen Ergebnisse, dass der Anteil von Menschen mit Multimedikation nach stationärer Entlassung höher ist als vor der stationären Aufnahme (Grandt et al. 2020).

3.4 Das Unterversorgungs-Paradox bei Multimedikation

Seit Ende der 2000er Jahre wurde vermehrt darauf hingewiesen, dass Menschen, die eine Multimedikation erhalten, gleichzeitig unter dem Risiko stehen, dass relevante gesundheitliche Probleme nicht adäquat behandelt werden (Untertherapie) (Kuijpers et al. 2008). Hier ist bei genauerer Betrachtung jedoch zwischen unzureichender Exposition der Betroffenen (und damit fehlender Wirkung) aufgrund von fehlender oder unzureichender Verordnung (Underuse), unregelmäßiger Einnahme (Nonadhärenz) und Applikationsproblemen zu unterscheiden (Haefeli 2011). Unterversorgung betrifft häufig spezifische Erkrankungen und Konditionen, die bei Multimedikation übersehen und bspw. mit dem validierten START-Instrument erfasst werden können (Gallagher et al. 2008). START ist ein Akronym für „Screening Tool to Alert doctors to Right Treatment" und beschreibt, getrennt nach Indikationsgruppen, klinische Konstellationen, bei denen das Ansetzen einer Medikation geprüft werden sollte (O'Mahony et al. 2015). Typische Situationen, bei denen bei beschriebener Indikation ggf. eine Medikation fehlt, sind z. B. Beta-Blocker nach Myokardinfarkt bzw. Koronarer Herzkrankheit (KHK) oder ein orales Antikoagulanz bei Vorhofflimmern (Leitliniengruppe Hessen 2021).

3.5 Gesundheitskompetenz und Multimedikation

Eine umfangreiche Survey-Studie, welche die Gesundheitskompetenz in Deutschland untersuchte, zeigte, dass bei fast zwei Drittel aller Menschen mit mindestens einer chronischen Erkrankung eine eher geringe Gesundheitskompetenz vorliegt. Darüber hinaus weisen Menschen mit Multimorbidität eine signifikant geringere Gesundheitskompetenz auf als Menschen mit nur einer chronischen Krankheit (Schaeffer et al. 2021). Auch für digitale Gesundheitskompetenz sind Menschen mit einer oder mehr chronischen Erkrankungen deutlich im Nachteil, verglichen mit Menschen ohne chronische Erkrankungen (Kolpatzik et al. 2020). Daher müssen Menschen, die von Multimedikation betroffen sind, überwiegend als besonders benachteiligte Gruppe betrachtet werden. Denn die Herausforderungen, die mit dem Finden, Verstehen, Beurteilen und Anwenden von relevanten Gesundheitsinformationen einhergehen, können dabei oft nicht oder nicht ausreichend bewältigt werden.

Zugleich ist ein kompetenter Umgang mit Gesundheitsinformationen Grundlage einer souveränen Entscheidung und der Möglichkeit, Entscheidungen dergestalt zu treffen, dass damit eigene Gesundheits- und Lebensziele erreicht werden. Ein systematisches Review schlussfolgerte, dass gesundheitsbezogene Informationsmaterialien zur Aufklärung von Betroffenen zumeist ein überdurchschnittliches Leseniveau erforderten und damit Menschen mit geringer Gesundheitskompetenz der Zugang verwehrt war (Fajardo et al. 2019). Weiterhin zeigte die Untersuchung, dass in bereitgestellten Informationsmaterialien der potenzielle Nutzen und Schaden von gezielter Arzneimittelreduktion (Deprescribing) nur selten ausgewogen dargestellt wurde. Daraus resultiert, dass bereits das zugrundeliegende Konzept solcher Materialien einen Entscheidungsprozess nur unzureichend unterstützt (Fajardo et al. 2019).

Ein gutes Verständnis von Medikamenten fördert Behandlungseffekte und verbessert die Patientensicherheit. Umgekehrt kann ein unzureichendes Verständnis die Adhärenz beeinträchtigen und zur Entwicklung unerwünschter Therapieeffekte beitragen (Passagli et al. 2021). Von 754 niederländischen Patientinnen und Patienten, die durchschnittlich täglich neun Medikamente einnahmen, kannten nur 15 % die richtigen Indikationen ihrer Medikamente (Bosch-Lenders et al. 2016). Eine brasilianische Studie zeigt, dass nur etwa 4 % der Menschen mit Multimedikation von möglichen Nebenwirkungen ihrer Medikamente wussten. Nur etwa ein Drittel hatte Kenntnisse zu Warnhinweisen bzgl. ihrer Medikamente und wusste um Vorsichtsmaßnahmen, wie sie sich beim Auftreten von Nebenwirkungen zu verhalten haben oder wie sie diesen vorbeugen können. Immerhin kannten etwa drei Viertel den Namen ihrer Medikamente, deren Dosierung und die Dauer der Behandlung (Passagli et al. 2021).

3.6 Adhärenz

Menschen, die dauerhaft fünf oder mehr Medikamente einnehmen, erleben die Koordination ihrer Versorgung – zusätzlich zu Krankheitssymptomen und den mit ihren Erkrankungen verbundenen Einschränkungen – häufig als große Herausforderung. Das Einnehmen von Medikamenten zu bestimmten Tageszeitpunkten oder das Wissen um Wechselwirkungen zwischen Präparaten erfordert von den Betroffenen und ihrem Umfeld große Aufmerksamkeit, Zeit und kognitive Ressourcen (Foley et al. 2021a). So ist nicht verwunderlich, dass in einer systematischen Übersichtsarbeit ermittelt wurde, dass 43 % aller Betroffenen nicht die notwendige Therapietreue zeigen (Foley et al. 2021b). Menschen erfahren ihre Multimorbidität häufig als größere Belastung, als aus der reinen Summe ihrer individuellen Erkrankungen zu erwarten wäre. Die Komplexität, die mit der Versorgung von Menschen mit Multimedikation einhergeht, erfordert dementsprechend eine krankheitsübergreifende Strategie.

Die Evidenz zur Behandlung von Menschen mit Multimorbidität ist noch lückenhaft und Leitlinien sind in der Regel auf einzelne Krankheitsbilder fokussiert. Die Präferenzen der Patientinnen und Patienten müssen im Rahmen therapeutischer Maßnahmen stärker Berücksichtigung finden, um das oft fragile Gleichgewicht der Selbständigkeit nicht zu gefährden (Haefeli 2011). Dass Betroffene sich möglicher Probleme von Multimedikation sowie mangelnder Therapietreue bei der Einnahme bewusst sind, ist wichtig. In der Kommunikation mit ärztlichem Personal leisten die Patientinnen und Patienten selbst einen wichtigen Beitrag, um potenziell inadäquate Medikation frühzeitig zu erkennen und so die Patientensicherheit zu erhöhen (WHO 2019).

Personen, die Multimedikation erhalten, sehen zwar den Mehrwert ihrer zahlreichen Medikamente sowie den Nutzen von Therapietreue, dennoch äußert ein Drittel der Betroffenen starke Bedenken sowie Angst vor Nebenwirkungen. Dies betrifft insbesondere Medikamente, die der Prävention dienen und über einen langen Zeitraum im Leben der Betroffenen eingenommen werden sollen (Clyne et al. 2017). Möglicherweise werden Betroffene bei der Verschreibung neuer Medikamente nicht immer auf potenzielle Nebenwirkungen hingewiesen oder über therapeutische Ziele aufgeklärt, was beides der Steigerung der Therapietreue zugutekäme. Ärztinnen und Ärzte vermeiden jedoch häufig, über potenzielle Nebenwirkungen zu sprechen. Dahinter steht auch die Angst, die Adhärenz der Betroffenen zu beeinträchtigen oder Nocebo-Effekte hervorzurufen, d. h. einen fälschlichen Glauben, von Nebenwirkungen betroffen zu sein, zu evozieren (Passagli et al. 2021).

3.7 Strategien zur Bewältigung von Multimedikation

Die meisten Strategien zur Bewältigung von Multimedikation zielen auf die Korrektur der einzunehmenden Präparate ab. Hier kann etwa die Anzahl der verschriebenen bzw. eingenommenen Medikamente verringert, die Dosis angepasst oder die Einnahmetreue verbessert werden. Die Anwendung solcher Strategien kann für viele Betroffene die Lebensqualität deutlich erhöhen, Kosten für das Gesundheitssystem senken, die pharmakologische Wirkung von Medikamenten erhöhen und Betroffene vor unerwünschten Wirkungen und Wechselwirkungen schützen (Kurczewska-Michalak et al. 2021).

3.7.1 Systematisches Medikationsreview

Zur ärztlichen Überwachung von Menschen mit Multimorbidität und Multimedikation gehört es, neben der Überwachung der üblichen Kontrollparameter (Labor, Blutdruck etc.) einen auf die Lebensqualität zielenden Handlungsbedarf zu erkennen: Wie geht es den Betroffenen mit ihren vielen Medikamenten? Geringer Behandlungsbedarf besteht häufig, wenn Allgemeinzustand, Appetit, Schlaf und Stuhlgang in Ordnung, die Betroffenen mit ihrer Medikation zufrieden sind und sie diese zuverlässig einnehmen. Dringlicher Handlungsbedarf besteht, wenn eine Verschlechterung des Allgemeinzustandes mit einem neu verordneten Medikament einhergeht (Zeeh 2018).

Laut der deutschen Leitlinie Multimedikation gehören Menschen mit Multimedikation ($\geq$ 5 dauerhaft angewendete Arzneimittel) und Multimorbidität ($\geq$ 3 chronische Erkrankungen) sowie Menschen mit zusätzlichen Risiken (z. B. psychiatrische Erkrankungen, psychotrope Medikation) oder nach Ereignissen (z. B. Stürze, Krankenhausaufenthalt) zu den Risikogruppen (Leitliniengruppe Hessen 2021). Gerade bei Menschen mit Multimedikation gehört zu einer sicheren Verschreibung eine regelmäßige Überprüfung der Medikamente. Dabei wird die eventuelle Neuverschreibung indizierter Medikamente und die Rücknahme von inadäquaten Medikamenten geprüft. Letztere betreffen Medikamente, bei denen in Zusammenschau aller Verordnungen die verbundenen Risiken den möglichen Nutzen überwiegen (Wallis et al. 2017). Traditionell sind Ärztinnen und Ärzte für die Verschreibung und Überwachung der Medikamente verantwortlich. Der Mehrwert eines interprofessionellen Medikationsreviews durch Ärzte und Apotheker ist insbesondere in internationalen Zusammenhängen gut belegt. Obgleich zeit- und ressourcenintensiv, erlaubt dieses Vorgehen die Zusammenführung beider professioneller Perspektiven – die medikamenten- und die patientenzentrierte Sicht, sofern alle relevanten und aktuellen Befunde (Diagnosen, klinische Befunde, Laborwerte, Medikationsplan) sowie Angaben zur Medikamentenhistorie vorliegen.

Effekte von Medikationsreviews zeigen unterschiedliche Ergebnisse, mit den besten Erfolgen im Krankenhaussetting und für Gruppen mit höchstem Risiko, etwa älteren Menschen (Hasan Ibrahim et al. 2021). Bisher ist die Evidenz zur Wirksamkeit von Medikationsreviews nicht eindeutig belegt, insbesondere bezüglich der patientenrelevanten Endpunkte Überleben, Krankenhausaufnahmen, Lebensqualität und Stürze. Zur Senkung von potenziell inadäquaten Medikamenten (PIMs) lieferten die Studien inkonsistente Ergebnisse (Rankin et al. 2018). Jedoch weisen einige Untersuchungen auf Effekte hin, die den ethisch unbestrittenen Impetus von Medikationsreviews zur Vermeidung von (behandlungsverursachten) Schäden überschreiten: Eine Metaanalyse (Tasai et al. 2021) zeigt beispielsweise, dass von Apothekerinnen und Apothekern durchgeführte Medikationsreviews zu einem Rückgang von Besuchen der Notfallambulanz führen, wenngleich diese keinen Einfluss auf Krankenhausaufnahmen oder die Lebensqualität hatten. Weiterhin konnte die Effektivität von Medikationsreviews bei bereits hospitalisierten Menschen nachgewiesen werden (Christensen und Lundh 2016).

3.7.2 Deprescribing

Deprescribing beschreibt die Strategie, rezeptfreie oder verschriebene Medikamente abzusetzen oder in der Dosis zu reduzieren, damit Menschen mehr von den Medikamenten profitieren als sie tatsächlich oder potenziell schaden können. Hierbei bezieht sich der Nutzen von Medikamenten unter anderem auf die Lebenserwartung und funktionelle Eingeschränktheit im Alltag der Betroffenen – aber auch auf Werte, Präferenzen und Einstellungen der Menschen (Scott et al. 2015). Studien zu Interventionen im Bereich von Deprescribing bei nicht-institutionalisierten älteren Menschen zeigen eine Bandbreite von Maßnahmen, wobei am häufigsten das umfassende Medikationsreview zum Einsatz kommt (Bloomfield et al. 2020). Ein umfassendes Medikationsreview ähnelt dem strukturierten Medikationsreview, bezieht aber immer die Patientinnen und Patienten mit ein, indem sie etwa zu Anwendungsproblemen oder Nebenwirkungen befragt werden sowie explizit über Veränderungsvorschläge mitbestimmen (Malet-Larrea et al. 2016; Bosch-Lenders et al. 2016).

Deprescribing – Hürden aus Perspektive der Ärztinnen und Ärzte

Ärztinnen und Ärzte entwickeln ein zunehmendes Problembewusstsein für unangemessene Multimedikation und schätzen das Absetzen von Medikamenten als sinnvoll und notwendig ein. Es gibt jedoch vergleichsweise wenig evidenzbasierte Entscheidungsunterstützung zum Absetzen (im Gegensatz zum Verordnen), und für dessen Umsetzung ist es erforderlich, dass Verordnende sowie Patientinnen und Patienten ihre Einstellung und ihr Verhalten ändern. So hält etwa die Sorge vor Unterversorgung oder als „schlechter Arzt/schlechte Ärztin" zu gelten, vom erfolgreichen Deprescribing ab. Auch eine mangelnde Selbstwirksamkeitserwartung behandelnder Ärztinnen und Ärzte bis hin zu falschen Annahmen, welche Erwartungen Patientinnen und Patienten an die Verordnung von Medikamenten beim Arztbesuch haben, wurden beschrieben (Anderson et al. 2014). Zudem enthalten Leitlinien, die evidenzbasierte Entscheidungsunterstützung liefern, in ganz überwiegendem Maß Empfehlungen zum Verordnen von Medikamenten, jedoch nur selten Absetzempfehlungen. Wenn das Risiko, eine möglicherweise unangemessene Verschreibung fortzusetzen, als geringer eingeschätzt wurde als die möglichen Komplikationen, die eine Änderung der Medikation mit sich bringt, zögerten die Hausärzte, Änderungen vorzunehmen (Clyne et al. 2016).

Deprescribing – Hürden aus Perspektive der Patientinnen und Patienten

Auch patientenseitige Barrieren spielen für das Gelingen von Absetzprozessen eine erhebliche Rolle (Clyne et al. 2017). Vor allem dauerhaft verschriebene Medikamente und solche, die von Fachspezialisten verordnet wurden, werden häufig für unverzichtbar gehalten und trotz generellem Wunsch nach Reduktion der Medikation oft aus der Liste potenziell abzusetzender Medikamente ausgeklammert. Auch bestehen Ängste, dass ein Medikamentenentzug unerwünschte Wirkungen hervorruft, insbesondere wenn zuvor negative Erfahrungen mit dem Absetzen von Medikamenten gemacht wurden und obgleich diese viel seltener auftreten als unerwünschte Wirkungen von Medikamenten (Luymes et al. 2016). Aber auch individuelle Vor- und Einstellungen zur Pharmakotherapie im Allgemeinen wie auch zum Nutzen von Medikamenten, der auch patientenseitig oft überbewertet wird, spielen bei Betroffenen eine Rolle bei der Entscheidung, (potenziell) unangemessene Medikamente nicht abzusetzen (Reeve et al. 2013).

3.7.3 Kommunikation und gemeinsame Entscheidungsfindung

In der Regel werden Menschen bei der gemeinsamen Entscheidungsfindung – mit oder ohne Entscheidungshilfe – in die Diskussionen über Behandlungsoptionen sowie die Vor- und Nachteile der einzelnen Therapien einbezogen und zu ihren Präferenzen befragt. So wird eine gemeinsame Entscheidung über das weitere Vorgehen getroffen. Mehrfache Erkrankungen erschweren jedoch die gemeinsame Entscheidungsfindung, da ein optimales Management nicht einfach die Versorgung aller einzelnen Erkrankungen und Konditionen darstellt, sondern eine Therapiestrategie erfordert, die der Komplexität und Dynamik paralleler Erkrankungen und Therapien Rechnung trägt (Hoffmann et al. 2018).

Der Schlüssel zu einer patientenzentrierten Versorgung ist eine sorgfältige und gemeinsame Entscheidungsfindung. Bei der Festlegung von Problem- und Entscheidungsprioritäten sollten die Hauptanliegen, Prioritäten

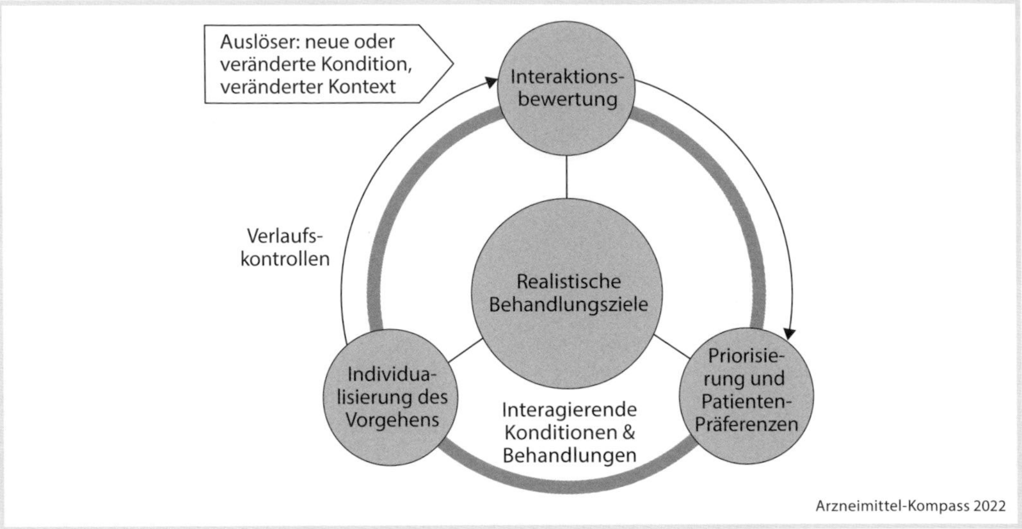

Abb. 3.2 Ariadne-Prinzipien. (Aus Muth et al. 2014b)

und Präferenzen der Betroffenen ermittelt und anschließend eine patientenzentrierte Zielsetzung vorgenommen werden. Sobald die Ziele gemeinsam festgelegt worden sind, verlagert sich das Gespräch auf das Problem mit der höchsten Priorität und darauf, wie dieses Ziel am besten erreicht werden kann. Idealerweise beinhaltet dies die Diskussion der Behandlungsoptionen, wobei für jede Option Nutzen und Schaden (einschließlich des Ausmaßes oder der Wahrscheinlichkeit jeder Option, möglichst individualisiert) und die Durchführbarkeit (einschließlich der Behandlungslast und der Kosten) offengelegt werden. Auf dieser Basis können die Betroffenen zu einer souveränen Entscheidung gelangen und ihre Präferenzen äußern (Hoffmann et al. 2018).

3.7.4 Ariadne-Prinzipien

Die oben beschriebenen Strategien gehen in der Regel von einer bereits bestehenden (potenziell inadäquaten) Multimedikation aus und vermitteln Techniken, wie deren Angemessenheit zu prüfen und zu verbessern ist. Demgegenüber wird mit den Ariadne-Konsultationsprinzipien ein anderer und umfassenderer Ansatz verfolgt, der sowohl ex ante (also zur Verhinderung unangemessener Multimedikation) als auch ex post (wenn diese bereits vorliegt) umsetzbar ist. Im Mittelpunkt steht die Vereinbarung realistischer Therapieziele zwischen (Haus-)Ärztin oder Hausarzt und den Betroffenen, die auf einer Interaktionsbewertung aller vorliegenden Erkrankungen/Konditionen und Behandlungsoptionen beruht. Dabei werden bestehende Gesundheitsprobleme priorisiert und ein individualisiertes Management abgestimmt, um die vereinbarten Therapieziele zu erreichen (Muth et al. 2014b). Die Anwendung dieser im Expertenkonsens entwickelten Prinzipien wurde in der spanischen cluster-randomisierten MultiPAP-Studie evaluiert, mit der die Angemessenheit von Multimedikation verbessert werden konnte (Prados-Torres et al. 2020). Auch haben diese Prinzipien international weiteren Eingang in evidenzbasierte Leitlinien zur Multimedikation gefunden (NICE 2015) (vgl. Abb. 3.2 und 3.3). Eine Anwendung der Prinzipien auf unser hypothetisches Fallbeispiel illustriert Textbox 2.

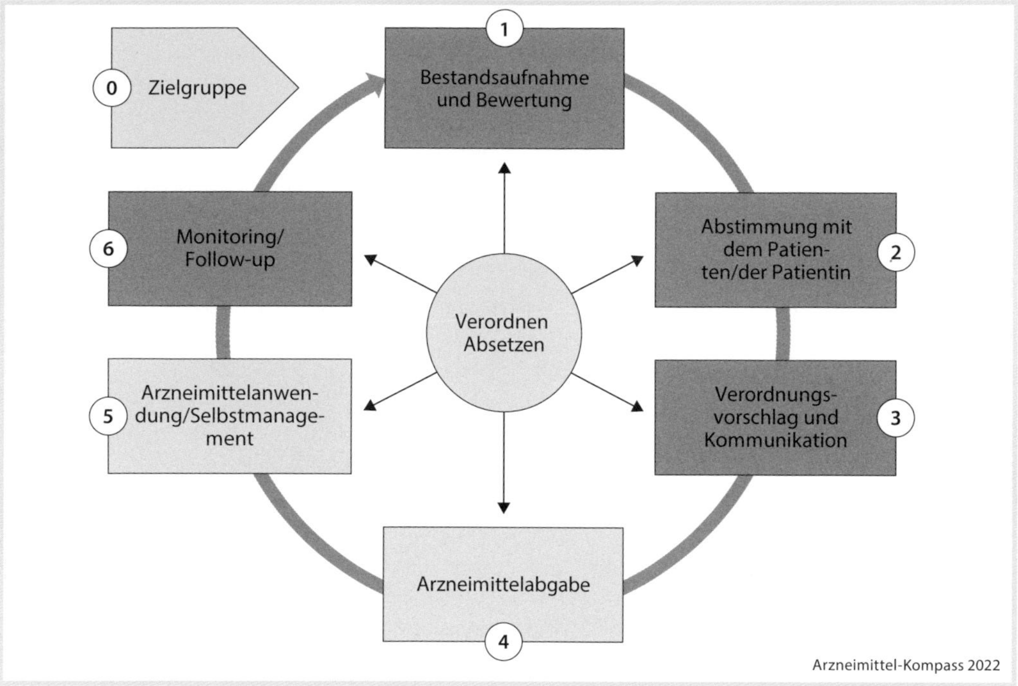

Abb. 3.3 Medikationsprozess laut LL Multimedikation (Leitliniengruppe Hessen 2021; Copyright: AWMF, mit freundlicher Genehmigung)

Textbox 2

Anwendung der Ariadne-Prinzipien auf das hypothetische Fallbeispiel

Für unser hypothetisches Fallbeispiel aus Textbox 1 (Herr X, 72 Jahre) wären zunächst alle vorliegenden Erkrankungen/Konditionen und deren bestehende Behandlungen zu prüfen:

- Bluthochdruck – Ramipril, HCTZ, Amlodipin: Wenn diese Kombination für die Blutdruckbehandlung hinlänglich war und zudem als Kombinationspräparat verschrieben wird, besteht kein Grund zur Reduktion.
- Fettstoffwechselstörung – Atorvastatin: Hier trifft dasselbe zu.
- Erhöhten Harnsäurewert im Blut (Hyperurikämie) mit anamnestischen Episoden von Gichtarthritis – Allopurinol: Zu prüfen wäre, ob auch eine diätetische Behandlung möglich wäre bzw. ob wirklich Gelenkbeschwerden bestehen und nicht nur eine asymptomatische Harnsäureerhöhung vorliegt. Andererseits ist gerade bei kardiovaskulären Erkrankungen eine Normalisierung der Urat-Spiegel aus pathophysiologischen Gründen wünschenswert.
- Neu: chronische Herzinsuffizienz – Metoprolol, Spironolakton und Empagliflozin (synergistisch zur Hypertoniebehandlung auch Ramipril und HCTZ).

Die Einführung der neuen Wirkstoffe birgt ein umfängliches Aufgaben- und auch Verantwortungspaket für die behandelnden Ärztinnen und Ärzte und setzt die Patientinnen und Patienten neben dem erwarteten Nutzen (der Verhinderung eines Fortschreitens der strukturellen Herzerkrankung) neuen Risiken und Belastungen aus:

So erfolgt die Betablocker-Gabe durch einen langsamen Aufbau (Auftitration) zur maximal verträglichen Dosis und mit einer engen (Selbst)Überwachung von Herzfrequenz, Blutdruck und körperlichem Befinden. Hinsichtlich der Einleitung der Gabe von Mineralkortikoid-Rezeptorantagonisten (MRA) muss – der aktuellen ESC-Guideline folgend – mit einer niedrigen Dosis begonnen werden (25 mg); eine Dosiserhöhung auf maximal 50 mg ist nach vier bis acht Wochen zu erwägen, Blutwerte (GFR, K+) sind ein und vier Wochen nach Beginn/Erhöhung der Dosis sowie acht und zwölf Wochen später zu überprüfen; danach in Abständen von vier bis sechs Monaten. Das Hauptproblem ist eine Hyperkaliämie (> 6,0 mmol/l); obwohl dies bei den klinischen Studien selten war, wird es in der klinischen Praxis häufiger beobachtet und zwingt zur Dosisreduktion oder zum Absetzen. Umgekehrt kann bei Menschen mit Herzinsuffizienz ein hochnormaler Kaliumspiegel wünschenswert sein. Auf jeden Fall ist es wichtig, nephrotoxische Mittel (z. B. Nicht-Steroidale Anti-Rheumatika (NSAID)) zu vermeiden. Auch einige diätetische Salzersatzprodukte haben einen hohen Kalium-Gehalt. Auch bei Gabe des Natrium/Glukose-Cotransporter-(SGLT-)2-Hemmstoffs muss die Nierenfunktion regelmäßig überwacht werden.

Mit Herrn X wäre zu besprechen, ob er diese Therapie und deren Konsequenzen für sein Selbstmanagement als eher hilfreich oder eher belastend empfindet, welche persönlichen Therapieziele er verfolgt und welche Risiken und potenziellen unerwünschten Arzneimittelwirkungen (UAWs) er dafür akzeptieren würde.

Für die Festlegung des individuellen Managements spielen – neben seinen Präferenzen für oder gegen die Therapielast – auch Überlegungen zum individuellen Erkrankungsrisiko und zum individuell zu erwartenden Nutzen eine Rolle: Herr X war bislang asymptomatisch hinsichtlich der Herzinsuffizienz, hat als verursachende Erkrankung einen Bluthochdruck und die dokumentierte geringgradige Atemnot bei Belastung ohne Ödem ist bei kritischer Betrachtung nicht notwendigerweise kardial bedingt. Er weist somit eine geringe Krankheitsschwere und bzgl. seiner Grunderkrankung ein geringes Risiko für Progression auf, sofern der Bluthochdruck gut kontrolliert ist. Andererseits wird der Verlust der echokardiographisch bestimmten Auswurfleistung als Zeichen einer strukturellen Herzerkrankung auch ohne klinisch manifeste Symptomatik – die ohnehin von der individuellen körperlichen Aktivität abhängt – als prognostisch ungünstig angesehen. Hinsichtlich des zu erwartenden Nutzens der verordneten Medikamente ist dieser für ACE-Hemmer und Betablocker für NYHA I–II gut belegt. MRAs wurden bislang nur bei höheren Erkrankungsstadien empfohlen, die in die Studien eingeschlossen wurden, die als Evidenzbelege in der ESC-Leitlinie angeführt wurden, ebenso wie bei den SGLT-2-Hemmstoffen (NYHA II–IV). Hinsichtlich potenzieller Gefährdung weisen MRAs bei eingeschränkter Nierenfunktion ein erhöhtes Risiko für eine lebensbedrohliche Hyperkaliämie auf, insbesondere in Kombination mit ACE-Hemmern (Juurlin et al. 2003) und bei Herrn X kann im Alter von 72 Jahren bereits mit einer altersphysiologischen Einschränkung der Nierenfunktion um etwa 35 % verglichen mit einem gesunden Jugendlichen ausgegangen werden (Rule et al. 2010), was zusätzlich für eine Hyperkaliämie prädisponiert. Auch ist die Gabe eines SGLT-2-Hemmstoffs mit einem erhöhten Risiko für Genital- und Harnwegsinfektionen assoziiert (McDonagh et al. 2021).

Es muss im Hinblick auf die Aktivitäten indikationsspezifischer Fachgesellschaften auch anerkannt werden, dass die zugrunde liegende Problematik erkannt wird: So hat die European Society for Cardiology durch ihre Working Group on Cardiovascular Pharmacotherapy kürzlich in einer Übersichtsarbeit analysiert, wie den Herausforderungen begegnet werden kann, vor denen Angehörige der Gesundheitsberufe stehen, wenn sie älteren Menschen mit kardiovaskulären Erkrankungen und Multimorbidität Medikamente verschreiben. Die Arbeit hält auch Informationen bereit, die das Thema Priorisierung ansprechen (Tamargo et al. 2022).

Ergebnis: Auch wenn wir die von Ärztinnen, Ärzten und betroffenen Menschen gemeinsam vereinbarten Ziele und das darauf basierte individualisierte Vorgehen nicht kennen, wird deutlich, dass dieses erheblich vom o. g. Vorgehen abweichen kann. Mit der Anwendung der Ariadne-Prinzipien wird demnach Entscheidungsunterstützung bei multimorbiden Personen bereitgestellt, die geeignet ist, um den „hyperaktiven therapeutischen Reflex" zu vermeiden (Glasziou 2013).

3.8 Fazit

Multimedikation, vor allem bei Menschen mit Multimorbidität, ist häufig und oft unerlässlich sowie angemessen. Dennoch ist sowohl unerwünschte Multimedikation als auch Unterversorgung von Menschen mit Multimorbidität nicht selten. Für Patientinnen und Patienten stellt das Management der vielen einzunehmenden Medikamente eine Schwierigkeit dar und trägt zur Therapieuntreue bei. Um die Adhärenz zu fördern, ist die gemeinsame Entscheidungsfindung und die Steigerung von Gesundheitskompetenz wichtig. Zur Bewältigung von Multimedikation können systematische oder umfassende Medikationsreviews angewendet werden, die beim Absetzen (Deprescribing) von Medikamenten unterstützen. Diese Strategien bündeln sich in den Ariadne-Prinzipien, die die Behandlung von Menschen mit Multimorbidität bzw. Multimedikation strukturieren.

Anhang: Methodik der Datenauswertung von AOK-Versicherten zur Prävalenzanalyse

▪ ▪ Grundgesamtheit

Für die Ermittlung von Patientinnen und Patienten mit Multimedikation wurden in der Grundgesamtheit alle im Kalenderjahr durchgängig versicherten oder neugeborenen Personen im AOK-Versichertenkollektiv betrachtet. Es wurden nur Personen mit Geschlechtsangabe männlich oder weiblich sowie mit einem Wohnort in Deutschland berücksichtigt.

▪ ▪ Falldefinition Multimedikation

Die Falldefinition für Patienten mit Multimedikation erfordert, dass in mindestens einem Quartal im betrachteten Kalenderjahr eine Menge von mindestens fünf, sieben oder zehn verschiedenen Wirkstoffen beziehungsweise Wirkstoffkombinationen verordnet wurde. Die Zählung der Wirkstoffe/Wirkstoffkombinationen erfolgte auf der fünften Hierarchieebene des ATC-Codes (Fricke et al. 2021). Dabei wurden von allen verordneten Arzneimitteln nur Fertigarzneimittel berücksichtigt, die in mindestens zwei Quartalen im Berichtsjahr verordnet wurden, um näherungsweise von einer dauerhaften Verordnung ausgehen zu können. Darüber hinaus wurden topisch angewendete ATC-Codes (wie D Dermatika, R01 Rhinologika etc.), Wirkstoffe, die physiologische Stoffe ersetzen (wie B05 Blutersatzmittel und Perfusionslösungen), nicht chronisch angewendete Arzneimittel (wie J07 Impfstoffe) sowie nicht in der ATC-Systematik klassifizierbare Arzneimittel ausgeschlossen. Diese nicht berücksichtigten ATC-Codes sind: A01, B05, D, G01, J07, M02, P03, R01, R02, R04, S, V, Z. Diese Vorgehensweise hat zum Ziel, mit größerer Wahrscheinlichkeit solche Patienten auszuwählen, bei denen verschiedene chronische Erkrankungen vorliegen, die mit systemisch wirkenden Arzneimitteln therapiert werden.

▪ ▪ Hochrechnung auf alle gesetzlich Krankenversicherten

Die Ergebnisse zu den Patientenzahlen mit Multimedikation bei den AOK-Versicherten wurden nach Altersgruppen, Geschlecht und KV-Region anhand der Versichertenzahlen der amtlichen KM6-Statistik (Bundesministerium für Gesundheit 2020) auf alle gesetzlich Krankenversicherten hochgerechnet.

▪ ▪ Falldefinitionen weiterer Erkrankungen

Zur Falldefinition weiterer Erkrankungen bei AOK-Versicherten wurden WIdO-interne Festlegungen verwendet. Einige dieser Falldefinitionen wurden in verschiedenen Projekten des WIdO eingesetzt und sind dort veröffentlicht: Asthma (WIdO 2020), COPD (WIdO 2021), Diabetes mellitus (WIdO 2019), Herzinsuffizienz (Schröder et al. 2020), koronare Herzkrankheit (Breitkreuz et al. 2021). Weitere Falldefinitionen können auf Nachfrage vom WIdO zur Verfügung gestellt werden.

Literatur

Ahluwalia SC, Gross CP, Chaudhry SI, Leo-Summers L, van Ness PH, Fried TR (2011) Change in comorbidity prevalence with advancing age among persons with heart failure. J GEN INTERN MED 26(10):1145–1151. https://doi.org/10.1007/s11606-011-1725-6

Anderson K, Stowasser D, Freeman C, Scott I (2014) Prescriber barriers and enablers to minimising potentially inappropriate medications in adults: a systematic review and thematic synthesis. BMJ Open 4(12):e6544. https://doi.org/10.1136/bmjopen-2014-006544

Baron-Franco B, McLean G, Mair FS, Roger VL, Guthrie B, Mercer SW (2017) Comorbidity and polypharmacy in chronic heart failure: a large cross-sectional study in primary care. Br J Gen Pract 67(658):e314–e320. https://doi.org/10.3399/bjgp17X690533

Bloomfield HE, Greer N, Linsky AM, Bolduc J, Naidl T, Vardeny O et al (2020) Deprescribing for community-dwelling older adults: a systematic review and meta-analysis. J Gen Intern Med 35(11):3323–3332. https://doi.org/10.1007/s11606-020-06089-2

Bosch-Lenders D, Maessen DW, Stoffers HE, Knottnerus JA, Winkens B, van den Akker M (2016) Factors associated with appropriate knowledge of the indications for prescribed drugs among community-dwelling older patients with polypharmacy. Age Ageing 45(3):402–408. https://doi.org/10.1093/ageing/afw045

Boyd CM, Darer J, Boult C, Fried LP, Boult L, Wu AW (2005) Clinical practice guidelines and quality of care for older patients with multiple comorbid diseases. implications for pay for performance. JAMA 294(6):716–724. https://doi.org/10.1001/jama.294.6.716

Braunstein JB, Anderson GF, Gerstenblith G, Weller W, Niefeld M, Herbert R, Wu AW (2003) Noncardiac comorbidity increases preventable hospitalizations and mortality among Medicare beneficiaries with chronic heart failure. J Am Coll Cardiol 42(7):1226–1233

Breitkreuz J, Schüssel K, Brückner G, Schröder H (2021) Methodik zur Bestimmung von Prävalenzen und Schweregraden mit Routinedaten im Projekt BURDEN 2020 – Falldefinitionen, Schweregrade, Prävalenzkonzept. https://www.krankheitslage-deutschland.de/dokumente/methodendokumentation.pdf. Zugegriffen: 16. Aug. 2022

BMG – Bundesministerium für Gesundheit (2020) KM 6-Statistik (Statistik über Versicherte, gegliedert nach Status, Alter, Wohnort und Kassenart (Stichtag: 1. Juli des jeweiligen Jahres)). https://www.bundesgesundheitsministerium.de/fileadmin/Dateien/3_Downloads/Statistiken/GKV/Mitglieder_Versicherte/Versicherte_2020.xlsx. Zugegriffen: 16. Aug. 2022

Carmona M, García-Olmos LM, Alberquilla A, Muñoz A, García-Sagredo P, Somolinos R et al (2011) Heart failure in the family practice: a study of the prevalence and co-morbidity. Fam Pract 28(2):128–133. https://doi.org/10.1093/fampra/cmq084

Carmona-Torres JM, Cobo-Cuenca AI, Recio-Andrade B, Laredo-Aguilera JA, Martins MM, Rodríguez-Borrego AM (2018) Prevalence and factors associated with polypharmacy in the older people: 2006–2014. J Clin Nurs 27(15–16):2942–2952. https://doi.org/10.1111/jocn.14371

Christensen M, Lundh A (2016) Medication review in hospitalised patients to reduce morbidity and mortality. Cochrane Database Syst Rev. https://doi.org/10.1002/14651858.CD008986.pub3

Clyne B, Cooper JA, Hughes CM, Fahey T, Smith SM (2016) Potentially inappropriate or specifically appropriate? Qualitative evaluation of general practitioners views on prescribing, polypharmacy and potentially inappropriate prescribing in older people. BMC Fam Pract 17(1):109. https://doi.org/10.1186/s12875-016-0507-y

Clyne B, Cooper JA, Boland F, Hughes CM, Fahey T, Smith SM (2017) Beliefs about prescribed medication among older patients with polypharmacy. a mixed methods study in primary care. Br J Gen Pract 67(660):e507–e518. https://doi.org/10.3399/bjgp17X691073

Fajardo MA, Weir KR, Bonner C, Gnjidic D, Jansen J (2019) Availability and readability of patient education materials for deprescribing: an environmental scan. Br J Clin Pharmacol 85(7):1396–1406. https://doi.org/10.1111/bcp.13912

Foley L, Hynes L, Murphy AW, Molloy GJ (2021a) 'Just keep taking them, keep hoping they'll work': A qualitative study of adhering to medications for multimorbidity. British J Health Psychol. https://doi.org/10.1111/bjhp.12568

Foley L, Larkin J, Lombard-Vance R, Murphy AW, Hynes L, Galvin E, Molloy GJ (2021b) Prevalence and predictors of medication non-adherence among people living with multimorbidity: a systematic review and meta-analysis. Bmj Open 11(9):e44987. https://doi.org/10.1136/bmjopen-2020-044987

Freitag M, Dreischulte T (2022) Epidemiologie. In: van den Akker M, Muth C (Hrsg) Praxishandbuch Multimorbidität. Elsevier, München

Fricke U, Günther J, Niepraschk-von Dollen K, Zawinell A (2021) Anatomisch-therapeutisch-chemische Klassifikation mit Tagesdosen für den deutschen Arzneimittelmarkt ATC-Index mit DDD-Angaben für den deutsche Arzneimittelmarkt. https://www.wido.de/publikationen-produkte/arzneimittel-klassifikation/. Zugegriffen: 16. Aug. 2022

Gallagher P, Ryan C, Byrne S, Kennedy J, O'Mahony D (2008) STOPP (Screening Tool of Older Persons Prescriptions) and START (Screening Tool to Alert doctors to Right Treatment). Consensus validation. Int J Clin Pharmacol Therap 46(2):72–83

Glasziou P (2013) Beware the hyperactive therapeutic reflex. BMJ Open Opinion. https://blogs.bmj.com/bmj/

3

2013/07/22/paul-glasziou-beware-the-hyperactive-therapeutic-reflex/. Zugegriffen: 25. Apr. 2022

Grandt D, Lappe V, Schubert I (2020) Barmer Arzneimittelreport 2020. Sektorenübergreifende Arzneimitteltherapie. Schriftenreihe zur Gesundheitsanalyse, Bd. 23. Barmer, Berlin

Haefeli WE (2011) Polypharmazie. Schweiz Med Forum 11(47):847–852

Ibrahim HAS, Barry HE, Hughes CM (2021) A systematic review of general practice-based pharmacists' services to optimize medicines management in older people with multimorbidity and polypharmacy. Fam Pract 38(4):509–523. https://doi.org/10.1093/fampra/cmaa146

Hoffmann T, Jansen J, Glasziou P (2018) The importance and challenges of shared decision making in older people with multimorbidity. PLoS Med 15(3):e1002530. https://doi.org/10.1371/journal.pmed.1002530

Juurlin DN, Mamdani M, Kopp A, Laupacis A, Redelmeier DA (2003) Drug-drug interactions among elderly patients hospitalized for drug toxicity. JAMA 289(13):1652–1658. https://doi.org/10.1001/jama.289.13.1652

Kolpatzik K, Mohrmann M, Zeeb H (Hrsg) (2020) Digitale Gesundheitskompetenz in Deutschland. KomPart, Berlin

Kuijpers MA, van Marum RJ, Egberts AC, Jansen PA, OLDY (OLd People Drugs & Dysregulation) Study Group (2008) Relationship between polypharmacy and underprescribing. Br J Clin Pharmacol 65(1):130–133

Kurczewska-Michalak M, Lewek P, Jankowska-Polańska B, Giardini A, Granata N, Maffoni M et al (2021) Polypharmacy management in the older adults: a scoping review of available interventions. Front Pharmacol 12:734045. https://doi.org/10.3389/fphar.2021.734045

Lappe V, Dinh TS, Harder S, Brueckle M-S, Fessler J, Marschall U et al (2022) Multimedication guidelines: assessment of the size of the target group for medication review and description of the frequency of their potential drug safety problems with routine data. Pharmacoepidemiology 1(1):12–25. https://doi.org/10.3390/pharma1010002

Leitliniengruppe Hessen DEGAM (2021) S3-Leitlinie Multimedikation, Kurzfassung. https://www.awmf.org/uploads/tx_szleitlinien/053-043k_S3_Multimedikation_2021-07.pdf. Zugegriffen: 1. Okt. 2021

Loosen S, Roderburg C, Curth O, Gaensbacher J, Joerdens M, Luedde T et al (2022) The spectrum of comorbidities at the initial diagnosis of heart failure a case control study. Scientific reports 12(1):2670. https://doi.org/10.1038/s41598-022-06618-5

Luymes CH, van der Kleij RM, Poortvliet RK, de Ruijter W, Reis R, Numans ME (2016) Deprescribing potentially inappropriate preventive cardiovascular medication. Barriers and enablers for patients and general practitioners. Ann Pharmacother 50(6):446–454. https://doi.org/10.1177/1060028016637181

Malet-Larrea A, Goyenechea E, Garcia-Cardenas V, Calvo B, Arteche JM, Aranegui P et al (2016) The impact of a medication review with follow-up service on hospital admissions in aged polypharmacy patients. Br J Clin Pharmacol 82(3):831–838. https://doi.org/10.1111/bcp.13012

Mastromarino V, Casenghi M, Testa M, Gabriele E, Coluccia R, Rubattu S, Volpe M (2014) Polypharmacy in heart failure patients. Curr Heart Fail Rep 11(2):212–219. https://doi.org/10.1007/s11897-014-0186-8

McDonagh TA, Metra M, Adamo M, Gardner RS, Baumbach A, Böhm M et al (2021) 2021 ESC Guidelines for the diagnosis and treatment of acute and chronic heart failure. Eur Heart J 42(36):3599–3726. https://doi.org/10.1093/eurheartj/ehab368

Muth C, Kirchner H, van den Akker M, Scherer M, Glasziou PP (2014a) Current guidelines poorly address multimorbidity. pilot of the interaction matrix method. J Clin Epidemiol 67(11):1242–1250. https://doi.org/10.1016/j.jclinepi.2014.07.004

Muth C, van den Akker M, Blom JW, Mallen CD, Rochon J, Schellevis FG et al (2014b) The Ariadne principles. how to handle multimorbidity in primary care consultations. BMC Med 12:223. https://doi.org/10.1186/s12916-014-0223-1

NICE (2015) Medicines Optimisation. The safe and effective use of medicines to enable the best possible outcomes. https://www.nice.org.uk/guidance/ng5/evidence/full-guideline-6775454. Zugegriffen: 18. Aug. 2022

O'Mahony D, O'Sullivan D, Byrne S, O'Connor MN, Ryan C, Gallagher P (2015) STOPP/START criteria for potentially inappropriate prescribing in older people: version 2. Age Ageing 44(2):213–218. https://doi.org/10.1093/ageing/afu145

Passagli LC, Barros Cota B, César Simões T, Chama Borges LT (2021) Knowledge of prescribed drugs among primary care patients: findings from Prover Project. Int J Clin Pharm 43(5):1265–1273. https://doi.org/10.1007/s11096-021-01246-x

Prados-Torres A, Cura-González ID, Prados-Torres JD, Muth C, Leiva-Fernández F, Lopez-Rodriguez JA, González-Rubio F (2020) MULTIPAP Study: Improving healthcare for patients with multimorbidity. Br J Gen Pract. https://doi.org/10.3399/bjgp20X711257

Rankin A, Cadogan CA, Patterson SM, Kerse N, Cardwell CR, Bradley MC et al (2018) Interventions to improve the appropriate use of polypharmacy for older people. Cochrane Database Syst Rev. https://doi.org/10.1002/14651858.CD008165.pub4

Reeve E, To J, Hendrix I, Shakib S, Roberts MS, Wiese MD (2013) Patient barriers to and enablers of deprescribing: a systematic review. Drugs Aging 30(10):793–807. https://doi.org/10.1007/s40266-013-0106-8

Rule AD, Amer H, Cornell LD, Taler SJ, Cosio FG, Kremers WK et al (2010) The association between age and nephrosclerosis on renal biopsy among healthy adults. Ann Intern Med 152(9):561–567. https://doi.org/10.7326/0003-4819-152-9-201005040-00006

Schaeffer D, Berens E-M, Gille S, Griese L, Klinger J, de Sombre S et al (2021) Gesundheitskompetenz der Bevölkerung in Deutschland vor und während der Corona-Pandemie: Ergebnisse des HLS-GER 2

Schurig AM, Böhme M, Just KS, Scholl C, Dormann H, Plank-Kiegele B et al (2018) Adverse drug reactions (ADR) and emergencies. Dtsch Arztebl Int 115(15):251–258. https://doi.org/10.3238/arztebl.2018.0251

Schröder H, Brückner G, Schüssel K, Breitkreuz J, Schlotmann A, Günster C (2020) Monitor: Vorerkrankungen mit erhöhtem Risiko für schwere COVID-19-Verläufe. Verbreitung in der Bevölkerung Deutschlands und seinen Regionen. Wissenschaftliches Institut der AOK (WIdO) (Hrsg), Berlin. https://www.wido.de/fileadmin/Dateien/Dokumente/News/Pressemitteilungen/2020/2020_Monitor_Vorerkrankungen_mit_erhoehtem_Risiko_fuer_schwere_COVID-19-Verlaeufe_final.pdf. Zugegriffen: 16. Aug. 2022

Scott IA, Hilmer SN, Reeve E, Potter K, Le Couteur D, Rigby D et al (2015) Reducing inappropriate polypharmacy: the process of deprescribing. JAMA Intern Med 175(5):827–834. https://doi.org/10.1001/jamainternmed.2015.0324

Seiberth JM, Moritz K, Kücükay N, Schiek S, Bertsche T (2020) What is the attitude towards and the current practice of information exchange during self-medication counselling in German community pharmacies? An assessment through self-report and non-participant observation. PLoS ONE 15(10):e240672. https://doi.org/10.1371/journal.pone.0240672

Tamargo J, Kjeldsen KP, Delpón E, Semb AG, Cerbai E, Dobrev D et al (2022) Facing the challenge of polypharmacy when prescribing for older people with cardiovascular disease. A review by the European Society of Cardiology Working Group on Cardiovascular Pharmacotherapy. Eur Heart Journal Cardiovasc Pharmacother. https://doi.org/10.1093/ehjcvp/pvac005

Tasai S, Kumpat N, Dilokthornsakul P, Chaiyakunapruk N, Saini B, Dhippayom T (2021) Impact of medication reviews delivered by community pharmacist to elderly patients on polypharmacy: a meta-analysis of randomized controlled trials. J Patient Saf 17(4):290–298. https://doi.org/10.1097/PTS.0000000000000599

Unlu O, Levitan EB, Reshetnyak E, Kneifati-Hayek J, Diaz I, Archambault A et al (2020) Polypharmacy in Older Adults Hospitalized for Heart Failure. Circulation. Heart failure 13(11):e006977. https://doi.org/10.1161/CIRCHEARTFAILURE.120.006977

van den Akker M, Vaes B, Goderis G, van Pottelbergh G, de Burghgraeve T, Henrard S (2019) Trends in multimorbidity and polypharmacy in the Flemish-Belgian population between 2000 and 2015. PLoS ONE 14(2):e212046. https://doi.org/10.1371/journal.pone.0212046

Wallis KA, Andrews A, Henderson M (2017) Swimming against the tide: primary care physicians' views on deprescribing in everyday practice. Ann Fam Med 15(4):341–346. https://doi.org/10.1370/afm.2094

WHO (2019) Medication saferty in polypharmacy. Technical report. World Health Organisation, Geneva

WIdO – Wissenschaftliches Institut der AOK (2019) Gesundheitsatlas Deutschland – Diabetes mellitus Typ 2: Verbreitung in der Bevölkerung Deutschlands und seinen Regionen. Ursachen, Folgen und Präventionsmöglichkeiten. https://www.wido.de/publikationen-produkte/buchreihen/gesundheitsatlas/gesundheitsatlas-diabetes/. Zugegriffen: 16. Aug. 2022

WIdO – Wissenschaftliches Institut der AOK (2020) Gesundheitsatlas Deutschland – Asthma bronchiale: Verbreitung in der Bevölkerung Deutschlands und seinen Regionen. Ursachen, Folgen und Präventionsmöglichkeiten. https://www.wido.de/publikationen-produkte/buchreihen/gesundheitsatlas/gesundheitsatlas-asthma/. Zugegriffen: 26. Aug. 2022

WIdO – Wissenschaftliches Institut der AOK (2021) Gesundheitsatlas Deutschland – COPD: Verbreitung in der Bevölkerung Deutschlands und seiner Regionen. Ursachen, Folgen und Präventionsmöglichkeiten. https://www.wido.de/publikationen-produkte/buchreihen/gesundheitsatlas/gesundheitsatlas-copd/. Zugegriffen: 26. Aug. 2022

Zeeh J (2018) Wege aus der Polypharmazie. MMW Fortschr Med 160(5):38–41. https://doi.org/10.1007/s15006-018-0288-4

Potenziell inadäquate Medikation für ältere Menschen – PRISCUS 2.0

Petra Thürmann, Nina-Kristin Mann, Anette Zawinell, Katja Niepraschk-von Dollen und Helmut Schröder

Inhaltsverzeichnis

H. Schröder et al. (Hrsg.), *Arzneimittel-Kompass 2022*, https://doi.org/10.1007/978-3-662-66041-6_4

■■ **Zusammenfassung**

Ältere Menschen über 65 Jahre stellen heute einen Anteil von 22,4 % an allen 72,4 Mio. gesetzlich krankenversicherten Personen. Ihre Arzneimittelversorgung ist geprägt durch die ansteigende Zahl der Erkrankungen im Alter; die Anzahl der verordneten Arzneimittel nimmt damit mit zunehmendem Alter deutlich zu. Im fortgeschrittenen Alter verändert sich zudem die Wirkung von Arzneimitteln im Körper. Dies kann zu potenziell inadäquater Medikation (PIM) und damit zu einem Anstieg von unerwünschten Arzneimittelereignissen und nicht zuletzt zu einer erhöhten Mortalität führen. Im Jahr 2022 wurde eine aktualisierte PRISCUS-2.0-Liste von potenziell ungeeigneten Arzneimitteln für ältere Menschen ab 65 Jahren entwickelt. Auf Grundlage der alters- und geschlechtsadjustiert hochgerechneten Arzneiverordnungen für über 65-jährige GKV-Versicherte des Jahres 2021 konnte anhand der Liste ermittelt werden, dass immerhin 12,4 % aller an ältere Menschen verordneten Tagesdosen potenziell ungeeignet sind. Mit 47,6 % ist nahezu jede zweite ältere GKV-versicherte Person davon betroffen. Die Zunahme der PIM-Verordnungen im Vergleich zu denen der Vorjahre, die auf der originalen PRISCUS-Liste basierten, beruht v. a. auf einem deutlich größeren Umfang der PRISCUS-2.0-Liste und der Tatsache, dass Verordnungen von Protonenpumpenhemmern über mehr als acht Wochen als potenziell unangemessen beurteilt werden. Bei der Betrachtung der verschiedenen Facharztgruppen wird deutlich, dass die Hausärztinnen und -ärzte und hausärztlich tätigen Internistinnen und Internisten, die im Jahr 2021 knapp 87,4 % aller an ältere GKV-Versicherte verordneten Arzneimitteltagesdosen verschrieben haben, auch zu denjenigen gehören, die die meisten PRISCUS-2.0-Arzneimittel verordnen. Wichtiger ist jedoch, welchen Anteil die PRISCUS-2.0-Arzneimittel am Verordnungsvolumen der verschiedenen Facharztgruppen ausmachen: Während ihr Anteil an allen verordneten Tagesdosen bei den Hausärztinnen und Hausärzten bei 12,5 % liegt, beläuft sich dieser bei den Psychiaterinnen und Psychiatern immerhin auf 44,2 %. Aus der differenzierten Betrachtung der Verordnungen ausgewählter PRISCUS-2.0-Wirkstoffe nach Facharztgruppen lassen sich Ansätze zur Optimierung der Arzneimittelverordnungen ableiten. Auch die Prävalenz-Unterschiede der Verordnung von PIM-Arzneimitteln in den Kassenärztlichen Vereinigungen um bis zu 7 Prozentpunkte können als Hinweis verstanden werden, dass Verbesserungen umsetzbar sind. Durch die Entwicklung der PRISCUS-2.0-Liste, die Beschreibung der hohen Betroffenheit unter den älteren Arzneimittelpatientinnen und -patienten wie auch die kostenfreie Bereitstellung der Liste ist ein wichtiger Schritt getan, der helfen kann, die Qualität der Arzneimittelversorgung älterer Menschen in der Praxis nochmals zu optimieren.

4.1 Einleitung

Zahlreiche Medikamente sind im fortgeschrittenen Lebensalter mit einem erhöhten Risiko für Nebenwirkungen verbunden. Dies kann daran liegen, dass diese langsamer ausgeschieden werden und somit länger und/oder stärker wirken oder dass der Körper empfindlicher auf sie reagiert (Thürmann und Schmiedl 2011; Maher et al. 2021). Auch haben bestimmte Nebenwirkungen, wie beispielsweise Schwindel, im Alter weitreichende Konsequenzen: Schwindel kann zum Sturz führen; dieser führt wiederum bei altersbedingter Osteoporose zu einem Knochenbruch – eine Komplikationskette, die bei einem jüngeren Menschen nicht in dieser Ausprägung auftreten würde. Der betagte Organismus ist oftmals nicht in der Lage auf Veränderungen rasch zu reagieren; so führt das Absacken des Blutdrucks beim Aufstehen leicht zu einem Kollaps und wiederum zu einem Sturz (de Vries et al. 2018). Hinzu kommt die Multimorbidität und daraus folgende Multimedikation (s. van den Akker et al.,

► Kap. 3), d. h. bei jedem Medikament muss darauf geachtet werden, ob es wenigstens nicht bei Begleiterkrankungen schädlich ist und mit den anderen Medikamenten keine Wechselwirkungen bestehen.

Die Tatsache, dass ältere multimorbide Menschen auch oftmals nicht in klinische Studien für neue Medikamente einbezogen werden, führt zu dem bedauerlichen Dilemma, dass Arzneimittel ausgerechnet an denjenigen Patientinnen und Patienten, die sie am häufigsten einnehmen, nicht ausreichend getestet sind (Florisson et al. 2021). Ein Beispiel sind die Impfstoffe gegen das SARS-CoV-2-Virus: In den klinischen Studien waren weniger als 10 % der Teilnehmenden über 65 Jahre alt und nur 1,66 % älter als 75 Jahre, obwohl klar war, dass diese Gruppe zuerst geimpft werden sollte (Veronese et al. 2021).

Daher hatte vor mittlerweile über 30 Jahren der Geriater Mark Beers mit einigen Kolleginnen und Kollegen die erste Liste „Potenziell Inadäquater Medikamente" (PIM) für ältere Menschen zusammengestellt (Beers et al. 1991). Diese Liste war auf den US-amerikanischen Arzneimittelmarkt zugeschnitten. Bald darauf folgten Aktualisierungen und auch Wissenschaftlerinnen und Wissenschaftler anderer Länder erstellten für ihren Bedarf PIM-Listen (Beers 1997; McLeod et al. 1997; Fick et al. 2003; Laroche et al. 2007; Gallagher et al. 2008; Rognstad et al. 2009; Holt et al. 2010; Motter et al. 2018). Im Jahr 2015 wurde im Rahmen eines EU-Projekts für sieben europäische Länder, darunter auch Deutschland, die so genannte EU(7)-PIM-Liste erarbeitet (Renom-Guiteras et al. 2015). Aufgrund der vorgenannten mangelhaften Evidenz für viele häufig verwendete Wirkstoffe bei betagten Menschen werden solche Listen meist in einem Expertenkonsens, in der Regel nach einem modifizierten RAND-Verfahren, erarbeitet (Jandhyala 2020). Die Expertenkonsens-Basis der PIM-Listen wird regelmäßig kritisiert, jedoch müssen Evidenzlücken durch Expertenwissen überbrückt werden. Auch wird kritisiert, dass die sogenannten expliziten Kriterien, d. h. ein Wirkstoff ist potenziell unangemessen, nicht auf die individuellen Gegebenheiten eines einzelnen Patienten oder einer einzelnen Patientin eingehen. Das bedeutet, dass ein Medikament einer PIM-Liste nicht für jeden Patienten ungeeignet ist, sondern der Einsatz sorgsam abgewogen und überwacht werden sollte. Auch die genannten Alternativen auf einigen PIM-Listen sind nicht für jeden Patienten geeignet.

In einem systematischen Review fanden Tommelein et al. (2015), dass etwa 22,6 % aller älteren, in der Häuslichkeit lebenden Menschen mindestens ein PIM erhalten. Hierbei wurden nur Studien aus Europa zugrunde gelegt und die Beers Liste, START/STOPP-Kriterien und die PRISCUS-Liste (s. ► Abschn. 4.2) als häufigste Instrumente angewendet, aber auch weitere Listen genutzt. In Deutschland wurden klare Unterschiede zwischen pflegebedürftigen und nicht pflegebedürftigen gesetzlich Versicherten aufgezeigt, wobei Pflegebedürftige deutlich mehr PIM erhalten (Matzk et al. 2022). Für die vorhandenen PIM-Listen gibt es zahlreiche Belege, dass die Einnahme von PIMs mit unerwünschten Ereignissen verbunden ist, u. a. mit einem erhöhten Risiko für Stürze, Krankenhausaufnahmen und teilweise sogar mit einer erhöhten Mortalität (Mekonnen et al. 2021; Xing et al. 2019).

4.2 PRISCUS und PRISCUS 2.0: Potenziell inadäquate Medikation für den deutschen Arzneimittelmarkt

Im Jahre 2010 erstellten Holt et al. für den deutschen Markt die PRISCUS-Liste (priscus = alt, ehrwürdig), in einem Delphi-Verfahren in zwei Runden (Holt et al. 2010). Diese Liste findet eine breite Anwendung – vom Unterricht für Studierende der Pharmazie und Humanmedizin bis hin zu Warnhinweisen in der Verordnungssoftware vieler Anbieter auf dem deutschen Markt. Die Tatsache, dass die PRISCUS-Liste auch mit wenigen Kenntnissen über den jeweiligen Patienten bzw. die jeweilige Patientin anwendbar ist, gestattet neben der Anwendung beispielsweise in der Apotheke auch vielfältige pharmakoepidemiologische Analysen in Kohortenstudien und Verordnungsdaten (Amann et al. 2012; Endres et al. 2018; Selke Krulichová et al. 2021).

Die originale PRISCUS-Liste (Holt et al. 2010) führt insgesamt 83 Wirkstoffe auf, von denen einige nur bei einer bestimmten Darreichungsform als PIM gelten, was sich über die Pharmazentralnummer (PZN) aus den Verordnungsdaten identifizieren lässt. Die PRISCUS-2.0-Liste stammt aus dem Jahr 2022 (Mann et al. 2022) und enthält insgesamt 177 Wirkstoffe, sie ist also wesentlich umfangreicher geworden. Orale Antidiabetika als Indikationsgebiet wurden erstmals aufgenommen, ebenso kamen Medikamente zur Behandlung des idiopathischen Parkinson-Syndroms, zahlreiche Muskelrelaxantien, Antidepressiva und Urologika neu hinzu. Zu den auf die Dauer der Anwendung bezogenen PIMs zählen nun auch Protonenpumpenhemmer bei mehr als acht Wochen Therapie.

4.3 Datengrundlage und Methoden

Datengrundlage für diesen Beitrag sind die bundesweiten anonymisierten Abrechnungsdaten aller AOK-Versicherten. Damit stehen für die Querschnittsanalysen des Jahres 2021 die Abrechnungsinformationen von 27,1 Mio. AOK-Versicherten zur Verfügung. Von allen 73,3 Mio. GKV-Versicherten (Stichtag 1. Juli 2021) können in den vorliegenden Analysen immerhin 36,9 % berücksichtigt werden. Bei den Analysen wurde zusätzlich auf im jeweiligen Berichtsjahr durchgängig AOK-Versicherte eingeschränkt. So wurden im Jahr 2021 die Arzneimittelverordnungsdaten von 25,6 Mio. AOK-Versicherten in dieser Analyse berücksichtigt.

Krankenkassenroutinedaten stellen im Gegensatz zu Befragungsdaten eine alternative Datenquelle dar. Der Versichertenstamm der meisten (gesetzlichen) Krankenkassen ist um ein Vielfaches größer als die Anzahl der Personen, die im Rahmen einer Gesundheitserhebung befragt werden können. Dieser Vorteil ist insbesondere bei der Betrachtung auf kleineren regionalen Ebenen hilfreich. Darüber hinaus handelt es sich bei Krankenkassendaten um Routinedaten; sie werden in versicherungsrelevanten Fällen automatisch erfasst und müssen nicht in zeit- beziehungsweise kostenintensiven Interviews erhoben werden (Nimptsch et al. 2014). Zusätzlich kann die Angabe von Daten nicht wie in Gesundheitserhebungen abgelehnt werden, da die Daten zu Abrechnungszwecken vollständig erfasst wurden.

Gemäß § 300 SGB V werden Daten zu allen verschreibungspflichtigen Fertigarzneimitteln und Nicht-Fertigarzneimitteln, die von einem niedergelassenen Vertragsarzt auf Rezepten zulasten der GKV verordnet und über eine öffentliche Apotheke abgerechnet wurden, an die gesetzlichen Krankenkassen übermittelt (Schröder et al. 2004; Schröder 2014; WIdO 2021). Das auf dem Rezept dokumentierte Verordnungsdatum wird für die Bestimmung des Berichtszeitraums genutzt. Für die Ermittlung der regionalen Ergebnisse dient der Wohnsitz der Arzneimittelpatientin oder des Arzneimittelpatienten und für die Ergebnisse nach Arztgruppen die von der jeweiligen Facharztgruppe verordneten Arzneimittel.

Die abgegebenen Arzneimittel werden mit der Pharmazentralnummer (PZN) erfasst. Die Pharmazentralnummer ist spezifisch für das abgegebene Arzneimittelpräparat nach Handelsnamen, Wirkstoff, Darreichungsform und Packungsgröße und erlaubt so eine weitergehende Klassifikation. Für die Klassifikation der PRISCUS-2.0-Arzneimittel wurde das Anatomisch-therapeutisch-chemische-Klassifikationssystem (ATC-System) mit Tagesdosen (DDD) für den deutschen Arzneimittelmarkt des Wissenschaftlichen Instituts der AOK genutzt (nähere Details nachzulesen bei Fricke et al. 2022).

Die Alters- und Geschlechtsstruktur der AOK-Versicherten unterscheidet sich nicht gravierend von derjenigen der GKV-Versicherten. So liegt der Anteil der Versicherten mit einem Lebensalter von 65 Jahren und älter bei der AOK bei 21,9 %, der der GKV-Versicherten liegt bei 22,4 %. Der Anteil der Frauen in diesen Altersgruppen weicht bei der AOK mit 58,5 % nur geringfügig von dem der GKV mit 58,2 % ab. Trotzdem wurde zur Berechnung der verschiedenen Kennzahlen eine direkte Alters- und Geschlechtsstandardisierung vorgenommen (Kreienbrock et al. 2012). Dabei wurden die Ergebnisse, die bei der Analyse der berücksichtigten AOK-Versicherten ermittelt wurden, entsprechend nach Wohnsitz, der Altersgruppe und dem Geschlecht auf die GKV-Versicherten hochgerechnet. Für die in der Analyse berücksichtigten AOK-Versicherten wurde das Alter zum 30. Juni des Berichtsjahres zugrunde gelegt sowie der letzte Wohnsitz im zweiten Quartal des Berichtsjahres. Damit sollen Aussagen über alle GKV-Versicherten ermöglicht werden.

Bei den vorliegenden Ergebnissen muss beachtet werden, dass der Versichertenstamm einer Krankenkasse nicht das Resultat einer zufallsbasierten Stichprobenziehung darstellt. Er ist somit keine zufällige Teilpopulation der Gesamtbevölkerung. Folglich liefert die Verallgemeinerung von Ergebnissen einer Krankenkasse aufgrund der selektiven Morbiditätsstruktur gegebenenfalls verzerrte Ergebnisse für alle GKV-Versicherten oder die Gesamtbevölkerung. Da diese Problematik bekannt ist, werden in der Praxis und auch in der vorliegenden Analyse kassenspezifische Krankheitshäufigkeiten um die verzerrenden Effekte einer unterschiedlichen Alters- und Geschlechtsstruktur bereinigt (Standardisierung). Dieser Ansatz ist jedoch häufig nicht ausreichend, denn systematische Gesundheitsdisparitäten zwischen verschiedenen Versichertenstämmen können auch nach der Standardisierung bestehen bleiben. Dies wurde in empirischen Studien nachgewiesen, etwa von Hoffmann und Icks (2011), Hoffmann und Icks (2012) oder Hoffmann und Koller (2017). Um auf Basis von Krankenkassenroutinedaten Aussagen zum Gesundheitszustand der GKV-Versicherten oder der gesamten Bevölkerung treffen zu können, wurde ein Verfahren entwickelt, das neben Alter und Geschlecht weitere Faktoren bei einer Hochrechnung berücksichtigt. Ein entsprechend kombiniertes alters-, geschlechts- und morbiditätsadjustierendes Hochrechnungsverfahren, das auch die strukturellen Unterschiede hinsichtlich der Erkrankungshäufigkeit ausgleicht, wurde für die Ermittlung von Krankheitshäufigkeiten, aber noch nicht für die Beantwortung von Versorgungsfragen weiterentwickelt (Breitkreuz et al. 2019; Schröder und Brückner 2019). Ob dieses Hochrechnungsverfahren, mit dem beispielsweise die Ergebnisse des Gesundheitsatlas[1] oder des vom Innovationsfonds beim gemeinsamen Bundesausschuss geförderten Projekts BURDEN 2020[2] ermittelt wurden (Breitkreuz et al. 2021, Schüssel et al. 2022, Rommel et al. 2018), zukünftig auch in der Versorgungsforschung eingesetzt werden kann, bleibt abzuwarten.

4.4 PRISCUS-2.0-Arzneistoffe

Zu den PIM-Wirkstoffen nach PRISCUS 2.0 zählen 177 Wirkstoffe und Wirkstoffkombinationen, von denen einige nur über Dosisobergrenzen (meist bezogen auf die Tagesdosis) und/oder die Therapiedauer definiert sind. In vielen Analysen von Verordnungsdaten können diese Wirkstoffe nicht berücksichtigt werden. Für die vorliegenden patientenbezogenen Berechnungen konnte jedoch näherungsweise über die Packungsgrößen und Verordnungsdauern geschätzt werden, wann eine Dosisobergrenze und/oder Verordnungsdauer überschritten wurde. So konnten auch diese Arzneimittel in die Auswertungen einbezogen werden (◘ Tab. 4.1).

1 ▶ www.Gesundheitsatlas-Deutschland.de.
2 ▶ www.Krankheitslage-Deutschland.de und ▶ www.daly.rki.de.

Tab. 4.1 Wirkstoffe, die nach PRISCUS-2.0-Liste über eine Dosisobergrenze und/oder Therapiedauer definiert sind

Wirkstoff(klasse)	Dosisobergrenze	Therapiedauer	Ermittlung in Verordnungsdaten im Berichtsjahr
PPI*	Keine	> 8 Wochen	Mind. 1 Verordnung von N3 in 2 aufeinanderfolgenden Quartalen oder 2 × N3 oder 2 × N2 in 1 Quartal
Sennoside	Keine	> 1 Woche	Mind. 3 Packungen in einem Quartal
Natriumpicosulfat	Keine	> 1 Woche	Mind. 3 Packungen in einem Quartal
Loperamid	> 12 mg/Tag	> 3 Tage	Verordnung von N3
Propafenon	Keine	Wiederholte Einmalgabe	Mind. eine Verordnung von N3 in > 2 Quartalen
Spironolacton	> 25 mg/Tag	–	Mind. 50 mg-Tbl. N3 in 2 aufeinanderfolgenden Quartalen bzw. 2 × N2 pro Quartal
Melperon	> 100 mg/Tag	> 6 Wochen	N3 in 2 aufeinanderfolgenden Quartalen
Pipamperon	> 120 mg/Tag	> 6 Wochen	N3 in 2 aufeinanderfolgenden Quartalen
Quetiapin	> 100 mg/Tag	> 6 Wochen	N3 in 2 aufeinanderfolgenden Quartalen
Risperidon	Keine	> 6 Wochen	2 × N2 oder 2 × N3 im Quartal oder N3 in 2 aufeinanderfolgenden Quartalen
Sertralin	> 100 mg/Tag	–	100 mg-Tbl. N3 in 2 aufeinanderfolgenden Quartalen
Ibuprofen	> 3×400 mg/Tag	> 1 Woche	Verordnung von N2 oder N3 in > 1 Quartal
Ibuprofen	> 3×400 mg/Tag	Mit PPI > 8 Wochen	2 × N3 im Quartal oder N3 in 2 aufeinanderfolgenden Quartalen
Naproxen	> 2×250 mg/Tag	> 1 Woche	Verordnung mind. 1 Packung in > 1 Quartal
Naproxen	> 2×250 mg/Tag	Mit PPI > 8 Wochen	2 × N3 im Quartal oder N3 in 2 aufeinanderfolgenden Quartalen

* PPI = Protonenpumpenhemmer
Arzneimittel-Kompass 2022

Am Beispiel der Protonenpumpenhemmer (PPI) mit dem Kriterium „PPI ist ein PIM, wenn die Verordnungsdauer acht Wochen überschreitet" gilt dieses dann als erfüllt, wenn N3-Packungen mit (je nach Wirkstoff und Hersteller) ca. 100 Stück in zwei aufeinanderfolgenden Quartalen oder wenn zwei Packungen der Größe N2 (meist etwa 60 Stück) oder N3 in einem Quartal verordnet werden.

4.5 Ergebnisse

Ein in allen Analysen benannter Risikofaktor für eine Verordnung von PIMs ist die Polypharmazie (s. van den Akker et al., ► Kap. 3). So soll zunächst die Medikation der jüngeren und älteren GKV-Versicherten betrachtet werden. Unterscheidet man im Zeitverlauf von

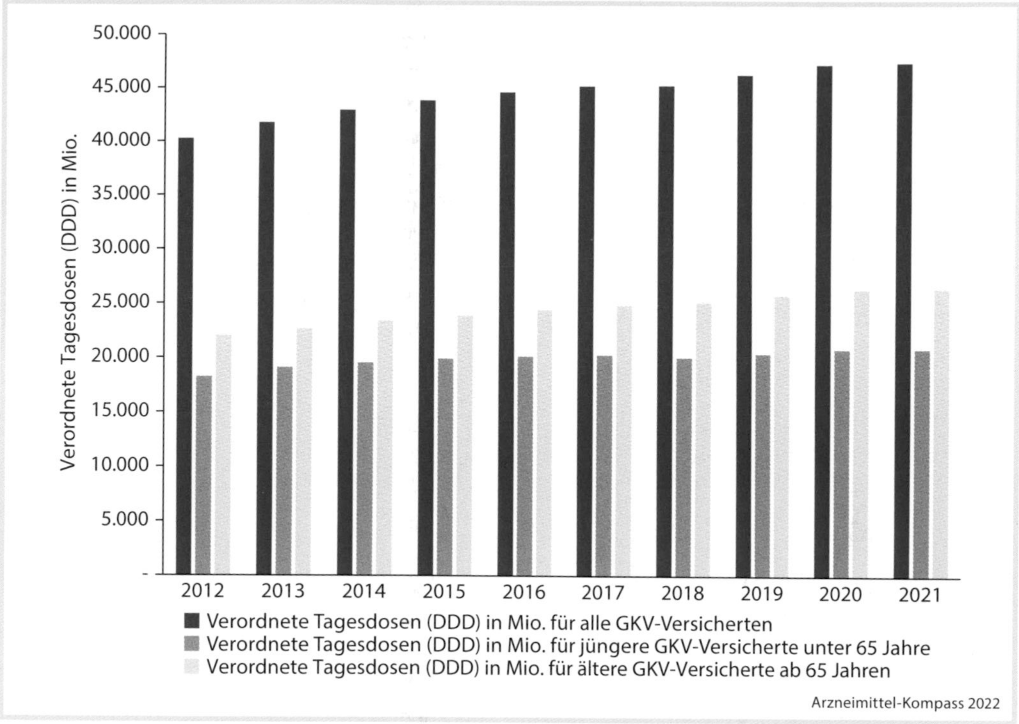

Abb. 4.1 Arzneimittelverordnungen (DDD) der jüngeren (< 65 Jahre) und älteren (≥ 65 Jahre) GKV-Versicherten 2012 bis 2021. Datenbasis: Arzneimittelverordnungsdaten der AOK-Versicherten 2012 bis 2021; alters- und geschlechtsadjustierte Hochrechnung auf GKV-Versicherte

2012 bis 2021 die GKV-Versicherten bis einschließlich 64 Jahre und solche, die 65 Jahre und älter sind, so fallen zwei Dinge ins Auge: Die Älteren erhalten mehr Tagesdosen als die Jüngeren. Obwohl Menschen mit einem Lebensalter von 65 Jahren und älter nur 22,4 % der Gesamtpopulation der GKV-Versicherten repräsentieren, entfallen 55,9 % aller verordneten Tagesdosen auf ältere Menschen. Zudem wird zwischen 2012 und 2021 ein Anstieg der verordneten Tagesdosen deutlich (+17,8 %) – die Steigerungsrate fällt bei den älteren Menschen mit 20,3 % deutlich höher aus als bei den jüngeren GKV-Versicherten mit 14,7 %. (Abb. 4.1).

Wird zudem auch die Anzahl der zu versorgenden GKV-Versicherten der jeweiligen Altersgruppen zwischen 2012 und 2021 berücksichtigt, zeigt sich ebenfalls ein gravierenderer Verordnungsanstieg von 12,1 % bei den Tagesdosen je älteren GKV-Versicherten im Vergleich zu den jüngeren GKV-Versicherten mit 9,7 % (Abb. 4.2). In diesem Beobachtungszeitraum von zehn Jahren hätten die verordneten Mengen an Tagesdosen rein rechnerisch im Jahr 2012 ausgereicht, um alle älteren GKV-Versicherten dauermedikamentös mit 3,9 Arzneimitteln pro Tag zu behandeln. Dieser Wert ist bis 2021 um 12,1 % angestiegen und liegt damit bei 4,4 Arzneimitteln, die rein rechnerisch pro Tag bei älteren GKV-Versicherten in der Therapie eingesetzt werden. Mehr zum Thema Polypharmazie findet sich in van den Akker et al., ▶ Kap. 3 in diesem Band.

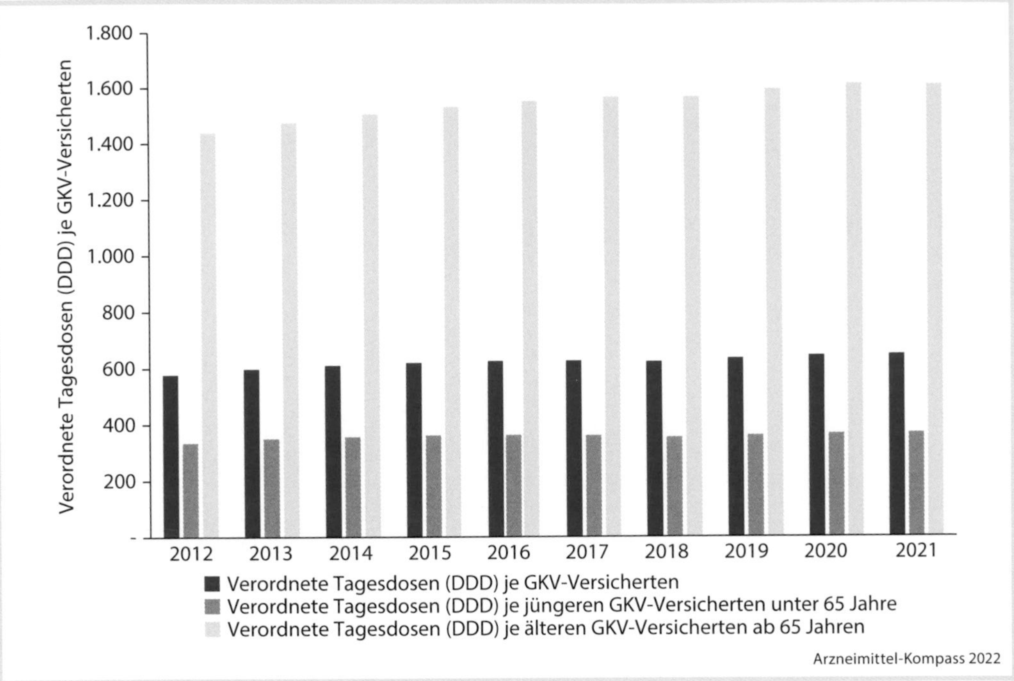

Abb. 4.2 Arzneimittelverordnungen (DDD) je jüngere (< 65 Jahre) und ältere (≥ 65 Jahre) GKV-Versicherte 2012 bis 2021. Datenbasis: Arzneimittelverordnungsdaten der AOK-Versicherten 2012 bis 2021; alters- und geschlechtsadjustierte Hochrechnung auf GKV-Versicherte

4.5.1 Verordnungen von PRISCUS-Medikamenten

Betrachtet man die Verordnungen von Medikamenten der PRISCUS-2.0-Liste über die letzten zehn Jahre bei den GKV-Versicherten im Kontext der Gesamtverordnungen, so fällt zwischen 2012 bis 2016 trotz absolut steigender Menge eine geringfügige anteilige Reduktion an allen Verordnungen auf, die sich in den Jahren nach 2016 deutlich verstärkt. Erfreulicherweise verringert sich der prozentuale Anteil von PIM-Verordnungen auf etwa 12 % im Jahr 2021. Mehrere Publikationen belegen auch unter Anwendung der originalen PRISCUS-Liste, der EU(7)-PIM-Liste, der Beers-Liste und anderer Kriterien einen Rückgang der PIM-Verordnungen in den letzten Jahren (Lapi et al. 2009; Zimmermann et al. 2013; Jiron et al. 2016; Muhlack et al. 2018; Selke Krulichová et al. 2021), was auch unter Anwendung der PRISCUS-2.0-Liste zu beobachten ist (Abb. 4.3).

4.5.2 Verordnungen von PRISCUS-2.0-Medikamenten nach Alter und Geschlecht

Aufschlussreich ist die Betrachtung der PIM-Verordnungen nach weiter differenzierten Altersgruppen und Geschlecht. Wie in anderen Datenanalysen zeigt sich bei diesen Querschnittsbetrachtungen ein Rückgang der PIM-Verordnungen bei Hochbetagten, also etwa ab dem 85. Lebensjahr (Abb. 4.4). Nach wie vor frappierend und bedenklich ist die stets höhere Rate an PIM-Verordnungen an Frauen in

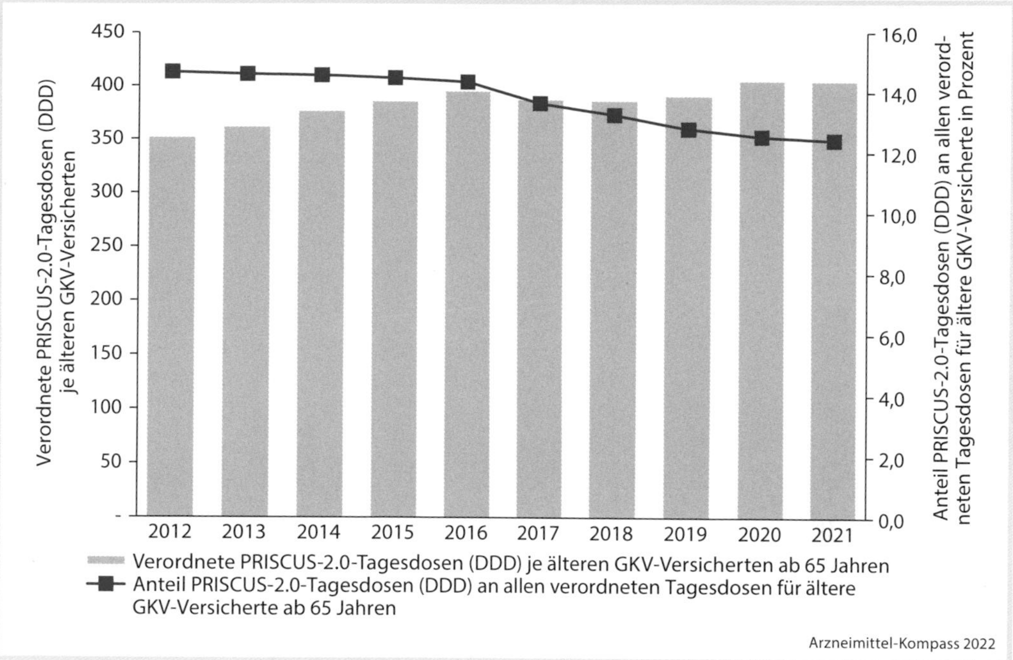

Abb. 4.3 PRISCUS-2.0-Arzneimittelverordnungen (DDD) der älteren (≥ 65 Jahre) GKV-Versicherten 2012 bis 2021. Datenbasis: Arzneimittelverordnungsdaten der AOK-Versicherten 2012 bis 2021; alters- und geschlechtsadjustierte Hochrechnung auf GKV-Versicherte

allen Altersstufen (Amann et al. 2012; Endres et al. 2018; Muhlack et al. 2018). Dies wird allgemein durch die Tatsache erklärt, dass Frauen insgesamt mehr Analgetika, Antidepressiva und Sedativa erhalten und aus diesen Stoffklassen viele PIM-Vertreter stammen (Endres et al. 2018). In der vorliegenden Analyse nach der PRISCUS-2.0-Liste lässt sich dieser Peak bei den 80- bis 85-Jährigen jedoch nicht durch eine vermehrte Verordnung von PIMs aus der Gruppe der Psychopharmaka oder Analgetika erklären, sondern durch einen Anstieg der Verordnungen von PPI. Diese Arzneimittelgruppe ist jedoch nicht als gänzlich harmlos zu betrachten – nicht umsonst wurde die Verordnungsdauer auf acht Wochen begrenzt und darüber hinausgehende Verordnungen wurden auch in die EU(7)-PIM-Liste aufgenommen (Renom-Guiteras et al. 2015). Eine dauerhafte Einnahme von PPI ist mit einem erhöhten Risiko für ambulant erworbene und nosokomiale Pneumonien assoziiert, ebenso mit einem gesteigerten Risiko für Clostridien-assoziierte Komplikationen wie Diarrhoe, Enterokolitis und anderen Darmerkrankungen (Thürmann 2022). Nach der aktuellen Beers-Liste sollten PPI bei betagten Menschen nur unter ganz strenger Indikationsstellung für länger als acht Wochen verordnet werden (American Geriatric Society 2019).

Unter den 16,4 Mio. älteren (≥ 65 Jahre) GKV-Versicherten des Jahres 2021 hatten immerhin 8,1 Mio. Personen mindestens eine PIM-Verordnung erhalten. Bei der Verteilung nach Alters- und Geschlechtsgruppen wird der Übergang bei den Frauen deutlich: Immerhin 61,5 % der PIM-Patientinnen und -Patienten sind weiblich. Die meisten von einer PIM-Verordnung betroffenen Patientinnen sind in der Altersgruppe zwischen 80 bis unter

4

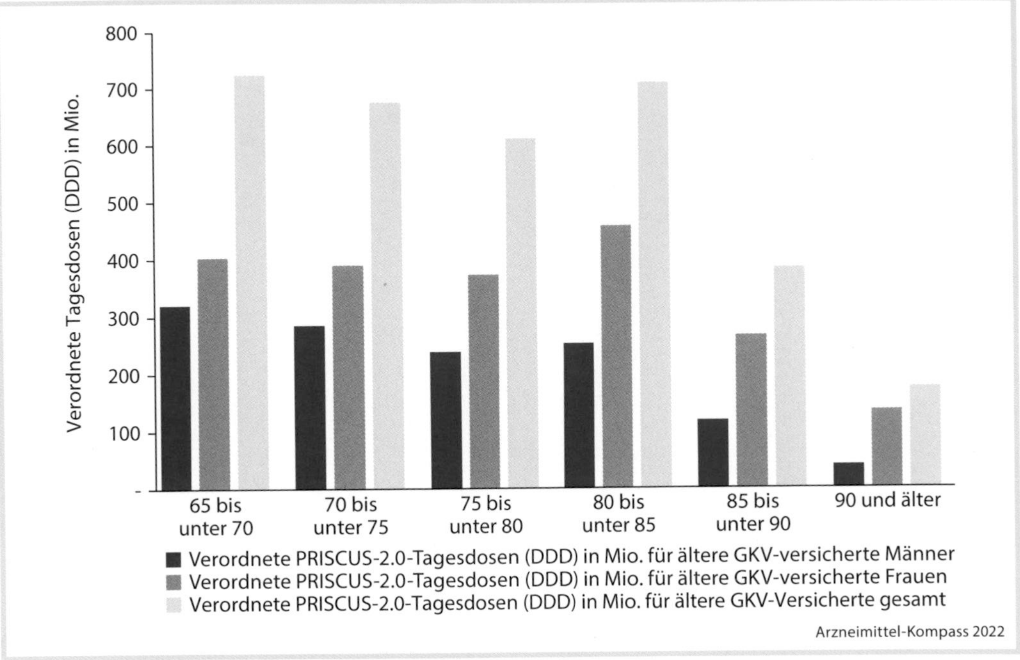

Abb. 4.4 PRISCUS-2.0-Arzneimittelverordnungen (DDD) der älteren ($\geq$ 65 Jahre) GKV-Versicherten 2021 nach Alters- und Geschlechtsgruppen. Datenbasis: Arzneimittelverordnungsdaten der AOK-Versicherten 2021; alters- und geschlechtsadjustierte Hochrechnung auf GKV-Versicherte

85 Jahren zu finden, bei den Männern betrifft dies die jüngere Altersgruppe der 65- bis unter 70-Jährigen (Abb. 4.5).

Angesichts der insgesamt hoch erscheinenden Verordnungszahlen von PRISCUS-2.0-Medikamenten verwundert es nicht, dass nahezu jede zweite ältere Person im Jahr 2021 mindestens eine PIM-Verordnung erhalten hat (49,5 %). Erwartungsgemäß liegt der Anteil unter den weiblichen GKV-Versicherten mit 52,3 % höher als der bei den älteren Männern mit 45,6 %. Nach Altersgruppen und Geschlechtern getrennt ist für bis zu 57,3 % aller Frauen in der Gruppe der 80- bis 85-jährigen eine PIM-Verordnung zu beobachten und für bis zu 49,9 % aller Männer in der Gruppe der 75- bis 80-Jährigen (Abb. 4.6).

Dieser Anteil von nahezu 50 % aller Seniorinnen und Senioren kontrastiert stark zu früheren Untersuchungen, wo der Anteil der über-65-Jährigen mit einer PIM-Verordnung zwischen 15 und 25 % lag (Amann et al. 2012; Selke Krulichová et al. 2021). Allerdings bezogen sich diese Zahlen auf die originale PRISCUS-Liste, die nur halb so viele Wirkstoffe enthielt. In diesem Kontext ist auch eine Analyse der PIM-Verordnungen im Vergleich zwischen der originalen PRISCUS-Liste und der EU(7)-PIM-Liste von Interesse. Letztere basierte u. a. auf der PRISCUS-Liste, wurde aber schon deutlich aktualisiert und v. a. auf sieben Länder des europäischen Marktes erweitert (Renom-Guiteras et al. 2015). In einer Untersuchung von Daten AOK-Versicherter lag die EU(7)-PIM-Prävalenz bei ca. 45 %, während bei der Analyse derselben Verordnungsdaten basierend auf der originalen PRISCUS-Liste die PIM-Prävalenz bei nur 15 % lag (Selke Krulichová et al. 2021). Auch Muhlack et al. (2018) verglichen die originale PRISCUS-Liste mit der EU(7)-PIM-Liste und fanden in einer Kohorte älterer, in der Häuslichkeit lebender

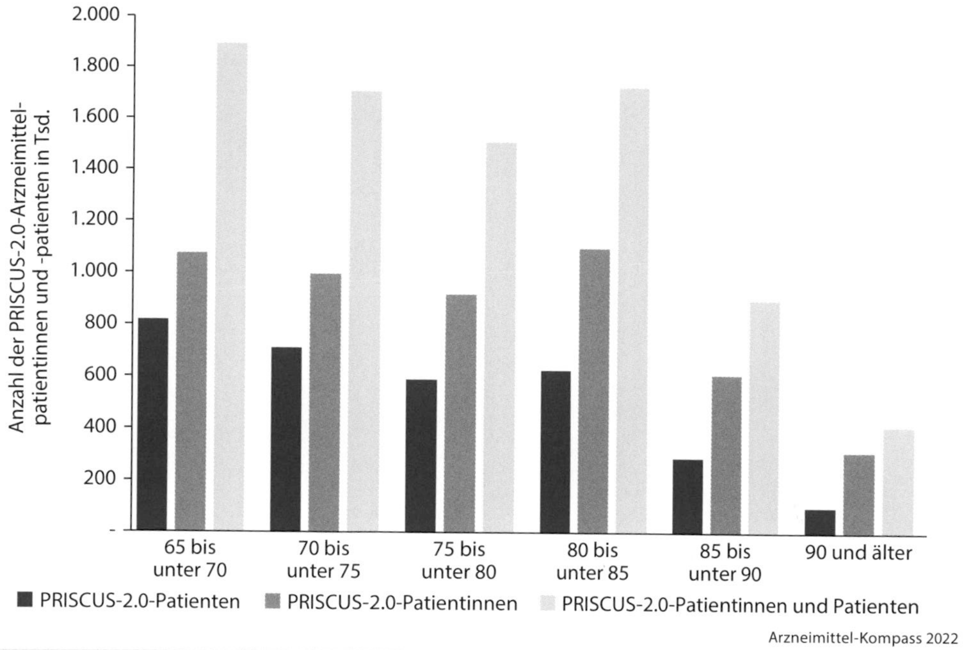

Abb. 4.5 Anzahl der Arzneimittelpatientinnen und -patienten mit PRISCUS-2.0-Verordnungen unter den älteren (≥ 65 Jahre) GKV-Versicherten 2021 nach Alters- und Geschlechtsgruppen. Datenbasis: Arzneimittelverordnungsdaten der AOK-Versicherten 2021; alters- und geschlechtsadjustierte Hochrechnung auf GKV-Versicherte

Personen eine Verordnungsprävalenz für PRISCUS-PIM von 13,7 %, während unter Zugrundelegung der EU(7)-PIM-Liste die Prävalenz von PIM bei 37,4 % lag. PIM-Verordnungsprävalenzen von über 50 % bei Anwendung der EU(7)-PIM-Liste wurden auch beispielsweise in Brasilien (Novaes et al. 2017) und Litauen (Grina und Briedis 2017) gefunden.

4.5.3 Verordnungen von PRISCUS-2.0-Medikamenten nach Wirkstoffen

Wie die hier dargestellten Zahlen zeigen, ist die Verordnungsprävalenz nach der PRISCUS-2.0-Liste deutlich höher. In Tab. 4.2 sieht man aufgeschlüsselt die TOP 25 der verordnungsstärksten PIM-Wirkstoffgruppen im Jahr 2021, und zwar nach PRISCUS-2.0-Liste und der originalen PRISCUS-Liste. Wie unschwer zu erkennen ist, hat vor allen Dingen die Hinzunahme von Protonenpumpenhemmern (PPI) mit einer mehr als achtwöchigen Verordnungsdauer als PIM zu einer dramatischen Zunahme der PIM-Verordnungen insgesamt geführt. Dabei wird von einer mehr als achtwöchigen Verordnungsdauer ausgegangen, wenn mindestens eine N3-Packung in zwei aufeinanderfolgenden Quartalen oder mindestens zwei N2- oder N3-Packungen in mindestens einem Quartal verordnet wurden. Dies könnte zu einer gewissen Unschärfe beitragen, jedoch sind durch eine andere Operationalisierung keine grundsätzlich anderen Ergebnisse zu erwarten. Ebenso kamen in der PRISCUS-2.0-Liste zahlreiche neue Wirkstoffklassen und einzelne Wirkstoffe hinzu, wodurch sich die hohe Zahl von PIM-Verordnungen erklären lässt.

4

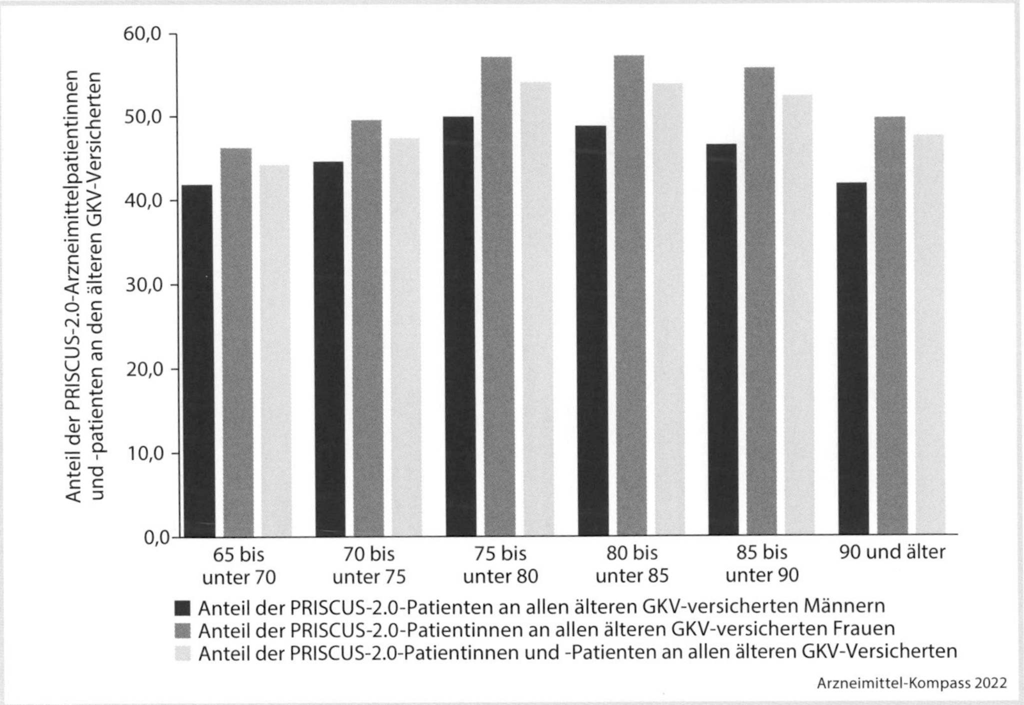

Abb. 4.6 Anteile der Arzneimittelpatientinnen und -patienten mit PRISCUS-2.0-Verordnungen an allen älteren (≥ 65 Jahre) GKV-Versicherten 2021 nach Alters- und Geschlechtsgruppen. Datenbasis: Arzneimittelverordnungsdaten der AOK-Versicherten 2021; alters- und geschlechtsadjustierte Hochrechnung auf GKV-Versicherte

Tab. 4.2 PRISCUS-2.0-Arzneimittelverordnungen (DDD) und PRISCUS-Arzneimittelverordnungen (DDD) für ältere GKV-Versicherte (≥ 65 Jahre) 2021 nach Wirkstoffgruppen. Datenbasis: Arzneimittelverordnungsdaten der AOK-Versicherten 2021; alters- und geschlechtsadjustierte Hochrechnung auf GKV-Versicherte

Wirkstoffgruppe (ATC-Klassifkation)	Verordnete PRISCUS-2.0-Tagesdosen (DDD in Tsd.) der älteren GKV-Versicherten	Verordnete PRISCUS-Tagesdosen (DDD in Tsd.) der älteren GKV-Versicherten
Mittel bei peptischem Ulkus und gastrooesophagealer Refluxkrankheit (GERD) (A02B)	1.742.703,1	–
Nichtsteroidale Antiphlogistika und Antirheumatika (M01A)	258.599,7	58.635,7
Antidepressiva (N06A)	197.370,3	83.924,6
Antiadrenerge Mittel, zentral wirkend (C02A)	183.313,6	9.111,9
Urologika (G04B)	141.532,5	54.433,2
Antidiabetika, exkl. Insuline (A10B)	106.894,5	–
Antipsychotika (N05A)	86.730,0	13.691,3
Aldosteronantagonisten und andere Kalium sparende Mittel (C03D)	65.930,8	–

Tab. 4.2 (Fortsetzung)

Wirkstoffgruppe (ATC-Klassifkation)	Verordnete PRISCUS-2.0-Tagesdosen (DDD in Tsd.) der älteren GKV-Versicherten	Verordnete PRISCUS-Tagesdosen (DDD in Tsd.) der älteren GKV-Versicherten
Antiadrenerge Mittel, peripher wirkend (C02C)	61.831,8	61.831,8
Hypnotika und Sedativa (N05C)	52.805,0	39.768,7
Antivertiginosa (N07C)	52.558,6	–
Opioide (N02A)	46.284,3	6,8
Anxiolytika (N05B)	35.682,3	22.738,1
Dopaminerge Mittel (N04B)	29.264,9	–
Muskelrelaxanzien, zentral wirkende Mittel (M03B)	19.289,4	6.748,3
Antiepileptika (N03A)	19.265,9	1.093,6
Estrogene (G03C)	17.687,5	–
Andere Mittel gegen Störungen des Muskel- und Skelettsystems (M09A)	17.249,4	–
Beta-Adrenozeptorantagonisten (C07A)	17.190,3	5.901,3
Antiarrhythmika, Klasse I und III (C01B)	15.744,3	10.074,3
Prokinetika (A03F)	15.708,6	–
Mittel mit Wirkung auf die arterielle Gefässmuskulatur (C02D)	11.412,2	–
Andere Mittel bei obstruktiven Atemwegserkrankungen zur systemischen Anwendung (R03D)	11.389,8	–
Antithrombotische Mittel (B01A)	9.192,4	7.181,8
Herzglykoside (C01A)	8.493,7	8.493,7
Antidementiva (N06D)	7.976,3	797,4
Antihistaminika zur systemischen Anwendung (R06A)	7.827,7	766,6
Andere Analgetika und Antipyretika (N02B)	5.551,4	–
Anticholinergika (N04A)	4.947,7	–
Andere Mittel mit Wirkung auf das Renin-Angiotensin-System (C09X)	4.901,1	–
Psychostimulanzien, Mittel zur Behandlung der ADHS und Nootropika (N06B)	4.680,0	4.500,9
Androgene (G03B)	4.453,6	–
Chinolone (J01M)	4.398,0	–
Selektive Calciumkanalblocker mit vorwiegender Gefässwirkung (C08C)	3.528,8	3.528,8

4

Tab. 4.2 (Fortsetzung)

Wirkstoffgruppe (ATC-Klassifkation)	Verordnete PRISCUS-2.0-Tagesdosen (DDD in Tsd.) der älteren GKV-Versicherten	Verordnete PRISCUS-Tagesdosen (DDD in Tsd.) der älteren GKV-Versicherten
Mittel bei funktionellen gastrointestinalen Störungen (A03A)	2.960,8	–
Mittel gegen Obstipation (A06A)	2.457,8	30,7
Antitussiva, exkl. Kombinationen mit Expektoranzien (R05D)	1.824,0	–
Motilitätshemmer (A07D)	1.775,7	–
Sympathomimetika zur systemischen Anwendung (R03C)	1.498,4	–
Periphere Vasodilatatoren (C04A)	989,7	989,7
Hypophysenhinterlappenhormone (H01B)	890,4	–
Antiemetika und Mittel gegen Übelkeit (A04A)	258,7	50,0
Diuretika und Kalium sparende Mittel in Kombination (C03E)	142,1	–
Hormone und verwandte Mittel (L02A)	15,0	–
Migränemittel (N02C)	4,5	4,5
Mittel zur Behandlung von Suchterkrankungen (N07B)	0,2	0,2
Antacida (A02A)	0,0	–
Mittel bei benigner Prostatahyperplasie (G04C)	–	4.871,7
Andere Antibiotika (J01X)	–	5.092,9
Gesamtsumme	**3.285.207,0**	**404.268,5**

Arzneimittel-Kompass 2022

4.5.4 Verordnungen von PRISCUS-2.0-Medikamenten nach Facharztgruppen

Die Hausärztinnen und -ärzte und hausärztlich tätigen Internistinnen und Internisten haben im Jahr 2021 knapp 87,4 % aller an ältere GKV-Versicherte verordneten Arzneimitteltagesdosen verschrieben. Die Tagesdosen von PRISCUS-2.0-Arzneimitteln, die von diesen beiden Facharztgruppen verordnet wurden, liegen mit 85,6 % in einer ähnlichen Größenordnung. Viel interessanter ist die Betrachtung, welchen Umfang die PRISCUS-2.0-Arzneimittel am Verordnungsvolumen der verschiedenen Facharztgruppen ausmachen. Immerhin 44,2 % aller von Psychiaterinnen und Psychiatern verordneten Tagesdosen für ältere GKV-Versicherte finden sich auf der PRISCUS-2.0-Liste. Den geringsten Anteil an PRICUS-2.0-Arzneimittelverordnungen unter den 20 hier betrachteten Arztgruppen haben die Augenärztinnen und -ärzte veranlasst. Die verordnungsstärkste Facharztgruppe der Hausärztinnen und Hausärzte liegt mit einem Anteil von 12,5 % von PRICUS-2.0-Arzneimittel an allen von ihnen verordneten Tagesdosen marginal über dem Durchschnitt von 12,4 % über alle Facharztgruppen. Der Vergleichswert der hausärztlich tätigen Internistinnen und Internisten liegt bei 11,5 % (Abb. 4.7).

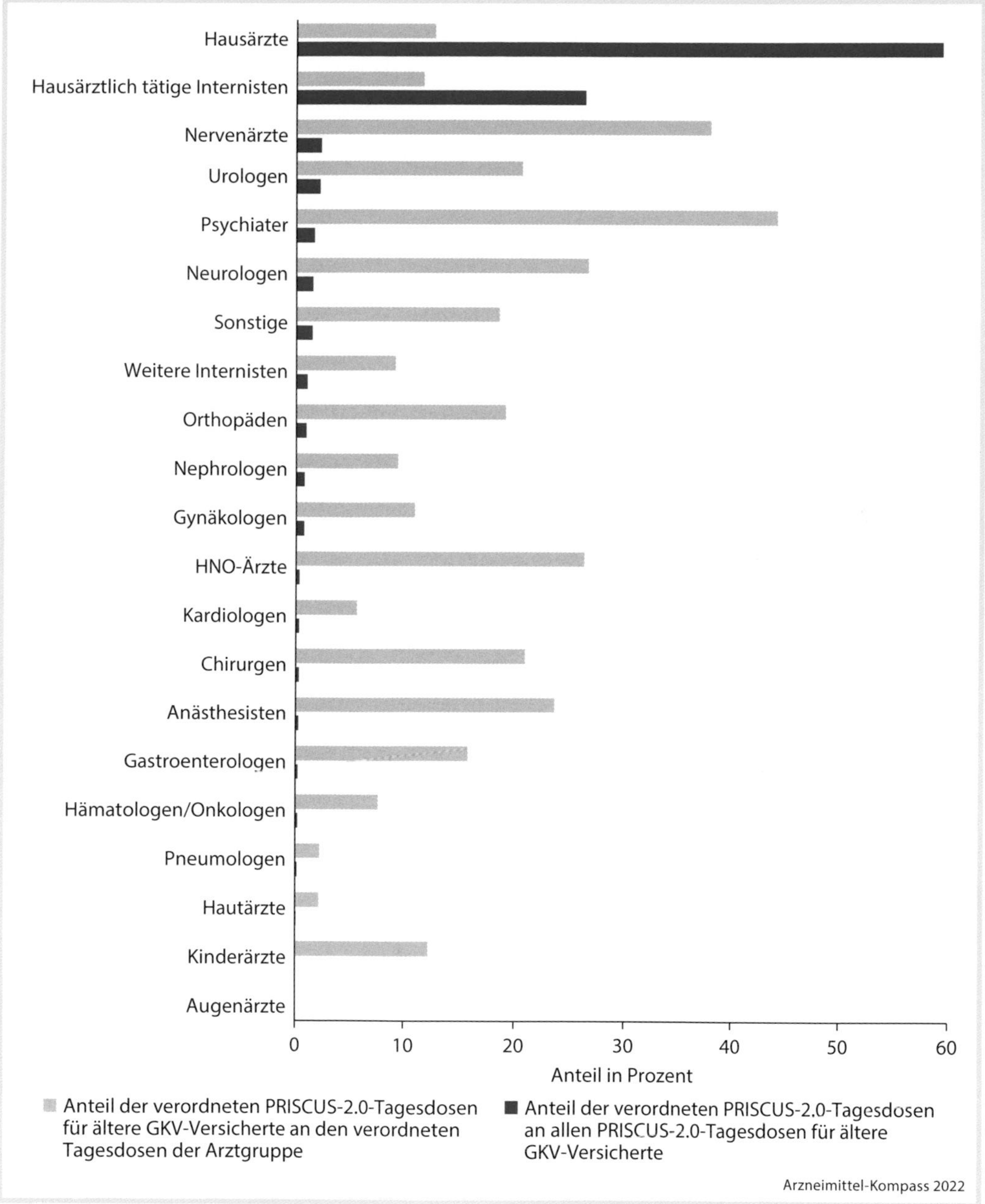

Abb. 4.7 Anteil der PRISCUS-2.0-Arzneimittelverordnungen (DDD) für ältere (≥ 65 Jahre) GKV-Versicherte 2021 an allen PRISCUS-2.0-Tagesdosen und an den verordneten Tagesdosen der 20 meistverordnenden Facharztgruppen. Datenbasis: Arzneimittelverordnungsdaten der AOK-Versicherten 2021; alters- und geschlechtsadjustierte Hochrechnung auf GKV-Versicherte

Da die jeweiligen Anteile der PRISCUS-2.0-Arzneimittelverordnungen in den verschiedenen Facharztgruppen stark davon abhängig sind, welche Erkrankungen behandelt werden, welche Arzneimittel zur medikamentösen Behandlung zur Verfügung stehen und letztlich welche Arzneimittel ausgewählt werden, wird in einem weiteren Schritt auf ausgewählte Wirkstoffgruppen fokussiert.

4.5.5 Verordnungen von PRISCUS-2.0-Medikamenten ausgewählter Wirkstoffgruppen nach Facharztgruppen

Es wurden exemplarisch drei Wirkstoffgruppen hinsichtlich des unterschiedlichen Verordnungsanteils nach Facharztgruppen betrachtet: Die Protonenpumpenhemmer, auf die mit 53,0 % immerhin mehr als jede zweite PRISCUS-2.0-Arzneimittelverordnung entfällt, die Antidepressiva mit einem entsprechenden Anteil von 6,0 % sowie die Medikamente zur Behandlung von funktionellen Blasenstörungen (Urologika) mit einem Anteil von 4,3 % unter allen PRISCUS-2.0-Arzneimittelverordnungen. Diese drei Gruppen werden im Folgenden separat betrachtet – auch im Hinblick darauf, welche Fachärztinnen und -ärzte diese Medikamente verordnen.

Protonenpumpenhemmer

Mehr als jede zweite PRISCUS-2.0-Arzneimittelverordnung entfällt 2021 auf die Gruppe der Protonenpumpenhemmer. Unter allen Protonenpumpenhemmern, die älteren Personen verordnet werden, entfallen 1,7 Mrd. Tagesdosen auf die in PRISCUS-2.0 gelisteten Arzneimittel mit einer entsprechenden Packungsgröße bzw. Verordnungshäufigkeit (◘ Tab. 4.3). Somit sind 42,4 % der Arzneimittel dieser Wirkstoffgruppe potenziell unangemessen für die Anwendung bei älteren Menschen. Da knapp 92,9 % aller Protonenpumpenhemmer von Hausärztinnen und -ärzten und hausärztlich tätigen Internistinnen und Internisten verordnet werden, entfallen immerhin 96,1 % der potenziell nicht adäquat verordneten Wirkstoffe auf diese Facharztgruppen. Dagegen sind von den 34,2 Mio. der durch die gastroenterologische Facharztgruppe verordneten Protonenpumpenhemmer-Tagesdosen nur 16,2 % aufgrund ihrer Verordnungsmenge als potenziell unangemessen für ältere Menschen bewertet.

Antidepressiva

Insgesamt wurden in Deutschland im Jahr 2021 Antidepressiva in der Höhe von 1.678,2 Mio. DDD verordnet. Davon entfielen 197,4 Mio. DDD (11,8 %) auf Wirkstoffe der PRISCUS-2.0-Liste. Im Jahr 2011 entfielen nur 2,6 % der verordneten Tagesdosen auf PRISCUS-PIM (Thürmann und Selke 2013). ◘ Tab. 4.4 zeigt zum einen die Verordnungen von Antidepressiva verteilt auf die einzelnen Facharztgruppen, zum anderen die anteiligen PIM-Verordnungen.

Während Hausärztinnen und Hausärzte und hausärztlich tätige Internistinnen und Internisten zusammen mit 786,8 Mio. DDD nahezu die Hälfte aller Antidepressiva verordneten, entfallen 15,3 % davon auf die in PRISCUS-2.0 gelisteten Antidepressiva. Weitere 730,4 Mio. DDD wurden von den nervenärztlichen, neurologischen und psychiatrischen Facharztgruppen verordnet; bei diesen lag der PIM-Anteil mit 9,0 % deutlich niedriger (◘ Tab. 4.4). Diese Ergebnisse lassen sich aufgrund der Veränderungen zwischen der originalen und der PRISCUS-2.0-Liste nur schwer vergleichen. Thürmann und Selke (2013) berichteten einen etwas niedrigeren PIM-Anteil bei den Verordnungen der Hausärzte und hausärztlich tätigen Internisten. Gudd et al. (2020) analysierten anhand der originalen PRISCUS-Liste ebenfalls die Verteilung der Psychopharmaka-Verordnungen und PIMs zwischen hausärztlich tätigen Ärzten und den entsprechenden Fachärzten. Die Autorinnen und Autoren schlussfolgerten, dass der bei ihnen gemessene relativ höhere PIM-Anteil bei den Fachärztinnen und -ärzten zum

Tab. 4.3 Anzahl und Anteile der Verordnungen von Protonenpumpenhemmern an den PRISCUS-2.0-Arzneimittelverordnungen (DDD) für ältere (≥ 65 Jahre) GKV-Versicherte 2021 nach Facharztgruppen. Datenbasis: Arzneimittelverordnungsdaten der AOK-Versicherten 2021; alters- und geschlechtsadjustierte Hochrechnung auf GKV-Versicherte

Facharztgruppe	Verordnete Tagesdosen (DDD in Mio.) von Protonenpumpenhemmern	Verordnete PRISCUS-2.0-Tagesdosen (DDD in Mio.) von Protonenpumpenhemmern	DDD-Anteil von PRISCUS-2.0-Arzneimitteln an allen DDD der Protonenpumpenhemmer
Hausärzte	2.667,7	1.153,5	43,2%
Hausärztlich tätige Internisten	1.146,9	521,8	45,5%
Gynäkologen	4,3	0,3	7,6%
HNO-Ärzte	7,3	0,6	7,9%
Augenärzte	0,7	0,1	14,2%
Chirurgen	19,2	1,6	8,3%
Orthopäden	26,8	2,1	7,7%
Urologen	2,8	0,5	18,7%
Hautärzte	1,3	0,2	13,4%
Kardiologen	10,6	4,2	40,0%
Nervenärzte	3,7	0,5	14,3%
Neurologen	5,0	0,9	17,5%
Psychiater	2,7	0,3	11,4%
Anästhesisten	4,9	1,3	25,5%
Gastroenterologen	34,2	5,5	16,2%
Hämatologen/Onkologen	12,9	4,0	30,7%
Nephrologen	35,7	14,9	41,8%
Pneumologen	6,9	1,6	23,5%
Weitere Internisten	56,8	19,1	33,6%
Sonstige	50,0	9,3	18,6%
Alle Facharztgruppen	4.105,6	1.742,4	42,4%

Arzneimittel-Kompass 2022

einen an den Unterschieden im Patientenkollektiv beruhen könnte und zum anderen äußerten sie die Vermutung, dass sich Hausärztinnen und -ärzte in den letzten Jahren in Qualitätszirkeln über die Problematik der PIMs vermehrt ausgetauscht und informiert haben (Gudd et al. 2020).

4

Tab. 4.4 Anzahl und Anteile der Verordnungen von Antidepressiva an den PRISCUS-2.0-Arzneimittelverordnungen (DDD) für ältere (≥ 65 Jahre) GKV-Versicherte 2021 nach Facharztgruppen. Datenbasis: Arzneimittelverordnungsdaten der AOK-Versicherten 2021; alters- und geschlechtsadjustierte Hochrechnung auf GKV-Versicherte

Facharztgruppe	Verordnete Tagesdosen (DDD in Mio.) von Antidepressiva	Verordnete PRISCUS-2.0-Tagesdosen (DDD in Mio.) von Antidepressiva	DDD-Anteil von PRISCUS-2.0-Arzneimitteln an allen DDD der Antidepressiva
Hausärzte	577,0	85,9	14,9%
Hausärztlich tätige Internisten	209,8	34,3	16,3%
Gynäkologen	0,9	0,1	8,9%
HNO-Ärzte	0,3	0,0	9,5%
Augenärzte	0,3	0,0	10,7%
Chirurgen	1,3	0,2	12,7%
Orthopäden	0,9	0,2	18,1%
Urologen	0,4	0,1	13,6%
Hautärzte	0,1	0,0	10,8%
Kardiologen	0,7	0,1	18,4%
Nervenärzte	261,6	26,9	10,3%
Neurologen	127,4	14,7	11,5%
Psychiater	341,3	24,0	7,0%
Anästhesisten	9,6	1,2	12,4%
Gastroenterologen	0,5	0,1	14,7%
Hämatologen/Onkologen	0,8	0,1	11,2%
Nephrologen	2,1	0,4	17,4%
Pneumologen	0,3	0,0	14,6%
Weitere Internisten	4,7	0,8	17,9%
Sonstige	137,2	8,3	6,0%
Alle Facharztgruppen	1.678,2	197,4	11,8%

Arzneimittel-Kompass 2022

Tab. 4.5 Anzahl und Anteile von urologischen Spasmolytika an den PRISCUS-2.0-Arzneimittelverordnungen (DDD) für ältere (≥ 65 Jahre) GKV-Versicherte 2021 nach Facharztgruppen. Datenbasis: Arzneimittelverordnungsdaten der AOK-Versicherten 2021; alters- und geschlechtsadjustierte Hochrechnung auf GKV-Versicherte

Facharztgruppe	Verordnete Tagesdosen (DDD in Mio.) von urologischen Spasmolytika	Verordnete PRISCUS-2.0 Tagesdosen (DDD in Mio.) von urologischen Spasmolytika	DDD-Anteil von PRISCUS-2.0-Arzneimitteln an allen DDD der urologischen Spasmolytika
Hausärzte	63,8	47,8	74,9%
Hausärztlich tätige Internisten	23,2	17,8	76,9%
Gynäkologen	14,3	8,6	59,8%
HNO-Ärzte	0,0	0,0	12,7%
Augenärzte	0,0	0,0	41,9%
Chirurgen	0,2	0,0	26,5%
Orthopäden	0,0	0,0	55,2%
Urologen	100,5	65,6	65,2%
Hautärzte	0,0	0,0	48,9%
Kardiologen	0,1	0,1	82,6%
Nervenärzte	0,3	0,1	34,7%
Neurologen	0,8	0,2	26,6%
Psychiater	0,1	0,0	24,3%
Anästhesisten	0,0	0,0	58,1%
Gastroenterologen	0,0	0,0	62,2%
Hämatologen/Onkologen	0,1	0,0	66,7%
Nephrologen	0,3	0,2	65,8%
Pneumologen	0,0	0,0	68,9%
Weitere Internisten	0,5	0,4	74,1%
Sonstige	1,5	0,7	45,2%
Alle Facharztgruppen	206,4	141,5	68,6%

Arzneimittel-Kompass 2022

Urologika

Betrachtet man die urologischen Spasmolytika, deren Verordnungsmengen sich 2021 auf die Facharztgruppen der Urologie, der Hausärztinnen und -ärzte und der hausärztlich tätigen Internistinnen und Internisten verteilte, ergibt sich ein etwas anderes Bild im Hinblick auf die PIM-Verordnungen: Hier fällt ein sehr hoher PIM-Anteil von 75,5 % bei den Hausärzten und hausärztlich tätigen Internisten auf im Vergleich zu etwa 65,2 % bei der urologischen und 59,8 % bei der gynäkologischen Facharztgruppe (Tab. 4.5).

Aufgrund der Veränderungen in der PRISCUS-2.0-Liste zeigen sich hier deutliche Unterschiede: Thürmann und Selke (2013) berichteten einen PIM-Anteil von etwa 36 % bei den Hausärztinnen und -ärzten, einen deutlich höheren PIM-Anteil bei den Gynäkologinnen und Gynäkologen mit 55 % und dem niedrigsten Anteil von 31 % bei den Urologinnen und Urologen. Diese Veränderungen können einerseits darauf hinweisen, dass das Bewusstsein für PIM-Verordnungen gewachsen ist, und andererseits, dass die deutlich kritischeren Bewertungen auf der PRISCUS-2.0-Liste schwieriger umsetzbar sind. Hier wären Detailauswertungen auf Wirkstoffebene und ein Vergleich mit den LUTS-FORTA-Kriterien (Oelke et al. 2015), einer Empfehlungsliste speziell für Urologika, von Interesse.

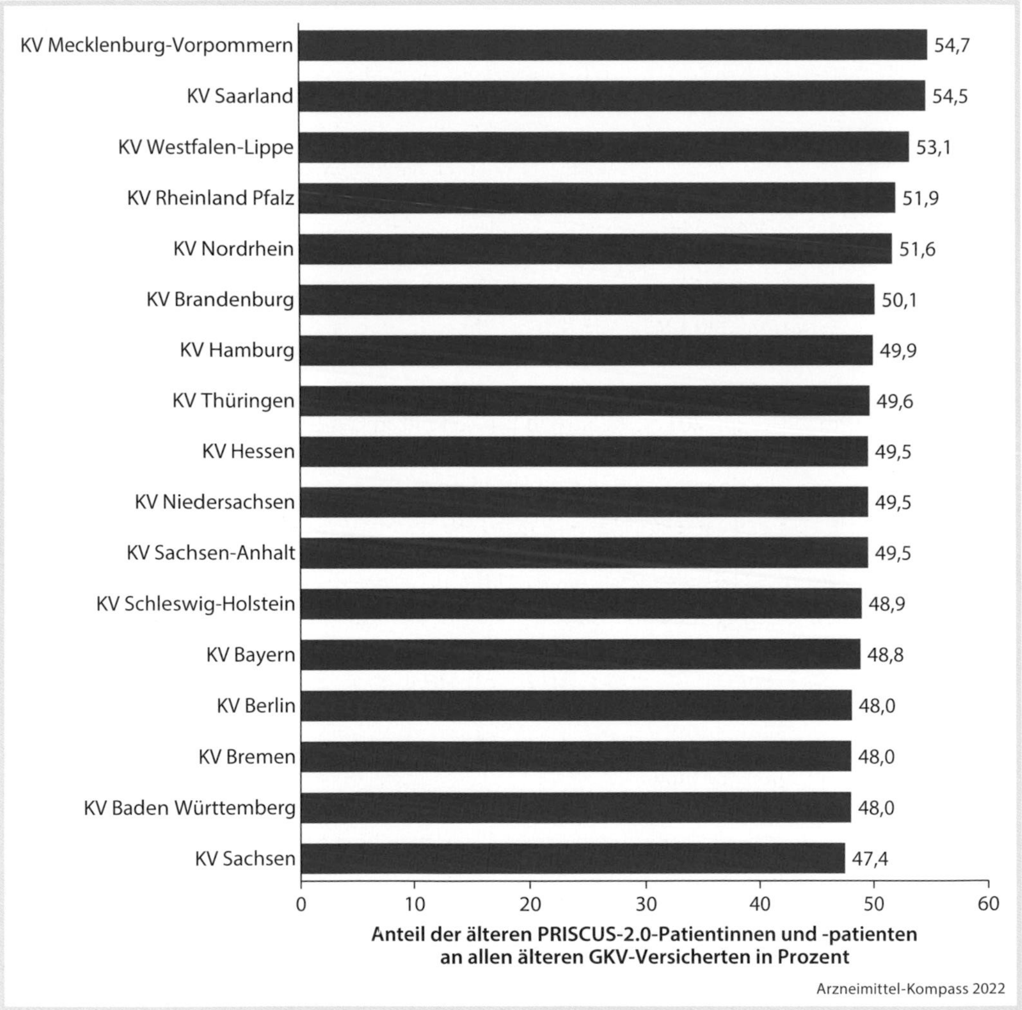

Abb. 4.8 Anteil der älteren (≥ 65 Jahre) PRISCUS-2.0-Patientinnen und -Patienten an allen älteren (≥ 65 Jahre) GKV-Versicherten 2021 nach Kassenärztlichen Vereinigungen. Datenbasis: Arzneimittelverordnungsdaten der AOK-Versicherten 2021; alters- und geschlechtsadjustierte Hochrechnung auf GKV-Versicherte. Zuweisung zur Region mit Hilfe des Wohnsitzes der älteren GKV-Versicherten

4.5.6 Verordnungen von PRISCUS-2.0-Medikamenten in den Regionen Deutschlands

Regionale Unterschiede im Verordnungsverhalten die PIM-Prävalenz betreffend wurden mehrfach berichtet (Thürmann und Selke 2013; Qato und Trivedi 2013; Schwinger et al. 2017). Interessanterweise zeigen sich auch mit der neuen PRISCUS-2.0-Liste erhebliche Unterschiede zwischen den Bundesländern und damit in den verschiedenen Kassenärztlichen Vereinigungen (◘ Abb. 4.8).

Der Anteil der GKV-Versicherten, die 2021 ein PIM erhalten haben, variiert innerhalb der Regionen Deutschlands zwischen 47,4 bis zu 54,7 % und zeigt somit ein Potenzial zur Reduktion von PIMs auch nach der PRISCUS-2.0-Liste auf. Im Vergleich zu der Analyse anhand der originalen PRISCUS-Liste mit den Verordnungsdaten aus dem Jahr 2010 zeigt sich eine deutlich verschobene Rangfolge (Thürmann et al. 2012): Während im Jahr 2010 Sachsen-Anhalt, Sachsen, Berlin, Brandenburg und Thüringen die niedrigste PIM-Prävalenz aufwiesen, zeigen nun auch Baden-Württemberg, Bremen und Bayern geringere Zahlen. Das Saarland und Rheinland-Pfalz sind bei hohen Raten geblieben. Betrachtet man nur die Pflegebedürftigen, so stellten Schwinger et al. (2017) ein vergleichbares Bild der PIM-Verordnungsprävalenzen in den einzelnen Bundesländern bzw. Kassenärztlichen Vereinigungen fest. Auch für andere Aspekte der Arzneimittelversorgung, z. B. die Gesamtausgaben für Arzneimittel, Verordnungen von Antibiotika sowohl für Kinder als auch Erwachsene, wurden deutliche regionale Unterschiede festgestellt (SVR 2014). Für regionale Verordnungsunterschiede werden verschiedene Faktoren verantwortlich gemacht, u. a. Aktivitäten der Kassenärztlichen Vereinigungen oder von Ärztenetzen (z. B. Qualitätszirkel), der Akademien der Ärztekammern, aber auch soziale Aspekte und Erwartungshaltungen sowohl seitens der Patientinnen und Patienten als auch der Ärztinnen und Ärzte (SVR 2014; Gudd et al. 2020).

4.6 Diskussion

In der vorliegenden Analyse kommt erstmals die neue PRISCUS-2.0-Liste zum Einsatz. Auffällig ist der deutlich höhere Anteil von PIMs im Vergleich zu früheren Auswertungen mit der originalen PRISCUS-Liste. Hier zeigt die Betrachtung der am häufigsten vorkommenden PIMs, dass bestimmte neu aufgenommene Arzneistoffklassen bzw. einzelne Medikamente für den Anstieg ursächlich sind. An erster Stelle steht hier die Verordnung von PPI, deren Volumen in der hier gezeigten Analyse auf Näherungsbasis angenommen wurde. Die Expertinnen und Experten der PRISCUS-2.0-Liste bezeichnen die Verordnung eines PPI über länger als acht Wochen als PIM (Mann et al. 2022). Die hiermit verbundenen Risiken wie die Zunahme von Infektionen und Frakturen durch Osteoporose sind eindeutig belegt (Thürmann 2022) und bewegten die Fachleute dazu, diese Therapiedauer als Obergrenze festzulegen. Dieses PIM-Kriterium wurde schon in der EU(7)-PIM-Liste eingeführt, was auch die deutlich höheren PIM-Verordnungsraten unter Anwendung dieser Liste (mit)erklärt (Novaes et al. 2017; Grina und Briedis 2017; Muhlack et al. 2018; Selke Krulichová et al. 2021). Unterschiede in der Häufigkeit dieses PIM-Kriteriums lassen sich auch durch die unterschiedlichen Arten der Datensätze erklären. Während in der vorliegenden Analyse diejenigen Patientinnen und Patienten als PIM-Anwendende erscheinen, die beispielsweise in zwei aufeinanderfolgenden Quartalen eine PPI-Verordnung mit der Packungsgröße N3 erhalten haben, so erhalten diese Personen im Rahmen einer zu einem Stichtag stattfindenden Erhebung (wie es oftmals in Kohortenstudien der Fall ist) möglicherweise gerade kein PIM, wenn die Erhebung in einem der beiden anderen Quartale des jeweiligen Jahres stattfand. Dasselbe trifft auf andere PIMs zu, die durch die Therapiedauer definiert sind. Hinzu kommt, dass bei vielen Analysen von Verordnungsdaten nicht der Ansatz einer Näherung gewählt wird, sondern solche PIMs nicht ausgewertet werden und somit eine Unterschätzung stattfindet. Betrachtet man jedoch singulär die hohen und dauerhaften PPI-Verordnungen an Seniorinnen und Senioren, so liegt hier mit großer Wahrscheinlichkeit ein Potenzial für „Deprescribing“. Bewusstes Absetzen oder im Falle der PPI eine Einnahme nur bei Beschwerden werden vielfach empfohlen und haben sich als machbar herausgestellt (Dharmarajan 2021). Möglicherweise kommt es jedoch zu vermehrten Refluxbeschwerden (Boghossian et al. 2017), sodass ein Absetzen nur dann empfohlen wird, wenn es tatsächlich keine Indikation (mehr) gibt (Targownik et al. 2022).

Die neue PRISCUS-2.0-Liste beinhaltet nun beispielsweise auch einige orale Antidiabetika – eine Stoffklasse, für die bislang keine Negativempfehlung ausgesprochen worden war. So wurden die Wirkstoffe Glibenclamid, Glimepirid und Acarbose als PIM klassifiziert – dies stimmt mit der FORTA-Klassifikation überein, wo Glibenclamid als D (zu vermeiden) eingestuft wird und die beiden anderen genannten Antidiabetika mit C (kritisch) bewertet werden (Pazan et al. 2022). Auch in der US-amerikanischen Beers-Liste von 2019 sind Glibenclamid und Glimepirid als PIMs gelistet (AGS 2019). Hier zeigt sich erneut, dass es wichtig ist, PIM-Listen regelmäßig zu aktualisieren. Durch den langen Zeitraum zwischen PRISCUS und PRISCUS 2.0 sind die direkten oralen Antikoagulanzien (DOAK) nie auf der Liste erschienen, obwohl sie – als neue „Blutverdünner“ mit höherem Blutungsrisiko, v. a. im Alter – z. B. zwischenzeitlich in Updates der Beers-Liste (AGS 2019) und in der EU(7)-PIM-Liste (Renom-Guiteras et al. 2015) enthalten waren. Mittlerweile gibt es gute Evidenz für deren Sicherheit und Wirksamkeit im Alter, sodass sie in Übereinstimmung mit Beers-Liste 2019 (AGS 2019) und noch feiner differenziert mit den aktuellen FORTA-Kriterien speziell für orale Antikoagulanzien (Pazan et al. 2020) nicht auf der PRISCUS-2.0-Liste aufgeführt sind.

Während sich über einige Wirkstoffe und deren Bewertung trefflich streiten lässt, so fallen auch bei dieser Analyse wiederum mehrere Aspekte ins Auge. Zum einen bestehen regionale Verordnungsunterschiede von mehr als sieben Prozentpunkten, die einer näheren Betrachtung bedürfen. Auch die Verschiebungen zwischen den Bundesländern bzw. KV-Bezirken lassen einen weiten Interpretationsspielraum zu, der letztlich nur durch eine Analyse der Aktivitäten in den Regionen eingegrenzt werden kann (SVR 2014). Zum anderen wiesen auch Gudd et al. (2020) nach, dass PRISCUS-Medikamente in sehr unterschiedlichem Maße von Haus- und Fachärztinnen und -ärzten verordnet werden. Dies mag sicher damit zusammenhängen, dass beispielsweise Psychiaterinnen und Psychiater möglicherweise eher Wirkstoffe für Patientinnen und Patienten mit schweren Depressionen verordnen, während Hausärztinnen und -ärzte ein anderes Wirkstoffrepertoire für weniger schwer Erkrankte anwenden. Last but not least bestehen Geschlechtsunterschiede bei den Verordnungen von PIM-Wirkstoffen. Während früher noch argumentiert wurde (Thürmann und Selke 2013), dies läge v. a. an dem höheren Verbrauch von Analgetika und Psychopharmaka bei Frauen, so scheinen Patientinnen auch besonders oft PPI zu erhalten, was bei ihrem höheren Risiko für Osteoporose besondere Beachtung verdient.

In Bezug auf alle PIM-Listen lässt sich eine Veränderung dahingehend feststellen, dass sie zwar für „ältere Menschen“ gelten und daher meist gerade für Datenanalysen Verordnungen an über 65-Jährige verwendet werden. In den Erläuterungen finden sich jedoch oftmals Kommentare wie „biologisches Alter betrachten“, „gemeint sind multimorbide, ältere Menschen“ oder es wird explizit auf Menschen „ab 65 Jahre mit mindestens drei chronischen Erkrankungen oder ab 80 Jahre“ abgezielt. Damit soll der Bandbreite des Gesundheitszustandes im Alter Rechnung getragen werden, was in pharmakoepidemiologischen Untersuchungen nicht möglich ist.

Die vorgelegten Daten weisen auf eine erhebliche Verbreitung von PIMs hin. Es gelang in den letzten Jahren meist nicht, in großen randomisierten Studien potenziell inadäquate Medikation zu verringern, Polypharmazie signifikant zu reduzieren und v. a. auch die Morbidität und Mortalität zu senken sowie die Lebensqualität zu verbessern, obwohl es hierzu Screening Tools, gezielte Fortbildungen und pharmazeutische Unterstützung gab sowie PIM-Listen und Alternativvorschläge in Verordnungssoftware hinterlegt wurden (O'Mahony et al. 2020; Anderson et al. 2019; Blum et al. 2021; Rieckert et al. 2020; Rudolf et al. 2021). Dennoch zeichnete sich in Verordnungsdaten ein Trend zum Rückgang des Verordnungsvolumens bei den Medikamenten der originalen PRISCUS-Liste ab. Es bleibt abzuwarten, inwieweit die Kriterien der neuen PRISCUS-2.0-Liste mit negativen Outcome-Parametern assoziiert sind. Damit die Umsetzung der Empfehlungen von PRISCUS 2.0 in die Praxis gelingen kann, werden die entsprechenden Klassifikationen regelmäßig auf das sich kontinuierlich im Wandel befindliche Arzneimittelangebot in Deutschland aktualisiert und mit der Stammdatei*Plus* des GKV-Arzneimittelindex im Wissenschaftlichen Institut der AOK (WIdO) zur Verfügung stehen.

Literatur

Amann U, Schmedt N, Garbe E (2012) Prescribing of potentially inappropriate medications for the elderly: an analysis based on the PRISCUS list. Dtsch Arztebl Int 109(5):69–75

Anderson LJ, Schnipper JL, Nuckols TK, Shane R, Sarkisian C, Le MM, Pevnick JM, Members of the PHARM-DC group (2019) A systematic overview of systematic reviews evaluating interventions addressing polypharmacy. Am J Health Syst Pharm 76:1777–1787

AGS – American Geriatrics Society (2019) Beers criteria® update expert panel. Updated AGS beers criteria® for potentially inappropriate medication use in older adults. J Am Geriatr Soc 67:674–694

Beers MH (1997) Explicit criteria for determining potentially inappropriate medication use by the elderly. Arch Intern Med 157:1531–1536f

Beers MH, Ouslander JG, Rollingher I, Reuben DB, Brooks J, Beck JC (1991) Explicit criteria for determining inappropriate medication use in nursing home residents. Arch Intern Med 151:1825–1832

Boghossian TA, Rashid FJ, Thompson W, Welch V, Moayyedi P, Rojas-Fernandez C, Pottie K, Farrell B (2017) Deprescribing versus continuation of chronic proton pump inhibitor use in adults. Cochrane Database Syst Rev. https://doi.org/10.1002/14651858.CD011969.pub2

Blum MR, Sallevelt BTGM, Spinewine A, O'Mahony D, Moutzouri E, Feller M, Baumgartner C, Roumet M, Jungo KT, Schwab N, Bretagne L, Beglinger S, Aubert CE, Wilting I, Thevelin S, Murphy K, Huibers CJA, Drenth-van Maanen AC, Boland B, Crowley E, Eichenberger A, Meulendijk M, Jennings E, Adam L, Roos MJ, Gleeson L, Shen Z, Marien S, Meinders AJ, Baretella O, Netzer S, de Montmollin M, Fournier A, Mouzon A, O'Mahony C, Aujesky D, Mavridis D, Byrne S, Jansen PAF, Schwenkglenks M, Spruit M, Dalleur O, Knol W, Trelle S, Rodondi N (2021) Optimizing therapy to prevent avoidable hospital admissions in multimorbid older adults (OPERAM): cluster randomised controlled trial. BMJ 374:n1585

Breitkreuz J, Brückner G, Burgard JP, Krause J, Münnich R, Schröder H, Schüssel K (2019) Schätzung kleinräumiger Krankheitshäufigkeiten für die deutsche Bevölkerung anhand von Routinedaten am Beispiel von Typ-2-Diabetes. AStA Wirtsch Sozialstat Arch 13:35–72. https://doi.org/10.1007/s11943-019-00241-z

Breitkreuz J, Schüssel K, Brückner G, Schröder H (2021) Krankheitslastbestimmung mit Prävalenzen und Schweregraden auf Routinedatenbasis. G+G Wissenschaft 21(1):24–34. https://www.wido.de/fileadmin/Dateien/Dokumente/Publikationen_Produkte/GGW/2021/wido_ggw_012021_breitkreuz_et_al_neu.pdf. Zugegriffen: 1. Aug. 2022

Dharmarajan TS (2021) The use and misuse of proton pump inhibitors: an opportunity for deprescribing. J Am Med Dir Assoc 22:15–22

de Vries M, Seppala LJ, Daams JG, van de Glind EMM, Masud T, van der Velde N, EUGMS Task and Finish Group on Fall-Risk-Increasing Drugs (2018) Fall-risk-increasing drugs: a systematic review and meta-analysis: I. cardiovascular drugs. J Am Med Dir Assoc 19(4):371.e1–371.e9

Endres HG, Kaufmann-Kolle P, Knopf H, Thürmann PA (2018) Which factors are associated with the use of potentially inadequate medications (PIM) in the elderly? Results from the German health interview and examination survey (DEGS1). Bundesgesundheitsblatt Gesundheitsforschung Gesundheitsschutz 61(1):40–51

Fick DM, Cooper JW, Wade WE, Waller JL, Maclean R, Beers MH (2003) Updating the Beers crite-ria for potentially inappropriate medication use in older adults. Results of a US consensus panel of experts. Arch Intern Med 163:2716–2724

Florisson S, Aagesen EK, Bertelsen AS, Nielsen LP, Rosholm JU (2021) Are older adults insufficiently included in clinical trials? An umbrella review. Basic Clin Pharmacol Toxicol 128:213–223

Fricke U, Günther J, Niepraschk-von Dollen K, Zawinell A (2022) Anatomisch-therapeutisch-chemische Klassifikation mit Tagesdosen für den deutschen Arzneimittelmarkt ATC-Index mit DDD-Angaben für den deutsche Arzneimittelmarkt. https://www.wido.de/publikationen-produkte/arzneimittel-klassifikation/. Zugegriffen: 10. Aug. 2022

Gallagher P, Ryan C, Byrne S, Kennedy J, O'Mahony D (2008) STOPP (screening tool of older persons' prescription) and START (screening tool to alert doctors to right treatment). Consensus validation. Int J Clin Pharmacol Ther 46:72–83

Grina D, Briedis V (2017) The use of potentially inappropriate medications among the Lithuanian elderly according to beers and EU(7)-PIM list – a nationwide cross-sectional study on reimbursement claims data. J Clin Pharm Ther 42(2):195–200

Gudd K, Meier F, Lindenthal J, Wambach V, Schöffski O (2020) Potenziell inadäquate Medikation in einem deutschen Praxisnetz – Wer verordnet was an wen? Z Gerontol Geriat 53:647–654

Hoffmann F, Icks A (2011) Diabetes prevalence based on health insurance claims: large differences between companies. Diabet Med 28:919–923. https://doi.org/10.1111/j.1464-5491.2011.03305.x

Hoffmann F, Icks A (2012) Diabetes 'epidemic' in Germany? A critical look at health insurance data sources. Exp Clin Endocrinol Diabetes 120:410–415. https://doi.org/10.1055/s-0032-1306331

Hoffmann F, Koller D (2017) Verschiedene Regionen, verschiedene Versichertenpopulationen? Soziodemografische und gesundheitsbezogene Unterschiede zwischen Krankenkassen. Gesundheitswesen 79:e1–e9. https://doi.org/10.1055/s-0035-1564074

Holt S, Schmiedl S, Thürmann PA (2010) Potentially inappropriate medi¬cation in the elderly – PRISCUS list. Dtsch Arztebl Int 107:543–551

Jandhyala R (2020) Delphi, non-RAND modified Delphi, RAND/UCLA appropriateness method and a novel group awareness and consensus methodology for consensus measurement: a systematic literature review. Curr Med Res Opin 36(11):1873–1887

Jiron M, Pate V, Hanson LC, Lund JL, Jonsson Funk M, Sturmer T (2016) Trends in prevalence and determinants of potentially inappropriate prescribing in the United States: 2007 to 2012. J Am Geriatr Soc 64(4):788–797

Kreienbrock L, Pigeot I, Ahrens W (2012) Vergleiche von Erkrankungshäufigkeit bei aggregierten Daten. In: Kreienbrock L, Pigeot I, Ahrens W (Hrsg) Epidemiologische Methoden, 5. Aufl. Springer Spektrum, Berlin Heidelberg, S 32–39

Lapi F, Pozzi C, Mazzaglia G, Ungar A, Fumagalli S, Marchionni N, Geppetti P, Mugelli A, Di Bari M (2009) Epidemiology of suboptimal prescribing in older, community dwellers: a two-wave, population-based survey in Dicomano, Italy. Drugs Aging 26(12):1029–1038

Laroche ML, Charmes JP, Merle L (2007) Potentially inappropriate medications in the elderly: a French consensus panel list. Eur J Clin Pharmacol 63:725–731

Maher D, Ailabouni N, Mangoni AA, Wiese MD, Reeve E (2021) Alterations in drug disposition in older adults: a focus on geriatric syndromes. Expert Opin Drug Metab Toxicol 17(1):41–52

Mann NK, Mathes T, Sönnichsen A, Pieper D, Klager E, Moussa M, Thürmann PA (2022) PRISCUS 2.0 – Die Aktualisierung der PRISCUS-Liste (Manuskript eingereicht)

Matzk S, Tsiasioti C, Behrendt S, Jürchott K, Schwinger A (2022) Pflegebedürftigkeit in Deutschland. In: Jacobs K, Kuhlmey A, Greß S, Klauber J, Schwinger A (Hrsg) Pflege-Report 2022. Spezielle Versorgungslagen in der Langzeitpflege. Springer, Berlin Heidelberg, S 251–286

McLeod PJ, Huang A, Tamblyn RM, Gayton DC (1997) Defining inappropriate practices in prescribing for elderly people: a national consensus panel. Can Med Assoc J 156:385–391

Mekonnen AB, Redley B, de Courten B, Manias E (2021) Potentially inappropriate prescribing and its associations with health-related and system-related outcomes in hospitalised older adults: A systematic review and meta-analysis. Br J Clin Pharmacol 7:4150–4172

Motter FR, Fritzen JS, Hilmer SN, Paniz ÉV, Paniz VMV (2018) Potentially inappropriate medication in the elderly: a systematic review of validated explicit criteria. Eur J Clin Pharmacol 74(6):679–700

Muhlack DC, Hoppe LK, Stock C, Haefeli WE, Brenner H, Schöttker B (2018) The associations of geriatric syndromes and other patient characteristics with the current and future use of potentially inappropriate medications in a large cohort study. EJCP 74:1633–1644

Nimptsch U, Bestmann A, Erhart M, Dudey S, Marx Y, Saam J, Schopen M, Schröder H, Swart E (2014) Zugang zu Routinedaten. In: Swart E, Ihle P, Gothe H, Matusiewicz D (Hrsg) Routinedaten im Gesundheitswesen Handbuch Sekundärdatenanalyse: Grundlagen, Methoden und Perspektiven. Huber, Bern, S 270–290

Novaes PH, da Cruz DT, Lucchetti ALG, Leite ICG, Lucchetti G (2017) Comparison of four criteria for potentially inappropriate medications in Brazilian

community-dwelling older adults. Geriatr Gerontol Int 17(10):1628–1635
O'Mahony D, Gudmundsson A, Soiza RL, Petrovic M, Cruz-Jentoft JA, Cherubini A, Fordham R, Byrne S, Dahly D, Gallagher P, Lavan A, Curtin D, Dalton K, Cullinan S, Flanagan E, Shiely F, Samuelsson O, Sverrisdottir A, Subbarayan S, Vandaele L, Meireson E, Montero-Errasquin B, Rexach-Cano A, Correa PA, Lozano-Montoya I, Vélez-Díaz-Pallarés M, Cerenzia A, Corradi S, Cotorruelo Ferreiro SM, Dimitri F, Marinelli P, Martelli G, Fong Soe Khioe R, Eustace J (2020) Prevention of adverse drug reactions in hospitalized older patients with multi-morbidity and polypharmacy: the SENATOR* randomized controlled clinical trial. Age Ageing 49:605–614
Pazan F, Collins R, Gil VM, Hanon O, Hardt R, Hoffmeister M, Monteiro P, Quinn TJ, Ropers D, Sergi G, Verheugt FWA, Wehling M (2020) A structured literature review and international consensus validation of FORTA labels of oral anticoagulants for long-term treatment of atrial fibrillation in older patients (OAC-FORTA 2019). Drugs Aging 37(7):539–548
Pazan F, Weiss C, Wehling M, FORTA (2022) The FORTA (fit fOR the aged) list 2021: fourth version of a validated clinical aid for improved pharmacotherapy in older adults. Drugs Aging 39(3):245–247
Oelke M, Becher K, Castro-Diaz D, Chartier-Kastler E, Kirby M, Wagg A, Wehling M (2015) Appropriateness of oral drugs for long-term treatment of lower urinary tract symptoms in older persons: results of a systematic literature review and international consensus validation process (LUTS-FORTA 2014). Age Ageing 44(5):745–755
Qato DM, Trivedi AN (2013) Receipt of high risk medications among elderly enrollees in medicare advantage plans. J Gen Intern Med 28(4):546–553
Renom-Guiteras A, Meyer G, Thürmann PA (2015) The EU(7)-PIM list: a list of potentially inappropriate medications for older people consented by experts from seven European countries. Eur J Clin Pharmacol 71:861–875
Rieckert A, Reeves D, Altiner A, Drewelow E, Esmail A, Flamm M, Hann M, Johansson T, Klaassen-Mielke R, Kunnamo I, Löffler C, Piccoliori G, Sommerauer C, Trampisch US, Vögele A, Woodham A, Sönnichsen A (2020) Use of an electronic decision support tool to reduce polypharmacy in elderly people with chronic diseases: cluster randomised controlled trial. BMJ 369:m1822
Rognstad S, Brekke M, Fetveit A, Spigset O, Wyller TB, Straand J (2009) The Norwegian general practice (NORGEP) criteria for assessing potentially inappropriate prescriptions to elderly patients. A modified Delphi study. Scand J Prim Health Care 27:153–159
Rommel A, von der Lippe E, Plaß D, Wengler A, Anton A, Schmidt C, Schüssel K, Brückner G, Schröder H, Porst M, Leddin J, Tobollik M, Baumert J, Scheidt-Nave C, Ziese T (2018) BURDEN 2020-Burden of disease in Germany at the national and regional level. Bundesgesundheitsblatt Gesundheitsforschung Gesundheitsschutz 61(9):1159–1166. https://doi.org/10.1007/s00103-018-2793-0
Rudolf H, Thiem U, Aust K, Krause D, Klaaßen-Mielke R, Greiner W, Trampisch HJ, Timmesfeld N, Thürmann P, Hackmann E, Barkhausen T, Junius-Walker U, Wilm S (2021) Reduction of Potentially Inappropriate Medication in the Elderly. Dtsch Arztebl Int 118(51–52):875–882
SVR – Sachverständigenrat zur Begutachtung der Entwicklung im Gesundheitswesen (2014) Bedarfsgerechte Versorgung – Perspektiven für ländliche Regionen und ausgewählte Leistungsbereiche, S 51–96 (Gutachten 2014)
Schröder H (2014) Arzneimittelverordnungen. In: Swart E, Ihle P, Gothe H, Matusiewicz D (Hrsg) Routinedaten im Gesundheitswesen Handbuch Sekundärdatenanalyse: Grundlagen, Methoden und Perspektiven. Huber, Bern, S 74–87
Schröder H, Brückner G (2019) Unterstützung für den Landrat. Gesundh Ges 22:12–13
Schröder H, Nink K, Zawinell A (2004) Transparenz jetzt nutzen! Arzneimittelverbrauchsforschung in Deutschland. Dtsch Apoth Z 144(21):2413–2418
Schüssel K, Breitkreuz J, Brückner G, Schröder H (2022) Nutzung von Krankenkassenroutinedaten zur Bestimmung von Krankheitshäufigkeiten im Projekt BURDEN 2020. Gesundheitwesen. https://doi.org/10.1055/a-1806-2115
Schwinger A, Jürchott K, Tsiasioti C (2017) Pflegebedürftigkeit in Deutschland. In: Jacobs K, Kuhlmey A, Greß S, Klauber J, Schwinger A (Hrsg) Pflege-Report 2017. Die Versorgung der Pflegebedürftigen. Schattauer, Stuttgart, S 255–303
Selke Krulichová I, Selke GW, Thürmann PA (2021) Trends and patterns in EU(7)-PIM prescribing to elderly patients in Germany. Eur J Clin Pharmacol 77(10):1553–1561
Targownik LE, Fisher DA, Saini SD (2022) AGA clinical practice update on de-prescribing of proton pump inhibitors: expert review. Gastroenterology 162:1334–1342
Thürmann P (2022) Pharmakotherapeutische Aspekte bei der Therapie gastroenterologischer Erkrankungen im Alter. In: Mayet WJ (Hrsg) Geriatrische Gastroenterologie, 2. Aufl. De Gryter, Berlin Boston, S 311–331
Thürmann P, Schmiedl S (2011) Pharmakotherapie alter Patienten. Med Klin Intensivmed 106:16–23
Thürmann PA, Selke G (2013) Arzneimittelversorgung älterer Patienten. In: Klauber J, Günster C, Gerste B, Robra B-P, Schmacke N (Hrsg) Versorgungs-Report 2013. Schwerpunkt: Depression. Schattauer, Stuttgart, S 185–207
Thürmann PA, Holt-Noreiks S, Nink K, Zawinell A (2012) Arzneimittelversorgung älterer Patienten. In: Günster

C, Klose J, Schmacke N (Hrsg) Versorgungs-Report 2012. Schwerpunkt: Gesundheit im Alter. Schattauer, Stuttgart, S 111–130

Tommelein E, Mehuys E, Petrovic M, Somers A, Colin P, Boussery K (2015) Potentially inappropriate prescribing in community-dwelling older people across Europe: a systematic literature review. Eur J Clin Pharmacol 71:1415–1427

Veronese N, Petrovic M, Benetos A, Denkinger M, Gudmundsson A, Knol W, Marking C, Soulis G, Maggi S, Cherubini A, special interest group in Systematic Reviews and Meta-analyses and the task force on pharmaceutical strategy of the European Geriatric Medicine Society (EuGMS) (2021) Underrepresentation of older adults in clinical trials on COVID-19 vaccines: A systematic review. Ageing Res Rev 71:101455

WIdO – Wissenschaftliches Institut der AOK (2021) Der GKV-Arzneimittelmarkt: Klassifikation, Methodik und Ergebnisse 2021. https://wido.de/fileadmin/Dateien/Dokumente/Forschung_Projekte/Arzneimittel/wido_arz_gkv-arzneimittelmarkt_klassifikation_methodik_ergebnisse_2021.pdf. Zugegriffen: 1. Aug. 2022. https://doi.org/10.4126/FRL01-006429816

Xing XX, Zhu C, Liang HY, Wang K, Chu YQ, Zhao LB, Jiang C, Wang YQ, Yan SY (2019) Associations between potentially inappropriate medications and adverse health outcomes in the elderly: a systematic review and meta-analysis. Ann Pharmacother 53(10):1005–1019

Zimmermann T, Kaduszkiewicz H, van den Bussche H, Schön G, Brettschneider C, König H-H, Wiese B, Bickel H, Mösch E, Luppa M, Riedel-Heller S, Werle J, Weyerer S, Fuchs A, Pentzek M, Hänisch B, Maier W, Scherer M, Jessen F (2013) Potenziell inadäquate Medikamente bei älteren hausärztlich versorgten Patientinnen und Patienten. Bundesgesundheitsbl Gesundheitsforsch Gesundheitsschutz 56(7):941–949

Arzneimittelversorgung in Pflegeheimen

Susann Behrendt, Ulrich Jaehde, Tanyel Özdes und Antje Schwinger

Inhaltsverzeichnis

H. Schröder et al. (Hrsg.), *Arzneimittel-Kompass 2022*, https://doi.org/10.1007/978-3-662-66041-6_5

■ ■ Zusammenfassung

Ein Fünftel aller gesetzlich versicherten Pflegebedürftigen in Deutschland lebt dauerhaft im Pflegeheim. Sie sind in der Regel hochbetagt und multimorbid, zwei Drittel gelten als dementiell erkrankt. Angesichts der damit verbundenen Herausforderungen für die Arzneimittelversorgung dieser Menschen nimmt der Beitrag häufige und potenziell kritische Arzneimitteleinsätze in den Blick: den dauerhaften Einsatz von Antipsychotika bei Demenz bzw. von Benzodiazepinen/Z-Substanzen, die Verordnung von Wirkstoffen gemäß PRISCUS-Liste sowie die Polymedikation. Ausgehend von den literatur- und routinedatenbasierten Analysen des nunmehr abgeschlossenen Innovationsfonds-Projekts „Qualitätsmessung mit Routinedaten in der Pflege (QMPR)" versteht der Beitrag die Arzneimittelversorgung von Pflegeheimbewohnenden nicht nur als Ergebnis ärztlicher Performanz, sondern verortet diese Prozesse an den Schnittstellen der Versorgung. Während die routinedatenbasierten Ergebnisse zur Häufigkeit potenziell kritischer Arzneimitteleinsätze insgesamt auf deutliches Optimierungspotenzial verweisen, zeigt sich auch: Optimierungsmaßnahmen müssen auf mehreren Ebenen ansetzen und den Stellenwert von Qualifizierungsmaßnahmen für die an der Versorgung beteiligten Berufsgruppen und einer zielgerechten, berufsgruppenübergreifenden Zusammenarbeit anerkennen. QMPR-Indikatoren, die für jedes Pflegeheim einzeln die Häufigkeit potenziell kritischer Arzneimitteleinsätze messen, können hier einen wichtigen Beitrag für mehr Transparenz leisten und letztlich Awareness schaffen.

5.1 Bedarf und Herausforderungen der Arzneimittelversorgung von Pflegeheimbewohnenden

5.1.1 Betagte Pflegeheimbewohnende – Menschen mit komplexem Versorgungsbedarf

Rund 700.000 Menschen und damit ein Fünftel (20,7 %) aller gesetzlich versicherten Pflegebedürftigen in Deutschland leben in Einrichtungen der stationären Langzeitpflege (BMG 2022). Sie sind i. d. R. hochbetagt – 77 % der vollstationär gepflegten Frauen und 50 % der Männer sind mindestens 80 Jahre alt (Matzk et al. 2022) – und von multiplen Beschwerdebildern betroffen. Körperliche ebenso wie psychische Beeinträchtigungen sowie Verhaltensstörungen und deren oftmals progrediente Verläufe führen zu einem hohen Grad an Fragilität und Vulnerabilität. Potenziert ist damit auch der Bedarf und die Komplexität einer angemessenen gesundheitlichen Versorgung, die auf den Erhalt einer bestmöglichen Lebensqualität und eines höchstmöglichen Grades an Autonomie der Bewohnenden abzielt.

Die hohe Prävalenz der Demenz ist dabei eine zentrale Herausforderung für alle Beteiligten: Im Schnitt gelten rund zwei Drittel aller Bewohnenden (69,0 %) in deutschen Pflegeheimen als dementiell erkrankt (Behrendt et al. 2022a). Im Laufe ihrer Erkrankung tritt bei der Mehrzahl von ihnen das sogenannte *herausfordernde Verhalten* (BPSD – Behavioral and

Psychological Symptoms in Dementia) auf – und damit Apathie, Depressionen, Angststörungen, Aggressivität, Hinlauftendenzen oder auch gestörte Tag-Nacht-Rhythmen (Preuss et al. 2016; vgl. auch Brodaty und Arasaratnam 2012; DGPPN und DGN 2016; DGPPN). In welcher Intensität und Art dieses herausfordernde Verhalten bei den Betroffenen in Erscheinung tritt, unterscheidet sich je nach Status und Art der dementiellen Erkrankung – und unterstreicht den Anspruch an eine angemessene (nicht-) pharmakologische Prävention und Reaktion (DGPPN und DGN 2016; DGPPN).

Als weitere zentrale Herausforderung seitens der Bewohnenden und gleichermaßen Bedingungsfaktor eines angemessenen Arzneimitteleinsatzes sei hervorzuheben, dass der Umzug in eine Pflegeeinrichtung für diese Menschen in der Regel den Einzug an den Ort der letzten Lebensphase darstellt – und damit auch des Sterbens. Eine aktuelle Analyse mit Routinedaten der AOK zeigt: Ein Drittel aller im Jahr 2019 verstorbenen AOK-Versicherten (31,0 %) lebte in einem Pflegeheim (Schwinger et al. 2022).

Die Versorgung von Bewohnenden meint dabei nicht nur die Pflege und die Arzneimittelversorgung, sondern auch die haus- und fachärztliche Performanz. Eine im Kontext des Pflege-Reports 2017 durchgeführte Befragung von Pflegekräften zum Einsatz von Antipsychotika bei dementiell erkrankten Pflegeheimbewohnenden unterstreicht das Ineinandergreifen von pflegerisch und medizinisch Versorgenden: Ein Viertel (26,7 %) der Befragten wirkte demnach regelmäßig, etwas mehr als die Hälfte (57,4 %) gelegentlich auf die Verordnung von Psychopharmaka hin (Schwinger et al. 2017). Die Arzneimittelversorgung von Bewohnenden in deutschen Pflegeheimen gliedert sich ein in eine komplexe, berufsgruppen- und auch sektorenübergreifende Gesamtversorgung durch ambulant tätige Haus- und Fachärztinnen und -ärzte, Pflegekräfte, therapeutische Fachleute, Apothekerinnen und Apotheker oder auch den Rettungsdienst und das Krankenhauspersonal. Sie bringt erhebliche Herausforderungen für die gesundheitlich Versorgenden ebenso wie für die Bewohnenden selbst und ihre Angehörigen mit sich. Das Pflegeheim ist dabei ein Setting, in dem diese Menschen wohnen und die Arzneimittelversorgung mehrheitlich stattfindet (Behrendt et al. 2022b).

5.1.2 Potenziell kritische Arzneimitteleinsätze und ihre Risiken für betagte Pflegeheimbewohnende

Insbesondere die Morbidität und das Alter von Pflegeheimbewohnenden wirken in der Summe wie ein Verstärker der ohnehin mit zahlreichen Wirkstoffen assoziierten unerwünschten Arzneimittelwirkungen. Als ursächlich für dieses Risikoniveau gelten vor allem altersbedingte physiologische Veränderungen wie eine zunehmende Durchlässigkeit der Blut-Hirn-Schranke und eine beeinträchtigte Nieren- und Leberfunktion (Bain et al. 2017; Clegg et al. 2013; Glaeske et al. 2012). Die sich verändernde Verstoffwechselung (Pharmakokinetik bzw. Pharmakodynamik) bei betagten Menschen führt zu einer höheren Empfänglichkeit für sedierende und anticholinerge Nebenwirkungen (Holt et al. 2010). Hinzu kommen unter anderen medikamentöse Wechselwirkungen aufgrund der häufig praktizierten Polymedikation (Leitliniengruppe Hessen und DEGAM 2021). Mit zunehmendem Alter und abnehmender Immunabwehr steigt ferner das Risiko für Infektionskrankheiten, die ebenso i. d. R. medikamentös behandelt werden – und in der Summe damit auch das Risiko für unerwünschte Arzneimittelinteraktionen (Corsonello et al. 2015).

Die Gabe von antipsychotischen Wirkstoffen bei dementiell erkrankten Bewohnenden bezeichnet einen wichtigen Aspekt der Arzneimittelversorgung im Pflegeheim – nicht zuletzt angesichts der beträchtlichen Prävalenz der Demenz. So gelten Antipsychotika nach

Analgetika als die am zweithäufigsten verordneten Arzneimittel bei diesen Bewohnenden (Huber et al. 2012; Jacob et al. 2017). Der klinische Nutzen wird hier – im Abgleich mit den erheblichen Risiken – als moderat eingeschätzt (Kirkham et al. 2017). So erhöhen sich bei einer Antipsychotika-Einnahme insbesondere die Risiken für zerebrovaskuläre, d. h. die Gehirndurchblutung betreffende Störungsbilder, für einen rascheren Abbau kognitiver Fähigkeiten und letztlich für eine erhöhte Mortalität bei betagten dementiell erkrankten Menschen (ausführlicher in Behrendt et al. 2022a). Die Deutsche Gesellschaft für Psychiatrie und Psychotherapie, Psychosomatik und Nervenheilkunde (DGPPN) und die Deutsche Gesellschaft für Neurologie (DGN) formulieren in der Leitlinie *Demenzen* (2016) explizit: Antipsychotika seien bei erheblicher und persistierender BPSD-Symptomatik nur als letztes Mittel der Wahl, kurzfristig, niedrig dosiert und engmaschig kontrolliert zu verabreichen. Eine Gabe von Antipsychotika sei darüber hinaus, so das britische Pendant, bei Verbesserung ebenso wie bei Ausbleiben der BPSD-Symptomatik zu beenden (NICE 2018).

Ebenso kann die Dauereinnahme von Benzodiazepinen und Z-Substanzen – hierzu zählen Anxiolytika, aber auch Hypnotika und Sedativa wie bspw. Zolpidem und Zopiclon – zu vielfältigen somatischen, psychiatrischen und neuropsychologischen Beschwerden führen. Insbesondere aufgrund ihres hohen Risikos für eine Toleranz- und Suchtentwicklung sind diese Wirkstoffe maximal vier Wochen verordnungsfähig (G-BA 2020; Schröder 2013). Ein großer Teil der Medikamentenabhängigkeit bezieht sich auf genau diese Arzneimittel (Buth et al. 2019; Janhsen et al. 2015; Verthein et al. 2013; Wolter 2017; Wucherer et al. 2017). Kurzfristig können sie jedoch u. a. bei Angst- und Schlafstörungen, bei Epilepsie oder auch bei Spasmen indiziert sein (Azermai et al. 2011a; Bourgeois et al. 2012; Verthein et al. 2016). Während die Verordnungsprävalenz von Benzodiazepinen und Z-Substanzen in vielen Ländern zurückgeht, ist diese Reduktion bei Älteren wesentlich geringer ausgeprägt und die Prävalenz des (langfristigen) Einsatzes sehr hoch (Jackson et al. 2014; Kurko et al. 2015).

Bei Pflegeheimbewohnenden bzw. generell bei betagten Menschen zählen diese Wirkstoffe zu den häufigsten Verordnungen potenziell inadäquater Medikation (u. a. Allegri et al. 2017; Anrys et al. 2018; Barnett et al. 2011; Herr et al. 2017; Hillen et al. 2019; Parsons et al. 2012; Schwabe und Paffrath 2015). Gemeint sind hiermit Arzneimittel, deren Nutzen bei Betagten aus klinischer Sicht als geringer einzuschätzen ist als deren Risiken und Nebenwirkungen (Thiem 2012). Relevante Risiken betreffen hierbei unter anderen ansteigende Leberwerte und gastrointestinale Blutungen (DEGAM 2017). Die in Deutschland seit 2010 etablierte und aktuell überarbeitete Zusammenstellung von 83 kritischen Wirkstoffen und ihren sichereren Behandlungsalternativen ist die PRISCUS-Liste (Holt et al. 2010).

Als stärkster Prädiktor für die Verordnung einer potenziell inadäquaten Medikation für Ältere gilt die Polymedikation (Morin et al. 2016; Nothelle et al. 2017; Pohontsch et al. 2017). Die Definitionen in der Forschung variieren jedoch von mindestens fünf bis mindestens zehn in einem bestimmten zeitlichen Rahmen und Setting verordneten unterschiedlichen Wirkstoffen (Masnoon et al. 2017). Zu den schwerwiegenden Folgewirkungen der Polymedikation zählen u. a. eine Verschlechterung kognitiver Fähigkeiten (Peron et al. 2011), das Auftreten von Delirien (Bohlken et al. 2017) und somatische Funktionsbeeinträchtigungen (Maher et al. 2014). Das Risiko für Arzneimittelinteraktionen kann neue Beschwerdebilder und damit weitere Verordnungen hervorrufen. Polymedikation gefährdet nicht zuletzt die Adhärenz der Patientinnen und Patienten (Leitliniengruppe Hessen und DEGAM 2021). Die Auswertung von Routinedaten einer deutschen Krankenkasse identifizierte Polymedikation als stärksten Risikofaktor für den Kontakt zu Akutversorgenden, die den Bereitschaftsdienst, den Besuch der Notaufnahme und ungeplante Krankenhauseinweisungen von Pflegeheimbewohnenden umfassten (Fassmer et al. 2020; weitere Befunde zur erhöhten Hospitalisierungswahrscheinlichkeit vgl. Cherubini et al. 2012; Lalic et al. 2016; Wang et al. 2018).

Der Beitrag möchte vor diesem Hintergrund, dekliniert an vier Beispielen häufiger und als potenziell kritisch einzuschätzender Arzneimitteleinsätze die Herausforderungen, die Praxis und die Beeinflussbarkeit der medikamentösen Behandlung von Pflegeheimbewohnenden vorstellen und diskutieren:

- den dauerhaften Einsatz von Antipsychotika bei Demenz,
- den dauerhaften Einsatz von Benzodiazepinen und Z-Substanzen,
- die Verordnung potenziell für Ältere ungeeigneter Wirkstoffe gemäß PRISCUS-Liste sowie
- die häufig praktizierte Polymedikation.

Ein erhöhtes Risiko für Stürze (Berry et al. 2013; Bor et al. 2017; DEGAM 2017; Endres et al. 2016; Henschel et al. 2015; Landreville et al. 2013; Olazaran et al. 2013; Rojas-Fernandez et al. 2015; Seppala et al. 2018; Wang et al. 2018) sowie eine durch die entsprechenden Neben- und Folgewirkungen der Medikation reduzierte Lebensqualität (DGPPN und DGN 2016; Harrison et al. 2018; Leitliniengruppe Hessen und DEGAM 2021) ist allen hier betrachteten vier Arzneimitteleinsätzen gemein.

Die aus strukturierten Literaturrecherchen und Auswertungen von AOK-Routinedaten gewonnenen Erkenntnisse gehen insbesondere auf das im Juli 2021 beendete Innovationsfonds-Projekt *Qualitätsmessung mit Routinedaten in der Pflege (QMPR)* zurück (Behrendt et al. 2022a; Behrendt et al. 2022b). Eine Analyse zum Auftreten multipler kritischer Arzneimitteleinsätze in bestimmten Einrichtungen wurde eigens für diesen Beitrag ergänzt.

5.2 Häufigkeit potenziell kritischer Arzneimitteleinsätze bei Pflegeheimbewohnenden: Ergebnisse der QMPR-Indikatoren

5.2.1 Datengrundlage und Operationalisierung der Arzneimitteleinsätze

Die hier präsentierten Ergebnisse sind aus dem nunmehr abgeschlossenen Innovationsfonds-Projekt QMPR ausgekoppelt und basieren auf den Routinedaten aller elf AOK-Kranken- und Pflegekassen (weitere Informationen vgl. Band I, Behrendt et al. 2022b). Sie umfassen damit alle AOK-Versicherten (60+ Jahre) mit abgerechneten Leistungen der vollstationären Dauerpflege nach § 43 SGB XI in mindestens einem Quartal des Jahres 2018, die zudem mindestens ein Quartal im Berichtsjahr in der Einrichtung lebten. Bewohnende, die in ein anderes Pflegeheim oder in das ambulante Pflegesetting wechselten, sind nicht Bestandteil der Auswertungen. Aus methodischen Gründen werden darüber hinaus ausschließlich Einrichtungen mit mindestens 30 AOK-versicherten Bewohnenden betrachtet – bei kleineren Fallzahlen könnten sich sonst auffällige Verordnungen bei wenigen Bewohnenden zu stark auf das Einrichtungsergebnis auswirken. Eine Aussage zur Qualität der Arzneimittelversorgung wäre hier nicht möglich (detaillierte Ausführungen zum sogenannten Fallzahl-Prävalenz-Problem in Band I, Behrendt et al. 2022b). In der Summe stehen die hier vorgestellten Ergebnisse für insgesamt 260.483 AOK-versicherte Bewohnende in 5.006 Pflegeheimen und damit in rund der Hälfte aller bundesweiten Einrichtungen in Deutschland.

Für die Analyse des Antipsychotika-Einsatzes bei Demenz verkleinerte sich diese Studienpopulation auf 113.523 Bewohnende in 2.516 Pflegeheimen; der Grund: Hier stehen die dementiell Erkrankten im Vordergrund und somit nur jene Einrichtungen, die mindestens 30 Bewohnende mit dieser Erkrankung aufweisen. Um das bewohnendenseitige Risikoprofil der jeweiligen Pflegeeinrichtung zu berücksichtigen, erfolgt ferner eine Adjustierung nach Alter und Geschlecht, Pflegegrad, Vorliegen einer Demenz (Ausnahme: Antipsychotika bei Demenz, hier sind ja per se nur Bewohnende mit Demenz betrachtet) sowie Komorbiditäten nach dem Elixhauser-Komorbiditätsindex.[1] Letzterer umfasst 30 Erkrankungsgruppen, stammt aus der Analyse von administrativen Diagnosedaten im Setting Krankenhaus und fokussiert dabei ursprünglich die Krankenhaussterblichkeit, die Verweildauer und die Versorgungskosten (Elixhauser et al. 1998; Quan et al. 2005; zum Adjustierungsverfahren ausführlicher vgl. Behrendt et al. 2022b).

Die Definitionen für eine routinedatenbasierte Messung der Dauerverordnung von Antipsychotika bei Demenz, der Benzodiazepine und Z-Substanzen, der Verordnung von PRISCUS-Wirkstoffen sowie der Polymedikation fasst ◘ Tab. 5.1 zusammen. Es handelt sich dabei um die in QMPR entwickelten Indikatoren B1 bis B4 zur Versorgungsqualität an der Schnittstelle Arzneimittelversorgung (vgl. auch Behrendt et al. 2022a).

5.2.2 Häufigkeit auffälliger Arzneimittelverordnungen je Pflegeheim

Die in QMPR entwickelten routinedatenbasierten Indikatoren an der Schnittstelle der Arzneimittelversorgung von Pflegeheimbewohnenden messen die Häufigkeit der (Dauer-)Verordnung von Antipsychotika bei Demenz, Benzodiazepinen und Z-Substanzen, PRISCUS-Wirkstoffen und Polymedikation für das Berichtsjahr 2018. ◘ Tab. 5.1 gibt einen zusammenfassenden Überblick über die Definition dieser Einsätze auf Basis der verwendeten Abrechnungsdaten. Die Ergebnisse weisen auf Einrichtungsebene – d. h. für jedes der einbezogenen Pflegeheime – die Prävalenz des jeweiligen potenziell kritischen Arzneimitteleinsatzes aus.

Am häufigsten betroffen sind Pflegeheimbewohnende offensichtlich von einer Polymedikation: Im Schnitt ein Drittel (31,9 %) der Bewohnenden je Pflegeheim erhielt mindestens neun verschiedene Wirkstoffe innerhalb eines Quartals des Jahres 2018 (◘ Tab. 5.2).[2]

Mehr als ein Fünftel (21,8 %) wies mindestens eine Verordnung auf, die einen Wirkstoff der PRISCUS-Liste beinhaltete und damit als für die ältere Bevölkerung inadäquat eingestuft ist. Die beiden Dauerverordnungsindikatoren zu Antipsychotika bei Demenz und Benzodiazepinen/Z-Substanzen erreichten hier im Schnitt Anteile von 8 % bzw. 7 % und sind damit wesentlich weniger prävalent. Es handelt sich hier jedoch um eine sehr strenge Betrachtung des Verordnungsumfangs zur Definition einer Dauerverordnung (siehe Definition in ◘ Tab. 5.1), die durch die entsprechenden Leitlinien explizit zu vermeiden ist. Insofern mögen die Anteile im Vergleich gering sein, beschreiben jedoch etwas weniger als ein Zehntel der Bewohnenden in der jeweiligen Stichprobe (◘ Tab. 5.2).

Die rohen (nicht risikoadjustierten) Anteile der Bewohnenden mit mindestens ei-

1 Zur Abschätzung der Komorbidität wurden neben Diagnosedaten aus dem Berichtsjahr 2018 ebenso entsprechende Diagnosedaten aus dem Vorjahr 2017 berücksichtigt.

2 Die definitorische Festlegung auf eine 9+-Schwelle im angegebenen Zeitraum geht insbesondere auf die Multimorbidität der hier betrachteten Klientel zurück, was häufig die Anzahl verordneter Wirkstoffe multipliziert. Nicht immer handelt es sich dabei per se um eine Fehlversorgung. Daher setzt die Definition von Polymedikation hier bei einer 9+-Schwelle an, um potenziell kritische Auffälligkeiten zu identifizieren. Bedarfs- und Selbstmedikation gehen nicht ein, sodass generell eine Unterschätzung der Polymedikation anzunehmen ist.

Tab. 5.1 Routinedatenbasierte Indikatoren zu potenziell kritischen Arzneimitteleinsätzen bei Pflegeheimbewohnenden* (QMPR-Indikatoren B1, B2, B3, B4). (Quelle: Behrendt et al. 2022a)

	B1: Dauerverordnung von Antipsychotika bei Demenz je Pflegeheim	**B2: Dauerverordnung von Benzodiazepinen, Benzodiazepin-Derivaten oder Z-Wirkstoffen je Pflegeheim**	**B3: Verordnung von PRISCUS-Wirkstoffen je Pflegeheim**	**B4: Polymedikation je Pflegeheim**
Zähler	Anzahl der Bewohnenden je Pflegeheim mit einer 2018 oder 2017 diagnostizierten Demenz (ICD-10-GM: F00–F03, F051, G231, G30, G310, G3182) *mit* Verordnungen von mindestens 30 DDD von Antipsychotika (ATC: N05A) jeweils in mindestens zwei aufeinanderfolgenden Quartalen 2018	Anzahl der Bewohnenden je Pflegeheim mit Verordnungen von mindestens 30 DDD Benzodiazepine (ATC: N05BA), Benzodiazepin-Derivate (N05CD) oder Z-Wirkstoffe (N05CF) in mindestens einem Quartal 2018	Anzahl von Bewohnenden je Pflegeheim mit mindestens einer Verordnung von PRISCUS-Wirkstoffen 2018	Anzahl der Bewohnenden je Pflegeheim mit 9+ unterschiedlichen Wirkstoffen in mindestens einem Quartal (Polymedikation) 2018 > nur Fertigarzneimittel (ATC-5); Ausschluss der Wirkstoffgruppen (u. a. Impfstoffe, Blutersatzmittel und Dermatika) A01, B05, D, G01, J07, M02, P03, R01, R02, R04, S, V, Z
Nenner	Anzahl der Bewohnenden je Pflegeheim mit einer 2018 oder 2017 diagnostizierten Demenz (ICD-10-GM: F00–F03, F051, G231, G30, G310, G3182)	Anzahl der Bewohnenden je Pflegeheim 2018	Anzahl von Bewohnenden je Pflegeheim 2018	Anzahl der Bewohnenden je Pflegeheim 2018
Ausschluss von Bewohnenden	Bewohnende mit einer 2018 oder 2017 diagnostizierten Schizophrenie (F20), bipolaren (F31) oder schizoaffektiven Störung (F25)	–	–	–
Merkmale der Risikoadjustierung	Alter, Geschlecht, Pflegegrad, Demenz (außer bei B1), Diagnosen des Elixhauser-Komorbiditätsindex, Verweildauer im Pflegeheim, das die Verordnungen vornahm			

* Betrachtet werden ausschließlich Bewohnende mit mindestens einem Quartal Verweildauer in der Einrichtung.
Arzneimittel-Kompass 2022

▪ **Tab. 5.2** Häufigkeit kritischer Arzneimittelverordnungen im Pflegeheim – Ergebnisse der QMPR-Indikatoren. (Quelle: AOK-Routinedaten 2015–2018; Behrendt et al. 2022a)

			Bewohnende mit Indikatorereignis je Pflegeheim (2018)			
			Mittelwert	Median	Perzentil 25	Perzentil 75
B-1	Dauerverordnung Antipsychotika bei Demenz*	Roh, in % der dementiell erkrankten Bewohnenden je Pflegeheim	8,0	7,3	4,1	11,1
		SMR (beobachtete/ erwartete Anzahl)**	1,0	0,9	0,5	1,4
B-2	Dauerverordnung Benzodiazepine, Benzodiazepin-Derivate und Z-Substanzen	Roh, in % der Bewohnenden je Pflegeheim	7,2	6,1	2,8	10,8
		SMR (beobachtete/ erwartete Anzahl)**	1,0	0,8	0,4	1,5
B-3	Verordnung von Wirkstoffen der PRISCUS-Liste	Roh, in % der Bewohnenden je Pflegeheim	21,8	21,6	16,0	27,8
		SMR (beobachtete/ erwartete Anzahl)**	1,0	1,0	0,7	1,2
B-4	Verordnung von 9+ unterschiedlichen Wirkstoffen in mindestens 1 Quartal (Polymedikation)***	Roh, in % der Bewohnenden je Pflegeheim	31,9	32,4	25,4	40,0
		SMR (beobachtete/ erwartete Anzahl)**	1,0	1,0	0,8	1,2

* Während die Berechnung von B-2 bis B-4 auf allen 5.006 Pflegeheimen mit mindestens 30 AOK-versicherten Bewohnenden 2018 basiert, beruht B-1 ausschließlich auf den dementiell erkrankten Bewohnenden. Folglich beziehen sich die Indikatorwerte von B-1 auf 2.516 Pflegeheime, nämlich jene Einrichtungen mit mindestens 30 dementiell erkrankten Bewohnenden.
** Die tatsächlich beobachtete Anzahl der Bewohnenden mit dem jeweiligen Verordnungsereignis wird zur angesichts des Risikoprofils der Einrichtung erwarteten Anzahl gesetzt und so die standardisierte Morbiditätsrate (SMR) ermittelt. Bei einem SMR gleich 1 lässt sich folglich dieselbe Anzahl beobachten wie jene, die aufgrund des Bewohnendenprofils der Einrichtung zu erwarten wäre.
*** Hierbei handelt es sich um den QMPR-Indikator mit geschärfter Definition. Im Gegensatz zum QMPR-Ergebnisbericht exkludiert die vorliegende Indikatorberechnung bestimmte ATC-Gruppen, u. a. Impfstoffe und Blutersatzmittel (siehe ▪ Tab. 5.1).
Arzneimittel-Kompass 2022

ner entsprechenden Verordnungsauffälligkeit beim jeweiligen Aspekt verdeutlichen: Die gemessene Häufigkeit variiert zwischen den Pflegeheimen teilweise erheblich (▪ Tab. 5.2). Ein Blick auf das Viertel (Perzentil 75) der Pflegeheime mit den jeweils höchsten Anteilen zeigt: In diesen Einrichtungen erhielten mindestens 11 % der dementiell erkrankten Bewohnenden 2018 langfristig Antipsychotika, ebenso mindestens 11 % der Bewohnenden im gleichen Berichtsjahr dauerhaft Benzodiazepine und Z-Substanzen. Mindestens jede vierte Person in den 25 % der Pflegeheime mit den höchsten Anteilen wies mindestens eine PRISCUS-Verordnung, 40 % der Bewohnenden wiesen eine Polymedikation auf (▪ Tab. 5.2).

Neben den „rohen“ Ergebnissen sind in ◘ Tab. 5.2 auch die risikoadjustierten Werte dargestellt (standardisierte Morbiditätsrate, SMR). ◘ Tab. 5.2 zeigt hier ein unterschiedliches Ausmaß an Varianz je nach Art des auffälligen Arzneimitteleinsatzes: In einem Viertel der 5.006 Pflegeheime übertraf der beobachtete Wert an Bewohnenden mit Polymedikation bzw. mit PRISCUS-Verordnung jenen angesichts des Heimprofils statistisch erwarteten Einsatz um jeweils 20 %. Mit Blick auf die Dauerverordnung von Antipsychotika bei Demenz waren dies sogar 40 % (hier Bezug zum Viertel der 2.516 Pflegeheime), bei Benzodiazepinen/Z-Substanzen 50 %.

5.2.3 Multiple Auffälligkeiten in Pflegeeinrichtungen

Neben den Einzelergebnissen zu kritischen Arzneimitteleinsätzen ist auch von besonderem Interesse, inwieweit Pflegeheime bei mehr als einem der hier betrachteten Themen auffällige Werte (im Folgenden *Auffälligkeit* genannt), d. h. eine Position im Viertel der Einrichtungen mit den höchsten risikoadjustierten Anteilen an Bewohnenden mit den jeweiligen Verordnungspraxen (SMR-Wert – Perzentil 75), aufweisen.

◘ Abb. 5.1 und 5.2 veranschaulichen für die jeweiligen Pflegeheime, die in einem bestimmten Arzneimittelindikator im Jahr 2018 auffällige Werte aufwiesen, inwieweit diese

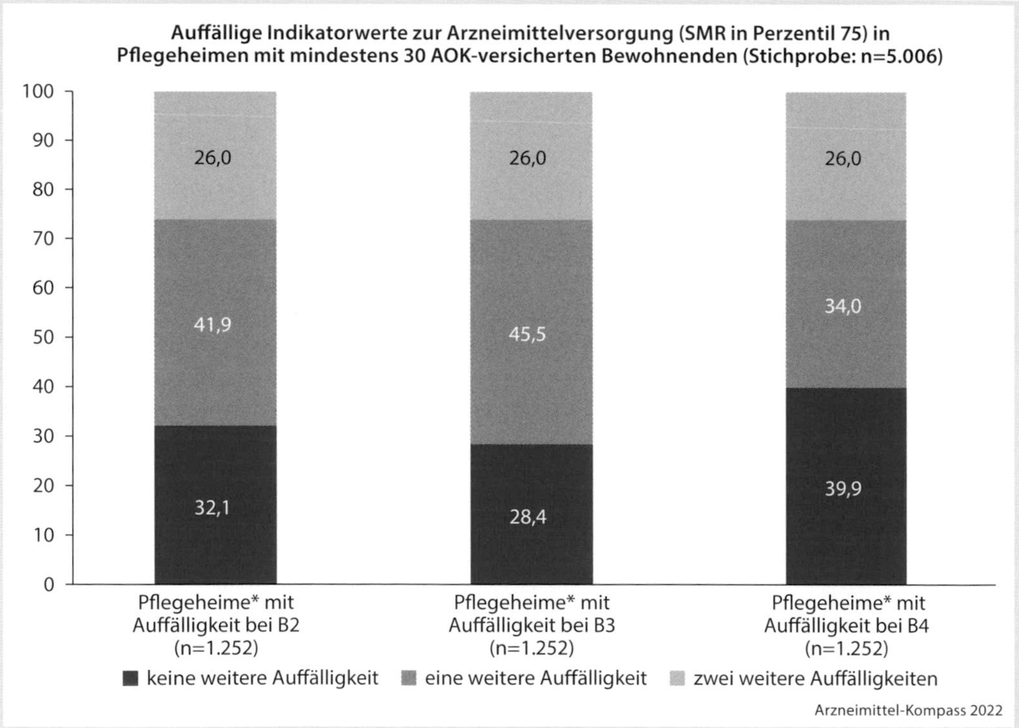

◘ **Abb. 5.1** Multiples Auftreten potenziell kritischer Arzneimitteleinsätze in Pflegeheimen mit mindestens 30 AOK-versicherten Bewohnenden* (B2 – Dauerverordnung von Benzodiazepinen und Z-Substanzen; B3 – Verordnung von PRISCUS-Wirkstoffen; B4 – Polymedikation). *Da der Dauereinsatz von Antipsychotika bei Demenz ausschließlich dementiell Erkrankte in Pflegeheimen betrachtet und hierfür die Studienpopulation zusätzlich zu filtern war, zeigt die ◘ Abb. 5.1 zunächst die Kombinationen kritischer Einsätze ohne Einbezug der Antipsychotika-Gabe (B1). Durch Rundungsungenauigkeiten ergeben die Balken B2 und B3 bei Darstellung mit einer Nachkommastelle nur 99,9 % und nicht 100 %. (Quelle: AOK-Routinedaten 2015–2018; WIdO)

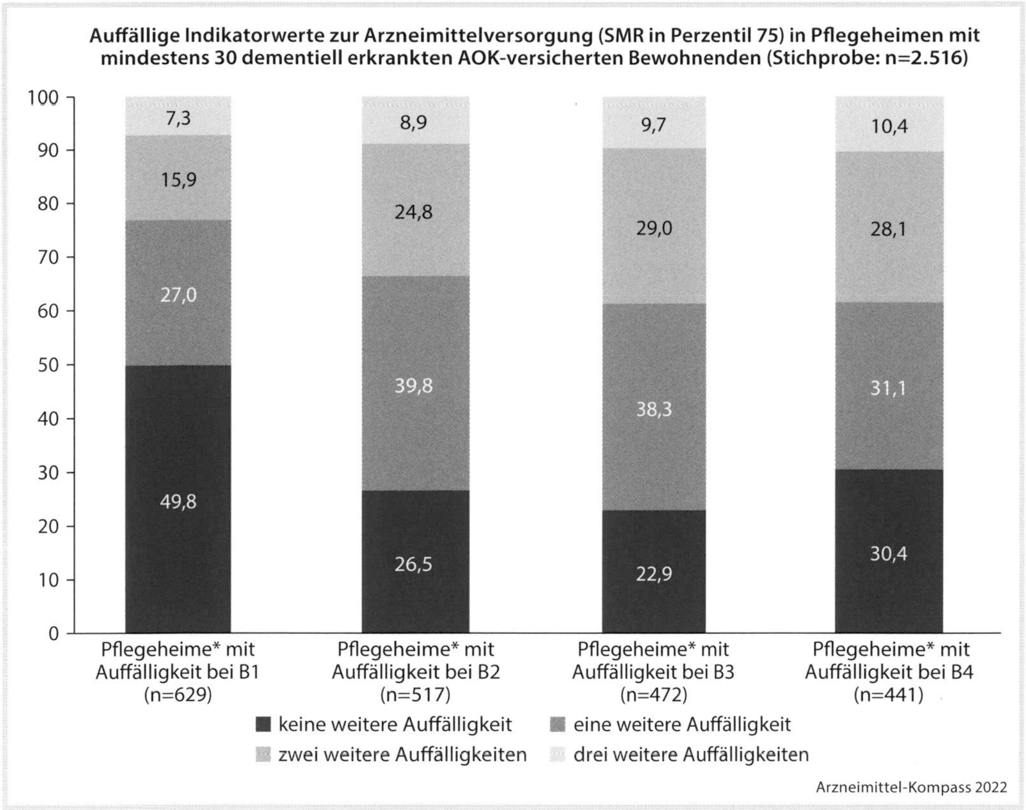

◻ Abb. 5.2 Multiples Auftreten potenziell kritischer Arzneimitteleinsätze in Pflegeheimen mit mindestens 30 dementiell erkrankten AOK-versicherten Bewohnenden* (B1 – Dauerverordnung von Antipsychotika bei Demenz; B2 – Dauerverordnung von Benzodiazepinen und Z-Substanzen; B3 – Verordnung von PRISCUS-Wirkstoffen; B4 – Polymedikation). *Da der Dauereinsatz von Antipsychotika bei Demenz ausschließlich dementiell Erkrankte in Pflegeheimen betrachtet und hierfür die Studienpopulation zusätzlich zu filtern war, basiert folglich eine Analyse multipler Auffälligkeiten, die die Antipsychotika-Dauergabe als kritischen Arzneimitteleinsatz einbezieht, auf einer kleineren Studienpopulation (n = 2.516 Pflegeheime). Durch Rundungsungenauigkeiten ergibt der Balken B3 bei Darstellung mit einer Nachkommastelle nur 99,9 % und nicht 100 %. (Quelle: AOK-Routinedaten 2015–2018; WIdO)

Auffälligkeiten auch bei den weiteren hier vorgestellten Arzneimittelindikatoren bestanden.

Auf Basis aller Pflegeheime mit mindestens 30 AOK-versicherten Bewohnenden 2018 (n = 5.006) – und damit unter Nichtbeachtung der Dauergabe von Antipsychotika bei Demenz – zeigt sich: Zwischen 28 und 40 % liegt der Anteil jener Einrichtungen, die ausschließlich beim jeweils betrachteten Arzneimitteleinsatz im auffällig prävalenten Bereich zu verorten sind – und bei keinem weiteren der hier gemessenen Medikationsindikatoren (◻ Abb. 5.1). Rund ein Viertel (26,0 %) der Pflegeheime mit mindestens einer Auffälligkeit weist zudem Auffälligkeiten sowohl bei der Dauergabe von Benzodiazepinen/Z-Substanzen als auch bei der Verordnung von PRISCUS-Wirkstoffen und bei der Polymedikation auf.

Für lediglich die Hälfte aller Pflegeheime mit mindestens 30 dementiell erkrankten AOK-versicherten Bewohnenden (49,8 %) mit potenziell kritischem Antipsychotika-Einsatz bei Demenz lassen sich keine Auffälligkeiten mit Blick auf die anderen drei hier betrachteten Arzneimittelindikatoren feststellen (■ Abb. 5.2). Dieser Anteil beläuft sich bei Pflegeheimen mit auffälligem Einsatz von Benzodiazepinen/Z-Substanzen auf 27 %, bei Polymedikation auf rund 30 %. Bei Einrichtungen mit PRISCUS-Verordnungsraten im auffälligen Bereich ergaben sich lediglich bei 23 % der Einrichtungen keine weiteren auffälligen Indikatorenwerte (■ Abb. 5.2). Demgegenüber sind 7 bis 10 % der Pflegeheime mit auffälligen Werten bei allen vier Arzneimitteleinsätzen oberhalb des Perzentils 75 (SMR) positioniert.

Das gemeinsame Auftreten ist nebst zu vermutenden ähnlichen Ursachen im Kontext der Arzneimittelversorgung von Pflegeheimbewohnenden auch rein methodisch begründet, zählen doch – wie bereits beschrieben – Benzodiazepine und Z-Substanzen zu den häufigsten Verordnungen potenziell inadäquater Medikation, zu deren stärksten Prädiktoren die Polymedikation gehört. In der Gesamtschau wird aber dennoch deutlich, dass Auffälligkeiten in einigen Einrichtungen überproportional häufig auftreten. Dies liegt insofern nahe, als – hierzu im folgenden Abschnitt mehr – strukturelle und qualifikatorische Voraussetzungen für die leitlinienkonforme Arzneimittelversorgung als fördernde bzw. hemmende Faktoren bekannt sind.

5.3 Ansätze zur Optimierung der Arzneimittelversorgung bei Pflegeheimbewohnenden

Zahlreiche Forschungsarbeiten haben sich mit Maßnahmen zur Optimierung der Arzneimitteltherapie bei älteren Menschen oder/und bei Pflegeheimbewohnenden befasst. Viele stammen aus dem internationalen Kontext und können aufgrund unterschiedlicher Gesundheits- und in diesem Sinne auch Pflegesysteme nicht 1:1 auf die Versorgung von Pflegeheimbewohnenden in Deutschland übertragen werden. Doch auch Befunde aus dem Bundesgebiet liegen vor und markieren Ansätze einer Verbesserung. Und: Auch wenn im vorliegenden Beitrag vier spezifische Einzelaspekte des Arzneimitteleinsatzes bei Pflegeheimbewohnenden betrachtet wurden, so lassen sich doch grundsätzliche Eckpfeiler bzw. Anforderungen für eine optimierte medikamentöse Versorgung im Pflegeheim ausmachen – so auch die von van der Spek et al. (2013) herausgearbeiteten vier interagierenden, mit der „appropriateness“ und der „frequency“ assoziierten Bereiche der Antipsychotika-Verordnung. Diese findet im Spannungsfeld von erkrankungs- und versorgungsrelevanten Eigenschaften der Bewohnenden, des sozialen Umfelds, des pflegerischen Alltags und der Qualifikation der Pflegenden (Ressourcen, Arbeitsbelastung und -zufriedenheit), der Qualifikation und Verordnungspraxis der behandelnden ärztlichen Fachleute, der Optionen des Einbezugs von weiteren Versorgenden bspw. für psychosoziale Interventionen sowie der Kultur, Ausstattung und Spezialisierung der Einrichtung selbst statt (van der Spek et al. 2013).

5.3.1 Strukturierte Erfassung und Überprüfung der Medikation

Prozessual besitzen die Medikationsanamnese und die Erstellung eines Behandlungs- und Arzneimittelplans mit individueller Risiko-Nutzen-Kalkulation für jeden Bewohnenden des Pflegeheims eine immense Bedeutung. Die entsprechenden medizinischen Leitlinien fordern die dortige Dokumentation der aktuellen Medikation, der Darreichung, Dosis und Einnahme- bzw. Verordnungszeitpunkte sowie die Prüfung des Plans unter Integration der Erfahrungen und Perspektiven der Betroffenen und des Versorgungsteams (Leitliniengruppe Hessen und DEGAM 2021; NICE 2016). Relevant sind ebenso die sogenannte Bedarfsmedikation (Dörks et al. 2019) und rezeptfreie Medikamente (DEGAM 2017; Leitliniengruppe Hessen und DEGAM 2021; NICE 2015; NICE 2017). Zu eruieren ist dabei auch, so die britische Leitlinie *Multimorbidity: clinical assessment and management*, inwieweit nichtpharmakologische Behandlungen eine Alternative zur jeweiligen Arzneimittelgabe sein können (NICE 2016). Belege und Hinweise für die Wirksamkeit nicht-pharmakologischer Interventionen im Sinne einer reduzierten Verordnungshäufigkeit finden sich in zahlreichen Studien bspw. für Benzopdiazepine und Z-Substanzen (de Souto Barreto et al. 2016; Dou et al. 2019; Smith und Tett 2010; Tordoff et al. 2016). Auch die Leitlinie *Demenzen* enthält diesbezügliche Empfehlungen (DGPPN und DGN 2016). Der Medication Appropriateness Index (MAI) ist eines der Tools, um die Medikation der Bewohnenden im Hinblick u. a. auf den individuellen Nutzen, die Interaktionen und die auftretenden Nebenwirkungen zu prüfen und nicht (mehr) indizierte Arzneimittel zu detektieren (Leitliniengruppe Hessen und DEGAM 2021).

Eine quasi institutionalisierte Nutzung von validierten Medikation-Screeningtools zur Überprüfung der Qualität der Arzneimittelverordnung bei betagten Bewohnenden steht trotz Vorhandensein derartiger Instrumente nach wie vor aus unterschiedlichen Gründen aus. Eine qualitative Befragung von 47 Hausärztinnen und -ärzten in Deutschland stellte hier unzureichendes Wissen zur PRISCUS-Liste, alternative Routinen der regelmäßigen Medikationsanalyse (wie Blutentnahmen und das Erkundigen nach aktuellen Nebenwirkungen) sowie Vorbehalte gegenüber der PRISCUS-Liste (als Einschränkung der ärztlichen Autonomie) heraus (Pohontsch et al. 2017). Dabei ermöglicht die in Deutschland gängige PRISCUS-Liste in unkomplizierter Manier die Identifikation potenziell inadäquater Medikation und möglicher Alternativen sowie explizite Maßnahmen wie Dosisanpassungen und notwendige Kontrolluntersuchungen (Holt et al. 2010). Warum also nicht die PRISCUS-Liste in das Erstassessment bei Einzug ins Pflegeheim integrieren (vgl. Motter et al. 2018) – und in das Monitoring der Medikationspläne im Verlauf? In einer gemeinsamen Studie der Universität Bonn mit der AOK Rheinland/Hamburg und dem Apothekerverband Nordrhein wurde die Machbarkeit von Medikationsanalysen durch heimversorgende Apothekerinnen und Apotheker untersucht. Bei 94 Heimbewohnenden wurden 154 arzneimittelbezogene Probleme (im Schnitt 1,6 pro Person) identifiziert, darunter 40 % Arzneimittelwechselwirkungen, 16 % potenziell inadäquate Medikationen und 14 % ungeeignete Dosierungen. Die Umsetzungsrate der von den Apotheken an die Hausärztinnen und Hausärzte kommunizierten Empfehlungen war mit 33 % relativ gering, was vor allem auf die noch wenig etablierte interprofessionelle Zusammenarbeit zurückgeführt wurde (Bitter et al. 2019). Nachholbedarf wurde auch in einer Studie aus der Schweiz berichtet, in der 420 Pflegedienstleitungen in Alten- bzw. Pflegeheimen interviewt wurden: 65 % überprüften ihrer Aussage zufolge zwar die Arzneimittelgabe regelmäßig, jedoch nur jede zehnte Person griff dabei auf ein Screening-Tool für potenziell inadäquate Medikation zurück. Ein hierfür standardisiertes Verfahren fand sich in lediglich 7 % der Pflegeeinrichtungen (Niederhauser et al. 2019).

5.3.2 Nutzung digitaler Unterstützung

Auch digitale Lösungen wie sogenannte Computerised Clinical Decision Support Systems (CCDSS) können hier einen Beitrag zur Qualität des Arzneimittelmanagements bei Pflegeheimbewohnenden leisten. Die britische Leitlinie *Medicines optimisation: the safe and effective use of medicines to enable the best possible outcomes* (2015) empfiehlt grundsätzlich den Einsatz derartiger digitaler Anwendungen in Institutionen des Gesundheitswesens (NICE 2015). Ziel dieser Software-Implementierungen ist gleichermaßen das Vorbeugen und Identifizieren von unerwünschten Arzneimittelwirkungen bzw. negativen Folgewirkungen (Marasinghe 2015). In ihrem systematischen Review zu Optimierungsstrategien in der Arzneimittelversorgung in Pflegeheimen konnten Loganathan et al. (2011) bereits vor mehr als zehn Jahren eine signifikante Verbesserung der Verordnungspraxis mit Hilfe von CCDSS zeigen; Schulungen und Teambesprechungen zeigten hier ebenso eine optimierende Wirkung (Loganathan et al. 2011; siehe auch: Alldred et al. 2016; Cooper et al. 2015; Fleming et al. 2013; Forsetlund et al. 2011).

5.3.3 Verbesserung der interdisziplinären und interprofessionellen Zusammenarbeit

Darüber hinaus indizieren Forschungsbefunde, wie wichtig die Zusammenarbeit der Berufsgruppen im Bereich der Arzneimittelversorgungssicherheit ist. Angesichts der komplexen Bedarfslage und der Hochrisikopatientinnen und -patienten im Zentrum der Versorgung, handelt es sich oft um eine komplexe Arzneimitteltherapie. Diese erfordert eine koordinierte, interdisziplinäre Zusammenarbeit zwischen Betroffenen inklusive Angehörigen auf der einen sowie den (fach-)ärztlichen und pflegerischen Leistungserbringenden auf der anderen Seite (Alldred et al. 2016; Deckert et al. 2021; DEGAM 2017; Harrison et al. 2019; NICE 2015; NICE 2017; Niederhauser et al. 2019).

Eng damit verknüpft ist die Organisation der ärztlichen Versorgung im Pflegeheim sowie die Qualifikation aller an der Arzneimittelversorgung Beteiligten. Demnach gibt es Hinweise, dass der Einsatz von Antipsychotika bei Pflegeheimbewohnenden mit Demenz in einer Einrichtung mit der Zahl der behandelnden Hausärztinnen und Hausärzte steigt. Im Forschungsverbund HIOPP (Hausärztliche Initiative zur Optimierung der Patientensicherheit bei Polypharmazie) stellte eine AOK-Routinedatenanalyse heraus, dass eine steigende Anzahl ambulant behandelnder Ärztinnen und Ärzte einer der Risikofaktoren für den Einsatz von potenziell inadäquater Medikation bei Pflegeheimbewohnenden ist (Weinand et al. 2021). Auch eine französische Studie zeigt für 6.275 Bewohnende ein höheres Risiko des genannten Arzneimitteleinsatzes bei Einrichtungen mit 30 und mehr hausärztlichen Behandelnden pro 100 Betten als bei jenen mit maximal zehn Hausärztinnen und -ärzten pro 100 Betten (de Mazières et al. 2015). Auch die Anwendung von standardisierten Verfahren zur Medikationsanalyse in Schweizer Pflegeheimen war signifikant assoziiert mit der Anzahl der externen ärztlichen Behandelnden (Niederhauser et al. 2019). Für ein optimales Medikationsmanagement unterstrich unter anderem die sogenannte PHEBE-Studie im Kontext der Gabe von Benzodiazepinen/Z-Substanzen die Wichtigkeit einer ärztlichen koordinierenden Person mit gerontologischer Qualifikation im Heimsetting(Azermai et al. 2011b). Die Integration geriatrischer, fachärztlicher und pharmazeutischer Expertise in den Verordnungsprozess bei Pflegeheimbewohnenden, so die Befunde weiterer Studien, scheinen einen positiven Einfluss auf die Arzneimitteltherapiesicherheit zu haben (Behrendt et al. 2019; Monroe et al. 2011; Morin et al. 2016; Schulz et al. 2015; Stock et al. 2014).

In dem vom Bundesministerium für Gesundheit (BMG) geförderten Projekt AMTS-AMPEL wurde in insgesamt 18 Pflegeheimen in den Bundesländern Mecklenburg-Vorpommern und Nordrhein-Westfalen eine interprofessionelle Intervention auf ihre Wirksamkeit und Nachhaltigkeit bzgl. der Reduktion vermeidbarer unerwünschter Arzneimittelwirkungen (UAW) überprüft. Die komplexe Intervention bestand aus der Bildung von AMTS-Teams mit Pflegenden und Apothekerinnen und Apothekern, speziellen Fortbildungen und Schulungen für die beteiligten Berufsgruppen, der Bereitstellung einer AMTS-Merkkarte mit Hinweisen zu besonders risikoträchtigen Arzneistoffen und UAW-verdächtigen Symptomen sowie einer strukturierten Kommunikation zwischen den beteiligten Berufsgruppen. Insgesamt 1.016 Pflegeheimbewohnende nahmen teil, 12 % von ihnen zeigten vor der Intervention in einer Beobachtungszeit von 30 Tagen mindestens ein Symptom einer vermeidbaren UAW. Sechs Monate nach Intervention betrug die Prävalenz noch 7 %, nach zwölf Monaten nur noch 6 %. Die meisten UAW hatten medizinische und/oder pflegerische Konsequenzen. Am häufigsten resultierten zusätzliche hausärztliche Visiten oder ein erhöhter Pflegebedarf. Zudem führten etwa 10 % der UAW zu Krankenhauseinweisungen (Thürmann und Jaehde 2017). Alle Beteiligten gaben an, dass sich die Kommunikation der Berufsgruppen untereinander verbessert habe. Das Interesse an der interprofessionellen Zusammenarbeit war jedoch bei Pflegenden und Apothekerinnen und Apothekern höher als bei den Hausärztinnen und Hausärzten (Jaehde und Thürmann 2018).

5.3.4 Stärkere Berücksichtigung nicht-medikamentöser Maßnahmen

Zur Behandlung der Erkrankungen von Pflegeheimbewohnenden existieren häufig auch nicht-medikamentöse Maßnahmen, deren Nutzen nicht selten durch Studien belegt ist. Eine stärkere Berücksichtigung solcher Therapieoptionen senkt die Arzneimittellast der Bewohnenden und trägt damit indirekt zur Arzneimitteltherapiesicherheit bei. Zu nicht-medikamentösen Maßnahmen besteht noch immer ein hoher Qualifikationsbedarf, wie beispielsweise zu Behandlungsmethoden des herausfordernden Verhaltens bei Demenz (Preuss et al. 2016). Gemäß der Leitlinie *Demenzen* sind nicht-pharmakologische Strategien Mittel der ersten Wahl bei herausforderndem Verhalten: „[es] sollten alle verfügbaren und einsetzbaren psychosozialen Interventionen ausgeschöpft werden, bevor eine pharmakologische Intervention in Erwägung gezogen wird" (DGPPN und DGN 2016). Darunter fallen auch die Etablierung von auf Demenz spezialisierten Bereichen und die Schulung der Pflegenden im Hinblick auf das prioritäre nicht-medikamentöse Reagieren bei BPSD (Preuss et al. 2016). Neben der Qualifizierung auf ärztlicher und pflegerischer Seite müssen selbstverständlich den Bewohnenden selbst und ihren Angehörigen die entsprechenden Informationen in umfänglicher und verständlicher Weise vorliegen, um an der Therapieentscheidung aktiv mitzuwirken (Reeve et al. 2016).

5.3.5 Aktive Mitwirkung der Bewohnenden

Alles in allem machen die oben genannten Ausführungen deutlich, dass die Arzneimittelversorgung im Geflecht berufsgruppenübergreifender Interaktionen stattfindet, in dessen Mitte die Bewohnenden selbst stehen. Folglich ist es nur logisch, dass die Qualität der Arzneimittelversorgung multikausal ist und multimodale Strategien für das Erreichen eines optimalen Medikationsmanagements bei Pflegeheimbewohnenden erforderlich sind. Auf der Ebene der konkreten Versorgungsprozesse kombinieren sie pharmakologische und nicht-pharmakologische Maßnahmen – angefangen von Deprescribing-Prozessen, d. h. dem strukturierten Reduzieren der Wirkstoffdosis oder auch dem Absetzen nicht (mehr) indizierter/potenziell inadäquater Medikation bis hin zu Sensibilisierungsaktivitäten bei den Versorgenden und der Implementierung von informationstechnischen Feedbacksystemen. Auf systemischer Ebene liegen andere Herausforderungen vor, die insbesondere die Verfügbarkeit von Personal in deutschen Pflegeheimen und eine sinnvolle Gestaltung der ambulant-ärztlichen Versorgung von Bewohnenden adressiert, bei der eine enge Koordination der beteiligten Berufsgruppen (vor allem Ärztinnen/Ärzte, Apothekerinnen/Apotheker und Pflegende) zielgerichtet möglich ist und die Bewohnenden bzw. ihre Angehörigen aktiv mitwirken können.

5.4 Fazit

Die hier präsentierten empirischen Ergebnisse verweisen auf potenziell auffällige Arzneimittelverordnungen in deutschen Pflegeheimen.

Zu Beginn jeder Optimierung steht die Erkenntnis ihres Bedarfs. Die Messung, Verfügbarkeit und Kenntnis einrichtungsbezogener und regulär erhobener Daten zu den hier betrachteten Arzneimitteleinsätzen bei den Versorgenden – allen voran den ärztlichen, pharmazeutischen und pflegerischen Leistungserbringenden – besitzt das Potenzial, Awareness und damit einen der ersten Schritte der Optimierung zu schaffen.

Eine optimale Arzneimittelversorgung im Pflegeheim ist – das ist in der Darstellung der Literaturbefunde mehr als deutlich geworden – nicht nur das Ergebnis ärztlicher Performanz. Vielmehr finden auch diese Prozesse an den Schnittstellen der Versorgung statt. Die Arzneimittelverordnung ausschließlich als ärztliche Entscheidung im fachdisziplinären Vakuum zu sehen, greift zu kurz. Optimierungsmaßnahmen, die diese letztlich ärztliche Entscheidung betreffen und auch beeinflussen können, müssen auf mehreren Ebenen ansetzen, Qualifizierungsmaßnahmen für ärztliche, pharmazeutische und pflegerische Akteure vorsehen und insbesondere den Stellenwert einer zielgerechten berufsgruppenübergreifenden Koordination und Kommunikation erkennen und diese gestalten. Überdies bedarf es weiterer Forschung zur Evidenz und konkreten Ausgestaltung nicht-medikamentöser Verfahren.

Das beträchtliche Risikoniveau für unerwünschte Arzneimittelwirkungen ebenso wie die teils sehr konkreten Empfehlungen entsprechender Leitlinien und Befunde nationaler und internationaler Forschungsarbeiten stehen der Prävalenz an kritischen Verordnungsszenarien in der Versorgungswirklichkeit entgegen. Die hier präsentierten Einzelbefunde, vornehmlich aus dem QMPR-Projekt, zeigen teils erhebliche Anteile an Bewohnenden mit diesbezüglicher Medikation; darüber hinaus lassen sich Pflegeheime bei unterschiedlichen potenziell kritischen Arzneimitteleinsätzen im auffällig prävalenten Bereich verorten. Diese Ergebnisse zur Arzneimittelversorgung bestätigen und ergänzen vorhandene Informationen zu diesem Thema und liefern gleichermaßen einen Beitrag, eine Lücke zu füllen. Denn: Einrichtungsbezogene Erkenntnisse zur Versorgung von Pflegeheimbewohnenden an den Schnittstellen der medikamentösen Behandlung sind in Deutschland so gut wie nicht vorhanden. Ebenso wenig finden sich derartige Aspekte in der nunmehr novellierten gesetzlichen Qualitätssicherung in der Pflege. Es bedarf folglich einer Qualitätsmessung der Arzneimittelversorgung von Pflegeheimbewohnenden, die es bisher in diesem Maße in Deutschland nicht gibt.

Literatur

Alldred DP, Raynor DK, Hughes C, Barber N, Chen TF, Spoor P (2016) Interventions to optimise prescribing for older people in care homes. Cochrane Database Syst Rev. https://doi.org/10.1002/14651858.CD009095.pub2

Allegri N et al (2017) Drug prescription appropriateness in the elderly: an Italian study. Clin Interv Aging 12:325–333. https://doi.org/10.2147/cia.S109125

Anrys PMS, Strauven GC, Foulon V, Degryse JM, Henrard S, Spinewine A (2018) Potentially inappropriate prescribing in belgian nursing homes: Prevalence and associated factors. J Am Med Dir Assoc 19:884–890. https://doi.org/10.1016/j.jamda.2018.06.010

Azermai M, Elseviers M, Petrovic M, van Bortel L, Stichele RV (2011a) Assessment of antipsychotic prescribing in Belgian nursing homes. Int Psychogeriatr 23:1240–1248. https://doi.org/10.1017/s104161021100024x

Azermai M, Elseviers M, Petrovic M, van Bortel L, Stichele RV (2011b) Geriatric drug utilisation of psychotropics in Belgian nursing homes. Hum Psychopharmacol 26:12–20. https://doi.org/10.1002/hup.1160

Bain KT, Schwartz EJ, Chan-Ting R (2017) Reducing off-label antipsychotic use in older community-dwelling adults with dementia: a narrative review. J Am Osteopath Assoc 117:441–450. https://doi.org/10.7556/jaoa.2017.090

Barnett K, McCowan C, Evans JM, Gillespie ND, Davey PG, Fahey T (2011) Prevalence and outcomes of use of potentially inappropriate medicines in older people: cohort study stratified by residence in nursing home or in the community. BMJ Qual Saf 20:275–281. https://doi.org/10.1136/bmjqs.2009.039818

Behrendt S, Tsiasioti C, Özdes T, Schwinger A (2019) Routinedatenbasierte Qualitätsindikatoren in der stationären Langzeitpflege. In: Repschläger U, Schulte C, Osterkamp N (Hrsg) BARMER Gesundheitswesen aktuell 2019. Beiträge und Analysen, S 290–317

Behrendt S et al (2022a) Qualitätsmessung in der Pflege mit Routinedaten (QMPR): Indikatoren. Schnittstelle Arzneimittelversorgung bei Pflegeheimbewohner:innen. Abschlussbericht Bd. II. Berlin https://doi.org/10.4126/FRL01-006432928

Behrendt S et al (2022b) Qualitätsmessung in der Pflege mit Routinedaten (QMPR): Konzept und Methodik. Abschlussbericht Bd. 1. Berlin https://doi.org/10.4126/FRL01-006432927

Berry SD, Lee Y, Cai S, Dore DD (2013) Nonbenzodiazepine sleep medication use and hip fractures in nursing home residents. JAMA Intern Med 173:754–761. https://doi.org/10.1001/jamainternmed.2013.3795

Bitter K, Pehe C, Krüger M, Heuer G, Quinke R, Jaehde U (2019) Pharmacist-led medication reviews for geriatric residents in German long-term care facilities. BMC Geriatr 19:39. https://doi.org/10.1186/s12877-019-1052-z

BMG (2022) Zahlen und Fakten zur Pflegeversicherung. https://www.bundesgesundheitsministerium.de/fileadmin/Dateien/3_Downloads/Statistiken/Pflegeversicherung/Zahlen_und_Fakten/Zahlen_und_Fakten_Stand_April_2022_bf.pdf. Zugegriffen: 19. Juli 2022

Bohlken J, Jacob L, Kostev K (2017) Association between anti-dementia treatment persistence and daily dosage of the first prescription: A retrospective analysis in neuropsychiatric practices in Germany. J Alzheimers Dis 58:37–44. https://doi.org/10.3233/JAD-170091

Bor A et al (2017) Medication use and risk of falls among nursing home residents: a retrospective cohort study. Int J Clin Pharm 39:408–415. https://doi.org/10.1007/s11096-017-0426-6

Bourgeois J, Elseviers M, Azermai M, Bortel L, Petrovic M, Stichele RV (2012) Benzodiazepine use in belgian nursing homes: a closer look into indications and dosages. Eur J Clin Pharmacol 68:833–844. https://doi.org/10.1007/s00228-011-1188-z

Brodaty H, Arasaratnam C (2012) Meta-analysis of nonpharmacological interventions for neuropsychiatric symptoms of dementia. Am J Psychiatry 169:946–953. https://doi.org/10.1176/appi.ajp.2012.11101529

Buth S, Holzbach R, Martens M-S, Neumann-Runde E, Meiners O, Verthein U (2019) Problematic medication with benzodiazepines, "Z-drugs", and opioid analgesics. Dtsch Arzteblatt Int 116:607–614. https://doi.org/10.3238/arztebl.2019.0607

Cherubini A, Eusebi P, Dell'Aquila G, Landi F, Gasperini B, Bacuccoli R, Menculini G, Bernabei R, Lattanzio F, Ruggiero, C (2012) Predictors of hospitalization in Italian nursing home residents: the U.L.I.S.S.E. project. J Am Med Dir Assoc 13:84.e85–84.e10. https://doi.org/10.1016/j.jamda.2011.04.001

Clegg A, Young J, Iliffe S, Rikkert MO, Rockwood K (2013) Frailty in elderly people. Lancet 381:75–762. https://doi.org/10.1016/S0140-6736(12)62167-9

Cooper JA, Cadogan CA, Patterson SM, Kerse N, Bradley MC, Ryan C, Hughes CM (2015) Interventions to improve the appropriate use of polypharmacy in older people: a Cochrane systematic review. Bmj Open 5:e9235. https://doi.org/10.1136/bmjopen-2015-009235

Corsonello A et al (2015) The impact of drug interactions and polypharmacy on antimicrobial therapy in the elderly. Clin Microbiol Infect 21:20–26. https://doi.org/10.1016/j.cmi.2014.09.011

de Mazières CL, Lapeyre-Mestre M, Vellas B, de Souto Barreto P, Rolland Y (2015) Organizational factors associated with inappropriate neuroleptic drug prescribing in nursing homes: a multilevel approach. J Am Med Dir Assoc 16:590–597. https://doi.org/10.1016/j.jamda.2015.01.092

de Souto Barreto P, Lapeyre-Mestre M, Cestac P, Vellas B, Rolland Y (2016) Effects of a geriatric intervention aiming to improve quality care in nursing homes on benzodiazepine use and discontinuation. Br J Clin Pharmacol 81:759–767. https://doi.org/10.1111/bcp.12847

Deckert S et al (2021) Methodological standard for the development of quality indicators within clinical practice guidelines – results of a structured consensus process. Z Evid Fortbild Qual Gesundhwes 160:21–33. https://doi.org/10.1016/j.zefq.2020.11.008

DEGAM (2017) S3-Leitlinie Multimorbidität. AWMF-Reg-Nr.: 053-047, DEGAM-Leitlinie Nr. 20. https://www.awmf.org/uploads/tx_szleitlinien/053-047l_S3_Multimorbiditaet_2018-01.pdf. Zugegriffen: 7. Apr. 2022

DGPPN, DGN (2016) S3-Leitlinie Demenzen – Langversion – Januar 2016. Zugegriffen: 22. Januar 2018

Dörks M, Allers K, Hoffmann F (2019) Pro re nata drug use in nursing home residents: a systematic review. J Am Med Dir Assoc 20:287–293.e7. https://doi.org/10.1016/j.jamda.2018.10.024

Dou C, Rebane J, Bardal S (2019) Interventions to improve benzodiazepine tapering success in the elderly: a systematic review. Aging Ment Health 23:411–416. https://doi.org/10.1080/13607863.2017.1423030

Elixhauser A, Steiner C, Harris DR, Coffey RM (1998) Comorbidity measures for use with administrative data. Med Care 36:8–27

Endres HG, Kaufmann-Kolle P, Steeb V, Bauer E, Bottner C, Thürmann P (2016) Association between Potentially Inappropriate Medication (PIM) Use and risk of hospitalization in older adults: an observational study based on routine data comparing PIM use with use of PIM alternatives. PLoS ONE 11:e146811. https://doi.org/10.1371/journal.pone.0146811

Fassmer AM, Pulst A, Schmiemann G, Hoffmann F (2020) Sex-specific differences in hospital transfers of nursing home residents: results from the HOspitalizations and eMERgency department isits of Nursing home re-

sidents (HOMERN) project. Int J Environ Res Public Health. https://doi.org/10.3390/ijerph17113915
Fleming A, Browne J, Byrne S (2013) The effect of interventions to reduce potentially inappropriate antibiotic prescribing in long-term care facilities: a systematic review of randomised controlled trials. Drugs Aging 30:401–408. https://doi.org/10.1007/s40266-013-0066-z
Forsetlund L, Eike MC, Gjerberg E, Vist GE (2011) Effect of interventions to reduce potentially inappropriate use of drugs in nursing homes: a systematic review of randomised controlled trials. BMC Geriatr 11:16. https://doi.org/10.1186/1471-2318-11-16
G-BA (2020) Anlage III: Übersicht über Verordnungseinschränkungen und -ausschlüsse in der Arzneimittelversorgung durch die Arzneimittel-Richtlinie und aufgrund anderer Vorschriften (§ 34 Absatz 1 Satz 6 und Absatz 3 SGB V), Hinweise zur wirtschaftlichen Verordnungsweise von nicht verschreibungspflichtigen Arzneimitteln für Kinder bis zum vollendeten 12. Lebensjahr und für Jugendliche mit Entwicklungsstörungen bis zum vollendeten 18. Lebensjahr sowie Verordnungseinschränkungen und -ausschlüsse von sonstigen Produkten. Stand: 11. Februar 2020. Berlin
Glaeske G, Gerdau-Heitmann C, Hofel F, Schicktanz C (2012) "Gender-specific drug prescription in Germany" results from prescriptions analyses. In: Handbook of Experimental Pharmacology, S 149–167 https://doi.org/10.1007/978-3-642-30726-3_8
Harrison SL, Bradley C, Milte R, Liu E, Kouladjian O'Donnell L, Hilmer SN, Crotty M (2018) Psychotropic medications in older people in residential care facilities and associations with quality of life: a cross-sectional study. BMC Geriatr 18:60. https://doi.org/10.1186/s12877-018-0752-0
Harrison SL, Cations M, Jessop T, Hilmer SN, Sawan M, Brodaty H (2019) Approaches to deprescribing psychotropic medications for changed behaviours in long-term care residents living with dementia. Drugs Aging 36:125–136
Henschel F, Redaelli M, Siegel M, Stock S (2015) Correlation of incident potentially inappropriate medication prescriptions and hospitalization: an analysis based on the PRISCUS list. Drugs Real World Outcomes 2:249–259. https://doi.org/10.1007/s40801-015-0035-4
Herr M et al (2017) Polypharmacy and potentially inappropriate medications: a cross-sectional analysis among 451 nursing homes in France. Eur J Clin Pharmacol 73:601–608. https://doi.org/10.1007/s00228-016-2193-z
Hillen JB, Vitry A, Caughey GE (2019) Medication-related quality of care in residential aged care: an Australian experience. Int J Qual Health Care 31:298–306. https://doi.org/10.1093/intqhc/mzy164
Holt S, Schmiedl S, Thurmann PA (2010) Potentially inappropriate medications in the elderly: the PRISCUS list. Dtsch Arztebl Int 107:543–551. https://doi.org/10.3238/arztebl.2010.0543
Huber M et al (2012) Antipsychotic drugs predominate in pharmacotherapy of nursing home residents with dementia. Pharmacopsychiatry 45:182–188. https://doi.org/10.1055/s-0031-1301285
Jackson G, Gerard C, Minko N, Parsotam N (2014) Variation in benzodiazepine and antipsychotic use in people aged 65 years and over in New Zealand. N Z Med J 127:67–78
Jacob L, Bohlken J, Kostev K (2017) Prescription patterns and drug costs in German patients with dementia in nursing homes and home-care settings. Int J Clin Pharmacol Ther 55:9–15. https://doi.org/10.5414/CP202729
Jaehde U, Thürmann P (2018) Arzneimitteltherapiesicherheit bei Heimbewohnern. Bundesgesundheitsbl 61:1111–1118. https://doi.org/10.1007/s00103-018-2796-x
Janhsen K, Roser P, Hoffmann K (2015) The problems of long-term treatment with benzodiazepines and related substances. Dtsch Arztebl Int 112:1–7. https://doi.org/10.3238/arztebl.2015.0001
Kirkham J, Velkers C, Maxwell C, Gill S, Rochon P, Seitz D (2017) Antipsychotic use in dementia: is there a problem and are there solutions? Can J Psychiatry 62:170–181. https://doi.org/10.1177/0706743716673321
Kurko TA et al (2015) Long-term use of benzodiazepines: definitions, prevalence and usage patterns – a systematic review of register-based studies. Eur Psychiatry. https://doi.org/10.1016/j.eurpsy.2015.09.003
Lalic S et al (2016) Polypharmacy and medication regimen complexity as risk factors for hospitalization among residents of long-term care facilities: a prospective cohort study. J Am Med Dir Assoc 17:1067.e1–1067.e6. https://doi.org/10.1016/j.jamda.2016.08.019
Landreville P, Voyer P, Carmichael P-H (2013) Relationship between delirium and behavioral symptoms of dementia. Int Psychogeriatr 25:635–643. https://doi.org/10.1017/S1041610212002232
Leitliniengruppe Hessen, DEGAM (2021) S3-Leitlinie Multimedikation, Langfassung, AWMF-Registernummer: 053 – 043. 2. Auflage. https://www.awmf.org/uploads/tx_szleitlinien/053-043l_S3_Multimedikation_2021-08.pdf. Zugegriffen: 7. Apr. 2022
Loganathan M, Singh S, Franklin BD, Bottle A, Majeed A (2011) Interventions to optimise prescribing in care homes: systematic review. Age Ageing 40:150–162. https://doi.org/10.1093/ageing/afq161
Maher RL, Hanlon J, Hajjar ER (2014) Clinical consequences of polypharmacy in elderly. Expert Opin Drug Saf 13:57–65. https://doi.org/10.1517/14740338.2013.827660
Marasinghe KM (2015) Computerised clinical decision support systems to improve medication safety in long-

5

term care homes: a systematic review. BMJ Open. https://doi.org/10.1136/bmjopen-2014-006539

Masnoon N, Shakib S, Kalisch-Ellett L, Caughey GE (2017) What is polypharmacy? A systematic review of definitions. BMC Geriatr 17:230. https://doi.org/10.1186/s12877-017-0621-2

Matzk S, Tsiasioti C, Behrendt S, Jürchott K, Schwinger A (2022) Pflegebedürftigkeit in Deutschland. In: Jacobs K, Kuhlmey A, Greß S, Klauber J, Schwinger A (Hrsg) Pflege-Report 2022. Springer, Berlin, S 251–286

Monroe T, Carter M, Parish A (2011) A case study using the beers list criteria to compare prescribing by family practitioners and geriatric specialists in a rural nursing home. Geriatr Nurs 32:350–356. https://doi.org/10.1016/j.gerinurse.2011.07.003

Morin L, Laroche M-L, Texier G, Johnell K (2016) Prevalence of potentially inappropriate medication use in older adults living in nursing homes: a systematic review. J Am Med Dir Assoc 17:862.e1–862.e9. https://doi.org/10.1016/j.jamda.2016.06.011

Motter FR, Fritzen JS, Hilmer SN, Paniz EV, Paniz VMV (2018) Potentially inappropriate medication in the elderly: a systematic review of validated explicit criteria. Eur J Clin Pharmacol 74:679–700. https://doi.org/10.1007/s00228-018-2446-0

NICE (2015) NICE guideline. Medicines optimisation: the safe and effective use of medicines to enable the best possible outcomes. Medicines optimisation: the safe and effective use of medicines to enable the best possible outcomes (nice.org.uk)

NICE (2016) NICE guideline. Multimorbidity: clinical assessment and management. https://www.nice.org.uk/guidance/ng56/resources/multimorbidity-clinical-assessment-and-management-pdf-1837516654789. Zugegriffen: 7. Apr. 2022

NICE (2017) Multimorbidity and polypharmacy. https://www.nice.org.uk/advice/ktt18. Zugegriffen: 3. Jan. 2021

NICE (2018) Dementia: assessment, management and support for people living with dementia and their carers. NICE guideline [NG97]. NICE

Niederhauser A, Bruhwiler LD, Fishman L, Schwappach DLB (2019) Selected safety-relevant medication processes in Swiss nursing homes: current state of affairs and optimization potentials. Z Evid Fortbild Qual Gesundhwes 146:7–14. https://doi.org/10.1016/j.zefq.2019.06.005

Nothelle SK, Sharma R, Oakes AH, Jackson M, Segal JB (2017) Determinants of potentially inappropriate medication use in long-term and acute care settings: a systematic review. J Am Med Dir Assoc 18:806.e1–806.e7. https://doi.org/10.1016/j.jamda.2017.06.005

Olazaran J, Valle D, Serra JA, Cano P, Muniz R (2013) Psychotropic medications and falls in nursing homes: a cross-sectional study. J Am Med Dir Assoc 14:213–217. https://doi.org/10.1016/j.jamda.2012.10.020

Parsons C, Johnston S, Mathie E, Baron N, Machen I, Amador S, Goodman C (2012) Potentially inappropriate prescribing in older people with dementia in care homes. Drugs Aging 29:143–155. https://doi.org/10.2165/11598560-000000000-00000

Peron EP, Gray SL, Hanlon JT (2011) Medication use and functional status decline in older adults: a narrative review. Am J Geriatr Pharmacother 9:378–391. https://doi.org/10.1016/j.amjopharm.2011.10.002

Pohontsch NJ et al (2017) General practitioners' views on (long-term) prescription and use of problematic and potentially inappropriate medication for oldest-old patients-A qualitative interview study with GPs (CIM-TRIAD study). BMC Fam Pract 18:22. https://doi.org/10.1186/s12875-017-0595-3

Preuss UW, Wong JW, Koller G (2016) Treatment of behavioral and psychological symptoms of dementia: a systematic review. Psychiatr Pol 50:679–715. https://doi.org/10.12740/PP/64477

Quan H et al (2005) Coding algorithms for defining comorbidities in ICD-9-CM and ICD-10 administrative data. Med Care 43:1130–1139. https://doi.org/10.1097/01.mlr.0000182534.19832.83

Reeve E, Low LF, Hilmer SN (2016) Beliefs and attitudes of older adults and carers about deprescribing of medications: a qualitative focus group study. Br J Gen Pract 66:e552–e560. https://doi.org/10.3399/bjgp16X685669

Rojas-Fernandez C, Dadfar F, Wong A, Brown SG (2015) Use of fall risk increasing drugs in residents of retirement villages: a pilot study of long term care and retirement home residents in Ontario, Canada. BMC Res Notes 8:568. https://doi.org/10.1186/s13104-015-1557-2

Schröder J (2013) Pharmakotherapie von Schlafstörungen bei älteren Menschen. Dtsch Med Wochenschr 138:2550–2553. https://doi.org/10.1055/s-0033-1349579

Schulz M, Bohlken J, Schulz M, Hering R, von Stillfried D, Bätzing-Feigenbaum J (2015) Medikamentöse Behandlung von Patienten mit Demenz unter besonderer Berücksichtigung regionaler Versorgungsunterschiede

Schwabe U, Paffrath D (2015) Arzneiverordnungsreport 2015. Springer, Heidelberg

Schwinger A, Jürchott K, Behrendt S, Argüello Guerra F, Stegbauer C, Willms G, Klauber J (2022) Krankenhausaufenthalte von Pflegeheimbewohnenden am Lebensende: Eine empirische Bestandsaufnahme. In: Jacobs K, Kuhlmey A, Greß S, Klauber J, Schwinger A (Hrsg) Pflege-Report 2022. Springer, Berlin, S 53–72

Schwinger A, Tsiasioti C, Klauber J (2017) Herausforderndes Verhalten bei Demenz: Die Sicht der Pflege. In: Jacobs K, Kuhlmey A, Greß S, Klauber J, Schwinger A (Hrsg) Pflege-Report 2017: Die Versorgung der Pflegebedürftigen. Schattauer, Stuttgart, S 131–153

Seppala LJ, Wermelink A, de Vries M, Ploegmakers KJ, van de Glind EMM, Daams JG, van der Velde N (2018) Fall-risk-increasing drugs: a systematic review and meta-analysis: II. Psychotropics. J Am Med Dir Assoc 19:371.e11–371.e17. https://doi.org/10.1016/j.jamda.2017.12.098

Smith AJ, Tett SE (2010) An intervention to improve benzodiazepine use – a new approach. Fam Pract 27:320–327. https://doi.org/10.1093/fampra/cmq007

Stock S, Redaelli M, Simic D, Siegel M, Henschel F (2014) Risk factors for the prescription of potentially inappropriate medication (PIM) in the elderly: an analysis of sickness fund routine claims data from Germany. Wien Klin Wochenschr 126:604–612. https://doi.org/10.1007/s00508-014-0589-2

Thiem U (2012) Potentially inappropriate medication: the quality of pharmacotherapy in the elderly. Internist 53:1125–1130. https://doi.org/10.1007/s00108-012-3087-5

Thürmann PA, Jaehde U (2017) Abschlussbericht zum Projekt Arzneimitteltherapie-sicherheit bei Patienten in Einrichtungen der Langzeitpflege (AMTS-AMPEL). https://www.bundesgesundheitsministerium.de/fileadmin/Dateien/5_Publikationen/Gesundheit/Berichte/AMPELAbschlussbericht-gesamt-15-12-16.pdf. Zugegriffen: 24. Juli 2022

Tordoff JM, Ailabouni NJ, Browne DP, Al-Sallami HS, Gray AR (2016) Improvements in the prescribing of antipsychotics in dementia and psychogeriatric units in New Zealand. Int J Clin Pharm 38:941–949. https://doi.org/10.1007/s11096-016-0318-1

van der Spek K et al (2013) PROPER I: frequency and appropriateness of psychotropic drugs use in nursing home patients and its associations: a study protocol. Bmc Psychiatry 13:307. https://doi.org/10.1186/1471-244X-13-307

Verthein U, Martens MS, Raschke P, Holzbach R (2013) Long-term prescription of benzodiazepines and non-benzodiazepines. Gesundheitswesen 75:430–437. https://doi.org/10.1055/s-0032-1321756

Verthein U, Kuhn S, Mokhar A, Dirmaier J, Holzbach R, Härter M, Reimer J (2016) Benzodiazepine und Z-Substanzen – Ursachen der Langzeiteinnahme und Konzepte zur Risikoreduktion bei älteren Patientinnen und Patienten. Abschlussbericht. https://www.bundesgesundheitsministerium.de/fileadmin/Dateien/5_Publikationen/Gesundheit/Berichte/Abschlussbericht_ZIS_Benzodiazepine.pdf. Zugegriffen: 21. Apr. 2022

Wang KN, Bell JS, Chen EYH, Gilmartin-Thomas JFM, Ilomäki J (2018) Medications and prescribing patterns as factors associated with hospitalizations from long-term care facilities: a systematic review. Drugs Aging 35:423–457. https://doi.org/10.1007/s40266-018-0537-3

Weinand S, Thürmann PA, Dröge P, Koetsenruijter J, Klora M, Grobe TG (2021) Potentially inappropriate medication of nursing home residents: an analysis of risk factors based on national claims data (AOK) for 2017. Gesundheitswesen. https://doi.org/10.1055/a-1335-4512

Wolter DK (2017) Suchtpotenzial und andere Risiken von Benzodiazepinen und Z-Drugs im Alter. Sucht 63:81–97. https://doi.org/10.1024/0939-5911/a000474

Wucherer D et al (2017) Potentially inappropriate medication in community-dwelling primary care patients who were screened positive for dementia. J Alzheimers Dis 55:691–701. https://doi.org/10.3233/jad-160581

Arzneimittelversorgung von Kindern

Irmgard Toni, Katrin Moritz, Julia Zahn und Antje Neubert

Inhaltsverzeichnis

H. Schröder et al. (Hrsg.), *Arzneimittel-Kompass 2022*, https://doi.org/10.1007/978-3-662-66041-6_6

Zusammenfassung

Pädiatrische Patientinnen und Patienten stellen bei der Arzneimitteltherapie eine besondere Herausforderung dar: Die Physiologie von Kindern ist im Vergleich zu Erwachsenen anders. Die Notwendigkeit klinischer Studien liegt auf der Hand. Dennoch erhalten im stationären Bereich ca. 42 bis 90 % aller Kinder und Jugendlichen Medikamente außerhalb der Zulassung; knapp 40 % aller oralen Arzneimittel im stationären Bereich werden vor der Gabe an Patientinnen und Patienten manipuliert.

Die EU-Kinderarzneimittelverordnung von 2006 hat bislang zu keiner nachhaltigen Verbesserung der Situation geführt. Wissenschaftliche Untersuchungen konnten keinen signifikanten Rückgang der Off-Label-Verordnungen nachweisen. Der Aufbereitung und schnellen Verfügbarkeit der bestehenden Evidenz für die Dosierung von Kinderarzneimitteln kommen daher eine hohe Bedeutung zu. Mit dem Kinderformularium.DE steht seit Anfang 2021 ein wichtiges Hilfsmittel für pädiatrisch tätige Ärztinnen und Ärzte sowie Apothekerinnen und Apotheker zur Verfügung. Es bleibt langfristig unerlässlich, den kleinsten Patientinnen und Patienten mehr Aufmerksamkeit zu schenken, um die pädiatrische Arzneimittelversorgung nachhaltig zu verbessern. Bereits gut etablierte Maßnahmen müssen verstetigt werden.

6.1 Herausforderungen der pädiatrischen Arzneimittel-Therapie

6.1.1 Entwicklungsphysiologische Besonderheiten

In der Medizin gilt seit über 100 Jahren der Grundsatz „Kinder sind keine kleinen Erwachsenen“ (Seyberth 2008). Jedoch reicht diese einfache Abgrenzung bei weitem nicht aus, um eine adäquate und kindgerechte Arzneimittelversorgung sicherzustellen: Kinder und Erwachsene unterscheiden sich entwicklungsbedingt in ihrer Physiologie, was mit einer altersabhängig veränderten Pharmakokinetik und -dynamik einhergeht. Für die Arzneimitteltherapie wird die Bevölkerungsgruppe der „Kinder und Jugendlichen“ in verschiedene altersbezogene Untergruppen, bspw. gemäß ICH-Guideline der International Conference on Harmonisation (ICH) (siehe ◘ Tab. 6.1), untergliedert (Neubert und Schulze 2018; Wimmer et al. 2015; ICH 2001; Neubert und Botzenhardt 2014; Nolte 2022).

Im Bereich der Pharmakokinetik treten in Abhängigkeit vom Alter und von den physikochemischen Eigenschaften des Arzneistoffs Unterschiede in allen Ebenen des (L)ADME-Modells auf. Dieses Modell beschreibt den Weg eines Arzneimittels durch den Organismus: Auf die Wirkstofffreisetzung (**L**iberation) aus der Darreichungsform folgt die Aufnahme in den Körper (**A**bsorption bzw. Resorption). Anschließend wird der Wirkstoff im Körper verteilt (**D**istribution), verstoffwechselt (**M**etabolismus) und schlussendlich ausgeschieden (**E**limination) (Pschyrembel online 2016).

In den ersten Lebenswochen und Tagen ist beispielsweise die Aufnahme von Arzneistoffen (Absorption) durch eine verringerte Magensäureproduktion und Drammotilität verändert (Neubert und Botzenhardt 2014). Auch kann es wegen der noch nicht vollständig ausgebildeten Hautbarriere zu einer systemischen Aufnahme von lokal verabreichten Arzneimitteln, z. B. Glucocorticoiden, kommen.

Der Metabolismus dagegen variiert u. a. bedingt durch die altersabhängige Reifung der Leber-Enzyme, die im Vergleich zu Erwachsenen stärker oder weniger stark exprimiert sein können (Neubert und Schulze 2018; Neubert und Botzenhardt 2014). Auch im Bereich der Niere kommt es altersabhängig zu einer beschleunigten oder verlangsamten Ausscheidung (Elimination) von Arzneimitteln (Neubert und Schulze 2018; Seyberth und Schwab 2010).

Die vorgenannten Veränderungen erklären den nicht-linearen Zusammenhang zwischen Alter und Arzneimitteldosierung bei

Tab. 6.1 Altersgruppen nach ICH-Guideline. (International Conference on Harmonisation (ICH) 2001)

Frühgeborene	–
Neugeborene	0–27 Tage
Säuglinge und Kleinkinder	28 Tage–23 Monate
Kinder	2–11 Jahre
Jugendliche	12–16/18 Jahre

Arzneimittel-Kompass 2022

Abb. 6.1 Gesamtkörper-Clearance (GKC, *weiß*) und Gesamtkörpervolumen (GKV, *schwarz*) in Abhängigkeit vom Alter. (Aus Seyberth und Schwab 2010)

der pädiatrischen Arzneimitteltherapie (siehe Abb. 6.1; Seyberth und Schwab 2010).

Im Bereich der Pharmakodynamik, also der Wirkung von Arzneimitteln im Körper, unterscheiden sich Kinder von Erwachsenen aufgrund einer zwischen den Altersgruppen variierenden Empfindlichkeit und Dichte der Rezeptoren (Neubert und Botzenhardt 2014; Neubert und Schulze 2018; Raith 2016). So wirken bspw. Benzodiazepine bei Zweijährigen stärker als bei Erwachsenen, wohingegen andere Arzneimittel (z. B. Bronchodilatatoren) bei Kleinkindern eine geringere Wirksamkeit als bei Erwachsenen zeigen (Neubert und Botzenhardt 2014). All diese Faktoren müssen Beachtung finden, wenn Kinder und Jugendliche adäquat, d. h. mit dem richtigen Arzneimittel in der richtigen Dosierung, therapiert werden sollen.

6.1.2 Regulatorische Besonderheiten

Fehlende Studien

Die Notwendigkeit klinischer Studien unter Berücksichtigung der Subpopulationen des pädiatrischen Kollektivs liegt damit auf der Hand – jedoch gibt es eine Vielzahl von Arzneimitteln, die bei Kindern nicht zugelassen sind (Neubert und Schulze 2018; Neubert und Rascher 2018; Neubert und Botzenhardt 2014; Spielberg 2010; BfArM o.J.a). Durch den kleineren Marktanteil im Vergleich zur Erwachsenenmedizin ist das wirtschaftliche Interesse pharmazeutischer Unternehmer gering. Hinzu kommt, dass bis Ende der 90er Jahre Studien bei Minderjährigen aus rechtlicher Sicht schwierig durchzuführen waren und diese zudem gesellschaftlich als unethisch angesehen wurden (Neubert et al. 2008a; Wimmer und Rascher 2016). Um pädiatrische Patientinnen und Patienten dennoch adäquat therapieren zu können, werden Arzneimittel außerhalb ihrer Zulassung (sog. *Off-Label*-Anwendung) oder ohne Zulassung (sog. *Unlicensed*-Anwendung) verwendet. Der Einsatz basiert oft nur auf Erfahrungswerten und geschieht unter der Annahme, dass die Sicherheit und Wirksamkeit bei Kindern vergleichbar mit der bei Erwachsenen ist (Conroy et al. 2000, Neubert et al. 2004). Unter Off-Label-Anwendung versteht man jeglichen Gebrauch eines zugelassenen Arzneimittels, der außerhalb der in der Fachinformation angegebenen Indikation, Altersgruppe, Dosis, Darreichungsform und des Applikationsweges liegt. Als Unlicensed-Einsatz wird hingegen die Verwendung eines Arzneimittels ohne Zulassung für den deutschen/europäischen Markt bezeichnet (Neubert et al. 2008b).

Off-Label-Gebrauch – ohne Alternative, aber mit Risiko

Internationale Studien belegen, dass der Off-Label- bzw. Unlicensed-Einsatz von Arzneimitteln in der Pädiatrie weit verbreitet ist. Im stationären Bereich erhalten ca. 42 bis 90 % aller Kinder und Jugendlichen Medikamente außerhalb der Zulassung und ca. 10 bis 65 % der verordneten Arzneimittel werden ohne Zulassung eingesetzt. Studien auf neonatologischen Intensivstationen ergaben Prävalenzen von teilweise über 90 % (Kimland und Odlind 2012; Magalhaes et al. 2015). Eine vergleichende Untersuchung aus den Jahren 2004 und 2014 ergab, dass 39,2 % (2014) bzw. 34,3 % (2004) aller Verordnungen auf einer neonatologischen Intensivstation an einem deutschen Universitätsklinikum off-label eingesetzt wurden und 70 % (2004) bzw. 62,7 % (2014) aller Patientinnen und Patienten ein für sie nicht zugelassenes Medikament erhielten (Geißler et al. 2020).

Im ambulanten Bereich werden ca. 46 bis 64 % aller Kinder und Jugendlichen off-label behandelt, etwa 11 bis 31 % aller Verordnungen erfolgen hier außerhalb der Zulassung (Kimland und Odlind 2012).

Pädiatrische Spezialambulanzen, in denen Kinder mit sehr seltenen, chronischen und häufig auch komplexen Erkrankungen betreut werden, nehmen dabei eine Sonderrolle ein: Der Anteil an Off-Label-/Unlicensed-Verordnungen bzw. der Patientinnen und Patienten mit mindestens einer Off-Label-/Unlicensed-Verordnung ist hier signifikant höher als bspw. in einer pädiatrischen Notfallambulanz. Damit ist die Versorgung mit Arzneimitteln in den Spezialambulanzen als vergleichbar mit der stationären Versorgung von Kindern und Jugendlichen anzusehen (Gerber 2021).

Als primäre Gründe für eine Arzneimittelanwendung außerhalb der Zulassung wurden in verschiedenen Untersuchungen immer wieder eine abweichende Dosierung oder Indikation sowie das Fehlen von Angaben zum Einsatz bei Kindern und Jugendlichen (Fehlen von pädiatrischen Informationen) aufgrund des Mangels an großen klinischen Prüfungen gefunden (Gerber 2021; Knopf et al. 2013; t Jong et al. 2002a, 2002b). Die Studie zur Gesundheit von Kindern und Jugendlichen in Deutschland (KiGGS-Studie) des Robert Koch-Instituts wies zudem nach, dass bei ambulant verschriebenen Arzneimitteln häufig schon allein aufgrund des Patientenalters (4,2 % der verordneten Arzneimittel) keine Zulassung vorliegt. Werden auch die Dosierungen und die Indikationen mit in die Beurteilung des Zulassungsstatus einbezogen, liegt der Off-Label-Anteil sogar bei 29,9 % (Knopf et al. 2013).

Während der Off-Label-Einsatz von Arzneimitteln in der Pädiatrie häufig unumgänglich, manchmal sogar zwingend notwendig ist, ist dieser jedoch auch mit Risiken verbunden (Rojahn und Stute 2012). So konnte mehrfach gezeigt werden, dass der Off-Label-Gebrauch von Arzneimitteln mit einem erhöhten Risiko für unerwünschte Arzneimittelwirkungen einhergeht (Bellis et al. 2013; Neubert et al. 2004). Zudem liegt die Verantwortung für eine Arzneimittelverordnung, die außerhalb der Zulassung des Arzneimittels erfolgt, bei der verschreibenden Ärztin/beim verschreibenden Arzt und nicht mehr beim pharmazeutischen Unternehmer. Auch die Kostenübernahme durch die gesetzlichen Krankenkassen ist nur unter bestimmten Voraussetzungen möglich, z. B. wenn die Krankheit schwerwiegend ist, keine andere (zugelassene) Therapie verfügbar ist und aufgrund von Forschungsergebnissen berechtigte Hoffnung auf einen Behandlungserfolg besteht (Rojahn und Stute 2012; Seyberth et al. 2002; Rascher 2017).

6.1.3 Pharmazeutische Herausforderungen

Altersgerechte Darreichungsformen sind eine wichtige Voraussetzung für eine wirksame und sichere Arzneimitteltherapie. Dennoch liegen immer noch viele benötigte Arzneimittel nicht in kindgerechten Darreichungsformen vor (Wimmer et al. 2015). Insbesondere jüngere Kinder können oftmals noch keine Tabletten oder Kapseln schlucken, sodass sog. Arzneimittel-Manipulationen in der Pädiatrie an der Tagesordnung sind (Bjerknes et al. 2017). Als Manipulation eines Arzneimittels wird die Veränderung einer Darreichungsform direkt vor der Verabreichung bezeichnet, wie z. B. das Teilen oder Mörsern einer Tablette, das Öffnen einer Kapsel oder das Dispergieren eines Pulvers in Flüssigkeit (Richey et al. 2013a).

Eine im Jahr 2020 an der Kinder- und Jugendklinik in Erlangen durchgeführte Beobachtungsstudie zeigte, dass knapp 40 % aller oralen Arzneimittel vor der Gabe an Patientinnen und Patienten manipuliert wurden (Zahn et al. 2020a). Knapp 60 % der Patientinnen und Patienten im Beobachtungszeitraum waren von mindestens einer Manipulation betroffen. Die Altersgruppe der Säuglinge und Kleinkinder machte dabei den größten Anteil aus. Über die Hälfte der Manipulationen wurden abweichend von den Angaben in den Fachinformationen vorgenommen (■ Abb. 6.2). Ein Großteil dieser Manipulationen war jedoch alternativlos, da kein besser geeignetes Handelspräparat auf dem deutschen Markt verfügbar war.

Diese Untersuchung belegt nicht nur ein deutsches Phänomen. In den Niederlanden, Norwegen und England wurden vergleichbare Ergebnisse gefunden, die den internationalen Mangel an kindgerechten Arzneimitteln unterstreichen (Nunn et al. 2013; Richey et al. 2013b; Bjerknes et al. 2017; van der Vossen et al. 2019).

Manipulationen von Arzneimitteln sind dabei nicht unkritisch, insbesondere, wenn sie nicht validiert und standardisiert durchgeführt werden (Richey et al. 2013b; Richey et al. 2017). Sie können die Sicherheit und Wirksamkeit einer Arzneimittelgabe in einem unbekannten Ausmaß beeinflussen, z. B. indem die Freisetzungseigenschaften einer Darreichungsform verändert oder die Dosierungsgenauigkeit der Einzeldosis beeinflusst werden.

Die Durchführung von Manipulationen wird nur selten von den pharmazeutischen Unternehmern systematisch untersucht und in den öffentlich zugänglichen Fach- und Gebrauchsinformationen beschrieben. Werden Manipulationen trotz fehlender Informationen vorgenommen, handelt es sich um eine

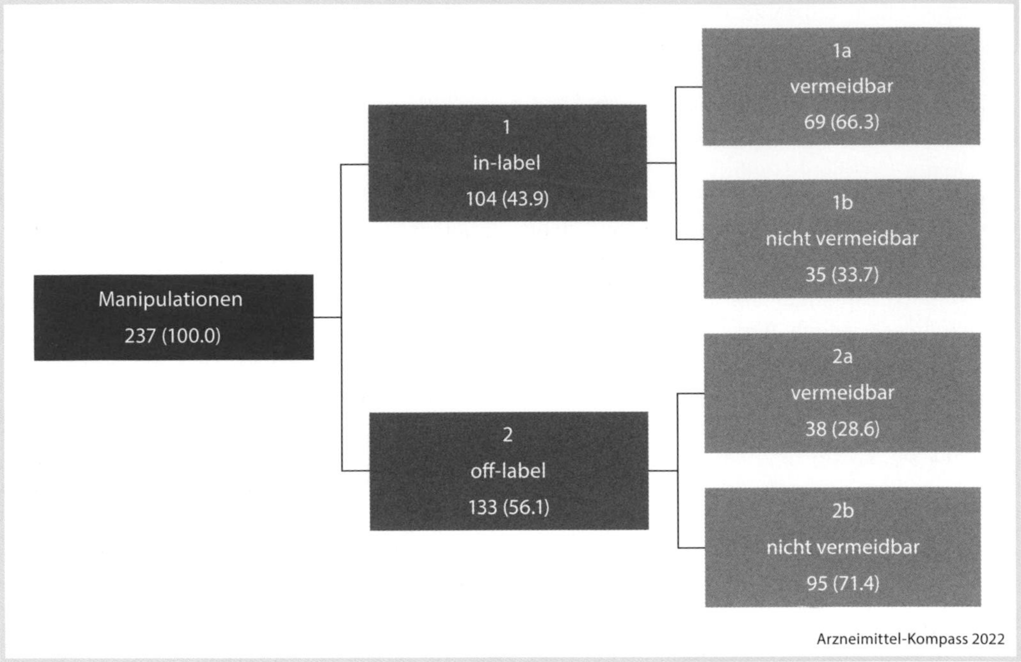

Abb. 6.2 Flussdiagramm der Manipulationen (*n* [%]) klassifiziert nach Zulassungsstatus (in- und off-label) und Vermeidbarkeit durch ein in Deutschland verfügbares Handelspräparat. (Adaptiert nach Zahn et al. 2020a)

nicht-lizensierte Verabreichung (Unlicensed-Anwendung) und der pharmazeutische Unternehmer übernimmt somit keine Haftung mehr. Der Mangel an Informationen führt zudem dazu, dass Manipulationen nicht standardisiert durchgeführt werden und erhöht zusätzlich das Risiko für Medikationsfehler. Dabei ist gerade dieses Risiko aufgrund der beträchtlichen Rate an Off-Label- und Unlicensed-Anwendungen in der Pädiatrie ohnehin besonders erhöht (s. o.) (Bellis et al. 2013).

6.1.4 Information und Kommunikation mit Eltern und Patientinnen und Patienten

Auch die Kommunikation mit Patientinnen und Patienten und deren Angehörigen, genauso wie mit anderen Akteuren im Gesundheitswesen (sog. Schnittstellen), spielen in der Versorgung von Kindern und Jugendlichen mit Arzneimitteln eine besondere Rolle. In der großangelegten deutschlandweiten KiGGS-Studie wurde bspw. gezeigt, dass Unterdosierung der häufigste Grund für eine Off-Label-Anwendung ist (Knopf et al. 2013). Werden Arzneimittel unterdosiert, haben Patientinnen und Patienten wahrscheinlich keinen therapeutischen Nutzen, aber sie werden dem Risiko für Nebenwirkungen, die unabhängig von der Dosis auftreten können, ausgesetzt. Dies stellt ein nicht unerhebliches Problem dar, gerade im Hinblick auf Therapieversagen und mögliche Resistenzentwicklungen, beispielsweise bei Antibiotika-Therapien. Dass die Eltern die Dosierung bewusst reduzieren, z. B. aufgrund von Ängsten vor möglichen Nebenwirkungen, konnte in der KIGGS-Studie nicht nachgewiesen werden. Es belegt aber, dass eine gute Aufklärung über mögliche Risiken einer fehlerhaften Anwendung und eine verständliche, nachhaltige (z. B. schriftliche) Kommunikation der verordneten Dosis notwendig sind.

Eine kürzlich durchgeführte Untersuchung zu Arzneimittel-bedingten stationären Aufnahmen bei Kindern und Jugendlichen in Deutschland hat nochmals unterstrichen, dass gute Information und Kommunikation unabdingbar sind: Fehldosierungen und Non-Compliance bei der Anwendung von Arzneimitteln durch die Patientinnen und Patienten bzw. deren Eltern/Erziehungsberechtigten sind häufige Gründe für vermeidbare stationäre Aufnahmen (KiDSafe, unveröffentlichte Daten; Neubert et al. 2019).

6.2 Lösungsansätze und Entwicklungen der letzten Jahre

6.2.1 Die EU-Kinderarzneimittelverordnung

PIP und PUMA

Seit Anfang 2000 gibt es intensive Bemühungen, die Versorgung von Kindern mit Arzneimitteln durch regulatorische Maßnahmen zu verbessern: 2002 wurde die Initiative „Better Medicines for Children" gestartet (Neubert et al. 2008a; Wimmer et al. 2014). Zudem trat 2007 vor dem Hintergrund häufiger Off-Label-Anwendungen und des zusätzlich bestehenden Mangels an kindergerechten Darreichungsformen die sogenannten EU-Kinderarzneimittelverordnung (EG-Verordnung Nr. 1901/2006) in Kraft (BfArM o.J.a). Ziel dieses Gesetzes ist es, die Entwicklung von Arzneimitteln für Kinder zu fördern (BfArM o.J.a; Europäisches Parlament und Rat der Europäischen Union 2006). Ihre wesentlichen Bestandteile sind die Einrichtung eines Pädiatrieausschusses (PDCO, Paediatric Committee), die Verpflichtung zur Erstellung eines pädiatrischen Prüfkonzepts (PIP, Paediatric Investigation Plan) für neue Arzneimittel und eine neue Form der Arzneimittelzulassung speziell für die Pädiatrie (PUMA, paediatric use marketing authorisation) (BfArM o.J.b).

Seit Juni 2008 ist damit ein pädiatrisches Prüfkonzept (PIP), welches das geplante Entwicklungsprogramm für eine Anwendung des Medikaments bei Kindern beschreibt, verpflichtender Bestandteil der Zulassungsunterlagen für neue Arzneimittel und muss vom PDCO genehmigt werden. Ausnahmen von der Pflicht zur Erstellung eines PIP gibt es beispielsweise für Biosimilars oder Arzneimittel mit mindestens zehnjähriger medizinischer Verwendung in der EU („well established use"). Zudem können beim PDCO Zurück- oder Freistellungen von der pädiatrischen Entwicklung beantragt werden, u. a. bei Arzneimitteln, die zur Therapie von Erkrankungen vorgesehen sind, die lediglich Erwachsene betreffen (BfArM o.J.a; Europäisches Parlament und Rat der Europäischen Union 2006).

Die aktuellen Zahlen zu den pädiatrischen Prüfkonzepten deuten auf eine Verbesserung der Situation in der Pädiatrie hinsichtlich neuer Arzneimittel hin: Im Jahr 2020 wurden vom PDCO 141 initiale PIPs genehmigt – eine deutliche Steigerung gegenüber 2019 mit 94 PIPs und jeweils die höchste Zahl der vorangegangenen fünf Jahre (EMA 2019, 2020). In den ersten knapp zehn Jahren seit dem Inkrafttreten der EU-Kinderarzneimittelverordnung (Juli 2007 bis Dezember 2016) wurden insgesamt 950 PIPs durch das PDCO final bewertet, aus denen 221 neue pädiatrische Zulassungen hervorgingen (Mentzer 2017). Zuletzt – in den Jahren 2019, 2020 und 2021 – wurden 30, 50 bzw. 46 neue Medikamente und Applikationshilfen für Kinder und Jugendliche zugelassen (vfa 2022).

Der Ansatz der EU, durch Anreize für pharmazeutische Unternehmer auch die pädiatrische Zulassung alter Wirkstoffe mit abgelaufenem Patentschutz interessant zu machen (PUMA), indem bei der Zulassung einer pädiatrischen Darreichungsform oder Indikation eines bereits für Erwachsene zugelassenen Arzneistoffs ein zehnjähriger Patentschutz gewährt wird, zeigt jedoch nur begrenzte Erfol-

Tab. 6.2 In Deutschland als PUMA zugelassene Arzneimittel. (Nach Moll 2019)

Wirkstoff (Handelsname)	Darreichungsform	Indikation	Altersgruppe
Midazolam (Buccolam®)	Oromukosale Lösung	Akute Krampfanfälle[a]	3 Monate bis 18 Jahre
Propranolol hydrochlorid (Hemangiol®)	Lösung zum Einnehmen	Hämangiom (proliferativ)	5 Wochen bis 5 Monate
Glycopyrroniumbromid (Sialanar®)	Lösung zum Einnehmen	Siallorhö (chronischer krankhaft gesteigerter Speichelfluss)	Ab 3 Jahren
Hydrocortison (Alkindi®)	Granulat in Kapseln	Nebenniereninsuffizienz	Ab Geburt
Melatonin (Slenyto®)	Retardtabletten	Schlafstörungen bei Autismus-Spektrum-Störungen	Ab 2 Jahren
Vigabatrin (Kigabeq®)	Tablette zur Herstellung einer Lösung zum Einnehmen	West-Syndrom, resistent fokale Epilepsie[b]	ab 1 Monat bis 7 Jahre

[a] (Neuraxpharm Arzneimittel GmbH o.J.)
[b] (Desitin Arzneimittel GmbH o.J.)
Arzneimittel-Kompass 2022

ge (Rausch 2019; Riedel et al. 2016; BfArM o.J.b). Rund 15 Jahre nach Einführung haben in Deutschland nur sechs Arzneimittel eine PUMA-Zulassung erhalten (siehe Tab. 6.2; Rausch 2019).

Hupfer untersuchte kürzlich, ob bzw. wie sich die regulatorischen Maßnahmen in der Versorgung von Kindern im ambulanten Sektor (pädiatrische Spezialambulanzen einer Universitätsklinik) im Verlauf von zehn Jahren auswirken. Auch diese Untersuchung bestätigt den ungenügenden Nutzen der gesetzlichen Vorgaben: Zwischen 2009 und 2019 konnten sich keine signifikanten Veränderungen bzgl. der Häufigkeit der Off-Label-Verordnungen in pädiatrischen Spezialambulanzen nachweisen lassen (2009: 49,7 % vs. 2019: 45,5 %, $p=0{,}105$). Indikation, Dosierung und fehlende pädiatrische Informationen sind dabei nach wie vor die Hauptgründe für den Off-Label-Einsatz bei Kindern (Hupfer 2022).

PUMA-Zulassung und Zusatznutzen

Seitens der Industrie liegt der fehlende Erfolg der regulatorischen Maßnahmen vermutlich vorrangig in der Wirtschaftlichkeit begründet. Die Kosten für die Entwicklung und Prüfung einer PUMA liegen meist über den später zu erwartenden Einnahmen (Beneker 2020; Moll 2019; Wimmer et al. 2014). Ein Grund hierfür ist, dass PUMAs – anders als beispielsweise Orphan Drugs – mit der Zulassung nicht automatisch einen Zusatznutzen attestiert bekommen und damit Festbeträge und Rabattverträge drohen. Denn obwohl PUMAs einen bereits für Erwachsene zugelassenen Wirkstoff enthalten, unterliegen sie den Regelungen für Arzneimittel mit neuen Wirkstoffen und bedürfen daher einer frühen Nutzenbewertung durch den G-BA (Rausch 2019; Riedel et al. 2016).

Diese ergab beispielsweise für Alkindi® keinen Zusatznutzen (G-BA 2018). Das Hydrocortison-Granulat zur Ersatztherapie bei Nebenniereninsuffizienz ist ab Geburt bis unter 18 Jahre zugelassen und ermöglicht durch die Darreichungsform eine sehr präzise Dosierung. Zudem wurde der bittere Geschmack maskiert, um die Akzeptanz zu verbessern. Zuvor standen nur Rezepturen oder Tabletten mit 10 mg Wirkstoff zur Verfügung (Rausch 2019). Im Rahmen der frühen Nutzenbewertung wurde Hydrocortison in Form von Tabletten oder Rezepturen als zweckmäßige Vergleichstherapie angesehen (Rausch 2019;

G-BA 2018). Im Vergleich der unterschiedlichen Zubereitungen von Hydrocortison sah der G-BA jedoch keine Anhaltspunkte für einen Zusatznutzen. Der laut der Deutschen Gesellschaft für Kinder- und Jugendmedizin (DGKJ) „enorme Vorteil für Kinder“ ist bei der Zulassung einer pädiatrischen Darreichungsform eines bereits zugelassenen Wirkstoffs jedoch nicht der Wirkstoff an sich, sondern die speziell auf pädiatrische Bedürfnisse zugeschnittene Darreichungsform, die bei der Bewertung keine bzw. keine ausreichende Berücksichtigung fand (Rausch 2019).

Bei Slenyto® (Melatonin als Retardtablette für Schlafstörungen bei Autismus-Spektrum-Störungen ab zwei Jahren) hingegen erkannte der G-BA einen Anhaltspunkt für einen geringen Zusatznutzen (Mende 2019). Die Entscheidung war jedoch knapp, denn der G-BA folgte hier nicht der Einschätzung des Instituts für Qualität und Wirtschaftlichkeit im Gesundheitswesen (IQWiG). Dieses hatte anhand der vom pharmazeutischen Unternehmer eingereichten Daten, die auch Teil der Zulassungsunterlagen waren, die Datenlage für die Anerkennung eines Zusatznutzens als nicht ausreichend angesehen (Moll 2019; Mende 2019). Dies zeigt deutlich eine Problematik auf: Bei PUMAs handelt es sich um eine EU-weite Zulassung; die für die Bewertung des Zusatznutzens nötigen Studien sind jedoch nur in Deutschland erforderlich. Für die Anerkennung eines Zusatznutzens und der damit verbundenen, ggf. höheren Preisgestaltung für nur ein Land müssten zusätzliche Studien an pädiatrischen Patientinnen und Patienten durchgeführt werden. Immer wieder wird daher gefordert, dass der medizinische Zusatznutzen bereits durch die Zulassung als PUMA gegeben sein sollte, um sie in Deutschland für die pharmazeutische Industrie nicht wirtschaftlich unattraktiv werden zu lassen (Rausch 2019; Mende 2019).

Die Kosten für den Einsatz der PUMA-Arzneimittel sind aufgrund des Entwicklungsaufwands – und ggf. trotz fehlenden Zusatznutzens – höher als die Off-Label-Anwendung von Generika oder Rezepturen und belastet damit das Arzneimittelbudget der Ärztinnen und Ärzte (Beneker 2020). Dies schränkt die flächendeckende Verordnung von PUMA-Arzneimitteln zusätzlich ein und es werden weiterhin Rezepturen verordnet oder kostengünstigere Generika manipuliert (Wimmer et al. 2014; Wimmer und Rascher 2016; Zahn et al. 2020b).

6.2.2 Evidenzbasierte Informationen

Grundlage für eine gute Schulung und Information von Eltern und Patientinnen und Patienten sind evidenzbasierte Informationen für Ärztinnen und Ärzte bzw. weitere Leistungserbringende. In Deutschland stand bis vor kurzem kein national anerkanntes Standardwerk zur evidenzbasierten Verordnung von Arzneimitteln bei Kindern und Jugendlichen zur Verfügung. Ärztinnen und Ärzte waren daher bei der Versorgung von pädiatrischen Patientinnen und Patienten weitestgehend auf sich alleine gestellt. Vor allem im Off-Label-Bereich musste die/der Verordnende über viele Jahre hinweg die nötigen Informationen eigenständig einholen und die vorhandene wissenschaftliche Literatur hinsichtlich des Nutzen-Risiko-Verhältnisses individuell sichten und beurteilen. In verschiedenen anderen Ländern gab es dagegen bereits seit längerem Initiativen, um national harmonisierte und evidenzbasierte Informationen zur pädiatrischen Arzneimitteltherapie zur Verfügung zu stellen (Lenney 2015; van der Zanden et al. 2017; SwissPedDose 2021).

Kinderformularium.DE

Seit Anfang 2021 steht in Deutschland die vom Bundesministerium für Gesundheit geförderte Arzneimittel-Informationsplattform ► www.Kinderformularium.DE zur Verfügung (Zahn et al. 2021). Die unabhängige und kostenfreie Datenbank richtet sich an Angehörige der Heilberufe und baut auf dem etablierten niederländischen Pendant Kinderformularium.nl

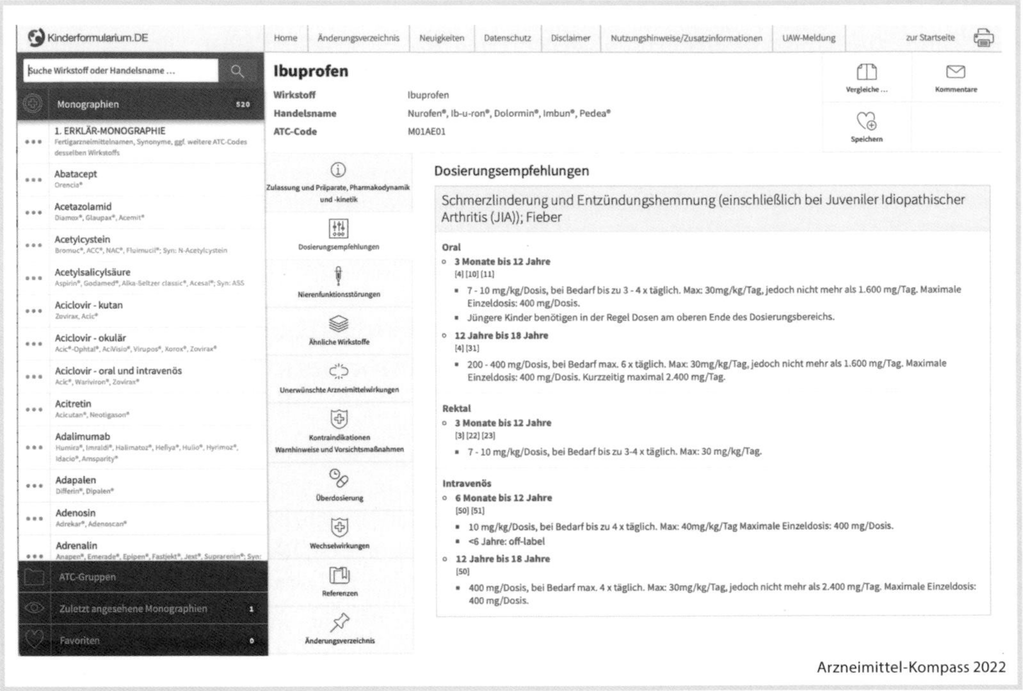

Abb. 6.3 Screenshot der Dosierungsempfehlungen in der Wirkstoffmonographie Ibuprofen im Kinderformularium.DE (Stand 08/2022)

auf (van der Zanden et al. 2017). Dieses ist in den Niederlanden als Standard für pädiatrische Dosierungen seit über zehn Jahren anerkannt.

Kernstück von ▶ www.Kinderformularium.DE sind Wirkstoffmonographien mit evidenzbasierten pädiatrischen Dosierungsempfehlungen im zugelassenen, aber auch im Off-Label-Bereich (Abb. 6.3, 6.4). Durch Letzteres unterscheidet sich die Datenbank von anderen, in Deutschland bereits zuvor verfügbaren Informationsquellen für die pädiatrische Arzneimitteltherapie, wie z. B. die ZAK-Datenbank (Zugelassene Arzneimittel für Kinder) (Schoettler 2009).

Außerdem findet sich in jeder Wirkstoffmonographie des Kinderformulariums jeweils ein Abschnitt zu den verfügbaren Handelspräparaten, der bei der Auswahl des geeigneten Präparats für die Behandelten unterstützt und hilfreiche Tipps zur Anwendung enthält (Zahn et al. 2021). Langfristiges Ziel ist es, hier auch Informationen zur sachgerechten Durchführung von Manipulationen zu implementieren, um risikobehaftete Manipulationen zu standardisieren und somit die Arzneimitteltherapiesicherheit in der Pädiatrie zu verbessern.

KiDSafe

Im Rahmen des durch den Innovationsfonds des G-BA geförderten Projektes KiDSafe wurde die Wirksamkeit von ▶ www.Kinderformularium.DE im Zusammenspiel mit regelmäßigen Schulungen und einem System zur systematischen Identifizierung von Arzneimittelnebenwirkungen untersucht (Förderkennzeichen 01NVF16021) (Neubert et al. 2019). Diese Qualitätssicherungsmaßnahme mit dem Ziel, die Versorgung von pädiatrischen Patientinnen und Patienten mit Arzneimitteln zu verbessern, wurde bei niedergelassenen Kinder- und Jugendärztinnen und -ärzten sowie Kinder- und Jugendpsychiaterin-

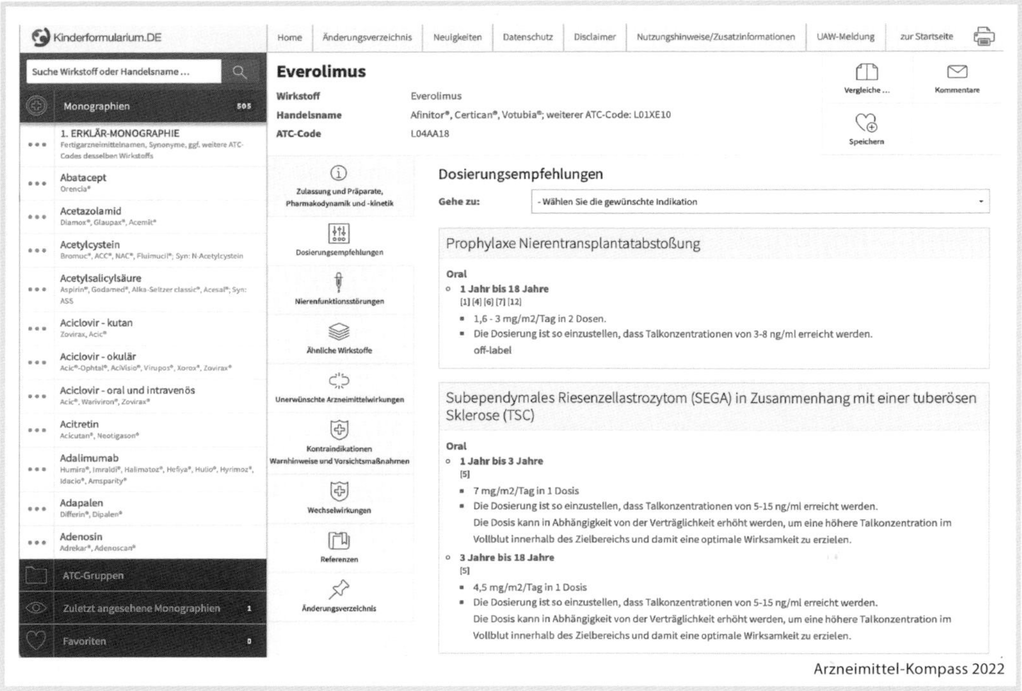

Abb. 6.4 Screenshot der Dosierungsempfehlungen in der Wirkstoffmonographie Everolimus im Kinderformularium.DE (Stand 08/2022)

nen und -psychiatern deutschlandweit implementiert und evaluiert.

Insgesamt konnte ein positiver Effekt auf die Versorgung von Kindern und Jugendlichen mit Arzneimitteln gezeigt werden: Das Bewusstsein für die korrekte Anwendung von Arzneimitteln im Kindes- und Jugendalter wurde gestärkt, die Erkennung und der Umgang mit Nebenwirkungen geschult und die Sicherheit bei der Arzneimittelverordnung durch Bereitstellung von sonst seltenen bzw. fehlenden evidenzbasierten Informationen erhöht. Um den im KiDSafe-Projekt gezeigten positiven Effekt dieser Maßnahme auch im klinischen Alltag in Deutschland breit zu implementieren, muss die Nutzung von ▶ www.Kinderformularium.DE weiterverbreitet und es müssen entsprechende Fortbildungsveranstaltungen angeboten werden. Die Entwicklung und Etablierung der Datenbank wird durch das Bundesministerium für Gesundheit (BMG) im Rahmen des Aktionsplans zur Verbesserung der Arzneimitteltherapiesicherheit in Deutschland gefördert; die Förderung läuft Ende 2022 aus. Langfristig kann die Datenbank nur erfolgreich bleiben, wenn die Finanzierung für die Pflege und Aktualisierung der Inhalte dauerhaft gesichert ist.

6.2.3 Elektronische Verordnungshilfen

Auch elektronische Verordnungshilfen (engl. *computerised physician order entry (CPOE) systems*) haben großes Potenzial, den Medikationsprozess in der Pädiatrie, insbesondere die ärztliche Verordnung (z. B. durch Vermeidung von Dosierungsfehlern infolge fehlerhafter Berechnungen, Nicht-Beachtung von Interaktionen, Auswahl einer falschen Arzneiform, bei der die Dosierung nicht abgemessen werden kann) und Dokumentation von Arzneimitteln im stationären Bereich zu verbessern (Fortescue et al. 2003; Kaushal et al. 2001; Neubert und Wimmer 2014; Standing und Tuleu 2005).

Ihre Einführung ebenso wie die Schnittstellenoptimierung werden dabei von internationalen Expertinnen und Experten als die zentralen Maßnahmen zur Erhöhung der Arzneimitteltherapiesicherheit in Krankenhäusern angesehen (WIdO 2014). In Verbindung mit integrierter Entscheidungsunterstützung (sog. *clinical decision support (CDS) systems*) und spezifischen pädiatrischen Funktionen, wie der körpergewichtsbezogenen Dosisberechnung gelten diese als Schlüssel zur Minimierung von Medikationsfehlern in der Pädiatrie (Fortescue et al. 2003; Wong et al. 2009; Council on Clinical Information Technology Executive Committee et al. 2013). Der Nutzen eines derartigen Systems für Kinderkliniken in Deutschland konnte mit einer prospektiven Vorher-Nachher-Untersuchung gezeigt werden. Wimmer et al. untersuchten über jeweils fünf Monate die papiergebundenen (Vorher-) bzw. die elektronischen (Nachher-)Patientenkurven auf das Vorliegen von unerwünschten Arzneimittelereignissen und fanden, dass der Einsatz dieses Systems die Inzidenz potenziell schädigender Medikationsfehler signifikant reduzieren konnte (56,7 % vs. 34,7 %; $p < 0{,}001$; RR 0,6 (95 % KI 0,5–0,7)). Insbesondere unvollständige Verordnungen und Dosierungsfehler wurden durch die Nutzung des CPOE-Systems reduziert. Einen Einfluss auf das Auftreten von vermeidbaren Nebenwirkungen infolge von Medikationsfehlern konnte aufgrund der zu geringen Fallzahl jedoch nicht gezeigt werden (Wimmer et al. 2022).

6.2.4 Fort- und Weiterbildung

Ein weiterer wichtiger Aspekt ist das Wissen um die besonderen Anforderungen an die pädiatrische Arzneimitteltherapie zu vermitteln und die Angehörigen der Heilberufe dafür zu sensibilisieren.

Die im Rahmen des KiDSafe-Projekts angebotenen Qualitätszirkel zu verschiedenen Themen der Arzneimitteltherapie wurden von den Ärztinnen und Ärzten sehr gut angenommen. Knapp zwei Drittel der Teilnehmenden gaben an, dass sich durch den Besuch der Seminare die eigene Sicherheit bei der Medikamentenverordnung verändert hat (KiDSafe, unveröffentlichte Daten; Neubert et al. 2019).

Die neue Weiterbildungsordnung für Ärztinnen und Ärzte beinhaltet auch Themen der Arzneimitteltherapiesicherheit und die Universitäten Bonn, Heidelberg und Tübingen starten im Wintersemester 2022/2023 einen Masterstudiengang für Arzneimitteltherapiesicherheit.

Die Deutsche Gesellschaft für Kinder- und Jugendmedizin (DGKJ) arbeitet ebenfalls an einem Seminarangebot vor allem für Ärztinnen und Ärzte in der Weiterbildung mit besonderem Fokus auf Pädiatrie-spezifische Fragestellungen.

6.2.5 Best Practice durch internationale Initiativen

Auch international gibt es Initiativen, die auf eine Verbesserung der Arzneimittelversorgungssituation in der Pädiatrie abzielen.

Die Initiative „European Paediatric Formulary“ (PaedForm) hat beispielsweise zum Ziel, pädiatrische Rezepturen innerhalb der EU zu standardisieren und frei zur Verfügung zu stellen. Die Datenbank stellt eine sinnvolle Ergänzung zu den bereits bestehenden Datenbanken in Bezug auf die Vermeidung problembehafteter Manipulationen durch den Einsatz von standardisierten Rezepturarzneimitteln dar.

Bei der Durchführung von hochwertigen klinischen Studien als unerlässlichem Schritt zur Verbesserung der Arzneimitteltherapie pädiatrischer Patientinnen und Patienten setzt das pan-europäische Kooperationsnetzwerk c4c (conect4children) an. Es soll die

Entwicklung neuer Arzneimittel und anderer Therapien für die gesamte pädiatrische Bevölkerungsgruppe erleichtern. Das Netzwerk unterstützt dabei, Kapazitäten für die Durchführung multinationaler pädiatrischer klinischer Studien aufzubauen und gleichzeitig sicherzustellen, dass die Bedürfnisse von Kindern und ihren Familien berücksichtigt werden. Auch Deutschland ist in diesem Netzwerk vertreten. Das GermanNetPaeT, das durch das Dr. Margarete Fischer-Bosch-Institut koordiniert wird, vereint aktuell 20 pädiatrische bzw. kinder- und jugendpsychiatrische Studienzentren in Deutschland und wird sowohl durch das KKS-Netzwerk als auch durch die Deutsche Gesellschaft für Kinder- und Jugendmedizin unterstützt.

Auch die Europäische Arzneimittelagentur (EMA) hat zu diesem Zweck ein Netzwerk aus Forschungseinrichtungen, Prüfärztinnen und -ärzten und Zentren mit anerkanntem Fachwissen zur Durchführung klinischer Studien an Kindern erschaffen (European Network of Paediatric Research at the European Medicines Agency (Enpr-EMA)).

6.3 Fazit

Trotz vielfältiger Maßnahmen und Bemühungen besteht nach wie vor ein großes Versorgungsdefizit bei der Arzneimitteltherapie von Kindern und Jugendlichen. Die europäische Kinderarzneimittelverordnung hat zu einem deutlichen Anstieg an klinischen Studien mit Kindern und Jugendlichen geführt. Eine Verbesserung im Sinne einer Reduktion von Off-Label-Anwendungen wurde bisher in wissenschaftlichen Arbeiten nur sehr bedingt nachgewiesen. Es gibt eine Reihe von vielversprechenden Maßnahmen wie die Etablierung einer evidenzbasierten Datenbank für Kinderarzneimittel oder die Einrichtung eines National Hub für klinische Studien im Rahmen der europäischen Initiative c4c, deren langfristiger Erfolg jedoch von einer finanziellen Verstetigung abhängt.

Die Bündelung von Kompetenzen, beispielsweise in einem Referenzzentrum für pädiatrische Arzneimitteltherapie und Pharmakovigilanz als Anlaufstelle für die Belange der pädiatrischen Pharmakotherapie, könnte einen wichtigen Beitrag dazu leisten, dass Kinder und Jugendliche flächendeckend von der bestverfügbaren Evidenz profitieren.

Zum einen würde ein solches Zentrum dabei als Ansprechpartner für Ärztinnen und Ärzte, Apothekerinnen und Apothekern sowie Wissenschaftlerinnen und Wissenschaftler bei Fragen zur pädiatrischen Arzneimitteltherapie dienen. Zum anderen würde es als Referenzzentrum für Fragen zum Nutzen (Wirksamkeit) und Schaden (unerwünschte Arzneimittelwirkungen und Medikationsfehler) von Arzneimitteln bei Kindern und Jugendlichen fungieren.

Eine ähnliche Einrichtung gibt es für Arzneimittel in der Schwangerschaft (Pharmakovigilanz- und Beratungszentrum für Embryonaltoxikologie[1]), die sich zwischenzeitlich dauerhaft in Deutschland etabliert hat.

Es bleibt langfristig unerlässlich, den kleinsten Patientinnen und Patienten mehr Aufmerksamkeit zu schenken, um die pädiatrische Arzneimittelversorgung nachhaltig zu verbessern.

Literatur

Bellis JR, Kirkham JJ, Thiesen S, Conroy EJ, Bracken LE, Mannix HL, Bird KA, Duncan JC, Peak M, Turner MA, Smyth RL, Nunn AJ, Pirmohamed M (2013) Adverse drug reactions and off-label and unlicensed medicines in children: a nested case-control study of inpatients in a pediatric hospital. BMC Med 11:238

Beneker C (2020) Bislang eher Rarität: Medikamente speziell für Kinder. https://www.aerztezeitung.de/Politik/Bislang-eher-Raritaet-Medikamente-speziell-fuer-Kinder-409984.html. Zugegriffen: 1. Juni 2022

BfArM – Bundesinstitut für Arzneimittel und Medizinprodukte (o. J.) Arzneimittel Für Kinder. https://www.bfarm.de/de/arzneimittel/zulassung/arzneimittel-fuer-kinder/_node.html. Zugegriffen: 19. Mai 2022

BfArM – Bundesinstitut für Arzneimittel und Medizinprodukte (o. J.) Puma (Paediatric Use Marketing

1 ► www.embryotox.de.

Authorisation) – Genehmigung für die pädiatrische Verwendung. https://www.bfarm.de/de/Arzneimittel/Zulassung/Arzneimittel-fuer-Kinder/euverord-art30-puma.html?nn=471290. Zugegriffen: 22. Juni 2022

Bjerknes K, Boyum S, Kristensen S, Brustugun J, Wang S (2017) Manipulating tablets and capsules given to hospitalised children in norway is common practice. Acta Paediatr 106:503–508

Conroy S, Choonara I, Impicciatore P, Mohn A, Arnell H, Rane A, Knoeppel C, Seyberth H, Pandolfini C, Raffaelli MP, Rocchi F, Bonati M, Jong G, De Hoog M, van den Anker J (2000) Survey of unlicensed and off label drug use in paediatric wards in european countries. European network for drug investigation in children. BMJ 320:79–82

Council on Clinical Information Technology Executive Committee, Lehmann CU, Johnson KB, Del Beccaro MA, Alexander G, Drummond WH, Francis AB, Handler EG, Johnson TD, Kim GR, Leu M, Tham E, Weinberg ST, Zuckerman AE (2013) Electronic prescribing in pediatrics: Toward safer and more effective medication management. Pediatrics 131:824–826

Desitin Arzneimittel GmbH Fachinformation (o. J.) Kigabeq 100 mg/500 mg Tabletten zur Herstellung einer Lösung zum Einnehmen. Stand 08/2020

EMA – European Medicines Agency (2019) Annual report 2019. https://www.ema.europa.eu/en/about-us/annual-reports-work-programmes. Zugegriffen: 1. Juni 2022

EMA – European Medicines Agency (2020) Annual Report 2020. https://www.ema.europa.eu/en/about-us/annual-reports-work-programmes. Zugegriffen: 1. Juni 2022

Europäisches Parlament, Rat der Europäischen Union (2006) Verordnung (EG) Nr. 1901/2006 des Europäischen Parlaments und des Rates vom 12. Dezember 2006 über Kinderarzneimittel

Fortescue EB, Kaushal R, Landrigan CP, McKenna KJ, Clapp MD, Federico F, Goldmann DA, Bates DW (2003) Prioritizing strategies for preventing medication errors and adverse drug events in pediatric inpatients. Pediatrics 111:722–729

G-BA – Gemeinsamer Bundesausschuss (2018) Beschluss des gemeinsamen Bundesausschusses über eine Änderung der Arzneimittel-Richtlinie (AM-RL): Anlage XII – Beschlüsse über die Nutzenbewertung von Arzneimitteln mit neuen Wirkstoffen nach § 35a SGB V – Hydrocortison. Bundesanzeiger amtlicher Teil (Anz AT) 10. Dez. 2018 B3

Geißler C, Schulze C, Botzenhardt S, Rascher W, Neubert A (2020) Drug utilisation and off-label use on a German neonatal intensive care unit: A retrospective cohort study and 10-year comparison. Pharmacy (Basel) 8(3):173

Gerber C (2021) Off-Label-Einsatz von Arzneimitteln in pädiatrischen (Spezial-)Ambulanzen der Kinder- und Jugendklinik Erlangen

Hupfer J (2022) Off-Label use of drugs in pediatric (specialized) outpatient clinics – determination of the current situation and mapping of the time course of ten years. Master Thesis. Unpublished data

ICH – International Conference on Harmonisation (2001) Guideline (E11) clinical investigation of medicinal products in the pediatric population. https://www.ema.europa.eu/en/ich-e11r1-step-5-guideline-clinical-investigation-medicinal-products-pediatric-population. Zugegriffen: 19. Mai 2022

t Jong GW, Eland IA, Sturkenboom MC, van den Anker JN, Stricker BH (2002a) Unlicensed and off label prescription of drugs to children: population based cohort study. BMJ 324:1313–1314

t Jong GW, van der Linden PD, Bakker EM, van der Lely N, Eland IA, Stricker BH, van den Anker JN (2002b) Unlicensed and off-label drug use in a paediatric ward of a general hospital in the Netherlands. Eur J Clin Pharmacol 58:293–297

Kaushal R, Bates DW, Landrigan C, McKenna KJ, Clapp MD, Federico F, Goldmann DA (2001) Medication errors and adverse drug events in pediatric inpatients. JAMA 285:2114–2120

Kimland E, Odlind V (2012) Off-label drug use in pediatric patients. Clin Pharmacol Ther 91:796–801

Knopf H, Wolf IK, Sarganas G, Zhuang W, Rascher W, Neubert A (2013) Off-label medicine use in children and adolescents: results of a population-based study in Germany. BMC Public Health 13:631

Lenney W (2015) The development of a national children's formulary. Br J Clin Pharmacol 79:441–445

Magalhaes J, Rodrigues AT, Roque F, Figueiras A, Falcao A, Herdeiro MT (2015) Use of off-label and unlicenced drugs in hospitalised paediatric patients: a systematic review. Eur J Clin Pharmacol 71:1–13

Mende A (2019) Zusatznutzen für Kinder-Arzneimittel. https://www.pharmazeutische-zeitung.de/zusatznutzen-fuer-kinder-arzneimittel/. Zugegriffen: 3. Juni 2022

Mentzer D (2017) Arzneimittelentwicklung in der Pädiatrie Zehn Jahre nach Inkrafttreten der Eu-Kinderarzneimittelverordnung. In: Bundesinstitut für Arzneimittel und Medizinprodukte (BfArM), Paul-Ehrlich-Institut (PEI) (Hrsg) Bulletin zur Arzneimittelsicherheit. Bundesinstitut für Arzneimittel und Medizinprodukte (BfArM), Paul-Ehrlich-Institut (PEI), Bonn, Langen

Moll D (2019) PUMA-Arzneimittel: Eine bedrohte Spezies? https://www.deutsche-apotheker-zeitung.de/news/artikel/2019/04/18/puma-arzneimittel-eine-bedrohte-spezies/chapter:all. Zugegriffen: 1. Juni 2022

Neubert A, Botzenhardt S (2014) Mehr oder weniger? Besonderheiten der Arzneimitteltherapie von Säuglingen, Kleinkindern und Kindern. Dtsch Apoth Ztg 24:56

Neubert A, Rascher W (2018) Medication safety in children: What role do dosing and formulations play? Bundesgesundheitsblatt Gesundheitsforschung Gesundheitsschutz 61:1139–1145

Neubert A, Schulze C (2018) Aspekte der Dosierung bei Kindern und Jugendlichen. Med Monatsschr Pharm 41:487–494

Neubert A, Wimmer S (2014) Criteria for good prescribing practice in children. Ther Umsch 71:352–365

Neubert A, Dormann H, Weiss J, Egger T, Criegee-Rieck M, Rascher W, Brune K, Hinz B (2004) The impact of unlicensed and off-label drug use on adverse drug reactions in paediatric patients. Drug Saf 27:1059–1067

Neubert A, Planner C, Cranswick N (2008a) The new European regulation on pediatric medicines: safety and ethics perspectives. Paediatr Drugs 10:147–149

Neubert A, Wong IC, Bonifazi A, Catapano M, Felisi M, Baiardi P, Giaquinto C, Knibbe CA, Sturkenboo MC, Ghaleb MA, Ceci A (2008b) Defining off-label and unlicensed use of medicines for children: results of a Delphi survey. Pharmacol Res 58:316–322

Neubert A, Urschitz M, Schwab M, Rascher W (2019) KiDSafe – Verbesserung der Arzneimitteltherapiesicherheit bei Kindern und Jugendlichen. Kinder Jugendarzt 50(2):30–33

Neuraxpharm Arzneimittel GmbH (o. J.) Fachinformation Buccolam 2,5 Mg/5 Mg/7,5 Mg/10 Mg Lösung zur Anwendung in der Mundhöhle. Stand 04/2022

Nolte SH (2022) To do as much nothing as possible. KVH Aktuell Pharmakother 27:4–12

Nunn A, Richey R, Shah U, Barker C, Craig J, Peak M, Ford J, Turner M (2013) Estimating the requirement for manipulation of medicines to provide accurate doses for children. Eur J Hosp Pharm Sci Pract 20:3–7

Pschyrembel online (2016) Pharmakodynamik. https://www.pschyrembel.de/pharmakodynamik/k0gst/doc/. Zugegriffen: 28. Juli 2022

Raith K (2016) LADME. https://www.pschyrembel.de/pharmakodynamik/k0gst/doc/. Zugegriffen: 28. Juli 2022

Rascher W (2017) Fehlende Medikamentenzulassungen für Kinder – ein ethisches Dilemma. Arzneimittelstudien mit Kindern und Jugendlichen. Pädiatrie 29(S1):32–33 (Sonderheft Ethik in der Kinderheilkunde)

Rausch R (2019) PUMAs bald vom Aussterben bedroht? Dtsch Apoth Zeitung (DAZ) 15:30

Richey RH, Craig JV, Shah UU, Nunn AJ, Turner MA, Barker CE, Ford JL, Peak M (2013a) MODRIC – Manipulation of drugs in children. Int J Pharm 457:339–341

Richey RH, Shah UU, Peak M, Craig JV, Ford JL, Barker CE, Nunn AJ, Turner MA (2013b) Manipulation of drugs to achieve the required dose is intrinsic to paediatric practice but is not supported by guidelines or evidence. BMC Pediatr 13:81

Richey RH, Hughes C, Craig JV, Shah UU, Ford JL, Barker CE, Peak M, Nunn AJ, Turner MA (2017) A systematic review of the use of dosage form manipulation to obtain required doses to inform use of manipulation in paediatric practice. Int J Pharm 518:155–166

Riedel C, Lehmann B, Broich K, Sudhop T (2016) Arzneimittelzulassung für Kinder und Jugendliche verbessern: Positionspapier zum Kinderarzneimittel-Symposium am 8. Juni 2015 in Bonn. Bundesgesundheitsblatt Gesundheitsforschung Gesundheitsschutz 59:1587–1592

Rojahn J, Stute A (2012) Off-Label-Use: Zwischen Freiheit und Pflicht. Lege artis 2:10–15

Schoettler P (2009) Zak(R) – Approved drugs for children. Database of children's medicines. Pharm Unserer Zeit 38:58–61

Seyberth HW (2008) Physiologische Besonderheiten des kindlichen Organismus Relevanz für die Arzneimitteltherapie. Monatsschr Kinderheilkd 156(3):261–267

Seyberth HW, Schwab M (2010) Besonderheiten der Arzneimitteltherapie im Kindesalter. In: Lemmer B, Brune K (Hrsg) Pharmakotherapie: Klinische Pharmakologie. Springer, Berlin, Heidelberg

Seyberth HW, Brochhausen C, Kurz R (2002) Probleme der pädiatrischen Pharmakotherapie und deren internationale Lösungsansätze. Monatsschr Kinderheilkd 150:218–225

Spielberg P (2010) EU Kinderarzneimittelverordnung: Magere Zwischenbilanz. Dtsch Arztebl 107:A-484

Standing JF, Tuleu C (2005) Paediatric formulations – getting to the heart of the problem. Int J Pharm 300:56–66

SwissPedDose (2021) SwissPedDose – Nationale Datenbank zur Dosierung von Arzneimitteln bei Kindern. https://swisspeddose.ch/. Zugegriffen: 14. Apr. 2021

vfa – Die forschenden Pharma-Unternehmen (2022) Arzneimittelzulassungen für Kinder. https://www.vfa.de/kinder. Zugegriffen: 22. Juni 2022

van der Vossen AC, Al-Hassany L, Buljac S, Brugma JD, Vulto AG, Hanff LM (2019) Manipulation of oral medication for children by parents and nurses occurs frequently and is often not supported by instructions. Acta Paediatr 108:1475–1481

WIdO – Wissenschaftliches Institut der AOK (2014) Arzneimitteltherapiesicherheit im Krankenhaus. In: Klauber J, Geraedts M, Friedrich J, Wasem J (Hrsg) Krankenhaus-Report 2014 Schwerpunkt: Patientensicherheit. Schattauer, Stuttgart

Wimmer S, Rascher W (2016) Problematik der Arzneimitteltherpie in der Pädiatrie. Kinderkrankenschwester 35:5–10

Wimmer S, Rascher W, Mccarthy S, Neubert A (2014) The EU paediatric regulation: Still a large discrepancy between therapeutic needs and approved paediatric investigation plans. Paediatr Drugs 16:397–406

Wimmer S, Neubert A, Rascher W (2015) The safety of drug therapy in children. Dtsch Arztebl Int 112:781–787

Wimmer S, Toni I, Botzenhardt S, Trollmann R, Rascher W, Neubert A (2022) Impact of a computerised physician order entry system on medication safety in paediatrics – the AVOID study (Zur Veröffentlichung eingereicht)

Wong IC, Wong LY, Cranswick NE (2009) Minimising medication errors in children. Arch Dis Child 94:161–164

Zahn J, Hoerning A, Trollmann R, Rascher W, Neubert A (2020a) Manipulation of medicinal products for oral administration to paediatric patients at a German University Hospital: an observational study. Pharmaceutics 12(6):583

Zahn J, Toni I, Neubert A (2020b) Arzneimittel-Manipulationen in der Pädiatrie – eine Untersuchung auf pädiatrischen Stationen eines Universitätsklinikums. Pz Primsa 27:231–236

Zahn J, Wimmer S, Rödle W, Toni I, Sedlmayr B, Prokosch HU, Rascher W, Neubert A (2021) Development and evaluation of a web-based paediatric drug information system for Germany. Pharmacy (Basel) 9(1):8

van der Zanden TM, De Wildt SN, Liem Y, Offringa M, De Hoog M, Dutch Paediatric Pharmacotherapy Expertise Network (2017) Developing a paediatric drug formulary for the Netherlands. Arch Dis Child 102:357–361

6

Menopausale Hormontherapie: Evidenz und Eingang in die Praxis

Ingrid Mühlhauser und Maria Beckermann

Inhaltsverzeichnis

Gewidmet unserem Freund und Kollegen Prof. Dr. Gerd Glaeske, gestorben am 27. Mai 2022

H. Schröder et al. (Hrsg.), *Arzneimittel-Kompass 2022*, https://doi.org/10.1007/978-3-662-66041-6_7

Zusammenfassung

Nach Abbruch der WHI-Studie wegen unerwartet häufiger Brustkrebserkrankungen unter menopausaler Hormontherapie (MHT) im Jahr 2002 gab es in der Fach- und Laienpresse einen Aufschrei, dem ein massiver Einbruch bei den Hormonverordnungen folgte. Andere randomisierte kontrollierte Studien (RCTs; ***randomized controlled trials****) mit ähnlichen Ergebnissen, z. B. die HERS-Studie (****Heart and Estrogen/Progestin Replacement Study****), fanden weniger Beachtung. Trotzdem lässt sich in den letzten Jahren wieder eine Zunahme von Hormonverordnungen – auch ohne gesicherte Evidenz – beobachten, die an das Ausmaß der Verordnungen in den 1990er Jahren heranreichen könnte, insbesondere durch die Verordnung von transdermalen Östrogenen plus Progesteron, wie die Daten aller GKV-Versicherten von 2000 bis 2021 befürchten lassen. Möglicherweise hat diese Hormonkombination ein günstigeres Risikoprofil als die in der WHI-Studie untersuchten konjugierten Östrogene (CEE) plus Medroxyprogesteronacetat (MPA). Aber bewiesen ist das nicht und groß angelegte Studien, die das nachweisen könnten, sind unseres Wissens nicht in Planung – diese sind aber dringend erforderlich, damit nicht erneut Hormone unkritisch ohne Vorliegen gesicherter Evidenz massenhaft verordnet werden und unzählige Frauen dadurch zu Schaden kommen.*

7.1 Einleitung

David Sackett, einer der Begründer der Evidenzbasierten Medizin (EbM), sprach 2002 von der „Arroganz der präventiven Medizin", als er die vorzeitige Beendigung der Studie der amerikanischen Women's Health Inititiative (WHI) (Sackett 2002) kommentierte. Die randomisierte, Placebo-kontrollierte WHI-Studie sollte offene Fragen zur Langzeitbehandlung von Frauen mit Sexualhormonen klären. Die Ergebnisse waren alarmierend: Der Schaden der vermeintlichen Vorsorge überwog den postulierten Nutzen (Manson et al. 2013). Bis dahin waren Östrogene und Gestagene über Jahrzehnte ohne belastbare Evidenz massenhaft zur Prävention verordnet worden. Alterungsprozesse sollten verzögert und Krankheiten verhindert werden. Weltweit haben viele Frauen durch die MHT Schaden erlitten (Hulley und Grady 2009), für die meisten war es offenbar eine Behandlung ohne gesundheitlichen Nutzen. Aus Perspektive der EbM war es ein unkontrolliertes Experiment mit der weiblichen Bevölkerung. Sackett wollte mit seinem Statement deutlich machen, dass auch präventive Maßnahmen nicht ohne Nutzennachweis durch aussagekräftige RCTs propagiert werden dürfen.

Der vorliegende Artikel soll einige Meilensteine der MHT im Kontext der Verordnungspraxis darstellen.

7.2 Die historische Entwicklung der MHT in den USA

Stephen Hulley und Deborah Grady initiierten die HERS-Studie, die erste RCT zu den Effekten einer MHT auf kardiovaskuläre Endpunkte (Hulley et al. 1998). 2009 kommentieren sie im Wissenschaftsjournal JAMA die Meilensteine der MHT in den USA (Hulley und Grady 2009).

Schon 1942 hatte die US-amerikanische Arzneimittelbehörde FDA (Food and Drug Administration) Premarin®, eine Östrogenmischung aus dem Harn trächtiger Stuten (CEE; *conjugated equine estrogen*), zur Behandlung von Hitzewallungen zugelassen. Diese natürlichen konjugierten Stutenöstrogene erfuhren in den 1960er Jahren durch die Bewegung „weiblich für immer" enorme Popularität. Der Frauenarzt Robert Wilson und seine Frau, die Krankenschwester Thelma Wilson, veröffentlichten 1963 in einer Fachzeitschrift für Geriatrie den wegweisenden Artikel „Das Schicksal der unbehandelten postmenopausalen Frau: ein Manifest für den Erhalt einer adäquaten Östrogenisierung von der Pubertät bis ins Grab". Die

Publikation postuliert positive Effekte von Östrogen auf unterschiedliche Körperfunktionen. Die Daten stammten aus Laborstudien, Tierexperimenten und meist nicht kontrollierten Beobachtungen auf Surrogatparameter (Zielgrößen) wie Blutwerte, Gefäßreaktion oder Zellfunktion. Auf Basis dieser wenig aussagekräftigen Studien proklamierten Wilson und Wilson einen generellen Östrogenmangel der Frauen mit Einsetzen der Menopause und forderten, die Menopause durch Substitution mit natürlichen Östrogenen zu verhindern (Wilson und Wilson 1963).

In den 1970er Jahren stellte sich heraus, dass CEE das Risiko zur Bildung von Endometriumkarzinomen substanziell erhöhen. Mit der Beobachtung, dass die Kombination von CEE mit Gestagen dem entgegenwirken könnte, flammte die vorübergehend getrübte Begeisterung für die MHT rasch wieder auf. Sie sollte zwei weitere Jahrzehnte anhalten. Einen zusätzlichen Stimulus für die Popularität der MHT brachten Kohortenstudien. Diese suggerierten einen präventiven Effekt auf die koronare Herzerkrankung (KHK). Obwohl die gegenteiligen Wirkungen der Gestagene erkannt wurden, sollte Medroxyprogesteronacetat (MPA) die Vorteile von CEE aufrechterhalten können. Auch zu dieser These lagen nur Tierexperimente oder klinische Studien mit Surrogatendpunkten vor (Hulley und Grady 2009).

Anfang der 1990er war in den USA die Kombination aus CEE und MPA die am häufigsten eingesetzte MHT. Die Propagierung erfolgte unter der Annahme, dass die MHT das KHK-Risiko deutlich reduzieren könne. Seit Mitte der 1980er Jahre häuften sich jedoch auch Hinweise auf ein erhöhtes Brustkrebsrisiko bei MHT-Anwenderinnen. RCTs mit klinisch relevanten Endpunkten fehlten. Manche Fachleute hielten RCTs sogar für unethisch. Ihnen genügten die Evidenz aus epidemiologischen und tierexperimentellen Studien und die Effekte auf Surrogatparameter. In Praxisleitlinien wurde die MHT in der Postmenopause zur Prävention der KHK bereits empfohlen (Hulley und Grady 2009).

Hulley und Grady planten Anfang der 1990er Jahre die HERS-Studie als Placebo-kontrollierte RCT, um die Effekte einer MHT bei Frauen mit hohem kardiovaskulärem Risiko auf kardiovaskuläre Endpunkte zu prüfen. Zudem sollten unerwünschte Wirkungen wie das Risiko für Brustkrebs und thromboembolische Komplikationen untersucht werden. Unterstützt sah sich die Forschendengruppe durch die zunehmende Bedeutung der EbM.

Die Ergebnisse von HERS wurden 1998 im JAMA (Journal of the American Medical Association) publiziert und waren ernüchternd. Frauen mit MHT hatten nicht weniger, sondern im ersten Studienjahr sogar mehr KHK-Ereignisse als mit Placebo und bis Studienende zwei- bis dreifach häufiger Thromboembolien (Hulley et al. 1998). Hulley und Grady berichten über die Ablehnung, die ihre HERS-Studie in den USA damals erfuhr. Die vorwiegende Reaktion war Ungläubigkeit und es wurden schnell Kritikpunkte an der Studie formuliert, um das mancherorts unliebsame Ergebnis zu erklären. Die Studiendauer sei zu kurz gewesen, die Frauen zu alt, zudem hätten Frauen ohne KHK untersucht und andere Hormonpräparate genutzt werden müssen. Die Laienpresse in den USA ignorierte die HERS-Studie. Es gab keine relevanten Änderungen der Praxisleitlinien oder der Verkaufszahlen. Der Glaube an die gesundheitliche Kraft der Östrogene für postmenopausale Frauen blieb in der Öffentlichkeit vorerst ungebrochen. Hingegen erhielt HERS von der Wissenschaft große Aufmerksamkeit (Hulley und Grady 2009).

Der Einbruch der MHT-Verordnungszahlen kam erst mit dem vorzeitigen Studienabbruch der WHI. Die WHI-Studie war wie die HERS-Studie ein RCT mit CEE plus MPA und klinisch relevanten Ergebnisparametern (Manson et al. 2013). Eingeschlossen wurden 16.608 Frauen ohne KHK. Die geplante Studiendauer betrug acht Jahre. Nach 5,2 Jahren wurde die Studie vorzeitig abgebrochen, weil das Risiko für KHK, Schlaganfall, Lungenembolie und Brustkrebs erhöht war. Bei älteren Frauen stieg auch das Risiko für Demenz. Zwei Jahre später wurde auch die zweite WHI-Studie vorzeitig abgebrochen. Sie untersuchte die Östrogenmonotherapie bei 10.739 Frauen, die keine Gebärmutter mehr hatten. Auch hier gab es eine signifikante Zunahme von Thrombosen, Schlaganfällen und Demenz bzw. kognitiver Beeinträchtigung (Manson et al. 2013).

Nach dem vorzeitigen Abbruch der WHI warnte die FDA, dass Östrogenpräparate nicht mehr zur Prävention der KHK und nicht als Ersttherapie zur Prävention von Osteoporose eingesetzt werden sollten. Aktualisierte Praxisleitlinien empfahlen die MHT nur bei belastenden Wechseljahrbeschwerden in möglichst niedriger Dosierung und für möglichst kurze Zeit. In den folgenden Jahren nahm die Anzahl der Frauen mit MHT in den USA kontinuierlich ab, von 15 Mio. Frauen Anfang der 1990er – ein Drittel davon war älter als 60 Jahre – auf etwa die Hälfte zwischen 2002 und 2003 (Hulley und Grady 2009).

7.3 Hochzeit der MHT in Deutschland

Anfang der 90er Jahre verschafften sich in Deutschland Befürwortende von MHT, z. B. Prof. Christian Lauritzen, vehement Gehör und propagierten eine generelle Behandlung aller Frauen ab der Menopause mit MHT (z. B. Lauritzen 1995). Die Frauen erschienen als defizitäre Hormonmangelwesen, die mit ihrem Leben nicht mehr zurechtkommen und die Substitutionstherapie mit Sexualhormonen versprach, diese Frauen wieder lebenstüchtig zu machen (Mühlhauser 2017).

Zur Veranschaulichung des Mangelzustands Menopause bemühten die Frauenärztinnen und -ärzte gerne eine Analogie zu Typ-1-Diabetes. Der Vergleich hinkt jedoch gewaltig, denn ohne Insulin kann der Mensch nicht leben. Hingegen ist die Menopause ebenso wie die Pubertät keine Erkrankung. Dennoch sprechen die Verfechterinnen und Verfechter der MHT weiterhin von Hormonsubstitution und Hormonersatztherapie, als müsse ein lebenswichtiges Hormon ersetzt werden (Leitlinienprogramm DGGG, SGGG und OEGGG 2020a).

Ebenso verbreitet wurde die These, dass der Hormonmangel ab der Menopause nicht nur Wechseljahrbeschwerden und Wirbelbrüche verursache, sondern auch KHK und viele Altersleiden. Auch in Deutschland wurde die Behandlung mit Sexualhormonen zur Anti-Aging-Bewegung. Versprochen wurde so gut wie alles: Herz-Kreislauf-Erkrankungen ließen sich um 50 % reduzieren, schmerzende Gelenke sollten wieder fit gemacht und unfreiwilliger Harnverlust gebannt werden. Auch die Lebensfreude sollte neu erwachen. Besserer Schlaf, die Vertreibung düsterer Gedanken und ein wieder erwecktes Sexualleben würden die Lebensqualität der Frauen verbessern. Selbst das Äußere sollte sich wieder verjüngen. Weniger Falten, dichtes Haar und eine schlankere Taille wurden in Aussicht gestellt. Und nicht nur das, der Ersatz der vermeintlich fehlenden Sexualhormone würde Demenz und Alzheimer abwenden und geistige Regsamkeit bis ins hohe Alter gewähren (Mühlhauser 2017).

Kritik an der Euphorie für die MHT kam vorerst aus der Diabetologie. Die Gynäkologinnen und Gynäkologen propagierten die MHT vor allem auch für Patientinnen mit hohem kardiovaskulärem Risiko. Dazu zählten Frauen mit Diabetes. Allerdings galt Diabetes als Risikofaktor für venöse und arterielle Thromboembolien. Das arznei-telegramm veröffentlichte 1995 in einer Sonderbeilage eine umfangreiche Darstellung des damaligen Kenntnisstands zur post-menopausalen Langzeitbehandlung mit Sexualhormonen unter besonderer Berücksichtigung des Diabetes. Die Schlussfolgerungen waren eindeutig: Ein Beleg für den Nutzen der MHT fehlte. RCTs wären unverzichtbar zur Beurteilung des Nutzen-Schaden-Verhältnisses (Mühlhauser et al. 1995).

Trotzdem wurden auch in Deutschland die Ergebnisse von HERS nicht zur Kenntnis genommen. Noch im Jahr 2000 warben medizinische Fachgesellschaften massiv für die präven-

Tab. 7.1 Geschätzte Ereignisrate für Zunahme (Schaden) oder Abnahme (Nutzen) pro 10.000 Frauenjahre unter einer Langzeitbehandlung von Östrogen plus Gestagen bzw. Östrogen allein. (Nach Tabelle 3 aus Gartlehner et al. 2017)

	Differenz der Ereignisse pro 10.000 Frauenjahre (95 %-KI)*	
Ereignis	**Östrogen plus Gestagen**	**Östrogen allein****
Invasiver Brustkrebs	9 (1 bis 19)	−7 (−14 bis 0,4)
Koronare Herzerkrankung	8 (0 bis 18)	−3 (−12 bis 8)
Schlaganfall	9 (2 bis 19)	11 (2 bis 23)
Venöse Thromboembolie	21 (12 bis 33)	11 (3 bis 22)
Demenz (wahrscheinlich)	22 (4 bis 53)	12 (−4 bis 41)
Gallenblasenerkrankung	21 (10 bis 34)	30 (16 bis 48)
Harninkontinenz	876 (606 bis 1168)	1261 (880 bis 1689)
Darmkrebs	−6 (−9 bis −1)	2 (−3 bis 10)
Eierstockkrebs	2 (−1 bis 6)	Keine Daten
Lungenkrebs	1 (−4 bis 7)	1 (−4 bis 8)
Knochenbrüche (Osteoporose)	−44 (−71 bis −13)	−53 (−69 bis −39)
Diabetes	−14 (−24 bis −3)	−19 (−34 bis −3)
Gesamtsterblichkeit	1 (−9 bis 12)	1 (−10 bis 14)

* Wenn das Konfidenzintervall (KI) 0 einschließt, ist das Ergebnis nicht statistisch signifikant.
** Östrogen allein nur nach Hysterektomie indiziert
Arzneimittel-Kompass 2022

tive Langzeitbehandlung von Frauen mit Sexualhormonen (Stellungnahme ärztlicher Fachgesellschaften 2000).

Erst mit dem Abbruch der WHI-Studie im Jahr 2002 kam es auch in Deutschland zu einer Neubewertung der MHT. Tab. 7.1 zeigt die Ergebnisse einer aktuellen Metaanalyse zu klinisch relevanten Endpunkten aus allen RCTs zur Langzeittherapie mit MHT (Gartlehner et al. 2017). Bis heute gibt es Versuche, die WHI zu diskreditieren und die unerwünschten Wirkungen der MHT zu verharmlosen. So werden positive Effekte als Relativprozent kommuniziert, unerwünschte hingegen als Absolutprozent (Mühlhauser 2017). Das Übertreiben von Nutzen und Bagatellisieren von Schaden wird als *framing of data* bezeichnet. Einige unerwünschte Wirkungen der MHT, wie Gallenblasenerkrankungen oder die massive Zunahme von Harninkontinenz, werden weiterhin ignoriert.

So wurde z. B. für das Brustkrebsrisiko unter kombinierter MHT in der WHI während der Studiendauer von etwa fünf Jahren Folgendes beobachtet: Bei 206 von 8.506 Frauen, das entspricht 0,43 %, wurde invasiver Brustkrebs diagnostiziert, in der Gruppe der Frauen mit Placebo waren es 155 von 8.102 Frauen (0,35 %). Das entspricht einer relativen Risikoerhöhung um 24 %, bezogen auf 10.000 Frauenjahre errechnet sich daraus eine Zunahme von neun Fällen.

7.4 Die WHI und die Folgen auf das Verordnungsverhalten

Die WHI-Studie wurde 2002 abgebrochen, weil die MHT das Brustkrebsrisiko bei den Teilnehmerinnen signifikant erhöhte. In der Folge nahm die Verordnungsrate weltweit ab. Nach wenigen Jahren meldeten Brustkrebsregister – z. B. aus Schleswig-Holstein und dem Saarland, aus den USA durch das *Surveillance, Epidemiology and End Results*-(SEER-) Register und aus Kanada – einen Rückgang von Brustkrebsdiagnosen. In dem Studienarm der WHI mit alleiniger Östrogentherapie ließ sich kein Anstieg des Brustkrebsrisikos erkennen. Dieser wurde 2004 abgebrochen, weil die behandelten Frauen häufiger Schlaganfälle hatten.

In der Wahrnehmung der Frauen war die Angst, an Brustkrebs zu erkranken, am größten. Demgegenüber neigten viele Frauenärztinnen und -ärzte dazu, das Brustkrebsrisiko zu relativieren. Dies wird auch deutlich in der aktuellen Leitlinie (Leitlinienprogramm DGGG, SGGG und OEGGG 2020a): „Empfehlung: Frauen, die eine HRT (...) erwägen, sollen darüber aufgeklärt werden, dass eine HRT (EPT/ET) (...) zu einer geringen oder keiner Erhöhung des Brustkrebsrisikos führen kann." Im später ergänzten Addendum wird auf die weltweit größte Auswertung von Studien zum Brustkrebsrisiko im Lancet-Journal verwiesen (Beral et al. 2019), die der Leitlinien-Empfehlung eigentlich widerspricht.

Kurz zusammengefasst belegt die Studie, dass eine MHT ab der Dauer von einem Jahr das Risiko für Brustkrebs erhöht und mit Dauer der Einnahme zunimmt. Die Art der Östrogene (Östrogen plus Gestagen bzw. Östrogen allein) macht keinen Unterschied. Je jünger Frauen zu Beginn der Therapie sind, umso höher ist das Risiko.

7.4.1 Verordnungen von MHT in Deutschland

In die Auswertung wurden ambulante Verordnungsdaten der Versicherten aller gesetzlichen Krankenkassen aus den Jahren 2000 bis 2021 einbezogen.

Während im Jahr 2000 etwa 502 Mio. definierte Tagesdosen (DDD) MHT verordnet wurden, sank die Verschreibungshäufigkeit auf ihrem bisherigen Tiefpunkt 2013 um mehr als die Hälfte auf 225 Mio., um danach wieder auf 285 Mio. DDD im Jahr 2021 anzusteigen (■ Abb. 7.1). Der Wiederanstieg lässt sich erklären durch Folgeevaluationen und Marketingstrategien. 2007 und 2013 wurden Post-hoc-Auswertungen der WHI-Studie nach Altersgruppen vorgenommen, mit dem Ergebnis, dass die Risiken einer MHT für jüngere Frauen zwischen 50 und 60 Jahren nicht so hoch sind wie die Risiken im Altersdurchschnitt der WHI, der mit 63 Jahren jenseits der Perimenopause lag (Rossouw et al. 2007, Manson et al. 2013). Dann deutete sich allmählich an, dass transdermale Östrogene (Anwendung bspw. als Gele, Cremes oder Wirkstoffpflaster) mit einem geringeren Risiko für Thrombosen und Embolien verbunden sind (Mohammed et al. 2015), was zu einer Zunahme der transdermalen Applikation führte.

Im Einzelnen lässt sich die Änderung der Verschreibungspraxis nach der WHI-Studie gut an den verschiedenen Hormongruppen ablesen.

Vor allem die Verschreibung von CEE plus MPA, der Hormonkombination, die in der WHI angewendet wurde, fiel von 212 Mio. DDD im Jahre 2000 auf 1,42 Mio. im Jahr 2021. Damit sind die konjugierten Östrogene aus dem Verordnungsrepertoire der Gynäkologinnen und Gynäkologen so gut wie verschwunden. Das erklärt sich, weil CEE plus

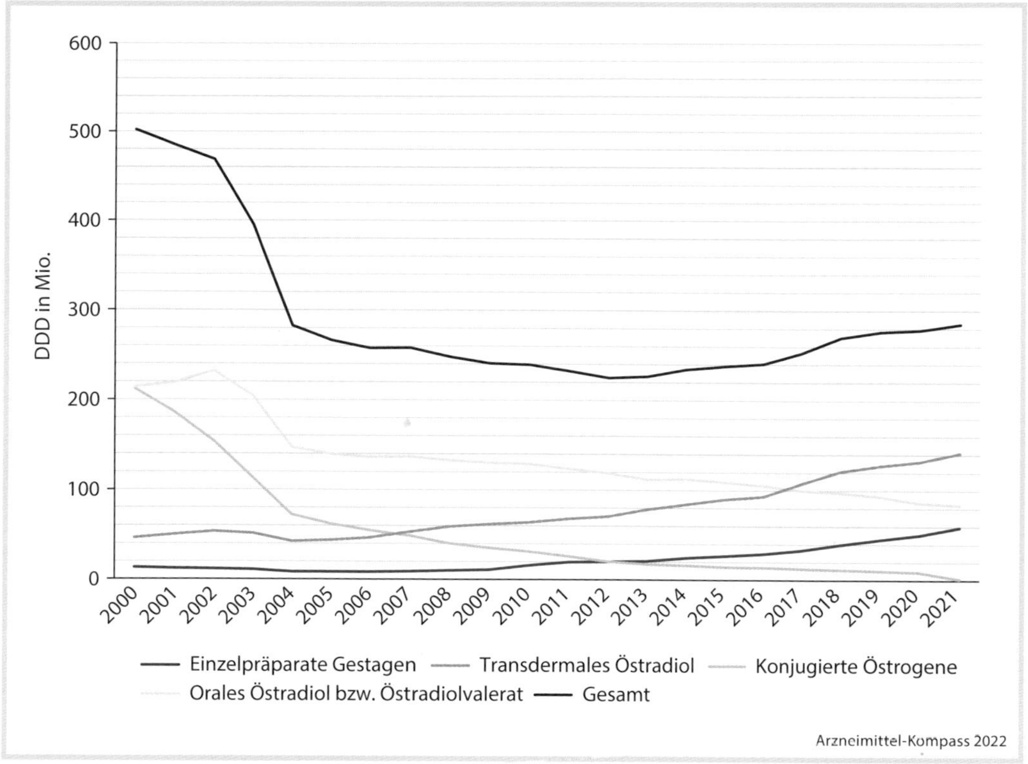

Abb. 7.1 Tagesdosen (DDD, Verordnungen in Mio.) der in den Jahren 2000 bis 2021 an GKV-Versicherte ambulant verschriebenen Menopausalen Hormontherapie

MPA für die negativen Ergebnisse der WHI-Studie verantwortlich gemacht wurden. Gynäkologinnen und Gynäkologen in Deutschland rühmen sich, dass Hormone bei uns längst nicht so hoch dosiert und CEE nicht so oft verschrieben worden wären wie in den USA (BVF 2005). Tatsächlich wurde CEE in Deutschland im Jahre 2000 mit 212 Mio. DDD fast so häufig verschrieben wie oral einzunehmendes Östradiol. Auch die Verordnung von Östradiol sank bis zum Jahr 2021 nahezu kontinuierlich auf 84 Mio. DDD ab.

So kam es zu deutlich vermehrten Verschreibungen von transdermalen Östrogenen. Während im Jahr 2000 46 Mio. DDD verordnet wurden, waren es im Jahr 2021 142 Mio. Die S3-Leitlinie von 2020 zur Peri- und Postmenopause betont die Vorteile der transdermalen Behandlung in Bezug auf das Thrombose-, Embolie- und Schlaganfallrisiko, sodass sie aktuell als „Goldstandard" gilt und ihre Verordnung auf Kosten der oralen Präparate in Zukunft noch zunehmen dürfte.

Dass auch die Behandlung der Scheide mit Östriol-Creme oder -Zäpfchen von 3,54 Mio. DDD im Jahr 2000 auf 0,22 Mio. im Jahr 2021 abgenommen hat, erstaunt. Es wäre doch davon auszugehen, dass postmenopausal eine Reihe von Frauen Schmerzen beim Sex haben, zumal diejenigen, die keine systemische MHT durchführen (Leitlinie Peri- und Postmenopause). Dieses Problem kann durch Gleitmittel und/oder lokale Östriolbehandlung gelindert werden.

Die Verordnung von Gestagenen als Einzelpräparat nimmt parallel mit der Verschreibung von transdermalen Östrogenen zu. Denn es gibt nur wenige transdermale Kombinationspräparate. So müssen Frauen, die einen Uterus haben, zusätzlich zu Pflaster, Spray oder Gel an zwölf Tagen im Monat ein Gestagenpräparat schlucken. Von einem Tiefpunkt der Gestagenverordnung im Jahre 2004 mit 8 Mio. DDD stieg die Verschreibung auf 59 Mio. im Jahr 2021.

Die sogenannten „Designer-Hormone" wie Tibolon wurden in ihren ersten Jahren nach der Zulassung als Alternative gefeiert, die die Vorteile der Hormone Östrogen, Gestagen und Androgen vereinen, während die Nachteile sich aufheben sollten. Im Jahr 2002 wurden 11,3 Mio. DDD verordnet. Nachdem insbesondere die Million Women Study (Speroff 2003) Hinweise lieferte, dass die Risiken genauso hoch und die Effekte nicht besser sind als bei einer (kombinierten) Östrogentherapie, ließ der Hype wieder nach und die Verkaufszahlen lagen 2021 bei 1,80 Mio. DDD.

Die Verordnungszahlen einer systemischen MHT in verschiedenen Altersgruppen im Jahr 2020 (◘ Abb. 7.2) zeigen, dass evidenzbasierte Erkenntnisse nicht ausreichend in die Praxis umgesetzt werden. Frauen zwischen 50 und 60 Jahren wurden mit 23,22 DDD je Versicherte erwartungsgemäß am häufigsten mit MHT behandelt. Dass Frauen zwischen 60 und 70 Jahren 10,75 DDD je Versicherte bekommen, ist fragwürdig. Denn spätestens ab 65 Jahren sollte Frauen keine MHT mehr verordnet werden. Gänzlich unakzeptabel ist jedoch die Verordnung einer systemischen Hormontherapie an Frauen, die über 70 sind. Tatsächlich erhalten sie jedoch 3,64 DDD je Versicherte. Lokaltherapien wurden dabei explizit nicht berücksichtigt. Für Frauen über 65 Jahre ist eine MHT mit einem stark erhöhten Schlaganfall- und Demenzrisiko verbunden (Manson et al. 2013; Gartlehner et al. 2017). Deswegen sollen Hormone bei Frauen über 65 auch nur in Ausnahmefällen zur Osteoporosebehandlung eingesetzt werden, wenn andere Medikamente nicht in Frage kommen.

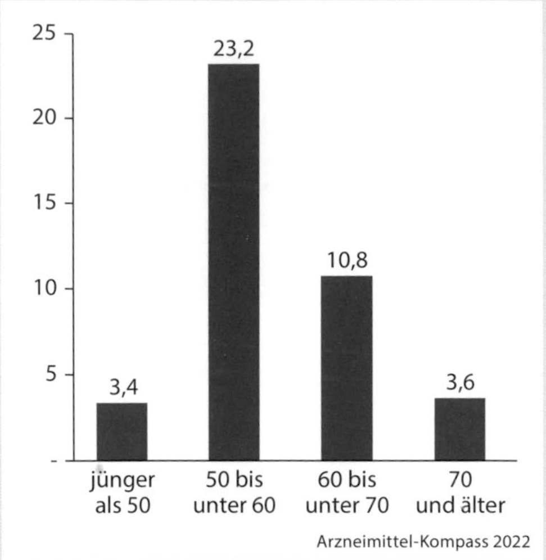

◘ **Abb. 7.2** Verordnungen von Hormonen (DDD) je Versicherte nach Altersgruppen 2021

Die Fehlversorgung wäre dadurch zu erklären, dass vielen Frauen in ihren Fünzigern noch geraten wurde, Hormone bis ins hohe Alter zu nehmen (Kolip 2000). Auch Behandelnde können sich schwertun, subjektive Überzeugungen in Frage zu stellen und Verschreibungsgewohnheiten zu ändern, wenn neue Erkenntnisse deren Umstellung verlangen (Wenderlein 2020; Huber et al. 2012, Klauber et al. 2005). Hinzu kommt, dass das Absetzen einer MHT in jedem Alter die Symptome auslösen kann, deretwegen die Behandlung begonnen wurde (z. B. Hitzewallungen). Stattdessen ist eine entschiedene Dosisreduktion in kleinen Schritten über einen langen Zeitraum notwendig (Leitlinie Peri- und Postmenopause 2020a).

7.5 Barrieren bei der Umsetzung wissenschaftlicher Erkenntnisse

7.5.1 Niedrigdosierte Präparate fehlen

Eine Lehre aus der WHI, die von Fachleuten gezogen und in Leitlinien verankert wurde, war die Empfehlung, Hormone so niedrig dosiert wie möglich und so kurz wie nötig einzunehmen. Auf diese Empfehlung hat die pharmazeutische Industrie in Deutschland nicht reagiert und – anders als in den USA – keine Auswahl ultraniedriger Dosierungen auf den Markt gebracht. In den 1970er Jahren waren die Hormonmengen sowohl in Wechseljahrespräparaten als auch in Antikonzeptiva sehr hoch. Die Standarddosis betrug 0,05 mg Ethinylöstradiol in Antikonzeptiva (DAZ 2021) oder 2 mg Östradiol in Menopausenpräparaten. Heute betragen die Standarddosierungen nahezu die Hälfte, 0,03 mg Ethinylöstradiol in Antikonzeptiva und 1 mg Östradiol in Menopausenpräparaten.

Die Erfahrung aus der gynäkologischen Praxis zeigt, dass häufig noch geringere Mengen ausreichend sind, um Wechseljahresbeschwerden zu lindern. Die transdermale Behandlung mit Östrogengel erlaubt Frauen, die Dosierung individuell und abhängig von der aktuellen Symptomatik zu wählen. Es brauchen keine Tabletten geteilt und keine Pflaster zerschnitten werden, um die Dosis zu verringern, sondern lediglich weniger Gel auf der Haut verteilt zu werden. Die Praxis zeigt, dass viele Frauen, wenn sie auf diese Weise ermächtigt werden, die Hormonmenge an ihrem Bedarf auszurichten, viel weniger Östrogen brauchen als die Standarddosierungen vorgeben (persönliche Mitteilung). Dabei ist das Behandlungsziel nicht, überhaupt keine Wärmeschübe mehr wahrzunehmen, sondern heftige und belastende Wallungen zu vermeiden. Häufig treten Hitzewallungen in Phasen und unterschiedlich stark auf. Eine Behandlung, die sich dem Schweregrad anpasst und auch behandlungsfreie Phasen beinhaltet, wurde nie in RCTs auf die durchschnittlich notwendige Hormonmenge, Lebensqualität und unerwünschte Begleiterscheinungen und Risiken getestet. Die Beobachtung anhand ärztlicher praktischer Erfahrungen zeigt, dass häufig der Verbrauch geringer, die Lebensqualität höher und die Risiken geringer sein könnten als mit einer gleichbleibend hohen Standarddosis.

7.5.2 Präparate, die in RCTs getestet wurden, sind nicht verfügbar

Ein weiteres Manko ist die geringe Auswahl an Gestagen-Einzelpräparaten, die bei den meisten transdermalen Östrogenbehandlungen zur Kombination notwendig sind. Von den lang bekannten und vielfach erforschten Gestagenen ist lediglich MPA in einer Dosierung von 5 mg verfügbar. Norethisteron und Norethisteronacetat gibt es seit 2010 nicht mehr als Einzelpräparat auf dem deutschen Markt. Auch Levonorgestrel steht Frauen in den Wechseljahren nicht zur Verfügung, wenn sie ein Einzelpräparat benötigen. Auf dem Markt ist es nur als Minipille verfügbar. Die pharmazeutischen Firmen begründeten die Rücknahme mit den androgenen Nebenwirkungen dieser Gestagene (Leitlinie Hormonale Antikonzeption 2020b). Das war offenbar ein Vorwand, denn auch das nicht androgen wirkende Medrogeston wird nicht mehr hergestellt. Hintergrund der Marktrücknahme ist eher, dass die Firmen neue Zulassungen für Präparate, die sehr preiswert waren, beantragen müssen. Da scheint es vorteilhafter zu sein, neuere Gestagene auf den Markt zu bringen, zum Beispiel Dienogest, das zu einem erheblich höheren Preis verkauft werden kann. Frauen, die hormonell verhüten, haben aber durch diese Marketingstrategien nicht nur finanzielle Nachteile. Die älteren Präparate, speziell Levonorgestrel, wurden als Gestagen in Antikonzeptiva intensiv in RCTs beforscht. Es ist bei der Einnahme von Anti-Baby-Pillen nur mit einem halb so hohen Thrombose-/Embolie-Risiko verbunden wie die neueren Gestagene Desogestrel, Dienogest und andere (BfArM 2022; AKF e. V. 2021). Derartige Vergleichsstudien gibt es für Menopausenpräparate nicht. Es ist nicht nachgewiesen, dass das günstige Risikoprofil von Levonorgestrel auch auf Frauen in den Wechseljahren übertragbar ist. Grundsätzlich sollte auf die Präparate mit dem geringsten Risiko zurückzugriffen werden.

7.5.3 Bioidentische Produkte

Hinter dem Begriff „Bioidentische Hormone“ verbirgt sich eine Marketingstrategie. Gerne wird auch von natürlichen oder naturidentischen Hormonen gesprochen und argumentiert, dass Hormone, die chemisch genauso aussehen wie die Hormone, die der Körper selbst herstellt, doch nicht schädlich sein können. Das ist eine letztlich haltlose Argumentation. Denn auch Eierstöcke, die Frauen bis über 80 mit Östrogenen versorgen würden, wären mit einem erhöhten Brustkrebsrisiko verbunden.

Fakt ist, dass Östradiol seit den 1970er Jahren zur Behandlung von Wechseljahresbeschwerden angewendet wird und somit ein „bioidentisches Hormon“ ist. Auch Progesteron fand früher Anwendung, allerdings nicht oral, weil es kaum resorbierbar ist, sondern als Injektion. Seit über 20 Jahren wird Progesteron als Kapsel oral verabreicht und dadurch die Resorption im Dünndarm ermöglicht. Hinzugekommen ist in den letzten Jahren die lokale Anwendung als systemische Behandlung mit Vaginalkapseln, -gelen und -sprays, da das Vaginalepithel Progesteron gut resorbiert. Dieselben Inhalte haben oft Zulassungen für verschiedene Indikationen und sind je nach Indikation unterschiedlich teuer.

Fachleute gehen davon aus und in Leitlinien wird vorgegeben, dass Progesteron in Verbindung mit einer transdermalen Östrogentherapie ein geringeres Risiko für Thrombose, Embolie und Schlaganfälle birgt als eine orale Östrogentherapie mit Gestagenzusatz. Diese Annahme basiert auf wenigen Studien (Leitlinienprogramm DGGG, SGGG und OEGGG 2020b), die zwar diese Hypothese stützen, aber nicht beweiskräftig sind. Selbstverständlich ist es legitim und sogar Pflicht, Behandlungen zu bevorzugen, die nach dem aktuellen Stand des Wissens das geringste Risiko haben. Aber Ärztinnen und Ärzte sollten keine Sicherheiten vorgeben, wenn keine zuverlässige Evidenzbasis vorhanden ist. Die aktuellen Debatten in der Fach- und Laienpresse vermitteln selten ein differenziertes Bild. Dementsprechend werden Hormone seit 2013 wieder häufiger verordnet. Aussagen wie „Hormontherapie ohne Risiken“ (Rimkus 2022) sind falsch und verharmlosend, denn nicht alle Risiken sind unter bioidentischer Hormontherapie geringer. Das Brustkrebsrisiko bleibt bestehen, Harninkontinenz tritt häufiger auf und Frauen über 65 müssen auch unter dieser Therapie mit einem erhöhten Demenzrisiko rechnen (Gartlehner et al. 2017), zumindest, solange das Gegenteil nicht bewiesen ist.

7.5.4 Magistralrezepturen

Besondere Fallstricke verbergen sich hinter hormonhaltigen Magistralrezepturen. Das sind Verordnungen, die in den Apotheken individuell auf ärztliche Verordnung hergestellt werden. Sie dürfen nur ausgestellt werden, wenn es keine entsprechenden Fertigarzneimittel gibt. Tatsächlich gibt es Östradiol und Progesteron derzeit in verschiedensten Zubereitungen am Markt, sodass es eigentlich keinen Bedarf gäbe. Die Nachfrage wird allerdings geschaffen durch Versprechen wie: „Individuelle Zubereitungen, ganz auf Sie abgestimmt“ und durch Blutanalysen anscheinend untermauert. Die naturidentischen Hormone würden aus Yamswurzeln gewonnen.

Verschwiegen wird, dass auch die industriell gefertigten Hormone aus Yamswurzeln gewonnen werden. Frauen haben keine Kontrolle über die Zusammensetzung der Arzneimittel. In einer Studie (Stanczyk et al. 2019) wird beschrieben, dass die Dosierungen häufig nicht exakt eingehalten werden, denn weder eine interne Qualitätskontrolle noch eine Behörde wachen über die Herstellung der Zubereitungen. Das ist besonders schädlich, wenn die Progesteronmenge nicht ausreicht, um einen Endometriumschutz zu gewährleisten. Magistralrezepturen werden nicht von der GKV erstattet. Insofern gibt es auch keine Kontrolle über das Ausmaß der Verordnungen.

Fazit: Die Medikation (inklusive Blutanalysen) ist für die Frauen sehr teuer und nicht so sicher wie mit Fertigarzneimitteln.

7.5.5 Partikularinteressen und Interessenskonflikte

Die Umsetzung evidenzbasierter Erkenntnisse in die Praxis scheitert häufig an Konflikten, die mit der Durchsetzung von Partikularinteressen zusammenhängen. Diese Zusammenhänge wurden bereits zu Beginn des Jahrtausends umfangreich analysiert (Klauber et al. 2005; Buksch et al. 2003): Die pharmazeutische Industrie bewirbt ihre Produkte sehr geschickt und häufig manipulativ (Fugh-Berman und Ahari 2007). Sie schafft einen Bedarf und verspricht Lösungen. Frauen erfahren über Medien, Werbung in Arztpraxen und Selbsthilfegruppen von den vermeintlichen Vorteilen der Hormontherapie und berichten anderen davon (TK 2015).

Die überwiegende Zahl der medizinischen Fortbildungsveranstaltungen wird von der Industrie finanziell unterstützt. Kongresse werden flankiert von großen Industrieausstellungen und sog. Lunch-Symposien, die inhaltlich von Unternehmen beeinflusst sind. Ein deutliches Beispiel sind die Fortbildungskongresse (FoKo) des Berufsverbandes der Frauenärzte. Die Folgen derartiger Interessensvermischung werden bei Wall und Brown (2007) beschrieben.

Auch die Besuche von pharmazeutischen Außendienstmitarbeitenden in ärztlichen Praxen verfehlen ihren Zweck nicht, auch wenn Ärztinnen und Ärzte sich eher nicht als beeinflussbar betrachten (Fugh-Berman und Ahair 2007).

Fachzeitschriften werden monatlich unverlangt und kostenlos in die gynäkologischen Praxen geschickt (z. B. die Zeitschriften Gyne, Gyn – Praktische Gynäkologie, Gyn-Depesche u. a.). Oft ist im Impressum keine Verbindung zur Industrie ersichtlich. Aber wer sollte Interesse haben, Frauenärztinnen und Frauenärzte gezielt zu informieren? Die Verlage, z. B. der mgo-Fachverlag, werben auf ihrer Website für pharmazeutische Produkte und bieten sie im Shop zum Verkauf an (▶ www.mgo-Fachverlage.de). Diese Zeitschriften werden tatsächlich viel gelesen, wie regelmäßige Leseranalysen von La-Med zeigen (▶ www.la-med.de). Sie erfahren weit mehr Beachtung als die Quellen evidenzbasierter Informationen im Internet wie z. B. die Cochrane Database. Die meistgelesene Zeitschrift „Frauenarzt" ist das offizielle Organ des Berufsverbandes der Frauenärzte (BVF) und der Deutschen Gesellschaft für Gynäkologie und Geburtshilfe (DGGG). Schon diese Form der Kooperation wirft Fragen auf, sind doch die Interessen dieser Organisationen höchst unterschiedlich. Der BVF ist laut Satzung eine explizite Interessensvertretung der Berufsgruppe der Frauenärztinnen und Frauenärzte und setzt sich für deren wirtschaftliches Wohl ein. Dieses Ziel wird in Kommentaren und Verlautbarungen, z. B. in den Editorials, deutlich ausgedrückt (Albring 2016a und 2016b).

Diese teils offensichtlichen, teils undurchsichtigen Verflechtungen haben zusammen mit anderen Faktoren zu Lobbyismus und Kommerzialisierung im Gesundheitswesen beigetragen, das Wohl der Patientin gerät aus dem Blick. Beschwerdefreie Frauen in der Praxis davon zu überzeugen, dass sie keine Hormone brauchen, ist oft aufwendiger und kostenintensiver als ihnen ein Rezept zu geben.

Die Wechseljahre verleiten leicht zu Überdiagnostik und Übertherapie,
- weil sehr viele Frauen davon betroffen sind, ohne wirklich krank zu sein,
- weil Wechseljahre als vulnerable Phase stigmatisiert worden sind und folglich vielen Frauen Angst machen,
- weil manche Frauen am Älterwerden und am Verlust der Jugendlichkeit leiden bzw. Angst davor haben,
- weil manche Frauen sich in dieser Lebensphase neu finden und orientieren.

Die Leitlinie Peri- und Postmenopause definiert, wann und welche Art von Diagnostik angebracht ist. Medizinisch sinnvoll ist ein „Hormonspiegel" nur, wenn bei Frauen unter 45 Jahren Zyklusstörungen auf vorzeitige Wechseljahre hinweisen. Ansonsten ist der Menopausenstatus allein anhand der Klinik bestimmbar. Eine MHT ist nur indiziert bei Frauen mit Wechseljahresbeschwerden, die sie in ihrem Alltag erheblich beeinträchtigen. Die Belastung kann immer nur subjektiv durch die Frau selbst bewertet werden. Deswegen profitieren viele Frauen von edukativen und supportiven Gesprächen, für die es in einer Praxis Zeit, Raum und Finanzierung geben muss (Beckermann 2020 und 2005).

7.6 Fazit

Die Geschichte der MHT zeigt, dass Evidenz aus aussagekräftigen RCTs nicht zwangsläufig (am Beispiel HERS-Studie: nur geringer Einfluss auf das Verordnungsverhalten), aber gelegentlich doch (am Beispiel WHI-Studie: markanter Einbruch der Hormonverordnungen) relevante Effekte auf das Verordnungsverhalten haben kann. Sie zeigt aber auch, dass geschäftsorientierte Einflüsse massive Gegenkräfte entwickeln, die stärker sein können als jede Evidenz.

Literatur

AKF – Arbeitskreis Frauengesundheit e V (2021) Stellungnahme des Arbeitskreises Frauengesundheit e V: Ärztliche Verordnungen von Pillen mit erhöhtem Thromboserisiko müssen sinken. https://www.arbeitskreis-frauengesundheit.de/2021/04/21/stellungnahme-des-arbeitskreises-frauengesundheit-e-v-aerztliche-verordnungen-von-pillen-mit-erhoehtem-thromboserisiko-muessen-sinken/

Albring C (2016a) Renaissance der HRT. Frauenarzt 57(5):433

Albring C (2016b) Ein Papier für die Tonne. Frauenarzt 57(4):321

Beckermann M (2005) Begleitung in der Menopause, In: Älter werden. Ther Umsch 62(12):813–821

Beckermann M (2020) Wechseljahre – was muss ich wissen, was passt zu mir? Nach den aktuellen medizinischen Leitlinien. Hogrefe, Bern

Beral V, Peto E, Pirie K, Reeves G, the Collaborative Group on Hormonal Factors in Breast Cancer (2019) Type and timing of menopausal hormone therapy and breast cancer risk: individual participant meta-analysis of the worldwide epidemiological evidence. Lancet 394:1159–1168

BVF – Berufsverband der Frauenärzte (2005) Entwarnung bei Hormontherapie in den Wechseljahren. Frauenarzt 46(12):1076–1078

BfArM – Bundesinstitut für Arzneimittel und Medizinprodukte (2022) Pharmakovigilanz – Venöse Thromboembolien und kombinierte hormonale Kontrazeptiva. https://www.bfarm.de/DE/Arzneimittel/Pharmakovigilanz/Themendossiers/Kombinierte-hormonale-Kontrazeptiva/KOK.html. Zugegriffen: 5. Sept. 2022

Buksch J, Deitermann B, Kolip P (2003) Abschlussbericht Hormontherapie in den Wechseljahren – Analyse der Webseiten von Gynäkologinnen und Gynäkologen zum Thema Wechseljahre/Hormontherapie. Projekt im Auftrag des Wissenschaftlichen Instituts der Ortskrankenkassen (WIdO). https://www.wido.de/fileadmin/Dateien/Dokumente/Publikationsdatenbank/wido_arz_kolipstudie_2003.pdf

DAZ (2021) 60 Jahre Pille in Deutschland. https://www.deutsche-apotheker-zeitung.de/daz-az/2021/daz-22-2021/60-jahre-pille-in-deutschland. Zugegriffen: 27. Juli 2022

Fugh-Berman A, Ahari S (2007) Following the script: how drug reps make friends and influence doctors. PLoS Med 4:4e150

Gartlehner G, Patel SV, Feltner C, Palmieri Weber R, Long R, Mullican K, Boland E, Lux L, Viswanathan M (2017) Hormone therapy for the primary prevention of chronic conditions in postmenopausal women: evidence report and systematic review for the US preventive services task force. JAMA 318:2234–2249
Huber J, Harlfinger W, Teichmann AT (2012) Wenn die Absicht die Einsicht bestimmt – zehn Jahre nach WHI. Frauenarzt 53(7):635–637
Hulley S, Grady D (2009) Postmenopausal hormone treatment. JAMA 301:2493–2495
Hulley S, Grady D, Bush T, Furberg D, Herrington D, Riggs B, Vittinghoff E (1998) Heart and Estrogen/progestin Replacement Study (HERS) Research Group. Randomized trial of estrogen plus progestin for secondary prevention of coronary heart disease in postmenopausal women. JAMA 280:605–613
Klauber J, Mühlbauer B, Schmacke N, Zawinell A (Hrsg) (2005) Wechseljahre in der Hormontherapie – Informationsquellen und ärztliche Einstellungen in der Praxis. WIdO, Bonn
Kolip P (2000) Wem nutzt die Medikalisierung der Wechseljahre? In: Gerlinger T, Lenhardt U, Simon M (Hrsg) Kostendruck im Krankenhaus. Argument, Hamburg, S 120–136
Lauritzen C (1995) Wechseljahre: Was Hormone bewirken. Wort & Bild, Baierbrunn
Leitlinienprogramm DGGG, SGGG und OEGGG (2020a) S3-Leitlinie: Peri- und Postmenopause – Diagnostik und Interventionen. AWMF Registernummer 015–062. https://www.awmf.org/uploads/tx_szleitlinien/015-062l_S3_HT_Peri-Postmenopause-Diagnostik-Interventionen_2021-01.pdf
Leitlinienprogramm DGGG, SGGG und OEGGG (2020b) S3-Leitlinie: Hormonelle Empfängnisverhütung. AWMF Registernummer 015–015, S. 82. https://www.awmf.org/uploads/tx_szleitlinien/015-015l_S3_Hormonelle_Empfaengnisverhuetung_2020-09.pdf
Manson JE, Chlebowski RT, Stefanick ML, Aragaki AK, Rossouw JE, Prentice RL, Anderson G, Howard BV, Thomson CY, LaCroix AZ, Wactawski-Wende J, Jackson RD, Limacher M, Margolis KL, Wassertheil-Smoller S, Beresford SA, Cauley JA, Eaton CB, Gass M, Hsia J, Johnson KC, Kooperberg C, Kuller LH, Lewis CE, Liu S, Martin LW, Ockene JK, O'Sullivan MJ, Powell LH, Simon MS, Van Horn L, Vitolins MZ, Wallace RB (2013) Menopausal hormone therapy and health outcomes during the intervention and extended post-stopping phases of the Women's Health Initiative randomized trials. JAMA 310:1353–1368
Mohammed K, Dabrh AAM, Benkhadra K, Al Nofal A, Carranza LBG, Prokop LJ, Montori VM, Faubion SS, Murad MH (2015) Oral vs transdermal estrogen therapy and vascular events: a systematic review and meta-analysis. J Clinendocrinol Metab 100:4012–4020
Mühlhauser I (2017) Unsinn Vorsorgemedizin. Wem sie nützt, wann sie schadet. Rowohlt, Hamburg, S 206–215
Mühlhauser I, Kimmerle R, Berger M (1995) Langzeittherapie mit Sexualhormonen zur Krankheitsverhütung und Lebensverlängerung in der Postmenopause. Offene Fragen und Kontroversen unter besonderer Berücksichtigung des Diabetes mellitus. Arznei Telegr 4:37–44
Rimkus-Methode www.rimkus-wohnzimmer.de. Zugegriffen: 19. Juli 2022
Rossouw JE, Prentice RL, Manson JE, Wu L, Barad D, Barnabei VM, Ko M, LaCroix AZ, Margolis KL, Stefanick ML (2007) Postmenopausal hormone therapy and risk of cardiovasculardisease by age and years since menopause. JAMA 297:1465–1477
Sackett DL (2002) The arrogance of preventive medicine. CMAJ 167:363–364
Speroff L (2003) The million women study and breast cancer. Maturitas 46:1–6
Stanczyk FZ, Chunying N, Azen C, Mirkin S, Amadio JM (2019) Determination of estradiol and progesterone content in capsules and creams from compounding pharmacies. Menopause 26:966–971
Stellungnahme ärztlicher Fachgesellschaften (Gynäkologie, Onkologie) (2000) Rechnung mit Unbekannten. Dt Ärzteblatt 97:A2512–A2515
TK – Techniker Krankenkasse (2015) Pillenreport. https://www.tk.de/techniker/gesundheit-und-medizin/behandlungen-und-medizin/arzneimittel-medizinische-hintergruende/pille/pillenreport-2015-2066660. Zugegriffen: 31. Aug. 2022
Wall LL, Brown D (2007) The high cost of free lunch. Obstet Gynecol 110(1):169–173
Wenderlein JM (2020) CME – Hormonelle Osteoporose-Prävention bei postmenopausalen Frauen: vielfältig nachhaltiger Nutzen. https://www.der-niedergelassene-arzt.de/medizin/kategorie/medizin/hormonelle-osteoporose-praevention-bei-postmenopausalen-frauen-vielfaeltig-nachhaltiger-nutzen. Zugegriffen: 2. Aug. 2022
Wilson RA, Wilson TA (1963) The fate of the non-treated postmenopausal woman: a plea for the maintenance of adequate estrogen from puberty to the grave. J Am Geriatric Soc 11:347–362

Orale Kontrazeptiva: Wie neugewonnene Evidenz zu einer Veränderung der Arzneimitteltherapie führt

Eike Eymers und Thomas Römer

Inhaltsverzeichnis

H. Schröder et al. (Hrsg.), *Arzneimittel-Kompass 2022*, https://doi.org/10.1007/978-3-662-66041-6_8

■ ■ **Zusammenfassung**

Orale Kontrazeptiva sind in Deutschland das mit am häufigsten verwendete Mittel zur Verhütung und werden es voraussichtlich in Zukunft auch bleiben, auch wenn insgesamt die Nutzung in allen Altersgruppen, aber am deutlichsten bei den 19- bis 28-Jährigen, rückläufig ist (BZgA 2018). In Deutschland ist durch die niedergelassenen Frauenärztinnen und -ärzte eine umfassende Kontrazeptionsberatung mit sehr hoher Expertise gewährleistet. Hierzu gehört die Beratung über hormonelle wie auch nichthormonelle Methoden, um eine individuell angepasste Kontrazeption für jede Patientin zu finden.

Bei der Auswahl eines oralen Kontrazeptivums ist zu beachten, dass die hormonelle Verhütung mit verschiedenen Nachteilen in Verbindung gebracht wird. Dazu gehört neben Depressionen und Libidoverlust vor allem das erhöhte Risiko einer venösen Thrombembolie (VTE). Über dieses Risiko und das Verhältnis von erwartetem Nutzen und möglichem Schaden bei verschiedenen empfängnisverhütenden Kombinationspräparaten (KOK) wurde ab dem Jahr 2011 in einer Reihe von Fachpublikationen berichtet. Ob und wie sich diese neu gewonnene Evidenz im Verordnungsverhalten niedergeschlagen hat, ist Gegenstand einer Analyse von Daten der gesetzlichen Krankenversicherung (GKV).

Für diesen Beitrag hat das Wissenschaftliche Institut der AOK (WIdO) die Verordnungsdaten empfängnisverhütender Medikamente ausgewertet, die GKV-versicherten Mädchen und Frauen ab 15 Jahren bis zum vollendeten 20. Lebensjahr – ab Juli 2019 aufgrund einer Erweiterung des Anspruchs bis zum vollendeten 22. Lebensjahr – in den Jahren 2011 bis 2021 verschrieben und von den gesetzlichen Krankenkassen erstattet wurden. Für die Auswertung wurden die kombinierten oralen Kontrazeptiva (KOK) nicht, wie sonst üblich, nach Generationen eingeteilt (was sich lediglich auf die Entwicklung und den Zeitpunkt der Vermarktung bezieht), sondern wie auch die weiteren Präparate nach ihrem Risikoprofil für venöse thromboembolische Ereignisse in risikoreichere und -ärmere eingeteilt.

8

8.1 Die Entwicklung der Verordnungen von Kontrazeptiva

Die Verordnungen von Kontrazeptiva in der Altersgruppe der 15- bis 20- bzw. 22-jährigen Frauen hat sich innerhalb den vergangenen zwei Jahrzehnten gewandelt. Nach einem Höhepunkt der verordneten Menge an Tagesdosen (DDD) im Jahr 2007 mit 332 Mio. DDD nahm die Gesamtmenge allmählich ab (■ Abb. 8.1). Der Anstieg ab 2019 beruht vor allem auf der Ausweitung der Erstattungsfähigkeit; die Verordnungen für die entsprechenden Altersjahrgänge waren vorher nicht enthalten. Im Jahr 2021 wurden noch 312 Mio. DDD mit der GKV abgerechnet. Der Anteil der risikoreicheren Präparate ist dabei von einem Höchstwert von 71 % erst ab dem Jahr 2010 zunächst langsam und ab 2016 deutlicher zurückgegangen, sodass erstmals im Jahr 2020 der Anteil der risikoärmeren Präparate überwiegt (■ Abb. 8.1). Hierzu haben auch die allmählich zunehmenden Mengen der risikoärmeren Minipillen einen Beitrag geleistet.

8.1.1 Entwicklung der Verordnung bezogen auf die Anwenderinnen

Auch die Anzahl der Anwenderinnen von KOK ist von Beginn des Jahrtausends bis zu ihrem Höhepunkt im Jahr 2010 kontinuierlich angestiegen; der Anteil der Anwenderinnen von risikoreicheren Präparaten nahm ebenfalls stetig zu. Im Jahr 2010, dem Jahr mit den meisten Anwenderinnen, bekamen insgesamt 46 % der weiblichen Versicherten unter 20 Jahren KOK verschrieben: 14 % erhielten Präparate mit niedrigem und 32 % solche mit erhöhtem Risikoprofil, weitere 2 % erhielten alternative Kontrazeptiva. Im Jahr 2021 zählten noch 32 % der jungen Frauen zu Anwenderinnen von KOK, allerdings bezogen auf Frauen bis zu 22 Jahren, nachdem die Er-

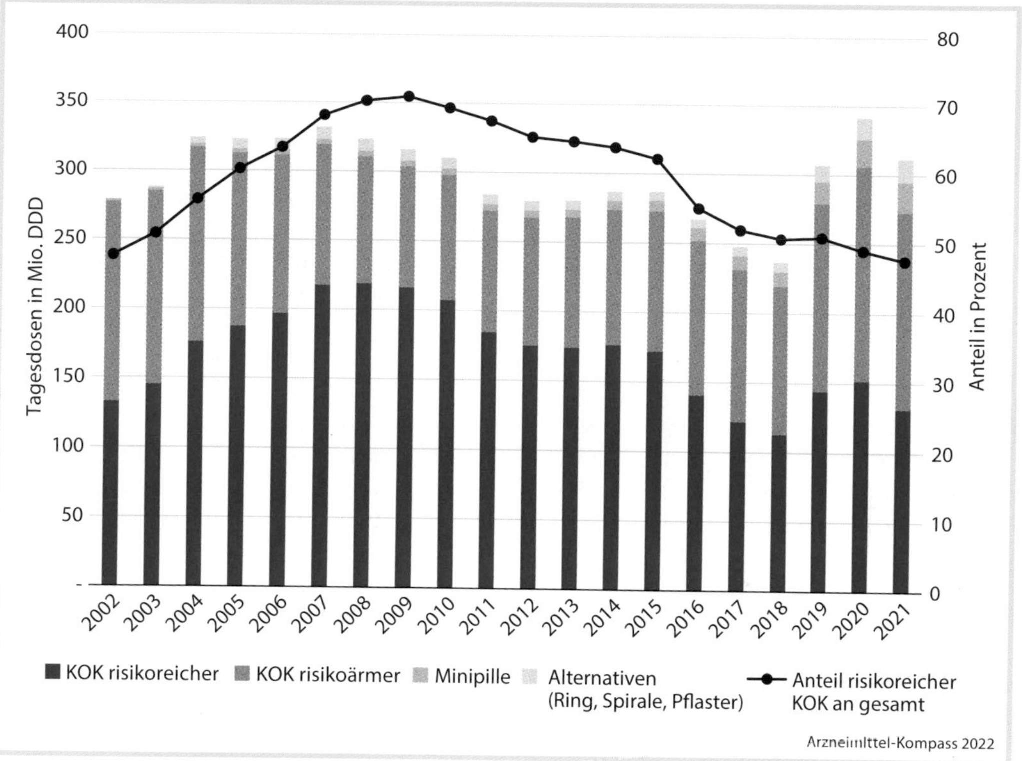

Abb. 8.1 Entwicklung der Verordnungen von KOK, Minipille und Alternativen sowie Anteil der risikoreicheren Kontrazeptiva an GKV-versicherte Frauen in der Altersgruppe 15 bis 20 Jahre bzw. ab 2019 bis 22 Jahre seit 2002. (Quelle: GKV-Arzneimittelindex im Wissenschaftlichen Institut der AOK (WIdO))

stattung für GKV-Versicherte im Jahr 2019 um zwei Altersjahrgänge erweitert wurde. Der Anteil der jungen Frauen, die risikoreichere KOK erhielten, sank 2021 auf 15 %, und war damit geringer als der Anteil der Anwenderinnen mit risikoärmeren Kombinationen (16 %) (Abb. 8.2).

8.1.2 Rückläufige Entwicklung bei der Verordnung risikoreicherer Präparate

In das Jahr 2011 fiel die Veröffentlichung im „Bulletin für Arzneimittelsicherheit" des Bundesinstituts für Arzneimittel und Medizinprodukte (BfArM) und des Paul-Ehrlich-Instituts (PEI), in dem auf das erhöhte Risiko für tiefe Beinvenenthrombosen und Embolien bei KOK der dritten Generation hingewiesen wurde (BfArM 2011). Der Anteil an risikoreicheren Präparaten entsprach in diesem Jahr 68 % der Gesamtverordnungen nach Tagesdosen (DDD) innerhalb der KOK (Abb. 8.1). Bis zum Jahr 2015 zeigten sich nur geringfügige Veränderungen, sowohl in der Gesamtverordnungsmenge als auch im Anteil der risikoreicheren Gestagene. In einem Rote-Hand-Brief sprach das BfArM 2014 erneut die deutliche Empfehlung aus, insbesondere Erstanwenderinnen Präparate mit dem risikoärmeren Gestagen Levonorgestrel zu verordnen. Diese Empfehlung spiegelt sich im Verlauf der nächsten Jahre in den Verordnungszahlen wider: Seit 2015 bis 2021 sank der Anteil der risikoreicheren Prä-

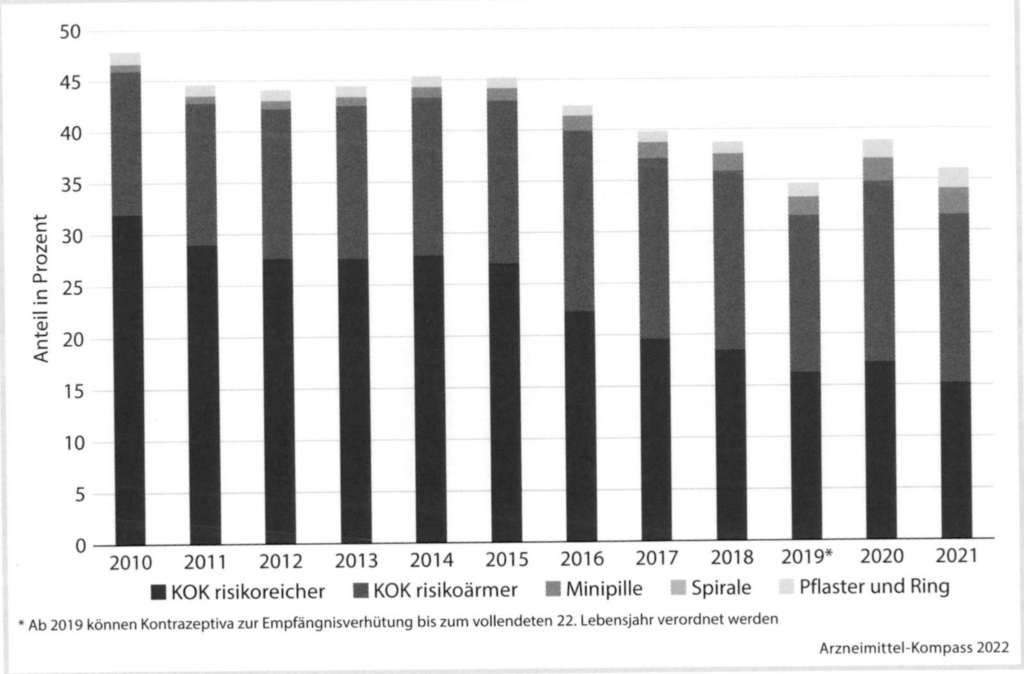

Abb. 8.2 Anteil der jüngeren GKV-versicherten Frauen, die Kontrazeptiva verordnet bekommen, nach Risikogruppen der KOK und Pillenalternativen seit 2010. (Quelle: GKV-Arzneimittelindex im Wissenschaftlichen Institut der AOK (WIdO))

parate an den Gesamtverordnungen weiter von 63 % auf 48 % (Abb. 8.1). Der bereits aus früheren Untersuchungen bekannte Trend (Becker 2017) hat sich somit weiter verstetigt.

8.1.3 Zuwächse bei der Verordnung von alternativen Präparaten

Dem Rückgang bei den oralen hormonalen Kombinationspräparaten steht ein langsam wachsender Anteil von Gestagen-Mono-Präparaten, sogenannten Minipillen, sowie alternativen Applikationsmethoden wie dem Vaginalring oder Hormonpflastern gegenüber (Abb. 8.1). Verordnet werden Monopräparate mit dem Gestagen Desogestrel und dem seit 2021 auf dem Markt erhältlichen Drospirenon (Römer et al. 2022). Zusammen erreichten sie im Jahr 2021 einen Anteil von 7,1 % der Verordnungen bzw. 2,6 % der jungen Frauen wendeten diese an. Dies entspricht einem Anstieg von 1,8 % in den letzten zehn Jahren. Präparate wie Vaginalring und Hormonpflaster machten einen Anteil von 5,3 % der verordneten Tagesdosen für 1,9 % der Frauen im Jahr 2021 aus. Dies entspricht einem geringen Anstieg von 0,8 % seit dem Jahr 2011 (Abb. 8.2). Die Spirale als Verhütungsmethode spielt bei den Anwenderinnen in der Altersgruppe zwischen 15 und 22 Jahren kaum eine Rolle.

8.1.4 Die Verordnungsanteile unterschiedlicher Gestagene

Über Jahre hat sich nicht nur der Verordnungsanteil der KOK mit niedrigerem oder höherem Risikoprofil, sondern auch der Anteil der un-

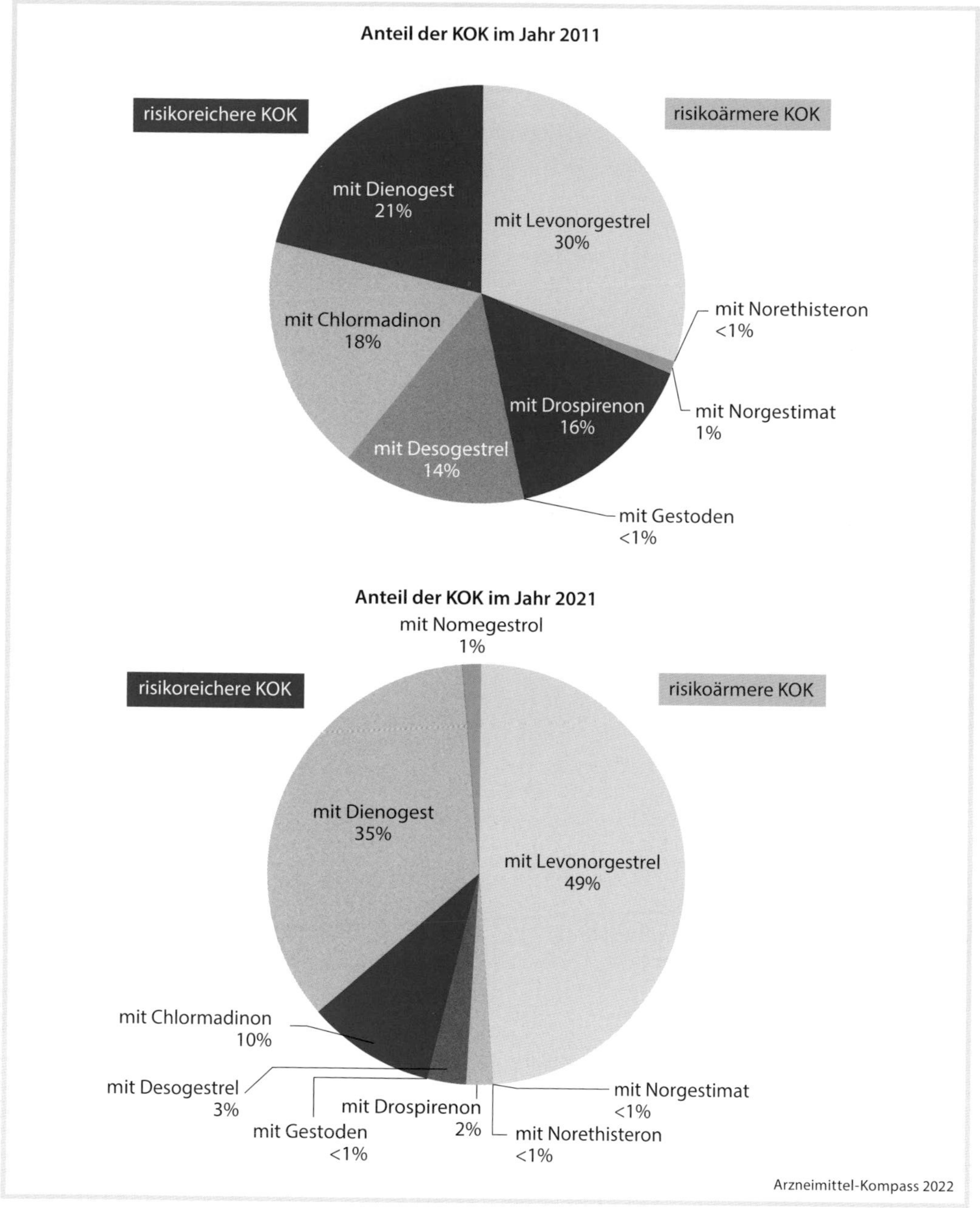

Abb. 8.3 Anteile und Risikoeinteilung der KOK nach Gestagenanteil, die GKV-versicherten Frauen im Alter von 15 bis 20 bzw. 22 Jahren in den Jahren 2011 und 2021 verordnet wurden. (Quelle: GKV-Arzneimittelindex im Wissenschaftlichen Institut der AOK (WIdO))

terschiedlichen Gestagene am Gesamtvolumen der Verordnungen verändert (Abb. 8.3). Das Gestagen Dienogest, das ein erhöhtes Risikoprofil aufweist, hatte im Jahr 2011 einen Anteil von 21 % der verordneten KOK und lag ungefähr gleichauf mit dem Gestagen Chlormadinon (18 %), das aufgrund des bisher unbekannten Risikos für VTE den risikoreicheren

KOK zugeordnet wurde. Im Jahr 2021 hatte sich dieses Verhältnis deutlich verschoben: Der Anteil der verordneten KOK mit dem Gestagen Dienogest war um 14 Prozentpunkte auf 35 % angestiegen, während Chlormadinon nur noch 10 % aller KOK-Verordnungen ausmachte. Auch die Verschreibung von KOK mit anderen Gestagenen wie Drospirenon oder Desogestrel, die der höheren Risikogruppe zugeordnet werden, war im Jahr 2021 auf niedrige einstellige Werte zurückgegangen.

Levonorgestrel, ein Gestagen mit einem niedrigeren Risiko für VTE-Ereignisse, verzeichnete innerhalb des Beobachtungszeitraumes einen Zuwachs um 19 Prozentpunkte – von 30 % der KOK-Gesamtverordnungen im Jahr 2011 auf 49 % im Jahr 2021. Dieses Verordnungsverhalten spiegelt die aktuelle Empfehlung des BfArM wider (BfArM 2021). Das Gestagen Nomegestrol, das 2012 neu in den Markt eingeführt wurde und ebenfalls ein niedrigeres VTE-Risiko aufweist, wurde in zunehmendem Maße verordnet und hatte im Jahr 2021 bereits einen Anteil von 1 %, während ältere Gestagene wie Norethisteron oder Norgestimat 2021 bei den Verordnungen keine Rolle mehr spielten (◘ Abb. 8.3).

Die Verordnungen risikoreicherer KOK werden jedoch voraussichtlich nicht in unbegrenztem Umfang zurückgehen, da bei der Auswahl der Kontrazeption neben dem thrombembolischen Risiko noch weitere Faktoren zu berücksichtigen sind (WHO 2015; Römer 2021). In der klinischen Praxis gibt es zahlreiche Situationen, in denen erwünschte Zusatzeffekte von KOK eine wichtige Rolle für die Therapieentscheidung spielen. So empfiehlt zum Beispiel die Leitlinie (AWMF 2020) bei Patientinnen mit prämenstruellem Syndrom, insbesondere bei Vorliegen eines prämenstruellen dysphorischen Syndroms, die Anwendung von drospirenonhaltigen KOK, da diese Behandlung der Evidenz zufolge besonders effektiv ist. Solche Zusatzeffekte sollten nicht außer Acht gelassen werden, da sie gerade in der Altersgruppe der jungen Patientinnen wichtig für die Compliance sind.

8.2 Die Verordnung von KOK im klinischen Alltag

Der erste Rote-Hand-Brief zum VTE-Risiko im Januar 2014 (BfArM 2014) hat dazu geführt, dass im klinischen Alltag die sorgfältige Familien- und Eigenanamnese vor einer KOK-Verordnung noch stärker in den Fokus gerückt ist. Risikofaktoren für thrombembolische Ereignisse werden anhand von Checklisten genau eruiert (BfArM 2022a). Patientinnen, bei denen keine zusätzliche Indikation für andere KOK besteht, sollten seitdem vorrangig KOK mit Ethinylestradiol/Levonorgestrel verordnet bekommen. Dies hat, wie oben dargestellt, seit 2016 zu einem deutlichen Rückgang der Verordnungen von KOK mit einem höheren thrombembolischen Risiko geführt.

Bei einer Modifikation des Rote-Hand-Briefs (BfArM 2018) zum VTE-Risiko bei KOK wurden 2018 Daten für die KOK mit Ethinylestradiol/Dienogest aufgenommen, die ein etwas höheres thrombembolisches Risiko als Ethinylestradiol-Levonorgestrel-KOK aufweisen. 2021 erschien ein weiterer Rote-Hand-Brief, in den aber lediglich neue, nicht uneingeschränkt plausible Daten zu einer KOK mit Ethinylestradiol/Levonorgestrel im Langzyklus Eingang fanden und der nicht zu einer sofortigen relevanten Veränderung des Verordnungsverhaltens führte (BfArM 2022b).

Erstaunlich ist, dass das Bundesinstitut für Arzneimittel und Medizinprodukte die von der Europäischen Arzneimittelbehörde initiierte große INAS-Score-Studie (Heinemann et al. 2017) auch 2021 nicht berücksichtigt hat. Diese Studie, die zur Validierung des thrombembolischen Risikos eines KOK mit Estradiolvalerat/Dienogest durchgeführt wurde, hat gezeigt, dass hier ein vergleichbares VTE-Risiko wie bei Ethinylestradiol-/Levonorgestrel-KOK besteht. Diese Erkenntnisse haben sogar zu einer Änderung in der Fachinformation für diese Pille geführt. Auch die im November 2021 vorgelegte PRO-E2-Studie (Reed et al. 2021), in der KOK mit Estradiol/Nomegestrolacetat untersucht wurden, bestätigt, dass das thrombembolische Risiko von Estradiol-KOK mit dem von Ethinylestradiol/Levonorgestrel-KOK vergleichbar ist. In einer Mitteilung des BfArM im März 2022 (BfArM 2022b) wird diese Erkenntnis lediglich kurz erwähnt, verbunden mit der Empfehlung, es „sollten Pillen mit einem niedrigen thrombembolischen Risiko verordnet werden, z. B. mit Ethinylestradiol/Levonorgestrel."

8.2.1 Die Entwicklung der Verordnung verschiedener Kontrazeptiva

Gestagen-Monopillen (Progesteron-Only-Pills/POP)

Wie die Auswertung der GKV-Daten zeigt, weisen die Verordnungen in einem bestimmten Segment der oralen Kontrazeptiva einen erkennbaren Zuwachs aus (◘ Abb. 8.3). Die Verschreibung von Gestagen-Monopillen hat bereits zu einem Zeitpunkt zugenommen, als nur Desogestrel verfügbar war. Die Minipille mit Levonorgestrel spielt im klinischen Alltag aufgrund des ungünstigen, zur Bewertung der empfängnisverhütenden Wirkung bedeutenden Pearl-Index kaum eine Rolle (Römer et al. 2022). Seit 2021 ist nun auch eine Drospirenon-Monopille verfügbar; die Verordnungszahlen hierzu sind aufgrund der Kürze der Zeit noch nicht aussagekräftig. Aufgrund der bekannten Evidenz für ein nicht erhöhtes thrombembolisches Risiko unter Progesteron-Only-Pills (POP) ist jedoch mit einer Zunahme der Anwendung im Gestagen-Monosegment zu rechnen. Dass der Anteil der Anwenderinnen von Gestagen-Monopillen in der erfassten Altersgruppe unter 22 Jahren geringer ist als im Gesamtanwenderinnenkollektiv, liegt wahrscheinlich zum einen daran, dass in dieser Altersgruppe das thrombembolische Risiko primär noch nicht so hoch ist, und zum anderen an Bedenken, die gegen die Verordnung von POP bei Adoleszenten sprechen, wie zum Beispiel eine Reduktion der Knochendichte. Diese entbehren jedoch einer wissenschaftlichen Basis (AWMF 2020). Im Rahmen der Zulassung der Drospirenon-Monopille beispielsweise konnte eine hohe Akzeptanz und gute Verträglichkeit auch in einer Adoleszenten-Studie gezeigt werden (Römer et al. 2022). Gestagen-Monopräparate werden in einer Auflistung des BfArM für das thrombembolische Risiko nicht erwähnt, sodass es bei fachfremden Arztgruppen gelegentlich auch zu Missverständnissen kommt. So wurden, als der Rote-Hand-Brief im Jahre 2014 erschien, beispielsweise auch Desogestrel-Monopillen abgesetzt, obwohl sich das erhöhte thrombembolische Risiko ausschließlich auf die Kombination mit Ethinylestradiol/Desogestrel bezieht.

Vaginalring, Verhütungspflaster, LNG-IUS und Spirale

Andere Applikationsformen von kombinierten hormonellen Kontrazeptiva, wie der Vaginalring, machen nur einen geringen Teil der Verordnungen aus (5,4 % der verordneten DDD bzw. unter 2 % der jungen Frauen verwenden diese), wobei sich in jüngster Zeit ein leichter Anstieg zeigt. Hier ist noch einmal darauf hinzuweisen, dass sowohl Vaginalring als auch transdermales kontrazeptives Pflaster ebenso wie orale Kombinationspräparate der risikoreicheren Gruppe ein erhöhtes thrombembolisches Risiko aufweisen (Römer und Göretzlehner 2017; Römer 2019). Besonders kritisch ist dies für das transdermale kontrazeptive Pflaster zu sehen; aus diesem Grund spielt es in der täglichen Praxis in Deutschland kaum eine Rolle. Die Zunahme bei der Anwendung des Vaginalrings ist am wahrscheinlichsten dadurch zu erklären, dass hier in den letzten Jahren Generika auf dem Markt gekommen sind, die einerseits preislich deutlich günstiger und andererseits anwendungsfreundlicher sind, da sie keiner spezifischen Lagerung mehr bedürfen.

Spiralen und andere intrauterine Verhütungssysteme spielen in der Altersgruppe unter

22 Jahren insgesamt noch eine geringe Rolle. Auch hier ist in den nächsten Jahren aber mit einer Zunahme der Anwendungen zu rechnen, da auch die Weltgesundheitsorganisation (WHO) bei Patientinnen, die noch kein Kind geboren haben, und Patientinnen unter 22 Jahren keine speziellen Kontraindikationen sieht. Die US-amerikanischen Fachgesellschaften etwa empfehlen die Spirale als sichere Kontrazeptionsmethode bei Adoleszenten. Hier wird in Zukunft in Deutschland sowohl für die lokal-hormonelle Therapie mit dem Levonorgestrel-Intrauterinsystem (LNG-IUS) als auch mit der hormonfreien Kupferspirale ein weiterer Zuwachs in der Altersgruppe zu erwarten sein.

8.2.2 Die Gestagenauswahl in der Praxis

Nach KOK mit Ethinylestradiol/Levonorgestrel werden KOK mit Ethinylestradiol/Dienogest am zweithäufigsten verordnet (◘ Abb. 8.3). Dies ist aus klinischer Sicht am ehesten damit zu erklären, dass die Kombination mit Ethinylestradiol und Dienogest als Zusatztherapie bei Akne geeignet ist und hier eine gute Evidenz vorliegt (Nast et al. 2016; AWMF 2020). Dies spielt insbesondere in der Altersgruppe unter 22 Jahren relativ häufig eine Rolle. Außerdem ist Dienogest auch besonders effektiv in der Behandlung von Endometriose, die auch in dieser Altersgruppe nicht so selten ist. Gerade bei jüngeren Frauen wird die Kombinationspille mit Dienogest dann oft der Dienogest-Monotherapie vorgezogen. Auch in der Therapie der Dysmenorrhoe ist die Kombination Ethinylestradiol/Dienogest sehr effektiv. Vermutlich wurden hier auch die KOK mit Estradiolvalerat/Dienogest erfasst, die auch zur Therapie der Hypermenorrhoe in dieser Altersgruppe bevorzugt angewendet werden (Römer und Göretzlehner 2017; Römer 2021). Dies wäre aus klinischer Sicht eine plausible Erklärung dafür, warum die KOK mit diesem Gestagen dennoch auch in dieser Altersgruppe weiterhin einen hohen Stellenwert in der Verordnung haben.

8.2.3 Die Verordnung durch Behandelnde unterschiedlicher Fachrichtungen

Die Mehrzahl der Verordnungen von Kontrazeptiva (89 % der KOK und 91 % der Alternativen einschließlich Minipille) erfolgt der Datenauswertung zufolge durch Gynäkologinnen und Gynäkologen. Die restlichen 10 % der KOK bzw. 8 % der Alternativen verteilen sich auf Hausärztinnen und -ärzte, hausärztlich tätige Internistinnen und Internisten, Kinderärztinnen und -ärzte sowie Hautärztinnen und -ärzte. Hier wurden alle Altersgruppen betrachtet, für die Verordnungen zu Lasten der GKV abgerechnet wurden, da dies diagnoseabhängig auch für Frauen in höheren Altersgruppen möglich ist (◘ Tab. 8.1). Inwieweit es sich bei hausärztlichen Verordnungen um eine Erst- oder Weiterverordnung handelt, lässt sich nicht eruieren. Aufgrund ihrer gynäkologisch-endokrinologischen Expertise ist grundsätzlich eine Erstverordnung und entsprechende Aufklärung durch Frauenärztinnen oder -ärzte zu empfehlen; bei Vorliegen spezifischer Fragestellungen kann dies aber natürlich auch durch kinder- oder hautärztliche Praxen erfolgen.

Die Verteilung risikoärmerer und risikoreicherer Präparate hält sich zwischen den genannten Fachrichtungen weitgehend die Waage – mit einer Ausnahme: In der Dermatologie werden Hormonpräparate bei der Akne vulgaris eingesetzt und risikoreichere Präparate mit antiandrogenem Effekt mit einem Anteil von 89 % deutlich bevorzugt verordnet. Dies kann therapeutisch sinnvoll sein, bedarf allerdings immer einer gründlichen Abwägung bezüglich des thrombembolischen Risikos (Nast et al. 2016).

Tab. 8.1 Anteile der verordneten Mengen in Tagesdosen der KOK und alternativen Kontrazeptiva sowie Risikoanteil der verordneten KOK nach ausgewählten fachärztlichen Gruppen für Frauen aller Altersgruppen im Jahr 2021. (Quelle: GKV-Arzneimittelindex im Wissenschaftlichen Institut der AOK (WIdO))

Fachärztliche Gruppe	DDD-Anteil Alternative in %	DDD-Anteil KOK in %	Anteil risikoreichere KOK nach Fachgruppen in %
Gynäkologen	90,8	89,4	50,8
Hausärzte	6,3	7,7	52,8
Hausärztlich tätige Internisten	1,6	1,8	53,3
Kinderärzte	0,3	0,2	57,4
Hautärzte	0,1	0,1	88,8
Sonstige Fachgruppen	0,9	0,7	59,0

Arzneimittel-Kompass 2022

8.3 Fazit und Ausblick

Verhütungsberatung ist in der Gruppe der jungen Frauen, die hier bis zum Alter von 22 Jahren erfasst wurden, besonders wichtig. Eine adäquate Verhütung hat für sie einen hohen Stellenwert, um unerwünschte Schwangerschaften zu vermeiden. Gegenstand dieser Beratung sollte das gesamte Spektrum der Kontrazeption sein, wobei orale Kontrazeptiva in der Praxis nach wie vor die größte Bedeutung haben. Das Angebot an oralen Kontrazeptiva ist in Deutschland sehr vielfältig und in jüngster Zeit durch die Einführung eines Drospirenon-Monopräparats und eines KOK mit Estetrol und Drospirenon noch einmal erweitert worden. Hier gilt es, aus der Vielzahl der verfügbaren Kontrazeptionsmethoden individuell die richtige Methode auszuwählen. Sowohl die Patientinnen als auch die Ärztinnen und Ärzte sind in Deutschland über die Kontrazeption relativ gut informiert. Es gibt ein gut strukturiertes System von niedergelassenen Gynäkologinnen und Gynäkologen, die insbesondere in der Erstverordnung von hormonellen Kontrazeptiva auch die Hauptverordnenden sind.

Die weiter oben beschriebenen Veränderungen im Verordnungsgeschehen machen deutlich, dass sich die Behandelnden bei der Verordnung von hormonellen Kontrazeptiva im Wesentlichen an den entsprechenden Empfehlungen des BfArM orientieren, die mit den Rote-Hand-Briefen von 2014 und 2018 ausgesprochen wurden (BfArM 2022b). Gleichwohl bleibt festzuhalten, dass die Anstrengungen, möglichst risikoärmere Präparate einzusetzen, angesichts eines Anteils von noch immer nahe 50 % weiter intensiviert werden können. Über einen langen Zeitraum gab es in Deutschland keine aktuellen Leitlinien zur hormonellen Empfängnisverhütung. Deswegen erfolgte die Verordnung insbesondere in Risikosituationen auf Basis der WHO-Empfehlungen von 2015 (WHO 2015). Seit 2020 gibt es nun eine S3-Leitlinie „Hormonelle Empfängnisverhütung“ in Deutschland, in der sich die Empfehlungen der Rote-Hand-Briefe widerspiegeln (AWMF 2020). Weder die im Jahr 2020 veröffentlichte Leitlinie S3 „Hormonelle Empfängnisverhütung“ noch das „Bulletin zur Arzneimittelsicherheit“ aus dem Jahr 2021 (BfArM 2021) haben bei der Anteilsverteilung der Gestagene an den KOK-Verordnungen bisher eine nennenswerte Veränderung bewirkt. Im Vergleich zum Vorjahr blieb der Anteil von Dienogest (2021: 35 %; 2020: 36 %) und Chlormadinon (2021: 10 %; 2020: 10 %) nahezu unverändert. Die Langzeitkontrazeption mit Depot-MPA wird in dieser Leitlinie zwar sehr kritisch bewertet, spielt aber in der Altersgruppe unter 22 Jahren ohnehin nur eine sehr untergeordnete Rolle. Insgesamt haben diese jüngsten Veröffentlichungen nicht zu einer nennenswerten Veränderung im Verordnungsverhalten geführt, soweit dies zum jetzigen Zeitpunkt zu beurteilen ist.

Die Rote-Hand-Briefe, insbesondere auch die Checklisten für das thrombembolische Risiko, sind in der Praxis sehr hilfreich (BfArM 2022a, 2022b). Allerdings sollten Behandelnde bei der Auswahl des Kontrazeptivums weitere Aspekte – etwa den Nutzen bei der Behandlung des prämenstruellen Syndroms, der Dysmenorrhoe oder der Akne – nicht aus dem Blick verlieren.

Hormonelle Kontrazeptiva stellen die am häufigsten verwendete Kontrazeptionsmethode in Deutschland dar und sind bei richtiger Anwendung und individueller Auswahl hoch effektiv zur Kontrazeption und sehr sicher. Ihre Verordnung unterliegt einem ständigen Wandel. Es ist zu erwarten, dass in Zukunft vermehrt auch Estradiol-KOK und Gestagen-Monopräparate in der Altersgruppe bis 22 Jahren eingesetzt werden (Römer et al. 2022). Auch die Anwendung von LNG-IUS und Kupfer-IUD dürfte hier weiter zunehmen.

Für die Zukunft wäre es wünschenswert, dass Rote-Hand-Briefe mehr als nur ein einzelnes Segment der oralen Kontrazeption abbildeten. Vielmehr sollten Übersichten zur Gesamtheit der verfügbaren oralen Kontrazeptiva, einschließlich des Segments der Estradiol- und Estetrol-Pillen sowie des Segments der Gestagen-Monopillen, bereitgestellt werden (Heinemann et al. 2017; Reed et al. 2021; Mawet et al. 2021; Römer et al. 2021). Die beiden letztgenannten Segmente sind gerade unter dem Aspekt des thrombembolischen Risikos der Ethinylestradiol-KOK ein Wachstumsmarkt (Römer et al. 2021; Römer et al. 2022). Vor diesem Hintergrund wäre es sinnvoll, wenn hier klare Aussagen auf Basis der umfangreichen, durch die Europäische Arzneimittelbehörde erhobenen Daten und der WHO-Empfehlung getroffen würden (EMA 2022; WHO 2015). Dies würde sowohl zu einer erhöhten Behandlungssicherheit für die Patientinnen als auch zu einer forensischen Sicherheit bei den Verordnenden beitragen.

Literatur

AWMF (2020) AWMF guideline hormonal contraception 2020. https://www.awmf.org/uploads/tx_szleitlinien/015-015l_S3_Hormonelle_Empfaengnisverhuetung_2020-09.pdf. Zugegriffen: 31. Aug. 2022

Becker S (2017) Entwicklung der Verordnungen kombinierter hormonaler Kontrazeptiva mit noch unbestimmtem Thromboserisiko. Bundesinstitut für Arzneimittel und Medizinprodukte und Paul Ehrlich Institut (Hrsg.). Epidemiol Bull 2:3–12

BfArM – Bundesinstitut für Arzneimittel und Medizinprodukte (2011) Drospirenonhaltige orale Kontrazeptiva (z. B. Yasmin®): Aktualisierung der Produktinformationen zum Risiko venöser Thromboembolien. https://www.bfarm.de/SharedDocs/Risikoinformationen/Pharmakovigilanz/DE/RI/2011/RI-Drospirenonhaltige-Kontrazeptiva.html;jsessionid=F3B88DF0453DE586006E763171331019.intranet661?nn=471270. Zugegriffen: 31. Aug. 2022

BfArM – Bundesinstitut für Arzneimittel und Medizinprodukte (2014) Rote-Hand-Brief „Kombinierte hormonale Kontrazeptiva: Unterschiede hinsichtlich des Thromboembolie-Risikos unterschiedlicher Präparate; Bedeutung von individuellen Risikofaktoren und Beachtung von Anzeichen und Symptomen. https://www.bfarm.de/SharedDocs/Risikoinformationen/Pharmakovigilanz/DE/RHB/2014/rhb-khk.html. Zugegriffen: 31. Aug. 2022

BfArM – Bundesinstitut für Arzneimittel und Medizinprodukte (2018) Rote-Hand-Brief zu dienogest- und ethinylestradiolhaltigen Kontrazeptiva: Risiko venöser Thromboembolien. https://www.bfarm.de/SharedDocs/Risikoinformationen/Pharmakovigilanz/DE/RHB/2018/rhb-dienogest-ethinylestradiol.html;jsessionid=06DB4CFACE692D94B08A02B5CEACC484.intranet661?nn=471270. Zugegriffen: 31. Aug. 2022

BfArM – Bundesinstitut für Arzneimittel und Medizinprodukte (2021) Rote-Hand-Brief zu kombinierten hormonalen Kontrazeptiva: Verordnung solcher mit dem niedrigsten Risiko für venöse Thromboembolien und Nutzung des behördlich beauflagten Schulungsmaterials. https://www.bfarm.de/SharedDocs/Risikoinformationen/Pharmakovigilanz/DE/RHB/2021/rhb-khk.html;jsessionid=2751E6FFD6B48A8954C8137A90E58796.internet282. Zugegriffen: 14. Sept. 2022

BfArM – Bundesinstitut für Arzneimittel und Medizinprodukte (2022a) Checkliste zur Verringerung von

Arzneimittel- und Anwendungsrisiken – Ärztinnen und Ärzte. https://www.bfarm.de/SharedDocs/Downloads/DE/Arzneimittel/Pharmakovigilanz/Risikoinformationen/EducationMaterial/Anlagen/kombinierte-hormonelle-kontrazeptiva-aerzte.pdf?__blob=publicationFile. Zugegriffen: 7. Sept. 2022

BfArM – Bundesinstitut für Arzneimittel und Medizinprodukte (2022b) Venöse Thromboembolien und kombinierte hormonale Kontrazeptiva. https://www.bfarm.de/DE/Arzneimittel/Pharmakovigilanz/Themendossiers/Kombinierte-hormonale-Kontrazeptiva/KOK.html. Zugegriffen: 31. Aug. 2022

BZgA – Bundeszentrale für gesundheitliche Aufklärung (2018) Verhütungsverhalten Erwachsener. https://publikationen.sexualaufklaerung.de/fileadmin/redakteur/publikationen/dokumente/13317300.pdf. Zugegriffen: 8. Sept. 2022

EMA – European Medicines Agency (2022) Combined hormonal contraceptives. https://publikationen.sexualaufklaerung.de/fileadmin/redakteur/publikationen/dokumente/13317300.pdf. Zugegriffen: 31. Aug. 2022

Heinemann K, Dinger J, Minh TD, Franke C (2017) Cardiovascular safety among users of different combined oral contraceptives – final results from the INAS-SCORE study. Contraception 96:292–293

Mawet M, Gaspard U, Foidart J (2021) Estetrol as estrogen in a combined oral contraceptive, from the first in-human study to the contraceptive, from the first in-human study to the contraceptive efficacy. Eur Gynecol Obstet 3:13–21

Nast A, Dréno B, Bettoli V et al (2016) European evidence-based (S3) guideline for the treatment of acne – update 2016 – short version. J Eur Acad Dermatol Venereol 30(8):1261–1268

Reed S, Koro C, DiBello J et al (2021) Prospective controlled cohort study on the safety of a monophasic oral contraceptive containing nomegestrol acetate (2.5 mg) and 17ß-oestradiol (1.5 mg) PRO-E2 study: risk of venous and arterial thrombembolism. Eur J Contracept Reprod Health Care 26(6):439–446

Römer T (2019) Kontrazeption bei Patientinnen mit Risikokonstellation. Dtsch Arztebl 45:764–773

Römer T (2021) Hormonelle orale Kontrazeption – welches Präparat für welche Patientin? Gyn Endokrinologie 19:259–267

Römer T, Göretzlehner G (2017) Kontrazeption mit OC in 238 Problemsituationen, 3. Aufl. De Gruyter, Berlin

Römer T, Bitzer J, Egarter C et al (2021) Orale Gestagene in der hormonellen Kontrazeption. Stellenwert und Zukunftsaussichten eines neuen Gestagen-Monopräparates mit 4 mg Drospirenon. Geburtshilfe Frauenheilkd 81(09):1021–1030

Römer T, Oppelt P, Wiegratz K (2022) Kontrazeption mit Gestagen-Mono – ein Update. Frauenarzt 63:17–21

WHO – World Health Organization (2015) Medical eligibility criteria for contraceptive use. 5th ed. WHO, Genf. https://www.who.int/publications/i/item/9789241549158. Zugegriffen: 9. Aug. 2022

Arzneimittelversorgung bei Multipler Sklerose

Friedemann Paul und Achim Berthele

Inhaltsverzeichnis

H. Schröder et al. (Hrsg.), *Arzneimittel-Kompass 2022*, https://doi.org/10.1007/978-3-662-66041-6_9

Zusammenfassung

Die Multiple Sklerose (MS) gehört zu den Erkrankungen, bei denen die Arzneimitteltherapie in den letzten drei Jahrzehnten sehr große Fortschritte erzielen konnte. Die MS wird immer noch gern als „Krankheit mit den tausend Gesichtern" bezeichnet, was mit Blick auf die Vielgestaltigkeit möglicher Symptome sicher weiter richtig ist. Ein anderer Aspekt der „tausend Gesichter", nämlich die Unvorhersehbarkeit des Verlaufs bezüglich Krankheitsschüben und neurologischer Behinderung, hat inzwischen viel von seinem Schrecken verloren. Prädiktoren für die Schwere des Verlaufes sind in Entwicklung. Auch die Effektivität der Schubtherapie hat sich deutlich verbessert. Eine bleibende neurologische Behinderung durch die Erkrankung kommt zwar weiterhin vor, ist jedoch seltener geworden und lässt sich durch eine frühe Therapie günstig beeinflussen. Möglich gemacht hat dies eine breites Spektrum an Immuntherapeutika, die die MS zwar weiterhin nicht heilen können, aber den Weg zu Konzepten einer individualisierten MS-Therapie geöffnet haben. Diese sehr positive Entwicklung braucht aber auch einen kritischen Blick auf die Herausforderungen. Einige Facetten daraus – aus der Position der Therapeuten, der MS-Erkrankten, aber auch der Solidargemeinschaft – soll dieser Beitrag beschreiben.

9.1 Welche Besonderheiten weist die betrachtete Gruppe auf?

Die Multiple Sklerose – auch Krankheit der tausend Gesichter genannt – ist eine der häufigsten chronischen neurologischen Erkrankungen des jungen bis mittleren Erwachsenenalters. Man geht aktuell von ca. 250.000 Betroffenen in Deutschland aus mit steigender Tendenz; Frauen sind dabei zwei- bis dreimal häufiger betroffen als Männer (Daltrozzo et al. 2018; Engelhard et al. 2022; Holstiege et al. 2017).

Es handelt sich um eine Autoimmunerkrankung, bei der sogenannte autoreaktive Immunzellen die myelinhaltigen Hüllen der Nervenfasern (Axone) des zentralen Nervensystems (ZNS: Gehirn, Sehnerven und Rückenmark) angreifen. Diese Entzündungen können reversibel sein; es kann aber auch zu einer „Entmarkung" mit bleibendem Verlust von Axonen und den zugehörigen Neuronen kommen. **Daher gilt die MS nicht mehr nur als autoimmun-entzündliche, sondern auch als neurodegenerative Erkrankung.** Was die immunologische „Initialzündung" auslöst, ist allerdings nach wie vor nicht geklärt. Hierzu gibt es viele Hypothesen, nicht zuletzt die gerade wieder aktuelle Idee einer parainfektiösen Genese nach einer Infektion mit dem Epstein-Barr-Virus (Bjornevik et al. 2022).

Auch wenn die MS weiterhin seltener ist als typische internistische „Volkskrankheiten", ist in den letzten Jahrzehnten eine deutliche **Zunahme der Inzidenz und Prävalenz** festzustellen. Gründe hierfür sind einerseits eine frühere Diagnosestellung aufgrund immer sensitiverer Diagnosekriterien (seit 2001 die sogenannten McDonald-Kriterien in der nunmehr nach 2005 und 2011 zuletzt im Jahr 2017 revidierten Fassung (Thompson et al. 2018)). Andererseits scheinen sich ungünstige Lebensstilfaktoren wie Rauchen, Übergewicht, ungesunde „westliche Diät" sowie Vitamin-D-Mangel/-Defizienz, die als Risikofaktoren für MS gut belegt sind, auszuwirken. Zudem ist in vielen Ländern in den letzten Jahren eine Verschiebung der Ersterkrankungen hin zu einem höheren Lebensalter (über 40. Lebensjahr) zu beobachten (Koch-Henriksen et al. 2018; Vaughn et al. 2019). Gleichzeitig erlauben die nunmehr seit knapp 30 Jahren verfügbaren Immuntherapeutika eine normale Lebenserwartung bei MS-Erkrankten, die nach älteren Studien etwa sechs bis zehn Jahre gegenüber der Allgemeinbevölkerung reduziert war (Lunde et al. 2017).

Die MS wird damit nicht nur häufiger, sondern auch das klinische Spektrum der Erkrankung breiter: Durch die Möglichkeiten einer frühen Immuntherapie, aber auch der sensitiven Diagnostik, sind viele von der Erkrankung kaum beeinträchtigt und der Anteil schicksalshaft schwer verlaufender Erkrankungen, die zur Immobilisation und in den Rollstuhl oder gar zur Bettlägerigkeit führen, geht in den letzten Jahren erfreulicherweise kontinuierlich zurück.

Klinisch ist die MS in ca. 80 bis 90 % der Fälle durch einen schubförmig-remittierenden Verlauf charakterisiert (sog. RRMS = *relapsing-remitting multiple sclerosis*), und nur wenige Betroffene zeigen von Beginn an eine schleichende Zunahme neurologischer Defizite ohne abgrenzbare Schubsymptome (PPMS = *primary progressive multiple sclerosis*). Bei der RRMS kommt es unbehandelt in unvorhersehbarer Abfolge und zeitlicher Dynamik zu Schüben. Typisch sind Sehstörungen (Entzündung des Sehnervens), motorische oder sensible Ausfälle (Entzündung im Bereich der motorischen/sensiblen Bahnen, Hirnstamm und Rückenmark) sowie Koordinationsstörungen oder vegetative Störungen (Blasen-/Mastdarmstörungen). In den meisten Fällen remittiert die Schubsymptomatik innerhalb von Tagen bis Wochen, kann aber auch funktionell beeinträchtigende Defizite hinterlassen. Zur Schubbehandlung sehen die Leitlinien der Fachgesellschaft (Hemmer et al. 2021) die Gabe hochdosierter Kortikosteroide über drei bis fünf Tage vor. Bei weiterhin bestehender relevanter funktioneller Beeinträchtigung wird empfohlen, relativ rasch Plasmaaustauschverfahren (Plasmapherese, Immunadsorption) anzuschließen. Bei einem Teil der an einer RRMS Erkrankten geht der schubförmige Verlauf nach zehn bis vierzig Jahren in den sog. sekundär-progredienten Verlauf über (SPMS = *secondary progressive multiple sclerosis*), der durch eine kontinuierliche Zunahme der neurologischen Behinderung mit oder ohne aufgelagerte Schübe gekennzeichnet ist. Nach einer aktuellen Auswertung von Daten der Betriebskrankenkassen leiden in Deutschland 73,0 %, 18,8 % bzw. 8,2 % der Erkrankten an einer RRMS, SPMS bzw. PPMS – was einer ganz typischen Verteilung der MS-Subtypen entspricht (Engelhard et al. 2022).

Bezüglich der Langzeitprognose und Teilhabe höchst relevant sind interessanterweise meist Symptome, die sich nicht eindeutig einem fokal-entzündlichen Geschehen im ZNS zuordnen lassen: Depression, **Fatigue** (abnorme Erschöpfbarkeit), Schlafstörungen, kognitive Störungen (v. a. Störungen der Aufmerksamkeit und Informationsverarbeitungsgeschwindigkeit, mindestens 70 % der Patientinnen und Patienten betroffen), (neuropathische) Schmerzen, Blasenstörungen und Spastik wirken sich dabei besonders negativ auf die gesundheitsbezogene Lebensqualität aus. Vor allem die Fatigue gilt als wesentlicher Risikofaktor für eine verminderte berufliche Leistungsfähigkeit und vorzeitiges Ausscheiden aus dem Erwerbsleben (Flachenecker 2017; Flachenecker et al. 2020; Sterz et al. 2016).

Die Diagnose der MS setzt eine „passende" klinische Symptomatik voraus und benötigt zudem „typische" bildgebende Befunde. Hierzu erfolgen Kernspintomographien (MRT) des Gehirns und Rückenmarks, die charakteristische fokale inflammatorische Läsionen zeigen. Unterstützt wird die Diagnose durch die Untersuchung des Nervenwassers (Liquor) mit ebenfalls charakteristischen Befunden (sog. oligoklonale Banden im Liquor als Zeichen einer Autoimmunreaktion im ZNS). Nach den derzeit aktuellen Diagnosekriterien kann eine MS-Diagnose in vielen Fällen bereits nach dem ersten klinischen Ereignis gestellt werden – ein wesentlicher Fortschritt, der die Erfolge der frühen Immuntherapie sehr befördert hat. In den letzten Jahren hat umfangreiche Biomarkerforschung (moderne bildgebende Verfahren, aber auch Serum-Marker wie das Neurofilament-Protein) versucht, die Prognoseabschätzung bei individuellen Betroffenen zu verbessern, allerdings ist der breite Einsatz im klinischen Alltag aufgrund methodischer Probleme und fehlender Standardisierung noch nicht absehbar.

9.2 Wie ist das Angebot an Arzneimitteln zu bewerten?

Seit der Zulassung des ersten sog. immunmodulatorischen Medikaments zur Behandlung der MS, dem Interferon beta-1b im Jahr 1995, sind bis heute in hoher Frequenz zahlreiche weitere Immuntherapeutika zugelassen worden, die in unterschiedlichen Frequenzen oral, intravenös, subkutan oder intramuskulär verabreicht werden (◘ Tab. 9.1; Derfuss et al. 2020; Piehl 2021). Diese Entwicklung ist unbestritten als ein großer Erfolg zu bezeichnen, hat sie doch den Grundstein für eine differenzierte Immuntherapie der MS gelegt. Nichtsdestotrotz bleibt zu beachten, dass die medikamentöse Immuntherapie bis heute **die MS nicht heilen, sondern nur kontrollieren kann**. Ein weiteres Manko der Arzneimittelversorgung von Betroffenen mit MS ist der Mangel an in klinischen Studien geprüften und zugelassenen Behandlungsoptionen (pharmakotherapeutisch und nicht-pharmakotherapeutisch) für die o. g. erheblich beeinträchtigenden MS-Symptome Fatigue, kognitive Störungen etc. – mit wenigen Ausnahmen wie z. B. das kürzlich zugelassene Online-Programm zur Fatigue-Behandlung ELEVIDA, das nun als DIGA verordnungsfähig ist (Pöttgen et al. 2018).

9

Und: Man muss das Angebot an Medikamenten differenziert nach dem Subtyp und Verlauf der MS bewerten. Bei dieser Betrachtung tut sich dann eine Schere auf, die von weiterhin unbefriedigten *medical needs* bis zu einem mutmaßlich gesättigten Angebot reicht. Denn die Behandlung der SPMS und PPMS ist bis heute mit drei Medikamenten (SMPS: Interferone, Siponimod, Mitoxantron) bzw. einem zugelassenen Medikament (PPMS: Ocrelizumab) nur unzureichend möglich, zumal sich die zur Verfügung stehenden Medikamente in erster Linie nur gegen die noch vorhandenen entzündlichen Anteile der Erkrankung richten. Substanzen, die explizit die schubunabhängige Krankheitsprogression adressieren oder sogar eine Neuroregeneration ermöglichen, gibt es bis heute nicht oder sind in gut durchgeführten randomisierten Studien vollständig gescheitert (z. B. Biotin, anti-Lingo) (Huntemann et al. 2021; Ploughman et al. 2022).

Demgegenüber stehen **für die Behandlung der RRMS aktuell 18 wirksame Medikamente** zur Verfügung. Das führt einerseits zur Frage, wie die Differenzialtherapie hinsichtlich Wirksamkeit, Sicherheit, Verträglichkeit/Adhärenz am besten zu gestalten ist. Andererseits stellt sich immer mehr die Frage, was bei der Behandlung dieser Verlaufsform noch als echte Innovation zu verstehen, anzustreben oder auch nur zu bezahlen ist.

9.2.1 Wie bewertet man Wirksamkeit?

Die zur Therapie der RRMS verfügbaren Präparate haben in Zulassungsstudien gegenüber Placebo oder in den letzten zehn Jahren auch zunehmend gegen einen sog. aktiven Komparator (also ein bereits zugelassenes Immuntherapeutikum) gezeigt, dass sie die **Schubraten** in der Größenordnung von etwa 30 bis 80 % reduzieren (relative Risikoreduktion). Zudem hat ein Teil der Präparate eine gewisse Reduktion des Risikos der **Behinderungsprogression** (also der Zunahme der neurologischen Beeinträchtigung über die Zeit; gemessen mit der MS-spezifischen Behinderungsskala EDSS) zeigen können. Diese an sich positiven Daten haben aber auch Kehrseiten: So haben die Zulassungsstudien in der Regel nur eine Laufzeit/Behandlungsdauer von ein oder zwei Jahren, sodass die Annahme einer klinischen Wirksamkeit darüber hinaus nur eingeschränkt zulässig ist (Gehr et al. 2019). Dies ist problematisch bei einer nicht heilbaren, chronischen Erkrankung, mit der die Betroffenen jahrzehntelang leben und behandelt werden müssen. Hinzu kommt der Trend zu immer höheren Fallzahlen (weniger als 400 in der ersten Interferon-beta-Studie versus über 1.800 in einer Studie aus den 2010er Jahren), die er-

Tab. 9.1 Zugelassene MS-Immuntherapeutika

	Jahr der Zulassung	Anwendung	Indikation	Bewertung nach AMNOG[a]
Interferon beta-1b	1995	s. c., alle 2 Tage	RRMS, SPMS	–
Interferon beta-1a	1997	i. m., 1× wöchentlich	RRMS	–
Interferon beta-1a	1998	s. c., 3×/Woche	RRMS, SPMS	–
Glatirameracetat	2001	s. c., 1× täglich (3×/Woche seit 2015)	RRMS	–
Mitoxantron	2003	i. v., alle 3 Monate	RMS	–
Natalizumab i. v.	2006	i. v., alle 4 Wochen	RRMS	–
Fingolimod	2011	p. o., 1× täglich	RRMS	ja
Alemtuzumab	2013	i. v., 2 Therapiezyklen	RRMS	nein
Teriflunomid	2013	p. o., 1× täglich	RRMS	ja
Dimethylfumarat	2014	p. o., 2× täglich	RRMS	ja
Peg-Interferon beta 1a	2014	s. c., alle 2 Wochen	RRMS	nein
Daclizumab[b]	2016	(s. c.)	(RRMS)	nein
Cladribin	2017	p. o., 2 (bis 4) Therapiezyklen	RMS	ja
Ocrelizumab	2018	i. v., alle 6 Monate	RRMS, PPMS	ja
Siponimod	2020	p. o., 1× täglich	SPMS	ja
Ozanimod	2020	p. o., 1× täglich	RRMS	ja
Ponesimod	2021	p. o., 1× täglich	RRMS	ja
Natalizumab s. c.	2021	s. c., alle 4 Wochen	RRMS	nein
Ofatumumab	2021	s. c., alle 4 Wochen	RRMS	nein
Diroximelfumarat	2021	p. o., 2× täglich	RRMS	nein

i. m. intramuskulär, i. v. intravenös, p. o. per os, s. c. subkutan
RMS schubförmige MS, RRMS schubförmig remittierende MS, SPMS sekundär chronisch progrediente MS, PPMS primär chronisch progrediente MS
[a] seit 2011
[b] 2018 vom Markt genommen
Arzneimittel-Kompass 2022

forderlich sind, um statistische Signifikanz zu generieren. Es gibt Hinweise darauf, dass die MS in den letzten Jahren bei vielen Betroffenen tendenziell milder verläuft und dass auch solche Patientinnen und Patienten bevorzugt in klinische Studien rekrutiert werden, sodass hohe Fallzahlen erforderlich sind, um am Ende ein absolutes Delta (absolute Risikoreduktion) von <0,2 Schüben/Jahr statistisch signifikant zu erreichen. Ob dieses Zielkriterium der absoluten Risikoreduktion klinisch wirklich immer relevant ist und damit hinreichend, um Wirksamkeit zu beurteilen, darf zudem angezweifelt werden, nicht zuletzt auch vor dem Hintergrund der zum Teil sehr hohen Kosten der Immuntherapeutika: Diese lagen 2019 im

Mittel bei 52,38 € pro Tagesdosis – bei insgesamt 33,4 Mio. verordneten Tagesdosen (und mit steigender Tendenz gegenüber dem Vorjahr) (Seifert und Stangel 2020). Zudem gibt es bislang kaum zugelassene Präparate für die Behandlung der SPMS und PPMS. Erfreulicherweise haben sich jedoch die pharmazeutischen Unternehmer in den letzten Jahren hier zunehmend engagiert, sodass derzeit mehrere Studien mit Immuntherapeutika für diese Verlaufsformen durchgeführt werden.

Ein weiterer erheblicher Nachteil der bisherigen Zulassungsstudien ist die Tatsache, dass zwar oft sog. **Surrogatmarker** des Gewebeverlusts im ZNS (Hirnvolumenminderung im MRT, Neurofilament-Leichtketten (NFL) im Serum) gemessen wurden und die Ergebnisse dann von den pharmazeutischen Unternehmen als Zeichen der guten Wirksamkeit ihrer Präparate gewertet und auch entsprechend beworben wurden, aus Sicht der Patientinnen und Patienten relevante Endpunkte wie die Wirkung auf krankheitsbezogene Lebensqualität, Fatigue, Depression, kognitive Störungen etc. (s. o.) jedoch kaum oder gar nicht untersucht wurden. Daher muss der klinische Mehrwert mancher Immuntherapeutika aus Sicht der Betroffenen, aber auch aus pharmakoökonomischen Erwägungen durchaus bezweifelt werden.

9.2.2 Alter Wein in neuen Schläuchen – was ist Innovation?

Ist jedes MS-Medikament, wenn es auf den Markt kommt, wirklich neu? Dies sei nun im Folgenden etwas näher betrachtet. Anhand des Wirkmechanismus' lassen sich die Immuntherapeutika einteilen in solche mit pleiotropen Mechanismen, proliferationshemmende Medikamente, antimigratorisch wirkende Substanzen und therapeutische Antikörper, die eine gezielte Zelllyse bewirken.

Unter „pleiotroper" Wirksamkeit ist zu verstehen, dass verschiedene Wirkmechanismen diskutiert werden, ohne dass bis heute klar ist, welcher dieser Mechanismen notwendig und hinreichend ist, um die klinisch eindeutige Wirksamkeit dieser Medikamente zu erklären. Zu dieser Gruppe gehören zunächst die Interferone und die Glatirameroide. Bei beiden Substanzen handelte es sich in der MS-Therapie um **eindeutige Innovationen**, denn sie waren die ersten, die eine Wirksamkeit zeigen konnten. Die die Entwicklung tragenden Hypothesen zum Wirkmechanismus werden aber heutzutage nicht mehr favorisiert: Bei den Interferonen ist ursprünglich von einer antiviralen Wirkung ausgegangen worden, die für die Wirksamkeit der Interferone in der MS-Therapie kaum entscheidend ist, auch wenn virale Infektionen in der MS-Ätiopathogenese immer wieder (und auch wieder vor Kurzem: siehe Bjornevik et al. 2022) diskutiert werden. Die Glatirameroide bestehen aus den vier Aminosäuren Alanin, Lysin, Tyrosin und Glutamin in zufälliger Abfolge, aber fixer Mengenrelation und ähneln dabei dem Myelin-basischen Protein (MBP) der Hüllschichten. Eine für Krankheitsentstehung und -verlauf positive immunologische Kreuzreaktivität war daher die initiale Hypothese, die sich jedoch nicht als der wesentliche „MoA" (*mode of action*) herausgestellt hat.

Zur Gruppe der pleiotrop wirkenden Medikamente ist auch das Dimethylfumarat zu zählen. Diese Substanz war insofern innovativ, als es sich um das erste orale Medikament handelte, das nach großen randomisiert-kontrollierten Studien eine breite Zulassung für die MS-Therapie bekam. Es handelte sich jedoch nicht um eine Entwicklung von *bench-to-bedside*, sondern um das Aufgreifen einer klinischen Beobachtung, nach der die in der Behandlung dermatologischer Erkrankungen bereits seit Jahren angewendeten Fumarsäuren auch bei anderen Autoimmunerkrankungen wirksam waren. Das erst kürzlich auf den Markt gekommene Diroximelfumarat (DRF) bietet als Weiterentwicklung des Dimethylfumarats (DMF) eine bessere gastrointestinale Verträglichkeit. DRF ist im Gegensatz zu DMF kein Pro-Drug, das bei der Freisetzung des wirksamen Metaboliten im Magen-Darm-Trakt Ameisensäure freiwerden lässt. Aus Sicht der Anwendenden, die DMF nicht gut vertragen, ist daher DRF sicher eine Innovation. Bezüglich der Wirksamkeit auf die Aktivität der MS liegen für das DRF aber keine eigenständigen Untersuchungen vor – es verhält sich hier wie ein Generikum. Ebenfalls dieser Klasse zuzuordnen ist das Daclizumab, ein therapeutischer Antikörper gegen die alpha-Untereinheit (DC25) des hochaffinen IL2-Rezeptors, der 2016 unter dem Handelsnamen Zinbryta für die Behandlung der schubförmig-remittierenden MS zugelassen wurde und nach dem Auftreten mehrerer Autoimmunencephalitiden mit teils fatalem Ausgang und zumindest einem tödlichen Leberversagen im März 2018 vom Hersteller vom Markt genommen worden ist. Bei der Anwendung in der MS handelte es sich um ein **Repurposing**, denn Daclizumab war als „Zenapax" für die Behandlung der akuten Transplantatabstoßung bereits von 1999 bis 2009 auf dem Markt und aus kommerziellen Gründen zurückgezogen worden.

Zu den proliferationshemmenden Medikamenten gehören das Azathioprin, das Teriflunomid und auch das Cladribin. Diese Medikamente hemmen bei kontinuierlicher (Azathioprin, Teriflunomid) oder gepulster (Cladribin) Anwendung die Proliferation aktiver und darunter vorzugsweise autoreaktiver Immunzellen – und unterscheiden sich vor allem in der Selektivität adressierter Immunzellen und der Anwendung. Aus der Transplantationsmedizin entliehen, ist das Azathioprin hier als First-in-Class-Substanz zu betrachten, auch wenn es nicht in modernen Kriterien erfüllenden, großen randomisiert-kontrollierten Zulassungsstudien untersucht worden ist. Ein Nachzulassung für die Behandlung der schubförmigen MS ist jedoch im Jahr 2000 auf dem Boden kumulativer Evidenz erfolgt, sodass es als Reservemedikament on-label eingesetzt werden kann. Es handelt sich aber auch bei Teriflunomid und Cladribin nicht um genuin neue Substanzen: Teriflunomid ist der aktive Metabolit von Leflunomid, das für die Behandlung der rheumatoiden Arthritis und der aktiven Psoriasis-Arthritis seit 1999/2004 zugelassen ist und seit 2010 auch als Generikum zur Verfügung steht. Cladribin ist in subkutaner Anwendung für die Behandlung der Haarzellleukämie zugelassen. Erste klinische Ergebnisse zur Wirksamkeit bei der MS bei intravenöser oder subkutaner Anwendung lagen schon seit Ende der 1990er Jahre vor und bildeten auch die Grundlage für die Dosisfindung der für die MS entwickelten oralen Darreichungsform.

Die Gruppe der antimigratorisch wirksamen Medikamente umfasst das Natalizumab und die S1P-Rezeptor-Modulatoren. Natalizumab, das seit 2005/2006 auf dem Markt ist, bindet an die alpha4-Integrin-Untereinheit auf Lymphozyten und hemmt damit deren Transmigration über die Blut-Hirn-Schranke in das ZNS. Es gehört zu den potentesten Optionen in der MS-Therapie und ist in seiner Entwicklung von der Idee bis in die klinische Anwendung sicher ein paradigmatisch innovatives Medikament – selbst wenn die Kehrseite der Behandlung, nämlich das Risiko, eine seltene Virusinfektion des ZNS (PML = progressive multifokale Leukenzephalopathie) als Komplikation der Behandlung zu entwickeln, eine unvorhergesehene und erst nach einer breiteren Anwendung zu lernende Lektion war. Auch Fingolimod stellte eine „echte" Innovation dar. Die Wirkung wird über eine Blockade von Sphingosin-1-Phosphat-(S1P-)Rezeptoren erzielt, die zu einer funktionellen Sequestration von (u. a. autoreaktiven) Lymphozyten in Lymphknoten führt. Wesentlicher Nachteil von Fingolimod ist, dass die von der Substanz adressierten S1P-Rezeptoren auch an Signalwegen der Herzrhythmusregulation beteiligt sind, sodass passager bradykarde Herzrhythmusstörungen auftreten können. Die zwei Nachfolgesubstanzen Ozanimod und Ponesimod sind wegen einer etwas spezifischeren Rezeptorselektivität bezüglich der kardialen Nebenwirkungen deutlich einfacher zu handhaben, aber nicht nebenwirkungsfrei, sodass nicht von reinen „**Me-too**"-Präparaten gesprochen werden kann. Ob sich die drei Substanzen auch in ihrer Wirksamkeit bei der MS voneinander unterscheiden, ist allerdings unklar. Des Weiteren gehört Siponimod zu der Gruppe der S1P-Rezeptor-Modulatoren. Ursprünglich als Nachfolgepräparat von Fingolimod in der Indikation der schubförmigen MS entwickelt, erfolgte die zulassungsrelevante Phase-III-Studie dann in der Indikation der sekundär progredienten MS. Hier ließ sich eine Wirksamkeit nachweisen, auch wenn der Effekt wesentlich durch Patientinnen und Patienten mit Schüben und MRT-Aktivität getrieben war. Inwieweit tatsächlich eine innovative Wirkung auf die progredienten Anteile der Krankheitsverläufe besteht, ist im Wesentlichen offen.

Klar innovativ war die Entwicklung von therapeutischen Antikörpern, die zu einer Zelllyse führen. Hierzu gehört zum einen das Alemtuzumab – ein Antikörper gegen CD52, der zu einer Depletion von vornehmlich T- und B-Zellen führt. Alemtuzumab war für die Behandlung der chronischen lymphatischen Leukämie (CLL) zugelassen, wurde jedoch für diese Indikation vom Markt genommen, um es für die Indikation MS zu einem anderen Preis zu entwickeln. Die Innovation liegt in der Idee, allein medikamentös einen „Reset" des individuellen Immunzellrepertoires durchzuführen, mit im besten Falle anhaltend ausbleibender autoimmuner Aktivität. Gleichermaßen fortschrittlich war die Evaluation B-Zell-depletierender Antikörper, die für die Behandlung von Non-Hodgkin-Lymphomen zur Verfügung standen. Hierbei zeigte sich, dass die Wirksamkeit der Therapie nicht etwa auf der Hemmung der Bildung pathologischer Antikörper beruht, sondern auf einer Unterbindung von B-/T-Zell-Interaktionen und dem Wegfall von B-Zellen als Antigen-präsentierende Zellen. Dieser Fortschritt basierte zunächst und ganz wesentlich auf akademisch durchgeführten Studien zur Anwendung von Rituximab, einem chimären CD20-Antikörper, der seit 1998 für die Behandlung von Non-Hodgkin-Lymphomen zur Verfügung stand (inzwischen auch als Biosimilar), bei der schubförmigen und primär chronisch progredienten MS. In beiden Indikationen bis zur Zulassung entwickelt wurde jedoch Ocrelizumab, das sich vom Rituximab nur im Mechanismus der B-Zell-Lyse und einer mutmaßlich geringeren Immunogenität unterscheidet. Als erste subkutan zu verabreichende Therapie hat zuletzt das Ofatumumab eine Zulassung erhalten. Auch dieses Medikament gab es schon – es war in der EU bis 2019 für die Behandlung der CLL zugelassen und kam in dieser Indikation in deutlicher höherer Konzentration (und einem deutlich niedrigeren Preis pro mg) zur Anwendung und Abrechnung.

Repurposing, Me-too-Präparate und mehr oder weniger klare Pseudoinnovationen sind also durchaus Teil des Portfolios der aktuellen MS-Therapeutika. Garant einer langfristigen und exklusiven Anwendung von MS-Medikamenten ist aber nur die echte Innovation. Wenn man also nun einen solchen Mangel an pharmakologisch innovativen Substanzen anmahnen will: Gibt es auch einen solchen Mangel an Therapiekonzepten?

Das ist sicher zu verneinen, auch wenn es verfrüht ist, von einem echten **therapeutischen Paradigmenwechsel** in der Neurologie zu sprechen. Klar ist, dass die zur Verfügung stehenden Immunmedikamente vor allem in frühen Phasen der Erkrankung wirken. Klar ist damit auch, dass ein Therapieren nach einem klassischen reinen **Eskalationsprinzip** – also „sanft" zu beginnen und nachzusteuern, wenn die Erkrankung aktiv bleibt – leicht Gefahr läuft, der Erkrankung zum Nachteil der Patientinnen und Patienten hinterherzulaufen. Eine möglichst potente Therapie von Anfang an wäre vielmehr eine logische Konsequenz, also ein Therapieren nach dem Prinzip ***hit hard and early***. Dies lässt aber den individuellen Krankheitsverlauf und die Risiken einer hochaktiven Therapie außer Acht. Auch sind Therapieansätze, die quasi kurativ einen „Reset" des Immunsystems versuchen und als **Immunrekonstitutionstherapien** verschlagwortet sind (z. B. Alemtuzumab, Cladribin; letztlich aber die immer mehr zur Anwendung kommende autologe Stammzelltransplantation (aHSCT)), langfristig oft nur inkomplett wirksam (Cladribin, Alemtuzumab) oder führen zu neuen Autoimmunphänomenen als mögliche Komplikation (Alemtuzumab).

Vor diesem Hintergrund ist die früher gepflegte Einteilung der medikamentösen Behandlung in eine Basistherapie und eine Eskalationstherapie zwar inzwischen sicher obsolet; um aber bei einer von Beginn individuell passenden/ausreichend hoch aktiven Therapie im Sinne eines ***treat to target*** anzukommen, ist der Weg noch lang. Um dieses Dilemma zwischen Wirksamkeit, Sicherheit und individuellem Bedarf zu lösen, bedarf es erst weiterer klinischer Marker oder Biomarker, die diese Differenzierung besser erlauben und eine präzisere Abschätzung des individuellen Risikos einer Krankheitsprogression ermöglichen.

9.2.3 MS-Immuntherapeutika im AMNOG-Verfahren

Sowohl die in der Entwicklung von MS-Immuntherapeutika gepflegten Strategien als auch das Problem, wie „Wirksamkeit" der Medikamente operationalisiert oder auch schlicht nur messbar gemacht werden kann, schlagen sich auch in der Nutzenbewertung nach § 35a SGB V („AMNOG"-Verfahren) nieder: So sind manche in der MS *neu* oder *wieder* zum Einsatz kommende Medikamente von vornherein gar nicht bewertungspflichtig, weil sie im Rahmen des Verfahrens eben gerade nicht als neue Medikamente angesehen werden. Und für die Medikamente, die einer Bewertung unterzogen werden, gestaltet sich die Formulierung einer zweckmäßigen Vergleichstherapie meist schwierig, denn direkte Vergleiche *head-to-head* sind selten. Dieses Ringen um die zweckmäßige (und meist nur indirekt oder metaanalytisch in Beziehung zu setzende) Vergleichstherapie ist dabei sowohl für das pharmazeutische Unternehmen als auch das IQWiG schwierig und ex ante schwer zu befördern. Insofern nimmt es nicht Wunder, dass die in diesem Verfahren konstatierten **Zusatznutzen oft gering oder lückenhaft** sind (siehe ■ Tab. 9.2). Ob dies der klinischen Realität entspricht oder der Schwierigkeit des Verfahrens geschuldet ist, muss häufig offenbleiben.

Besonders interessant wird es nun, wenn sich die **Nutzenbewertung jetzt erstmals über mehrere Medikamente hinweg** erstrecken soll: Im Juli 2020 wurde das IQWiG mit einer vergleichenden Nutzenbewertung nach § 139a Abs. 3 SGB V von Alemtuzumab, Cladribin, Dimethylfumarat, Fingolimod, Natalizumab, Ocrelizumab und Teriflunomid zur Behandlung der MS beauftragt,[1] und dieser Auftrag wurde im November 2021 folgerichtig noch um die neu auf den Markt gekommenen Substanzen Ofatumumab, Ozanimod und Ponesimod erweitert.[2] Konkreter Bewertungsgegenstand ist die Behandlung von „Patienten mit hochaktiver Erkrankung trotz vollständiger und angemessener Behandlung mit mindestens einer krankheitsmodifizierenden Therapie"[3] unter Beachtung der jeweiligen Zulassung.

So sinnvoll es auch ist, die differenzielle Immuntherapie der MS entlang der Krankheitsaktivität zu bewerten, so sehr ist leider auch zu bezweifeln, dass diese Fragestellung belastbar zu beantworten ist. Denn schon rein formal ist durchaus vorstellbar, dass ein im Sinne der Fragestellung festzustellender Nutzen sich nicht mit der bestehenden (bei z. B. Fingolimod oder Natalizumab bis heute sehr konkret geregelten) Zulassung vereinbaren lässt. Viel wichtiger ist jedoch das Eingeständnis, dass der Begriff einer hochaktiven Erkrankung bis heute nicht verbindlich und „allseits" anerkannt definiert ist.

Der Berichtsplan des IQWiG[4] stellt hierzu fest:

„Eine allgemein anerkannte Definition hochaktiver RRMS existiert derzeit nicht. Darüber hinaus existieren weitere verschiedene Begrifflichkeiten, z. B. aggressive und maligne MS, die ebenfalls unscharf definiert sind und jeweils eine Teilmenge der RRMS abbilden. Auch in der aktuellen S2-Leitline der Deutschen Gesellschaft für Neurologie erfolgt eine

1 ► https://www.g-ba.de/beschluesse/4386/.
2 ► https://www.g-ba.de/beschluesse/5135/.
3 ► https://www.g-ba.de/beschluesse/5135/.
4 ► https://www.iqwig.de/projekte/a20-60.html.

Tab. 9.2 Zusatznutzen der MS-Immuntherapeutika

Beurteilter Zusatznutzen	Zweckmäßige Vergleichstherapie	Ausmaß und Wahrscheinlichkeit eines Zusatznutzens
Teriflunomid (Beschluss vom 30.03.2014[a])		
Erwachsene Patienten mit schubförmig-remittierender MS.	Beta-Interferon (IFN-β) 1a oder IFN-β 1b oder Glatirameracetat unter Beachtung des jeweils zugelassenen Anwendungsgebietes.	Ein Zusatznutzen ist nicht belegt.
Beschluss vom 20.01.2022[b]: Kinder und Jugendliche von ≥ 10 bis < 18 Jahren mit schubförmig-remittierender MS (Neues Anwendungsgebiet)		
Kinder und Jugendliche von ≥ 10 bis < 18 Jahren mit schubförmig-remittierender MS, die bislang noch keine krankheitsmodifizierende Therapie erhalten haben oder mit krankheitsmodifizierender Therapie vorbehandelte Kinder und Jugendliche, deren Erkrankung nicht hochaktiv ist.	Interferon beta-1a oder Interferon beta-1b oder Glatirameracetat, unter Berücksichtigung des Zulassungsstatus.	Ein Zusatznutzen ist nicht belegt.
Dimethylfumarat (Beschluss vom 16.10.2014[c])		
Erwachsene Patienten mit schubförmig remittierender MS.	Interferon beta-1a oder Interferon beta-1b oder Glatirameracetat.	… gegenüber Beta-Interferon 1a: Ein Zusatznutzen ist nicht belegt.
Fingolimod:		
Beschluss vom 19.05.2016 [d]: Patienten mit hochaktiver schubförmig-remittierender MS, die nicht auf einen vollständigen und angemessenen Zyklus mit mindestens einer krankheitsmodifizierenden Therapie angesprochen haben, …		
a) … für die in einer patientenindividuellen Bewertung unter Berücksichtigung der klinischen Gesamtsituation, insbesondere der Schwere der Schübe, eine Umstellung in Abhängigkeit von der Vortherapie oder ggf. eine Fortführung bzw. Anpassung der vorangegangenen Therapie in Frage kommt.	Glatirameracetat oder Interferon-beta (IFN-β) 1a oder 1b, Umstellung in Abhängigkeit von der Vortherapie, ggf. Fortführung bzw. Anpassung der vorangegangenen Therapie.	… gegenüber IFN-β 1a: Ein Zusatznutzen ist nicht belegt.
b) … für die in einer patientenindividuellen Bewertung unter Berücksichtigung der klinischen Gesamtsituation, insbesondere der Schwere der Schübe, ein Wechsel auf eine Eskalationstherapie die Therapieform ist.	Patientenindividuelle Therapie unter Berücksichtigung der Vortherapie und der Zulassung.	Ein Zusatznutzen ist nicht belegt.
Beschluss vom 01.10.2015[e]:		
Patienten mit rasch fortschreitender schwerer schubförmig-remittierend verlaufender MS.	Glatirameracetat oder Beta-Interferone 1a oder 1b.	… gegenüber Interferon-β 1a: Hinweis auf einen geringen Zusatznutzen.
Beschluss vom 20.06.2019[f]: Kindern und Jugendliche ab einem Alter von 10 Jahren (Neues Anwendungsgebiet)		
Kinder und Jugendliche von ≥ 10 bis < 18 Jahren mit hochaktiver schubförmig-remittierender MS trotz Behandlung mit einem vollständigen und angemessenen Zyklus mit mindestens einer krankheitsmodifizierenden Therapie, …		

Tab. 9.2 (Fortsetzung)

Beurteilter Zusatznutzen	Zweckmäßige Vergleichstherapie	Ausmaß und Wahrscheinlichkeit eines Zusatznutzens
a1) … für die eine Eskalation der Therapie angezeigt ist.	Therapie nach Maßgabe des Arztes	Ein Zusatznutzen ist nicht belegt.
a2) … für die ein Wechsel innerhalb der Basistherapeutika angezeigt ist.	Interferon beta-1a oder Interferon beta-1b oder Glatirameracetat, unter Berücksichtigung des Zulassungsstatus	… gegenüber Interferon beta-1a: Anhaltspunkt für einen nicht quantifizierbaren Zusatznutzen.
Kinder und Jugendliche von $\geq$ 10 bis < 18 Jahren mit rasch fortschreitender schwerer schubförmig-remittierend verlaufender MS, definiert durch zwei oder mehr Schübe mit Behinderungsprogression in einem Jahr, und mit einer oder mehr Gadolinium-anreichernden Läsionen im MRT des Gehirns oder mit einer signifikanten Erhöhung der T2-Läsionen im Vergleich zu einer kürzlich durchgeführten MRT …		
b1) …, die bislang noch keine krankheitsmodifizierende Therapie erhalten haben.	Interferon beta-1a oder Interferon beta-1b oder Glatirameracetat, unter Berücksichtigung des Zulassungsstatus	… gegenüber Interferon beta-1a: Anhaltspunkt für einen nicht quantifizierbaren Zusatznutzen.
b2) … trotz krankheitsmodifizierender Therapie.	Therapie nach Maßgabe des Arztes	Ein Zusatznutzen ist nicht belegt.
Cladribin: Beschluss vom 17.05.2018[g]		
a) Patienten, die bislang noch keine krankheitsmodifizierende Therapie erhalten haben.	Interferon beta-1a oder Interferon beta-1b oder Glatirameracetat unter Berücksichtigung der Zulassung	Ein Zusatznutzen ist nicht belegt.
b) Patienten mit hochaktiver Erkrankung trotz Behandlung mit einer krankheitsmodifizierenden Therapie.	Alemtuzumab oder Fingolimod oder Natalizumab oder, sofern angezeigt, Wechsel innerhalb der Basistherapeutika (Interferon beta-1a oder Interferon beta-1b oder Glatirameracetat unter Berücksichtigung der Zulassung)	Ein Zusatznutzen ist nicht belegt.
Ocrelizumab: Beschluss vom 02.08.2018[h]		
a) Erwachsene Patienten mit schubförmiger MS mit aktiver Erkrankung, die bislang noch keine krankheitsmodifizierende Therapie erhalten haben oder mit krankheitsmodifizierender Therapie vorbehandelte erwachsene Patienten, deren Erkrankung nicht hochaktiv ist.	Interferon beta-1a oder Interferon beta-1b oder Glatirameracetat unter Berücksichtigung der Zulassung	… gegenüber Interferon beta-1a: Beleg für einen geringen Zusatznutzen.
b) Erwachsene Patienten mit schubförmiger MS mit hochaktiver Erkrankung trotz Behandlung mit einer krankheitsmodifizierenden Therapie:	Alemtuzumab oder Fingolimod oder Natalizumab oder, sofern angezeigt, Wechsel innerhalb der Basistherapeutika (Interferon beta-1a oder Interferon beta-1b oder Glatirameracetat unter Berücksichtigung der Zulassung)	Ein Zusatznutzen ist nicht belegt.

Tab. 9.2 (Fortsetzung)

Beurteilter Zusatznutzen	Zweckmäßige Vergleichstherapie	Ausmaß und Wahrscheinlichkeit eines Zusatznutzens
c) Erwachsene Patienten mit früher primär progredienter MS, charakterisiert anhand der Krankheitsdauer und dem Grad der Behinderung, sowie mit Bildgebungsmerkmalen, die typisch für eine Entzündungsaktivität sind:	Best-Supportive-Care	Anhaltspunkt für einen geringen Zusatznutzen.
Siponimod: Beschluss vom 20.08.2020[i]		
a) Erwachsene Patienten mit sekundär progredienter MS mit aktiver Erkrankung, definiert durch klinischen Befund oder Bildgebung der entzündlichen Aktivität, mit aufgesetzten Schüben.	Interferon-beta 1a oder Interferon-beta 1b oder Ocrelizumab	Ein Zusatznutzen ist nicht belegt.
b) Erwachsene Patienten mit sekundär progredienter MS mit aktiver Erkrankung, definiert durch klinischen Befund oder Bildgebung der entzündlichen Aktivität, ohne aufgesetzte Schübe.	Best-Supportive-Care	Ein Zusatznutzen ist nicht belegt.
Ozanimod: Beschluss vom 07.01.2021[j]		
a) Erwachsene Patienten mit schubförmig remittierender MS mit aktiver Erkrankung, die bislang noch keine krankheitsmodifizierende Therapie erhalten haben oder mit krankheitsmodifizierender Therapie vorbehandelte erwachsene Patienten, deren Erkrankung nicht hochaktiv ist.	Interferon beta-1a oder Interferon beta-1b oder Glatirameracetat oder Ocrelizumab unter Berücksichtigung der Zulassung.	… gegenüber Interferon beta-1a: Hinweis für einen geringen Zusatznutzen.
b) Erwachsene Patienten mit schubförmig remittierender MS mit hochaktiver Erkrankung trotz Behandlung mit einer krankheitsmodifizierenden Therapie.	Alemtuzumab oder Fingolimod oder Natalizumab	Ein Zusatznutzen ist nicht belegt.
Ponesimod: Beschluss vom 19.05.2022[k]		
a1) Erwachsene mit schubförmiger MS, die bislang noch keine krankheitsmodifizierende Therapie erhalten haben oder mit krankheitsmodifizierender Therapie vorbehandelte Erwachsene, deren Erkrankung nicht hochaktiv ist; EDSS-Score $\leq 3,5$.	Interferon beta-1a oder Interferon beta-1b oder Glatirameracetat oder Dimethylfumarat oder Teriflunomid oder Ocrelizumab unter Berücksichtigung der Zulassung.	… gegenüber Teriflunomid: Hinweis für einen geringen Zusatznutzen.
a2) Erwachsene mit schubförmiger MS, die bislang noch keine krankheitsmodifizierende Therapie erhalten haben oder mit krankheitsmodifizierender Therapie vorbehandelte Erwachsene, deren Erkrankung nicht hochaktiv ist; EDSS-Score $> 3,5$.	Interferon beta-1a oder Interferon beta-1b oder Glatirameracetat oder Dimethylfumarat oder Teriflunomid oder Ocrelizumab unter Berücksichtigung der Zulassung.	… gegenüber Teriflunomid: Ein Zusatznutzen ist nicht belegt.

Tab. 9.2 (Fortsetzung)

Beurteilter Zusatznutzen	Zweckmäßige Vergleichstherapie	Ausmaß und Wahrscheinlichkeit eines Zusatznutzens
Diroximelfumarat: Beschluss vom 16.06.2022[l]:		
Verfahren ausgesetzt.		

[a] ▶ https://www.g-ba.de/beschluesse/1949/
[b] ▶ https://www.g-ba.de/bewertungsverfahren/nutzenbewertung/719/#beschluesse
[c] ▶ https://www.g-ba.de/beschluesse/2075/
[d] ▶ https://www.g-ba.de/beschluesse/2578/
[e] ▶ https://www.g-ba.de/beschluesse/2349/
[f] ▶ https://www.g-ba.de/bewertungsverfahren/nutzenbewertung/425/#beschluesse
[g] ▶ https://www.g-ba.de/beschluesse/3313/
[h] ▶ https://www.g-ba.de/bewertungsverfahren/nutzenbewertung/343/
[i] ▶ https://www.g-ba.de/bewertungsverfahren/nutzenbewertung/519/
[j] ▶ https://www.g-ba.de/bewertungsverfahren/nutzenbewertung/566/
[k] ▶ https://www.g-ba.de/bewertungsverfahren/nutzenbewertung/768/
[l] ▶ https://www.g-ba.de/bewertungsverfahren/nutzenbewertung/779/
Arzneimittel-Kompass 2022

Definition der hochaktiven RRMS lediglich für therapienaive Patientinnen und Patienten.“

... und sieht für die vorzunehmende Bewertung eigene klinische Definitionen und eine rein MRT-basierte Definition vor. Gerade die rein MRT-basierte Definition wird sicher unter MS-Expertinnen und Experten kontrovers diskutiert werden – dessen ungeachtet sind die Ergebnisse der Bewertung aber sicher mit Spannung zu erwarten.

9.2.4 Was ist Betroffenen wichtig?

Neben Unterschieden in der Wirksamkeit der einzelnen Medikamente *unter optimalen Bedingungen* bleibt natürlich die Frage, inwieweit diese Medikamente *in der Realität* von Patientinnen und Patienten auch wirklich angewendet oder nach welchen Kriterien sie bevorzugt werden.

Hierzu seien schlaglichtartig zwei kürzlich erschienene Publikationen betrachtet:

Braune und Kollegen haben für den Zeitraum von 2010 bis 2018 die Daten zur **Therapieadhärenz** von Patientinnen und Patienten, die von einem Netzwerk niedergelassener deutscher Neurologen betreut wurden, ausgewertet. Hier zeigte sich, dass der Anteil an MS-Patienten, die eine Immuntherapie erhalten haben, in diesem Zeitraum erfreulich stetig zunahm. Die Adhärenz bzw. Persistenz war jedoch über den gesamten Zeitraum erstaunlich gering: Gut 40 % der Patienten hatten ihre Therapie nach drei Jahren abgebrochen, wobei die oralen Therapien besser abschnitten als die zu injizierenden und die Infusionstherapien nur in den letzten Jahren (2016 bis 2018) noch besser abschnitten (Braune et al. 2021). Im Kontrast zur Diskussion um die „richtige“ Therapieintensität, die auf ärztlicher Seite geführt wird und auf der Erkenntnis aufbaut, dass eine kontinuierliche Therapie immer notwendig ist, lassen diese Daten vermuten, dass allein schon dieses Junktim von den Betroffenen selbst nicht immer leicht durchzuhalten ist.

Dabei spielen für die Betroffenen natürlich verschiedene Faktoren eine Rolle – wichtig sind dabei neben der Wirksamkeit und Sicherheit auch die präferierte Applikationsform: Für die immunmodulatorische Therapie der MS stehen Medikamente zur Injektion, als Tablette oder als Infusion zur Verfügung – aktuell sind es acht Injektionstherapien, acht orale Therapien und drei Infusionstherapien mit ganz unterschiedlichen Anwendungsintervallen (siehe ◘ Tab. 9.1). In einem sogenannten ***discrete choice experiment*** haben nun Bauer und Kollegen fast 500 Patienten aus Ländern mit einer hohen Krankheitsprävalenz (Australien, Kanada, Deutschland, Schweiz und Vereinigte Staaten) entscheiden lassen, welche Attribute einer hypothetischen Therapie bezüglich Applikationsform und Anwendungshäufigkeit, Reduktion der Schubrate, Risiko der Behinderungsakkumulation und Sicherheit ihnen wichtig sind. Es zeigte sich, dass der Gesamtgruppe die Attribute der Applikation/Anwendungshäufigkeit und der Sicherheit wichtiger waren als Schubratenreduktion und Behinderungsprogression (= Wirksamkeit). Bei Patientinnen und Patienten, die real eine orale oder eine intravenöse Therapie erhielten, stand im fiktiven Experiment die Applikationsform und das Dosierungsintervall an erster Stelle, bei denen mit subkutan anzuwendenden Präparaten die Sicherheit. Verglich man Patienten mit einer Krankheitsdauer von weniger bzw. mehr als zahn Jahren Krankheitsdauer, zeigte sich, dass Sicherheitsaspekte bei den kürzer Erkrankten im Vordergrund standen (Bauer et al. 2020). Bei aller Diskussion um die Therapieeffektivität sind Sicherheitsbedenken oder „Risikobereitschaft" und Applikation aus Patientensicht ebenso wichtige Kriterien für die Wahl der individuell besten Therapie.

9.2.5 *Treat to target*: Kontroverse um die neue Leitlinie

2021 hat die Deutsche Gesellschaft für Neurologie die S2k-Leitlinie „Diagnose und Therapie der Multiplen Sklerose, Neuromyelitis-optica-Spektrum-Erkrankungen und MOG-IgG-assoziierten Erkrankungen" (Hemmer et al. 2021; AWMF-Registernummer 030/050) veröffentlicht. In dieser vollständigen Überarbeitung der zuletzt 2014 erschienenen S2-Leitlinie hat es sich ein neues Autorinnen- und Autorenteam zur Aufgabe gemacht, Therapieempfehlungen zu konsentieren, die den Patientenwunsch gleichermaßen wie das medizinisch Machbare in den Mittelpunkt stellen – wohl wissend, dass einige der adressierten Therapiefragen (noch) nicht völlig evidenzbasiert zu beantworten sind.

Wesentliche Empfehlungen/„Leitplanken" der Leitlinie sind:

- Eine Immuntherapie ist unmittelbar und prinzipiell nach Diagnose einer MS oder eines klinisch isolierten Syndroms (als deren Vorstufe) indiziert. Es kann aber, vor allem wenn eine entsprechende Patientenpräferenz besteht, ein Zuwarten unter engmaschiger Beobachtung vertretbar sein, wenn es Hinweise auf einen milden Verlauf gibt.
- Es sollen realistische Therapieziele angestrebt und mit der Patientin oder dem Patienten besprochen werden. Hierzu gehören die Reduktion von klinischer Krankheitsaktivität (Schübe und Behinderungsprogression) und der Erhalt der Lebensqualität. Ein weiteres Ziel ist es, kernspintomographisch messbare subklinische Krankheitsaktivität zu verhindern.
- Neben den zu erwartenden Therapieeffekten sollen auch Aspekte wie Verträglichkeit, Nebenwirkungsprofil und Langzeitsicherheit eine Rolle bei der Auswahl spielen.
- Nach langjähriger Krankheit und langjährig unter Immuntherapie sistierter Krankheitsaktivität kann in Einzelfällen eine Beendigung der Therapie erwogen werden – dies aber nur im Bewusstsein, dass die noch bestehende Wirkung der Immuntherapie eben gerade die Voraussetzung für den stabilen Krankheitsverlauf war. Diese Entscheidung stellt wesentlich die langfristige Therapielast der Betroffenen in Rechnung und die Tatsache, dass die Wirksamkeit der Immuntherapeutika im Alter deutlich nachlässt.
- Gemäß der in den Zulassungsstudien gemessenen Schubratenreduktion werden die verfügbaren Präparate in drei Wirksamkeitskategorien eingeteilt (siehe

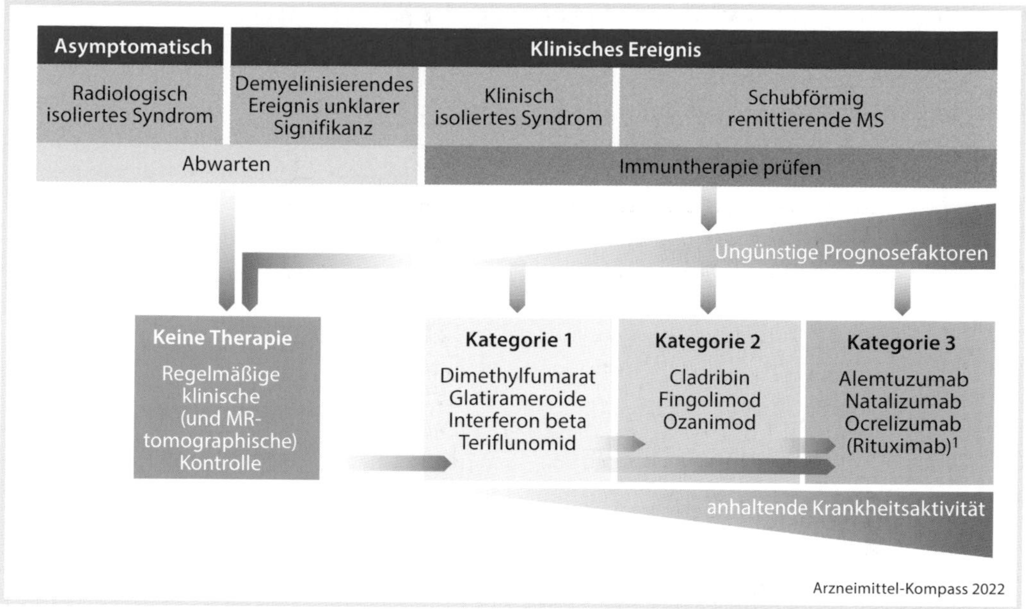

Abb. 9.1 Wirksamkeitskategorien der MS-Immuntherapeutika zur Behandlung der MS. [1]Off-Label-Use (aus Hemmer et al. 2021)

Abb. 9.1). Bei Hinweisen auf einen (hoch)aktiven Verlauf mit unbehandelt tendenziell schlechterer Prognose soll Patienten ein Präparat der Wirksamkeitskategorie 2 oder 3 angeboten werden.

Diese Empfehlungen spiegeln sowohl Leitbild als auch Angriffsflächen der neuen Leitlinie wider und stellen die bis heute bestehenden Evidenzlücken in der MS-Therapie exemplarisch dar. So ist zum Beispiel die Empfehlung, unter bestimmten Bedingungen eine Therapie noch nicht zu beginnen, dem Ziel geschuldet, dass eine Therapie nicht nur empfohlen sein muss, sondern auch für den „Anwender" akzeptabel. Die bis heute hohen Abbruchraten in den ersten Monaten sprechen hier eine deutliche Sprache. Natürlich ist es aber gleichzeitig unter den Autoren der Leitlinie unbestritten, dass eine Therapie besser wirkt, je früher sie begonnen wird. Ähnliche Erwägungen gelten für den Therapieabbruch nach langjähriger Krankheitsstabilität, der Teil der therapeutischen Realität ist, also in einer Leitlinie adressiert werden muss. Nur wie sind reliable Kriterien für diese medizinischen Entscheidungen zu definieren? Kontrollierte Studien dazu stehen (noch) aus. Auch die vorgenommene Einteilung der Immuntherapien in drei Wirksamkeitskategorien ist ein Stück weit willkürlich – auch andere Kriterien hätten herangezogen werden können. Nichtsdestotrotz erlauben nur Vorschläge dieser Art, die Therapie der MS zu operationalisieren.

Entsprechend ist die Leitlinie sowohl in der im Rahmen der Leitlinienentwicklung vorgeschriebenen öffentlichen Konsultationsphase als auch in der ersten Zeit nach Erscheinen heftig diskutiert worden. Die Kritik reichte von einer zu weitreichenden Einmischung in die ärztliche Freiheit bis hin zu einer im wesentlichen therapiefeindlichen Grundfärbung der Leitlinie, die einen Rückschritt zu Lasten der Gesundheit der Patientinnen und Patienten bedeute (siehe hierzu exemplarisch die Diskussion in der Zeitschrift „Neurological Research and Practice": Bayas et al. 2021; Kappos 2021; Wiendl et al. 2021).

Als sogenannte **Living Guideline** wird die Leitlinie nun jährlich aktualisiert – nicht zuletzt, um auch dieser Kritik Rechnung zu tragen und Empfehlungen nachschärfen zu können. Die reine Vielfalt der zur Verfügung stehenden Immuntherapeutika allein führt also keineswegs immer gleich zu klaren und allgemein anerkannten Verfahrensweisen, wie diese individuell anzuwenden sind.

9.2.6 Originatoren, Biosimilars und Generika

Eine weitere interessante Entwicklung auf dem Markt der MS-Immuntherapeutika ist, dass nun einige der sehr häufig verschriebenen Medikamente aus Sicht ihres Produktzyklus' in die Phase der Degeneration eintreten: Sowohl für Dimethylfumarat als auch für Fingolimod kamen 2022 erste Generika auf den Markt. Auch für Natalizumab steht in Deutschland ein Biosimilar vor der Tür. Diese Entwicklung ist nicht völlig neu, steht doch mit Clift® seit 2017 ein biosimilares Glatirameracetat zur Verfügung, das jedoch lange aus patentrechtlichen Gründen nicht in allen Dosierungsintervallen wie der Originator angewendet werden konnte und auch preislich nicht wesentlich unter dem Originator liegt.

Ob die nun zur Verfügung stehenden Generika und kommenden Biosimilars ein Erfolg werden und wie sich der Markt verändern wird, hängt aber ohnehin nicht ausschließlich vom Preis ab. Denn die medikamentöse Behandlung der MS ist eine **betreuungsintensive Therapie**. Ausgehend von den Spritzenservices der ersten zu injizierenden Therapien haben alle pharmazeutischen Unternehmen über viele Jahre durch vielfältige Unterstützungs- und Beratungsangebote die Bindung der Patientinnen und Patienten an eine Marke betrieben. Image des Herstellers, **Markenvertrauen**, Sichtbarkeit und zielgruppenorientierte Begleitprogramme sind für die Akzeptanz einer Therapie von großer Bedeutung und machen Präparate nur schwer durch Ärztin, Arzt, Apothekerin oder Apotheker austauschbar. Ob dies nun ein Umdenken nach sich zieht, wer bei dieser Form der Patientenbetreuung der eigentliche Protagonist sein sollte oder wird (nämlich die verschreibenden Ärztinnen und Ärzte) oder ob allein die Verfügbarkeit von Austauschpräparaten die Preisgestaltung und Wirtschaftlichkeit verändert, bleibt abzuwarten. Auch wird die Bedeutung der Generika und Biosimilars für die Wirtschaftlichkeitsvereinbarungen zwischen KVen und niedergelassenen Ärztinnen und Ärzten durch z. B. Leitsubstanzen zu beobachten sein.

Schließlich mag die Diskussion über die Wirtschaftlichkeit der Generika und Biosimilars auch noch eine andere Perspektive öffnen – die des Einsatzes von (günstigen) Substanzen im **Off-Label-Use (OLU)**. Prominentes Beispiel dafür ist die Anwendung von Rituximab, das selbst auch als Biosimilar zur Verfügung steht und die sehr erfolgreiche B-Zell-Therapie der MS begründet hat. Über das **Instrument des Selektivvertrags** kann zumindest die Refinanzierung einer solchen alternativen Therapie sichergestellt werden. Ein Beispiel dafür ist der 2022 zwischen den neurologischen Berufsverbänden und den Ersatzkassen ausgehandelte MS-Modulvertrag, der neben einer Vielzahl anderer Instrumente zur Verbesserung der ambulanten Versorgung MS-Betroffener auch den OLU von Rituximab vereinfacht.[5]

9.3 Wie gut sind Patientinnen und Patienten sowie Ärztinnen und Ärzte bzw. weitere Leistungserbringende in Deutschland informiert?

Systematische Untersuchungen zum Wissensstand bezüglich der Immuntherapeutika bei Neurologinnen, Neurologen, Patientinnen und Patienten in Deutschland liegen unserer Kenntnis nach nicht vor. Eine sehr aktuelle Arbeit

5 ► https://www.berufsverband-nervenaerzte.de/ms-modulvertrag-2022/.

aus den USA zeigt aber z. B. deutliche Wissenslücken bei Neurologinnen und Neurologen bei der korrekten Anwendung der für die Diagnose der MS so wichtigen McDonald-Kriterien, konkret bei der dabei durchgeführten Läsionsbeurteilung in der MRT (Solomon et al. 2022). Ob deutsche Ärztinnen und Ärzte hier besser abschneiden, ist nicht belegt. Zumindest darf man aber davon ausgehen, dass die Verordnenden sich durch Leitlinien und zahlreiche Informationsveranstaltungen und Fachvorträge, vor allem auf großen deutschen und internationalen Kongressen (DGN, DGKN, EAN, ECTRIMS etc.), gut mit der Indikation und dem klinischen Monitoring der MS-Immuntherapeutika auskennen. Weniger gut bekannt sein dürften die o. g. erheblichen Limitationen der klinischen Studien bzw. der darin untersuchten Präparate. Hoch problematisch ist hier der Bias des Angebots, etwa bei produktbezogenen/-„freundlichen" Satellitensymposien auf großen Kongressen. Versuche einer kleinen kritischen Gegenöffentlichkeit in der Ärzteschaft, etwa der „**Neurology-First"-Initiative**, hier zu einer Korrektur zu kommen und mehr unabhängige Fortbildungsformate zu etablieren, sind bislang gescheitert bzw. durch Delegation des Problems in langatmige Gremienarbeit ausgebremst worden (Lempert et al. 2018).

Bezüglich der Betroffenen konnte vor wenigen Jahren in mehreren europäischen Ländern ein erschreckend geringes Wissen zu den Risiken der MS-Therapie gezeigt werden (Giordano et al. 2018). Hier ist also Schulung und Information notwendig. Ein Ansatz, der sich hierzu erfreulicherweise entwickelt, ist die Entwicklung produktunabhängiger Informationen für Betroffene einschließlich expliziter Patientenedukationsprogramme. Das Ziel ist hier unter anderem, das Wissen der Betroffenen zur korrekten Interpretation von Wirksamkeitsdaten der Immuntherapeutika bei MS zu verbessern, etwa zu den Begriffen „absolute/relative Risiko-/bzw. Schubratenreduktion". Ähnliche Ansätze werden zur Bedeutung der MRT bei der MS betrieben (Freund et al. 2022). Diese Initiativen sind absolut zu begrüßen, ist es doch mittlerweile unstrittig, dass Patientinnen und Patienten bei jeder Therapieentscheidung im Sinne eines **Shared Decision-Making** einzubeziehen sind. Es wäre zu wünschen, dass die Implementierung dieser Evidenz-basierten Informationen für Betroffene auch entsprechend verordnet bzw. über die GKV erstattungsfähig werden könnte, da der Zeitaufwand der Vermittlung doch erheblich sein kann. Andererseits darf erwartet werden, dass besser informierte Patientinnen und Patienten für sich selbst bessere (besser tragfähige) Therapieentscheidungen treffen, Umwege vermeiden und möglicherweise somit Kosten gespart würden.

9.4 Was kann verbessert werden?

In der Arzneimittelversorgung der Multiplen Sklerose sind in den letzten Jahrzehnten erstaunliche Fortschritte gemacht worden, was als großes Verdienst aller Stakeholder anzuerkennen ist. Raum und Bedarf für Verbesserungen gibt es aber immer:

- Aus Sicht der Betroffenen wäre es wünschenswert, dass die Behandlung mit hochwirksamen, oft aber auch mit Risiken behafteten Immuntherapeutika in der Hand von Expertinnen und Experten liegt, die mit der Krankheit MS und dem Management der zahlreichen Präparate und ihrer Nebenwirkungen vertraut sind. Diese Empfehlung wird auch in der neuen Leitlinie der European Academy of Neurology (EAN) und des European Committee for Treatment and Research in Multiple Sclerosis (ECTRIMS) ausgesprochen (Amato 2022). Damit sollte sich die Behandlung MS-Betroffener aber nicht auf wenige Expertinnen und Experten sowie Zentren beschränken – vielmehr muss die Aufgabe sein, die Breite der MS-Patientinnen und -Patienten behandelnden Ärztinnen und Ärzte fortlaufend zu Experten zu qualifizieren.

- Studien in anderen Ländern haben dabei als Problem die sogenannte ***therapeutic inertia*** beschrieben – vielleicht am besten mit „therapeutischer Unbeweglichkeit“ oder „therapeutischem Verharren“ zu übersetzen. Die Verfügbarkeit einer zunehmenden Zahl von Immuntherapeutika zur Behandlung der MS mit immer mehr zu beachtenden Details zu spezifischem Monitoring, Nebenwirkungen etc. macht die ohnehin schon komplexen Therapieentscheidungen tendenziell noch komplizierter und unübersichtlicher – Neurologinnen und Neurologen müssen sorgfältig abwägen zwischen Krankheitsaktivität, persönlicher Risikobereitschaft und Risikowissen bei den zu Behandelnden, deren Lebensumständen, Familienplanung, Begleiterkrankungen und dem Nebenwirkungsprofil der Immuntherapeutika. *Therapeutic inertia* meint in diesem Kontext, dass viele Ärztinnen und Ärzte zum Erhalt des Status quo neigen, was bedeutet, dass Behandlungsentscheidungen unterbleiben oder verzögert werden, selbst wenn Behandlungsziele nicht erreicht sind. Dies kann sich erheblich zum Nachteil der zu Behandelnden auswirken. Initiativen, dieses Verhalten durch gezielte Interventionen abzubauen, sind unlängst auf den Weg gebracht worden (Langer-Gould et al. 2021; Saposnik et al. 2019).
- Gleichermaßen zu wünschen sind alle Aktivitäten zur Wissensvermittlung an Patientinnen und Patienten, etwa über die Risiken der MS, der Immuntherapie und das Monitoring der Erkrankung z. B. mittels MRT. Dies ist zeitaufwendig und kommt daher in sehr vollen Praxen oft zu kurz, solange keine speziellen Ressourcen dafür vorgehalten werden. Daher sollten diese Aufwände über die Versicherungen abgerechnet werden können. Der finanzielle Mehraufwand wird sich mutmaßlich nach wenigen Jahren mehr als rechnen, da besser informierte Patientinnen und Patienten gemeinsam mit ihren Ärztinnen und Ärzten tragfähigere Therapieentscheidungen treffen.
- Für die Verbesserung der Qualität prospektiver klinischer Studien und der Relevanz der Ergebnisse für die Betroffenen wäre es zu begrüßen, wenn patienten-relevante bzw. patienten-berichtete Endpunkte (sogenannte PROs – ***patient reported outcomes***) zwingend zumindest als sekundäre Endpunkte in klinischen Studien erhoben würden und positive Effekte auf diese Endpunkte Voraussetzung für eine Zulassung wären.
- Wesentliche Schwächen hat die Arzneimittelversorgung der Multiplen Sklerose darüber hinaus bei der Generierung von *Real-World*-Daten, die aber eine bessere Steuerung erlauben würden. Wirklich etabliert ist die Sammlung von Daten zur Behandlung mit Immuntherapeutika leider nur über das Instrument der sogenannten „Anwendungsbeobachtungen“, die von der pharmazeutischen Industrie durchgeführt werden. Aus Sicht der Autoren gehören diese abgeschafft, da hier in der Regel nur die Verordnungsbereitschaft und Persistenz für bestimmte Präparate über eine in der Regel üppig honorierte Sammlung minderwertiger klinischer Daten erhöht oder unterhalten wird.
  Um zu sehen, wie es besser gemacht werden kann, lohnt ein Blick zu unseren Nachbarn: In skandinavischen Ländern wie Dänemark oder Schweden gibt es seit vielen Jahren exzellente **MS-Register**, in denen annähernd jede Patientin oder jeder Patient mit einer MS-Diagnose und Immuntherapie erfasst wird – und zwar über alle Präparate hinweg und unabhängig von der pharmazeutischen Industrie. Diese umfassenden Daten haben gerade in den letzten Jahren wesentliche Erkenntnisse zu diversen Immuntherapiestrategien geliefert, die mangels echter *Head-to-Head*-Studien ansonsten nicht hätten verglichen werden können.
  Eine möglichst vollständige Erfassung aller MS-Erkrankten und ihrer Immuntherapien in einem flächendeckenden Register auch in Deutschland würde eine exzellente

Möglichkeit zur Durchführung von klassischen Register-Studien, Register-basierten RCTs (*randomized controlled trial*) oder auch neuen Studiendesigns, die nichtinterventionell auf *real world evidence* beruhen, aber ein RCT nachempfinden (sogenannte **emulierte RCTs**), darstellen (Franklin et al. 2021; Hernán und Robins 2016). Dies würde helfen, Evidenz zu Wirkungen, Nebenwirkungen und Sicherheit von Immuntherapeutika außerhalb des sehr artifiziellen Settings kontrollierter klinischer Studien zu generieren und so etwa Signale zu selteneren Nebenwirkungen zu detektieren, die Langzeitwirksamkeit zu untersuchen, Immuntherapeutika in Populationen mit Komorbiditäten und Komedikationen zu beobachten – um nur einige Fragestellungen zu nennen. Auch das IQWiG sieht in der Erfassung versorgungsnaher Daten Chancen, die Nutzenbewertung von Arzneimitteln zu verbessern (IQWiG 2020). Derartige Registerdaten könnten zudem helfen, viele der nach wie vor in den Leitlinien offenen Fragen zu beantworten, etwa nach Markern zur Prognoseabschätzung und Risikostratifizierung.
Wie immer offen ist die Frage, wie ein solches Register zu finanzieren und wo es anzusiedeln wäre. Dabei gibt es bereits seit vielen Jahren ein von der Deutschen Multiple Sklerose Gesellschaft (DMSG e. V.) betriebenes Register, das mit einigem Aufwand für diese Zwecke erweitert werden könnte.

- Aus Sicht der klinischen Forschung ist es misslich, dass praktisch alle Studien zur Arzneimitteltherapie bei MS von der pharmazeutischen Industrie durchgeführt werden. Die Fördermechanismen zur Unterstützung sog. Forscher-initiierter Studien (IIT, ***investigator initiated trials***) sind in Deutschland unterentwickelt, sowohl was die inhaltliche Breite der Programme angeht als auch das hierfür zur Verfügung stehende finanzielle Volumen. Diese Situation sollte verbessert werden, damit echte Innovationen auch unabhängig von finanziellen Interessen der Industrie bei den Betroffenen ankommen.
- Schließlich bleibt die Frage, welche **Anreize die Entwicklung weiterer Arzneimittel** für die Behandlung der MS steuern sollen. Während andere Länder Kosten und Nutzen in direktere pharmakoökonomische Beziehung setzen und die Kostenübernahme durch die Gemeinschaft strenger davon abhängig machen (Beispiel Großbritannien/NICE), sind die deutschen Verhältnisse mit dem isolierten und manchmal etwas zahnlosen Vergleich der neuen Einzelsubstanz mit einer bereits vorhandenen Therapie klarer kalkulierbar, befördern aber nicht unbedingt die Risikobereitschaft, echte Innovationen für die weiterhin bestehenden *medical needs* der MS-Behandlung zu entwickeln. Wenn Metoo-Präparate und Repurposing zu Medikamenten mit wirtschaftlich interessanten Preisen führen, wird – bei allem in den letzten Jahrzehnten für unsere MS-Patientinnen und Patienten Erreichten – weiterer Fortschritt womöglich länger auf sich warten lassen.

9.5 Fazit

Was wäre also zu wünschen? Hinsichtlich der Entwicklung neuer Arzneien wären **Präparate mit klarem Effekt auf die Neurodegeneration**, die klinisch die schubunabhängige Progression und die kognitive Verschlechterung günstig beeinflussen, sowie Arzneien mit regenerativem oder remyelinisierendem Potenzial von großer Wichtigkeit. Ein weiterer Punkt mit erheblichem Verbesserungspotenzial ist die **Bewertung der Wirksamkeit von MS-Arzneimitteln** – zugegeben eine große Herausforderung bei einer so komplexen und heterogen verlaufenden Erkrankung wie der MS. Abzuhelfen wäre dem Fehlen von Vergleichsstudien der Arzneimittel untereinander, dem Fehlen einer konsentierten und prospektiv validierten Definition einer hochaktiven Erkrankung sowie vor allem dem Fehlen von Daten bezüglich der Langzeitrisiken für die erst vor wenigen Jahren zugelassenen Präparate. Auch das Einbeziehen der **Bedürfnisse der Betroffenen** in der Planung von Studien und deren Endpunkten ist bislang zu kurz gekommen. Da nicht alle Fragen in randomisierten kontrollierten Studien beantwortet werden können, ist die **Weiterentwicklung vorhandener Register** dringlich geboten, etwa um Evidenz zu Wirkung, Nebenwirkungen und Sicherheit von Immuntherapeutika ab der Zulassung und über längere Behandlungszyklen als in klinischen Studien zu generieren und diese Parameter in den größer werdenden **Populationen mit Komorbiditäten und Komedikationen** zu untersuchen. Gerade aufgrund der Komplexität der Erkrankung und der zunehmenden Anforderungen an die Differenzialtherapie inklusive der Therapieüberwachung sind eine kontinuierliche Qualifizierung der Behandelnden, aber auch eine stärkere Patientenedukation zur Erkrankung MS und ihrer Behandlungsmöglichkeiten zu fordern. Idealerweise wird damit die Behandlung der MS in der Hand von Expertinnen und Experten liegen – sowohl von ärztlicher Seite als auch seitens der Erkrankten.

Literatur

Amato MP (2022) Getting evidence into practice: the new EAN-ECTRIMS guideline „update on the pharmacological treatment of people with multiple sclerosis". European Academy of Neurology, Vienna

Bauer B, Brockmeier B, Devonshire V et al (2020) An international discrete choice experiment assessing patients' preferences for disease-modifying therapy attributes in multiple sclerosis. Neurodegener Dis Manag 10(6):369–382

Bayas A, Berthele A, Hemmer B, Warnke C, Wildemann B (2021) Controversy on the treatment of multiple sclerosis and related disorders: positional statement of the expert panel in charge of the 2021 DGN Guideline on diagnosis and treatment of multiple sclerosis, neuromyelitis optica spectrum diseases and MOG-IgG-associated disorders. Neurol Res Pract 3(1):45

Bjornevik K, Cortese M, Healy BC et al (2022) Longitudinal analysis reveals high prevalence of Epstein-Barr virus associated with multiple sclerosis. Science 375(6578):296–301

Braune S, Rossnagel F, Dikow H et al (2021) Impact of drug diversity on treatment effectiveness in relapsing-remitting multiple sclerosis (RRMS) in Germany between 2010 and 2018: real-world data from the German NeuroTransData multiple sclerosis registry. BMJ Open 11(8):e42480

Daltrozzo T, Hapfelmeier A, Donnachie E et al (2018) A systematic assessment of prevalence, incidence and regional distribution of multiple sclerosis in Bavaria from 2006 to 2015. Front Neurol 8:871

Derfuss T, Mehling M, Papadopoulou A et al (2020) Advances in oral immunomodulating therapies in relapsing multiple sclerosis. Lancet Neurol 19(4):336–347

Engelhard J, Oleske DM, Schmitting S et al (2022) Multiple sclerosis by phenotype in Germany. Mult Scler Relat Disord 57:103326

Flachenecker P (2017) Fatigue bei Multipler Sklerose – pathophysiologische Aspekte und Abgrenzung zur Depression. Ärztl Psychother 12(2):93–101

Flachenecker P, Eichstädt K, Berger K et al (2020) Multiple Sklerose in Deutschland: aktualisierte Auswertungen des MS-Registers der DMSG 2014–2018. Fortschr Neurol Psychiatr 88:436–451

Franklin JM, Patorno E, Desai RJ et al (2021) Emulating randomized clinical trials with nonrandomized real-world evidence studies: first results from the RCT DUPLICATE initiative. Circulation 143(10):1002–1013

Freund M, Schiffmann I, Rahn AC et al (2022) Understanding magnetic resonance imaging in multiple sclerosis (UMIMS): development and piloting of an online education program about magnetic resonance imaging for people with multiple sclerosis. Front Neurol 13:856240

Gehr S, Kaiser T, Kreutz R, Ludwig WD, Paul F (2019) Suggestions for improving the design of clinical trials in multiple sclerosis – results of a systematic analysis of completed phase III trials. EPMA J 10:425–436

Giordano A, Liethmann K, Köpke S et al (2018) Risk knowledge of people with relapsing-remitting multiple sclerosis – results of an international survey. PLoS ONE 13:e208004

Hemmer B et al (2021) Diagnose und Therapie der Multiplen Sklerose, Neuromyelitis-optica-Spektrum-Erkrankungen und MOG-IgG-assoziierten Erkrankungen, S2k-Leitlinie, 2021. In: Deutsche Gesellschaft für Neurologie (Hrsg) Leitlinien für Diagnostik und Therapie in der Neurologie (www.dgn.org/leitlinien. Zugegriffen: 01. August 2022)

Hernán MA, Robins JM (2016) Using big data to emulate a target trial when a randomized trial is not available. Am J Epidemiol 183(8):758–764

Holstiege J, Steffen A, Goffrier B et al (2017) Epidemiologie der Multiplen Sklerose – eine populationsbasierte deutschlandweite Studie. Zentralinstitut für die kassenärztliche Versorgung in Deutschland (Zi). Versorgungsatlas-Bericht Nr. 17/09. Berlin. https://www.versorgungsatlas.de/themen/alle-analysen-nach-datum-sortiert/?tab=4&uid=86. Zugegriffen: 1. Aug. 2022

Huntemann N, Rolfes L, Pawlitzki M et al (2021) Failed, interrupted, or inconclusive trials on neuroprotective and neuroregenerative treatment strategies in multiple sclerosis: update 2015–2020. Drugs 81(9):1031–1063

IQWiG (2020) Wissenschaftliche Ausarbeitung von Konzepten zur Generierung versorgungsnaher Daten und deren Auswertung zum Zwecke der Nutzenbewertung von Arzneimitteln nach § 35a SGB V – Rapid Report [A19-43. https://www.iqwig.de/projekte/a19-43.html. Zugegriffen: 2. Aug. 2022

Kappos L (2021) No consensus about consensus? Neurol Res Pract 3(1):46

Koch-Henriksen N, Thygesen LC, Stenager E et al (2018) Incidence of MS has increased markedly over six decades in Denmark particularly with late onset and in women. Neurology 90(22):e1954–e1963

Langer-Gould A, Cheng SC, Li BH, Kanter MH (2021) The multiple sclerosis treatment optimization program. Ann Clin Transl Neurol 8:2146–2154

Lempert T, Janzen RWC, Diehl R et al (2018) Warum die Deutsche Gesellschaft für Neurologie einen unabhängigen Kongress braucht. Akt Neurol 6:429

Lunde HMB, Assmus J, Myhr KM et al (2017) Survival and cause of death in multiple sclerosis: a 60-year longitudinal population study. J Neurol Neurosurg Psychiatry 88(8):621–625

Piehl F (2021) Current and emerging disease-modulatory therapies and treatment targets for multiple sclerosis. J Intern Med 289(6):771–791

Ploughman M, Yong VW, Spermon B et al (2022) Remyelination trial failures: repercussions of ignoring neurorehabilitation and exercise in repair. Mult Scler Relat Disord 58:103539

Pöttgen J, Moss-Morris R, Wendebourg JM et al (2018) Randomised controlled trial of a self-guided online fatigue intervention in multiple sclerosis. J Neurol Neurosurg Psychiatry 89(9):970–976

Saposnik G, Maurino J, Sempere AP et al (2019) Does attendance at the ECTRIMS congress impact on therapeutic decisions in multiple sclerosis care? Mult Scler J Exp Transl Clin 5:2055217319835226

Seifert R, Stangel M (2020) Pharmakologische Behandlung der multiplen Sklerose. In: Schwabe U, Ludwig W-D (Hrsg) Arzneiverordnungs-Report 2020. Springer, Berlin Heidelberg, S 653–670

Solomon AJ, Kaisey M, Krieger SC et al (2022) Multiple sclerosis diagnosis: knowledge gaps and opportunities for educational intervention in neurologists in the United States. Mult Scler 28:1248–1256

Sterz C, Ellenberger D, Friede T et al (2016) Employment-associated factors in multiple sclerosis – results of a cross-sectional study in Germany. Edorium J Disabil Rehabil 2:24–33

Thompson AJ, Banwell BL, Barkhof F et al (2018) Diagnosis of multiple sclerosis: 2017 revisions of the McDonald criteria. Lancet Neurol 17(2):162–173

Vaughn CB, Jakimovski D, Kavak KS et al (2019) Epidemiology and treatment of multiple sclerosis in elderly populations. Nat Rev Neurol 15(6):329–342

Wiendl H, Gold R, Zipp F (2021) Multiple Sclerosis Therapy Consensus Group. Multiple sclerosis therapy consensus group (MSTCG): answers to the discussion questions. Neurol Res Pract 3(1):44

Arzneimittelversorgung zwischen ambulanter und stationärer Behandlung

Claudia Langebrake

Inhaltsverzeichnis

H. Schröder et al. (Hrsg.), *Arzneimittel-Kompass 2022*, https://doi.org/10.1007/978-3-662-66041-6_10

Zusammenfassung

Die Versorgung mit Arzneimitteln im ambulanten und stationären Bereich ist in Deutschland sehr unterschiedlich organisiert, sodass es an den Sektorengrenzen zu Informationsverlusten kommen kann. Dadurch können unerwünschte Medikationsfehler entstehen, die negative Auswirkungen auf die Arzneimitteltherapie- und Patientensicherheit haben können, was in zahlreichen Studien belegt werden konnte. Um dies zu verhindern, bedarf es umfangreicher Maßnahmen, sodass bei der Aufnahme ins Krankenhaus und auch bei der Entlassung relevante Informationen lückenlos und korrekt sowie in einfach zu verarbeitender Form zur Verfügung stehen. Dies ist möglich durch die Verwendung strukturierter Medikationspläne, die entweder in Papierform mit einem scanbaren QR-Code oder in digitaler Form ausgestellt und beispielsweise auf der Gesundheitskarte oder in der elektronischen Patientenakte gespeichert werden. Auf diese Weise werden die Bedingungen geschaffen, um unter Verwendung elektronischer Verordnungssysteme – idealerweise eingebunden in die digitale Patientenakte – die korrekte Medikation der Patientinnen und Patienten einzulesen und weiterzuverarbeiten. Somit liegen ideale Voraussetzungen für ein umfassendes Medikationsmanagement durch (Stations)apothekerinnen und -apotheker vor, um die Qualität Arzneimitteltherapie an den Schnittstellen zu erhöhen.

10.1 Arzneimittelversorgung in Deutschland

Im deutschen Gesundheitswesen gibt es eine strikte Trennung zwischen ambulanter und stationärer Versorgung, sowohl auf organisatorischer und personeller Ebene als auch hinsichtlich der Finanzierung von Gesundheitsleistungen. Dies betrifft auch die Versorgung mit Arzneimitteln, sodass die fehlerfreie Fortführung der Arzneimitteltherapie an den Sektorengrenzen ambulant-stationär und stationär-ambulant für die Arzneimitteltherapiesicherheit von entscheidender Bedeutung ist, aber auch eine große Herausforderung darstellt.

10.1.1 Arzneimittelversorgung im ambulanten Bereich

Die medikamentöse Versorgung erfolgt im ambulanten Bereich in der Regel über ärztliche Verordnungen und die Abgabe von Arzneimitteln in öffentlichen Apotheken. Dabei handelt es sich in erster Linie um verschreibungspflichtige Arzneimittel und in einigen Fällen auch um nicht-verschreibungspflichtige Arzneimittel (z. B. Acetylsalicylsäure als Thrombozytenaggregationshemmer zur Primär- oder Sekundärprophylaxe kardiovaskulärer Ereignisse oder Laxantien als Supportivtherapie bei der Behandlung mit Opioiden), die zu Lasten der gesetzlichen oder privaten Krankenversicherungen angewendet werden. Die ärztlichen Verordnungen werden in Form von Rezepten schriftlich ausgestellt. Mit dem im Oktober 2020 in Kraft getretenen Gesetz zum Schutz elektronischer Patientendaten in der Telematikinfrastruktur (Patientendaten-Schutz-Gesetz – PDSG) ist die Einführung des E-Rezepts bei der Verordnung von verschreibungspflichtigen Arzneimitteln geregelt worden. Somit sollen künftig Verordnungen auch in Form elektronischer Rezepte flächendeckend ausgestellt und in Apotheken einlösbar sein, um die Behandlung mit Arzneimitteln sicherer zu machen sowie die Abläufe in der Arztpraxis und der Apotheke zu vereinfachen.

Darüber hinaus existiert ein großer Markt an nicht-verschreibungspflichtigen Arzneimitteln, die so genannten OTC (over the counter), die im Sinne der Selbstmedikation von Patientinnen und Patienten angewendet werden. Dazu zählen beispielsweise viele Analgetika (z. B. Ibuprofen, Paracetamol), Mineralstoffe (z. B. Calcium, Magnesium) oder Vitamine, die in der Regel von den Patientinnen und Patienten selbst bezahlt werden und zum Teil nicht der Apothekenpflicht unterliegen.

10.1.2 Arzneimittelversorgung im stationären Bereich

Demgegenüber erfolgt die Versorgung mit Arzneimitteln stationär behandelter Patientinnen und Patienten in Krankenhäusern in der Regel über Krankenhausapotheken als Teileinheit des Krankenhauses oder seltener über krankenhausversorgende öffentliche Apotheken. Auf diese Weise dürfen gemäß § 14 Apothekengesetz Arzneimittel nur zur Versorgung von Patientinnen und Patienten abgegeben werden, die stationär behandelt werden, oder zur unmittelbaren Anwendung bei Patientinnen und Patienten an ermächtigte Ambulanzen. Nach § 30 Apothekenbetriebsordnung sind die Arzneimittel zur ordnungsgemäßen Versorgung von Patientinnen und Patienten des Krankenhauses in ausreichender Menge vorrätig zu halten und in einer Arzneimittelliste aufzulisten. Dadurch ist in Krankenhäusern ein eingeschränktes Sortiment an Arzneimitteln vorrätig, das durch die Arzneimittelkommission des Krankenhauses beraten und beschlossen wird. Auf diese Weise kommt es regelmäßig zu Aut-idem-Umstellungen, bei denen das Präparat der Hausmedikation wirkstoffgleich auf ein Präparat der Krankenhausliste umgestellt wird, oder zu Aut-simile-Umstellungen der Hausmedikation auf die entsprechende Krankenhausmedikation, bei denen Wirkstoffe gemäß anerkannten Übersichten zu Äquivalenzdosen in der Regel innerhalb einer Wirkstoffklasse (ATC-Level 4: Chemisch/therapeutisch/pharmakologische Untergruppe) ausgetauscht werden. Dementsprechende lokale Empfehlungen werden üblicherweise von der Krankenhausapotheke erarbeitet, durch die Arzneimittelkommission in Kraft gesetzt und somit für alle verordnenden ärztlichen Mitarbeitenden des Krankenhauses zur Verfügung gestellt. Seit dem Jahr 2020 ist es auch im ambulanten Bereich unter bestimmten Bedingungen bei Lieferengpässen gemäß der SARS-CoV-2-Arzneimittelversorgungsverordnung (SARS-CoV-2-AM-VersVO) gestattet, nach Rücksprache mit den verordnenden Ärztinnen und Ärzten ein pharmakologisch-therapeutisch vergleichbares Arzneimittel abzugeben. Dazu hat die Arzneimittelkommission der deutschen Apotheker (AMK) Äquivalenzdosistabellen zu ACE-Hemmern, Angiotensin-II-Rezeptorblockern (Sartanen), Betablockern, Bisphosphonaten, Calciumantagonisten, Diuretika, inhalativen Corticosteroiden (ICS), oralen Glucocorticoiden, Protonenpumpeninhibitoren (PPI), Statinen und Triptanen veröffentlicht.

Die Finanzierung der im Krankenhaus erbrachten Leistungen erfolgt über das deutsche DRG-Fallpauschalensystem. Generell werden in diesem Entgeltsystem Fallpauschalen in Form von typischen Behandlungskosten anhand von Haupt- und Nebendiagnosen, Prozeduren und patientenbezogenen Faktoren abgerechnet. Darin enthalten sind in der Regel auch die Kosten für Arzneimittel. Bestimmte Leistungen können jedoch in Form von Zusatzentgelten (ZE) oder NUB (Neue Untersuchungs- und Behandlungsmethoden) zusätzlich gegenüber den Kostenträgern abgerechnet werden. Dabei handelt es sich in der Regel um teure Leistungen, die sich nicht einer bestimmten Fallpauschale zuordnen lassen. Hierunter fallen auch zahlreiche Arzneimittel, wie beispielsweise Präparate zur Behandlung von Hämophilie, bestimmte Onkologika, Antiinfektiva, monoklonale Antikörper oder Gentherapeutika, deren Vergütung jährlich zwischen den Kostenträgern und den Krankenhäusern vereinbart werden, wobei das Institut für das Entgeltsystem im Krankenhaus (InEK) die Vertragspartner bei der Einführung und Weiterentwicklung des DRG-Systems unterstützt.

10.2 Instrumente zur Erhöhung der Arzneimitteltherapiesicherheit

Durch die oben dargestellten Unterschiede in der ambulanten und stationären Versorgung mit Arzneimitteln besteht das Risiko für Informationsverluste, die in Medikationsfehler münden und somit zu einer Schädigung der Patientinnen und Patienten führen können. Um die Arzneimitteltherapie an den Schnittstellen so sicher und reibungslos wie möglich zu gestalten, bedarf es der Kombination aus verschiedenen Instrumenten und Prozessen. Zu deren strukturierter und qualitätsgesicherter Einführung und Umsetzung in der täglichen Patientenversorgung sind sowohl speziell ausgebildetes und sensibilisiertes Personal als auch digitale Systeme unerlässlich.

10.2.1 Bundeseinheitlicher Medikationsplan (BMP) und elektronischer Medikationsplan (eMP)

Seit Oktober 2016 haben gesetzlich versicherte Patientinnen und Patienten mit mehr als drei dauerhaft verordneten Arzneimitteln einen gesetzlichen Anspruch auf Erstellung und Aushändigung eines bundeseinheitlicher Medikationsplan (BMP). Dadurch sollen einerseits die Patientinnen und Patienten bei der korrekten Anwendung ihrer Arzneimittel unterstützt werden, indem sie eine übersichtliche und verständliche Aufstellung aller anzuwendenden Arzneimittel enthalten, die sowohl von verschiedenen Ärztinnen und Ärzten verordnete Präparate als auch Selbstmedikation umfasst. Andererseits soll medizinisches Fachpersonal rasch umfassende Informationen über angewendete Arzneimittel erhalten, um die Weiterbehandlung – auch im Notfall – optimal gestalten zu können. Der BMP wird den Patientinnen und Patienten in der Regel schriftlich ausgehändigt, jedoch sind alle enthaltenen Daten ebenfalls in Form eines 2D-Codes aufgedruckt, sodass die Daten eingescannt werden können und damit digitalen Systemen zur Weiterverarbeitung zur Verfügung stehen (◘ Abb. 10.1).

Der BMP enthält in strukturierter Form Angaben zu allen ärztlich verordneten Arzneimitteln sowie zu relevanten Arzneimitteln, die ohne Verschreibung angewendet werden, sofern der Patient oder die Patientin dies wünscht. Die Angaben zu den Arzneimitteln umfassen:

- Wirkstoff
- Handelsname
- Stärke und Einheit
- Arzneiform
- Dosierung und Einnahmezeitpunkt
- Hinweise zur Anwendung
- Angaben zur Indikation

Ebenso enthalten sind persönliche Daten zur Patientin/zum Patienten (Name, Anschrift, Versichertendaten und ggf. weitere Daten, z. B. Gewicht, Vorerkrankungen) und Angaben der ausstellenden Person (Ärztin/Arzt oder Apothekerin/Apotheker). Der elektronische Medikationsplan (eMP) stellt die elektronische Weiterentwicklung des BMP dar, der eine Speicherung der Daten auf der elektronischen Gesundheitskarte und/oder in der elektronische Patientenakte (ePA) erlaubt.

Ein korrekt ausgestellter BMP/eMP ist somit ein sehr hilfreiches Instrument für die Arzneimitteltherapie- und Patientensicherheit. Insbesondere an den Schnittstellen ambulant-stationär-ambulant kann auf diese Weise die korrekte Medikation des Patienten rasch und eindeutig erfasst werden. Jedoch besteht hier aktuell noch deutliches Verbesserungspotenzial. So zeigte eine Umfrage des DKI unter deutschen Krankenhäusern, dass bei weniger als einem Fünftel der Notfall-Aufnahmen ein aktueller Medikationsplan oder Informationen zu Arzneimittel-Allergien vorlagen (Straub et al. 2022).

Medikationsplan

Seite 1 von 1

für: **Jürgen Wernersen** geb. am: **24.03.1940**

ausgedruckt von:
Praxis Dr. Michael Müller
Schloßstr. 22, 10555 Berlin
Tel: 030-1234567
E-Mail: dr.mueller@kbv-net.de

ausgedruckt: 01.07.2018 12:00

Wirkstoff	Handelsname	Stärke	Form	morgens	mittags	abends	zur Nacht	Einheit	Hinweise	Grund
Metoprolol succinat	METOPROLOLSUCCINAT 1A 95MG	95 mg	RetTabl	1	0	0	0	Stück		Herz/Blutdruck
Ramipril	RAMIPRIL RATIOPHARM 5MG	5 mg	Tabl	1	0	0	0	Stück		Blutdruck
Insulin aspart	NOVORAPID PENFILL ZYLINAMP	100 E/ml	Amp	20	0	20	0	IE	Wechseln der Injektionsstellen, unmittelbar vor einer Mahlzeit spritzen	Diabetes
Simvastatin	SIMVA ARISTO 40MG	40 mg	Tabl	0	0	1	0	Stück		Blutfette
zu besonderen Zeiten anzuwendende Medikamente										
Fentanyl	FENTANYL ABZ 75UG/H	0,075 mg/h	Pflast	alle drei Tage 1				Stück	auf wechselnde Stellen aufkleben	Schmerzen
Selbstmedikation										
Johanniskraut-Trockenextrakt	LAIF 900 BALANCE	900 mg	Tabl	1	0	0	0	Stück		Stimmung

Arzneimittel-Kompass 2022

Abb. 10.1 Muster eines bundeseinheitlichen Medikationsplans (die Angaben zu Patient und Arzt sind fiktiv). (Quelle: https://www.kbv.de/html/medikationsplan.php)

Auch im aktuellen Aktionsplan AMTS des Bundesministeriums für Gesundheit (2021–2024) (BMG 2021) soll die Nutzung des BMP/eMP „als wichtiges Instrument zur sektoren- und professionenübergreifenden Kommunikation gefördert werden".

10.2.2 Closed-Loop-Medikationsmanagement im Krankenhaus

Der Medikationsprozess im Krankenhaus stellt einen Hochrisikoprozess dar, in dem bei allen Prozessschritten – von der Verordnung über das Stellen/Vorbereiten der Arzneimittel, die Applikation und die Dokumentation – Fehler auftreten können. In den letzten Jahrzehnten sind zahlreiche Maßnahmen und Instrumente zur Verbesserung der Arzneimitteltherapiesicherheit (AMTS) wissenschaftlich evaluiert worden. Zusammengefasst werden diese Instrumente im so genannten *closed loop medication management* (CLMM) (Baehr and Melzer 2018), einem in sich geschlossenen Medikationsmanagementprozess für den stationären Bereich, der das wichtigste Ziel des Bundesverbandes Deutscher Krankenhausapotheker (ADKA e. V.) verfolgt: die wirksame, sichere und kostengünstige Arzneimitteltherapie aller Patientinnen und Patienten im Krankenhaus (ADKA 2022; siehe auch den Beitrag von Dörje et al., ► Kap. 15). Voraussetzung für einen geschlossenen Medikationsprozess ist die digitale Abbildung in einem einheitlichen System, das in die elektronische Patientenakte integriert ist.

Wesentliche Elemente dabei sind die Kombination aus elektronischen Verordnungssystemen, patientenorientierter Arzneimittellogistik und dem Einsatz von Stationsapothekerinnen und -apothekern zur Qualitätssicherung ärztlicher Arzneimittelverordnungen.

Bereits in den späten 1990er-Jahren konnte der positive Einfluss elektronischer Verordnungsprogramme (CPOE-CDSS: *computerised physician order entry – clinical decision support system*) auf die Reduktion von Medikationsfehlern und unerwünschten Arzneimittelereignissen im Krankenhaus gezeigt werden (Bates et al. 1998). Jedoch können durch die Verwendung elektronischer Verordnungsprogramme aufgrund sowohl technischer als auch menschlicher Faktoren (Stürzlinger et al. 2009; Brown et al. 2017) und/oder durch absichtliches Überschreiten von Warnhinweisen (Wong et al. 2018; Nanji et al. 2018) neue Fehler generiert werden.

Durch die Kopplung elektronischer Verordnungssysteme mit patientenindividueller Arzneimittellogistik (*unit dose*) kommt es nicht nur zu einer deutlichen Entlastung des Pflegepersonals, sondern insbesondere zu einer signifikanten Reduktion von so genannten Stellfehlern bei der Bereitstellung der korrekten Medikation (Baehr et al. 2014). Ein weiterer wesentlicher Vorteil dieser Versorgungsform ist die eindeutige Kennzeichnung der Medikation, sodass für alle am Medikationsprozess beteiligten Professionen wie auch für Patientinnen und Patienten jederzeit alle Informationen zum Arzneimittel (Bezeichnung, Einnahmezeitpunkt, Hinweise zur Einnahme incl. Angaben zur Teilbarkeit und Mörserbarkeit) sowie im Idealfall auch die Packungsbeilage mittels auf der Tüte aufgedrucktem QR-Code jederzeit zur Verfügung stehen.

Darüber hinaus sind klinisch-pharmazeutische Dienstleistungen im Krankenhaus dazu geeignet, die Arzneimitteltherapie zu optimieren und damit die Patientensicherheit zu erhöhen. So konnte bereits vor etwa 20 Jahren ein eindeutiger Zusammenhang zwischen Morbidität und Mortalität und der Anzahl der Krankenhausapothekerinnen und -apotheker in den USA gezeigt werden. Auch in Deutschland nimmt die Anzahl der Stationsapothekerinnen und -apotheker stetig zu und deren Stellenwert in Bezug auf die Optimierung der Medikation wird regelmäßig erhoben und gezeigt (Langebrake et al. 2021; Schulz et al. 2019; Langebrake et al. 2015b). So konnte gezeigt werden, dass in deutschen Krankenhäusern jedes dritte geprüfte Medikationsprofil ein interventionsbedürftiges arzneimittelbezogenes Problem aufwies. Die häufigsten Gründe für pharmazeutische Interventionen umfassen dabei fehlerhafte/nicht optimale Indikation, Auswahl oder Dokumentation/Transkription von Arzneimitteln sowie fehlerhafte Dosierungen (Langebrake et al. 2021).

Auch die politischen Entscheider haben die Vorteile klinisch-pharmazeutischer Dienstleistungen erkannt; so sind seit Anfang 2022 in Niedersachsen Stationsapothekerinnen und -apotheker in den Krankenhäusern Pflicht. Sie beraten und unterstützen Ärztinnen und Ärzte sowie Pflegekräfte und sorgen damit für mehr Patientensicherheit. Darüber hinaus wird durch das Krankenhauszukunftsgesetz (KHZG) die Digitalisierung im Krankenhaus finanziell gefördert. Insbesondere ist das digitale Medikationsmanagement im Rahmen des CLMM Bestandteil der Fördermöglichkeiten, um die Arzneimitteltherapiesicherheit im Krankenhaus zu erhöhen.

Das CLMM in seiner Gänze kann jedoch nur dann funktionieren, wenn auch an den Sektorengrenzen eine reibungslose Übergabe der relevanten Informationen zur Arzneimitteltherapie erfolgt. Dies ist insbesondere dann der Fall, wenn auch im ambulanten Bereich Medikationsdaten strukturiert, vollständig und korrekt in elektronischer Form vorliegen und von den digitalen Systemen in den Krankenhäusern so verarbeitet werden, dass sie dem Fachpersonal in geeigneter Weise zur Verfügung stehen. Auf diese Weise kann der Aufnahmeprozess – insbesondere bei notfallmäßig, aber auch bei elektiv aufgenommenen Patientinnen und Patienten – deutlich vereinfacht und Medikationsfehler können vermieden werden. Vice versa ist es ebenso wichtig, bei der Entlassung Medikationsdaten digital zur Verfügung zu stellen, um die ambulante medikamentöse Weiterbehandlung der Patientinnen und Patienten optimal zu gewährleisten.

10.2.3 Arzneimittel-Anamnese als Voraussetzung für das Medikationsmanagement an Schnittstellen

Bei der Aufnahme von Patientinnen und Patienten in das Krankenhaus ist es essentiell, dass eine umfassende Arzneimittelanamnese durchgeführt wird, um sicherzustellen, dass die ambulante Medikation korrekt im Krankenhaus fortgeführt wird. Internationale Studien konnten zeigen, dass die initiale Arzneimittel-Anamnese bei bis zu zwei Drittel der Patientinnen und Patienten bei der Krankenhausaufnahme fehlerhaft ist (Tam et al. 2005). So wurden bereits im Jahr 2007 durch die Weltgesundheitsorganisation (WHO) für die so genannte *medication reconciliation*, also die Sicherstellung der richtigen Medikation bei Übergängen im Behandlungsprozess, standardisierte Handlungsempfehlungen zur nachhaltigen Verbesserung der Patientensicherheit in Krankenhäusern entwickelt und eingeführt. (Leotsakos et al. 2014). Auf diese Weise sollen Medikationsfehler, etwa durch Auslassungen, fehlerhafte Verordnungsdetails (Stärke, Darreichungsform, Dosierung, Therapiedauer, Einnahmehinweise), Nichtbeachtung von Allergien und/oder Unverträglichkeiten, fehlerhafte Substitutionen (aut idem/aut simile), Doppelverordnungen oder Kontraindikationen vermieden werden. So konnte beispielsweise in einer amerikanischen Studie die Rate an Medikationsfehlern signifikant durch die Einführung einer *medication reconciliation* reduziert werden (Wong et al. 2008).

Im Idealfall erfolgt dies in der Praxis durch Einscannen des BMP und – falls erforderlich – eine computergestützte und qualitätsgesicherte Aut-idem- oder Aut-simile-Umstellung auf die entsprechende Krankenhausmedikation. Zahlreiche im Krankenhaus verwendete elektronische Verordnungsprogramme verfügen über so genannte Switch-Module, die basierend auf den lokalen Austauschlisten (s. ► Abschn. 10.1.2) entsprechende Vorschläge machen, um diesen Prozess zu unterstützen. Zwar konnte in einem nationalen Vergleich verschiedener Verordnungsprogramme gezeigt werden, dass Umstellungen in 80 bis 90% der untersuchten Fallbeispiele ohne Beanstandung waren, dennoch ist eine kritische Überprüfung – im Idealfall durch Stationsapothekerinnen und -apotheker – unerlässlich. Die Bewertung der Güte der Umstellung scheinen vom Umfang der Hauslisten und von der Möglichkeit, hausinterne Standards im CDSS zu implementieren, abhängig zu sein (Langebrake et al. 2015a).

In zahlreichen wissenschaftlichen Untersuchungen konnte der Stellenwert einer korrekten Arzneimittelanamnese nachgewiesen werden. Dabei sind Apothekerinnen und Apotheker bzw. pharmazeutisches Personal besonders geeignet, genaue Medikationsanamnesen zu erheben und zu überwachen, da sie aufgrund ihrer Ausbildung und Tätigkeit besonders geschult und mit den gängigen Medikamenten sowie den im Krankenhaus vorrätigen Arzneimitteln und gegebenenfalls der Umstellung oder zeitgerechten Beschaffung nicht lagervorrätiger Arzneimittel vertraut sind (De Winter et al. 2010).

Nur wenn die häusliche Medikation bei Aufnahme in das Krankenhaus korrekt und umfassend erhoben und dokumentiert wird, ist eine sichere Arzneimitteltherapie während des stationären Aufenthalts und vor allem bei der Entlassung möglich (Francis et al. 2021). Auf diese Weise kann sichergestellt werden, dass sowohl die stationäre Medikation – unter Berücksichtigung der Hausmedikation – nach der 5R-Regel (richtiger Patient/richtige Patientin, richtiges Arzneimittel, richtige Dosierung, richtige Applikationsform, richtiger Zeitpunkt) erfolgt als auch bei der Entlassung eine Rückumstellung auf die dem Patienten bekannten Präparate erfolgen kann und eventuell Unterschiede zur Medikation bei Aufnahme – durch bewusste Umstellungen oder Neuverordnungen – erläutert werden. Somit erhalten sowohl die Patientin oder der Patient als auch die ambulant weiterbetreuende Ärztin/der weiterbetreuende Arzt diese wichtigen Informationen im Rahmen des Entlassmanagements.

Dabei kommt Krankenhausapothekerinnen und -apothekern als Fachleuten für die Arzneimitteltherapie und das Medikationsmanagement eine entscheidende Rolle zu. Im aktuellen Aktionsplan AMTS (Bundesministerium für Gesundheit 2021) heißt es dazu: „Informationen des eMP/BMP müssen für Krankenhausapothekerinnen und Krankenhausapotheker über das jeweilige Krankenhausinformationssystem zugänglich sein, z. B. als Voraussetzung zur Umsetzung des Entlassmanagements.“

10.2.4 Entlassmedikationsmanagement

Bei der Entlassung aus dem Krankenhaus in die ambulante Weiterbetreuung sind Krankenhäuser gemäß § 39 des Fünften Buches Sozialgesetzbuch (SGB V) verpflichtet, ein effektives Entlassmanagement zu gewährleisten. Dadurch sollen Versorgungslücken durch mangelnde oder unkoordinierte Anschlussbehandlungen vermieden werden. Darunter fällt auch die Versorgung mit Arzneimitteln, die entweder durch die Ausstellung eines Entlassrezeptes oder – unter bestimmten Voraussetzungen – durch die Mitgabe von Arzneimitteln zu erfolgen hat. Somit sollen eine Versorgungskontinuität gewährleistet und drohende Versorgungslücken überbrückt werden. Zur Verbesserung der Kommunikation zwischen den beteiligten Versorgungsbereichen sind dabei rechtzeitig Information über die medikamentöse Therapie bei Entlassung und die im Rahmen des Entlassmanagements verordneten Arzneimittel zu geben. Ebenso haben eine Darstellung von Änderungen der Hausmedikation sowie Erläuterungen und Hinweise zur Therapiedauer neu verordneter Arzneimittel im Arztbrief zu erfolgen. Auf diese Weise sollen Patientinnen und Patienten und deren Angehörige bzw. weiterbetreuende Personen entlastet werden und eine lückenlose Anschlussversorgung sichergestellt werden. In Analogie zur Arzneimittelanamnese bei der Aufnahme in das Krankenhaus sollen auf diese Weise Medikationsfehler vermieden werden durch eindeutige Verordnung und Informationen über alle anzuwendenden Arzneimittel.

Ebenso wie bei der Arzneimittel-Anamnese gibt es zahlreiche Studien, die bei der Entlassung aus dem Krankenhaus Diskrepanzen in der Medikation bei 25 bis 55 % der Patienten belegen (Alanazi et al. 2022; Wong et al. 2008; Dei Tos et al. 2020). Dabei kann es sich sowohl um beabsichtigte – aber nicht dokumentierte – als auch um unbeabsichtigte Diskrepanzen handeln, wobei das Risiko für Letztere mit der Anzahl der angewendeten Arzneimittel und der Dauer des Krankenhausaufenthalts ansteigt. Etwa ein Drittel dieser unbeabsichtigten Diskrepanzen bergen das Risiko, Beschwerden und/oder eine klinische Verschlechterung zu verursachen (Wong et al. 2008).

Für die Kontinuität der Arzneimittelversorgung an den Schnittstellen ist es somit von entscheidender Bedeutung, dass die im Krankenhaus verwendete Medikationssoftware in der Lage ist, sowohl bei der Aufnahme in das Krankenhaus die Informationen des BMP/eMP auszulesen und zu verarbeiten als auch bei der Entlassung einen neuen BMP/eMP sowie gegebenenfalls Entlassrezepte (auf Papier oder elektronisch) zu erstellen.

Bei der Einführung und Umsetzung des Entlassmedikationsmanagements spielen Krankenhausapothekerinnen und -apotheker eine entscheidende Rolle, da sie sowohl mit den organisatorischen Abläufen der Arzneimittelversorgung als auch mit den pharmakologischen und pharmazeutischen Aspekten der Medikation bestens vertraut sind. Somit sind sie aktiv bei der Planung und Umsetzung der neuen Prozesse, der Erstellung entsprechender QM-Dokumente zur Rückumstellung der Hausmedikation, der Ausstellung von Entlassrezepten und/oder der Mitgabe von Arzneimitteln involviert. Darüber können durch eine gezielte Beratung bei der Entlassung aus dem Krankenhaus sowohl Wissen und Zufriedenheit der Patientinnen und Patienten durch gezielte Informationen zu neu verordneten Arzneimitteln und die Therapietreue erhöht als auch Wiederaufnahmen in das Krankenhaus gesenkt werden (Nehrdich et al. 2012; Strobach et al. 2000; Becker et al. 2021). Obwohl diese pharmazeutische Dienstleistung in Deutschland noch nicht fest etabliert ist, kann eine Arzneimittelberatung bei der Entlassung die Patientensicherheit im Rahmen eines strukturierten Entlassmanagements weiter verbessern (Lee et al. 2019; Bajeux et al. 2022).

10.3 Fazit

Die Arzneimittelversorgung an den Schnittstellen zwischen ambulanter und stationärer Behandlung ist ein entscheidender Schritt für die Arzneimitteltherapiesicherheit. Nur wenn sichergestellt wird, dass an den Sektorenübergängen umfassende und aktuelle Informationen über die aktuelle Medikation der Patientinnen und Patienten schnell und zuverlässig zur Verfügung stehen, kann eine optimale Arzneimitteltherapie erfolgen.

Die Digitalisierung in Form elektronischer Verordnungssysteme, welche die Medikationsdaten der Patienten in Form von BMP/eMP erstellen, „lesen" und verarbeiten können, spielt hierbei eine wichtige Rolle, um Informationsverluste an den Schnittstellen zu verhindern.

Von entscheidender Bedeutung ist darüber hinaus die Rolle der Apothekerinnen und Apotheker im Medikationsmanagement und der pharmazeutischen Dienstleistungen sowohl im ambulanten als auch im stationären Sektor sowie beim Aufnahme- und Entlassmanagement. Damit kann die Medikation der Patientinnen und Patienten stetig optimiert und auf diese Weise die Patientensicherheit erhöht werden.

Literatur

ADKA – Bundesverband Deutscher Krankenhausapotheker (2022) Closed loop medication management. https://www.adka.de/adka/adka-ziele/clmm/. Zugegriffen: 30. Aug. 2022

Alanazi AS, Awwad S, Khan TM, Asdaq SMB, Mohzari Y, Alanazi F, Alrashed A, Alamri AS, Alsanie WF, Alhomrani M, Almotairi M (2022) Medication reconciliation on discharge in a tertiary care Riyadh hospital: an observational study. Plos One 17:e265042

Baehr M, Melzer S (2018) Closed loop medication management. MWV Medizinisch Wissenschaftliche Verlagsgesellschaft, Berlin

Baehr M, van der Linde A, König R, Melzer S, Langebrake C, Grothe-Tenberge C, Hug M (2014) Kopplung von elektronischer Verordnung und patientenorientierter Logistik. Krankenhauspharmazie 35:110–117

Bajeux E, Alix L, Cornée L, Barbazan C, Mercerolle M, Howlett J, Cruveilhier V, Liné-Iehl C, Cador B, Jego P, Gicquel V, Schweyer F-x MV, Hamonic S, Josselin J-M, Somme D, Hue B (2022) Pharmacist-led medication reconciliation at patient discharge: a tool to reduce healthcare utilization? an observational study in patients 65 years or older. BMC Geriatr 22:576

Bates DW, Leape LL, Cullen DJ, Laird N, Petersen LA, Teich JM, Burdick E, Hickey M, Kleefield S, Shea B, Vander Vliet M, Seger DL (1998) Effect of computerized physician order entry and a team intervention on prevention of serious medication errors. JAMA 280:1311–1316

Becker C, Zumbrunn S, Beck K, Vincent A, Loretz N, Müller J, Amacher SA, Schaefert R, Hunziker S (2021) Interventions to improve communication at hospital discharge and rates of readmission: a systematic review and meta-analysis. Jama Netw Open 4:e2119346

Brown CL, Mulcaster HL, Triffitt KL, Sittig DF, Ash JS, Reygate K, Husband AK, Bates DW, Slight SP (2017) A systematic review of the types and causes of prescribing errors generated from using computerized provider order entry systems in primary and secondary care. J Am Med Inform Assoc 24:432–440

Bundesministerium für Gesundheit (2021) Aktionsplan 2021–2024 des Bundesministeriums für Gesundheit zur Verbesserung der Arzneimitteltherapiesicherheit in Deutschland. BMG, Bonn

De Winter S, Spriet I, Indevuyst C, Vanbrabant P, Desruelles D, Sabbe M, Gillet JB, Wilmer A, Willems L (2010) Pharmacist- versus physician-acquired medication history: a prospective study at the emergency department. Qual Saf Health Care 19:371–375

Dei Tos M, Canova C, Zuanna DT (2020) Evaluation of the medication reconciliation process and classification of discrepancies at hospital admission and discharge in Italy. Int J Clin Pharm 42:1061–1072

Francis M, Wai A, Patanwala AE (2021) Association between admission medication reconciliation by pharmacists on the accuracy of hospital discharge medication lists. JACCP J Am Coll Clin Pharm 4:674–679

Langebrake C, Hohmann C, Lezius S, Lueb M, Picksak G, Walter W, Kaden S, Hilgarth H, Ihbe-Heffinger A, Leichenberg K (2021) Clinical pharmacists' interventions across German hospitals: results from a repetitive cross-sectional study. Int J Clin Pharm 44(1):64–71

Langebrake C, Hug MJ, Först G, Störzinger D, Mayer T, Sommer C, Seidling HM (2015a) Software-gestützte Umstellung von Hausmedikation auf Klinikmedikation – Gibt es Unterschiede zwischen CDS-Systemen in Deutschland. Krankenhauspharmazie 36:58

Langebrake C, Ihbe-Heffinger A, Leichenberg K, Kaden S, Kunkel M, Lueb M, Hilgarth H, Hohmann C (2015b) Nationwide evaluation of day-to-day clinical pharmacists' interventions in German hospitals. Pharmacotherapy 35:370–379

Lee R, Malfair S, Schneider J, Sidhu S, Lang C, Bredenkamp N, Liang SFS, Hou A, Virani A (2019) Evaluation of pharmacist intervention on discharge medication reconciliation. Can J Hosp Pharm 72:111–118

Leotsakos A, Zheng H, Croteau R, Loeb JM, Sherman H, Hoffman C, Morganstein L, O'leary D, Bruneau C, Lee P, Duguid M, Thomeczek C, van der Schrieck-de Loos E, Munier B (2014) Standardization in patient safety: the WHO High 5s project. Int J Qual Health Care 26:109–116

Nanji KC, Seger DL, Slight SP, Amato MG, Beeler PE, Her QL, Dalleur O, Eguale T, Wong A, Silvers ER, Swerdloff M, Hussain ST, Maniam N, Fiskio JM, Dykes PC, Bates DW (2018) Medication-related clinical decision support alert overrides in inpatients. J Am Med Inform Assoc 25:476–481

Nehrdich D, Langebrake C, Bleich C, Kersten JF, Baehr M, Meinertz T, Dartsch DC (2012) Benefit of pharmaceutical discharge education in patients with cardiovascular diseases. Int J Clin Pharm 34:176

Schulz C, Fischer A, Vogt W, Leichenberg K, Warnke U, Liekweg A, Georgi U, Langebrake C, Hoppe-Tichy T, Dörje F, Knoth H (2019) Clinical pharmacy services in Germany: a national survey. Eur J Hosp Pharm 28(6):301–305. https://doi.org/10.1136/ejhpharm-2019-001973. Epub 23. Aug. 2019. PMID: 34697045

Straub C, Teichert D, Blum K, Grandt D (2022) Loss of information in cross-sectoral treatment: causes and solutions. Dtsch Med Wochenschr 147:269–272

Strobach D, Vetter-Kerkhoff C, Bogner J, Breugst W, Schlöndorff D (2000) Patient medication counseling–patient counseling about discharge medication. Med Klin (Munich) 95:548–551

Stürzlinger H, Heibinger C, Pertl D et al (2009) Computerized Physician Order Entry – Wirksamkeit und Effizienz eletronischer Arzneimittelverordnung mit Entscheidungsunterstützung. Schriftenreihe Health Technology Assessment (HTA) in der Bundesrepublik Deutschland. https://portal.dimdi.de/de/hta/hta_berichte/hta228_bericht_de.pdf. Zugegriffen: 30. Aug. 2022

Tam VC, Knowles SR, Cornish PL, Fine N, Marchesano R, Etchells EE (2005) Frequency, type and clinical importance of medication history errors at admission to hospital: a systematic review. CMAJ 173:510–515

Wong A, Amato MG, Seger DL, Rehr C, Wright A, Slight SP, Beeler PE, Orav EJ, Bates DW (2018) Prospective evaluation of medication-related clinical decision support over-rides in the intensive care unit. BMJ Qual Saf 27:718–724

Wong JD, Bajcar JM, Wong GG, Alibhai SM, Huh J-H, Cesta A, Pond GR, Fernandes OA (2008) Medication reconciliation at hospital discharge: evaluating discrepancies. Ann Pharmacother 42:1373–1379

Arzneimittelnutzung unter Pandemiebedingungen

Irit Nachtigall, Christiane Hartog, Caroline Isner, Maria J.G.T. Vehreschild und Marzia Bonsignore

Inhaltsverzeichnis

H. Schröder et al. (Hrsg.), *Arzneimittel-Kompass 2022*, https://doi.org/10.1007/978-3-662-66041-6_11

Zusammenfassung

Die Covid-19-Pandemie ist auch in Bezug auf die Arzneimittelversorgung eine ganz besondere Situation. Die rasche und dramatische Entwicklung der neuartigen Infektionskrankheit stellte und stellt die Mitarbeitenden medizinischer Einrichtungen vor große Herausforderungen. Die Evidenz für neue oder bekannte Medikamente lag anfangs noch nicht vor und eine durch Impfungen vermittelte Präventionsmöglichkeit stand ebenfalls noch nicht zur Verfügung. Viele Studien erfolgten parallel, Pressemeldungen zu Ergebnissen überschlugen sich und waren geprägt von Hoffnung und Frustration. Nicht immer wurde in diesem Kontext die einer Therapieempfehlung zugrunde liegende Evidenz in dem Ausmaß geprüft, wie es im prä-pandemischen Setting üblich gewesen wäre.

Dieses Kapitel rekapituliert am Beispiel dreier Medikamente die Bemühungen um die zeitnahe Identifizierung von wirksamen und sicheren Therapieoptionen und die sich daraus ergebenden Herausforderungen in Bezug auf wissenschaftliche Ansprüche und ethische Aspekte.

11.1 Einleitung

Die ersten Nachrichten über eine bisher unbekannte respiratorische Infektion erreichten rund um Weihnachten 2019 die Welt. Zu diesem Zeitpunkt war der verursachende Erreger noch unklar. Mit Blick nach Wuhan in China ahnte kaum jemand, dass dies der Anfang einer Pandemie werden sollte. Kurz vor dem Jahreswechsel meldete China die Fälle offiziell an die Weltgesundheitsorganisation (WHO). Wenige Tage später, am 07.01.2020, wurde der Erreger als eine neue Art aus der Familie der Coronaviren identifiziert und am 11.01.2020 meldete China den ersten Todesfall. In den folgenden Wochen und Monaten kam es zu einer weltweiten Ausbreitung des Virus. Am 11.02.2020 gab die WHO dem Virus den Namen SARS-CoV-2 (severe acute respiratory syndrome coronavirus 2) und die dadurch ausgelöste Krankheit wurde Covid-19 (coronavirus disease 2019) genannt. Am 23.02.2020 starben in Italien, dem ersten schwer betroffenen Land in Europa, die ersten Europäer an Covid-19 (The New York Times 2020). Italien riegelte die ersten Städte ab; Bilder von überfüllten Intensivstationen und Berichte über den Mangel an Beatmungsgeräten gingen um die Welt. Auch in Deutschland traten bald die ersten Fälle auf. Allmählich wurde auch hier der Ernst der Erkrankung deutlich. Diese Erkenntnis führte zu einer zunehmenden Verunsicherung in der Bevölkerung und zur Gründung eines nationalen Krisenstabs.

Am 11. März 2020 erklärte die WHO die bisherige Epidemie zu einer Pandemie (Robert Koch-Institut 2020). Die folgenden zwei Jahre waren geprägt von der intensiven Suche nach effektiven präventiven und therapeutischen Maßnahmen. Noch nie suchten so viele Forscher auf der ganzen Welt gleichzeitig nach einem Heilmittel.

Aufgrund der Brisanz der Situation wurden bis dato geltende Regeln zur Translation von Medikamenten in die klinische Anwendung teilweise außer Kraft gesetzt. Die Veröffentlichung von Studienergebnissen wurde manchmal nicht abgewartet, sondern bereits auf die Pressemitteilungen reagiert oder es wurden sogar erste Ergebnisse aus In-vitro-Studien übernommen. Da die Entwicklung neuer Medikamente und Impfstoffe in der Regel Jahre bis Jahrzehnte dauert, wurde in der Anfangsphase der Pandemie versucht, auf bekannte Medikamente zurückzugreifen. Bekannte Wirkstoffe oder Antikörper, die sich gegen andere Viruserkrankungen richteten, wurden umgewidmet. Der Vorteil beim Einsatz bereits bekannter Substanzen ist, dass diese die klinischen Testphasen schon durchlaufen haben und eine Zulassung somit schneller möglich ist. Mögliche Nebenwirkungen sind bereits bekannt.

Beispielhaft wird im Folgenden die Nutzung von drei unterschiedlichen Medikamenten beschrieben, die trotz unsicherer medizinischer Evidenz einen regelrechten Hype ausgelöst haben und breitflächig im Krankenhaus eingesetzt wurden.

11.2 Beispiele für Medikamente zur Behandlung von Covid-19

11.2.1 Hydroxychloroquin

Hydroxychloroquin war eines der ersten Medikamente, das für ein sogenanntes Repurposing (alternative Verwendung) in den Fokus rückte. Der Wirkstoff, eigentlich zur Behandlung von Malaria sowie auch zur Therapie von rheumatoider Arthritis, Lupus erythematodes (LE) und anderen Kollagenosen bestimmt, sollte nicht direkt auf das Virus einwirken können, sondern in zelluläre Prozesse eingreifen, die für das Virus essentiell sind. In vergangenen Coronavirus-Epidemien („severe acute respiratory syndrome corona virus" [SARS-CoV] 2002–2004 und „Middle East respiratory syndrome corona virus" [MERS-CoV]) sowie beim noch anhaltenden Ebola-Ausbruch wurde Hydroxychloroquin bereits geprüft, wobei aber nur geringe therapeutische Erfolge erzielt werden konnten. Trotzdem wurde es in der Pandemie als Therapie von Covid-19 „off-label" in größerem Ausmaß verwendet.

Das Malariamittel beschleunigt im experimentellen Ansatz die Eliminierung des Virus; dies allerdings in einer Dosierung, die in menschlichen Zellen kaum zu erreichen ist. Bekannte Nebenwirkungen von Hydroxychloroquin beinhalten Herzrhythmusstörungen, die durch die Kombination mit anderen, die Überleitungszeit am Herzen verlängernden Medikamenten verstärkt werden können. Störungen der Leber- und Nierenfunktion, Nervenzellschäden, die zu epileptischen Anfällen führen können, sowie Senkungen des Blutzuckerspiegels wurden ebenfalls beschrieben (BfArM 2020). Die Berichte über die Wirksamkeit waren weitgehend anekdotisch, aber offenbar so überzeugend, dass es einigen Ärzten nicht notwendig erschien, auf die Ergebnisse Placebo-kontrollierter Studien zu warten.

Stattdessen hatten im März 2020 vorliegende In-vitro Ergebnisse französische Infektiologinnen und Infektiologen zu einer klinischen Studie veranlasst (Biot et al. 2006), die jedoch zahlreiche Limitationen aufwies. Als statistische Kontrolle dienten Probanden, die entweder nicht in das untersuchte Behandlungsprotokoll eingewilligt hatten, Ausschlusskriterien aufwiesen oder in anderen Studienzentren behandelt worden waren, ohne dass ein Matching vorgenommen wurde. Es fehlten Angaben zum klinischen Verlauf und als Outcome-Parameter wurde lediglich der negative Virusnachweis erfasst. Die Zahl der Probanden war mit 26 eingeschlossenen und 20, die die Behandlung abgeschlossen hatten, äußerst gering (Gautret et al. 2020). In einer weiteren Phase-2-Studie aus China wurde berichtet, dass das Medikament bei mehr als 100 Probanden eine bessere Wirkung erzielt habe als in der Gruppe, die kein Hydroxychloroquin erhalten hatte. Die Beschreibung der Verbesserungen bezog sich jedoch lediglich auf globale Angaben zur Verbesserung der Sauerstoffversorgung und radiologischen Lungenbefunde, einer schnelleren Virusclearance und einer verkürzten Krankheitsdauer. Konkrete Zahlen wurden dazu weder für die Verum- noch für die Kontrollgruppe angegeben, Outcomeparameter wie Langzeitsterblichkeit oder -morbidität fehlten (Gao et al. 2020).

Trotz dieser unzureichenden Datenlage erteilte die U. S. Food & Drug Administration (FDA) im März 2020 eine Notfallzulassung für Hydroxychloroquin. Das Medikament wurde zunehmend häufig eingesetzt und gehörte bald zu den am häufigsten verwendeten umgewidmeten Heilmitteln zur Behandlung von Covid-19 (Prats-Uribe et al. 2021). Bereits drei Monate später zog die FDA die Zulassung wieder zurück. Zwischenzeitlich hatten Forscher aus den USA zunächst über einen Preprintserver von einer erhöhten Sterblichkeit unter Hydroxychloroquin berichtet (Magagnoli et al. 2020). Im Mai 2020 erfolgte eine weitere relevante Publikation im *The New England Journal of Medicine* (NEJM), in der Hydroxychloroquin bei 811 Patientinnen und Patienten eingesetzt und mit einer Gruppe von 565 Erkrankten verglichen worden war, die das Medikament nicht erhalten hatten. Die Stu-

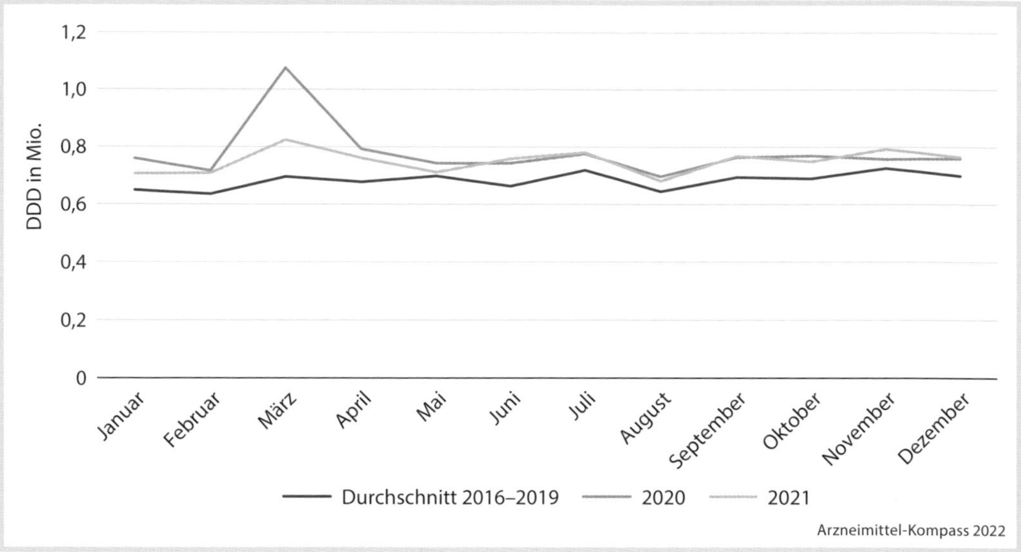

Abb. 11.1 Verordnungen von Hydroxychloroquin

die kam zu dem Schluss, dass Hydroxychloroquin bei Covid-19 weder schadet noch einen Nutzen hat (Geleris et al. 2020). Auch in Deutschland kam es zu einer kurzfristigen Steigerung des Verbrauchs von Hydroxychloroquin (■ Abb. 11.1).

Anders als in den USA gab es in Deutschland zu keinem Zeitpunkt eine Zulassung von Hydroxychloroquin für die Behandlung von Covid-19. Dennoch wurde auch hier das Medikament nicht nur im Rahmen von Studien eingesetzt, sondern fand phasenweise Aufnahme in die Leitlinien zur Behandlung von Covid-19, wenn auch mit großen Einschränkungen und Warnungen, dieses außerhalb klinischer Studien einzusetzen (Kluge et al. 2020). Mit der Zunahme der Evidenz zum Einsatz von Hydroxychloroquin kristallisierte sich in verschiedenen Gremien jedoch eine kritische Haltung zu dessen Einsatz heraus. Die Fachgruppe Intensivmedizin, Infektiologie und Notfallmedizin (Fachgruppe COVRIIN[1]) des Robert Koch-Instituts (RKI), ein Fachgremium, das hochspezialisiertes Fachwissen der drei

Disziplinen bündelt, überprüfte für die im März 2022 erschienenen Therapieempfehlungen Daten bis September 2021. Sie kam zu dem Schluss, dass der klinische Nutzen von Hydroxychloroquin nicht nachgewiesen werden könne und wies darauf hin, dass bisherige Studien einen Trend zu einer erhöhten Sterblichkeit im Vergleich zur Standardversorgung gezeigt hätten. Die Arbeitsgruppe riet davon ab, dieses Medikament außerhalb der klinischen Forschung einzusetzen (Fachgruppe COVRIIN beim Robert Koch-Institut 2022). Ebenso riet das COVID-Behandlungsgremium des US-amerikanischen National Institute of Health von der Verwendung von Hydroxychloroquin im ambulanten und stationären Bereich zur Behandlung von COVID-Patienten ab (Stand September 2021).

Hydroxychloroquin war auch eines der Medikamente, die in der RECOVERY-Studie (Randomised Evaluation of Covid-19 Therapy) untersucht wurden. Diese internationale klinische Studie zielt darauf ab, Behandlungen zu ermitteln, die für Menschen, die mit Verdacht auf oder Bestätigung von Covid-19 ins Krankenhaus eingeliefert werden, von Nutzen sein können. Sie ist eine randomisierte, kon-

[1] ▶ https://www.rki.de/DE/Content/Kommissionen/ COVRIIN/FG_COVRIIN_node.html.

trollierte, offene Plattformstudie und dient dem Vergleich unterschiedlicher Medikamente mit der üblichen Standardversorgung. 1.561 Patientinnen und Patienten erhielten Hydroxychloroquin und wurden mit 3.155 Probanden verglichen, die andere Therapeutika oder keine spezifische Therapie gegen Covid-19 erhalten hatten. Es fand sich kein Unterschied bezüglich der Wahrscheinlichkeit nach 28 Tagen zu versterben (RECOVERY Collaborative Group 2020). Eine ähnliche Studienform hatte die Solidarity-Studie der WHO, die in ► Abschn. 11.2.3 näher erläutert wird.

Dennoch hat es lange gedauert, bis das anfänglich so hoffnungsvoll stimmende Medikament aus der Therapie wieder verschwand. Hydroxychloroquin wurde wie auch das im Folgenden beschriebene Medikament Ivermectin vor allem in Ländern Lateinamerikas, Asiens und in einigen europäischen Ländern (Prats-Uribe et al. 2021) eingesetzt, wo es zeitweise 85 % der Erkrankten verabreicht wurde. Befeuert wurde dies vor allem durch die sozialen Medien, in denen die Medikamente aggressiv beworben wurden, wie auch durch die Propagierung durch Jair Bolsonaro und Donald Trump (Deutsches Ärzteblatt 2020), die die Medikamente als Wundermittel stilisierten.

11.2.2 Ivermectin

Wissenschaftlerinnen und Wissenschaftler der Universität Melbourne berichteten Anfang 2020, dass das antiparasitäre Mittel Ivermectin in Zellkulturen die Last an Coronaviren signifikant senken könne. Allerdings waren andere Forschungsgruppen von Beginn an skeptisch, da die in vitro benötigten Konzentrationen hoch waren und es unwahrscheinlich erschien, dass diese Konzentrationen in den betreffenden Organen zu erreichen wären (Caly et al. 2020). Andererseits wurden bei der Einnahme von Ivermectin keine gravierenden Nebenwirkungen erwartet. Eine Gruppe von Ärztinnen und Ärzten ließ in Pressekonferenzen verlauten, dass Ivermectin eine kombinierte antivirale und entzündungshemmende Eigenschaft habe und deswegen im Früh- und Spätstadium nützen würde. Sie sahen deswegen keinen weiteren Forschungsbedarf (Alimohamadi et al. 2020). Mitglieder des Nationalen Forschungsnetzwerks der Universitätsmedizin zu Covid-19 aus Deutschland unterzogen die vorliegenden Studien zu dieser Therapie einem systematischen Review in Zusammenarbeit mit der Cochrane Infectious Disease Group. Das Ergebnis war ernüchternd, denn es wurde kein Hinweis gefunden, dass Ivermectin verglichen mit einer Standardbehandlung oder einer Plazebokontrolle den Zustand der Erkrankten verbessern oder die Zahl an Todesfällen reduzieren könnte. Auch für die Verhinderung der Erkrankung konnten bei insgesamt schmaler Datenlage keine Hinweise gefunden werden. Als Ergebnis wurde beschrieben, dass die bisherigen Ergebnisse den Einsatz des Medikaments außerhalb klinischer Studien nicht rechtfertigen würden. Begründet wurde dies mit dem Fehlen ordnungsgemäß durchgeführter Studien sowohl hinsichtlich der Teilnehmerzahl als auch des Designs und der Berichterstattung. Eine der erschienenen Studien, die einen besonders positiven Effekt zeigte, hatte sich sogar als Falschberichterstattung herausgestellt (Popp et al. 2021; Schulmann 2021). Eine später nach wissenschaftlichen Standards durchgeführte Placebo-kontrollierte Studie konnte bei milder Erkrankung keinen Effekt auf die Dauer der Symptome zeigen. Die Nebenwirkungsrate war gering, was der geringen Dosierung geschuldet sein könnte (López-Medina et al. 2021). Im Februar 2022 wurde eine weitere randomisierte Studie im *Journal of the American Medical Association* (JAMA) publiziert (Lim et al. 2022), die ebenfalls keinen Wirkungsbeleg finden konnte.

Die Popularität von Ivermectin hielt auch nach den ersten ernüchternden klinischen Ergebnissen an, obwohl das US National Institute of Health bereits Anfang August 2020 vom Einsatz abriet. Nachdem ein Abstract von einer verminderten Sterblichkeit durch Ivermectin verglichen mit Remdesivir berichtet hatte und dieses über die sozialen Medien verbreitet wurde, schnellte die Zahl der Verschreibungen vor allem in republikanischen Hochburgen der USA in die Höhe. Die Studie wurde jedoch nie publiziert. Die Publikation wurde letztendlich zurückgezogen, nachdem im Rahmen des Reviews erhebliche Mängel im Studiendesign angemerkt worden waren. Unter anderem waren die mit Ivermectin behandelten Patientinnen und Patienten deutlich jünger und hatten weniger Vorerkrankungen (Reardon 2021; Tulp 2022). Die Empfehlung für Ivermectin wurde aber auch durch eine Sitzung des US-Senatsausschusses am 8. Dezember 2020 weiter vorangetrieben, in der ein Arzt aus persönlicher Überzeugung die Verwendung befürwortete.

Noch weit ins Jahr 2022 hinein fand das Medikament trotz fehlender Wirkungsnachweise Anwendung, besonders wegen seiner geringen Kosten und hohen Verfügbarkeit.

11.2.3 Remdesivir

Anders als bei den beiden oben beschriebenen Arzneimitteln handelt es sich bei Remdesivir um ein Medikament, das im Vorfeld spezifisch für die Therapie von Viruserkrankungen entwickelt worden war. Große Hoffnungen wurden in das Medikament gesetzt. Viele Studien liefen parallel und generierten teils gegensätzliche Ergebnisse. Bis zum heutigen Tage ist nicht vollständig geklärt, ob das Medikament Vorteile im Einsatz gegen Covid-19 hat, und wenn ja welche. Eine im Mai 2022 publizierte Meta-Analyse zeigt für spezifische Subgruppen sowohl Vor- als auch Nachteile auf. Die Anzahl der Probanden, die in die Studien eingeschlossen wurden, reicht jedoch nicht aus, um klare Empfehlungen auszusprechen. Es bestehen weiterhin unbeantwortete Fragen und Forschungsbedarf (Lee et al. 2022).

Remdesivir ist ein experimentelles Medikament, das vom Biotech-Unternehmen Gilead Sciences in Zusammenarbeit mit den US Centers for Disease Control und dem Army Medical Research Institute of Infectious Diseases ursprünglich als Reaktion auf die Bedrohung durch neu auftretende Infektionskrankheiten entwickelt wurde, die durch RNA-Viren verursacht werden und das Potenzial haben, weltweite Pandemien auszulösen.

Antiinfektiva mit breitem Wirkspektrum zielen auf Eigenschaften ab, die eine Vielzahl von Krankheitserregern gemeinsam haben. Im Fall von Remdesivir, einem Nukleotidanalogon, ist dies die RNA. Das Medikament zeigte gegen das Ebola-Virus keine Wirkung, für das Coronavirus SARS-CoV-2 wurde es dann später wiederverwendet.

Für Remdesivir änderten sich die Empfehlungen allerdings in sehr kurzen Abständen, da viele parallel durchgeführte Studien widersprüchliche Ergebnisse lieferten. Im Mai 2021 wies die deutsche Leitlinie darauf hin, dass bei hospitalisierten, nicht beatmeten Patienten mit Covid-19-Pneumonie und Sauerstoffbedarf weder eine Empfehlung für noch gegen eine Therapie mit Remdesivir abgegeben werden könne. Der Nutzen sei unsicher – dem stünden hohe Therapiekosten gegenüber. Möglicherweise gäbe es jedoch einen Nutzen für spezifische Subgruppen und/oder einzelne klinische Endpunkte, wie die Dauer bis zur Genesung. Da die Verträglichkeit als gut gelte, könne daher der Einsatz in Erwägung gezogen werden.

Im Oktober 2021 hieß es dann im Evidence-Brief des Netzwerks Universitätsmedizin, einer Zusammenfassung der zu der Zeit gültigen Leitlinie der Arbeitsgemeinschaft der Wissenschaftlichen Medizinischen Fachgesellschaften e. V. (AWMF), dass Remdesivir nur eingesetzt werden solle, wenn ein Sauerstoffbedarf besteht, aber nicht invasiv beatmet werden muss. Bei hospitalisierten Patientinnen und Patienten mit Covid-19-Pneumonie und erforderlicher Low-Flow/High-Flow-Sauerstofftherapie oder nicht invasiver Beatmung könne weder eine Empfehlung für noch gegen eine Therapie mit Remdesivir abgegeben werden (Netzwerk Universitätsmedizin CEOsys 2021).

In der Version der AWMF-Leitlinie vom Februar 2022 zur stationären Therapie bei Covid-19 wurde der klinische Nutzen von Remdesivir bei geringem Sauerstoffbedarf bis zur nicht-invasiven Beatmung als unsicher beschrieben und bei invasiver Beatmung nicht empfohlen (Kluge et al. 2022).

Entscheidend für diese Anpassung der Empfehlung waren unter anderem die Daten aus der Pinetree-Studie, die die frühe Therapie bei ambulant Behandelten untersucht hatte. In dieser Arbeit nutzten die Autoren den kombinierten Endpunkt Krankenhausaufnahme und/oder Tod. Sie gaben an, dass die dreitägige Behandlung mit Remdesivir ein akzeptables Sicherheitsprofil aufweise und zu einem um 87 % niedrigeren Risiko für Krankenhausaufenthalte oder Tod führe als Placebo. Es gab allerdings weder in der Kontroll- noch in der Verumgruppe Todesfälle. Damit bezieht sich die Reduktion um 87 % nicht – wie oft fälschlicherweise zitiert – auf die Mortalität, sondern lediglich auf die Krankenhausaufnahmen. Auch wurden die Unterschiede zwischen den Patientengruppen nicht berücksichtigt, obwohl die Behandelten in der Placebogruppe kränker waren, jedoch wurden für diese Unterschiede keine Signifikanzniveaus angegeben (Gottlieb et al. 2022).

Die Weltgesundheitsbehörde WHO empfiehlt den Einsatz von Remdesivir nicht, da es unklar sei, ob und in welchem Umfang die Substanz neben der Krankheitsdauer auch die Mortalität günstig beeinflusse. Das Deutsche Institut für Qualität und Wirtschaftlichkeit im Gesundheitswesen (IQWiG) legte sich gegenteilig fest. Laut der Einschätzung der Experten des Instituts profitieren Covid-19-Infizierte im Erwachsenenalter mit einer Pneumonie, die zu Therapiestart lediglich eine Low-Flow-Sauerstofftherapie benötigen, beträchtlich von der Behandlung mit Remdesivir. Dabei wurde aber auch im gleichen Schriftsatz festgehalten, dass eine Reduktion der Sterblichkeit durch Remdesivir für keine Behandlungsgruppe gezeigt wurde (IQWiG 2022).

Im Jahr 2021 bewertete die Cochrane Collaboration umfassend die randomisierten kontrollierten Studien zu den Auswirkungen von Remdesivir auf die Mortalität und die Schwere des Krankheitsverlaufs nach Krankenhausaufnahme. Es wurde nur eine geringe oder keine Wirkung auf die Sterblichkeit festgestellt (vier Studien, 7.142 Personen). Unter 1.000 Patienten gab es mit Remdesivir im Vergleich zur Placebo- oder Standardbehandlung nur acht Todesfälle weniger. Auch die Dauer der Beatmung wird nicht oder nur geringfügig beeinflusst (Ansems et al. 2021).

Remdesivir war auch Teil der bereits im März 2020 begonnenen Solidarity-Studie der WHO, in der auch Chloroquin/Hydroxychloroquin und Lopinavir/Ritonavir getestet wurden. Die Solidarity-Studie ist ebenso wie die oben beschriebene RECOVERY-Studie eine Plattformstudie (◘ Tab. 11.1). An ihr sollen sich möglichst viele Kliniken aus möglichst vielen Ländern mit einer hohen Anzahl von Patientinnen und Patienten beteiligen. Ausgewählt wurden und werden Wirkstoffe, zu denen erste Hinweise zur Wirksamkeit gegen Covid-19 vorliegen. Im Mai 2022 wurden erneut die Teilergebnisse der Studie publiziert. Einschlusskriterien waren die ärztliche Einschätzung, dass Covid-19 zu einer Krankenhausaufnahme geführt habe und keine Kontraindikation für eines der Studienmedikamente vorläge. Eine Placebokontrolle erfolgte nicht und die Teilnehmenden wurden nach dem Zufallsprinzip zu gleichen Teilen den vier Studienmedikamenten, die zu diesem Zeitpunkt lokal verfügbar waren, oder keinem Studienmedikament zugeordnet. Es zeigte sich ein diskreter, jedoch signifikanter Vorteil für Remdesivir bezüglich der Dauer der Hospitalisierung, der Wahrscheinlichkeit beatmet zu werden und der Mortalität. Die Ergebnisse werden jedoch wegen des Studiendesigns mit fehlender Randomisierung und Placebo-Kontrolle kritisch gesehen (WHO Solidarity Trial Consortium 2022).

So fand Remdesivir immer wieder den Weg in Leitlinien und die Empfehlungen wechselten sowohl für den ambulanten als auch für den stationären Bereich.

Tab. 11.1 Remdesivir in Studien mit relevanter Probandenzahl

Paper/Studie	Studiendesign	Ein/Ausschlusskriterien	Stratifizierung	Anzahl eingeschlossener Patienten	Primäres Studienziel	Ergebnis
Beigel et al. (2020) RECOVERY ACTT-1 ▶ https://www.ncbi.nlm.nih.gov/pmc/articles/PMC7262788/	Plazebo-kontrolliert	Alter > 18 Jahre, PCR positiv und Sauerstoffbedarf, Ausschluss unter anderem bei Leber- und Nierenschäden	Remdesivir oder Plazebo plus Standardversorgung des jeweiligen Krankenhauses	521 Plazebo, 541 Remdesivir	Dauer bis zur Erholung nach WHO Protokoll	Länge des Krankenhausaufenthalts: Kontrollgruppe 15 Tage, Remdesivirgruppe 10 Tage, schnelle klinische Erholung an Tag 15, Mortalität nicht signifikant unterschiedlich
Solidarity (2020) ▶ https://www.ncbi.nlm.nih.gov/pmc/articles/PMC7727327/	Open Label	Alter > 18 Jahre, mit einer SARS-CoV-2-Diagnose im Krankenhaus, kein Studienmedikament, keine Verlegung zu erwarten, keine Kontraindikation für ein Studienmedikament	Studienmedikamente: Remdesivir (10d), Hydroxychloroquin, Lopinavir und Interferon beta-1a. Teilnehmer nach dem Zufallsprinzip zu gleichen Teilen der Standardbehandlung oder einem Studienmedikament zugeteilt	2.708 Kontrollgruppe, 2.743 Remdesivir	Krankenhaussterblichkeit zu jeder Zeit	Kein Unterschied in der Mortalität
Solidarity (2022) ▶ https://www.ncbi.nlm.nih.gov/pmc/articles/PMC9060606/	Open Label	Alter > 18 Jahre, mit einer SARS-CoV-2 Diagnose im Krankenhaus, keine Studienmedikamente, keine Verlegung zu erwarten, keine Kontraindikationen für ein Studienmedikament	Siehe oben	Kontrollgruppe 4.146, Remdesivir 4.129	Siehe oben	Gemeinsamer Endpunkt Progression zur Ventilation und Tod, 19,6 % in der Remdesivir Gruppe, 22,5 % in der Kontrollgruppe ($p = 0{,}001$)

Tab. 11.1 (Fortsetung)

Paper/Studie	Studiendesign	Ein/Ausschlusskriterien	Stratifizierung	Anzahl eingeschlossener Patienten	Primäres Studienziel	Ergebnis
Spinner et al. (2020) ► https://www.ncbi.nlm.nih.gov/pmc/articles/PMC7442954/	Open Label	Alter > 12 Jahre, PCR-bestätigte SARS-CoV-2-Infektion < 4 Tage vor der Randomisierung. Patienten zwischen 12 und 17 Jahren > 40 kg. Radiologischer Nachweis eines Lungeninfiltrats mit Sauerstoffsättigung > 94 % bei Raumluft. Ausschlusskriterien: mechanische Beatmung, schwere Leber- und Nierenschäden, Schwangerschaft, Stillen	Standardversorgung oder Standardversorgung plus 10 Tage Remdesivir oder 5 Tage Remdesivir	200 Kontrollgruppe, 193 10 Tage Remdesivir, 191 5 Tage Remdesivir	Verbesserung am Tag 11 nach Protokoll	Geringe Verbesserung im kombinierten Endpunkt bei Patienten, die 5 Tage Remdesivir erhalten hatten mit ungewisser klinischer Bedeutung, keine Verbesserung bei 10 Tagen Remdesivir, kein Unterschied in der Mortalität zwischen den drei Gruppen
Wang et al. (2020) ► https://www.ncbi.nlm.nih.gov/pmc/articles/PMC7190303/	Plazebo-kontrolliert	Alter > 18 Jahre, PCR positiv, Thoraxaufnahme bestätigte Lungenentzündung, Sauerstoffsättigung < 94 % bei Raumluft, Horovitzindex < 300 mm Hg, innerhalb von 12 Tagen nach Auftreten der Symptome. Ausschlusskriterien: Schwangerschaft oder Stillen; schwere Leber- und Nierenschäden	Standardversorgung oder 10 Tage Remdesivir plus Standardversorgung	79 Kontrollgruppe, 158 Remdesivir	Zeit bis zur Erholung	Keine Unterschiede

Tab. 11.1 (Fortsetung)

Paper/Studie	Studiendesign	Ein/Ausschlusskriterien	Stratifizierung	Anzahl eingeschlossener Patienten	Primäres Studienziel	Ergebnis
CATCO (2022) ► https://www.ncbi.nlm.nih.gov/pmc/articles/PMC8863204/	Open Label	Alter > 18 Jahre und SARS-CoV-2-positiv, Ausschluss bei erwartetem Überleben < 24 h oder bereits laufender Remdesivir Therapie	Standardversorgung versus Standardversorgung plus 10 Tage Remdesivir	647 Kontrollgruppe, 634 Remdesivir	Krankenhaussterblichkeit	Kein Unterschied in der Mortalität im Krankenhaus und an Tag 60
Gottlieb et al. (2022) ► https://www.nejm.org/doi/full/10.1056/NEJMoa2116846	Plazebo-kontrolliert	Nicht-hospitalisierte Patienten, Symptombeginn maximal 7 Tage zuvor, mit mindestens einem Risikofaktor für einen schweren Verlauf	Plazebo oder 3 Tage Remdesivir	Plazebogruppe 283, Remdesivir 279	Gemeinsamer Endpunkt aus Mortalität und Krankenhauseinweisung	Kein Unterschied in der Mortalität, Krankenhauseinweisung; 15 Patienten in der Plazebogruppe, 2 in der Remdesivirgruppe
Abd Elsalam et al. (2022) ► https://www.ncbi.nlm.nih.gov/pmc/articles/PMC8922517/	Open Label	Milder bis moderater Krankheitsverlauf, Alter: 18–80 Jahre, 3 Tage nach positivem PCR-Ergebnis	Standardversorgung versus Standardversorgung plus 10 Tage Remdesivir	Jeweils 100	Liegedauer Krankenhaus plus Mortalität	Länge des Krankenhausaufenthalts: Kontrollgruppe 16 Tage, Remdesivirgruppe 10 Tage Mortalität und Beatmungswahrscheinlichkeit nicht signifikant unterschiedlich

Arzneimittel-Kompass 2022

Dies sind nur drei Beispiele für die fieberhafte Suche nach Medikamenten und für die Bereitschaft von Ärztinnen und Ärzten, nach jedem Strohhalm zu greifen, der sich ihnen bot. Aber an ihnen zeigt sich auch, wie die Verbreitung von Fehlinformationen die Nutzung von Medikamenten vorangetrieben hat, auch wenn weder deren Nutzen durch klinische Studien belegt noch eine Empfehlung in einer Leitlinie gegeben worden war.

11.3 Entwicklung von Leitlinien

Die Entwicklung von Leitlinien war in der Situation der fehlenden Evidenz naturgemäß schwierig. Für Deutschland wurde erstmals im März 2020 eine Leitlinie der AWMF zur intensivmedizinischen Therapie bei Patienten mit Covid-19 publiziert. Im November 2020 wurde sie für den gesamtstationären Bereich erweitert. Im Februar 2021 erreichte sie den Status einer sowohl durch Evidenz als auch durch Expertenkonsensus getragenen sogenannten S3-Leitlinie. Im Mai 2021, im Oktober 2021 und im Februar 2022 erfolgten weitere Überarbeitungen. Der bemerkenswert kurze Zeitabstand zwischen den Revisionen war den sehr dynamischen Entwicklungen und der zunehmend hohen Frequenz randomisierter kontrollierter Studien zu verdanken (Kluge et al. 2022).

Etwas anders verhielt es sich im ambulanten Bereich, denn hier war die Evidenz lange limitiert. Eine erste Leitlinie wurde in Deutschland erst im Februar 2022 erstellt, die jedoch auch noch nicht auf qualitativ höherwertige Studien zurückgreifen konnte. Zudem wurde im Leitlinienreport bereits eine kurze Gültigkeit angegeben, mit dem Hinweis auf die laufende Evidenzgenerierung (DEGAM 2022).

Parallel zu diesen klassischen Leitlinienentwicklungen wurden Empfehlungen durch die Fachgruppe COVRIIN des Robert Koch-Instituts verfasst. Anders als die AWMF-Leitlinie nutzt diese Gruppe auch Preprints und Pressemitteilungen als Entscheidungsbasis. Dieses Vorgehen soll einen frühzeitigeren Einsatz neuer therapeutischer Möglichkeiten erlauben. Dies birgt allerdings die Gefahr, dass präliminäre, noch nicht geprüfte Ergebnisse einfließen, die sich im weiteren Verlauf als nicht haltbar herausstellen. Die Fachgruppe gleicht das Dokument mit der AWMF-Leitlinie ab, versteht sich jedoch mehr als Unterstützung von Klinikern für Kliniker. Da sie nicht an die Vorgaben einer Leitlinienkommission gebunden ist, kann das Dokument schneller aktualisiert werden. Die Fachgruppe nutzt kein systematisches Review; sie versteht sich vor allem als Verbindung zwischen vorhandener Evidenz und Expertenmeinung (Fachgruppe COVRIIN beim Robert Koch-Institut 2022).

11.4 Forschung in der Pandemie

Wie im vorhergehenden Abschnitt an verschiedenen Beispielen illustriert wurde, ist das rasche Generieren von Daten möglichst hoher Qualität entscheidend für die Formulierung von Empfehlungen und für das Verschreibungsverhalten von Ärztinnen und Ärzten. Weltweit und auch in Deutschland führte das Auftreten der Pandemie zu einer bisher einzigartigen Fokussierung von wissenschaftlichen Ressourcen auf die Bekämpfung von Covid-19. Weltweit zeichnet sich diese Phase ebenfalls durch eine außergewöhnliche Dynamik in der Vernetzung von bisher konkurrierenden Wissenschaftlerinnen und Wissenschaftlern aus. Dies ist bemerkenswert, da akademische Systeme sich als Motivation für ihre Aktivitäten bisher weitgehend auf eine Wettbewerbslogik verließen, in der der Sieger alles gewinnt. Dies allein reicht jedoch nicht aus, um komplexe Probleme wie Covid-19 effektiv angehen zu können, denn strukturelle Barrieren durch Kompartmentalisierung, Pflege unterschiedlicher Interessen und regulatorische Zugangshürden haben die deutsche akademische Forschung in ihrer Schlagkräftigkeit zurückgeworfen.

Großbritannien, Frankreich, die USA und Australien waren dagegen in der Lage, die traditionelle, kompetitive Denkweise in kürzester Zeit zu verlassen. Sie haben aufgrund von zentralisierten Forschungsstrukturen und hochwertigen vernetzten Datenregistern eine Vielzahl an randomisierten kontrollierten Studien (RCTs), epidemiologischen Untersuchungen und nicht zuletzt adaptiven Plattformstudien auf den Weg gebracht.

Dieser bisher noch wenig verbreitete Studientypus erwies sich in der Pandemiesituation als äußerst effektiv. Während RCTs bisher den Goldstandard für die Generierung klinisch relevanter Evidenz darstellten, werden sie limitiert durch ihre fixe und begrenzte Anzahl von Interventionen pro Indikation. Diese Struktur ist gekennzeichnet durch hohe Kosten, lange Umsetzungszeiten und eine mangelnde Flexibilität bezüglich der Integration neuer Erkenntnisse, die innerhalb und außerhalb der jeweiligen Studie erzielt werden. Am Beispiel von Covid-19 wurde deutlich, dass adaptive Plattformstudien praktikable Lösungen für die oben genannten Probleme bieten und unverzichtbar sind in einer Situation, in der sich die Evidenzbasis kontinuierlich und schnell ändert und Studienkomponenten entsprechend angepasst werden müssen.

Nahezu alle derzeit vorliegenden Empfehlungen für die Behandlung der akuten Covid-19-Erkrankung basieren auf den Ergebnissen adaptiver Plattformstudien. Exemplarisch ist hier die Studie „Randomized Evaluation of Covid-19 Therapy (RECOVERY)" zu nennen (RECOVERY Collaborative Group 2020), die in Großbritannien durchgeführt wird. RECOVERY war schon früh in der Lage, innerhalb von drei Monaten 10.000 Patientinnen und Patienten zu rekrutieren. Ein substantieller Anteil der aktuell geltenden Empfehlungen zur Therapie von Covid-19 basiert auf den Ergebnissen aus RECOVERY sowie Solidarity.

In Deutschland bleiben die Zahl und der Output klinischer Studien zu Covid-19 leider deutlich hinter den oben genannten Nationen zurück. Diese Tatsache ist nicht auf die fehlende Motivation oder Kompetenz der hier tätigen Wissenschaftlerinnen und Wissenschaftler zurückzuführen, sondern liegt weitgehend in anderen Faktoren begründet. Ethische und regulatorische Prozesse sind in Deutschland mit einem hohen bürokratischen Aufwand und teilweise langen Bearbeitungszeiten assoziiert. Die für die Umsetzung von interventionellen Studien notwendigen infrastrukturellen Leistungen (z. B. Monitoring der erhobenen Daten, Datenhaltung und -management, Sicherheitsmanagement) werden in Deutschland weitgehend über klinische Forschungsorganisationen der Industrie umgesetzt, die ein hohes Preisniveau vorgeben. Das KKS Netzwerk (Koordinierungszentrum für Klinische Studien) stellt seit 2017 eine Alternative im akademischen Bereich dar, befindet sich aber immer noch im Ausbau. Dadurch wird das Aufsetzen von sogenannten Investigator Initiated Trials (IIT), also akademisch initiierten klinischen Studien, deutlich erschwert, zumal die Finanzierung von klinischen Studien in Deutschland neben der Industrie so gut wie ausschließlich über die Deutsche Forschungsgemeinschaft (DFG) und das Bundesministerium für Bildung und Forschung (BMBF) erfolgt.

Die Fördervolumina für klinische Studien bleiben dabei deutlich hinter denen vieler anderer europäischer Länder zurück. Ohne eine entsprechende Ausstattung können lokale Studienzentren keine hochwertigen Daten liefern. Ebenso wichtig ist die bisher noch unzureichende interdisziplinäre und intersektorale Vernetzung verschiedener medizinischer Fachrichtungen mit dem Ziel, zeitnah klinische Studien für verschiedenste medizinische Problemstellungen auf den Weg bringen zu können. Im Kontext der Covid-19-Pandemie wurde in diesem Sinne das Netzwerk Universitätsmedizin (NUM) geschaffen, das zwar in seinem Kern von den deutschen Universitätsklinika gebildet wird, aber auch Nicht-Uniklinika und niedergelassene Kolleginnen und Kollegen als Studienzentren integriert. Im Kontext dieses Netzwerks sollen nun auch breit nutzbare Infrastrukturkonzepte für Plattformstudien in Deutschland implementiert werden. Der Sachverständigenrat thematisierte das Datenproblem auch in seinem Gutachten 2021 (SVR 2021); den Krankenkassen war das Problem ebenfalls bewusst (Schröder et al. 2021).

In jedem Fall sind eine intensivierte finanzielle Förderung von unabhängigen klinischen Studien mit entsprechender Ausbildung von forschendem Personal, eine bessere Vernetzung der involvierten Akteure sowie ein Abbau der bürokratischen Hürden dringend notwendig, um die Reaktivität der deutschen Studienlandschaft zu verbessern (Wallenfels 2021; Deutscher Ärztetag 2022; El-Auwad et al. 2022).

11.4.1 Publikationen in der Pandemie

Die Umgehung etablierter Review- und Publikationsprozesse stellt eine weitere Besonderheit des pandemischen Kontextes dar. Während es initial noch sehr kritisch hinterfragt wurde, erfreute sich das Medium der Preprints im Laufe der Pandemie einer steigenden Akzeptanz, da hierdurch die zeitnahe Zugänglichkeit von Informationen substantiell verbessert werden konnte. In anderen Wissenschaftsdisziplinen als der Medizin ist das Veröffentlichen von Preprints schon lange gängiger Teil der Publikationskultur, wie etwa in der Physik. Beiträge werden oft parallel zur Manuskripteinreichung auf Preprintserver hochgeladen, um eine konstruktive Diskussion innerhalb der Forschungsgemeinschaft zu stimulieren und so die Qualität der Arbeit im Verlauf noch zu steigern. Zum anderen kann die Wissenschaftsgemeinschaft auf den veröffentlichten Daten aufbauen und dadurch ihre eigenen Forschungsarbeiten schneller vorantreiben. Im Zuge der Covid-19-Pandemie nahm auch in der Medizin die Publikation von Preprints exponentiell zu. Forschungsergebnisse über das Virus SARS-CoV-2, die Krankheit und ihre Behandlung sollten so schnell und frei wie möglich weltweit zur Verfügung gestellt werden. Auch Prof. Christian Drosten von der Charité betonte im März 2020, wie wichtig Preprint-Veröffentlichungen für die epidemiologische Forschung seien, mahnte aber gleichzeitig zur Vorsicht bei der Auswahl und Bewertung dieser Publikationen (Martini 2020). Die freie Verfügbarkeit von Forschungsergebnissen in Form von Preprints könne zudem der Verbreitung von Fake News und Verschwörungstheorien Vorschub leisten, die vor allem über Social Media verbreitet würden. Die geringe Qualitätskontrolle seitens der Preprintserver und der Wettbewerb um Aufmerksamkeit auf den Plattformen kann Wissenschaftlerinnen und Wissenschaftler dazu verleiten, in Titeln und Abstracts ihrer Preprints reißerische oder unpräzise Begriffe zu verwenden. Der Interpretationsspielraum dieser Begriffe erlaubt es dann wiederum Verschwörungstheoretikern, die Preprints in ihre Narrative einzuflechten. Autoren der Fachzeitschrift „Science“ warnten im April 2020 vor einer zunehmenden Aushöhlung von Qualitätsstandards durch die wissenschaftliche Ausnahmesituation im Zuge der Covid-19-Pandemie. Hierfür seien insbesondere voreilig publizierte und oft unausgereifte klinische Studien zum Thema verantwortlich, die unter anderem in zunehmender Zahl auf Preprintservern landeten.

Oftmals gingen den eigentlichen Publikationen aber auch Pressemitteilungen voraus, die bereits Teile der Inhalte publizierten. Jedoch unterlagen diese genauso wenig Qualitätskontrollen wie die Publikationen auf den Preprintservern. Auch waren sie weniger wissenschaftlich geprägt und hoben nur die Vorteile der Medikamente hervor, ohne genauer auf die Ergebnisse einzugehen. Trotzdem reagierten Behandelnde darauf und warteten nicht immer die eigentliche Publikation ab. Aber auch die etablierten Fachzeitschriften publizierten Studien, die nicht immer dem gewohnten Maß an Design und Qualität entsprachen.

11.5 Brauchen wir eine Krisenethik?

Die Erfahrung, dass Medikamente trotz unzureichender Datenlage empfohlen und im klinischen Alltag eingesetzt werden, ist nicht neu. So wurde der kolloidale Plasmaexpander Hydroxyäthylstärke (HES) jahrzehntelang in der Anästhesie und Notfallmedizin bei Millionen Patientinnen und Patienten verwendet. Die Erstzulassung in den 1970ern beruhte auf wenigen Einzelfallberichten; angeblich modernere „Weiterentwicklungen" wurden später auf der Basis von Nichtunterlegenheitsstudien zugelassen. Schließlich zeigten wissenschaftsinitiierte Phase-4-Studien, dass die Substanz zu Nierenschäden, Blutungsstörungen, extravaskulärer Speicherung und erhöhter Langzeitsterblichkeit führt. Es dauerte dennoch viele Jahre, bis die Zulassungsbehörden auch durch öffentlichen Druck im Sinne der Patientensicherheit reagierten. Zunächst wurde HES bei bestimmten Patientengruppen verboten; erst im Jahr 2022 hat die EMA die Zulassung komplett aufgehoben, weil HES unverändert off label eingesetzt wurde (PRAC The European Medicines Agency's Pharmacovigilance Risk Assessment Committee 2022).

11

Seit der Thalidomid-Katastrophe ist auch in Deutschland geregelt, dass Medikamente erst aufgrund einer zureichenden Überprüfung von Wirksamkeit und Nebenwirkungspotenzial zugelassen werden (Maio 2001). Dieses Sicherheitsnetz hat große Lücken – die rigorose Überprüfung gilt nicht für Altzulassungen, wie man am Beispiel HES sieht, und nicht für Medizinprodukte, für die es eine Reihe regulatorischer Erleichterungen gibt (Neugebauer et al. 2017). Es werden deshalb unabhängige klinische Studien gefordert (Lange and Windeler 2013); die Finanzierung von ausreichend großen Nachzulassungsstudien (Phase-4-Studien) ist jedoch eine hohe Hürde, da Hersteller in der Regel kein Interesse daran haben. Wenig bekannt, obwohl vielfach belegt, ist die Tatsache, dass die publizierte Evidenz häufig verzerrt ist und dadurch das Verschreibungsverhalten beeinflusst. Unter anderem schätzt das IQWIG anhand von umfangreichen Untersuchungen, dass der Reporting Bias weit verbreitet ist und fast alle Bereiche betrifft. Daten werden typischerweise unterschlagen oder falsch wiedergegeben, sodass die Wirksamkeit von Medikamenten über- und das Nebenwirkungspotenzial unterschätzt wird (McGauran et al. 2010).

Sollen in Zeiten der Pandemie aufgrund der Dringlichkeit die bisher gültigen Prinzipien außer Kraft gesetzt werden? In normalen Zeiten agieren Mitarbeitende im Gesundheitssystem patientenzentriert nach den vier ethischen Prinzipien von Patientenautonomie, Nicht-Schaden, Nutzen und Gerechtigkeit. In einer Pandemie wird Utilitarismus empfohlen – anstatt einzelne zu Behandelnde zu betrachten, geht es um den Nutzen für die Bevölkerung (Vearrier and Henderson 2021). Dieses Prinzip wurde zum Beispiel bei Empfehlungen zur Verteilung knapper Ressourcen mitberücksichtigt (Marckmann et al. 2020). Im Rückblick wird jedoch klar, dass die gültigen Regeln zur Medikamentenzulassung weiterhin unverzichtbar sind, um nicht nur einzelne Patientinnen und Patienten, sondern auch Bevölkerungsgruppen unter Abwägung von Schaden/Nutzen und Gerechtigkeit/Solidarität angemessen zu versorgen. Es dient der Bevölkerung und dem Gesundheitssystem nicht, Ressourcen für nutzlose Medikamente (z. B. Hydroxychloroquin) oder Studien schlechter Qualität zu vergeuden. Aus ethischer Sicht ist mehr denn je geboten, in Vorbereitung auf die nächste Pandemie strukturelle Voraussetzungen für eine Studienkultur hoher Qualität zu schaffen. Im Falle unzureichender Daten für neue Medikamente ist es auch in der Pandemie als unethisch zu bewerten, wenn experimentelle Therapien außerhalb von klinischen Studien eingesetzt werden.

Die Wucht, mit der die Pandemie unser Gesundheitssystem erfasste, stellt weiterhin eine besondere Herausforderung für die ärztliche und pflegerische Kollegenschaft dar. Der initiale Mangel an Behandlungsoptionen, die dabei empfundene Ohnmacht sowie die immer wieder drohende Gefahr der Notwendigkeit einer Triage führen zu einer Extrembelastung des Personals am Krankenbett. In vielen Fällen konnte eine für Personal und Angehörige dringend benötigte psychologische Beratung nicht zur Verfügung gestellt werden. Die Außergewöhnlichkeit der Situation hat dazu geführt, dass Aktionen in dieser Zeit häufig mehr von Emotionen und weniger von der Ratio getragen wurden. Daraus resultiert bedauerlicherweise, dass die Rolle der eingespielten Praxis der evidenzbasierten Medizin geschwächt wurde. Phasen mit niedrigeren Inzidenzen müssen dringend genutzt werden, um diese Entwicklung kritisch zu diskutieren und einzudämmen.

11.6 Fazit

Das Primat Primum non nocere muss auch in einer Pandemie gelten. Auch wenn die Bedingungen schwierig sind, der Druck hoch und große Eile geboten ist, dürfen die Grundsätze der evidenzbasierten Medizin nicht außer Acht gelassen werden, müssen Informationen sorgsam auf ihre Richtigkeit geprüft werden. Die Welt der Behandelnden und der Forschenden muss sich mehr und internationaler vernetzen, um in Zukunft Informationen effektiver zu sammeln und zu verbreiten, um die Situation besser beherrschen zu können. Denn was Schaden anrichtet, wissen wir nur, wenn wir es gründlich betrachten.

Literatur

Abd-Elsalam S, Salama M, Soliman S (2022) Remdesivir efficacy in COVID-19 treatment: a randomized controlled trial. Am J Trop Med Hyg 106(3):886–890. https://doi.org/10.4269/ajtmh.21-0606

Alimohamadi Y, Taghdir M, Sepandi M (2020) Estimate of the basic reproduction number for COVID-19: a systematic review and meta-analysis. Journal of Preventive Medicine and Public Health 53:151

Ansems K, Grundeis F, Dahms K, Mikolajewska A, Thieme V, Piechotta V, Metzendorf M-I, Stegemann M, Benstoem C, Fichtner F (2021) Remdesivir for the treatment of COVID-19. Cochrane Database Syst Rev. https://doi.org/10.1002/14651858.CD014962

Beigel JH, Tomashek KM, Dodd LE et al (2020) Remdesivir for the treatment of Covid-19 – final report. N Engl J Med. https://doi.org/10.1056/NEJMoa2007764

BfArM – Bundesinstitut für Arzneimittel und Medizinprodukte (2020) Hydroxychloroquin: Risiko für schwerwiegende Nebenwirkungen bei Anwendung zur Behandlung von COVID-19. https://www.bfarm.de/SharedDocs/Risikoinformationen/Pharmakovigilanz/DE/RI/2020/RI-hydroxychloroquin.html;jsessionid=AD5B3005E800C31ED870D9E569799DDB.internet282?nn=471274 (Erstellt: 29. Apr. 2020). Zugegriffen: 18. Aug. 2022

Biot C, Daher W, Chavain N, Fandeur T, Khalife J, Dive D, de Clercq E (2006) Design and synthesis of hydroxyferroquine derivatives with antimalarial and antiviral activities. J Med Chem 49:2845–2849

Caly L, Druce JD, Catton MG, Jans A, Wagstaff KM (2020) The FDA-approved drug ivermectin inhibits the replication of SARS-CoV-2 in vitro. Antivir Res 178:104787

CATCO – Canadian Treatments for COVID-19 for the Association of Medical Microbiology and Infectious Disease Canada (AMMI) Clinical Research Network and the Canadian Critical Care Trials Group (2022) Remdesivir for the treatment of patients in hospital with COVID-19 in Canada: a randomized controlled trial. CMAJ 194(7):E242–E251. https://doi.org/10.1503/cmaj.211698

DEGAM (2022) AWMF S2e-Leitlinie: SARS-CoV-2/Covid-19-Informationen & Praxishilfen für niedergelassene Hausärztinnen und Hausärzte. https://www.awmf.org/uploads/tx_szleitlinien/053-054l_S2e_SARS-CoV-2-Covid-19-Informationen-Praxishilfen-Hausaerztinnen-Hausaerzte_2022-02_2.pdf. Zugegriffen: 18. Aug. 2022

Deutscher Ärztetag (2022) Datennutzung für Forschungszwecke braucht eindeutige Regeln. Pressemitteilungen Bundesärztekammer. https://www.bundesaerztekammer.de/presse/aktuelles/detail/datennutzung-fuer-forschungszwecke-braucht-eindeutige-regeln. Zugegriffen: 18. Aug. 2022

Deutsches Ärzteblatt (2020) US-Präsident Trump nimmt Hydroxychloroquin als Prophylaxe ein. Dienstag, 19. Mai 2020. https://www.aerzteblatt.de/nachrichten/113002/US-Praesident-Trump-nimmt-Hydroxychloroquin-als-Prophylaxe-ein. Zugegriffen: 18. Aug. 2022

El-Auwad M, Lehrke E, Matthies H (2022) European Health Data Space – Bedeutung für Deutschland. EHEALTHCOM. https://e-health-com.de/details-news/european-health-data-space-bedeutung-fuer-deutschland/#:~:text=Der%20EHDS%20soll%20als%20Teil,Revolution%20drin%20ist%2C%20bleibt%20abzuwarten. Zugegriffen: 18. Aug. 2022

Fachgruppe COVRIIN beim Robert Koch-Institut (2022) Medikamentöse Therapie bei COVID-19 mit Bewertung durch die Fachgruppe COVRIIN beim Robert Koch-Institut. https://www.rki.de/DE/Content/InfAZ/N/Neuartiges_Coronavirus/COVRIIN_Dok/Therapieuebersicht.pdf?__blob=publicationFile. Zugegriffen: 30. Juni 2022

Gao J, Tian Z, Yang X (2020) Breakthrough: chloroquine phosphate has shown apparent efficacy in treatment of COVID-19 associated pneumonia in clinical studies. Biosci Trend 14(1):72–73

Gautret P, Lagier J-C, Parola P, Meddeb L, Mailhe M, Doudier B, Courjon J, Giordanengo V, Vieira VE, Dupont HT (2020) Hydroxychloroquine and azithromycin as a treatment of COVID-19: results of an open-label non-randomized clinical trial. Int J Antimicrob Agents 56:105949

Geleris J, Sun Y, Platt J, Zucker J, Baldwin M, Hripcsak G, Labella A, Manson DK, Kubin C, Barr RG (2020) Observational study of hydroxychloroquine in hospitalized patients with Covid-19. N Engl J Med 382:2411–2418

Gottlieb RL, Vaca CE, Paredes R, Mera J, Webb BJ, Perez G, Oguchi G, Ryan P, Nielsen BU, Brown M (2022) Early remdesivir to prevent progression to severe Covid-19 in outpatients. N Engl J Med 386:305–315

IQWiG – Institut für Qualität und Wirtschaftlichkeit im Gesundheitswesen (2022) Dossierbewertung A22-04: Remdesivir (COVID-19, ohne Sauerstoffzufuhr, erhöhtes Risiko). https://www.iqwig.de/download/a22-04_remdesivir_kurzfassung_nutzenbewertung-35a-sgb-v_v1-0.pdf (Erstellt: 11. Apr. 2022). Zugegriffen: 19. Aug. 2022

Kluge S, Janssens U, Welte T, Weber-Carstens S, Schälte G, Salzberger B, Gastmeier P, Langer F, Wepler M, Westhoff M (2020) S1-Leitlinie: Empfehlungen zur intensivmedizinischen Therapie von Patienten mit COVID-19 (Version 2; 19.06.2020). AWMF Online. https://www.dgai.de/alle-docman-dokumente/aktuelles/1403-s1-intensivmedizinische-therapie-von-patienten-mit-covid-19-2020-06/file.html. Zugegriffen: 30. Juni 2022

Kluge S, Janssens U, Welte T, Weber-Carstens S, Schälte G, Spinner CD, Malin JJ, Gastmeier P, Langer F, Wepler M (2022) S3-Leitlinie – Empfehlungen zur stationären Therapie von Patienten mit COVID-19. Stand 28.02.2022. AWMF Online. https://www.awmf.org/uploads/tx_szleitlinien/113-001LGl_S3_Empfehlungen-zur-stationaeren-Therapie-von-Patienten-mit-COVID-19_2022-03.pdf. Zugegriffen: 30. Juni 2022

Lange S, Windeler J (2013) Die Notwendigkeit unabhängiger klinischer Studien aus der Sicht des Instituts für Qualität und Wirtschaftlichkeit im Gesundheitswesen. Oncol Res Treat 36:9–15

Lee TC, Murthy S, Del Corpo O, Senécal J, Butler-Laporte G, Sohani ZN, Brophy JM, Mcdonald EG (2022) Remdesivir for the treatment of COVID-19: a systematic review and meta-analysis. Clin Microbiol Infect 19

Lim SCL, Hor CP, Tay KH, Jelani AM, Tan WH, Ker HB, Chow TS, Zaid M, Cheah WK, Lim HH (2022) Efficacy of ivermectin treatment on disease progression among adults with mild to moderate COVID-19 and comorbidities: The I-TECH randomized clinical trial. JAMA Intern Med 182:426–435

López-Medina E, López P, Hurtado IC, Dávalos DM, Ramirez O, Martínez E, Díazgranados JA, Oñate JM, Chavarriaga H, Herrera S (2021) Effect of ivermectin on time to resolution of symptoms among adults with mild COVID-19: a randomized clinical trial. JAMA 325:1426–1435

Magagnoli J, Narendran S, Pereira F, Cummings TH, Hardin JW, Sutton SS, Ambati J (2020) Outcomes of hydroxychloroquine usage in United States veterans hospitalized with Covid-19. Med 1:114–127.e3

Maio G (2001) On the history of the Contergan (thalidomide) catastrophe in the light of drug legislation. Dtsch Med Wochenschr 126(42):1183–1118

Marckmann G, Neitzke G, Schildmann J, Michalsen A, Dutzmann J, Hartog C, Jöbges S, Knochel K, Michels G, Pin M (2020) Entscheidungen über die Zuteilung intensivmedizinischer Ressourcen im Kontext der COVID-19-Pandemie. Medizinische Klin Notfallmedizin 115:477–485

Martini A (2020) Coronavirusupdate Folge 20. NDR Info

Mcgauran N, Wieseler B, Kreis J, Schüler Y-B, Kölsch H, Kaiser T (2010) Reporting bias in medical research – a narrative review. Trials 11:1–15

Netzwerk Universitätsmedizin CEOsys (2021) Empfehlungen der S3-Leitlinie zur stationären Behandlung von COVID-19-Patient:innen. https://covid-evidenz.de/wp-content/uploads/2021/10/CEOsys_EvidenceBrief_S3Behandlungakt_kompakt141021.pdf. Zugegriffen: 19. Aug. 2022

Neugebauer EA, Rath A, Antoine S-L, Eikermann M, Seidel D, Koenen C, Jacobs E, Pieper D, Laville M, Pitel S (2017) Specific barriers to the conduct of randomised clinical trials on medical devices. Trials 18:1–10

Popp M, Stegemann M, Metzendorf M-I, Gould S, Kranke P, Meybohm P, Skoetz N, Weibel S (2021) Ivermectin for preventing and treating COVID-19. Cochrane Database Syst Rev. https://doi.org/10.1002/14651858.CD015017.pub2

PRAC The European Medicines Agency's Pharmacovigilance Risk Assessment Committee (2022) PRAC recommends suspending hydroxyethyl-starch solutions for infusion from the market. News 11/02/2022. https://www.ema.europa.eu/en/news/prac-recommends-suspending-hydroxyethyl-starch-solutions-infusion-market-0. Zugegriffen: 01. September 2022

Prats-Uribe A, Sena AG, Lai LYH, Alghoul H, Alser O, Alshammari TM, Areia C, Carter W, Casajust P, Dawoud D (2021) Use of repurposed and adjuvant drugs in hospital patients with covid-19: multinational network cohort study. BMJ. https://doi.org/10.1136/bmj.n1038

Reardon S (2021) Flawed ivermectin preprint highlights challenges of COVID drug studies. Nature. https://www.nature.com/articles/d41586-021-02081-w. Zugegriffen: 22. Aug. 2022

Recovery Collaborative Group (2020) Effect of hydroxychloroquine in hospitalized patients with Covid-19. N Engl J Med 383:2030–2040

Robert Koch-Institut (2020) Täglicher Lagebericht des RKI zur Coronavirus-Krankheit-2019 (COVID-19) (11.03.2020 – Aktualisierter Stand für Deutschland)

Schröder H, Repschläger U, Walker J (2021) Daten bündeln gegen Corona. G+G Digital. https://www.gg-digital.de/2021/05/thema-des-monats/daten-buendeln-gegen-corona/index.html. Zugegriffen: 22. Aug. 2022

Schulmann B (2021) Coronavirus-Update Folge 79: Angriffspunkte für das Virus. https://www.ndr.de/nachrichten/info/79-Coronavirus-Update-Angriffspunkte-fuer-das-Virus,podcastcoronavirus294.html#Medikament (Erstellt: 10. März 2021). Zugegriffen: 22. Aug. 2022

Spinner CD, Gottlieb RL, Criner GJ et al (2020) Effect of Remdesivir vs standard care on clinical status at 11 days in patients with moderate COVID-19. A randomized clinical trial. JAMA 324(11):1–10. https://doi.org/10.1001/jama.2020.16349

SVR – Sachverständigenrat zur Begutachtung der Entwicklung im Gesundheitswesen (2021) Digitalisierung im Dienste der Gesundheit. Besseren Schutz von Leben und Gesundheit mit höherer Datensicherheit vereinbaren. https://www.svr-gesundheit.de/fileadmin/Gutachten/Gutachten_2021/2021_03_24_SVR-Pressemitteilung_Digitalisierungsgutachten.pdf. Zugegriffen: 22. Aug. 2022

The New York Times (2020) A timeline of the Coronavirus pandemic. https://www.nytimes.com/article/coronavirus-timeline.html. Zugegriffen: 22. Aug. 2022

Tulp S (2022) Flawed research abstract leads to ivermectin falsehoods. AP news. https://apnews.com/article/fact-checking-136056839408. Zugegriffen: 22. Aug. 2022

Vearrier L, Henderson CM (2021) Utilitarian principlism as a framework for crisis healthcare ethics. HEC Forum 33:45–60

Wallenfels M (2021) Initiative gestartet. Allianz forciert Gesetz zur Gesundheitsdatennutzung. Ärztezeitung. https://www.aerztezeitung.de/wirtschaft/allianz-forciert-ein-gesundheitsdatennutzungsgesetz-425047.html. Zugegriffen: 22. Aug. 2022

Wang Y, Zhang D, Du G et al (2020) Remdesivir in adults with severe COVID-19: a randomised, double-blind, placebo-controlled, multicentre trial. Lancet 395(10236):1569–1578. https://doi.org/10.1016/S0140-6736(20)31022-9

WHO Solidarity Trial Consortium, Pan H, Peto R, Henao-Restrepo AM, Preziosi MP, Sathiyamoorthy V, Abdool Karim Q, Alejandria MM, Hernández García C, Kieny MP, Malekzadeh R, Murthy S, Reddy KS, Roses Periago M, Abi Hanna P, Ader F, Al-Bader AM, Alhasawi A, Allum E, Alotaibi A, Alvarez-Moreno CA, Appadoo S, Asiri A, Aukrust P, Barratt-Due A, Bellani S, Branca M, Cappel-Porter HBC, Cerrato N, Chow TS, Como N, Eustace J, García PJ, Godbole S, Gotuzzo E, Griskevicius L, Hamra R, Hassan M, Hassany M, Hutton D, Irmansyah I, Jancoriene L, Kirwan J, Kumar S, Lennon P, Lopardo G, Lydon P, Magrini N, Maguire T, Manevska S, Manuel O, McGinty S, Medina MT, Mesa Rubio ML, Miranda-Montoya MC, Nel J, Nunes EP, Perola M, Portolés A, Rasmin MR, Raza A, Rees H, Reges PPS, Rogers CA, Salami K, Salvadori MI, Sinani N, Sterne JAC, Stevanovikj M, Tacconelli E, Tikkinen KAO, Trelle S, Zaid H, Røttingen JA, Swaminathan S. Repurposed Antiviral Drugs for Covid-19 - Interim WHO Solidarity Trial Results. N Engl J Med. 2021 Feb 11;384(6):497–511. https://doi.org/10.1056/NEJMoa2023184. Epub 2020 Dec 2. PMID: 33264556; PMCID: PMC7727327.

WHO Solidarity Trial Consortium (2022) Remdesivir and three other drugs for hospitalised patients with COVID-19: final results of the WHO Solidarity randomised trial and updated meta-analyses. Lancet 399:1941–1953

Sicht der Akteurinnen und Akteure

Inhaltsverzeichnis

Kapitel 17 Sicht der pharmazeutischen Industrie – Arzneimittelversorgung in Deutschland: die richtigen Weichenstellungen für Innovationen – 213

Han Steutel

Sicht der Vertretung der Patientinnen und Patienten: Wichtige Faktoren der Qualität der Arzneimittelversorgung

Susanne Teupen und Florian Innig

H. Schröder et al. (Hrsg.), *Arzneimittel-Kompass 2022*, https://doi.org/10.1007/978-3-662-66041-6_12

Unter dem Begriff Qualität der Arzneimittelversorgung lassen sich aus der Sicht der Patientenvertretung nach § 140f SGB V sehr viele Aspekte subsumieren. Dazu zählt natürlich als grundlegende Prämisse, dass die Patientinnen und Patienten mit wirksamen und sicheren Arzneimitteln versorgt werden und es bei den unterschiedlichen Personengruppen nicht zu Über-, Unter- und Fehlversorgung kommen soll.

Konkret heißt das aber, dass viele Faktoren in eine rationale Arzneimittelversorgung einfließen müssen. Grundlage dafür sind zunächst zugelassene Arzneimittel, außerdem ist es wichtig, dass Transparenz über deren Nutzen – möglichst auf der Grundlage von patientenberichteten Endpunkten – und über möglichen Schaden herrscht. Entsprechend sollen Zulassungsstudien auch repräsentativ für die zu behandelnde Patientenpopulation sein und insbesondere auch das Geschlecht und das Alter in der spezifischen Indikation abbilden. Schließlich sind in der realen Versorgungssituation weitere wesentliche Aspekte von großer Bedeutung für Patientinnen und Patienten, wie z. B. Polypharmazie bei älteren Menschen und somit mögliche Wechselwirkungen.

Für weitere vulnerable Gruppen wie Kinder und Schwangere sind viele Arzneimittel nicht zugelassen oder es liegen konkrete Kontraindikationen vor. Wenn diese Gruppen von Patientinnen und Patienten nicht explizit von der Behandlung ausgeschlossen sind, gibt es in der Regel wenig Daten über die Sicherheit der Arzneimittel und auch keine Angaben zu angepassten Dosierungen. Hier kommt es oft zum sogenannten „Off-Label-Use", also einem Einsatz des Arzneimittels außerhalb der Zulassung, was mit vielen möglichen, auch rechtlichen Problemen verbunden ist.

Zu einer qualitätsgesicherten Arzneimittelversorgung gehört selbstverständlich auch ein rationaler Einsatz von Antibiotika bzw. Reserveantibiotika und somit eine Vermeidung von Antibiotikaresistenzen.

Eine wesentliche Grundlage für die rationale und qualitätsgesicherte Anwendung sind umfassende und transparente Informationen zu den Studienergebnissen, bezogen auf patientenberichtete Endpunkte, und zu Sicherheitsaspekten. Das gilt auch für die sogenannten Arzneimittel bei seltenen Erkrankungen (Orphan Drugs) und Arzneimittel für neuartige Therapien (ATMPs) wie etwa Gentherapien.

Um eine hochwertige und wirtschaftliche Arzneimittelversorgung der gesetzlich Krankenversicherten sicherzustellen, hat der Gesetzgeber dem Gemeinsamen Bundesausschuss (G-BA) unterschiedliche Instrumente zur Verfügung gestellt. Die Arzneimittel-Richtlinie regelt unter anderem die OTC-Ausnahmeliste, die Festbetragsgruppenbildungen, die Off-Label-Anwendungen etc.

Eine zentrale Aufgabe ist die Bewertung des Nutzens bzw. Zusatznutzens von neuen Wirkstoffen bzw. neuen Anwendungsgebieten im Rahmen der frühen Nutzenbewertung. In einem transparenten Verfahren wird der Zusatznutzen gegenüber der Standardtherapie bewertet. Alle Dokumente zum Verfahren stehen für Interessierte auf der Website des G-BA zur Verfügung. Die Arbeit der Patientenvertretung hat dabei mehrere Schwerpunkte: Einerseits die qualitätsgesicherte Anwendung der Arzneimittel gemäß den Beschlüssen im Rahmen der Nutzenbewertung, die Hinweise zu Schulungsmaterialen, Patienteninformationen oder Nebenwirkungen enthalten.

Andererseits auch die Einschätzung von Endpunkten und ihrer Relevanz für die Patientinnen und Patienten und die Forderung der Patientenvertretung, dass deren Lebensqualität erhoben werden soll.

Neu hinzugekommen ist die Möglichkeit zur Festlegung von Kriterien für die qualitätsgesicherte Anwendung von Reserveantibiotika, die von der frühen Nutzenbewertung ausgenommen sind.

Ein recht neues Instrument ist die Forderung nach anwendungsbegleitenden Datenerhebungen (AbD), die im Kontext einer unsicheren Datenlage zu einer späteren Quantifizierung des Zusatznutzens von Arzneimitteln zur Behandlung seltener Erkrankungen genutzt werden können.

Die Patientenvertretung ist in alle Beratungen des G-BA aktiv eingebunden und hat auch hier ein Antragsrecht. Dieses wird zum Beispiel im Kontext des Off-Label-Use häufiger eingesetzt. Sie bringt dabei ihre besondere Expertise in die Beratungen ein, die von den weiteren Beteiligten geschätzt wird. Nutzenbewertungen oder Themen aus anderen Arbeitsgruppen, wie die Überarbeitung der Richtlinie zur Versorgung mit Biologika, werden von der ehrenamtlichen Patientenvertretung mit Unterstützung der Stabsstelle Patientenvertretung im G-BA in den Sitzungen kritisch diskutiert und kommentiert. Diese Unterstützung ist wichtig und notwendig, da einzelne Patientenvertreterinnen und -vertreter, gerade am Anfang ihrer Tätigkeit, zu methodischen Fragestellungen oder übergeordneten Aspekten nachvollziehbarerweise wenig Berührungspunkte hatten. In diesem Zusammenhang sind auch die Fortbildungsangebote durch die Stabsstelle positiv hervorzuheben.

Transparente Informationen für Patientinnen und Patienten sowie eine gute Beratung durch die verordnenden Ärztinnen und Ärzte sind entscheidend für die Qualität der Arzneimittelversorgung auf individueller Ebene. Auch Medikationspläne müssen Standard in der Versorgung sein. Dies kann insbesondere für vulnerable Gruppen wie etwa multimorbide Patientinnen und Patienten dazu beitragen, dauerhaft den Therapieerfolg zu gewährleisten.

Gerade auch durch die neuen ATMPs sind indikationsspezifische, also produktunabhängige Register notwendig, um den Nutzen, aber auch mögliche langfristige Nebenwirkungen besser erfassen zu können. Beispielhaft ist dies hinsichtlich der Spinalen Muskelatrophie (SMA) mit drei aktiven Wirkstoffen umgesetzt; damit verbunden ist die Erwartung, dass so Daten erhoben werden, die ein deutlicheres Bild über die jeweiligen Vor- und Nachteile der Produkte aufzeigen.

Gerade wenn die Evidenz zum Zeitpunkt der Zulassung Lücken beinhaltet, können durch indikationsspezifische Register zusätzliche Informationen bereitgestellt werden, damit Patientinnen und Patienten mit ihren Behandlern evidenzbasierte Entscheidungen zu ihrer Arzneimittelversorgung fällen können. Solche Register sind jedoch nicht nur für seltene oder ultraseltene Erkrankungen sinnvoll.

Auch beim Austausch von Biosimilars wäre eine umfassende Erfassung z. B. von möglichen Wirkverlusten, Adhärenzproblemen durch unterschiedliche Devices oder Nebenwirkungen notwendig – nicht zuletzt, um möglichen Fehlsteuerungen entgegenzuwirken. Aber auch die Auswirkungen z. B. von Festbeträgen auf die Versorgungsqualität sind nicht erfasst. Dies ist insbesondere wichtig, wenn kurzfristig keine Arzneimittel zum Festbetrag zur Verfügung stehen und Patientinnen und Patienten Zuzahlungen nicht leisten können.

In Deutschland gibt es einen bemerkenswert schnellen Zugang zu neuen Arzneimitteln. Diesen gilt es künftig zu erhalten, da er einen deutlichen Einfluss auf die hohe Versorgungsqualität hierzulande darstellt. Gleichzeitig sind die steigenden Kosten bei Arzneimitteln insgesamt eine Herausforderung für das solidarische Gesundheitssystem in Deutschland.

Sicht der Ärztinnen und Ärzte: Ungenügend sichere Prozesse durch Risiko-induzierende Rahmenbedingungen

Daniel Grandt

H. Schröder et al. (Hrsg.), *Arzneimittel-Kompass 2022*, https://doi.org/10.1007/978-3-662-66041-6_13

Die Bedeutung des Begriffs „Versorgung“ umfasst im Sinne von „Bereitstellen“ das Verfügbarmachen von Gütern oder Leistungen, aber auch im Sinne von „sich Kümmern“ die Übernahme von Zuständigkeit und Verantwortung. Arzneimittelversorgung aus ärztlicher Sicht beinhaltetet „Bereitstellen“ insofern, als die ärztliche Verordnung verschreibungspflichtiger Arzneimittel für Patientinnen und Patienten Voraussetzung für den Zugang zu diesen Arzneimitteln ist. Größere Bedeutung aber hat aber der Aspekt „sich Kümmern“, der im Kontext der ärztlichen Behandlung im Bereich der Arzneimittelversorgung die korrekte Indikationsstellung, die Information der behandelten Person über die therapeutischen Optionen im Vergleich zur Nicht-Behandlung, die Ermittlung des Patientenwunsches und der Patientenpräferenzen, die Risiko- und Sicherstellungsaufklärung der behandelten Person und die Überwachung der Arzneimitteltherapie und Anpassung bzw. Beendigung der Therapie beinhaltet. Ein komplexer Prozess, für den Ärztinnen und Ärzte im Rahmen des Behandlungsvertrages Verantwortung übernehmen und bei dem eine unzureichend sichere Organisation zu Patientengefährdung und patientenrelevantem Schaden führt.

Aus Sicht der Ärzteschaft ist dies zunächst einmal aber ein täglich vielfach erfolgender Prozess, für den weniger Zeit als eigentlich erforderlich zur Verfügung steht. Ein Prozess, bei dem die Behandelnden sich daran gewöhnt haben, dass die Voraussetzungen für eine sichere, d. h. von vermeidbaren Risiken freie Arzneimittelverordnung häufig nicht gegeben sind. Das beginnt bei der fehlenden Übersicht über die Gesamtmedikation der Patientinnen und Patienten. Die Idee des bundeseinheitlichen Medikationsplans ist gut, die papiergestützte Umsetzung aber untauglich. Auch ist nicht gewährleistet, dass verordnungsbedingte Risiken erkannt werden. Bei 1.860 verschiedenen ambulant verordneten Arzneimittelwirkstoffen in mehr als 454.000 verschiedenen Kombinationen im Jahr 2016 (Grandt et al. 2018) ist es fahrlässig, darauf zu bauen, dass der Arzt oder die Ärztin gefährliche Kombinationen schon erkennen wird. Dass eine inhaltlich vollumfängliche Prüfung jeder Verordnung gegen die tatsächliche Gesamtmedikation erfolgen muss, ergibt sich aus den Festlegungen zum bestimmungsgemäßen Gebrauch der Arzneimittel und der Sorgfaltspflicht der Behandelnden. Bei den meisten Verordnungen wird dieser Standard aber nicht erreicht. Es ist unverständlich, dass im Straßenverkehr notwendige risikokontrollierende Maßnahmen vorgeschrieben und durchgesetzt werden, bei der Arzneimitteltherapie vermeidbare Risiken für Patienten jedoch akzeptiert und perpetuiert werden. Eine prospektive Risikoanalyse und die Entwicklung einer fehlertoleranten Arzneimittelversorgung fehlt weiterhin. Die Verordnung von stark teratogenen Arzneimitteln in der Frühschwangerschaft – dokumentiert durch Grandt et al. (2021) – unterstreicht die Relevanz des Problems.

Auf Nicht-Lieferbarkeit von Arzneimitteln wird der Arzt bei der Verordnung nicht hingewiesen. Der Arzt wird auch nicht darüber informiert, welches Arzneimittel tatsächlich auf seine Verordnung hin abgegeben wird – es sei denn, der Patient oder die Patientin teilt es ihm mit. Denn nur er/sie weiß, was er/sie erhalten hat. Auch eine Rückverfolgbarkeit von Arzneimitteln zum Patienten gibt es nicht. Diese wäre aber notwendig, um Patienten zum Beispiel bei nachträglich festgestellten Herstellungsmängeln zu informieren. Was beim Auto selbstverständlich ist, wird bei der Arzneimittelversorgung versäumt. Die dargestellten Defizite der Arzneimittelversorgung aus ärztlicher Sicht zeigen, dass unzureichende Arzneimitteltherapiesicherheit kein unvermeidbares, weil mit dem Behandlungsprozess untrennbar verbundenes Phänomen, sondern Organisationsversagen vor allem auf Systemebene ist.

Man muss feststellen, dass die Organisation des Arzneimitteltherapieprozesses in den letzten Jahrzehnten kaum weiterentwickelt wurde, während die Multimorbidität von Patientinnen und Patienten und die Komplexität der Behandlung stetig zugenommen haben: Etwa durch neue Arzneimittel, die bei Nichtbeachtung von Anwendungsregeln mit einem hohen Risiko für patientenrelevanten Schaden assoziiert sind. Zudem sind im Durchschnitt immer ältere und multimorbidere Patienten, die gleichzeitig von mehreren Ärztinnen und Ärzten mit Arzneimitteln behandelt werden, das neue Normal. Dies ist mit höheren Risiken für die Patienten verbunden, die allerdings durch eine fehlertolerante Organisation des Behandlungsprozesses kontrolliert werden könnten. Jeder Arzt muss einen resilienten Arzneitherapieprozess anstreben, kann dies aber nicht allein leisten. Dazu notwendige Rahmenbedingungen und Voraussetzungen sind nur auf Systemebene zu schaffen.

Warum ist bis heute nicht sichergestellt, dass – wie für bestimmungsgemäßen Gebrauch jedes Arzneimittels erforderlich – der verordnende Arzt sicher die Gesamtmedikation seiner Patientinnen und Patienten kennt? Warum erhält der Arzt/die Ärztin nicht bei jeder Verordnung elektronisch unterstützt Hinweise auf klinisch relevante Risiken, zum Beispiel durch ungünstige Wechselwirkungen von Arzneimitteln? Noch nicht einmal die hierzu erforderliche elektronische Verordnung ist bisher etabliert. Warum können Arzneimittel nicht bis zum Patienten zurückverfolgt werden, um exponierte Patienten bei chargenspezifischen Risiken zu schützen? Dass Rückverfolgbarkeit möglich ist, zeigt jeder Paketversand täglich. Der Vergleich zeigt aber auch das Problem: Es fehlt in der Arzneimittelversorgung der Entwurf eines fehlertoleranten Ideal-Prozesses und der Wille, diesen zu realisieren. Digitalisierung ist dafür erforderlich, aber Digitalisierung zur Abbildung der fehlerbehafteten Ist-Prozesse wird das Problem nicht lösen. Dass am Patientennutzen ausgerichtete digital unterstützte neue Versorgungsformen sich lohnen, hat das gerade abgeschlossene Innovationsfondsprojekt AdAM der BARMER und der KVWL (► https://www.kvwl.de/adam) gezeigt: Erstmals konnte in einer prospektiv-randomisierten Studie im Vergleich zur Routineversorgung die Mortalität nicht selektierter Patientinnen und Patienten mit Polypharmazie signifikant und relevant reduziert werden. Nicht nur ein Arzneimittel, auch adäquate, digital unterstützte Prozessorganisation kann Leben retten.

Literatur

Grandt D, Lappe V, Schubert I (2018) BARMER Arzneimittelreport 2018. Schriftenreihe zur Gesundheitsanalyse, Bd. 10. BARMER, Berlin. ISBN 978-3-946199-17-5.

Grandt D, Lappe V, Schubert I (2021) BARMER Arzneimittelreport 2021. Arzneimitteltherapie in der Schwangerschaft und bei Frauen im gebärfähigen Alter. Schriftenreihe zur Gesundheitsanalyse, Bd. 29. BARMER, Berlin. ISBN 978-3-946199-62-5 (ISBN (PDF) 978-3-946199-63-2)

Sicht der Apothekerschaft: Gedanken zur Qualität der Arzneimittelversorgung in Deutschland

Martin Schulz, Nina Griese-Mammen, Uta Müller und André Said

H. Schröder et al. (Hrsg.), *Arzneimittel-Kompass 2022*, https://doi.org/10.1007/978-3-662-66041-6_14

Die Qualität der Arzneimittelversorgung sollte daran bemessen werden, dass jede Patientin und jeder Patient das richtige (bestwirksame und bestverträgliche) Arzneimittel in der richtigen Dosierung und zur richtigen Zeit für die Behandlung seiner/ihrer Krankheit(en) bekommt. Dies zu unterstützen ist Anspruch und Angebot der Apothekerschaft. Denn: der Medikationsprozess ist komplex und umfasst bei einer ärztlichen Verschreibung die Anamnese, die Verordnung, die Patienteninformation, das Einlösen des Rezeptes in der Apotheke, die Abgabe mit Beratung und Information, die Einnahme/Anwendung des Arzneimittels, die Dokumentation und das Monitoring.

Ein Medikationsfehler ist ein Abweichen vom optimalen Medikationsprozess. Medikationsfehler können bei jedem Schritt des Medikationsprozesses auftreten und von allen Beteiligten, insbesondere im Bereich der Heilberufe und der Pflege, aber auch von den Patientinnen und Patienten selbst verursacht werden. Neben diesen patientenbezogenen sollten auch systematische Verbesserungspotenziale in den Blick genommen werden. Zudem gibt es Überschneidungen aus patientenbezogenen und systematischen Beeinträchtigungen der Arzneimitteltherapiesicherheit (AMTS). Aktuelle Beispiele sind Dosierungsfehler beim Rabattvertrags-getriggerten Austausch von flüssigen Arzneimittelzubereitungen (Parrau et al. 2021), eine Verordnung von Methotrexat 1-0-0 für ein Kind (John 2022) oder relevante Diskrepanzen in der Dokumentation der Medikation zwischen Arztpraxis, Apotheke und Behandelten (Schumacher et al. 2021).

Weitere aktuelle Beispiele wie massive Lieferengpässe bei Paracetamol- oder Ibuprofen-Zubereitungen, potenzielle Versorgungsengpässe bei Tamoxifen (AMK 2022a), die nicht indizierte Bevorratung von Kaliumiodidtabletten (AMK 2022b) oder der geringe Gebrauch von oralen COVID-19-Arzneimitteln wie Nirmatrelvir in Kombination mit Ritonavir (Mikus et al. 2022) zeigen, dass das Versorgungssystem auch in Deutschland vulnerabel ist und immer wieder auf neue Herausforderungen reagieren muss.

Neben der beeinträchtigten AMTS sind die Translation von Evidenz in die Primärversorgung (Katzmann et al. 2022; Mahfoud et al. 2022) und mangelnde Einnahmetreue in der medikamentösen Therapie weitere große Herausforderungen (Laufs et al. 2011).

Untersuchungen aus dem europäischen Ausland zeigen, dass sechs bis 28 % der Erstverordnungs-Rezepte nicht (nie) in der Apotheke eingelöst werden (Aznar-Lou et al. 2017; Carbonell-Duacastella et al. 2022; Cheen et al. 2019). Untersuchungen aus Deutschland zu diesem Phänomen liegen nicht vor. Mit der Einführung des eRezeptes sollte dieses Problem in Deutschland nicht nur analysiert, sondern auch adressiert werden.

Die langfristige, regelmäßige und korrekte Einnahme von Arzneimitteln ist bei chronischen Krankheiten eine wesentliche Voraussetzung für den Therapieerfolg. Bei vielen Dauertherapien wurden aber nur Einnahme-Raten von circa 50 % ermittelt (Sabaté 2003). Die folgenden fünf Dimensionen beeinflussen die Medikamenten-Adhärenz: sozioökonomische, behandlungsbezogene und patientenbezogene Faktoren sowie der Gesundheitszustand und das Gesundheitssystem inklusive Faktoren der Versorgung.

Eine geringe Einnahmetreue ist **pandemisch** und mindert die Effektivität evidenzbasierter Therapien (Baumgartner et al. 2018; Choudhry et al. 2022; Laufs et al. 2011; Simon et al. 2021). Die Medikamenten-Adhärenz nachhaltig zu verbessern ist herausfordernd. Hier erscheint eine langfristig-kontinuierliche Betreuung von Patientinnen und Patienten (Medikationsmanagement) auf Basis einer Medikationsanalyse wie im Modellvorhaben nach § 63 SGB V Arzneimittelinitiative Sachsen-Thüringen (ARMIN; Müller et al. 2018) oder in der ersten apothekenbasierten interdisziplinären randomisierten Studie in Deutschland PHARM-CHF (Schulz et al. 2019) als erfolgversprechender Handlungsansatz.

> Drugs don't work in patients who don't take them (C. Everett Koop, früherer US Surgeon General).

Zahlreiche Untersuchungen zeigen zudem, dass mit viel Aufwand erarbeitete evidenzbasierte Leitlinien zu wenig Berücksichtigung in der Primärversorgung finden. Die Forderung nach einer konsequenten Evaluation der Inhalte sowie der Effekte von Leitlinien wurde im Übrigen bereits vor 25 Jahren erhoben (Gerlach 1997). Dieses Phänomen wird international auch als *guideline inertia* bezeichnet (Gradl et al. 2021; Mahfoud et al. 2022).

> » Drugs can't work in patients who don't receive them (M. Schulz).

Aufgrund der Ergebnisse der Evaluation durch die ARMIN sollten deren wirksame und sichere Interventionen bundesweit in die Regelversorgung eingeführt werden (Publikation in Arbeit). So sollte allen Patientinnen und Patienten mit Polymedikation, das bedeutet Menschen, die fünf und mehr systemisch wirkende Arzneimittel erhalten, eine Medikationsanalyse mit pharmazeutischer und medizinischer AMTS-Prüfung, gefolgt von einem interdisziplinären Medikationsmanagement angeboten werden.

Literatur

AMK (2022a) Maßnahmen zur Abmilderung des Lieferengpasses für Tamoxifen-haltige Arzneimittel – Update. https://www.abda.de/fuer-apotheker/arzneimittelkommission/amk-nachrichten/detail/07-22-information-der-institutionen-und-behoerden-bmg-bfarm-massnahmen-zur-abmilderung-des-lieferengpasses-fuer-tamoxifen-haltige-arzneimittel/. Zugegriffen: 14. Juli 2022

AMK (2022b) Stellungnahme zur Verwendung von Jodtabletten bei einem Notfall mit Freisetzung von radioaktivem Jod. https://www.abda.de/fuer-apotheker/arzneimittelkommission/amk-nachrichten/detail/10-22-information-der-institutionen-und-behoerden-amk-stellungnahme-zur-verwendung-von-jodtabletten-bei-einem-notfall-mit-freisetzung-von-radioaktivem-jod/. Zugegriffen: 14. Juli 2022

Aznar-Lou I, Fernández A, Gil-Girbau M, Fajó-Pascual M, Moreno-Peral P, Peñarrubia-María MT, Serrano-Blanco A, Sánchez-Niubó A, March-Pujol MA, Jové AM, Rubio-Valera M (2017) Initial medication non-adherence: prevalence and predictive factors in a cohort of 1.6 million primary care patients. Br J Clin Pharmacol 83(6):1328–1340

Baumgartner PC, Haynes RB, Hersberger KE, Arnet I (2018) A systematic review of medication adherence thresholds dependent of clinical outcomes. Front Pharmacol 9:1290

Carbonell-Duacastella C, Rubio-Valera M, Marqués-Ercilla S, Peñarrubia-María MT, Gil-Girbau M, Garcia-Cardenas V, Pasarín MI, Parody-Rúa E, Aznar-Lou I (2022) Pediatric medication noninitiation in Spain. Pediatrics 149(1):e2020034371

Cheen MHH, Tan YZ, Oh LF, Wee HL, Thumboo J (2019) Prevalence of and factors associated with primary medication non-adherence in chronic disease: A systematic review and meta-analysis. Int J Clin Pract 73(6):e13350

Choudhry NK, Kronish IM, Vongpatanasin W, Ferdinand KC, Pavlik VN, Egan BM, Schoenthaler A, Houston Miller N, Hyman DJ (2022) Medication adherence and blood pressure control: a scientific statement from the American Heart Association. Hypertension 79:e1–e14

Gerlach FM (1997) Qualitätsförderung. Das Leid mit den Leitlinien. Dtsch Arztebl 94(22):A-1453

Gradl G, Werning J, Enners S, Kieble M, Schulz M (2021) Quality appraisal of ambulatory oral cephalosporin and fluoroquinolone use in the 16 German federal states from 2014–2019. Antibiotics 10(7):831

John C (2022) MTX 1-0-0. (K)eine Lizenz zum Töten. Dtsch Apoth Ztg 162(8):672–675

Katzmann JL, Kieble M, Enners S, Böhm M, Mahfoud F, Laufs U, Schulz M (2022) Trends in ezetimibe prescriptions as monotherapy or fixed-dose combination in Germany 2012–2021. Front Cardiovasc Med 9:912785

Laufs U, Böhm M, Kroemer HK, Schüssel K, Griese N, Schulz M (2011) Strategien zur Verbesserung der Einnahmetreue von Medikamenten. Dtsch Med Wochenschr 136(31–32):1616–1621

Mahfoud F, Kieble M, Enners S, Kintscher U, Laufs U, Böhm M, Schulz M (2022) Use of fixed-dose combination antihypertensives in Germany between 2016 and 2020: an example of guideline inertia. Clin Res Cardiol. https://doi.org/10.1007/s00392-022-01993-5

Mikus G, Foerster KI, Terstegen T, Vogt C, Said A, Schulz M, Haefeli WE (2022) Oral drugs against COVID-19 – management of drug interactions with the use of nirmatrelvir/ritonavir. Dtsch Arztebl Int 119(15):263–269

Müller U, Schulz M, Mätzler M (2018) Elektronisch unterstützte Kooperation ambulant tätiger Ärzte und Apotheker zur Verbesserung der Arzneimitteltherapiesicherheit. Die Arzneimittelinitiative Sachsen-Thüringen (ARMIN). Bundesgesundheitsblatt Gesundheitsforschung Gesundheitsschutz 61(9):1119–1128

Parrau N, Said A, Ganso M, Schulz M, Kayser C (2021) Dosierung flüssiger Zubereitungen zum Einnehmen –

Potenzial für Medikationsfehler. Bull Arzneimittelsicherh 2:25–35
Sabaté E (2003) Adherence to long-term therapies: evidence for action. World Health Organization. ISBN 92 4 154599 2. https://apps.who.int/iris/handle/10665/42682. Zugegriffen: 14. Juli 2022
Schulz M, Griese-Mammen N, Anker SD, Koehler F, Ihle P, Ruckes C, Schumacher PM, Trenk D, Böhm M, Laufs U (2019) Pharmacy-based interdisciplinary intervention for patients with chronic heart failure: results of the PHARM-CHF randomized controlled trial. Eur J Heart Fail 21(8):1012–1021
Schumacher PM, Griese-Mammen N, Schneider J, Laufs U, Schulz M (2021) Interdisciplinary physician-pharmacist medication review for outpatients with heart failure: a subanalysis of the PHARM-CHF randomized controlled trial. Front Pharmacol 12:712490
Simon ST, Kini V, Levy AE, Ho PM (2021) Medication adherence in cardiovascular medicine. BMJ 374:n1493

Die Perspektive der Krankenhauspharmazie: Closed Loop Medication Management – Goldstandard im Krankenhaus

Frank Dörje, Sabine Krebs und Jochen Schnurrer

Inhaltsverzeichnis

H. Schröder et al. (Hrsg.), *Arzneimittel-Kompass 2022*, https://doi.org/10.1007/978-3-662-66041-6_15

15.1 Die Ausgangslage

Die Arzneimittelversorgung im Krankenhaus ist internationalen und nationalen Studien zufolge ein Hochrisikoprozess (Institute of Medicine 2000; Schnurrer und Frölich 2003; Lenssen et al. 2016; Patel et al. 2022). Nach Infektionsgefahren stellen Medikationsfehler das größte mit einer Krankenhausbehandlung verbundene Risiko für Patientinnen und Patienten dar. Medikationsfehler geschehen, weil auf dem Weg von der ärztlichen Verordnung bis zur Applikation viele Schritte im Medikationsprozess erfolgen müssen, die von zahlreichen Personen unterschiedlicher Berufsgruppen ausgeführt und in verschiedenen Medien dokumentiert werden. Fehler sind vorprogrammiert, wenn Ärztinnen und Ärzte ohne elektronische Unterstützung Entscheidungen treffen und Verordnungen ansetzen müssen, Pflegekräfte Verordnungen in unterschiedliche Dokumente manuell übertragen, auf dieser Basis Medikamente für die Patientinnen und Patienten stellen – meist in der Nachtschicht – und wenn Krankenhausapothekerinnen und -apotheker als sehr gut ausgebildete Arzneimittelfachleute in diesen Kernprozess der Krankenhausbehandlung gar nicht involviert sind (Baehr 2018). Der tradierte Versorgungsprozess ist fehleranfällig und daher – insbesondere aufgrund mangelnder Transparenz und vor dem Hintergrund der bekannten strukturellen Defizite – im Sinne einer erhöhten Arzneimitteltherapiesicherheit (AMTS) dringend zu optimieren.

15

In Deutschland wird die AMTS im Krankenhaus in den vergangenen Jahren durch Berücksichtigung im Qualitätsbericht der Krankenhäuser (Kapitel A-12.5 „Arzneimitteltherapiesicherheit (AMTS)“), durch den Aktionsplan AMTS 2021–2024 des BMG (u. a. Kapitel 4.1, Maßnahme 26; BMG 2021), durch konkrete gesetzliche Fördermaßnahmen im Krankenhauszukunftsgesetz (Fördertatbestand 5: Digitales Medikationsmanagement; KHZG 2020) sowie durch fortschrittliche Landeskrankenhausgesetze, z. B. in Niedersachsen, deutlich besser gefördert. Dennoch sind die Fortschritte in der Fläche der Krankenhaus-Versorgungslandschaft aktuell noch keinesfalls zufriedenstellend.

15.2 Closed Loop Medication Management – der Goldstandard für den geschlossenen, voll digitalisierten Medikationsprozess im Krankenhaus

Das Ziel der deutschen Krankenhauspharmazie ist die Bereitstellung einer wirksamen, sicheren und wirtschaftlichen Arzneimitteltherapie für alle Patientinnen und Patienten im Krankenhaus. Diese Aufgabe beinhaltet die sektorenübergreifende Sicherstellung der richtigen Medikation bei Übergängen im Behandlungsprozess von der Aufnahme über die Verlegung bis hin zur Entlassung. Der Bundesverband Deutscher Krankenhausapotheker e. V. (ADKA) hat in seinem Fokus-Ziel 2021 die Einführung eines Closed Loop Medication Managements (CLMM) als strategisches Hauptziel zur wirksamen und systematischen Verbesserung der Patienten- und Arzneimitteltherapiesicherheit in deutschen Krankenhäusern benannt (◘ Abb. 15.1; ADKA 2021).

Das CLMM soll mithilfe von Digitalisierung und Automatisierung, aber auch durch eine besser strukturierte interprofessionelle Zusammenarbeit dazu beitragen, dass die AMTS auf mehreren Ebenen systematisch und besser als bisher gewährleistet oder erreicht werden kann. Es besteht aus den vier wesentlichen Prozessschritten:

- **Elektronische Verordnung (Arzt, Ärztin):**
  Die Grundvoraussetzung für die elektronische ärztliche Verordnung einer pharmakotherapeutischen Leistung ist unmittelbar mit dem Thema Digitalisierung verknüpft, d. h. mit der Einführung der elek-

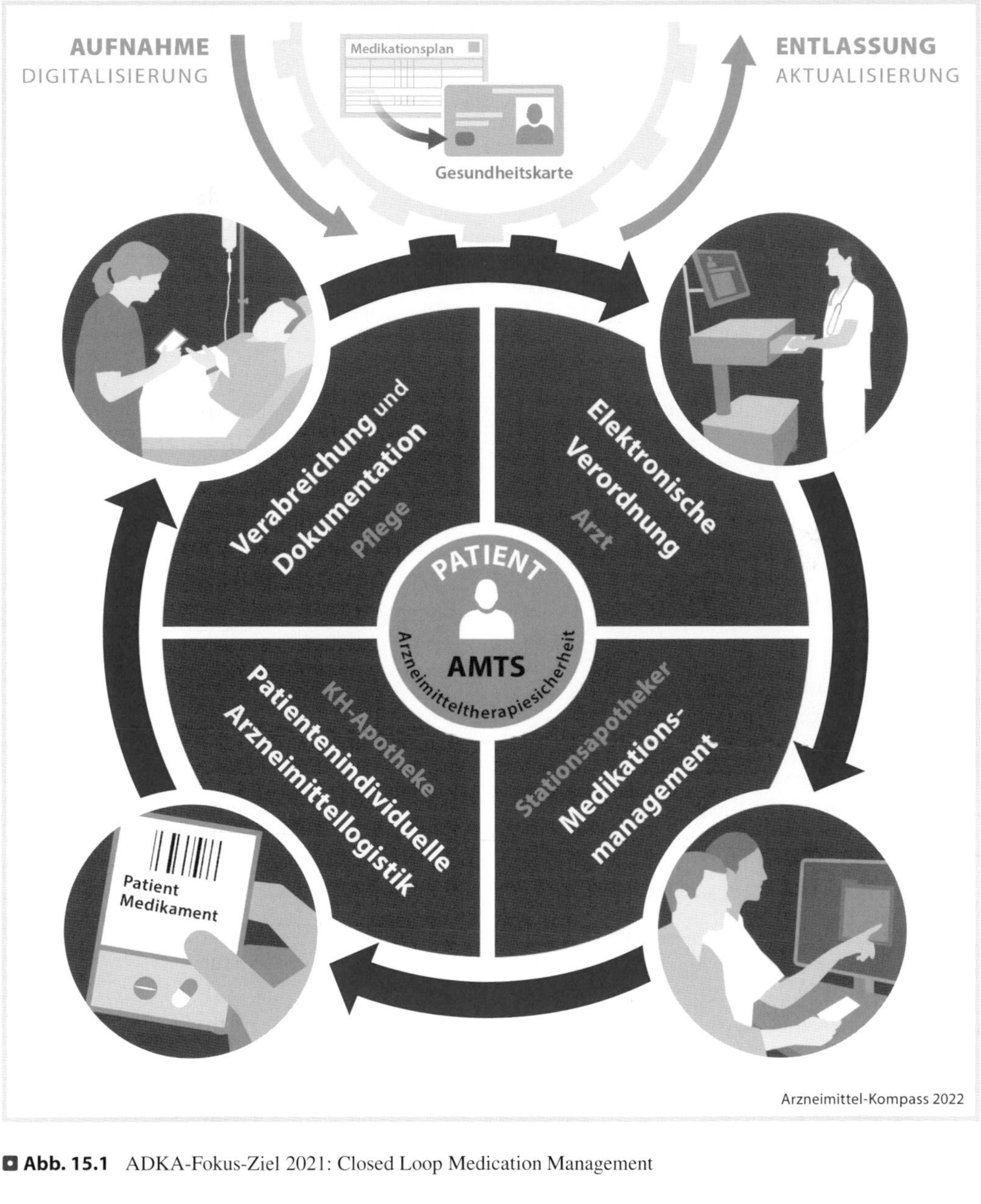

Abb. 15.1 ADKA-Fokus-Ziel 2021: Closed Loop Medication Management

tronischen Patientenakte mit einem elektronischen Verordnungssystem nicht nur für Arzneimittel, sondern für alle Verordnungen. Es geht um die Einrichtung eines durchgehenden digitalen Medikationsprozesses von der Aufnahme über den Stationsaufenthalt bis zur Entlassung.

- **Medikationsmanagement (Stationsapotheker):**
  Ähnlich wie in der Luftfahrt wird die elektronische medizinische Verordnung einem Check-Check-System unterzogen, in dem sie von Stationsapothekerinnen und -apothekern im gleichen System elektro-

nisch vidiert und auf Plausibilität geprüft wird. Bei der Vidierung können Optimierungen vorschlagen oder empfohlen werden, die ärztlich bestätigt und verordnet werden müssen. Dies ist letztlich ein Sicherheitssystem der interprofessionellen Zusammenarbeit im risikobehafteten Medikationsprozess, das deutlich zur Erhöhung der AMTS beiträgt.

- **Krankenhausapotheke (patientenindividuelle Logistik):**
  Die vidierte elektronische Verordnung wird in den Herstellungsbereich der Krankenhausapotheke gesendet, wo z. B. im Rahmen der Unit-Dose-Versorgung und Automatisierung des Distributionsprozesses die Tabletten in einem Unit-Dose-Automaten in Tütchen verblistert und mit dem Patientennamen, den Einnahmehinweisen und einem QR-Code versehen werden. Somit wird ein robotikbasiertes Stellen der Medikation zentralisiert, automatisiert und pharmazeutisch durchgeführt. Das Stellen von peroraler Medikation wird nicht mehr innerhalb des stationären Versorgungsprozesses durch Pflegkräfte durchgeführt. Dies führt zu einer deutlichen Entlastung des Pflegepersonals und ist ein ganz wesentliches Kernelement des CLMM.
- **Verabreichung und Dokumentation (Pflege):**
  Der QR-Code ermöglicht jederzeit eine Verifizierung der Medikamente am *point of care*, bevor die Medikamente durch die Pflegekraft verabreicht werden. Der QR-Code ermöglicht es den Patientinnen und Patienten zudem, die Gebrauchsinformation zum Medikament ganz einfach auf dem Smartphone zu lesen. Der Loop wird geschlossen, indem die Pflegekraft die Applikation in der elektronischen Patientenakte dokumentiert, sodass jederzeit digital nachvollzogen werden kann, wer die Medikamente wann verabreicht hat.

15.3 Fazit und Ausblick

Das Krankenhaus der Zukunft braucht einen sicheren und effizienten geschlossenen Medikationsprozess. Nur mit dem Einsatz ausgereifter digitaler Verordnungs- und Dokumentationssysteme, effizienter automatisierter patientenindividueller Arzneimittellogistik in Verbindung mit dem Einsatz von Stationsapothekerinnen und -apothekern als Managern des Closed-Loop-Medikationsprozesses ist eine systematische Qualitätssicherung des Medikationsprozesses von der Aufnahme bis zur Entlassung möglich. Etablierte Best-Practice-Beispiele finden sich in Deutschland unter anderem an den Universitätsklinika Hamburg-Eppendorf, Schleswig-Holstein und Dresden sowie auch in den Asklepios-Kliniken in Hamburg und Goslar. Im Rahmen der Umsetzung des Krankenhauszukunftsgesetzes sind eine Vielzahl weiterer Implementierungsprojekte beantragt und genehmigt worden. Die ADKA ist überzeugt, dass Krankenhäuser in der Zukunft an diesem Qualitätsstandard gemessen werden, nicht nur von Patientinnen, Patienten und Kostenträgern, sondern auch von Mitarbeitenden, z. B. Pflegenden und ärztlichem Personal, die bei der Wahl ihres Arbeitsplatzes auf die Sicherheit, Entlastung und Unterstützung im Medikationsprozess achten werden.

Literatur

ADKA-Fokus-Ziel (2021) Closed loop medication management. https://www.adka.de/adka/adka-ziele/clmm/. Zugegriffen: 24. Juli 2022

Baehr M (2018) Tradtitionelle Arzneimittelversorgung in der Klinik. In: Baehr M, Melzer S (Hrsg) Closed Loop Medication Management. AMTS im Krankenhaus. Medizinisch Wissenschaftliche Verlagsgesellschaft, Berlin, S 3–13

BMG – Bundesministerium für Gesundheit (2021) https://www.bundesgesundheitsministerium.de/fileadmin/

Dateien/5_Publikationen/Gesundheit/Berichte/Aktionsplan_2021-2024_BMG_AMTS.pdf. Zugegriffen: 19. Aug. 2022

Institute of Medicine Committee on Quality of Health Care in America (2000) To Err is Human: Buildung a Safer Health System. National Academies Press, Washington DC (v. Kohn LT, Corrigan JM, Donaldson MS)

KHZG 2020 Gesetz für ein Zukunftsprogramm Krankenhäuser (Krankenhauszukunftsgestz -KHZG) vom 23. Oktober 2020, Bundesgesetzblatt Jahrgang 2020 Teil I Nr. 48, ausgegeben zu Bonn am 28. Oktober 2020

Lenssen R, Heidenreich A, Schulz JB, Trautwein C, Fitzner C, Jaehde U, Eisert A (2016) Analysis of drug-related problems in three departments of a German University hospital. Int J Clin Pharm 38(1):119–126

Patel TK, Patel PB, Bhalla HL, Kishore S (2022) Drug-related deaths among inpatients: a meta-analysis. Eur J Clin Pharmacol 78(2):267–278

Schnurrer JU, Frölich JC (2003) Zur Häufigkeit und Vermeidbarkeit von tödlichen unerwünschten Arzneimittelwirkungen. Internist 44:89–895

Sicht der gesetzlichen Krankenversicherung – Entscheidende Aspekte der Arzneimittelversorgungsqualität: Passgenau, verlässlich, bezahlbar

Sabine Jablonka, Anna Böhnlein und Constanze Wolf

H. Schröder et al. (Hrsg.), *Arzneimittel-Kompass 2022*, https://doi.org/10.1007/978-3-662-66041-6_16

In Deutschland ist für neue Arzneimittel eine schnelle, umfassende Verfügbarkeit sowie – anders als in den meisten anderen Ländern – eine unmittelbare Erstattung gegeben (EFPIA 2021). Durch die Bestimmung des Zusatznutzens über den Gemeinsamen Bundesausschuss (G-BA) ist das Wissen um den möglichen Stellenwert von entsprechend bewerteten Arzneimitteln hoch. Insofern, so könnte man schlussfolgern, steht in Deutschland einem Höchstmaß an Versorgungsqualität nichts entgegen.

Aber: Versorgungsqualität hängt nicht allein vom schnellen Marktzugang von Therapien ab. Für Patientinnen und Patienten zählt darüber hinaus die Frage, ob sie die für ihren Einzelfall **bestmögliche, passgenaue Therapie** erhalten und diese sachgerecht zur Anwendung kommt. Zudem muss sie **verlässlich verfügbar** sein. Damit dies auch langfristig so bleiben kann, müssen Therapien für die Versichertengemeinschaft auch künftig noch **bezahlbar** sein. Denn Hersteller fordern für neue Arzneimittel immer höhere Preise (Schröder und Telschow 2021), deren Rechtfertigung kritisch hinterfragt werden muss und die die Bezahlbarkeit der solidarischen Krankenversicherung zunehmend unter Druck setzen. So stiegen die Arzneimittelausgaben 2021 überdurchschnittlich um 7,8 % (BMG 2022), wobei die Finanzlücke der gesetzlichen Krankenversicherung (GKV) in den kommenden Jahren erheblich zu wachsen droht (GKV-Spitzenverband 2022; Stegmaier 2022). Mit der prekären Finanzlage der GKV ist daher die Bezahlbarkeit von Therapien ein zunehmend wichtiger Aspekt, um nicht künftigen Rationierungsüberlegungen Vorschub zu leisten. Für die fortgesetzte Sicherung einer hohen Versorgungsqualität muss vor diesem Hintergrund an allen diesen drei Aspekten – dem evidenzgesicherten Einsatz der Arzneimittel, der Verfügbarkeit, aber auch der Bezahlbarkeit – noch mehr als bisher getan werden.

Damit Arzneimittel passgenau eingesetzt werden können, kommt der Bewertung von Therapien im G-BA eine sehr große Bedeutung zu. Angesichts der zunehmenden Zahl von beschleunigt zugelassenen Arzneimitteln, die regelmäßig eine schwache Evidenzlage aufweisen (u. a. Haas et al. 2021), wird die Einschätzung eines Zusatznutzens gegenüber bewährten Therapien für den G-BA erschwert. Dies gilt vor allem dann, wenn die Grundlage für eine systematische, evidenzbasierte vergleichende Bewertung fehlt (Naci et al. 2020). Ab 2016 hat der Anteil der Arzneimittel zugenommen, die der G-BA im Ergebnis mit einem „nicht quantifizierbaren" Zusatznutzen bewertet hat. Dies betrifft zunehmend auch Nicht-Orphan Drugs (Greiner et al. 2022). Da somit die notwendige Evidenz dieser Arzneimittel parallel zur tatsächlichen Anwendung geschaffen werden muss, war die Implementierung der anwendungsbegleitenden Datenerhebung über den G-BA folgerichtig. Unter welchen Voraussetzungen eine solche *real world evidence* geeignet sein kann, zeitnah die Evidenzsicherheit für die Patientinnen und Patienten zu schaffen und in welchem Maße Registerdaten qualitativ an die vorab geplanten randomisierten, kontrollierten Studien heranreichen können, wird noch zu klären sein.

Dass Patientinnen und Patienten jedoch manchmal „des Guten zu viel" erhalten, ist keine neue Erkenntnis. Auch wenn sich die AOK seit Jahren im Rahmen ihres Angebots zur Pharmakotherapieberatung für Vertragsärztinnen und -ärzte für eine rationale Arzneimitteltherapie und damit auch für die Reduktion einer ungünstigen Polymedikation engagiert, gibt es noch viel zu tun. Versicherte mit einer unangemessenen hohen Anzahl an Arzneimitteln wurden bisher vor allem im Rahmen verschiedener Modellvorhaben der Krankenkassen zur Optimierung ihrer Therapie in Apotheken und Arztpraxen beraten. Künftig werden Apotheken diesen im Rahmen der neuen pharmazeutischen Dienstleistungen Versorgungsangebote in diesem Bereich machen können: Für jeweils bestimmte Gruppen wird eine erweiterte Medikationsberatung, ein Anwendungstraining für Inhalationsarzneimittel oder die Blutdruckmessung möglich sein. Ob jedoch damit in der jetzigen Konzeption überhaupt nachhaltige Effekte für die Versorgungsqualität zu erreichen sind, bleibt abzuwarten. Denn grundsätzlich bedarf es hierfür eines zusätzlichen Engagements der Apotheken sowie einer weitaus intensiveren Kooperation der Leistungserbringer als bisher. Insofern wird zu analysieren sein, ob die auch durch die Schiedsstelle festgelegten Inhalte und Vergütungen (welche nicht nur angesichts der Honorare für analoge Leistungen anderer Leistungserbringer deutlich überhöht erscheinen) insgesamt zu einer Verbesserung der Versorgung führen.

Zuletzt ist auch die Frage der Lieferfähigkeit von Arzneimitteln in den Fokus gerückt. Denn auch wenn Deutschland bislang eine im europäischen Vergleich breite und stabile Verfügbarkeit von Arzneimitteln im Markt hat (Vogler und Fischer 2020), so zeigen akute Lücken im Einzelfall die Defizite im deutschen Versorgungssystem auf. Dass es bei den Ursachen für Lieferengpässe keine einfachen Wahrheiten gibt, zeigt der aufgetretene Engpass bei Tamoxifen: Das oftmals angeführte Narrativ einer außereuropäischen Produktion war hier ebenso wenig einschlägig wie ökonomische Faktoren. Denn weder wurde die Festbetragsgrenze von den Marktteilnehmern erreicht, noch spielten hier Rabattverträge, die nicht breit vorhanden und zudem oftmals im Mehrpartnermodell vergeben waren, eine relevante Rolle (Ärzteblatt 2022). Die Ursachen für Engpässe sind vielschichtiger, sodass sich der deutsche – wenn nicht auch der europäische – Versorgungsmarkt aktiv darauf einstellen muss. Insofern ist die Einrichtung eines vorausschauenden staatlichen Verfügbarkeitsmanagements für Arzneimittel dringender denn je, um Engpässe frühzeitiger zu identifizieren und damit schneller gegensteuern zu können. Denn so wie massive Lieferengpässe – wie bei Tamoxifen – den Markt kurzfristig überraschen, führt ein Gegensteuern erst zeitversetzt aus der Misere. Versorgungsrelevante, nicht ersetzbare Wirkstoffe sollten daher künftig generell unter eine kontinuierliche staatliche Überwachung gestellt werden, auch bezogen auf die dezentralen Bestände in Apotheken bzw. Krankenhausapotheken. Neben der frühzeitigen verpflichtenden Meldung eines drohenden Lieferengpasses sollten auch die Reserven beim Hersteller und Großhandel verpflichtend aufgestockt werden, um produktionsbedingten Verzögerungen, Unfällen in Produktionsstätten oder möglichen Exportstopps etwas entgegenzusetzen (AOK-Bundesverband 2020).

Bislang sind Maßnahmen dieser Art lediglich in Selektivverträgen wie denen der AOK realisiert, die ihre Vertragspartner zur frühzeitigen Information über Lieferprobleme sowie zur erhöhten Bevorratung über den Vertragszeitraum verpflichtet hat. Entsprechend haben sich die von den Krankenkassen mit den pharmazeutischen Unternehmen geschlossenen Rabattverträge im Markt als stabilisierendes Instrument erwiesen: AOK-Rabattarzneimittel weisen eine im Vergleich zum Restmarkt höhere Verfügbarkeit auf (WIdO 2019). Dieser Effekt wird sowohl dadurch erzielt, dass Rabattverträge (insbesondere jene, die exklusiv vergeben werden) die Planungssicherheit für die pharmazeutischen Unternehmen erhöhen, als auch durch drohende Vertragsstrafen, sodass für den Vertragspartner oder die Vertragspartnerin ein zusätzliches wirtschaftliches Interesse besteht, die Lieferfähigkeit seines bzw. ihres Arzneimittels sicherzustellen. Gleichwohl umfasst die selektivvertragliche Versorgungszusage lediglich den jeweiligen Vertragsmarkt. Somit kann bei umfassenden Ausfällen anderer Hersteller ein Mangel im Markt nicht immer kompensiert werden; entsprechende selektivvertragliche Maßnahmen können daher ein staatliches Verfügbarkeitsmanagement nicht ersetzen.

Ein nachhaltiges Investment in eine zuverlässigere Arzneimittelversorgung wäre zudem der Ausbau der Prüfungen in der Produktion. Robustere Lieferketten würden das Risiko von Ausfällen weiter minimieren. Die AOK-Gemeinschaft hatte in ihre Sonderausschreibung für Antibiotikawirkstoffe „Z1" bereits im September 2020 entsprechende Kriterien integriert, scheiterte aber an den von mehreren pharmazeutischen Herstellern angestrengten vergaberechtlichen Nachprüfungsverfahren (AOK 2020). Soll demnach die Nachhaltigkeit der Arzneimittelversorgungssicherheit in Verträgen gestärkt werden, ist eine gesetzliche Legitimierung der entsprechenden Kriterien auch für Vergabeverfahren dringend notwendig.

Literatur

AOK (2020) Arzneimittelhersteller bremsen Antibiotika-Ausschreibung der AOK aus. https://www.aok-bv.de/presse/pressemitteilungen/2020/index_24112.html. Zugegriffen: 23. Mai 2022

AOK-Bundesverband (2020) Positionspapier Versorgungssicherheit mit Arzneimitteln stärken. https://www.aok-bv.de/imperia/md/aokbv/positionen/positionspapiere/positionspapier_staerkung_der_versorgungssicherheit_2020_final.pdf. Zugegriffen: 23. Mai 2022

Ärzteblatt (2022) GKV-Finanzgesetz: Industrie zittert, Hecken beschwichtigt. https://www.aerzteblatt.de/nachrichten/134310/GKV-Finanzgesetz-Industrie-zittert-Hecken-beschwichtigt. Zugegriffen: 23. Mai 2022

BMG – Bundesministerium für Gesundheit (2022) Vorläufige Finanzergebnisse der GKV für das Jahr 2021. https://www.bundesgesundheitsministerium.de/presse/pressemitteilungen/vorlaeufige-finanzergebnisse-gkv-2021.html. Zugegriffen: 23. Mai 2022

EFPIA – European Federation of Pharmaceutical Industries and Associations (2021) EFPIA patients W.A.I.T. Indicator 2021 survey. https://www.efpia.eu/media/636821/efpia-patients-wait-indicator-final.pdf. Zugegriffen: 24. Mai 2022

GKV-Spitzenverband (2022) Hohes Defizit in 2023 erwartet – Stabilisierung der Kassenfinanzen dringend notwendig. https://www.gkv-spitzenverband.de/gkv_spitzenverband/presse/pressemitteilungen_und_statements/pressemitteilung_1390208.jsp. Zugegriffen: 23. Mai 2022

Greiner W, Batram M, Gensorowsky D, Witte J (2022) Zahlen, Daten, Fakten. In: Storm A (Hrsg) AMNOG-Report 2022. medhochzwei, Heidelberg, S 39

Haas A, Mayer T, Tebinka-Olbrich A (2021) Beschleunigte Zulassung von Arzneimitteln: Herausforderungen für Patient:innen, Datenqualität und faire Preise. In: Schröder H, Thürmann P, Telschow C, Schröder M, Busse R (Hrsg) Arzneimittel-Kompass 2021. Springer, Berlin, S 105–124

Naci H, Salcher-Konrad M, Kesselheim AS et al (2020) Generating comparative evidence on new drugs and devices before approval. Lancet 395(10228):986–997. https://doi.org/10.1016/S0140-6736(19)33178-2

Schröder M, Telschow C (2021) Entwicklung der Arzneimittelkosten und -preise in der Versorgung. In: Schröder H, Thürmann P, Telschow C, Schröder M, Busse R (Hrsg) Arzneimittel-Kompass 2021. Springer, Berlin, S 65–78

Stegmaier P (2022) Wasem hält gesetzgeberisches Handeln für nötig. https://www.monitor-versorgungsforschung.de/Abstracts/Kurzfassungen_2022/MVF_01-22/MVF01-22_PDFs/MVF01-22_Wasem. Zugegriffen: 25. Mai 2022

Vogler S, Fischer S (2020) Lieferengpässe bei Arzneimitteln: Internationale Evidenz und Empfehlungen für Deutschland. Gesundheit Österreich Forschungs- und Planungs GmbH, Wien

WIdO – Wissenschaftliches Institut der AOK (2019) AOK-Rabattverträge stärken die Arzneimittelversorgung. https://www.wido.de/news-presse/pressemitteilungen/2019/aok-rabattvertraege/. Zugegriffen: 11. Mai 2022

Sicht der pharmazeutischen Industrie – Arzneimittelversorgung in Deutschland: die richtigen Weichenstellungen für Innovationen

Han Steutel

H. Schröder et al. (Hrsg.), *Arzneimittel-Kompass 2022*, https://doi.org/10.1007/978-3-662-66041-6_17

In Deutschland bestehen Strukturen und Prozesse, die insgesamt eine sichere Arzneimittelversorgung bei hervorragender Qualität gewährleisten. Qualitativ hochwertige Arzneimittelversorgung heißt hier vor allem: hohe Zulassungsstandards, rascher Zugang der Patientinnen und Patienten zu neu zugelassenen Medikamenten und resiliente Lieferketten.

Bevor ein neues Arzneimittel auf den Markt kommt und Teil der Arzneimittelversorgung wird, durchläuft es eine klar definierte Prozesskette klinischer Prüfungen. Allen voran die Europäische Arzneimittelbehörde (EMA), aber auch das Bundesamt für Arzneimittel und Medizinprodukte (BfArM) und das Paul-Ehrlich-Institut (PEI) als wichtige Rapporteure in der EU-Arzneimittelzulassung leisten hier sehr gute Arbeit: Sie gewährleisten hohe Zulassungsstandards und sorgen dafür, dass Arzneimittel, die in Deutschland und anderen europäischen Ländern auf den Markt kommen, sicher und wirksam sowie von hoher technischer Qualität sind. Die Zulassungsbehörden haben dabei auch den Bedarf in der Versorgung der Patientinnen und Patienten im Blick und Wege etabliert, dringend benötigte neue Medikamente schnell zur Verfügung zu stellen. Die bedingte Zulassung (conditional approval) unter Auflagen ist hierbei ein wichtiges Instrument, oder auch das Rolling-Review-Verfahren bei Ausnahmesituationen im Bereich der öffentlichen Gesundheit, wie der Covid-19-Pandemie. Im Rolling-Review-Verfahren reichen Unternehmen einige Kapitel ihres Zulassungsantrags schon vorab zur Bearbeitung bei der EMA ein. So kann der Zulassungsantrag nach und nach vervollständigt werden, bis alle Daten für einen formalen Zulassungsantrag vorliegen, der dann von der EMA mit einem deutlich verkürzten Zeitplan bearbeitet wird.

Neben den Zulassungsstandards ist die Innovationsoffenheit des jeweiligen Gesundheitssystems ein wichtiges Qualitätsmerkmal. Es ist eine großartige Errungenschaft, dass Patientinnen und Patienten in Deutschland ab Markteintritt eines neuen Arzneimittels sehr zügig Zugang zu teilweise erstmaligen Therapieoptionen für die jeweilige Erkrankung haben. Der europäische Pharmaverband (EFPIA) hat für einzelne Länder ermittelt, wie schnell neue Medikamente verfügbar sind und wie viele neue Medikamente in die Versorgung kommen. Deutschland belegt in beiden Kategorien den Spitzenplatz – der Länderkorb beinhaltet jeweils die EU- und weitere ausgewählte Länder. Im Durchschnitt erreichen hierzulande neue Medikamente bereits 133 Tage nach EU-Zulassung die Patientinnen und Patienten. In Österreich müssen sie 315 Tage und in Frankreich gar 497 Tage darauf warten. Auch die Verfügbarkeit zugelassener Arzneimittel ist in Deutschland mit 92 % für Patientinnen und Patienten deutlich besser als in europäischen Nachbarländern (IQVIA und EFPIA 2022). Denn für Personen mit beispielsweise einer onkologischen Erkrankung oder einer schweren chronischen Erkrankung kann jeder Tag zählen.

Seit dem Jahr 2000 haben Pharma- und Biotechfirmen auch verstärkt Medikamente gegen seltene Erkrankungen – Orphan Drugs – entwickelt. In den letzten zehn Jahren machten diese jeweils durchschnittlich knapp 30 % der jährlich neu eingeführten Medikamente aus (vfa 2022). Für diese Erfolgsgeschichte wurden auf EU-Ebene (Orphan-Drug-Verordnung im Jahr 2000) und im nationalen Kontext (frühe Nutzenbewertung in Deutschland) wichtige Innovationsanreize gesetzt. Folge dieser bewusst auf Innovation ausgerichteten Politik ist die steigende Anzahl zugelassener Orphan Drugs: Seit 2000 wurden rund 200 solcher Arzneimittel in der EU zugelassen (vfa 2022).

Die Innovationskraft der pharmazeutischen Industrie ist für die Arzneimittelversorgung von großer Bedeutung. So hat der Pharma- und Biotech-Standort Deutschland auf Grundlage der Forschung zur mRNA-Technologie und der daraus folgenden Entwicklung von Covid-19-Impfstoffen weltweit an Renommée gewonnen. Das Beispiel zeigt eindrücklich, dass Schlüsseltechnologien und Arzneimittelinnovationen „Made in Germany" maßgeblich zur medizinischen Versorgung nicht nur in Deutschland, sondern global beitragen. Das unterstreichen auch die Exportüberschüsse Deutschlands bei pharmazeutischen Erzeugnissen (Böhmer et al. 2020).

Für die Arzneimittelproduktion bedarf es zudem funktionierender Lieferketten. Anders als häufig dargestellt ist der Pharmastandort Deutschland nicht einseitig von China und Indien abhängig, sondern gründet seine technologische Leistungsfähigkeit auf ein international diversifiziertes Lieferantennetzwerk. So stammen 90 % der importierten industriellen Vorleistungen (2017 rund 1,7 Mrd. €) für die Arzneimittelherstellung in Deutschland aus dem Inland, der EU oder der Schweiz (Kirchhoff 2022). Auch die etablierte und gut funktionierende Distributionsstruktur – ein komplexes System aus Pharma-Unternehmern, Großhändlern sowie Apotheken – hat flexibel auf die Einschränkungen der Corona-Krise reagieren und dadurch die Versorgung sicherstellen können. Eine Pandemie und ein Krieg in Europa stellen die Arzneimittelversorgung vor bisher beispiellose Herausforderungen für die Unternehmen. Eine Verschlechterung der Versorgung der Patientinnen und Patienten mit Arzneimitteln konnte hierzulande allerdings dank des hohen Engagements der Unternehmen nicht festgestellt werden. Denn: Die Lieferketten der pharmazeutischen Industrie funktionieren trotz, oder eher vor allem wegen, internationaler Vernetzung.

Die Arzneimittelversorgung hat in Deutschland ein hohes Niveau, was sich im raschen Zugang der Patientinnen und Patienten zu neu zugelassenen Medikamenten, resilienten Lieferketten und immer weiteren Arzneimittelinnovationen – auch gegen seltene Erkrankungen – äußert. Um dieses Niveau zu halten und vorhandene Verbesserungspotenziale zu nutzen, sind richtige Weichenstellungen essenziell. Exemplarisch sei hier als Herausforderung genannt, dass bereits jetzt die durch das AMNOG regulierten Arzneimittelpreise häufig unter dem europäischen Durchschnitt liegen, was in zunehmenden Parallelexporten resultiert (vfa 2021). Sobald erneut die Preise durch obligatorische Rabatte jeglicher Art gesenkt werden, kann der Warenabfluss zunehmen und zu Versorgungsengpässen führen. Alarmierend sind zudem die Debatten um die etablierten Orphan-Drug-Regelungen. Indem diese infrage gestellt werden – was weder medizinisch noch regulatorisch begründbar ist – werden negative Auswirkungen auf die dringend erforderlichen Forschungs- und Entwicklungsaktivitäten auf diesem Gebiet riskiert. Letztlich würde dies vor allem Menschen mit seltenen Erkrankungen den Zugang zu Therapieoptionen verwehren und insbesondere die Erforschung und Entwicklung neuer Orphan Drugs in der Zukunft ausbremsen. Dies wäre angesichts von schätzungsweise 8.000 seltenen Erkrankungen und bisher 200 zugelassenen Orphan Drugs zum großen Nachteil für die Betroffenen.

Eine im Sinne der Versorgung nachhaltige Arzneimittelpolitik muss stets Augenmaß beweisen. Die Sicherung der hochqualitativen Arzneimittelversorgung muss daher ein zentrales Ziel sein und darf nicht zu Gunsten von kurzfristigen Einsparmaßnahmen aufgegeben werden. Innovationsfreundliche Rahmenbedingungen sind der Garant für stetigen medizinischen Fortschritt durch kontinuierliche Investitionen und Arzneimittelinnovationen. Bei weiterhin stabilen Versorgungsstrukturen und der Aufrechterhaltung etablierter Rahmenbedingungen, die unter anderem den frühen Zugang zu neuen Arzneimitteln gewährleisten, sorgt dies zwangsläufig für eine steigende Qualität der Arzneimittelversorgung.

Literatur

Böhmer C, Hoch M, Sachs A, Weiss J (2020) Volkswirtschaftliche Bedeutung der pharmazeutischen Exporte Deutschlands. https://www.vfa.de/download/prognos-studie-2020.pdf. Zugegriffen: 22. Apr. 2022

IQVIA/EFPIA (2022) EFPIA patients W.A.I.T. Indicator 2021 survey. https://efpia.eu/media/636821/efpia-patients-wait-indicator-final.pdf. Zugegriffen: 22. Apr. 2022

Kirchhoff J (2022) Vorleistungsverflechtungen der deutschen Pharmaindustrie im internationalen Ver-

gleich. https://www.iwkoeln.de/studien/jasmina-kirchhoff-vorleistungsverflechtungen-der-deutschen-pharmaindustrie-im-internationalen-vergleich-533314.html. Zugegriffen: 22. Apr. 2022
vfa (2021) Versorgungsprobleme in Deutschland durch Parallelhandel mit Medikamenten. https://www.vfa.de/de/wirtschaft-politik/artikel-wirtschaft-politik/versorgungsprobleme-in-deutschland-durch-parallelhandel-mit-medikamenten.html. Zugegriffen: 22. Apr. 2022
vfa (2022) Medikamente gegen seltene Erkrankungen. https://www.vfa.de/de/arzneimittel-forschung/woran-wir-forschen/orphan-drugs-medikamente-gegen-seltene-erkrankungen.html. Zugegriffen: 22. Apr. 2022

Der Arzneimittelmarkt 2021

Inhaltsverzeichnis

Der Arzneimittelmarkt 2021 im Überblick

Carsten Telschow, Melanie Schröder, Jana Bauckmann, Katja Niepraschk-von Dollen und Anette Zawinell

Inhaltsverzeichnis

H. Schröder et al. (Hrsg.), *Arzneimittel-Kompass 2022*, https://doi.org/10.1007/978-3-662-66041-6_18

Zusammenfassung

Im Überblick zum Arzneimittelmarkt der gesetzlichen Krankenversicherung (GKV) im Jahr 2021 werden Ursachen und Hintergründe der Bruttoumsatzsteigerung um 8,4 % gegenüber 2020 beschrieben. So wird mit Hilfe der Methode der Komponentenzerlegung die strukturelle Veränderung bei den Verordnungen als wichtigster Umsatztreiber für den durchschnittlichen Wert einer Arzneimittelverordnung identifiziert. Für diese Umsatzsteigerungen sind insbesondere neue und teure patentgeschützte Arzneimittel verantwortlich. Gleichzeitig sinkt der Anteil der Tagesdosen im Patentmarkt, sodass hier immer mehr Geld für immer weniger Versorgung aufzubringen ist. Dies trifft noch stärker für das stetig wachsende Marktsegment der Arzneimittel für seltene Erkrankungen (Orphan Drugs) zu, die mit extrem hohen Kosten jeweils nur bei wenigen Patientinnen und Patienten angewendet werden und so einen Versorgungsanteil nach verordneten Tagesdosen von 0,07 %, aber einen Kostenanteil von 13,5 % am Gesamtmarkt ausmachen. Angesichts der ebenfalls dynamischen Kostenentwicklung der Biologika wird bereits seit langem die Öffnung des „Nachahmer-Segments", der Biosimilars, für exklusive Rabattverträge diskutiert. In zwei fiktiven vereinfachten Szenarien wird ein Einsparpotenzial abgeschätzt, das bei maximal 1.683 Mio. € bis zu 2 Mrd. € (50 % des Marktpotenzials) liegt, wobei bereits realisierte Einsparungen berücksichtigt werden müssen. Ein Blick auf besondere Entwicklungen in der Arzneimittelversorgung während der Covid-19-Pandemie, die auf keine Unterversorgung mit Arzneimitteln der GKV-Versicherten hindeuten, ergänzt die Sicht auf den Arzneimittelmarkt der GKV im Jahr 2021. Die im Jahr 2022 angekündigten gesetzlichen Anpassungen im Rahmen des Finanzstabilisierungsgesetzes (FinStG) werden ebenfalls diskutiert.

18.1 Die Entwicklung im Gesamtmarkt

Im Jahr 2021 lagen die gesamten Ausgaben der GKV bei 285,0 Mrd. € und damit um 8,4 % über den Ausgaben des Vorjahres. Zu den größten Ausgabenposten gehören Krankenhausbehandlungen mit einem Anteil von 30,1 %, gefolgt von den Arzneimitteln mit einem Anteil von 16,4 % (BMG 2022).

Ausgehend von den Arzneimittelausgaben der amtlichen Statistik ermittelt der GKV-Arzneimittelindex im Wissenschaftlichen Institut der AOK (WIdO) den Bruttoumsatz und die Nettokosten des GKV-Arzneimittelmarktes.[1] Der Bruttoumsatz ist im Jahr 2021 gegenüber dem Vorjahr insgesamt um 8,4 % (4,1 Mrd. €) auf 53,3 Mrd. € angestiegen, die Nettokosten betragen nun 50,2 Mrd. € – ein deutliches Wachstum um 8,8 % gegenüber dem Vorjahr (◘ Abb. 18.1). Der Anstieg der Verordnungsmenge um 1,1 % ist dagegen sehr schwach ausgeprägt: 2021 wurden 692 Mio. Packungen mit 46,3 Mrd. Tagesdosen (DDD) verordnet gegenüber 684 Mio. Packungen mit 45,3 Mrd. DDD im Jahr 2020 (+1,1 % nach Verordnungen und +1,8 % nach DDD). Betrachtet man die Veränderungen gegenüber dem Jahr 2011, ergibt sich ein Anstieg des Bruttoumsatzes um 79 % (+23,6 Mrd. €), jedoch nur ein Verordnungsanstieg um 11 % (+66,4 Mio. Verordnungen). Bezogen auf die Anzahl der GKV-Versicherten ergibt sich für das Jahr 2011 ein Wert von 427 € Bruttoumsatz je Versicherten, der im Jahr 2021 auf 727 € je Versicherten um 70 % angestiegen ist, wohingegen im gleichen

1 Die Marktanalysen des GKV-Arzneimittelindex betrachten Bruttoumsätze bzw. Nettokosten. In beiden Werten werden weder Ausgaben für Sprechstundenbedarf noch weitere Verordnungspositionen wie beispielsweise Verbandstoffe oder Teststreifen berücksichtigt. Zusätzlich sind darin die Zuzahlungen der Patientinnen/Patienten enthalten. Ausgehend von den Bruttoumsätzen werden für die Nettokosten die gesetzlichen Abschläge für Hersteller und Apotheken abgezogen (WIdO 2022).

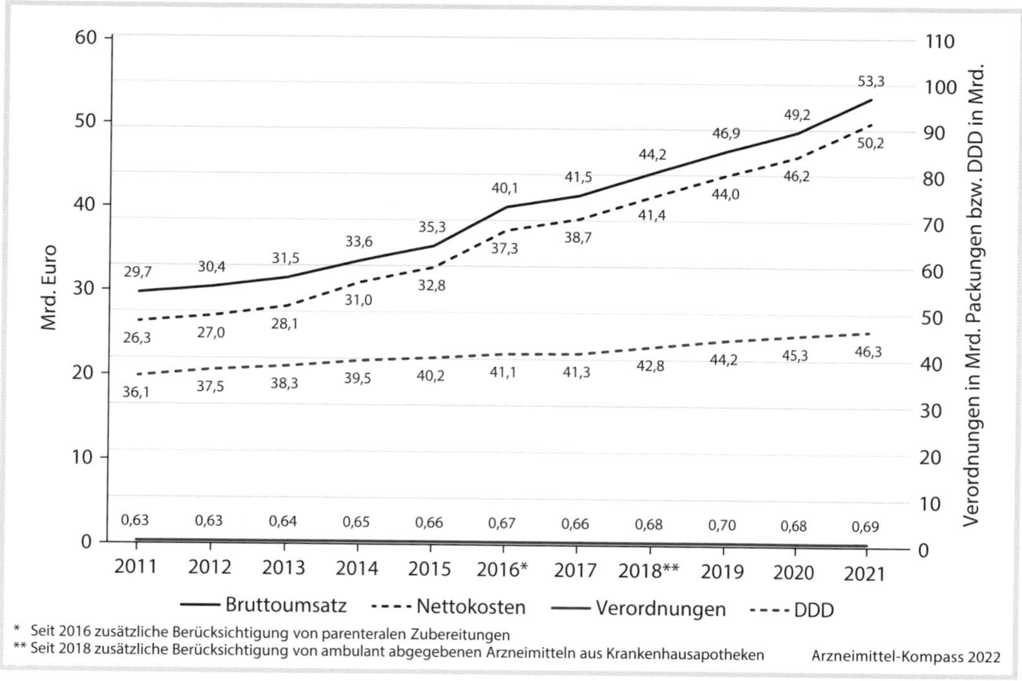

Abb. 18.1 Bruttoumsatz, Nettokosten und Verordnungen des GKV-Arzneimittelmarktes seit 2011. (Quelle: GKV-Arzneimittelindex, © WIdO 2022)

Zeitraum die Menge an Tagesdosen je GKV-versicherte Person von 519 auf 631 DDD nur um 22 % angestiegen ist.

Welche Komponenten beeinflussen den Umsatzzuwachs?

Um die Ursachen des Umsatzanstiegs zu erklären, bietet sich das etablierte Konzept der Komponentenzerlegung der Umsatzentwicklung an, in dem die Effekte einzelner Einflussfaktoren (sog. Komponenten) offengelegt werden (Reichelt 1988; WIdO 2022). Abb. 18.2 stellt den Einfluss der einzelnen Faktoren auf die Umsatzveränderung 2021 zu 2020 grafisch dar.

Wie bereits zu Abb. 18.1 beschrieben, zeigt sich auch in der Komponentenzerlegung, dass die Bruttoumsatzsteigerung um 8,4 % weniger durch den geringen Mengeneffekt (Anzahl der Verordnungen: +1,1 %) hervor-

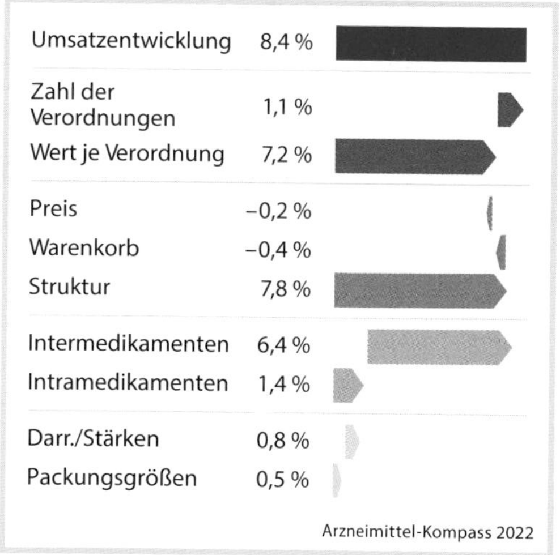

Abb. 18.2 Komponentenzerlegung der Umsatzentwicklung 2021 zu 2020. (Quelle: GKV-Arzneimittelindex, © WIdO 2022)

gerufen wird, sondern vielmehr durch einen gestiegenen Wert je Verordnung. So hat eine Verordnung im Jahr 2021 durchschnittlich 77,02 € gekostet, während es im Vorjahr noch 71,85 € waren. Beruht der Umsatzanstieg also darauf, dass Arzneimittel einfach nur teurer geworden sind?

Dem positiven Umsatzeffekt von 7,2 %, der durch den gestiegenen Wert je Verordnung verursacht wurde, steht ein geringer negativer Preiseffekt (−0,2 %) gegenüber, der die Wirkung eines allgemeinen Preisrückgangs der Produkte beschreibt, die sowohl 2020 als auch 2021 im Handel waren. Die Ursache für diesen Rückgang sind neben einem allgemeinen Wettbewerbsdruck auch gesetzliche Maßnahmen zur Preisregulierung: So stellt beispielsweise das Preismoratorium sicher, dass Hersteller die Preise lediglich im Rahmen eines Inflationsausgleichs erhöhen können. Gleichzeitig sorgen Festbetragsanpassungen und die AMNOG-Erstattungsbeträge dafür, dass für viele Arzneimittel die Preise abgesenkt wurden. Im Durchschnitt werden Arzneimittel, die auf den Markt sind, im Laufe der Zeit preisgünstiger.

Wie passt dies aber zu einem steigenden und umsatztreibenden Wert je Verordnung? Die Behandlung von Krankheiten mit Arzneimitteln wandelt sich ständig. Viele Erkrankungen werden heute mit anderen Arzneimitteln behandelt als noch vor wenigen Jahren – ein Ausdruck des Therapiefortschritts. In bestimmten Bereichen setzen sich einige Arzneimittel immer stärker im Markt durch, sei es durch wissenschaftliche Erkenntnisse, durch Empfehlungen in ärztlichen Therapieleitlinien, durch Vorgaben der Selbstverwaltung im Gesundheitssystem oder des Gesetzgebers.

Die durch diese Verschiebungen hervorgerufenen Umsatzeffekte werden über die Intermedikamentenkomponente abgebildet. Diese Verschiebungen dominieren seit Jahren die Umsatzentwicklung (◘ Abb. 18.3) und waren 2021 zusammen für ein Umsatzwachstum von 6,4 % verantwortlich. Der Intramedika-

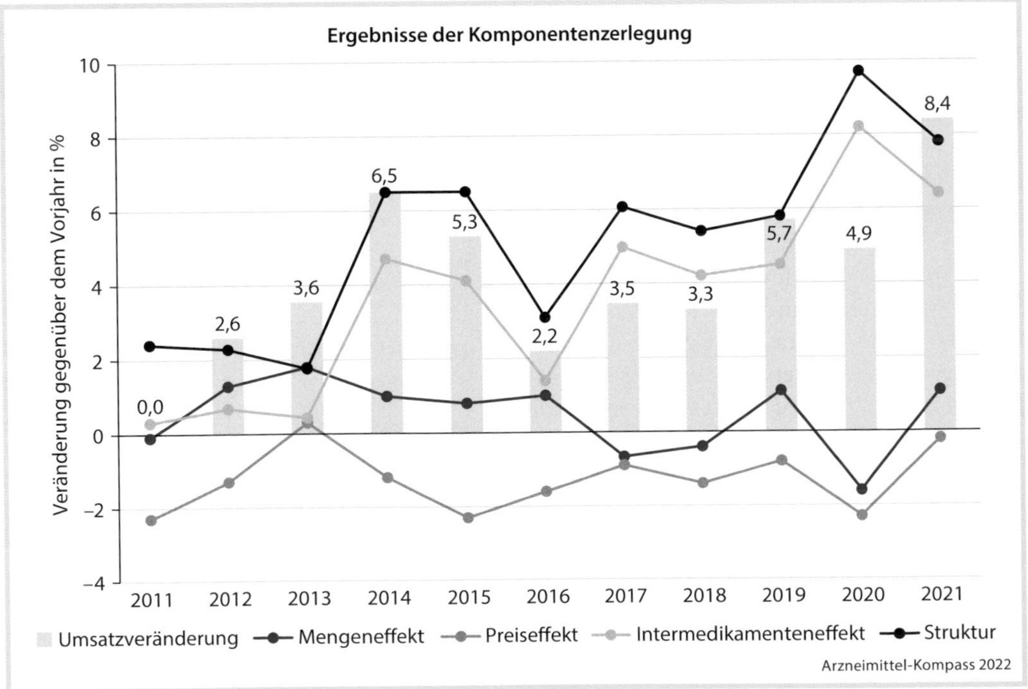

◘ **Abb. 18.3** Umsatzwachstum und ausgewählte Komponenten des Umsatzwachstums 2011 bis 2021

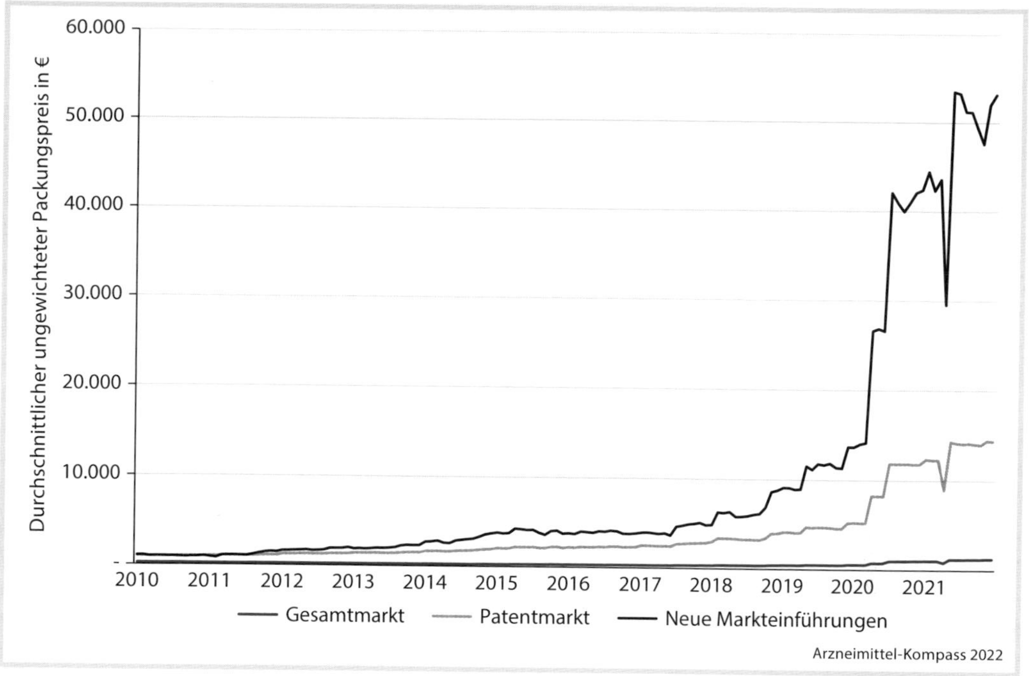

Abb. 18.4 Entwicklung des durchschnittlichen Packungspreises nach Marktsegmenten. (Quelle: GKV-Arzneimittelindex, © WIdO 2022)

menteneffekt (1,4 %), der die Umsatzwirkung eines veränderten Verordnungsverhaltens hin zu teureren Darreichungsformen (0,8 %) oder Packungsgrößen (0,5 %) erfasst, und der Intermedikamenteneffekt beschreiben also insgesamt eine veränderte Verordnungsstruktur, die sich in der Strukturkomponente in einem umsatzsteigernden Effekt um insgesamt 7,8 % bemerkbar macht. Damit hatte die strukturelle Veränderung im Therapie- und Verordnungsverhalten, also die Verschiebung der Verordnungen im Jahr 2021, den größten Einfluss auf die gesamte Umsatzentwicklung.[2]

Dass sich die Preise für neue Arzneimittel (solche, die in den letzten 36 Monaten auf den Markt gekommen sind) seit Jahren von denen des Gesamt- und auch des gesamten Patentmarktes losgelöst haben und die Diskussion um Mondpreise (Korzilius 2017; Bausch 2016; Glaeske 2016; Mühlbauer 2017; Richard 2016) durchaus ihre Berechtigung hat, wird in Abb. 18.4[3] deutlich. Hier sind die durchschnittlichen Packungspreise der Arzneimittel seit 2010 für die Präparate des Gesamtmarktes, des Patentmarktes und der neuen patentgeschützten Arzneimittel, die innerhalb der letzten 36 Monate auf den Markt gekommen sind (neue Markteinführungen), dargestellt. Darin gehen alle verordnungsfähigen Arzneimittel mit ungewichteten Preisen, das heißt unabhängig von ihrer Verordnungshäufigkeit, ein. Diese Arzneimittel können von ambulant tätigen Kassenärztinnen und -ärzten verordnet wie auch im Krankenhaus eingesetzt werden.

2 Detaillierte Übersichten über die Ergebnisse der Komponentenzerlegung nach Wirkstoffgruppen (2. Ebene der anatomisch-therapeutisch-chemischen Arzneimittelklassifikation (ATC-Klassifikation)) machen die verschiedenen Effekte transparent (WIdO 2022).

3 Diese Darstellung basiert auf den Angaben der „Preisentwicklung auf dem Arzneimittelmarkt“, die als monatliche Berichte zum freien Download unter ► https://www.wido.de/publikationen-produkte/arzneimittel-preisinformation/ verfügbar sind.

Die Darstellung offenbart eine rasante Preisentwicklung der Präparate des Patentmarktes und insbesondere der neuen Markteinführungen. Im Schnitt kostete eine Packung eines Arzneimittels, das in den letzten 36 Monaten auf den Markt gekommen ist, Anfang 2011 noch 902 €. Im Jahr 2014, als die ob ihres hohen Preises damals viel diskutierte „1.000-Dollar-Pille" Sovaldi (Sanger-Katz 2014) und weitere, ähnlich wirkende Arzneimittel auf dem Markt eingeführt wurden, stieg der durchschnittliche Packungspreis für neue patentgeschützte Arzneimittel auf Werte zwischen 3.000 und 4.000 €, Ende 2021 lag dieser dann bei 53.172 €. Der Spitzenwert von 2.475.000 € wird im Juli 2022 von Libmeldy, einem Arzneimittel zur Behandlung von Stoffwechselkrankheiten, belegt.

▪▪ Wie verteilen sich Umsätze und Verordnungen auf die Hauptindikationsgruppen?

◘ Abb. 18.5 zeigt, wie sich ein Großteil der Nettokosten der GKV (rund 85 %) auf die zehn nettokostenstärksten der insgesamt 18 Hauptindikationsgruppen[4] verteilt. Mehr als die Hälfte der Nettokosten des Gesamtmarktes entfällt allein auf nur drei Gruppen. Demnach gibt die GKV am meisten, nämlich 20,7 % der Gesamtnettokosten, für medikamentöse Krebstherapien aus. Diese stellen allerdings lediglich 0,6 % der gesamten verordneten Tagesdosen (Defined daily doses, DDD) dar. Ähnlich verhält es sich mit Immuntherapeutika: Auch diese Arzneimittelgruppe weist mit 16,9 % einen hohen Nettokostenanteil auf, während ihr Verordnungsanteil mit 2,1 % der DDD vergleichsweise gering ist. Erst an dritter Stelle stehen Arzneimittel gegen Herz-Kreislauf-Erkrankungen, mit denen weitverbreitete chronische Krankheiten wie Bluthochdruck oder Koronare Herzerkrankung behandelt werden; die Arzneimittel decken bei einem Nettokostenanteil von 15,1 % jedoch rund 50 % des Versorgungsgeschehens ab.

Betrachtet man in der Abbildung die Anteilswerte vor zehn Jahren, so lassen sich insbesondere bei den Krebserkrankungen deutliche Veränderungen erkennen. Während ihr aktueller Kostenanteil 20,7 % beträgt, lag dieser 2011 mit nur 5,7 % auf deutlich niedrigerem Niveau und auf Ranglistenplatz sieben. Insgesamt fielen 2011 für diese Arzneimittelgruppe 1,5 Mrd. € an Nettokosten an, 2021 erreichten die Nettokosten einen Wert von 10,4 Mrd. €. Der Versorgungsanteil nach Tagesdosen lag jedoch zehn Jahre zuvor mit 0,5 % nur unwesentlich unter dem aktuellen Wert. In der Immuntherapie ist der Nettokostenanteil ebenfalls spürbar gestiegen – bei konstantem Versorgungsanteil. Der hohe Kostenanteil der Erkrankungen des Nervensystems von 13,7 % vor zehn Jahren ist auf aktuell noch 7,1 % deutlich zurückgegangen, der Versorgungsanteil blieb dabei nahezu konstant. Grund hierfür sind unter anderem zahlreiche Patentausläufe und preisgünstigere Generika. Weitere differenzierte Analysen ermöglicht der PharMaAnalyst des WIdO.[5]

▪▪ Wie unterscheiden sich die Arzneimittelverordnungen nach Alter und Geschlecht der Versicherten?

Das Alter eines Patienten oder einer Patientin hat einen wesentlichen Einfluss auf die Morbidität und damit auch auf den Arzneimittelverbrauch. Insgesamt wurden jeder versicherten Person im Jahr 2021 durchschnittlich 630 definierte Tagesdosen (DDD) verordnet. ◘ Abb. 18.6 stellt die Mittelwerte der Tagesdosen für die verschiedenen Altersgruppen gegenüber. Am niedrigsten ist der durchschnittliche Verbrauch in der Gruppe der 25- bis unter 30-Jährigen und am höchsten in der Gruppe der 85- bis unter 90-Jährigen.[6] Frauen wur-

4 Zur Definition und Zuordnung der Hauptindikationsgruppen siehe WIdO (2022).

5 Der PharMaAnalyst des WIdO steht zur freien Nutzung zur Verfügung unter ► https://arzneimittel.wido.de/PharMaAnalyst.

6 Die Altersgruppen wurden mit Hilfe der Erhebungen der gesetzlichen Krankenversicherung (GKV) zur Struktur von Mitgliedern und mitversicherten Familienangehörigen für das Jahr 2021 (KM 6, Stichtag 1. Juli 2021) sowie der GKV-Versichertentage der

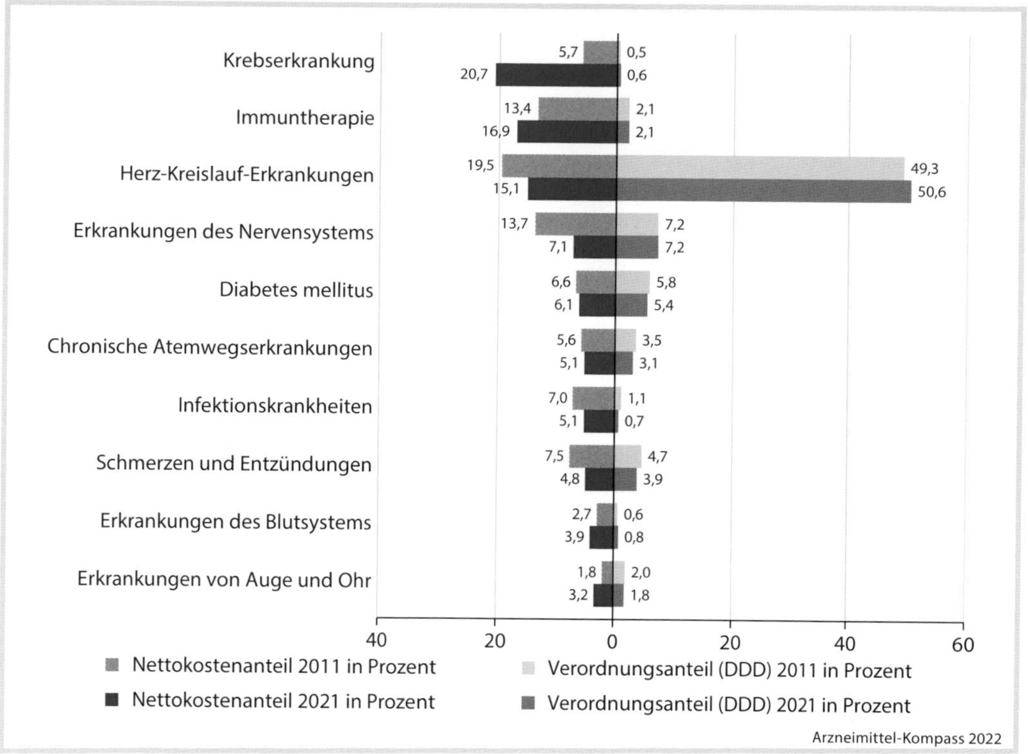

Abb. 18.5 Die nettokostenstärksten Indikationsgruppen des Jahres 2021 im Vergleich ihrer Anteile der Nettokosten und Tagesdosen am Gesamtmarkt 2021 und 2011. (Quelle: GKV-Arzneimittelindex, © WIdO 2022)

den 2021 mit durchschnittlich 677 Tagesdosen 16,5 % mehr DDD verordnet als Männern (581). Dabei ist zu beachten, dass es sich um eine Durchschnittsbetrachtung handelt und nicht um einen Mittelwert für die tatsächlich behandelten Versicherten.

Auf Versicherte mit einem Lebensalter ab 65 Jahre, die 22,4 % der Gesamtpopulation im Jahr 2021 darstellen, entfallen 55,9 % des DDD-Volumens und 46,0 % der Nettokosten des gesamten GKV-Fertigarzneimittelmarktes. Rein rechnerisch werden im Durchschnitt die Versicherten über 65 Jahre täglich mit 4,3 Tagesdosen verschiedener Arzneimittel behandelt, die über 80-Jährigen sogar mit 5,0 DDD. Die am häufigsten eingesetzte Arzneimittelgruppe bei über 65-Jährigen sind die Angiotensinhemmstoffe aus der Gruppe der Herz-Kreislauf-Medikamente mit einem Anteil von ca. 25 % der DDD. Diese machen jedoch nur knapp 5 % der Kosten in diesen Altersgruppen aus, wogegen jeder fünfte Euro für diese Versicherten zur Behandlung mit Onkologika eingesetzt wird, deren DDD-Anteil wiederum nur bei 0,2 % liegt (WIdO 2022).

Am anderen Ende der Altersverteilung stehen die Kinder und Jugendlichen bis 15 Jahre (13 % aller Versicherten), deren Verbrauchsanteil mit 3 % vergleichsweise gering ausfällt. Täglich werden hier durchschnittlich nur 0,4 Tagesdosen eingesetzt, mit weitem Abstand am häufigsten aus der Gruppe der Stomatologika mit knapp 25 % des Gesamtverbrauchs,

GKV-Versicherten nach Alter und Geschlecht für das Jahr 2021 ermittelt. Weitere Informationen zur Methodik sowie eine Übersicht der Verordnungen nach ATC2-Gruppen sind in WIdO (2022) dargestellt.

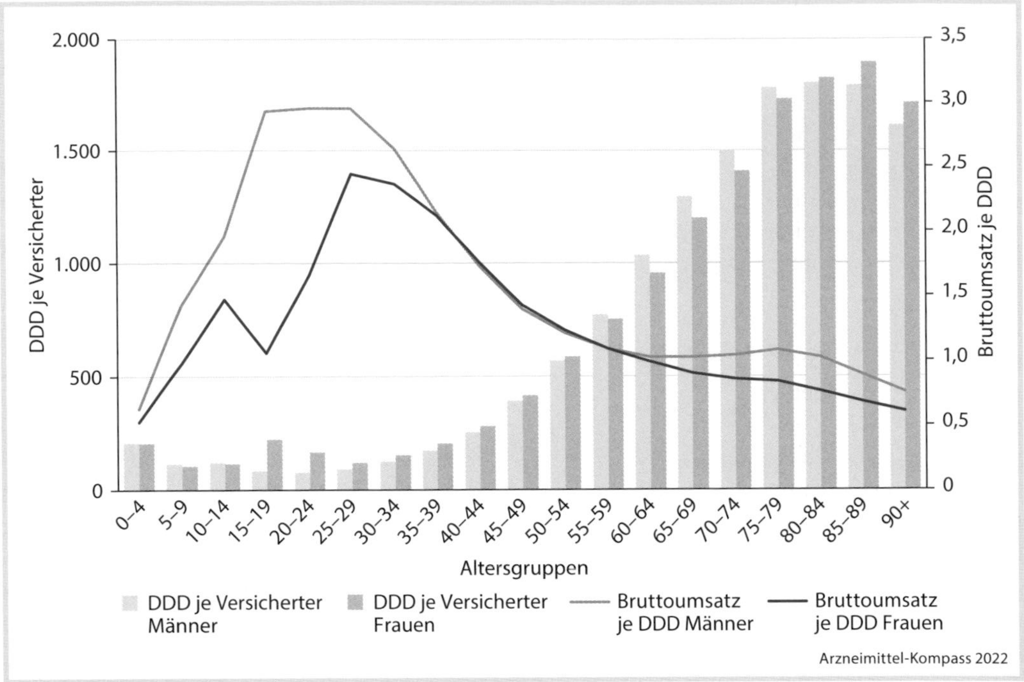

Abb. 18.6 Durchschnittliche Tagesdosen und Bruttoumsatz je DDD je versicherte Person nach Altersgruppen und Geschlecht im Jahr 2021. (Quelle: GKV-Arzneimittelindex, © WIdO 2022)

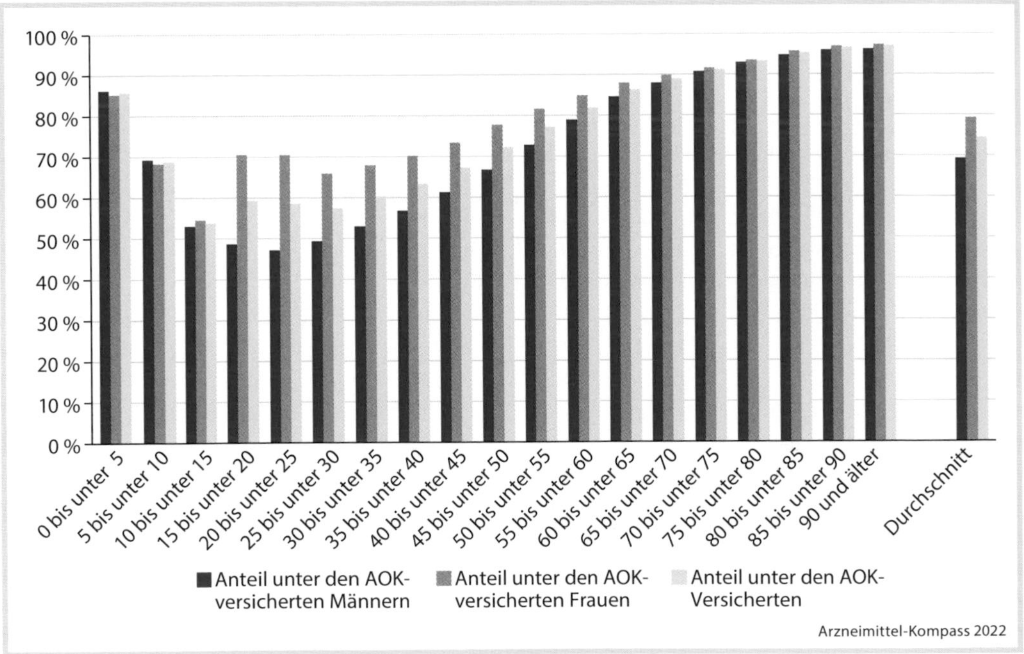

Abb. 18.7 Anteil der Arzneimittelpatientinnen und -patienten an allen im Jahr 2021 durchgängig AOK-versicherten Personen nach Altersgruppen und Geschlecht. (Quelle: WIdO, © WIdO 2022)

bei allerdings nur 0,8 % der Gesamtkosten in diesen Altersgruppen. Die höchsten Kosten in diesen Altersgruppen entstehen für Immunsuppressiva: 6 % entfallen auf diese Mittel, bei einem Verbrauchsanteil von 0,2 % (WIdO 2022).

▪ Abb. 18.7 betrachtet die Arzneimittelverordnungen aus einer anderen Perspektive und stellt den Anteil der Versicherten der AOK, die mindestens eine verordnete Tagesdosis im Jahr 2021 erhielten, nach Alter und Geschlecht dar. Hier zeigt sich, dass insgesamt drei Viertel der gesamten Versichertenschaft mindestens eine verordnete Tagesdosis erhielt (74,4 %). Wie in ▪ Abb. 18.6 wird auch hier der Unterschied über die Alters- und Geschlechtsgruppen deutlich: Bei den Versicherten, die älter als 70 Jahre sind, erhält nahezu jeder (> 90 %) innerhalb eines Jahres mindestens eine Arzneimittelverordnung. Kinder unter 5 Jahren fallen ebenfalls durch einen hohen Anteil an den Arzneimittelpatientinnen und -patienten auf: 85,8 % der versicherten Kinder dieser Altersgruppe erhalten mindestens eine Arzneimittelverordnung innerhalb des Jahres 2021. Am unteren Ende stehen die Männer zwischen 15 und 30 Jahren, bei denen weniger als jeder Zweite eine Arzneimittelverordnung erhält. Gerade in diesen Altersgruppen sind die Geschlechtsunterschiede am ausgeprägtesten – Frauen erhalten viel häufiger als Männer mindestens eine Arzneimittelverordnung pro Jahr.

18.2 Wie verteilen sich die Umsätze und Verordnungen auf verschiedene Marktsegmente?

In ▪ Tab. 18.1 wird die Relevanz der unterschiedlichen Marktsegmente nach Nettokosten und verordneten Tagesdosen dargestellt. Dabei fällt auf, dass insbesondere in den Segmenten mit hohen Therapiekosten wie den Patentarzneimitteln, den Biologika und den Arzneimitteln gegen seltene Erkrankungen

▪ **Tab. 18.1** Nettokosten und verordnete Tagesdosen (DDD) sowie deren Anteile im GKV-Arzneimittelmarkt 2021 nach Marktsegmenten und Veränderungen zum Jahr 2020. (Quelle: GKV-Arzneimittelindex, © WIdO 2022)

	Netto-kosten 2021 in Mrd. €	Veränderung in % gegenüber 2020	Netto-kosten in % an Gesamt 2021	DDD in Mrd. 2021	Veränderung in % gegenüber 2020	DDD in % an Gesamt 2021	DDD-Netto-kosten in € 2021
Gesamtmarkt	50,2	8,8	100	46,3	1,8	100	1,09
Patentarzneimittel*	26,4	14,4	52,5	3,0	4,7	6,5	8,74
Nicht-Patentarzneimittel*	23,9	3,2	47,5	43,3	1,7	93,5	0,55
Biologika	16,4	12,0	32,7	1,4	3,2	3,0	11,70
Nicht-Biologika	33,8	7,3	67,3	44,9	1,8	97,0	0,75
Orphan-Arzneimittel	6,8	24,7	13,5	0,03	13,0	0,07	213,53
Nicht-Orphan-Arzneimittel	43,5	6,7	86,5	46,3	1,8	99,9	0,94

* Die Zuordnung erfolgt in monatlicher Abgrenzung: Laufen die Schutzfristen für einen Wirkstoff beispielsweise im Juli 2021 aus, so zählen die Arzneimittel bis Juli 2021 zum Patentmarkt und danach zum Nicht-Patentmarkt
Arzneimittel-Kompass 2022

(Orphan-Arzneimittel) auch die deutlichsten Kostenzuwächse zu verzeichnen sind.

Dies hat auch den Gesetzgeber in diesem Jahr dazu veranlasst, im Entwurf für ein GKV-Finanzstabilisierungsgesetz insbesondere die Hersteller von Patentarzneimitteln in die Pflicht zu nehmen. Die Anhebung des Herstellerabschlags nach Absatz 1 bzw. 1a im § 130a SGB V zielt insofern insbesondere auf diese ab, als von dem aktuellen Abschlag in Höhe von 7 % die generikafähigen und die Festbetragsarzneimittel ausgenommen sind und nur der Patent- und Solitärmarkt betroffen ist. Insgesamt wurden 2021 Packungsabschläge nach Absatz 1 von 1,558 Mrd. € abgeführt (WIdO 2022). Eine Abschätzung der Anhebung um 5 Prozentpunkte ergibt für die betroffenen Hersteller basierend auf den Verordnungsmengen des Jahres 2021 erhöhte Abschläge von 1,320 Mrd. €. Bemerkenswerterweise wurden in die Erhöhung auch explizit die AMNOG-Arzneimittel einbezogen, selbst wenn für diese der reguläre Abschlag im verhandelten Erstattungsbetrag inkludiert ist und aktuell kein Abschlag gezahlt wird. Auf diese 314 Arzneimittel entfallen mit 745 Mio. € gut die Hälfte (57 %) dieser zusätzlichen Abschläge. Gegenüber dem ersten Gesetzentwurf stellt dies allerdings eine geringere Belastung der Hersteller dar, da zunächst noch ein Gesamtbeitrag der Pharmaindustrie von 2 Mrd. € im Raume stand.

18.2.1 Patentarzneimittel

Aus Wettbewerbssicht ist es entscheidend, ob für ein Arzneimittel bzw. seinen Wirkstoff noch Patente oder weitere Schutzfristen gültig sind. Dann ist Wettbewerbern der Markteintritt mit dem gleichen Wirkstoff nicht möglich. Hersteller genießen in diesem Fall eine auf maximal 20 Jahre befristete Nutzungsexklusivität, die durch ein „ergänzendes Schutzzertifikat" sowie Unterlagenschutz um maximal fünf weitere Jahre verlängert werden kann. Vor dem Hintergrund eines Entwicklungszeitraums von etwa zehn Jahren zwischen Patentanmeldung und marktfähigem Produkt kann somit von einer durchschnittlich zehn- bis maximal fünfzehnjährigen tatsächlichen Marktexklusivität ausgegangen werden (Schweitzer und Lu 2018).

▣ Tab. 18.1 zeigt, dass auf den Patentmarkt mehr als die Hälfte der Arzneimittelnettokosten der gesamten GKV entfallen. Hinsichtlich der Menge an Verordnungen spielt der Patentmarkt jedoch nur eine untergeordnete Rolle.

Die Nettokosten für den Patentmarkt lagen 2021 bei 26,4 Mrd. € und haben sich gegenüber 2011 beinahe verdoppelt. Die Verordnungen nach Tagesdosen entwickelten sich zunächst gegenläufig und verhalten sich seit einigen Jahren nahezu konstant (▣ Abb. 18.8). Folglich haben sich die durchschnittlichen DDD-Nettokosten 2021 gegenüber 2011 mehr als verdreifacht. Während die gesetzlichen Krankenkassen für eine Tagesdosis eines patentgeschützten Arzneimittels 2011 noch durchschnittlich 2,47 € ausgegeben haben, sind es im Jahr 2021 bereits 8,74 €. Im Durchschnitt sind somit die Tagesdosiskosten mehr als 16-mal so hoch wie die der Nicht-Patentarzneimittel (vgl. ▣ Tab. 18.1). Im nicht patentgeschützten Marktsegment stiegen die DDD-Nettokosten im selben Zeitraum von 0,42 € um vergleichsweise moderate 30 % auf 0,55 €. Dies zeigt, dass nicht nur die Kosten im Patentmarkt deutlich stärker steigen als im restlichen Markt (vgl. ▣ Abb. 18.4), sondern die Patentarzneimittel damit die Gesamtkostenentwicklung deutlich beeinflussen.

Dem Nettokostenanteil der patentgeschützten Arzneimittel von 52,5 % am Gesamtmarkt stand 2021 ein Verordnungsanteil nach Tagesdosen von lediglich 6,5 % gegenüber. 2011 lag der Nettokostenanteil des Patentmarktes bei vergleichbaren 51,1 % bei einem gleichzeitig noch deutlich höheren Anteil an verordneten DDD von 15 % (▣ Abb. 18.9). Bereits seit Jahren nehmen demnach Verordnungen und Kosten insbesondere im Patentmarkt eine gegensätzliche Entwicklung. Immer mehr Kosten fallen so für immer weniger Tagesdosen an, was sich damit auch in dem steigenden Wert je

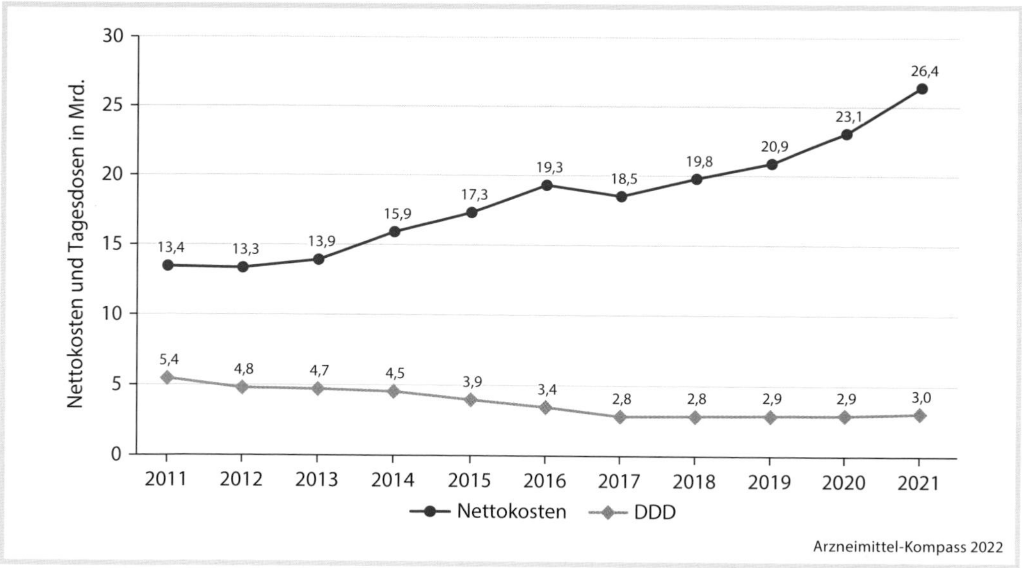

Abb. 18.8 Verordnungen in Tagesdosen (DDD) und Nettokosten im Patentmarkt seit 2011. (Quelle: GKV-Arzneimittelindex, © WIdO 2022)

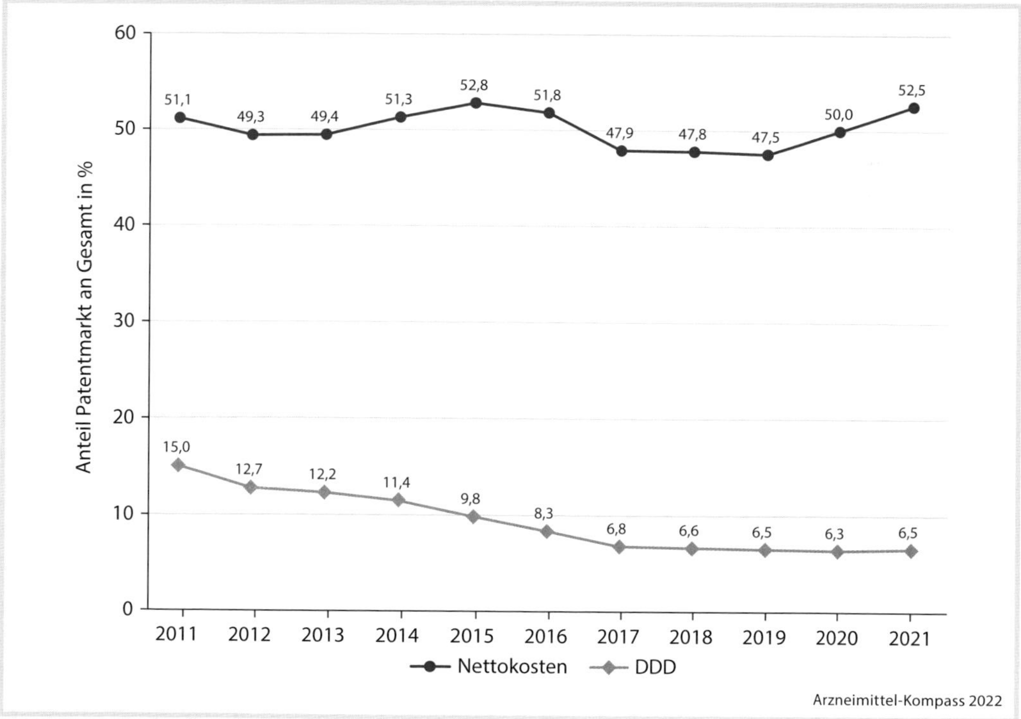

Abb. 18.9 Verordnungsanteil nach Tagesdosen (DDD) und Nettokostenanteil des Patentmarktes seit 2011. (Quelle: GKV-Arzneimittelindex, © WIdO 2022)

Verordnung in der Komponentenzerlegung des Gesamtmarktes niederschlägt.

▪▪ Differenzierung im Patentmarkt: AMNOG-Arzneimittel und Bestandsmarkt

Mit dem Ziel, steigende Ausgaben der gesetzlichen Krankenkassen für Arzneimittel zu reduzieren, ist am 1. Januar 2011 das Arzneimittelmarktneuordnungsgesetz (AMNOG) in Kraft getreten (BMG 2016). Die damit eingeführte Frühe Nutzenbewertung (§ 35a des 5. Sozialgesetzbuchs, SGB V) brachte eine ordnungspolitische Richtungsänderung: Erstmals fanden eine transparente und evidenzbasierte Einordnung patentgeschützter Arzneimittel mit neuen Wirkstoffen in ihren therapeutischen Kontext und eine nachgelagerte Erstattungspreisvereinbarung zwischen den pharmazeutischen Unternehmen und dem GKV-Spitzenverband statt. Vor 2011 oblag die Preisgestaltung allein dem pharmazeutischen Unternehmen. Mit dem AMNOG werden zwei maßgebliche Ziele verfolgt: Zum einen, Transparenz über den therapeutischen Stellenwert einer Arzneimittelinnovation herzustellen. Mit der abgeschlossenen Nutzenbewertung steht eine umfassende Bestandsaufnahme des aktuellen Informationsstandes für ein neues Arzneimittel zur Verfügung, die bei neuen Erkenntnissen – neue klinische Studien oder Auswertungen, Zulassungen für neue Anwendungsgebiete – regelhaft aktualisiert wird. Zum anderen wurde mit dem AMNOG auch erstmals die Möglichkeit geschaffen, die Preise neuer Arzneimittel kollektiv zu verhandeln und so die Arzneimittelausgaben wirksam zu dämpfen. Über die aktuellen Ergebnisse der Bewertungsverfahren und Preisverhandlungen geben Haas et al. (▶ Kap. 19) Auskunft. Dem gegenüber steht der Bestandsmarkt noch patentgeschützter Arzneimittel, die mit ihrer Markteinführung vor 2011 noch nicht der Nutzenbewertung unterlagen.

Mit der sukzessiven Einführung neuer Arzneimittel auf der einen und dem Auslaufen von Patenten älterer Arzneimittel auf der anderen Seite verschieben sich die Anteile

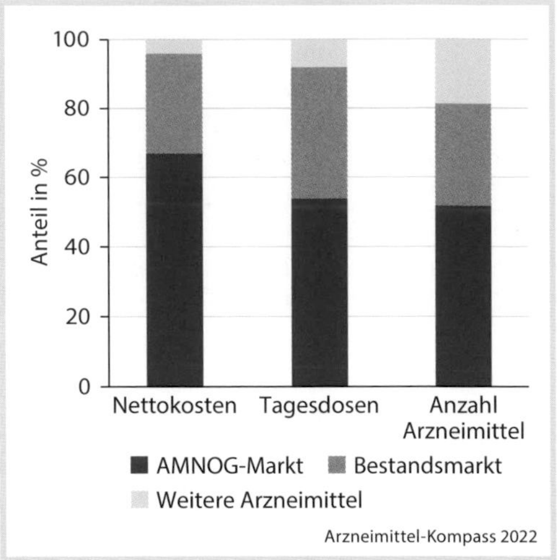

Abb. 18.10 Anteile der AMNOG-bewerteten Arzneimittel und des Bestandsmarktes innerhalb des gesamten Patentmarktes* 2021 nach Nettokosten, Tagesdosen sowie Anzahl der Arzneimittel. * Weitere Arzneimittel umfassen patentgeschützte Arzneimittel, die nach 2011 auf den Markt kamen, aber aus unterschiedlichen Gründen vom AMNOG nicht erfasst werden und keine Nutzenbewertungsverfahren durchlaufen. (Quelle: GKV-Arzneimittelindex, © WIdO 2022)

dieser beiden Gruppen innerhalb des Patentmarktes. Der Anteil der AMNOG-Arzneimittel steigt zwar seit 2011 sukzessive an, jedoch stellt der Bestandsmarkt immer noch ein großes Segment mit hohen Verordnungs- und Kostenanteilen dar. So hatte der Bestandsmarkt im Jahr 2021 noch immer einen Verordnungsanteil nach Tagesdosen von 38 % (1,16 Mrd. DDD) bzw. nach Nettokosten von 29 % (7,7 Mrd. €) innerhalb des gesamten Patentmarktes (▫ Abb. 18.10).

Ein Preismoratorium für die Arzneimittel des Bestandsmarktes, die nicht festbetragsgeregelt sind, wird seit seiner Einführung 2009 bis heute aufrechterhalten und – nach wiederholter Evaluation – regelmäßig verlängert; aktuell gilt es noch bis Ende 2022. Mit dem derzeitigen Entwurf des GKV-Finanzstabilisierungsgesetzes ist eine Verlängerung um weitere vier Jahre bis Ende 2026 vorgesehen. Damit können die Preise und Kosten dieser ansonsten unregulierten Arzneimittel auch weiterhin begrenzt werden.

Liegen die Herstellerabgabepreise über den Preisen zum Stichtag 01.08.2009, so muss der Hersteller die Differenz zwischen Stichtagspreis und Herstellerabgabepreis in Form von Herstellerabschlägen abführen (Regelung nach § 130a, Abs. 3a SGB V). Faktisch sind die Preise somit zum Stichtag eingefroren, können jedoch seit 2018 im Rahmen eines Inflationsausgleichs moderat erhöht werden.

Die meisten Hersteller nutzen inzwischen diese Möglichkeit für Preiserhöhungen. Die Kosten auf Basis der Herstellerpreise im Bestandsmarkt erhöhten sich dadurch im Jahr 2021 gegenüber 2020. Als weiterer Effekt gehen auch die bisher zu leistenden Abschläge zurück, da die wegen früherer Preiserhöhungen zu zahlenden Abschläge immer weiter abgeschmolzen werden. Zusammengenommen hat der Inflationsausgleich 2021 für meist ältere Produkte am Ende ihrer Marktexklusivität zu Mehrkosten in Höhe von 45 Mio. € geführt. Dabei entfielen in dem Warenkorb der ca. 16.700 Pharmazentralnummern (PZN), für die entsprechende Preiserhöhungen möglich waren, die Hälfte dieser Mehrkosten auf 30 umsatzstarke PZN. Knapp 30 % der Mehrkosten entstanden für nur zwei Arzneimittel: die umsatzstarken Orphan Drugs Revlimid® und Stelara®. Für das Jahr 2022 werden aufgrund der deutlich gestiegenen Inflationsrate Mehrbelastungen der GKV in Höhe von ca. 94 Mio. € erwartet.

Die nochmals gestiegenen Inflationsraten des Jahres 2022, die aktuell für wirtschaftliche Verunsicherung sorgen, schlagen sich jedoch erst 2023 im Arzneimittelmarkt nieder. Nimmt man hier die aktuellen Prognosen mit einer Teuerungsrate von 6,8 % für das Jahr 2022 an und berechnet die Effekte auf Basis der Verordnungen des Jahres 2021 und der aktuellen Preise im August 2022, so ergeben sich Mehrausgaben in Höhe von 112 Mio. € für 2023. Diese Summe stellt jedoch nur die geringeren Abschläge nach § 130a Abs. 3a SGB V dar, da noch nicht abzusehen ist, für welche Arzneimittel die Preisanhebungen im Juli 2023 tatsächlich genutzt werden. Daher ist von noch deutlich höheren Mehrkosten im Jahr 2023 auszugehen.

▪▪ 45 neue Arzneimittel wurden im Jahr 2021 erstmals eingeführt

Mit 45 neu in den Markt eingeführten Arzneimitteln hebt sich das Jahr 2021 deutlich bei der Anzahl der neuen Wirkstoffe hervor (◘ Tab. 18.2 und ◘ Abb. 18.11). Mehr als ein Drittel der Neueinführungen (13 Arzneimittel) werden gegen Krebserkrankungen eingesetzt, darunter ein Gentherapeutikum, dass der CAR-T-Zelltherapie zuzuordnen ist (Tecartus®), vier Antikörper und sieben neue Proteinkinase-Inhibitoren. Als zweite große Gruppe sind acht Arzneimittel für Infektionskrankheiten zu nennen. Hierzu zählen zwei Impfstoffe und ein Arzneimittel gegen Covid-19. Von den vier Arzneimitteln gegen Herz-Kreislauf-Erkrankungen fallen zwei Arzneimittel (Leqvio® und Vazkepa®) aufgrund der hohen Zahl an infrage kommenden Patientinnen und Patienten bei gleichzeitigem nicht belegten Zusatznutzen auf (◘ Tab. 18.2).

In der ◘ Tab. 18.2 können nicht zu allen Arzneimitteln Verordnungen zu Lasten der gesetzlichen Krankenversicherung aufgeführt werden. Zum einen werden Impfstoffe und Arzneimittel gegen Covid-19 nicht zu Lasten der gesetzlichen Krankenversicherung abgerechnet, zum anderen können hier nur die ambulanten Verordnungen betrachtet werden. Insbesondere die neuen Krebsarzneimittel kommen vor allem oder nur ausschließlich in Kliniken zur Anwendung. Es ist auffällig, dass acht Arzneimittel zur Krebstherapie mit ihren spezifischen Wirkansätzen mindestens zeitweise entsprechend den Bedingungen für Arzneimittel zur Behandlung seltener Erkrankungen (Orphan Drugs) zugelassen wurden. Die geschätzte Anzahl der zu behandelnden Personen wurde für alle neuen Krebsarzneimittel in der Nutzenbewertung mit einer Zahl kleiner als 10.000 beziffert. In der

Tab. 18.2 Ergebnisse der Nutzenbewertung und Differenzen zwischen dem ursprünglichen Listenpreis des Herstellers (PPU) und dem aktuell verhandelten Erstattungsbetrag (APU) für die neuen Arzneimittel des Jahres 2021. Bis zum Stichtag 1. September 2022 lagen nicht für alle Arzneimittel Erstattungsbeträge vor. (Quelle: GKV-Arzneimittelindex nach G-BA (2022), ©WIdO 2022)

Präparat	Wirkstoff	Hauptindikationsgruppe	Höchstes Nutzenbewertungsergebnis*	Ursprünglicher Hersteller-Listenpreis (PPU) der verordnungsstärksten Packung in €	Verhandelter Herstellerabgabepreis/Erstattungsbetrag (APU) der verordnungsstärksten Packung in €	Abschlag in %	Max. Größe der adressierten Population lt. GBA Beschluss
Sarclisa	Isatuximab	Krebserkrankungen	Geringer Zusatznutzen*	615			9.500
Minjuvi	Tafasitamab	Krebserkrankungen	Nicht quantifizierbarer Zusatznutzen	782			1.560
Tukysa	Tucatinib	Krebserkrankungen	Beträchtlicher Zusatznutzen	6.498	4.318	34	1.640
Retsevmo	Selpercatinib	Krebserkrankungen	Zusatznutzen ist nicht belegt	5.975	1.776	70	296
Inrebic	Fedratinib	Krebserkrankungen	Nicht quantifizierbarer Zusatznutzen	4.575	3.406	26	5.280
Pemazyre	Pemigatinib	Krebserkrankungen	Nicht quantifizierbarer Zusatznutzen	7.732			300
Jemperli	Dostarlimab	Krebserkrankungen	Zusatznutzen ist nicht belegt	4.830			3.360
Trodelvy	Sacituzumab govitecan	Krebserkrankungen	Erheblicher Zusatznutzen	998			2.370
Koselugo	Selumetinib	Krebserkrankungen	Nicht quantifizierbarer Zusatznutzen	5.400			740
Gavreto	Pralsetinib	Krebserkrankungen	Zusatznutzen ist nicht belegt	4.100			510

Tab. 18.2 (Fortsetung)

Präparat	Wirkstoff	Hauptindikationsgruppe	Höchstes Nutzenbewertungsergebnis*	Ursprünglicher Hersteller-Listenpreis (PPU) der verordnungsstärksten Packung in €	Verhandelter Herstellerabgabepreis/ Erstattungsbetrag (APU) der verordnungsstärksten Packung in €	Abschlag in %	Max. Größe der adressierten Population lt. GBA Beschluss
Elzonris	Tagraxofusp	Krebserkrankungen	Nicht quantifizierbarer Zusatznutzen	24.600			90
Brukinsa	Zanubrutinib	Krebserkrankungen	Zusatznutzen ist nicht belegt	6.796	5.308	22	1.050
Tecartus	Brexucabtagene autoleucel	Krebserkrankungen	Nicht quantifizierbarer Zusatznutzen				150
Vocabria	Cabotegravir	Infektionskrankheiten	Zusatznutzen ist nicht belegt	1.105	998	10	59.900
Rukobia	Fostemsavir	Infektionskrankheiten	Zusatznutzen ist nicht belegt	3.188			240
Comirnaty	Covid-19-Impfstoffe	Infektionskrankheiten	Keine Bewertung				
Xofluza	Baloxavirmarboxil	Infektionskrankheiten	Beträchtlicher Zusatznutzen*				7.234.000
Fetcroja	Cefiderocol	Infektionskrankheiten	Der Zusatznutzen gilt als belegt				6.600
Spikevax Moderna	Covid-19-Impfstoffe	Infektionskrankheiten	Keine Bewertung				
Recarbrio	Imipenem, Cilastatin und Relebactam	Infektionskrankheiten	Freigestellt				

Tab. 18.2 (Fortsetung)

Präparat	Wirkstoff	Hauptindikationsgruppe	Höchstes Nutzenbewertungsergebnis*	Ursprünglicher Hersteller-Listenpreis (PPU) der verordnungsstärksten Packung in €	Verhandelter Herstellerabgabepreis/ Erstattungsbetrag (APU) der verordnungsstärksten Packung in €	Abschlag in %	Max. Größe der adressierten Population lt. GBA Beschluss
Veklury	Remdesivir	Infektionskrankheiten	Geringer Zusatznutzen*				1.385.999
Ponvory	Ponesimod	Immuntherapie	Geringer Zusatznutzen*	1.478			223.000
Bimzelx	Bimekizumab	Immuntherapie	Geringer Zusatznutzen	2.761			121.500
Enspryng	Satralizumab	Immuntherapie	Geringer Zusatznutzen	8.100	7.274	10	5.050
Idefirix	Imlifidase	Immuntherapie	Nicht quantifizierbarer Zusatznutzen				69
Leqvio	Inclisiran	Herz-Kreislauf-Erkrankungen	Zusatznutzen ist nicht belegt	2.316	2.180	6	410.900
Vazkepa	Icosapent-Ethyl	Herz-Kreislauf-Erkrankungen	Zusatznutzen ist nicht belegt	204			878.000
Verquvo	Vericiguat	Herz-Kreislauf-Erkrankungen	Geringer Zusatznutzen	97			530.000
Giapreza	Angiotensin II	Herz-Kreislauf-Erkrankungen	Zusatznutzen ist nicht belegt				37.625
Doptelet	Avatrombopag	Erkrankungen des Blutsystems	Zusatznutzen ist nicht belegt	2.964	1.913	35	34.960

Tab. 18.2 (Fortsetung)

Präparat	Wirkstoff	Hauptindikationsgruppe	Höchstes Nutzenbewertungsergebnis*	Ursprünglicher Hersteller-Listenpreis (PPU) der verordnungsstärksten Packung in €	Verhandelter Herstellerabgabepreis/Erstattungsbetrag (APU) der verordnungsstärksten Packung in €	Abschlag in %	Max. Größe der adressierten Population lt. GBA Beschluss
Evrenzo	Roxadustat	Erkrankungen des Blutsystems	Zusatznutzen ist nicht belegt	336			195.000
Orladeyo	Berotralstat	Erkrankungen des Blutsystems	Zusatznutzen ist nicht belegt	15.343	12.022	22	430
Mulpleo	Lusutrombopag	Erkrankungen des Blutsystems	Zusatznutzen ist nicht belegt				24.130
Evrysdi	Risdiplam	Erkrankungen des Muskel- und Skelettsystems	Nicht quantifizierbarer Zusatznutzen	8.881			2.140
Voxzogo	Vosoritid	Erkrankungen des Muskel- und Skelettsystems	Nicht quantifizierbarer Zusatznutzen	7.659			480
Oxlumo	Lumasiran	Stoffwechselkrankheiten	Nicht quantifizierbarer Zusatznutzen	67.904	47.703	30	880
Libmeldy	Atidarsagen autotemcel	Stoffwechselkrankheiten	Erheblicher Zusatznutzen*				3
Lunivia	Eszopiclon	Erkrankungen des Nervensystems	Festbetrag	9	6	30	

Tab. 18.2 (Fortsetung)

Präparat	Wirkstoff	Hauptindikationsgruppe	Höchstes Nutzenbewertungsergebnis*	Ursprünglicher Hersteller-Listenpreis (PPU) der verordnungsstärksten Packung in €	Verhandelter Herstellerabgabepreis/Erstattungsbetrag (APU) der verordnungsstärksten Packung in €	Abschlag in %	Max. Größe der adressierten Population lt. GBA Beschluss
Ontozry	Cenobamat	Erkrankungen des Nervensystems	Zusatznutzen ist nicht belegt	224			167.470
Klisyri	Tirbanibulin	Hauterkrankungen	Zusatznutzen ist nicht belegt	86	52	40	1.380.000
Adtralza	Tralokinumab	Hauterkrankungen	Zusatznutzen ist nicht belegt	3.492	3.387	3	52.000
Bylvay	Odevixibat	Magen-Darm-Erkrankungen	Geringer Zusatznutzen	3.703			110
Drovelis	Drospirenon und Estetrol	Regulation des Hormonsystems	Keine Bewertung	23			
Ryeqo	Relugolix, Estradiol und Norethisteron	Regulation des Hormonsystems	Beträchtlicher Zusatznutzen*	75			100.840
Lokelma	Natrium-Zirconium-cyclosilicat	Sonstige	Zusatznutzen ist nicht belegt	300	183	39	308.500

* Bei den markierten Arzneimitteln konnte nur für einen Teil der Populationen der angegebene Zusatznutzen festgestellt werden, bei den anderen Populationen ist dieser geringer

Arzneimittel-Kompass 2022

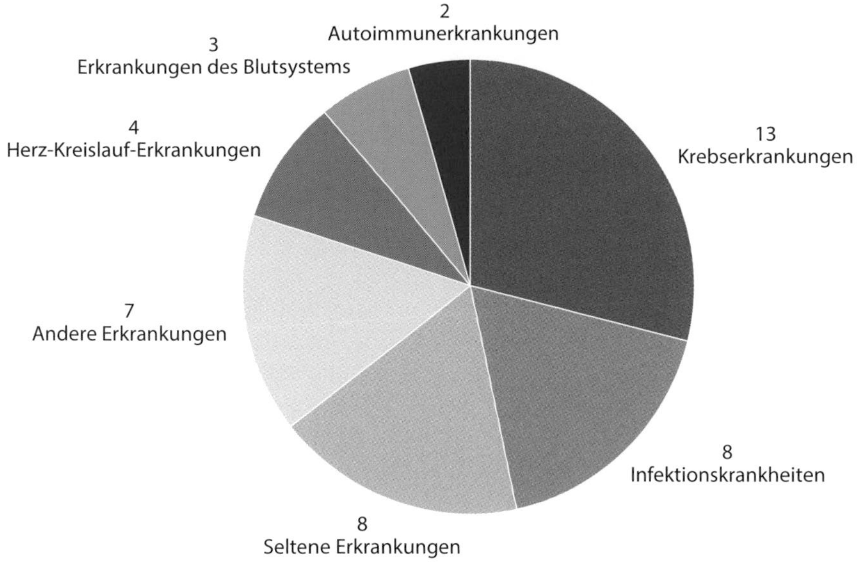

Abb. 18.11 Anzahl der 45 neuen Arzneimittel des Jahres 2021 nach Hauptindikationsbereichen

Tab. 18.2 sind entsprechend der frühen Nutzenbewertung die gesamten von der Zulassung adressierten Populationen der zugelassenen Erkrankungen aufgeführt (G-BA 2022). Diese Betrachtung bezieht sich allerdings auf den jeweiligen Zulassungszeitpunkt; häufig erweitern sich die Anwendungsgebiete und damit auch der Kreis der Patientinnen und Patienten, die mit diesen Mitteln behandelt werden.

Mit Inclisiran (Leqvio®) steht ein neuer Wirkansatz bei Lipidstoffwechselerkrankungen zur Verfügung. Anders als die PCSK-9-Hemmer Alirocumab und Evolucumab hemmt der Wirkstoff Inclisiran bereits die Neusynthese des Enzyms PCSK-9 und vermindert so die LDL-Konzentration im Blut. Die klinische Effektivität über die Beeinflussung des Lipidstoffwechsels hinaus ist noch nicht ausreichend belegt. Ein weiteres neues Arzneimittel in der Gruppe der Herz-Kreislauf-Medikamente ist Vazkepa® mit dem Wirkstoff Icosapent-Ethyl, einer modifizierten Omega-3-Fettsäure mit unbekanntem Wirkmechanismus. Es ist das erste verschreibungspflichtige Arzneimittel mit Omega-3-Fettsäure-Derivaten und einer zugelassenen Indikation zur Reduzierung des Risikos für kardiovaskuläre Ereignisse. Ein Zusatznutzen konnte nicht belegt werden. Ein Kritikpunkt an der Zulassungsstudie (Reduce-IT-Studie) war der Einsatz von Mineralöl als Placebo mit vermutlich negativem Effekt auf die kardiovaskulären Faktoren der Studienteilnehmer. Im Herbst 2021 in den Markt eingeführt, hat der Zulassungsinhaber Amarin das Präparat aufgrund fehlender Einigung über den Erstattungspreis zum 1. September 2022 wieder zurückgezogen (DAZ 2022). Der Packungspreis für eine Monatspackung betrug 269,20 €. Auch das Grippemittel Xofluza® wurde aufgrund fehlender Einigung über den Erstattungspreis vom Markt genommen. Der Gemeinsame Bundesausschuss (G-BA) hatte dem Influenza-Mittel einen Zusatznutzen nur in einer Teilpopulation zusprechen können.

Das verordnungsstärkste neue Arzneimittel im Jahr 2021 war Lunivia® mit dem Wirkstoff Eszopiclon, dem pharmakologisch aktiven Enantiomer des bereits lange bekannten Wirkstoffs Zopiclon. Es wurde im Februar 2021 in den Markt eingeführt. Das Präparat hat bereits einen Festbetrag der Festbetragsgruppe pharmakologisch-therapeutisch vergleichbarer Arzneimitteln bei Schlafstörungen. Das umsatzstärkste Arzneimittel Evrysdi® mit dem Wirkstoff Risdiplam ist seit Mai 2021 auf dem Markt und zugelassen für die seltene Erkrankung 5q-assoziierte spinale Muskelatrophie (SMA) mit einer maximal adressierten Patientenpopulation lt. G-BA-Beschluss von 2.140 Patientinnen und Patienten. Mit einem Packungspreis von über 10.000 € und 9.400 Verordnungen hat es Nettokosten von 96,9 Mio. € verursacht.

In ◘ Tab. 18.2 sind auch die Ergebnisse der Nutzenbewertung und die Differenzen zwischen dem ursprünglichen Listenpreis des Herstellers (Preis des pharmazeutischen Unternehmers (PPU)) und dem aktuell verhandelten Erstattungspreis (Abgabepreis des pharmazeutischen Unternehmers (APU)) gelistet. Auffällig ist, wie schon in den vergangenen Jahren, dass für eine Vielzahl von Präparaten als Ergebnis der Nutzenbewertung auf Basis der zum Markteintritt verfügbaren Studienberichte kein bzw. kein belegbarer Zusatznutzen gezeigt werden konnte. Überhaupt fällt auf, dass für lediglich fünf der 45 Arzneimittel ein mehr als nur geringer Zusatznutzen nachgewiesen werden konnte. Auch wenn in der Vergangenheit gezeigt werden konnte, dass sich die mittlere Preissenkung[7] zwischen Arzneimitteln mit Zusatznutzen und denen ohne Zusatznutzen signifikant unterscheidet (Schröder und Telschow 2017; Schröder et al. 2020; Witte und Greiner 2021), stellt ◘ Tab. 18.2 exemplarisch für 14 der 45 neuen Arzneimittel des Jahres 2021 dar, wie unterschiedlich diese Preisreduzierungen ausfallen können. Zum Zeitpunkt der Auswertung lagen nur für einen Teil der Arzneimittel Erstattungsbeträge vor, weitere Arzneimittel wurden nicht bewertet oder haben keine Preise gemeldet, da sie ambulant nicht verordnet werden.

Demnach erhalten die auswertbaren neuen Arzneimittel des Jahres 2021 einen Abschlag zwischen 3 und 70 %; während sich das Bild hinsichtlich des Zusatznutzens in der Tendenz nicht stark unterscheidet. Arzneimittel mit Zusatznutzen sind durch einen Abschlag zwischen 10 und 34 % gekennzeichnet, während der Abschlag für Arzneimittel, denen kein Zusatznutzen attestiert werden konnte, zwischen 3 und 70 % liegt. Dabei ist zu bedenken, dass die Markteinführungspreise vom pharmazeutischen Hersteller frei gewählt werden und sich die Rationalität bei der Festlegung der Preise zwischen den pharmazeutischen Herstellern oder den verschiedenen Produkten deutlich unterscheiden dürfte. Insgesamt erscheint aber die Zahl der hier ausgewerteten Arzneimittel für eindeutige Aussagen zu gering. Auch die Anzahl der adressierten Patientinnen und Patienten hat einen Einfluss auf die Wahl des Preises und Einigung darüber: Je kleiner die Population bzw. je spezieller oder spezifischer die Behandlung, desto höher ist meist der Preis. Die ◘ Tab. 18.2 zeigt für einige Arzneimittel nur sehr geringe Patientenpopulationen. Werden später mit erweiterten Zulassungen weitere Teilpopulationen adressiert, steigt die Wahrscheinlichkeit, dass die Gesamtkosten überproportional zunehmen, da das Verhältnis zwischen der Zahl der Patientinnen und Patienten und dem Preis sich oft nicht entsprechend anpasst.

▪▪ Welche finanziellen Auswirkungen ergibt die freie Preissetzung im ersten Jahr?

Stellt man die Umsätze der Arzneimittel, die in den Jahren 2011 bis 2021 einer frühen Nutzenbewertung unterzogen wurden und für die bis Ende 2021 ein Erstattungsbetrag verhandelt worden war, den Umsätzen gegenüber, die sich ergeben hätten, wenn der verhandelte Erstattungsbetrag bereits bei Markteinführung gegolten hätte, zeigen sich die Mehrbelastungen der GKV durch die herstellerseitige freie Preisbildung im ersten Jahr. Doch nicht nur zur Markteinführung werden Erstattungsbeträge verhandelt; sie schließen sich im Regelfall auch nach einer Neubewertung an, wenn

7 Differenz zwischen ursprünglichem Listenpreis und verhandeltem Erstattungsbetrag.

beispielsweise ein neues Anwendungsgebiet zugelassen wird und damit größere Patientenpopulationen neu erschlossen werden oder wenn sich die Bewertung des Zusatznutzens ändert, beispielsweise bei Vorliegen neuer Studienergebnisse. Auch diese verhandelten Erstattungsbeträge können zwölf Monate rückwirkend gelten. Addiert man die Mehrkosten, die aufgrund der freien Preisbildung im ersten Jahr und aufgrund des zeitlichen Verzugs nach Neubewertungen angefallen sind, so ergeben sich in Summe 2.446 Mio. €, die die GKV in den Jahren 2011 bis 2021 hätte einsparen können. Allein für die im Jahr 2021 verhandelten Erstattungsbeträge summieren sich diese Mehrkosten auf 255 Mio. €, jedoch waren zum Zeitpunkt der Berechnung noch nicht für alle neuen Arzneimittel bereits Verhandlungsergebnisse bekannt. Umsätze von Festbetrags-Arzneimitteln und von Arzneimitteln ohne Erstattungsbeträge (aufgrund von Marktrückzügen, fehlendem Preiskennzeichen oder noch fehlender Preiseinigung) sind in dieser Berechnung nicht enthalten, da für diese keine Preisdifferenzen berechnet werden können.

Die Hersteller profitieren also weiterhin deutlich von der freien Preisbildung – insbesondere solche, die für ihre Arzneimittel keinen überzeugenden Nutzen belegen konnten und infolgedessen höhere Preisabschläge nach dem ersten Jahr hinnehmen müssen. Mit dem Entwurf für ein GKV-Finanzstabilisierungsgesetz wird nun die Rückwirkung zum 7. Monat, also zum Vorliegen eines Nutzenbewertungsbeschlusses, vorgesehen. Die sich hieraus ergebenden Einsparungen sind aufgrund des kürzeren Rückerstattungszeitraums naturgemäß geringer, aber wegen stetig zunehmender Verordnungszahlen von Monat zu Monat nicht proportional. Der größere Anteil der Einsparungen ergibt sich in der zweiten Hälfte der Betrachtungszeiträume. Hätte diese Regelung bereits zu Beginn der AMNOG-Gesetzgebung gegolten, hätten sich noch um 1,50 Mrd. € geringere Ausgaben ergeben; allein für das Jahr 2021 wären dies 205 Mio. € gewesen.

18.2.2 Marktdynamik der Arzneimittel bei seltenen Erkrankungen: Orphan-Arzneimittel

Ein weiteres Segment des Arzneimittelmarktes, das sich durch besonders hohe Tagesdosiskosten auszeichnet, sind die Orphan-Arzneimittel, die zur Behandlung von seltenen Erkrankungen eingesetzt werden. Dies wird daran deutlich, dass sie mit einem Anteil von nur 0,07 % an allen verordneten Tagesdosen einen Nettokostenanteil von 13,5 % erreichen. Eine Tagesdosis Orphan-Arzneimittel kostet im Durchschnitt 213,53 € (◘ Tab. 18.1), mehr als das Zweihundertfache der Therapie mit Nicht-Orphan-Arzneimitteln. Zwar kommen diese in der Regel jeweils nur bei wenigen Patientinnen und Patienten zur Anwendung, aber inzwischen wurden im Jahr 2021 etwa 180 Orphan-Arzneimittel verordnet.

Immer mehr Orphan-Arzneimittel kommen für weitere seltene Erkrankungen auf den Markt. So wurden in den vergangenen zehn Jahren 137 neue Orphan-Arzneimittel in den deutschen Markt eingeführt, allein 16 im Jahr 2021. Diese waren zu den von den Herstellern gesetzten Preisen sofort erstattungsfähig, was im europäischen Vergleich ungewöhnlich liberal erscheint, zumal sie bei Entwicklung und Marktpositionierung von zahlreichen regulativen und finanziellen Vorteilen profitieren (Überblick bei Schröder et al. 2020). Insgesamt beträgt der Markt der Orphan Drugs inzwischen 6,78 Mrd. € – mit einem Zuwachs von 24,7 % gegenüber dem Vorjahr. In der Diskussion um zukünftige Marktregulierungen stehen Orphan Drugs daher weit oben (Marselis und Hordijk 2020).

Im Jahr 2021 gab es erneut einen hohen Anteil neuer Wirkstoffe mit Zulassung als Arzneimittel gegen seltene Leiden im deutschen Markt (◘ Abb. 18.12). Davon entfällt mit acht die Hälfte der Wirkstoffe auf onkologische Indikationen. Dass die Entwicklung von Or-

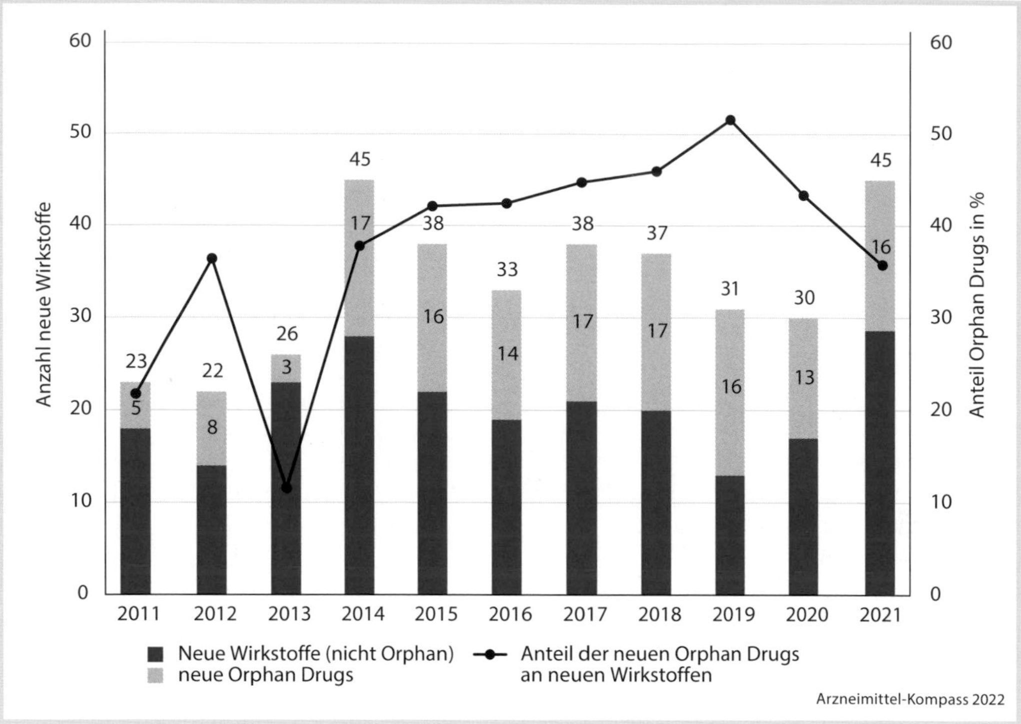

Abb. 18.12 Gesamtanzahl der neu eingeführten Wirkstoffe seit 2011 sowie Anzahl und Anteil der neuen Arzneimittel, die bei Zulassung eine Orphan-Designation besaßen. (Quelle: GKV-Arzneimittelindex, © WIdO 2022)

phan-Arzneimitteln zur punktuell molekularen Behandlung onkologischer Erkrankungen eher im Mittelpunkt des Forschungsinteresses der pharmazeutischen Unternehmen steht und nicht die Entwicklung von Arzneimitteln gegen seltene genetisch bedingte Erkrankungen, für die es häufig keine Therapieoptionen gibt, wird dabei kritisch betrachtet (Ludwig 2019).

Zudem nehmen auch die Nettokosten und – allerdings in deutlich geringerem Maße – die verordneten Tagesdosen der Arzneimittel zu, die jemals als Orphan Drugs zugelassen wurden. Während Orphan-Arzneimittel 2011 noch Nettokosten in Höhe von ca. 1 Mrd. € verursachten, was damals 4 % der Nettokosten des gesamten GKV-Marktes entsprach, haben sich diese Kosten in zehn Jahren mehr als versechsfacht und erreichten mit 6,8 Mrd. € 2021 einen Nettokostenanteil von 13,5 % (Abb. 18.13). Allein der Vergleich von 2021 zu 2020 zeigt: Mit einem Wachstum in Höhe von 24,7 % ist die Nettokostenentwicklung in diesem Marktsegment deutlich dynamischer als im Restmarkt (+6,7 %, Tab. 18.1). Mit über 3,5 Mrd. € entfallen rund 52 % der Nettokosten der Orphan-Arzneimittel in Deutschland auf Krebserkrankungen. Lediglich bei rund 11 % Nettokosten aller Orphan-Arzneimittel (0,7 Mrd. €) handelt es sich um Arzneimittel zur Enzymersatztherapie, die bei der Therapie einer typischen schweren chronischen seltenen Erkrankung, z. B. bei Morbus Pompe, zur Anwendung kommen. Die Nettokosten für eine Tagesdosis bei den Orphan-Arzneimitteln rangieren bei einem Preis von 6 bis 13.808 €, im Durchschnitt liegen sie bei 213,53 € je Tagesdosis, während sie im Gesamtmarkt bei 1,09 € liegen und im Patentmarkt im Mittel bei 8,74 € (Tab. 18.1).

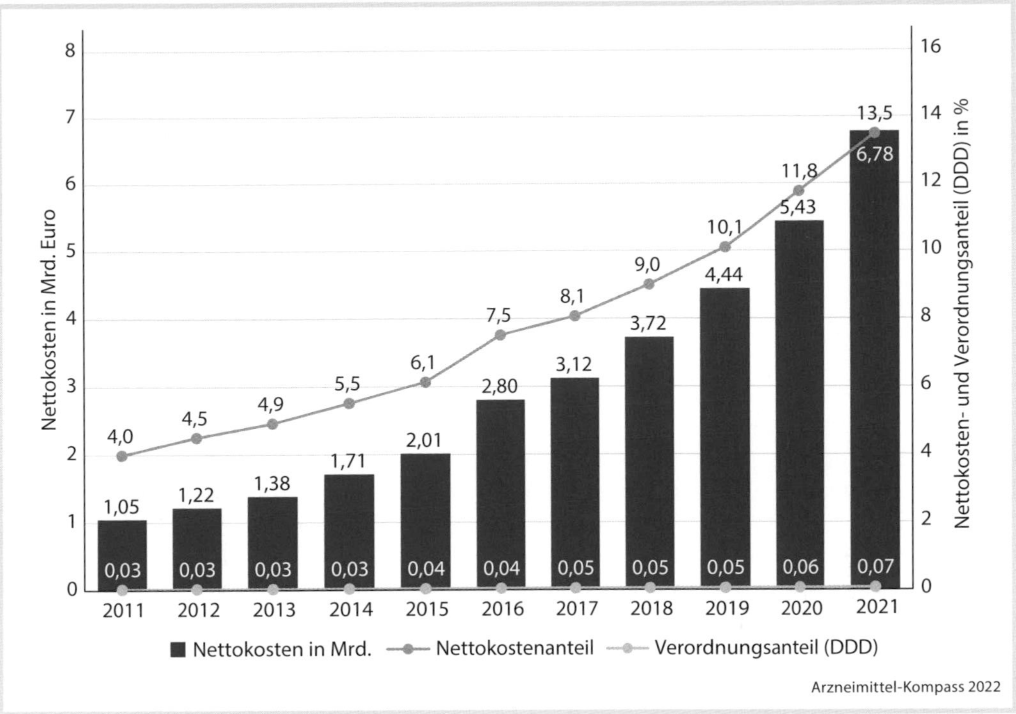

Abb. 18.13 Entwicklung von Nettokosten sowie Nettokosten- und Verordnungsanteile (DDD) der Orphan Drugs seit 2011. (Quelle: GKV-Arzneimittelindex, © WIdO 2022)

Bis 2026 wird für den weltweiten Markt der Anteil der Orphan Drugs an den Gesamtausgaben auf 20 % prognostiziert (EvaluatePharma 2022). Unter den 20 umsatzstärksten Arzneimitteln in Deutschland befinden sich heute bereits fünf Orphan Drugs. Allein im deutschen Markt hat das umsatzstärkste Arzneimittel Revlimid® Nettokosten von 808 Mio. € verursacht und weist damit jährliche Nettokostensteigerungen von 16 bis 39 % auf. Zwar hat Revlimid® Ende 2019 seinen Orphan Drug-Status verloren, jedoch bis dahin dem Hersteller alle mit diesem Status verbundenen Vorteile verschafft. Auch Darzalex® und Imbruvica®, die weltweit umsatzstärksten Orphan-Arzneimittel, die 2021 eine Orphan-Designation besaßen, sind in Deutschland unter den Top 10-Arzneimitteln und verursachen zusammen Nettokosten von knapp 1 Mrd. €.

Doch wie erklärt es sich, dass Arzneimittel gegen seltene Erkrankungen Blockbuster sind? So können Indikationsausweitungen auf weitere Patientengruppen beispielsweise bedingen, dass viele dieser Arzneimittel ihre Verordnungsmengen vervielfachen können, der eingangs gesetzte Ankerpreis jedoch meist nicht entsprechend gesenkt wird (vgl. Schröder et al. 2020). Ohnehin ist die Möglichkeit für Preissenkungen über Erstattungsbeträge begrenzt, da mit dem gesetzlich festgelegten Zusatznutzen für Orphan Drugs wenig Argumente für die Preisverhandlungen bleiben. Im Rahmen des AMNOG durchlaufen Orphan-Arzneimittel lediglich eine eingeschränkte Nutzenbewertung. Durch die europäische Zulassung gilt ihr medizinischer Zusatznutzen bereits als belegt. Erst bei Erreichen der Umsatzgrenze von 50 Mio. € innerhalb eines Jahres in Deutschland werden die Arzneimittel dann in der

Bewertung wie jedes andere Arzneimittel behandelt.

Seit 2019 werden in der Berechnung der Umsätze neben den ambulanten Ausgaben auch die Kosten berücksichtigt, die in der stationären Behandlung anfallen. Zudem enthält der aktuelle Entwurf für das GKV-Finanzierungsstabilisierungsgesetz eine Absenkung der Umsatzgrenze auf 20 Mio. €. Wenngleich diese Regelungen, die eine vollumfängliche Bewertung wahrscheinlicher werden lassen, zu begrüßen sind, wird die Sonderstellung insgesamt kritisch bewertet (Richard et al. 2021). Zum einen ist die Befreiung von der vollständigen Nutzenbewertung bis zu einer festgelegten Umsatzschwelle nur bedingt nachvollziehbar, da die Nutzenbewertung den therapeutischen Stellenwert und den Zusatznutzen gegenüber vorhandenen Therapieoptionen beurteilen soll. Dies sollte nicht vom Umsatz abhängig gemacht werden. Zum anderen hat sich gezeigt, dass eine vollständige Bewertung realisierbar ist und ein negatives Bewertungsergebnis nicht grundsätzlich zu befürchten ist (Kohzer und Diessel 2019).

18.2.3 Zweitanbieter: Der generikafähige und der biosimilarfähige Markt

Der Zweitanbietermarkt entsteht nach Ablauf von Patenten und Schutzfristen, wenn weitere Anbieter mit wirkstoffgleichen Präparaten den Markt betreten können und so in einen Preiswettbewerb treten. Der Zweitanbietermarkt lässt sich hinsichtlich der Herstellungsart bzw. der Produkteigenschaften in den generikafähigen Markt (für chemisch-synthetisch hergestellte Wirkstoffe) und den biosimilarfähigen Markt (für bio- oder gentechnologisch hergestellte Wirkstoffe (Biologika)) unterteilen. Mit 16,8 Mrd. € Nettokosten und 593,8 Mio. Verordnungen (40,2 Mrd. Tagesdosen) stellen die generikafähigen Wirkstoffe – einschließlich ihrer jeweiligen ehemaligen Originale den größten Teil des Zweitanbietermarktes. Rund 80 % der Nettokosten des Zweitanbietermarktes entfallen auf den generikafähigen Markt, die damit 98 % der Verordnungen nach Tagesdosen repräsentieren; der Rest entfällt auf den biosimilarfähigen Markt.

Der Wettbewerbsmarkt der Biologika hat sich durch das Ablaufen von Patenten in den letzten Jahren deutlich ausgeweitet (◘ Abb. 18.14). So stiegen in diesem Marktsegment im Jahr 2021 sowohl die Nettokosten (auf 4.167 Mio. €) als auch die Verordnungen nach Tagesdosen – trotz konstanter Anzahl der biosimilarfähigen Wirkstoffe im Vergleich zu 2020. In den letzten Jahren ist zu beobachten, dass die meist günstigeren Zweitanbieter-Biologika teilweise immer schneller den Markt durchdringen. So variierten die Biosimilaranteile im Jahr 2021 zwischen 0,6 % bei Insulin aspart und 90,2 % bei Rituximab. Die Gründe hierfür sind vielfältig und offenbar auch wirkstoffabhängig.

Die Gegenüberstellung der Zweitanbieteranteile im biosimilarfähigen und generikafähigen Markt in ◘ Abb. 18.15 zeigt, dass der generikafähige Markt mit deutlich stärker ausgeprägtem Wettbewerb insgesamt auch höhere Zweitanbieteranteile bei den Verordnungen aufweist als dies im biosimilarfähigen Markt festzustellen ist, auf dem der Wettbewerb meist noch überschaubar ist. Bei 61,5 % der generikafähigen Wirkstoffe lagen die Zweitanbieteranteile bei über 90 %. Insgesamt werden hierbei 526 generikafähige Wirkstoffe bzw. Wirkstoffkombinationen und 16 biosimilarfähige Wirkstoffe berücksichtigt, die im Jahr 2021 verordnet wurden.

Gerade für Wirkstoffe mit vormals hohen Umsätzen bietet sich im Wettbewerb viel Potenzial für Kostensenkungen. Frühere Analysen des WIdO haben gezeigt, dass auch bei biosimilarfähigen Wirkstoffen der Preisverfall nach Patentauslauf erwartungsgemäß umso größer ist, je mehr Anbieter im Markt vertreten sind (Schröder et al. 2019; Schröder et al. 2020).

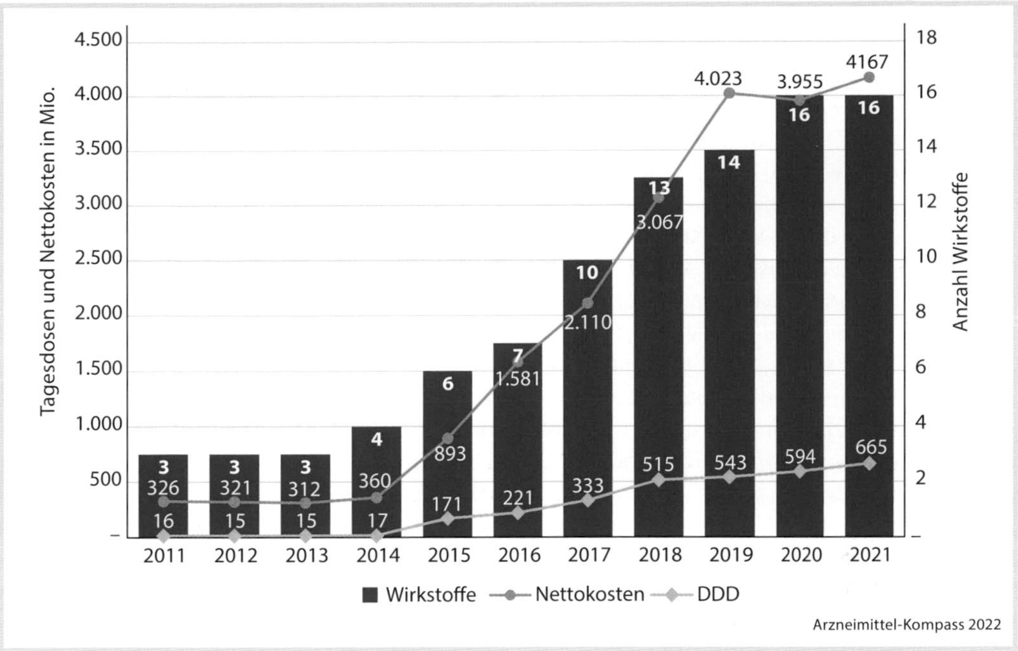

Abb. 18.14 Nettokosten und Verordnungen in Tagesdosen (DDD) sowie Anzahl der biosimilarfähigen Wirkstoffe seit 2011. (Quelle: GKV-Arzneimittelindex, © WIdO 2022)

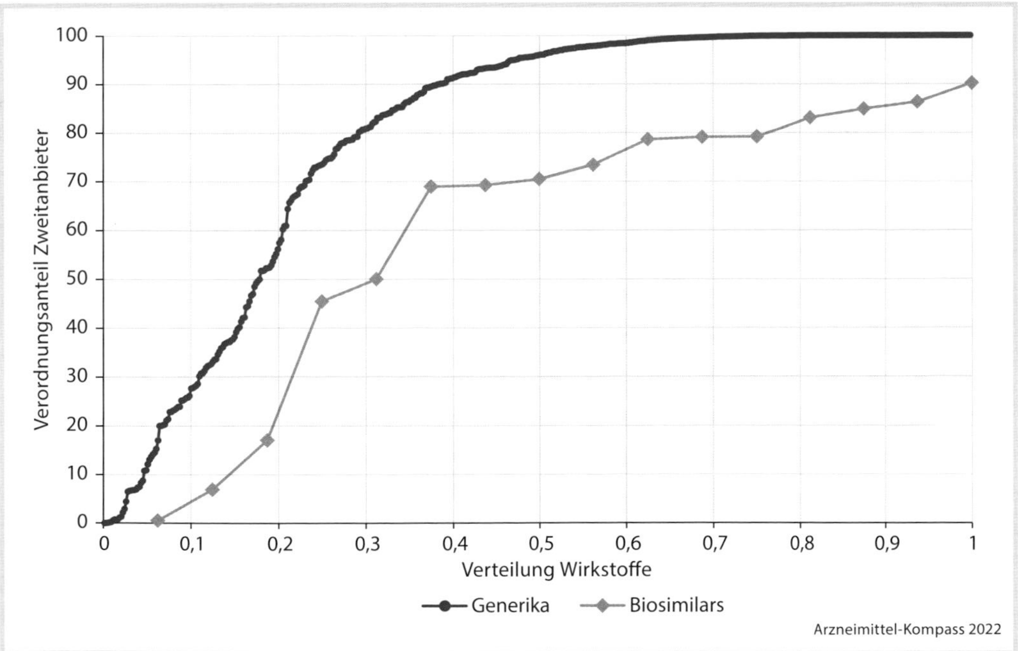

Abb. 18.15 Zweitanbieteranteile im generikafähigen und im biosimilarfähigen Markt 2021. (Quelle: GKV-Arzneimittelindex, © WIdO 2022)

▪▪ Welche Wirkung können Rabattverträge im Zweitanbietermarkt entfalten?

Neben den für alle Krankenkassen gleich wirkenden Steuerungs- und Kostendämpfungs-Instrumenten wie Festbeträgen oder den verschiedenen gesetzlichen Abschlägen (vgl. WIdO 2022) haben die Krankenkassen mit § 130a Abs. 8 SGB V seit 2003 die Möglichkeit, mit pharmazeutischen Herstellern individuelle Arzneimittelrabattverträge abzuschließen. Dabei schreiben die Krankenkassen auf der Ebene von einzelnen Wirkstoffen – gegebenenfalls eingeschränkt auf z. B. einzelne Darreichungsformen – öffentlich aus, welcher pharmazeutische Anbieter die Versorgung ihrer Versicherten mit diesem Wirkstoff für einen definierten Zeitraum übernehmen wird. Mit dieser Anbieterfestlegung ist im Gegenzug ein finanzieller Rabatt für die Krankenkasse verbunden. Die Verträge wirken daher ausgabensenkend. Da die Wirkstoffauswahl selbstverständlich auch weiterhin der behandelnden Ärztin oder dem behandelnden Arzt obliegt, ist mit den Rabattverträgen keine Steuerung der Verordnungen auf bestimmte Wirkstoffe verbunden. Lediglich der Anbieter des verordneten Wirkstoffs wird über den Rabattvertrag bestimmt. In begründeten Ausnahmefällen kann jedoch von den Vorgaben der Rabattverträge abgewichen werden, bspw. wenn die individuelle ärztliche Therapieentscheidung begründet zugunsten eines bestimmten Anbieters ausfällt oder in der Apotheke das abzugebende Arzneimittel nicht verfügbar ist oder zugunsten einer unverzüglichen Versorgung der Patientinnen und Patienten entschieden wird. Aufgrund der Vertraulichkeit der Verträge und der von Kasse zu Kasse unterschiedlichen Bedingungen können keine allgemeingültigen produktspezifischen Rabatte ermittelt werden. Diese können daher auch nicht von den Nettokosten abgezogen werden.

Im Jahr 2021 waren unter den insgesamt 2.472 ambulant verordneten Wirkstoffen und Wirkstoffkombinationen 737 bei mindestens einer Krankenkasse rabattiert, 87 mehr als im vorangegangenen Jahr. Im Wesentlichen beschränkt sich dies auf generikafähige Wirkstoffe, da vor allem hier der Anbieterwettbewerb genutzt werden kann. Während es für Generika die Möglichkeit der Selektivverträge gibt, steht für Biosimilars bisher nur das Instrument der Open-House-Verträge zur Verfügung.

Eine Darstellung der finanziellen Auswirkungen bietet das seit Mitte 2008 bestehende eigene Haushaltskonto der Krankenkassen in der amtlichen Statistik (KJ 1, seit 2010 ebenfalls in der vorläufigen Statistik KV 45), in dem die Einnahmen aus Rabattverträgen ausgewiesen werden. Für das Jahr 2008 wurde hier im zweiten Halbjahr 2008 erstmals ein Rabattbetrag von 310 Mio. € gebucht. Für das Gesamtjahr 2021 beträgt nach der Finanzstatistik die GKV-Rabattsumme 5,11 Mrd. € und entspricht damit nun 10,0 % der Arzneimittelausgaben (▫ Abb. 18.16). Somit stiegen die Erlöse aus Arzneimittelrabattverträgen im Jahr 2021 wieder leicht um 117 Mio. € an. Die Ursachen für den Rückgang des Anteils der Rabatterlöse an den Arzneimittelausgaben insgesamt können ggf. an einer nur geringen Mengenausweitung und stärker steigenden Nettokosten liegen. Dabei ist jedoch zu berücksichtigen, dass die Umsätze und Verordnungen im Nicht-Patentmarkt, in dem Rabattverträge hauptsächlich wirken, deutlich weniger angestiegen sind (vgl. ▫ Tab. 18.1).

Die Rabatterlöse je versicherte Person der GKV sind gemäß KJ 1 im Jahr 2021 wieder leicht angestiegen. Seit 2011 haben sich diese von 24,71 € auf 69,76 € je Versicherten nahezu verdreifacht.

▪▪ Welche Finanzwirkung könnte von Selektivverträgen mit automatischer Substitution in der Apotheke für Biosimilars ausgehen?

Wie aus ▫ Tab. 18.1 ersichtlich wird, machten Biologika nach Nettokosten rund ein Drittel des gesamten Arzneimittelmarktes aus und unterliegen mit einem Nettokostenwachstum von 12,0 % einer ausgeprägten Dynamik. Angesichts dieser Entwicklung wird bereits seit langem die Öffnung dieses Segments für exklusive Rabattverträge diskutiert. Derzeit sind

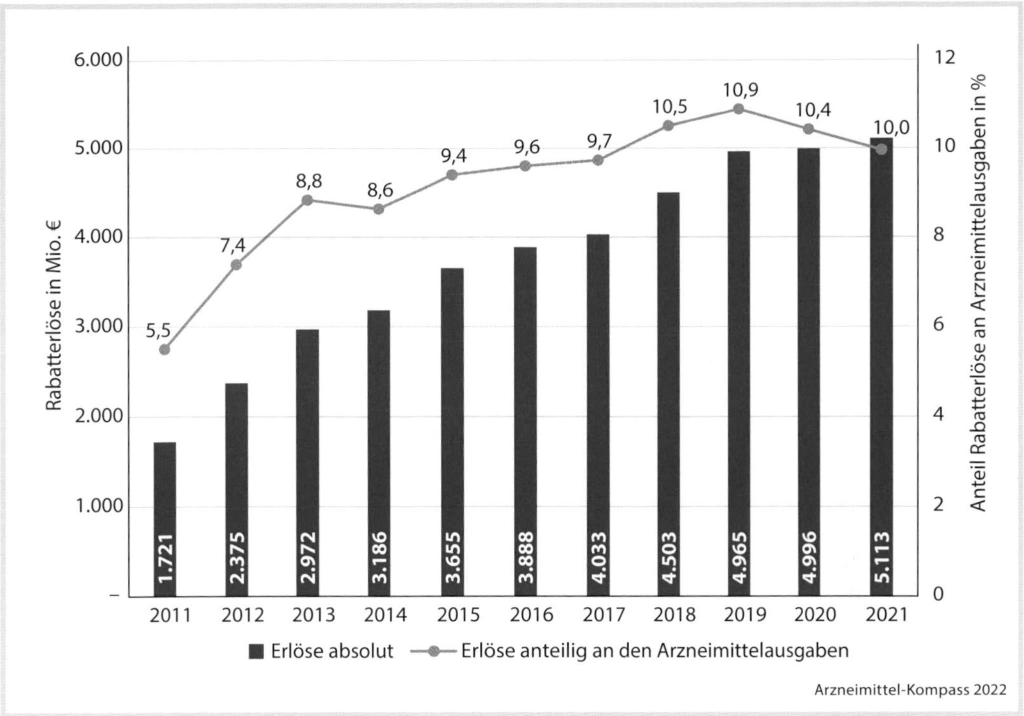

Abb. 18.16 Erlöse aus Rabattverträgen seit 2011 und Anteile an den Arzneimittelausgaben der GKV nach amtlicher Statistik KJ 1. (Quelle: WIdO nach amtlichen Statistiken des Bundesministeriums für Gesundheit (KJ 1) für die jeweiligen Jahre, © WIdO 2022)

für Biologika jedoch nur sogenannte Open-House-Verträge möglich. Hier schließt ein Hersteller einen Rabattvertrag für ein Arzneimittel mit einer Krankenkasse ab, die Apotheke muss dieses aber nicht vorrangig abgeben.[8] Im Dezember 2021 gab es für alle biosimilarfähigen Wirkstoffe auch Rabattverträge der Krankenkassen, diese umfassen meist auch alle Anbieter (Deutsches Arztportal 2021). Die Einsparungen durch Rabatte, die aktuell durch das Open-House-Modell realisiert werden, liegen gemäß Bauer et al. (2020) in der Regel in einer Größenordnung von 10 bis 20 %, während in etablierten Märkten ein Preissicherungsrabatt zur Anwendung kommt. Damit liegen die durch Open-House-Verträge erzielbaren Einsparungen weit unterhalb dessen, was durch Exklusivverträge im generikafähigen Segment möglich ist. Den Exklusivverträgen im Biologikamarkt entgegen steht bisher noch das aktuell diskutierte Austauschverbot in der Apotheke. Mit dem Gesetz für mehr Sicherheit in der Arzneimittelversorgung (GSAV) aus dem August 2019 hat der Gemeinsame Bundesausschuss (G-BA) die Aufgabe übertragen bekommen, die Austauschmöglichkeit von Biologika durch Biosimilars in der Apotheke zu prüfen. Der Entwurf des GKV-Finanzstabilisierungsgesetzes sieht vor, dass die Frist hierfür bis August 2023 verlängert werden soll. Liegen diese Bewertungen wirkstoffbezogen vor, können Biosimilars unter bestimmten Bedingungen sowohl zur Neueinstellung als auch im Austausch gegen das

8 Es sei denn, es handelt sich um ein sogenanntes *Bioidentical* aus demselben Herstellungsprozess. Hierzu werden in Anlage 1 zum Rahmenvertrag nach § 129 Abs. 2 SGB V bioidentische Arzneimittel als austauschbar für biosimilarfähige Wirkstoffe gelistet.

Originalbiologikum in der Apotheke ersetzt werden – bei gleichbleibend hoher Qualität der Therapie für die Patientinnen und Patienten.

Dass die Behandlungsqualität bei einem Austausch (*Switching*) gleich hoch ist, wurde bereits ausführlich in einer Vielzahl von Studien für fast alle Biologika-Wirkstoffe belegt (AkdÄ 2021). Das Paul-Ehrlich-Institut (PEI) als deutsche Zulassungsbehörde für Biosimilars hat aktuell bestätigt: „Zusätzliche systematische Switch-Studien sind daher nicht erforderlich" (Wolff-Holz 2021). Die Arzneimittelkommission der deutschen Ärzteschaft (AkdÄ) empfiehlt in ihrem Leitfaden Biosimilars sowohl bei der Erstverordnung von Biologika als auch bei der Folgeverordnung zur Fortsetzung der Therapie (AkdÄ 2021).

Doch welche Einsparungen wären durch Exklusivverträge für Biologika möglich? Ausgehend von der Verordnungssituation im biosimilarfähigen Markt der GKV des Jahres 2021 werden im Folgenden in zwei Szenarien mögliche Einsparungen abgeschätzt, die sich aus unterschiedlichen Annahmen ergeben. In einem konservativen Szenario wird ein Preisabschlag von 30 % auf die aktuellen Preise des Referenzarzneimittels sowie eine Umstellungsquote auf die Vertragsprodukte von 60 % angenommen. Die Übersicht in Vogler et al. (2021) zeigt, dass in der Mehrheit der untersuchten europäischen Länder ein Preislink von 20 bis 30 % Abschlag auf den Referenzpreis vorgesehen ist. Insofern wird in diesem konservativen Preisszenario ein Abschlag von 30 % angenommen.

In einem ambitionierteren Szenario wird von einer Preisreduktion von 70 % und einer Umstellungsquote von 80 % ausgegangen. Das ambitionierte Szenario, in dem ein sehr starker Preisdruck – wie vor allen Dingen von der Industrie befürchtet – simuliert wird, orientiert sich an den Entwicklungskosten von Biosimilars, die gemäß Bauer et al. (2021) bei 20 % der Entwicklungskosten des Referenzarzneimittels liegen. Dies sollte den maximalen Preisdruck und die untere Grenze der möglichen Preise darstellen. Die Umstellungsquote von 80 % ist vergleichbar mit dem Anteil für die Substitution unter Rabattverträgen im Generikasegment. Eine vollständige Umstellung ist bei in der Apotheke erfolgender Substitution weder realistisch noch sinnvoll, da die Ärztinnen und Ärzte bei der Arzneimitteltherapie die Besonderheit ihrer Patientinnen und Patienten im Blick haben und konkreten Produkten den Vorzug vor Rabattarzneimitteln geben können.

◘ Tab. 18.3 zeigt die Umsetzung dieser beiden Szenarien, basierend auf den monatlichen DDD-Nettokosten der Präparate.[9] Wie erwartet ist das Einsparpotenzial im ambitionierten Szenario mit 1,683 Mrd. € am größten, was einem Anteil von mehr als 50 % des adressierten Marktsegments entspricht. Das Einsparpotenzial im konservativen Szenario ist mit 273 Mio. € und 8,2 % des adressierten Marktsegments dagegen relativ gering; bei Pegfilgrastim und Trastuzumab liegen die tatsächlichen Nettokosten sogar unter denen des fiktiven Szenarios, sodass hier keine weiteren Einsparungen zu erwarten wären.

Da die tatsächlichen Einsparungen aus Open-House-Rabattverträgen im biosimilarfähigen Markt nicht bekannt sind, erfolgt in der letzten Spalte (◘ Tab. 18.3) eine Annäherung an bereits realisierte Einsparungen nach den Informationen von Bauer et al. (2020). So wird angenommen, dass der Preis im Rahmen eines für alle Präparate gültigen Open-House-Vertrags dem günstigsten Preis in dem betrachteten Monat entspricht. Unter den Annahmen dieses vereinfachten Preissicherungsrabatt-Szenarios liegen die Einsparungen bei 286 Mio. €, was einem Anteil von 8,6 % an den gesamten Nettokosten der hier betrachteten Arzneimittel entspricht. Wie auch bei den beiden Einsparpotenzialberechnungen erfolgt die Berechnung auf der Basis von monatlichen DDD-Nettokosten je Präparat.

Berücksichtigt man diese abgeschätzten Einsparungen durch Open-House-Verträge, so

9 In der Anlage VIIa zur Arzneimittel-Richtlinie hat der G-BA die als bezugnehmend zugelassenen Präparate aufgeführt (G-BA 2022). Nur diese sind in der Auswertung berücksichtigt.

Tab. 18.3 Im deutschen Markt verfügbare biosimilarfähige Wirkstoffe* mit Nettokosten und Verordnungen in Tagesdosen sowie Einsparpotenziale in zwei Szenarien und eine Abschätzung für bereits realisierte Einsparungen aus Open-House-Verträgen

Wirkstoff	Nettokosten 2021 in Mio. €	Tagesdosen 2021 in Mio. DDD	Einsparpotenzial im konservativen Szenario (30 % Abschlag, 60 % Umsetzung) in Mio. €	Einsparpotenzial im ambitionierten Szenario (70 % Abschlag, 80 % Umsetzung) in Mio. €	Abschätzung für Einsparungen durch Open-House-Verträge in Mio. €
Adalimumab	867,61	24,76	67,49	438,28	43,85
Bevacizumab	388,57	2,57	6,55	183,58	17,47
Enoxaparin	188,43	83,51	6,82	90,98	41,50
Erythropoietin	143,42	17,99	23,39	79,01	5,61
Etanercept	380,71	11,01	45,44	200,81	29,90
Filgrastim	49,87	0,38	5,70	26,17	13,66
Follitropin alfa	27,80	0,74	3,11	14,55	4,24
Infliximab	436,17	19,86	75,71	242,75	23,76
Pegfilgrastim	119,89	2,09	–	52,98	33,14
Rituximab	231,09	2,26	11,57	113,30	6,84
Somatropin	190,61	5,37	25,81	102,18	40,34
Teriparatid	21,39	1,20	1,72	10,84	4,64
Trastuzumab	299,04	3,51	–	127,36	21,40
Summe	**3.344,62**	**175,26**	**273,29**	**1.682,79**	**286,36**

* Insuline sind in der Auswertung nicht berücksichtigt, da diese gemäß Anlage III der Arzneimittel-Richtlinie nicht verordnungsfähig sind, wenn diese mit Mehrkosten im Vergleich zu Humaninsulin verbunden sind.
Arzneimittel-Kompass 2022

würde man bei einem konservativen Szenario kaum weitere Einsparungen erreichen können. Das ambitionierte Szenario, das tatsächlich an einer unteren Preisgrenze orientiert ist und Marktverschiebungen durch Rabattverträge im generikafähigen Markt annimmt, könnte immer noch zu Einsparungen von 1.396 Mio. € (42 % des adressierten Marktes) führen.

Die obigen Berechnungen sind als Annäherungen zu verstehen, da folgende Limitationen zu berücksichtigen sind. Zunächst basieren die Berechnungen vereinfacht auf Ebene der DDD-Nettokosten je Präparat. Eine Berechnung auf Basis der tatsächlichen Preise je PZN mit auf Herstellerabgabepreisen basierenden Abschlägen wäre genauer gegenüber der hier gewählten Methode, allerdings sind Ergebnisse in ähnlichen Größenordnungen zu erwarten. Eine vereinfachte Berechnung auf Ebene der Präparate kann zudem nur die Wirkstoffgleichheit berücksichtigen, nicht jedoch die Wirkstärke, die Packungsgröße und die Darreichungsform einer Packung. Zudem bleiben in der Berechnung die Situationen unberücksichtigt, in denen der Markt bereits „bessere" Ergebnisse in Form von höheren Abschlägen und höheren Umstellungsquoten hervorgebracht hat. Diese sind aber eher im konservativen Szenario zu erwarten, sodass die Einsparungen hier vermutlich unterschätzt werden. Zudem sind der Umfang der Substitution und damit die Einsparmöglichkeiten direkt abhängig von der Ausgestaltung der Austauschbarkeit wie durch eine reduzierte Auswahl der Wirkstoffe oder durch eine Begrenzung der Austauschbarkeit beispielsweise nur auf individuelle Zubereitungen. Diese machen im biosimilarfähigen Markt derzeit durchschnittlich rund 25 % der Verordnungen aus, was die Einsparmöglichkeiten erheblich reduzieren würde, wobei dies wirkstoffabhängig zu betrachten ist.

Die Finanzwirkung der Festbeträge, die ein wichtiges Steuerungsinstrument im generika- aber mittlerweile auch im biosimilarfähigen Markt darstellen, schlägt sich bereits in den tatsächlichen DDD-Nettokosten der Präparate nieder und wird darüber hinaus in der Berechnung der Szenarien nicht weiter berücksichtigt. Zum Teil sind die Preisentwicklungen aber recht deutlich, wie das Beispiel der Umsetzung des wirkstoffübergreifendenden Festbetrags (Festbetragsgruppe 2) für die Gruppe der TNF-alpha-Hemmstoffe (Adalimumab, Etanercept, Certolizumab pegol, Golimumab), der seit April 2021 gilt, zeigt: Für den Blockbuster Humira® resultierte die Festbetragsanpassung in einer Halbierung der DDD-Nettokosten gegenüber 2018, als Humira® noch patentgeschützt und konkurrenzlos war. Gemäß Berechnungen von Vogler et al. (2021) liegt das Einsparpotenzial von Festbeträgen im biosimilarfähigen Markt bei rund 18 %, basierend auf den Verordnungsdaten des Jahres 2018.

▪ ▪ Wie wirken sich Rabattverträge auf die Anbietervielfalt im generikafähigen Markt aus?

Der Wettbewerb der Generikahersteller im Markt der GKV hat sich von Jahr zu Jahr durch neue generikafähige Wirkstoffe und neue Anbieter verstärkt. Ob diese Entwicklung, die durch sinkende Preise im Generikamarkt gekennzeichnet ist, auch mit einer Veränderung in der Anbieterstruktur einhergeht, wird im Folgenden thematisiert. Ein stärkerer Preisdruck kann zu einer stärkeren Konzentration der Absätze auf wenige Unternehmen führen, aus der sich möglicherweise eine stärkere Marktmacht oder auch eine Marktbereinigung ergibt. Mit einer größeren Zahl an im Wettbewerb stehenden Herstellern sinkt üblicherweise der Preis. Je größer das Marktvolumen ist, desto besser können die Hersteller ihre Fixkosten aufgrund der höheren Mengen verteilen.

Die Betrachtung der Umsatzkonzentration kann auf mehreren Ebenen erfolgen, beispielsweise für alle Arzneimittel, generikafähige Arzneimittel oder Arzneimittel einzelner Wirkstoffe. Im generikafähigen Markt kann davon ausgegangen werden, dass Generikaanbieter die Möglichkeit haben, sich mit entsprechenden Investitionen als Anbieter eines jeglichen Arzneimittels im patentfreien Markt zu betätigen. Die pharmazeutischen Unternehmer sind grundsätzlich in der Wahl der angebotenen Wirkstoffe frei und können ihr Wirkstoffportfolio flexibel und kurzfristig ändern. Die notwendigen Investitionen sind dabei – vor allem im Vergleich zur Entwicklung innovativer Arzneimittel – relativ gering: Die Entwicklung eines Generikums erfordert mit 5 Mio. € bei zwei Jahren Entwicklungszeit nur geringe finanzielle und zeitliche Aufwände (Bretthauer 2014), Anbieter können daher vergleichsweise flexibel ihr Marktsortiment verändern. Daher handelt es sich hier um einen hoch dynamischen Markt, was dafür spricht, die Marktkonzentration wirkstoffübergreifend zu messen. Im Folgenden wird daher die Umsatzkonzentration für den gesamten generikafähigen Markt und zum Vergleich für den Gesamtmarkt betrachtet.

Zur Beurteilung der Stärke der Anbieterkonzentration in Märkten wird der Herfindahl-Hirschman-Index (HHI) verwendet, der unter anderem vom Statistischen Bundesamt und der Europäischen Kommission zur Beobachtung der Marktkonzentration herangezogen wird. Gemäß der Europäischen Kommission kennzeichnet ein Wert unterhalb von 1.000 eine niedrige, ein Wert bis 1.800 eine mittlere und ein Wert oberhalb von 1.800 eine starke Markt-

Tab. 18.4 Ausgewählte Kennwerte der Bruttoumsatzverteilung nach pharmazeutischen Anbietern in den Jahren 2006 und 2021. (© WIdO 2022)

	2006	2021
Gesamtmarkt		
Bruttoumsatzanteil der 10 umsatzstärksten Hersteller	44 %	35 %
Bruttoumsatzanteil der 20 umsatzstärksten Hersteller	63 %	55 %
Herfindahl-Hirschman-Index*	276	216
Generikamarkt		
Bruttoumsatzanteil der 10 umsatzstärksten Hersteller	53 %	44 %
Bruttoumsatzanteil der 20 umsatzstärksten Hersteller	69 %	60 %
Herfindahl-Hirschman-Index	478	272

* Der Herfindahl-Hirschman-Index ist die Summe der quadrierten Anteilswerte und kann Werte von 1 bis 10.000 annehmen, wobei der minimale Wert bei Gleichverteilung des Absatzes über alle Anbieter (= minimale Konzentration), der maximale Wert hingegen bei maximaler Konzentration (also wenn der gesamte Absatz auf einen einzigen Anbieter entfällt) erreicht wird. Der ausgewiesene Rückgang beim Herfindahl-Hirschman-Index zwischen 2006 und 2021 zeigt, dass die Marktkonzentration abgenommen hat.
Arzneimittel-Kompass 2022

konzentration. Hier wird die Umsatzkonzentration im Jahr 2006, also vor Einführung der Rabattverträge, der Umsatzkonzentration im Markt im Jahr 2021 gegenübergestellt.

Im Ergebnis ist die Marktkonzentration im Generikamarkt, die bereits 2006 mit einem HHI von 478 insgesamt niedrig war, 2021 noch weiter auf 272 gesunken. Im Generikamarkt ist die Anbieterkonzentration ein wenig höher als im Gesamtmarkt (HHI: 216). Dies spiegelt wider, dass unterschiedliche patentgeschützte Arzneimittel von vielen verschiedenen und nicht nur von einigen wenigen Anbietern entwickelt werden. Doch nicht nur an den eher abstrakten Werten des HHI lässt sich ein Rückgang der Anbieterkonzentration ablesen. Auch der Umsatzanteil, der sich auf die zehn oder 20 umsatzstärksten Anbieter konzentriert, ist seit 2006 kontinuierlich zurückgegangen. Im Generikamarkt vereinen beispielsweise die zehn stärksten Anbieter 44 % der Umsätze auf sich, während es 2006 noch 53 % waren (Tab. 18.4).

Durch die heute üblichen transparenten, europaweiten Ausschreibungen haben auch kleinere und unbekanntere Hersteller eine bessere Möglichkeit daran teilzunehmen. Da das Markenimage eines Anbieters für die Auswahl des Präparats keine Rolle mehr spielt, ermöglichen die Rabattvertragsausschreibungen diesen Herstellern größere Chancen, in den deutschen Markt einzutreten.

Ausführliche Analysen rund um die Rabattverträge, die das WIdO in den vergangenen Jahren durchgeführt hat, machen noch weitere positive Auswirkungen der Rabattverträge auf diesen Markt transparent. Durch Exklusivverträge lassen sich gegenüber Verträgen mit mehreren Anbietern höhere Einsparungen für die Krankenkassen erreichen. Exklusivverträge fördern zudem die Anbietervielfalt und bringen auch Vorteile für die Patientinnen und Patienten in Form einer stabileren Versorgung. Darüber hinaus kann auch eine höhere Liefersicherheit erreicht werden (Schröder et al. 2020).

18.3 Der Arzneimittelmarkt in der Covid-19-Pandemie

Auch auf den Arzneimittelmarkt der GKV hatte die Covid-19-Pandemie – gerade während der Lockdown-Perioden – nicht unbeträchtlichen Einfluss. So konnte gezeigt werden, dass es zu Beginn des ersten Lockdowns im März 2020 anscheinend einen Vorzieheffekt gegeben hat: Auf einen durchaus bemerkenswerten Anstieg des monatlichen Arzneimittelverbrauchs, insbesondere im Monat März 2020, folgten die Monate April und Mai, die durch unterdurchschnittliche Monatswerte gekennzeichnet waren. Auch in den Monaten November und Dezember 2020 wurden etwas weniger Arzneimittelrezepte in den Apotheken eingelöst als üblicherweise, allerdings war der Unterschied gegenüber den Vorjahren nicht so stark, weil vermutlich Erfahrungen mit dem ersten Lockdown vorlagen und die Patientinnen und Patienten sich ihrer Versorgung sicher sein konnten (Telschow et al. 2021). Die weitere Entwicklung im Jahr 2021 unterlag bis Mai erneut den Lockdown-Bedingungen, die zwar insgesamt weniger einschneidend waren als im Vorjahr, aber dennoch beispielsweise mit Maskenpflicht, dem Verbot größerer Veranstaltungen, weitgehender Arbeit im Homeoffice oder Personenobergrenzen und Test- oder Impfnachweisen darauf abzielten, Kontakte zu verringern.

Zudem gab es eine Zunahme bei der Abgabe von größeren Packungen mit einer höheren Anzahl an enthaltenen Tagesdosen, vor allem in den Monaten der Kontaktbeschränkungen März und April 2020 sowie November und Dezember 2020 (◘ Abb. 18.17).

Auch in den ersten Monaten des Jahres 2021 enthielten die verordneten Packungen durchschnittlich eine größere Menge an DDD, in der zweiten Hälfte des Jahres flacht die Linie (◘ Abb. 18.18) aber wieder ab und unterschreitet dabei die Werte des Jahres 2020. Im Schnitt enthielt eine Verordnung in den Vorjahren (2017 bis 2019) rund 63 DDD, im Jahr 2020 stieg dieser Wert auf 66 und im Jahr 2021 auf 67 DDD je Verordnungen. Dies kann als Zeichen gewertet werden, dass Besuche in der Arztpraxis reduziert und größere Packungsmengen verordnet wurden. Es bleibt abzuwarten, welche Entwicklung sich hier in den kommenden Jahren vollzieht (◘ Abb. 18.18).

Es stellt sich die Frage, ob vor allem für chronische Erkrankungen, mit dauerhaft und regelmäßig einzunehmender Medikation, für die GKV-Versicherten auch unter Pandemiebedingungen eine weitgehend kontinuierliche Versorgung mit Arzneimitteln möglich war. Um dies zu untersuchen, wurden beispielhaft die verordneten Tagesdosen je versicherte Person der folgenden fünf verordnungsstarken Indikationsgruppen seit 2017 auf Monatsebene betrachtet: Herz-Kreislauf-Mittel (ATC-Gruppen C07, C08, C09), Magen-Darm-Mittel (A02), Antithrombotische Mittel (B01), Lipidsenker (C10) und Antidiabetika (A10).

Insgesamt zeigen die Verläufe in ◘ Abb. 18.19 keine Auffälligkeiten, die auf eine Unterversorgung in den betrachteten Arzneimittelgruppen hinweisen würden, da die verordneten Mengen in der Regel oberhalb der vor-pandemischen Vergleichsperiode lagen. Eine stabile oder „resiliente" Arzneimittelversorgung während der Pandemie in Deutschland, aber auch in vielen anderen europäischen Ländern, belegen die Ergebnisse von Selke Krulichová et al. (2022). Der oben thematisierte Vorzieheffekt ist sowohl in ◘ Abb. 18.17 als auch bei Selke Krulichová et al. (2022) für fast alle Länder in ihrer Untersuchung erkennbar.

Für einzelne Indikationsbereiche lassen sich andererseits auch gegensätzliche Entwicklungen in den Jahren 2020 und 2021 beobachten. So sind insbesondere die Antibiotikaverordnungen im Vergleich zu den Vorjahren erheblich zurückgegangen (◘ Abb. 18.20). Die Verordnungen des Jahres 2020 sanken um 25 % gegenüber der Vergleichsperiode (2017 bis 2019). 2021 blieben die Mengen zunächst vergleichsweise gering, da die in den ersten Monaten geltenden Kontaktbeschrän-

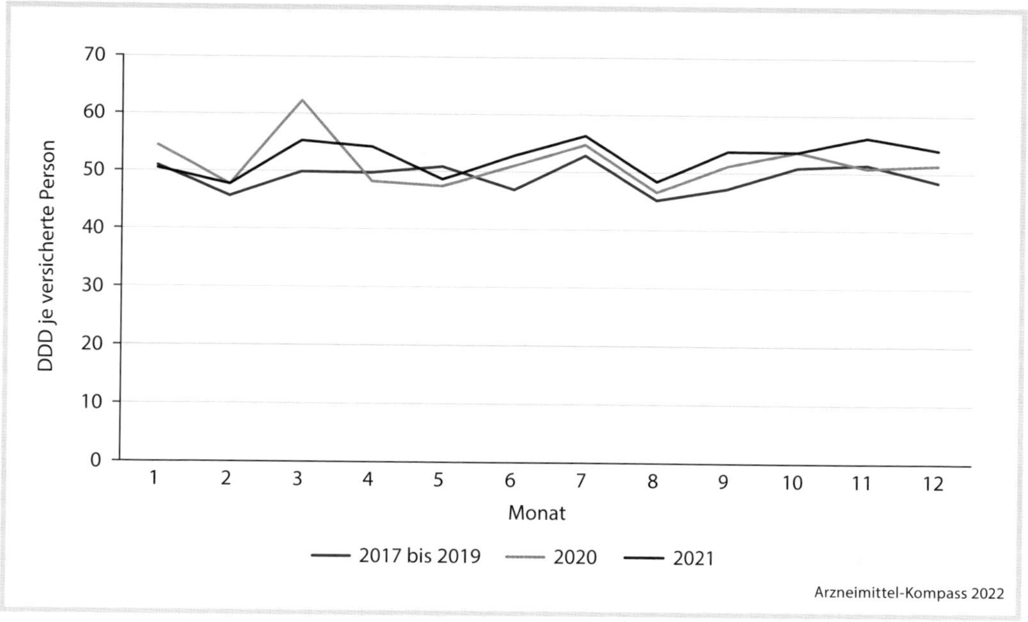

Abb. 18.17 Verordnete Tagesdosen (DDD) je versicherte Person (2017–2021). (Quelle: GKV-Arzneimittelindex, © WIdO 2022)

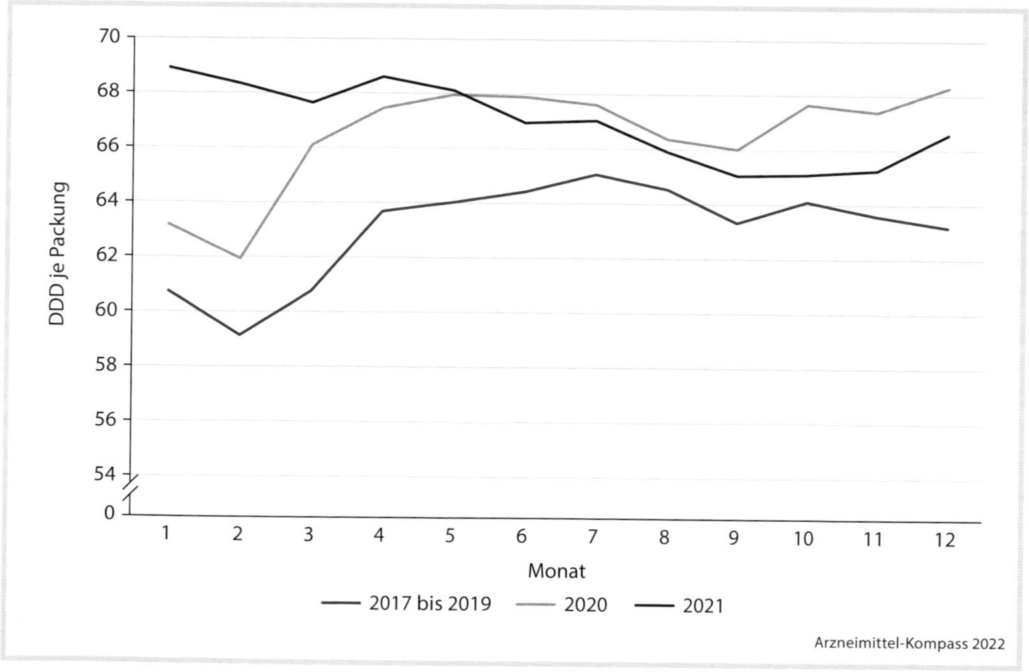

Abb. 18.18 Monatlich durchschnittlich verordnete Packungsgrößen nach Tagesdosen je Packung in den Jahren 2017 bis 2021 (zur Verdeutlichung ist die y-Achse gestaucht dargestellt). (Quelle: GKV-Arzneimittelindex, © WIdO 2022)

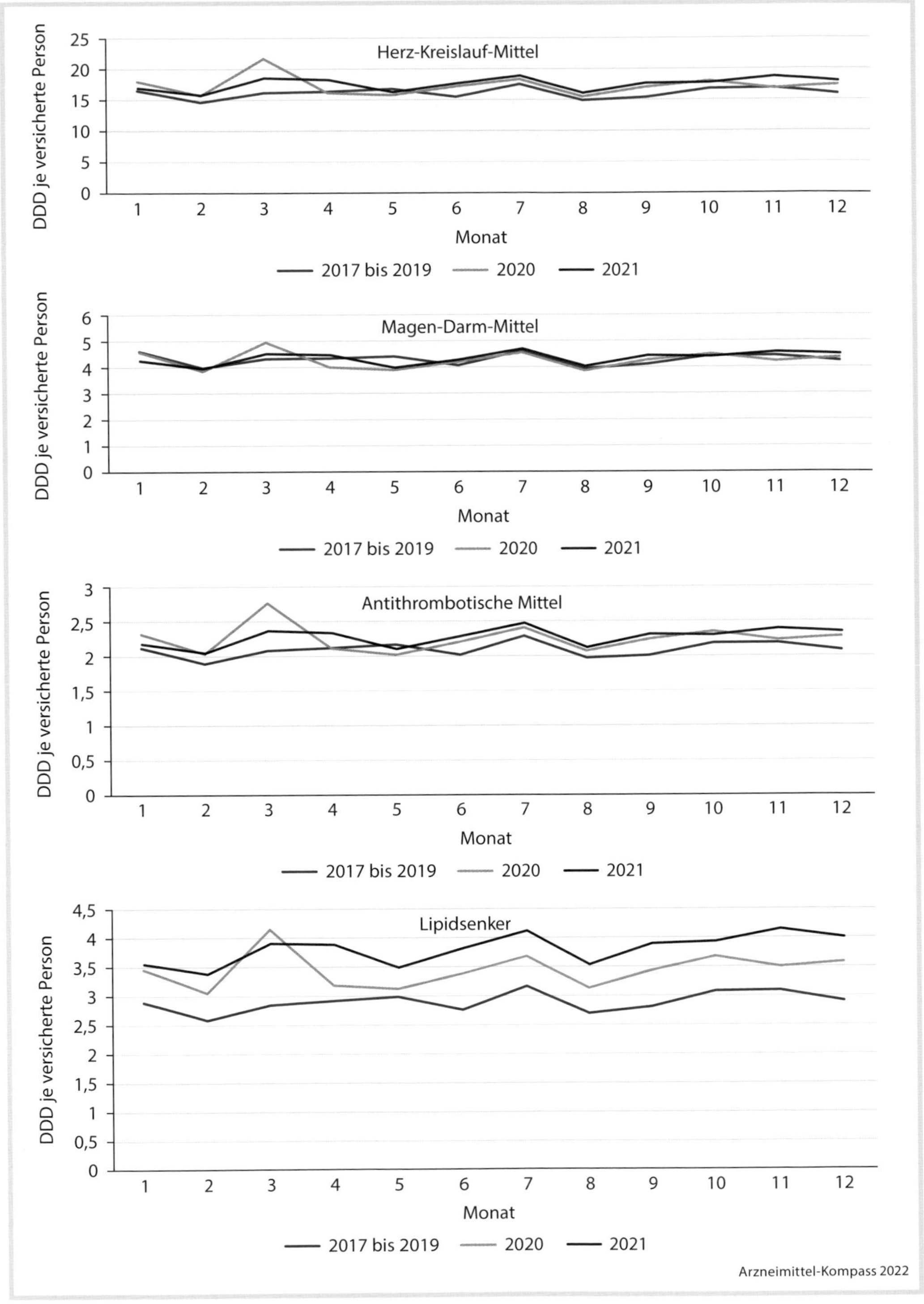

Abb. 18.19 Verordnete Tagesdosen (DDD) je versicherte Person in fünf verordnungsstarken Indikationsgruppen (2017–2021). (Quelle: GKV-Arzneimittelindex, © WIdO 2022)

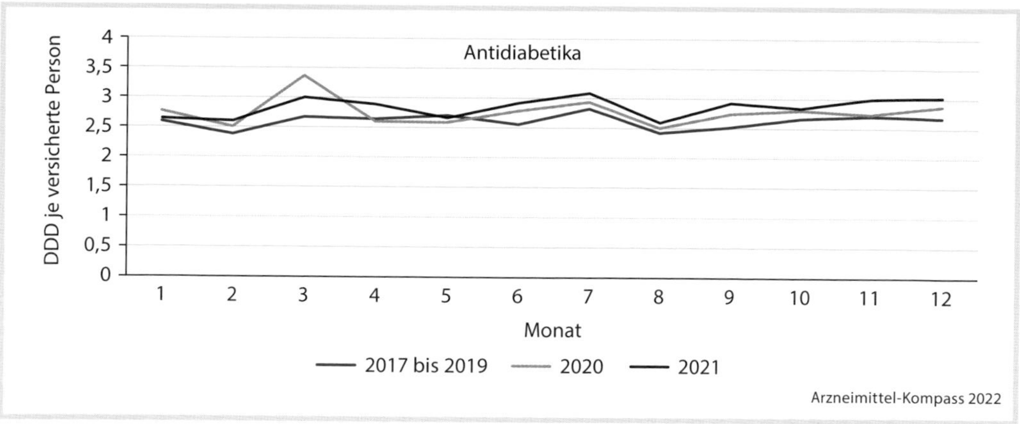

Abb. 18.19 (Fortsetzung)

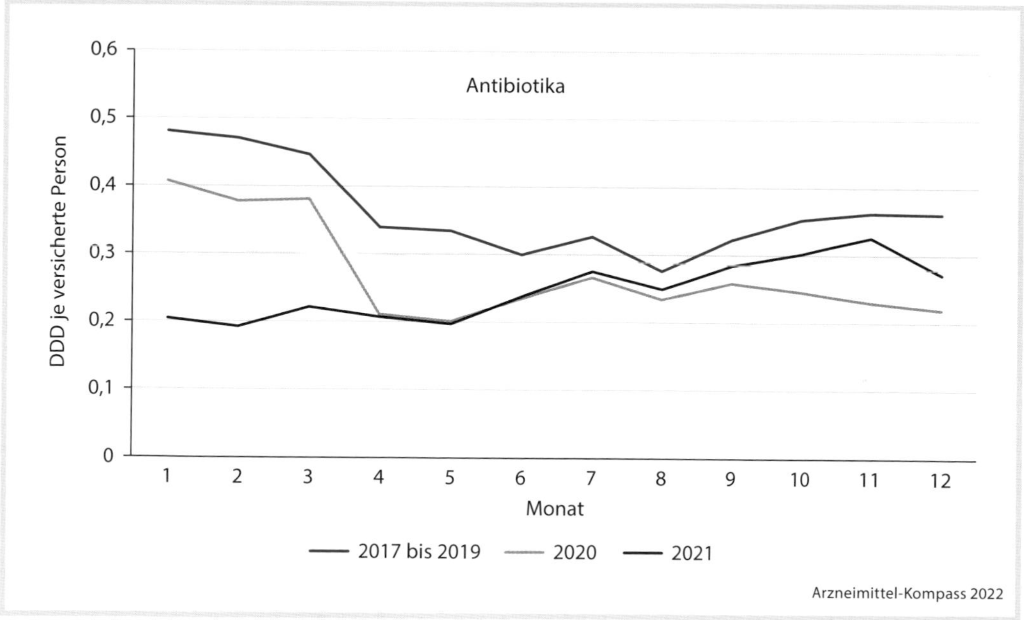

Abb. 18.20 Monatliche Verordnungsmenge (DDD) von Antibiotika (ATC-Gruppe J01) in den Jahren 2017 bis 2021. (Quelle: GKV-Arzneimittelindex, © WIdO 2022)

kungen wahrscheinlich auch Einfluss auf die Verbreitung anderer Infektionen zeigte. Eher unüblich ist der nahezu kontinuierliche Anstieg im zweiten Halbjahr mit Mengen, die in den Sommermonaten höher lagen als in der Erkältungssaison. Insgesamt gingen die Antibiotikamengen im Jahr 2021 erneut um 9 % gegenüber dem Vorjahr zurück.

Eine weitere Befürchtung wurde verschiedentlich in Bezug auf die Versorgungskontinuität und Liefersicherheit von Arzneimitteln geäußert (Reinhardt 2020; Süddeutsche Zeitung 2020). So wurde angesichts der Lockdown-Maßnahmen auch in anderen Teilen der Welt – insbesondere in Indien und China – angesichts zeitweiliger Fabrikschließungen und

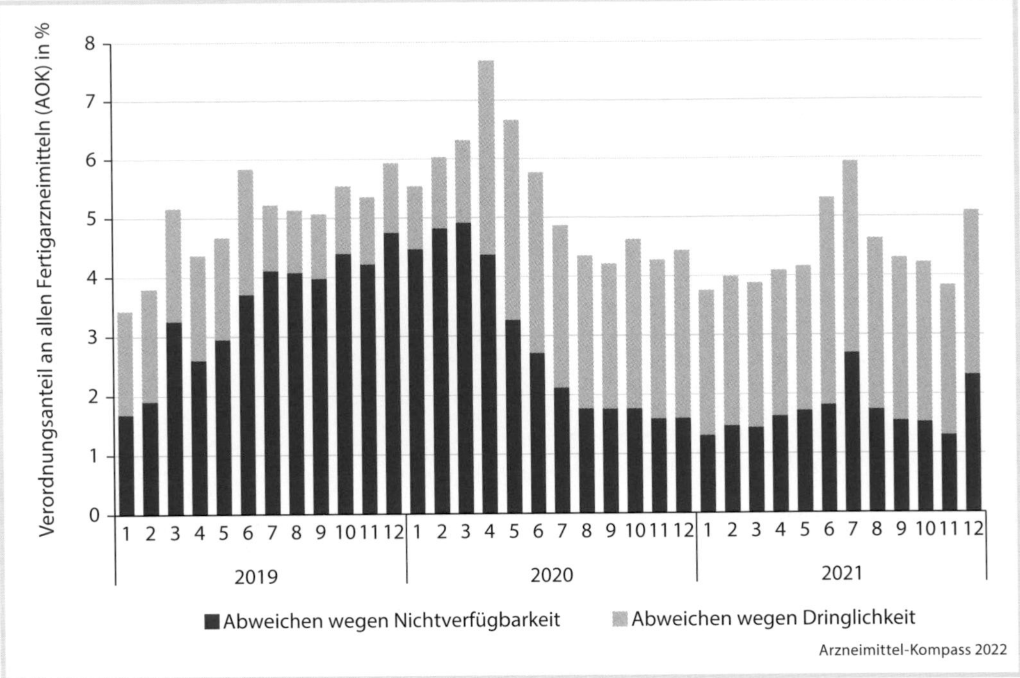

Abb. 18.21 Monatliche Anteile der Fertigarzneimittel, für die Apotheken bei AOK-Versicherten eine Ersatzabgabe wegen Nichtverfügbarkeit oder Dringlichkeit vorgenommen haben. (Quelle: GKV-Arzneimittelindex, © WIdO 2022)

Handelsbeschränkungen befürchtet, dass es zu einer Verknappung an Arzneimitteln kommen könnte. Die Auswertung der in den Apotheken durchgeführten Ersatzabgaben[10] lässt jedoch keine Zunahme an nicht verfügbaren Arzneimitteln erkennen: Die Ersatzabgabe wegen Nichtverfügbarkeit ist sogar von durchschnittlich 3,3 % der Verordnungen 2019 auf 3,0 % im Jahr 2020 und weiter auf 1,7 % im Jahr 2021 zurückgegangen (Abb. 18.21).

Die Apotheken hatten zur Vermeidung zusätzlicher Kontakte während der Pandemiezeit die Möglichkeit, auch ohne Nachweis einer Nichtverfügbarkeit ein vergleichbares, wirkstoffidentisches Arzneimittel abzugeben. Diese als „Abweichen wegen Dringlichkeit" bezeichneten Ersatzabgaben haben ab April 2020 zugenommen; für das Jahr 2020 auf durchschnittlich 2,4 % der Fertigarzneimittel gegenüber 1,4 % im Vorjahr. Im Jahr 2021 sind diese Kennzeichnungen weiter leicht auf 2,7 % gestiegen (Abb. 18.21). Die gemeinsame Betrachtung dieser Ersatzabgaben lässt jedoch keine übermäßige Zunahme der Nichtverfügbarkeiten in den Zeiten der Pandemie erkennen; in allen dokumentierten Fällen wurde vielmehr eine alternative Versorgung der Versicherten mit gleichwertigen Arzneimitteln in den Apotheken sichergestellt. Aus den dokumentierten Ersatzabgaben lassen sich jedoch keine Rückschlüsse ziehen auf solche Lieferengpässe, in denen keine Ersatzabgabe erfolgen konnte, oder in denen eine neue Verordnung, ggf. mit einem alternativen Wirkstoff, erfolgt ist.

10 Grundsätzlich sind Apotheken verpflichtet, statt des namentlich verordneten Arzneimittels ein wirkstoffgleiches, vergleichbares Arzneimittel abzugeben, wenn beispielsweise Festbeträge oder Rabattverträge der Krankenkassen dies vorsehen. In begründeten Ausnahmefällen kann jedoch hiervon abgewichen werden, z. B. wenn das Arzneimittel nicht verfügbar ist oder zugunsten einer unverzüglichen Versorgung der Patientinnen und Patienten entschieden wird.

Literatur

AkdÄ – Arzneimittelkommission der deutschen Ärzteschaft (2021) Leitfaden der Arzneimittelkommission der deutschen Ärzteschaft (AkdÄ). Biosimilars. 2. Auflage. Januar 2021. https://www.akdae.de/fileadmin/user_upload/akdae/Arzneimitteltherapie/LF/PDF/Biosimilars.pdf. Zugegriffen: 20. Sept. 2022

Bauer C, May U, Giulini C (2020) Open-House-Verträge und Hilfstaxen-Abschläge im Biosimilarmarkt: Realistische Einsparvolumina für die GKV. Monit Versorgungsforsch 04:75–80. https://doi.org/10.24945/MVF.04.20.1866-0533.2242

Bauer C, May U, Giulini-Limbach C (2021) Bedarfsgerechte Versorgung mit modernen Biopharmazeutika nach 2022. In: Monitor Versorgungsforschung, S 1–15 https://doi.org/10.24945/MVF.04.21.1866-0533.2320

Bausch J (2016) Innovations- und Kostenexplosion. KVH Aktuell 2016:22–25

BMG – Bundesministerium für Gesundheit (2016) Arzneimittelmarktneuordnungsgesetz (AMNOG). https://www.bundesgesundheitsministerium.de/service/begriffevon-a-z/a/arzneimittelmarktneuordnungsgesetzamnog.html. Zugegriffen: 3. Juli 2020

BMG – Bundesministerium für Gesundheit (2022) Gesetzliche Krankenversicherung – Kennzahlen und Faustformeln. KF22BUND. https://www.bundesgesundheitsministerium.de/fileadmin/Dateien/3_Downloads/Statistiken/GKV/Kennzahlen_Daten/KF2022Bund_Juni_2022.pdf. Zugegriffen: 26. Juli 2022

Bretthauer B (2014) Biosimilars 2.0. Weichen für die nachhaltige Versorgung stellen. IMPLICONplus 06

DAZ – Deutsche Apothekerzeitung (2022) Erstattungspreis und Wirksamkeit nicht zufriedenstellend: Vazkepa ab 1. September in Deutschland nicht mehr im Handel. https://www.deutsche-apotheker-zeitung.de/news/artikel/2022/08/23/vazkepa-ab-1-september-in-deutschland-nicht-mehr-im-handel. Zugegriffen: 31. Aug. 2022

Deutsches Arztportal (2021) Rabattverträge zu Biologika. https://www.deutschesarztportal.de/wirtschaftlichkeit/aktuelle-rabattvertraege/rabattvertraege-zu-biologika. Zugegriffen: 20. Sept. 2022

EvaluatePharma (2022) Orphan Drug Report 2022. https://www.evaluate.com/thought-leadership/pharma/orphan-drug-2022-report. Zugegriffen: 19. Sept. 2022

G-BA (2022) Nutzenbewertung von Arzneimitteln. Verfahren nach § 35a SGB V. https://www.g-ba.de/bewertungsverfahren/nutzenbewertung/. Zugegriffen: 31. Aug. 2022

Glaeske G (2016) Zwischen Kosteneffektivität und „Mondpreisen" – Zur Preisdiskussion auf dem Pharmamarkt. Implicon plus 06

Kohzer N, Diessel C (2019) Orphan Drugs – ein Akt der Balance zwischen Patientenversorgung und Finanzierung. G&S 73(3):40–47

Korzilius H (2017) Hohe Preise gefährden die Versorgung. Dtsch Arztebl 113:49

Ludwig WD (2019) Orphan Drugs aus Sicht der Arzneimittelkommission der deutschen Ärzteschaft. Chancen und Herausforderungen. Internist 60(4):399–404

Marselis D, Hordijk L (2020) From blockbuster to „nichebuster": how a flawed legislation helped create a new profit model for the drug industry. BMJ 370:m2983. https://doi.org/10.1136/bmj.m2983

Mühlbauer B (2017) Mondpreise – oder was? Arzneiverordn Prax 44:56–57

Reichelt H (1988) Eine Methode der statistischen Komponentenzerlegung. Konzept einer erweiterten Index-Analyse volkswirtschaftlicher Änderungsraten. WIdO-Materialien 31. Wissenschaftliches Institut der AOK (WIdO), Bonn. https://www.wido.de/fileadmin/Dateien/Dokumente/Publikationsdatenbank/wido_all_mat31_1988_0109.pdf. Zugegriffen: 20. Sept. 2022

Reinhardt K (2020) Die Lieferengpässe bei Impfstoffen beunruhigen mich sehr. Interview im Tagesspiegel vom 26.08.2020. https://www.tagesspiegel.de/wirtschaft/aerztepraesident-klaus-reinhardt-im-interview-die-lieferengpaesse-bei-impfstoffen-beunruhigen-mich-sehr/26129292.html. Zugegriffen: 7. Juli 2021

Richard S (2016) Neue Regeln im Pillenpoker. Gesundh Ges 03:32–37

Richard S, Jablonka S, Bogum J, Opitz G, Wolf C (2021) Reformbedarf für angemessene Arzneimittelpreise aus Sicht der gesetzlichen Krankenkasse. In: Schröder H, Thürmann P, Telschow C, Schröder M, Busse R (Hrsg) Arzneimittel-Kompass 2021. Springer, Berlin Heidelberg, S 177–189

Sanger-Katz M (2014) $1,000 hepatitis pill shows why fixing health costs is so hard. The New York times, 02.08.2014. https://www.nytimes.com/2014/08/03/upshot/is-a-1000-pill-really-too-much.html. Zugegriffen: 19. Sept. 2022

Schröder M, Telschow C (2017) Der GKV-Arzneimittelmarkt 2016: Trends und Marktsegmente. In: Schwabe U, Paffrath D, Ludwig WD, Klauber J (Hrsg) Arzneiverordnungs-Report 2017. Springer, Berlin Heidelberg, S 137–166

Schröder M, Lohmüller J, Telschow C (2019) Kostenentlastung durch Biosimilars – Was ist real, was wäre möglich? Kompendium Biosimilars 4:32–38. https://doi.org/10.1055/a-0755-1936

Schröder M, Lohmüller J, Telschow C, Niepraschk-von Dollen K, Zawinell A, Bauckmann J (2020) Der GKV-Arzneimittelmarkt. Bericht 2020. Wissenschaftliches Institut der AOK, Berlin. https://www.wido.de/forschung-projekte/arzneimittel/gkv-arzneimittelmarkt/. Zugegriffen: 8. Juli 2021

Schweitzer SO, Lu ZJ (2018) Pharmaceutical economics and policy: perspectives, promises, and problems. Oxford University Press, Oxford

Selke Krulichová IS, Selke GW, Bennie M, Hajiebrahimi M, Nyberg F, Fürst J, Garuolienė K, Poluzzi E, Slabý J, Yahni CZ, Altini M (2022) Comparison of drug prescribing before and during the COVID-19 pandemic: a cross-national European study. Pharmacoepidemiology and Drug Safety 31(10): 1–10. https://doi.org/10.1002/pds.5509

Süddeutsche Zeitung (2020) Lieferengpässe für Medikamente möglich. Online Meldung aus dem dpa Newskanal vom 07.09.2020. https://www.sueddeutsche.de/gesundheit/gesundheit-lieferengpaesse-fuer-medikamente-moeglich-dpa.urn-newsml-dpa-com-20090101-200907-99-459572. Zugegriffen: 7. Juli 2021

Telschow C, Schröder M, Bauckmann J, Niepraschk-von Dollen K, Zawinell A (2021) Der Arzneimittelmarkt 2020 im Überblick. In: Schröder H, Thürmann P, Telschow C, Schröder M, Busse R (Hrsg) Arzneimittel-Kompass 2021. Springer, Berlin Heidelberg, S 241–284

Vogler S, Schneider P, Zuba M, Busse R, Panteli D (2021) Policies to encourage the use of biosimilars in European countries and their potential impact on pharmaceutical expenditure. Front Pharmacol 12:625296. https://doi.org/10.3389/fphar.2021.625296

WIdO – Wissenschaftliches Institut der AOK (2022) Der GKV-Arzneimittelmarkt: Klassifikation, Methodik und Ergebnisse 2022. https://wido.de/forschung-projekte/arzneimittel/methoden/?L=0

Witte J, Greiner W (2021) Arzneimittelpreise aus gesellschaftlicher Perspektive. In: Schröder H, Thürmann P, Telschow C, Schröder M, Busse R (Hrsg) Arzneimittel-Kompass 2021. Springer, Berlin Heidelberg, S 3–17

Wolff-Holz E (2021) Sicherheit, Immunogenität und Austauschbarkeit von Biosimilars – monoklonale Antikörper und Fusionsproteine mit Antikörperanteil im Fokus. Bulletin zur Arzneimittelsicherheit. BfArM und PEI Ausgabe 4/2021. https://www.pei.de/SharedDocs/Downloads/DE/newsroom/bulletin-arzneimittelsicherheit/2021/4-2021.pdf?__blob=publicationFile&v=4. Zugegriffen: 18. Juli 2022

Ergebnisse des AMNOG-Erstattungsbetragsverfahrens

Antje Haas, Anja Tebinka-Olbrich, Daniel Erdmann, Susanne Henck, Maximilian Blindzellner, Christine Göppel und Lukas Lehmann

Inhaltsverzeichnis

H. Schröder et al. (Hrsg.), *Arzneimittel-Kompass 2022*, https://doi.org/10.1007/978-3-662-66041-6_19

■■ **Zusammenfassung**

Seit mehr als zehn Jahren werden neu eingeführte Arzneimittel in Deutschland auf ihren Zusatznutzen untersucht und Preise auf Basis dieser Bewertung vereinbart. Dabei nimmt die Zahl der jährlich durchgeführten Nutzenbewertungen und der sich daran anschließenden Verhandlungsserien zum Erstattungsbetrag über die Zeit zu. Der Umsatz von AMNOG-Arzneimitteln sowohl im ambulanten als auch im stationären Sektor wächst stark.

Im vorliegenden Kapitel werden zunächst die veröffentlichten Nutzenbewertungen des G-BA zusammengefasst und auf Ebene der Therapiegebiete analysiert. Danach werden die Verhandlungsergebnisse und der zu beobachtende starke Ausgabenanstieg betrachtet sowie die Rolle des AMNOG im Krankenhaus und nach Ablauf von Unterlagen- und Patentschutz näher beleuchtet.

Im Weiteren wird der Frage nachgegangen, wie bei begrenzten Ressourcen nutzengerechte Arzneimittelpreise gewährleistet werden können. Vor der Prämisse, dass in Deutschland zusatznutzenadäquate Preise vereinbart werden sollen und die Preisbildung nach AMNOG als ***Value-based Pricing*** *kategorisiert wird, wird untersucht, welche der Aspekte, die unter den Begriff* ***Value*** *gefasst werden, systematisch in die G-BA-Nutzenbewertung eingehen und welche nicht oder nur implizit berücksichtigt werden.*

Zum Abschluss wird skizziert, welche gesetzgeberischen Fortentwicklungen notwendig sind, um eine tatsächlich am Zusatznutzen orientierte Preisfindung zu gewährleisten. Das aktuelle Regelungsumfeld führt dazu, dass derzeit nahezu alle Argumentationslinien zu einem Preis zugunsten des pharmazeutischen Unternehmers führen, während die Korrelation zwischen Zusatznutzen und Preis durch gesetzgeberische Entscheidungen, Schiedsstellenpraxis und Rechtsprechung gelöst wurde. Damit sich einerseits der Erstattungsbetrag in Zukunft wieder stärker an nachgewiesenem Zusatznutzen orientiert und andererseits die finanzielle Stabilität der GKV erhalten bleibt, wird erörtert, inwieweit die Kriterien zur Findung des Erstattungsbetrages rationaler und interessengerechter gestaltet werden können.

19.1 AMNOG: Ziel, Funktionsweise und Ergebnisse

19.1.1 Bewertung des Zusatznutzens

Im Zentrum des Arzneimittelmarktneuordnungsgesetzes (AMNOG) vom 27. Dezember 2010 steht die Sicherstellung einer zweckmäßigen, qualitativ hochwertigen und wirtschaftlichen Arzneimittelversorgung. Das Gesetz verpflichtet pharmazeutische Unternehmer, für jedes ab dem 1. Januar 2011 in den deutschen Markt eingeführte erstattungsfähige Arzneimittel mit einem neuen Wirkstoff den Zusatznutzen gegenüber einer zweckmäßigen Vergleichstherapie nachzuweisen (§ 35a SGB V). Auf Basis des Beschlusses des Gemeinsamen Bundesausschusses (G-BA) über die Nutzenbewertung verhandeln der GKV-Spitzenverband (GKV-SV) und der pharmazeutische Unternehmer für das Arzneimittel einen neuen Abgabepreis, den sog. Erstattungsbetrag (§ 130b SGB V), es sei denn, der G-BA hat das Arzneimittel direkt einer Festbetragsgruppe zugeordnet. Zunächst darf der pharmazeutische Unternehmer den Preis für das Arzneimittel frei bestimmen. Nach aktueller Gesetzeslage gilt der Erstattungsbetrag erst nach einem Jahr (Stand: Mai 2022) als höchstmöglicher Abgabepreis des pharmazeutischen Unternehmers.

Die Zusatznutzenbewertung wird spätestens sechs Monate nach Markteintritt des Arzneimittels mit dem Beschluss des G-BA abgeschlossen und veröffentlicht. Der G-BA trifft darin sowohl eine Aussage über die Wahrscheinlichkeit als auch über das Ausmaß des

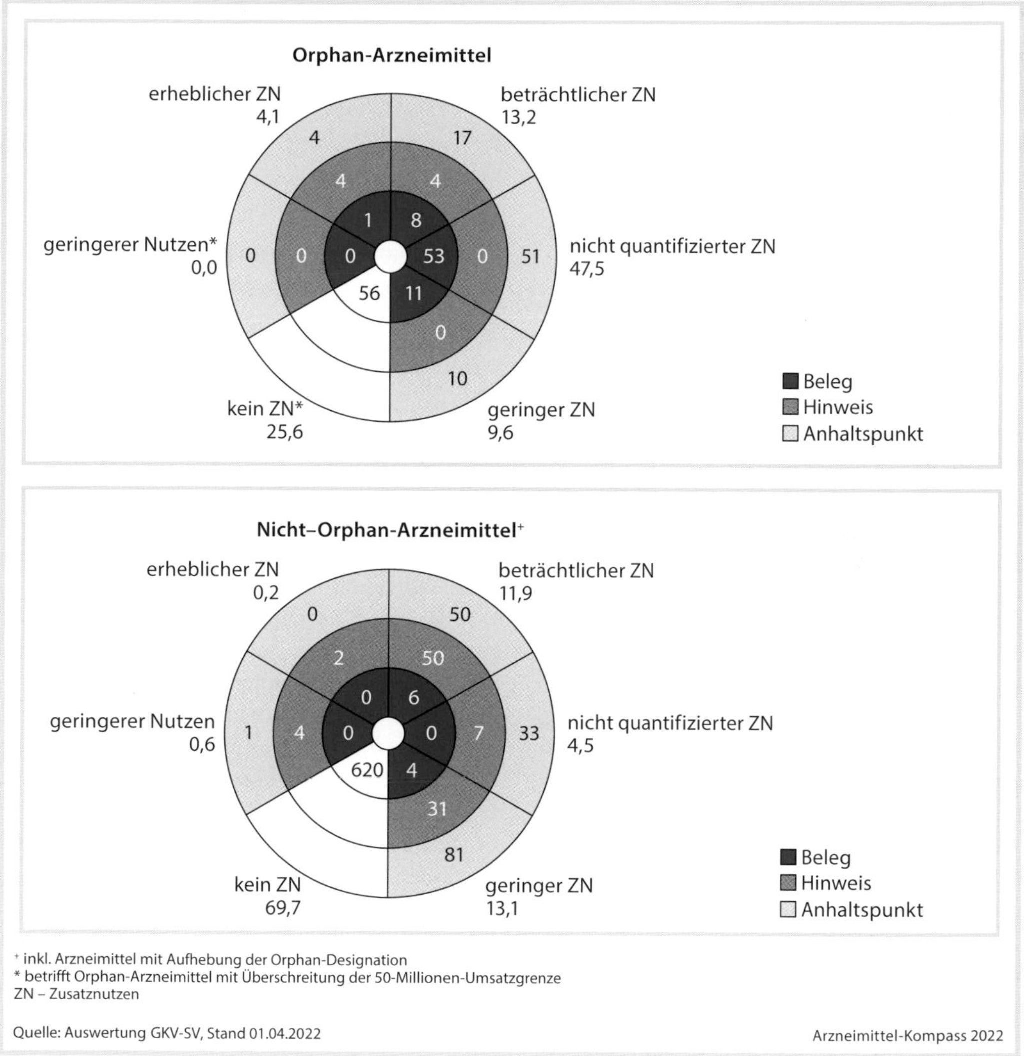

Abb. 19.1 Ausmaß und Wahrscheinlichkeit des Zusatznutzens bei Nicht-Orphan-Arzneimitteln und Orphan-Arzneimitteln auf Patientengruppenebene, in %. (Quelle: Eigene Auswertung der Nutzenbeschlüsse des G-BA, Stand: 1. April 2022)

Zusatznutzens. Bei 59 % der 349 bis zum 1. April 2022 im Rahmen des § 35a SGB V bewerteten Arzneimittel[1] hat der G-BA einen Zusatznutzen feststellen können, davon in 52 % der Fälle sogar in allen Patientengruppen des jeweiligen G-BA-Beschlusses. Für neu zugelassene Arzneimittel zur Behandlung seltener Krankheiten (sog. Orphan-Arzneimittel) wird qua Gesetz ein Zusatznutzen fiktiv angenommen. Vor diesem Hintergrund ergibt es Sinn, die Ergebnisse der Bewertungen des G-BA nach Ausmaß und Wahrscheinlichkeit auf der Ebene der durch den G-BA vorgegebenen Patientengruppen in Abb. 19.1 nach Orphan-Arzneimitteln und allen anderen Arzneimit-

1 Zählung auf Wirkstoffebene, exkl. Festbetrags-Schnelleingruppierungen.

teln (hier als „Nicht-Orphan-Arzneimittel" bezeichnet) zu trennen.

Die 349 durch den G-BA untersuchten Arzneimittel werden in insgesamt 1.108 Patientengruppen eingesetzt. Einen Beleg für einen Zusatznutzen konnte der G-BA bei Nicht-Orphan-Arzneimitteln bis zum Stichtag 1. April 2022 nur für 10 von 889 Patientengruppen (1,1 %) ableiten. Ein Hinweis für einen Zusatznutzen konnte für 94 (10,6 %) und ein Anhaltspunkt für einen Zusatznutzen konnte für 165 (18,6 %) Patientengruppen festgestellt werden. Für 620 der 889 Patientengruppen (69,7 %) attestierte der G-BA keinen Zusatznutzen.

Orphan-Arzneimittel weisen häufig eine unzureichende Datenlage auf, sodass keine gesicherte Aussage zum Zusatznutzen abgeleitet werden kann. In diesen Fällen erhalten Orphan-Arzneimittel regelmäßig nur aufgrund der gesetzlichen Zusatznutzenfiktion einen Zusatznutzen. So kann es auch nicht überraschen, dass der G-BA bei 104 der 219 (47,5 %) Patientengruppen von Orphan-Arzneimitteln nur einen „nicht quantifizierbaren Zusatznutzen" bescheinigte. Orphan-Arzneimittel, die in der Vergangenheit einen Jahresumsatz von mehr als 50 Mio. € innerhalb der GKV erzielten, durchliefen eine reguläre Vollbewertung, an deren Ende dem Wirkstoff für bestimmte oder sogar für alle Patientengruppen auch kein Zusatznutzen attestiert werden konnte. Da zunehmend Orphan-Arzneimittel den Schwellenwert von 50 Mio. € übersteigen, liegt der Anteil der Patientengruppen von Orphan-Arzneimitteln, die keinen Zusatznutzen aufweisen, zum Stichtag 1. April 2022 bei 25,6 %. Somit weisen nahezu drei von vier bewerteten Patientengruppen von Orphan-Arzneimitteln entweder keinen Zusatznutzen oder einen nicht quantifizierbaren Zusatznutzen auf, was die Problematik der gesetzlich privilegierten Sonderstellung von Orphan-Arzneimitteln aufzeigt.

Zur Entwicklung der G-BA-Beschlusszahlen seit 2011

◘ Abb. 19.2 stellt die Anzahl der G-BA-Beschlüsse und deren jeweilige Verfahrensgrundlage für die Jahre 2011 bis 2021 dar.

Insgesamt zeigt sich, dass die Gesamtzahl der durch den G-BA veröffentlichten Nutzenbeschlüsse im Zeitverlauf deutlich zugenommen hat. Im Jahr 2021 wurde mit 145 Bewertungen (+65 % im Vergleich zu 2020) ein neues Allzeithoch erreicht.

Mit knapp 53 % aller seit dem Jahr 2011 bis zum 31. Dezember 2021 jemals durchgeführten Bewertungen ist die Gruppe der Erstbewertungen insgesamt am bedeutsamsten und auch absolut betrachtet kam es im Jahr 2021 mit 60 entsprechenden Verfahren zu einem neuen Höchststand in dieser Kategorie. Wie bereits im Vorjahr wurden die meisten Bewertungen im Jahr 2021 aufgrund der Zulassung eines neuen Anwendungsgebiets durchgeführt. Die entsprechende Zahl wuchs von gerade einmal vier Bewertungen im Jahr 2013 bis auf 62 im Jahr 2021 an. Mit 12 abgeschlossenen Bewertungen stellen „Neubewertungen nach Fristablauf" im Jahr 2021 die drittgrößte Gruppe dar. Danach folgen die „Vollbewertung von Orphan Drugs" (8) und die Neubewertung aufgrund des Vorliegens „neuer wissenschaftlicher Erkenntnisse" (3).

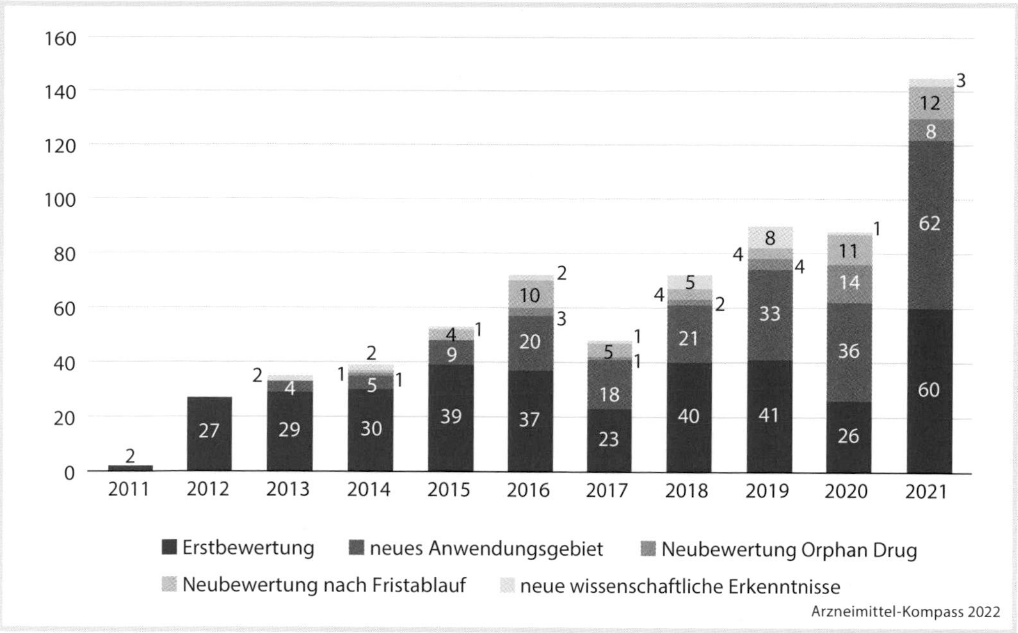

Abb. 19.2 Anzahl Nutzenbewertungen je Bewertungsanlass im Zeitverlauf. (Quelle: Eigene Auswertung der Nutzenbeschlüsse des G-BA; Stand: 1. April 2022)

Therapiegebietsspezifische Analyse der G-BA-Bewertungen

Abb. 19.3 stellt die Verteilung der 349 durch den G-BA zum Stand 1. April 2022 bewerteten Arzneimittel auf einzelne Therapiegebiete dar und verdeutlicht zudem, wie viele Wirkstoffe je Therapiegebiet in allen bewerteten Patientengruppen einen Zusatznutzen aufweisen (1. Wert innerhalb des Tortendiagramms), bei wie vielen Wirkstoffen je Therapiegebiet zumindest teilweise (2. Wert) und für wie viele Wirkstoffe im jeweiligen Therapiegebiet kein Zusatznutzen festgestellt werden konnte (3. Wert).

Die Abbildung verdeutlicht, dass Onkologika mit 30 % aller bewerteten Wirkstoffe das größte Therapiegebiet darstellen. Auffällig ist zudem, dass der G-BA bei 41 der analysierten 103 Onkologika (= 40 %) für alle bewerteten Patientengruppen einen Zusatznutzen anerkannt hat. Kein anderes Therapiegebiet weist einen höheren Anteil an Wirkstoffen mit 100 % Zusatznutzen über alle Patientengruppen hinweg auf.

Am zweithäufigsten wurden bislang Wirkstoffe aus dem Therapiegebiet „Stoffwechselkrankheiten“ bewertet. Zu diesem Therapiegebiet zählen neben Volkskrankheiten wie Diabetes mellitus auch seltene, erblich bedingte Erkrankungen wie z. B. Mukoviszidose. Auch in diesem Therapiegebiet liegt für 23 von 63 Wirkstoffen in allen Patientengruppen ein Zusatznutzen vor. Dies sind – abgesehen von einer Ausnahme – durchgängig Orphan-Arzneimittel. Das drittgrößte Therapiegebiet unter den AMNOG-Arzneimitteln sind „Infektionskrankheiten“. Hierunter fallen insbesondere Arzneimittel, die gegen eine Form der Hepatitis wirken (14) und Arzneimittel zur Behandlung einer HIV-Infektion (18). Unter den übrigen Therapiegebieten fällt auf, dass bei den „Augenerkrankungen“, den „Krankheiten des Blutes und der blutbildenden Organe“ sowie in der Gruppe der „anderen Therapiegebiete“ mehr Wirkstoffe keinen Zusatznutzen auf-

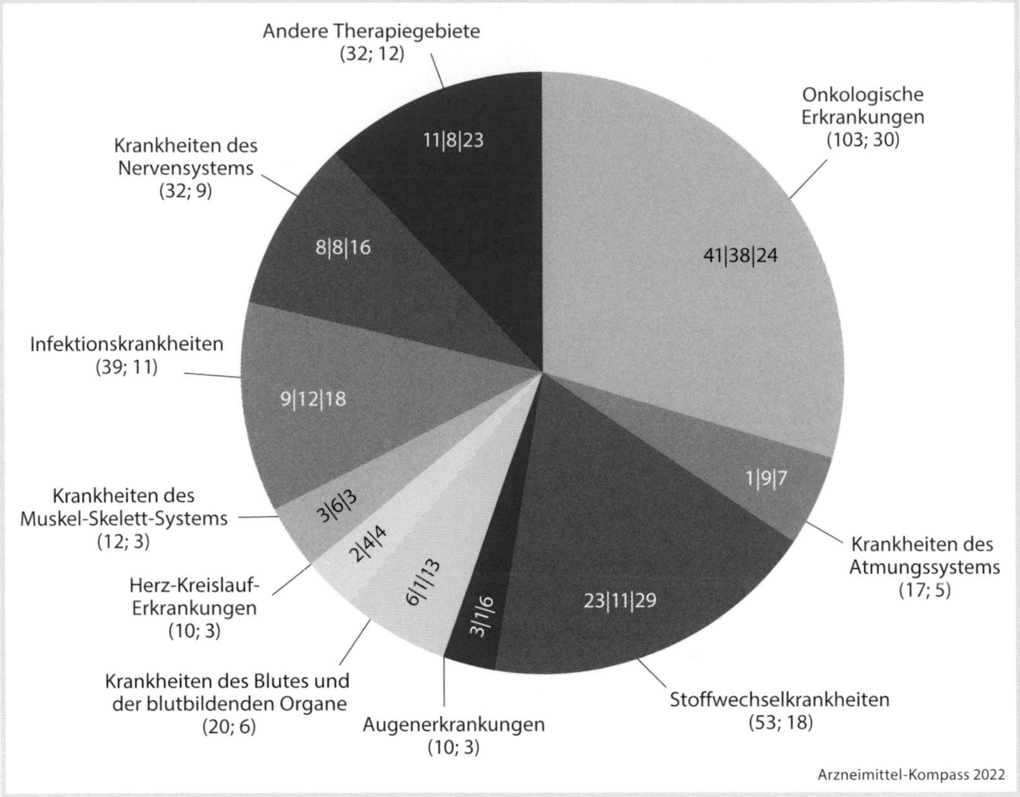

Abb. 19.3 Nutzenbewertungen aufgeteilt nach Therapiegebieten, in %. (Quelle: Eigene Auswertung der Nutzenbeschlüsse des G-BA; Stand: 1. April 2022)

weisen als es Wirkstoffe mit einem (mindestens für eine Patientengruppe festgestellten) Zusatznutzen gibt. In den übrigen vier Therapiegebieten weisen hingegen mehr Wirkstoffe (zumindest teilweise) einen Zusatznutzen auf als es Wirkstoffe ohne Zusatznutzen gibt.

19.1.2 Erstattungsbetrag: Der zusatznutzenorientierte Preis

Abb. 19.4 enthält eine Übersicht zu den Arzneimitteln mit Erstattungsbetrag, aufgeteilt nach den Ergebnissen der Zusatznutzenbewertung. Demnach weisen zum Stichtag 1. April 2022 bereits 306 Wirkstoffe einen Erstattungsbetrag auf. Die Differenz zu den jemals im G-BA bewerteten Arzneimitteln ergibt sich dabei aus den noch laufenden Verhandlungen und der Zahl an Marktaustritten (sog. „Opt-out").

Von den Arzneimitteln mit Erstattungsbetrag weisen 62 % in wenigstens einer Patientengruppe einen Zusatznutzen auf (190 von 306), die Mehrzahl davon für das gesamte Arzneimittel (100). Den übrigen 90 Arzneimitteln dieser Gruppe attestierte der G-BA lediglich teilweise einen Zusatznutzen, sodass für sie ein angemessener Mischpreis zwischen den Vertragspartnern vereinbart werden muss, der einerseits den fehlenden Zusatznutzen mit dem Preisdeckel aus der zweckmäßigen Vergleichstherapie und andererseits den preissteigernden Effekt eines Zusatznutzens berücksichtigt. Für

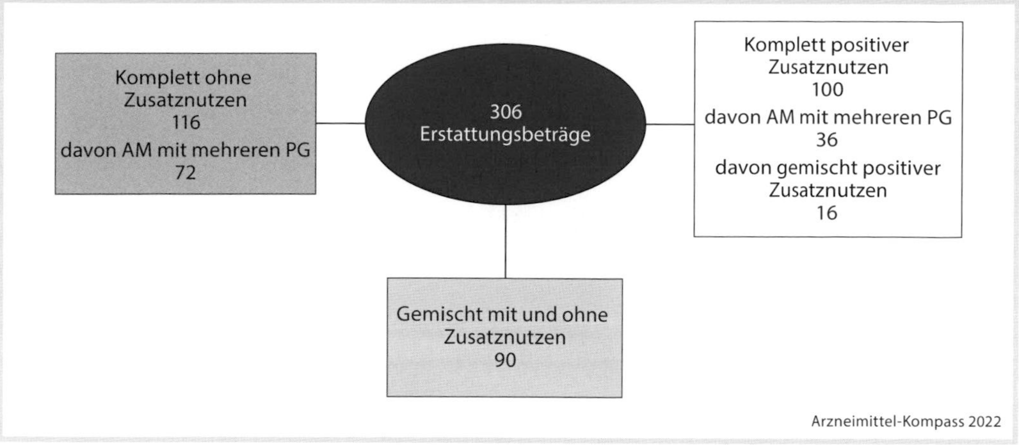

Abb. 19.4 Anzahl gültiger Erstattungsbeträge aufgeteilt nach Ergebnis der Nutzenbewertung. (Quelle: Eigene Auswertung der Nutzenbeschlüsse des G-BA und Verträge nach § 130b SGB V; Stand: 1. April 2022)

116 Arzneimittel liegt demnach in keiner Patientengruppe ein Zusatznutzen vor. Für 72 dieser Arzneimittel ohne Zusatznutzen existiert mehr als eine Patientengruppe, woraus die Herausforderung erwächst, etwaige Unterschiede im Preisniveau der zweckmäßigen Vergleichstherapie in den einzelnen Patientengruppen angemessen bei der Findung eines einheitlichen Erstattungsbetrages zu berücksichtigen. Ohne Zusatznutzen sollen die Kosten der zweckmäßigen Vergleichstherapie den Preisdeckel bilden – hierbei handelt es sich um das einzige gesetzliche Preisbildungskriterium.

Zur Ausgabenrelevanz von AMNOG-Arzneimitteln

Der AMNOG-Prozess verfolgt u. a. das Ziel, den Preis neuer Arzneimittel auf ein Niveau unterhalb der frei gewählten Einstiegspreise zu verhandeln. Im Jahr 2021 lagen die Ausgaben für AMNOG-Produkte gut 4,8 Mrd. € unterhalb der (hypothetischen) Ausgaben bei Fortgeltung des Einstiegspreises. Dies entsprach einer durchschnittlichen Preisreduktion von 23 % auf der Ebene „Abgabepreis pharmazeutischer Unternehmer minus Netto-Herstellerabschlag".

Abb. 19.5 und 19.6 stellen die wirtschaftliche Bedeutung von AMNOG-Arzneimitteln im ambulanten Sektor der GKV in Abhängigkeit ihres Zusatznutzens im Zeitraum von 2011 bis 2021 dar. Dabei werden in der oberen Teilgrafik für alle AMNOG-Wirkstoffe die aufsummierten monatlichen Absatzzahlen (gemessen in DDD; *Defined Daily Doses*) und in der unteren Teilgrafik die entsprechenden monatlichen Umsatzzahlen abgetragen. Insgesamt beliefen sich demnach im Jahr 2021 die GKV-Ausgaben für AMNOG-Arzneimittel brutto auf 17,9 Mrd. €, was einem Anteil an den Gesamtausgaben der GKV für Arzneimittel von etwa 34 % entspricht (Datenbasis Bruttoumsatz laut GKV-Spitzenverband 2021a).

Arzneimittel mit gemischtem Zusatznutzen weisen demnach die größte Versorgungsrelevanz für die GKV auf. Im Jahr 2021 lag ihr Anteil an verordneten DDDs bezogen auf alle abgegebenen AMNOG-Arzneimittel bei 71 % und ihr Umsatzanteil immerhin bei 53 %. Es folgen Arzneimittel ohne Zusatznutzen mit einem 22%igen DDD- und 21%igen Umsatzanteil. Orphan-Arzneimittel standen im Jahr 2021 zwar lediglich für 0,87 % DDD-Anteil, aber mit knapp 3,4 Mrd. € für 18,9 % des mit AMNOG-Produkten im ambulanten Sektor er-

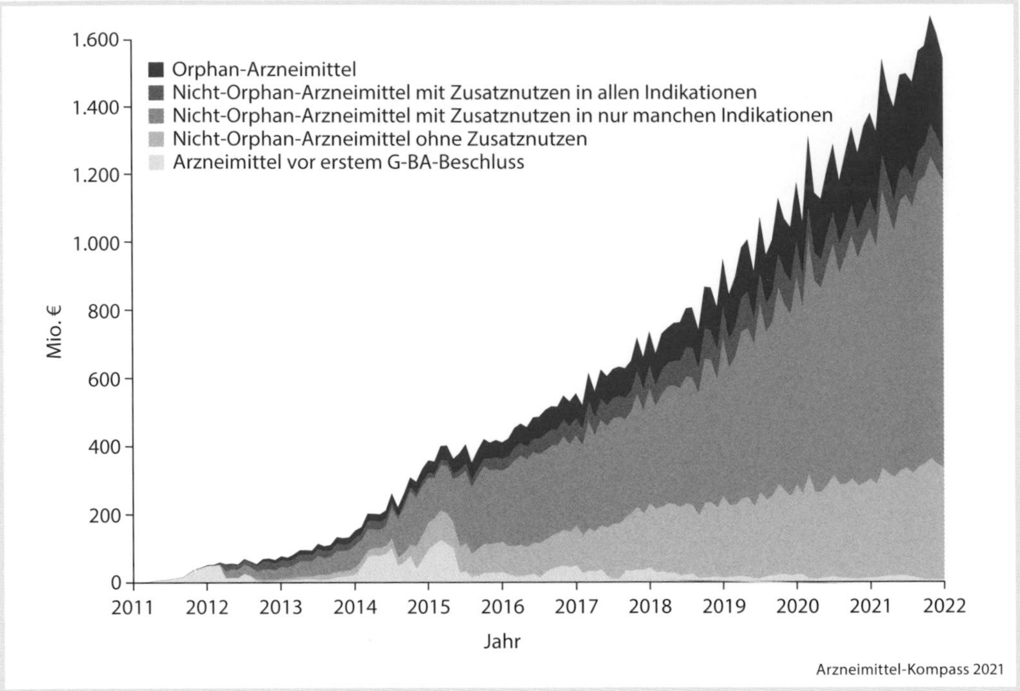

Abb. 19.5 Umsatz je Monat von AMNOG-Arzneimitteln im Zeitverlauf. (Quelle: GAmSi-Daten nach § 84 SGB V, Stand 1. April 2022; eigene Berechnung)

zielten Umsatzes. Somit liegt ihr Umsatzanteil im Jahr 2021 bereits 21,8-mal über ihrem Verordnungsanteil. Dieser Faktor ist in den letzten Jahren immer weiter angestiegen. So betrug der Umsatzanteil der Orphan-Arzneimittel bei 1,0 Mrd. € Umsatz im Jahr 2017 „nur" das 16,3-Fache des Absatzanteils. Auch dies zeigt, dass die Privilegierung der Orphan-Arzneimittel auch auf der Ausgabenseite eine wachsende Herausforderung für die GKV darstellt.

19.1.3 AMNOG als lernendes System

Erstattungsbetrag im Krankenhaus

In den ersten Jahren nach seinem Inkrafttreten blieb unklar, welche rechtliche Bindungswirkung das AMNOG-Verfahren auf die Arzneimittelversorgung im stationären Sektor ausübt. Dies änderte sich jedoch durch das im Jahr 2017 in Kraft getretene GKV-Arzneimittelversorgungsstärkungsgesetz (AMVSG). Dieses stellte klar, dass Arzneimittel auch im stationären Sektor höchstens zu dem zwischen pharmazeutischem Unternehmer und GKV-Spitzenverband vereinbarten Erstattungsbetrag abgegeben werden dürfen. Die steigende Relevanz des Erstattungsbetrages für den stationären Sektor wird u. a. auch dadurch deutlich, dass ausweislich der Daten nach § 21 KHEntgG allein im Jahr 2020 mindestens 934 Mio. € für AMNOG-regulierte Arzneimittel ausgegeben wurden. Diese Ausgaben verteilten sich auf insgesamt 119 Wirkstoffe. Leider liegen dem GKV-Spitzenverband zum derzeitigen Zeitpunkt noch keine Daten für das Jahr 2021 vor, sodass der erwartete Ausgabeneffekt für Einmal-(Gen)therapien in diesen Daten noch nicht vollständig abgebildet wird. Auffällig ist allerdings, dass

19

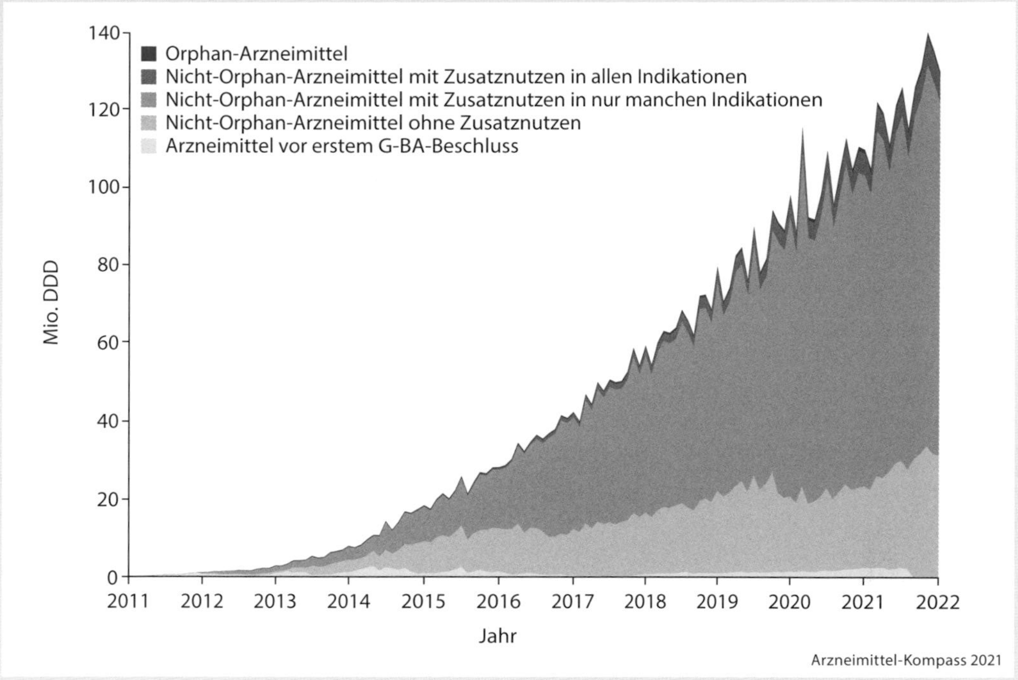

Abb. 19.6 Verordnungsmenge je Monat von AMNOG-Arzneimitteln im Zeitverlauf. (Quelle: GAmSi-Daten nach § 84 SGB V, Stand 1. April 2022; eigene Berechnung)

bereits im Jahr 2020 immerhin 123 Mio. € für Arzneimittel für neuartige Therapien (*Advanced Therapy Medicinal Products*; ATMPs) ausgegeben wurden, was einem Anstieg von fast 500 % gegenüber 2019 entspricht. Mit einem Umsatz von mehr als 250 Mio. € war erneut Nusinersen (Spinraza®)[2] das umsatzstärkste AMNOG-Arzneimittel im Krankenhausbereich, gefolgt von Pembrolizumab (Keytruda®)[3] (ebenfalls im dreistelligen Millionenbereich) und Onasemnogen-Abeparvovec (Zolgensma®)[2] auf Platz 3 mit deutlich über 50 Mio. €.

2 Die Wirkstoffe Nusinersen und Onasemnogen-Abeparvovec sind Gentherapien, die zur Behandlung von 5q-assoziierter spinaler Muskelatrophie (SMA) zugelassen sind.

3 Der Wirkstoff Pembrolizumab ist ein monoklonaler Antikörper, der zur Behandlung zahlreicher Tumorarten zugelassen ist.

Der Erstattungsbetrag nach Ablauf von Unterlagen- und Patentschutz

Spätestens seit dem Inkrafttreten des Fairer-Kassenwettbewerb-Gesetzes (GKV-FKG) am 1. April 2020 steht fest, dass Verträge nach § 130b SGB V nur in einem begrenzten Zeitrahmen ab dem Inverkehrbringen eines Arzneimittels zwischen dem GKV-Spitzenverband und pharmazeutischen Unternehmern vereinbart werden dürfen. Die Regelung wurde zwischenzeitlich durch das Gesundheitsversorgungsweiterentwicklungsgesetz (GVWG) leicht modifiziert und ist nunmehr in § 130b Absatz 8a SGB V aufzufinden. Demnach gilt spätestens mit dem Wegfall des Unterlagen- und Patentschutzes eines Arzneimittels nur noch der zuletzt gültige Erstattungsbetrag als höchstens zulässiger Abgabepreis für alle Nachahmerpräparate fort. Der Gesetzgeber hatte zudem den Partnern der Rahmenvereinbarung nach § 130b Absatz 9 SGB V aufgetragen, das Nähere zur Bestimmung des höchstens zulässigen Abgabepreises in die Rahmenvereinbarung aufzunehmen, was im zweiten Quartal 2022 entsprechend vollzogen wurde. Eine Operationalisierung erfolgt über das zu jedem Wirkstoff zu vereinbarende Preisstrukturmodell, das eine Art von Berechnungsformel darstellt. Es ermöglicht einem Generikaanbieter, zusammen mit dem fortgeltenden Erstattungsbetrag den höchstens zulässigen Abgabepreis für ein Arzneimittel zu bestimmen.

Mit Stand vom 1. April 2022 waren bereits für 19 grundsätzlich von der Regelung betroffene Arzneimittel sowohl der Patent- als auch der Unterlagenschutz abgelaufen. Da einige dieser Arzneimittel von der Nutzenbewertung freigestellt oder in eine Festbetragsgruppe eingruppiert wurden oder die Arzneimittel mittels der rahmenvertraglich geregelten „Opt-out"-Regelung vom Markt gegangen sind, bestand zum Zeitpunkt des Wegfalls des Unterlagen- und Patentschutzes lediglich für zehn dieser Arzneimittel ein Vertrag nach § 130b SGB V, sodass sich ein Erstattungsbetrag auf entsprechende Nachahmerpräparate erstrecken konnte.

Das erste AMNOG-Produkt mit einem Markteintritt von Generika war Cabazitaxel im Jahr 2021. Damals wählten Generika-Unternehmen teilweise Einstiegspreise oberhalb des fortgeltenden Erstattungsbetrages. Bei den beiden weiteren AMNOG-Wirkstoffen, bei denen es noch bis zum Stichtag 1. April 2022 zu Markteintritten von Generika kam, meldeten die Hersteller hingegen stets einen Abgabepreis unterhalb oder auf der Höhe des fortgeltenden Erstattungsbetrages und hielten sich somit durchgängig an die gesetzlichen Vorgaben. Diese Entwicklung bewertet der GKV-Spitzenverband positiv.

19.2 Nutzengerechte Preise bei begrenzten Ressourcen

19.2.1 Zusatznutzen-basierter *Value* von Arzneimitteln

Health Technology Assessment-Verfahren (HTA) können grundsätzlich ein *Value-based Pricing* (VBP) umfassen. So sprechen Kristensen et al. von *value for money* (Kristensen et al. 2019). Eine allgemeingültige Definition des Begriffs *Value* (dt. Wert) existiert nicht. In Deutschland werden Aussagen zum *Value* eines Arzneimittels mithilfe der Bewertung des Zusatznutzens getroffen. Vorliegend soll vor diesem Hintergrund untersucht werden, welche der Aspekte, die allgemein unter den Begriff *Value* gefasst werden, systematisch in die Nutzenbewertung eingehen und welche nicht oder nur implizit berücksichtigt werden.

Value-Dimensionen

Das HTA Core Model® der EUnetHTA nennt neun sogenannte Dimensionen eines *Health Technology Assessment* (EUnetHTA 2016; Kristensen et al. 2017):

1. Gesundheitsproblem und derzeitige Nutzung der Technologie
2. Technische Charakteristika
3. Sicherheit
4. Klinischer Nutzen
5. Kosten und ökonomischer Nutzen
6. Ethische Analyse
7. Organisatorische Aspekte
8. Soziale Aspekte
9. Rechtliche Aspekte

Darüber hinaus werden international zunehmend auch umweltbezogene Aspekte als HTA-

Dimension diskutiert (Marsh et al. 2015; Polisena et al. 2018). Einzelne Dimensionen können in unterschiedlicher Weise Eingang in einen HTA-Bericht finden – dabei sind insbesondere qualitative und quantitative Vorgehensweisen zu differenzieren (Lühmann und Raspe 2008; Lühmann et al. 2014).

Definition des Begriffs Value im Rahmen der Nutzenbewertung

Der *Value* eines Arzneimittels bemisst sich in Deutschland primär am medizinischen Nutzen und Schaden für die Patientinnen und Patienten. Im Sinne des Arzneimittelmarktneuordnungsgesetzes (AMNOG) ist der Nutzen eines Arzneimittels definiert als der patientenrelevante therapeutische Effekt, insbesondere hinsichtlich der Verbesserung des Gesundheitszustands, der Verkürzung der Krankheitsdauer, der Verlängerung des Überlebens, der Verringerung von Nebenwirkungen oder der Verbesserung der Lebensqualität (§ 2 Absatz 3 AM-NutzenV). Auf Grundlage des AMNOG beantwortet die Nutzenbewertung nach § 35a SGB V die Frage, ob ein neues Arzneimittel für die Patientinnen und Patienten tatsächlich einen größeren Nutzen hat als die aktuelle Standardtherapie. Die Bewertung des Zusatznutzens ist damit auf eine Bewertung der Dimensionen Sicherheit (3.) und klinischer Nutzen (4.) der Therapie beschränkt, wobei die Charakteristika der Grunderkrankung (1.) zumindest mitberücksichtigt werden (§ 5 Absatz 7 Satz 1 AM-NutzenV). Ökonomische Parameter wie die Jahrestherapiekosten und die Zahl der infrage kommenden Patientinnen und Patienten werden nach Bewertung der Angaben des pharmazeutischen Unternehmers durch das Institut für Qualität und Wirtschaftlichkeit im Gesundheitswesen (IQWiG) im Nutzenbewertungsbeschluss dargestellt.

Value-Begriff im internationalen Vergleich

International ist der in der deutschen Nutzenbewertung vorausgesetzte *Value*-Begriff keinesfalls unumstritten. ◘ Tab. 19.1 zeigt die Dimensionen des *Health Technology Assessment* ausgewählter europäischer Länder (Angelis et al. 2018; Beletsi et al. 2018; Angelis et al. 2020; Epstein und Espín 2020)

Die auffälligste Diskrepanz ergibt sich hinsichtlich der Dimension Kosten und ökonomischer Nutzen (5.). In allen betrachteten europäischen Ländern ist die Kosten-Dimension explizit Teil der HTA und wird dabei regelmäßig im Rahmen einer Kosten-Effektivitäts- bzw. Kosten-Nutzen-Bewertung einbezogen, in fünf der sechs Länder ergänzt durch eine Budget-Impact-Analyse. Allein in Deutschland werden ausschließlich klinische Bewertungsdimensionen berücksichtigt. Eine Betrachtung weiterer zentral-, ost- und südosteuropäischer Länder bestärkt weitgehend die Sonderstellung der deutschen Nutzenbewertung in Europa (García-Mochón et al. 2017). Soziale Aspekte (8.) werden in fünf der in der Tabelle dargestellten Länder berücksichtigt, eine ethische Analyse (6.) wird hingegen nur in drei Ländern durchgeführt.

Weitere Einflussfaktoren auf die Bewertung des Value von Arzneimitteln

Ein wichtiger Stellenwert kommt auch der Frage zu, welche Aspekte – über die kausal begründeten Therapieeffekte hinaus – die Bewertung des *Value* beeinflussen. Der HTA-Prozess zielt darauf ab, eine möglichst einheitliche Bewertung sicherzustellen. Zu diesem Zweck sind wesentliche Prozessschritte gesetzlich oder durch interne Regularien stark formalisiert und reguliert *(Assessment)*. Dies äußert sich beispielsweise in den Forderungen nach einer systematischen Literaturrecherche oder der Bewertung der Nachweise nach den internationalen Standards der evidenzbasierten Medizin (§ 35a Absatz 1 Satz 8 Nr. 2 SGB V, § 5 Absatz 2 f. AM-NutzenV) (IQWiG 2022a). Für die Feststellung einer Gesamtaussage zum Zusatznutzen *(Appraisal)* erfolgt eine Wertung und Gewichtung der Ergebnisse auf Endpunktebene innerhalb und über die einzelnen Bewertungsdimensionen hinweg. Diesem Vorgang

Tab. 19.1 Dimensionen der HTA unterschiedlicher europäischer Länder. (Nach Angelis et al. 2018; Beletsi et al. 2018; Angelis et al. 2020; Epstein und Espín 2020)

	Frankreich (HAS/CEESP)	Schweden (TLV)	England (NICE)	Italien (AIFA)	Niederlande (ZIN)	Polen (AOTMiT)	Spanien (RedETS/ISCIII oder ICP)	Deutschland (IQWiG/G-BA)
1. Gesundheitsproblem und derzeitige Nutzung der Technologie	X	X	X	X	X	X	X	X
2. Technische Charakteristika	X	/	X	/	/	X	X	/
3. Sicherheit	X	X	X	X	X	X	X	X
4. Klinischer Nutzen	X	X	X	X	X	X	X	X
5. Kosten und ökonomischer Nutzen	X	X	X	X	X	X	X	/
6. Ethische Analyse	/	X	X	/	X	/	/	/
7. Organisatorische Aspekte	/	X	/	/	/	/	/	/
8. Soziale Aspekte	/	X	X	X	X	/	X	/
9. Rechtliche Aspekte	–	–	–	–	–	–	–	/

Legende: **X**: expliziter Einbezug in die Bewertung; /: keine Berücksichtigung; –: keine Informationen
Arzneimittel-Kompass 2022

ist ein gewisser Beurteilungsspielraum inhärent (Hofmann et al. 2014; Gagnon et al. 2020; Rawlins 2014).

Nach § 5 Absatz 7 Satz 1 AM-NutzenV sind Ausmaß und therapeutische Bedeutung des Zusatznutzens durch den G-BA unter Berücksichtigung des Schweregrades der Erkrankung zu quantifizieren. Krankheitsbezogene Werturteile sind damit als Element der Nutzenbewertung vorgesehen, wenngleich weder gesetzlich noch untergesetzlich konkret spezifiziert. Die Bewertung des Schweregrades einer Erkrankung ist individuell, aber auch kulturell sehr unterschiedlich (Bletzer 1993; Scott et al. 2016). In einer US-amerikanischen Untersuchung wurden Blindheit, Alzheimer-Demenz und Krebs am häufigsten als schlimmste Erkrankung bewertet (Scott et al. 2016). Eine bundesweite Befragung des Forsa-Instituts im Auftrag der DAK-Gesundheit zeigte, dass in Deutschland Krebs, Alzheimer-Demenz und Schlaganfall die meistgefürchteten Krankheiten sind, wobei große Alters- und Geschlechterunterschiede bestehen (DAK-Gesundheit 2018). Auch Krankheiten, die Kinder betreffen, werden gemeinhin als schlimmer bewertet.

Ein systematischer Einflussfaktor liegt im frühen Zeitpunkt der Nutzenbewertung. Zum Zeitpunkt der Zulassung ist die Datenlage zu einem Arzneimittel regelmäßig begrenzt. Dies führt gleichzeitig zu verzerrten Bewer-

◻ **Tab. 19.2** Häufigkeit der von pharmazeutischen Unternehmern im Eingangsstatement zur mündlichen Anhörung nach § 35a SGB V adressierten HTA-Dimensionen; Anhörungen der ersten Jahreshälfte 2022, Stand: 9. Mai 2022

	N	%
1. Gesundheitsproblem und derzeitige Nutzung der Technologie	**50**	**100**
2. Technische Charakteristika	**27**	**54**
3. Sicherheit	**34**	**68**
4. Klinischer Nutzen	**47**	**94**
5. Kosten und ökonomischer Nutzen	**0**	**0**
6. Ethische Analyse	**3**	**6**
7. Organisatorische Aspekte	**12**	**24**
8. Soziale Aspekte	**12**	**24**
9. Rechtliche Aspekte	**1**	**2**
Gesamt	**50**	**100**

Arzneimittel-Kompass 2022

tungen des Nutzens. So überschätzen Studien einer früheren Studienphase und Studien, die vorzeitig beendet werden, den Therapieeffekt systematisch um 25 bis 30 % (Bassler et al. 2010; Liang et al. 2019). Manch postulierte Therapieerfolge lassen sich auf Basis der Studienlage zur Zulassung schlicht nicht nachweisen, wie eine potenzielle Heilung durch die Therapie. Gleichzeitig werden Nebenwirkungen zum Zeitpunkt der Marktzulassung systematisch unterschätzt, insbesondere bei Arzneimitteln mit schwacher Studienlage (Berlin et al. 2008; Mostaghim et al. 2017; Downing et al. 2017; Shepshelovich et al. 2018). Diese Herausforderungen lassen sich zumindest teilweise durch eine systematische Aktualisierung der Bewertung lösen (Deutscher Ethikrat 2011; GKV-Spitzenverband 2021b; Sehdev und Chambers 2022).

Weiterhin wird beschrieben, dass insbesondere im Rahmen einer Bewertung nicht explizit berücksichtigte HTA-Dimensionen eines Arzneimittels in gewissem Maße doch – als implizite Werturteile – auf die summarische Bewertung einwirken (Hofmann et al. 2014; Goetghebeur et al. 2017; Gonçalves 2020). Dies ist mit Blick auf die Nutzenbewertung in Deutschland von besonderer Relevanz. Wie oben gezeigt ist die Nutzenbewertung nach § 35a SGB V im internationalen Vergleich relativ unidimensional ausgestaltet. Argumente in Bezug auf diese nicht explizit bewerteten Nutzendimensionen, die in das Verfahren eingebracht werden, werden nicht systematisch erörtert und hinterfragt und bleiben so regelmäßig unwidersprochen.

Tatsächlich spielen diese Aspekte in relevantem Umfang eine Rolle im Rahmen der mündlichen Anhörung beim G-BA, wie eine Auswertung der Eingangsstatements der Vertreterinnen und Vertreter pharmazeutischer Unternehmer im ersten Halbjahr 2022 zeigt (◻ Tab. 19.2). In 68 % der Eingangsstatements der pharmazeutischen Unternehmer wurde neben den Dimensionen Gesundheitsproblem und derzeitige Nutzung der Technologie (1.), Sicherheit (3.) und klinischer Nutzen (4.) auf mindestens eine weitere HTA-Dimension eingegangen. Am häufigsten wurden technische Charakteristika (2.), organisatorische (7.) und soziale Aspekte (8.) adressiert. Kosten und ökonomischer Nutzen der Therapie (5.) war als einzige Dimension in keinem der Eingangsstatements ein Thema.

Schließlich können auch die Kosten einer Therapie implizit die individuelle subjektive Bewertung ihres medizinischen Nutzens beeinflussen. So wurde nachgewiesen, dass Patientinnen und Patienten dasselbe Medikament als messbar wirksamer empfinden, wenn es als teuer angepriesen wird (Waber et al. 2008; Espay et al. 2015).

Zusammenfassend ist festzustellen, dass sich die Nutzenbewertung durch ein Bestreben hin zu wissenschaftlicher Systematik und Reproduzierbarkeit auszeichnet, externe Einflussfaktoren auf die finale Entscheidung zum Zusatznutzen und damit zum *Value* des Arzneimittels allerdings weiterhin bestehen bleiben.

19.2.2 Grenzen des Value-based Pricing à la AMNOG

Der Begriff *Value-based Pricing* (VBP) ist ein weiter Terminus, der aus Sicht der pharmazeutischen Industrie das AMNOG-System in andere Bepreisungsstrategien einordnet. So stelle neben einer Bepreisung auf Basis der Kosten (*costs*) oder der Preise der Konkurrenzprodukte (*competitors*) VBP auf die Wahrnehmung des *Values* des angebotenen Gutes aus Sicht des Nachfragers (*consumer*) unter Einbeziehung seiner Zahlungsfähigkeit bzw. -bereitschaft ab (Dintsios und Chernyak 2021). Tatsächlich dient diese Vokabel als eine Art „Schirmbegriff" für verschiedene Argumente, die die Bindung des Preises an den vom G-BA festgestellten Zusatznutzen lockern und zum Nutzennachweis nicht geeignete Aspekte eines Arzneimittels in die Verhandlungen einspeisen. Oft handelt es sich um krankheitsbezogene Werturteile, die hinter den Argumenten stehen. Explizit hat der Gesetzgeber solche Werturteile zu Orphan-Arzneimitteln, Reserveantibiotika oder für Arzneimittel, die für Kinder zugelassen sind (PUMAS), durch Nachweisprivilegierungen, die bis zu einer Freistellung von einem Nutzennachweis reichen, zum Ausdruck gebracht.

Grenzen des Value-based Pricing à la AMNOG: Der Preis folgt dem Zusatznutzen

Verstünde man VBP regulativ, wäre der Zusatznutzen nach § 35a SGB V als alleiniges Preisbildungskriterium konsequent. Dies ist praktisch weder bei Arzneimitteln mit noch ohne Zusatznutzen der Fall. In Patientengruppen mit Zusatznutzen schlagen sich oft die Wunschpreise der pharmazeutischen Unternehmer im Ergebnis des Verhandlungsverfahrens nieder, da es keine expliziten gesetzlichen Vorgaben zur Monetarisierung des Zusatznutzens gibt. Die Abgabepreise in anderen europäischen Ländern sind zwar gesetzlich vorgegeben, aber faktisch überwiegend in ihrer tatsächlichen Höhe nicht bekannt. Das Ergebnis wird zudem durch die Jahrestherapiekosten vergleichbarer Arzneimittel verwässert, zumal wenn es sich um nicht nutzenbewertete Arzneimittel aus dem Bestandsmarkt handelt.

Dafür sprechen von den Unternehmen gewählte Einführungsreihenfolgen und die Preisintransparenz im internationalen Raum: Deutschland ist aufgrund der Erstattungsfähigkeit ab der Zulassung und der Preisfreiheit im ersten Jahr häufig eines der ersten Länder, in denen Arzneimittel in der EU auf den Markt gebracht werden (IQWiG 2022b). Andere Länder warten die deutschen Preisverhandlungen ab, um auf dem niedrigeren deutschen Erstattungsbetrag aufsetzen zu können, oder haben längere Preisbildungsprozesse. Ausgehandelte Preise anderer europäischer Länder existieren daher in relevantem Umfang meist erst, wenn der deutsche Erstattungsbetrag bereits feststeht (Vogler et al. 2019). Auch danach bleiben international vielerorts die vom Unternehmen gewählten Preise als einzig öffentlich einsehbare Preise gelistet; die verhandelten tatsächlichen Preise in der EU sind in der Regel vertraulich. Auch eine geringe Gewichtung des EU-Preis-Kriteriums ändert qualitativ nichts daran, dass die Preisvorstellung des Unternehmers über das EU-Preis-Kriterium in die Erstattungsbetragsfindung eingespeist wird. Dies wirkt sich speziell auf die Preise für Orphan-Arzneimittel aus. Aufgrund der oft unzureichenden Datenlage bleibt das Kriterium des „Zusatznutzens" nicht konkretisierbar; vergleichbare Arzneimittel fehlen häufig, sodass als einziger *Benchmark* die EU-Preise wirken (Haas et al. 2020).

Das Kriterium der Jahrestherapiekosten vergleichbarer Arzneimittel setzt hingegen das Prinzip des Konkurrenzpreises um: Nicht *Value*, sondern Preisvorstellungen anderer Unternehmen werden zum Preisfaktor. Da der Gesetzgeber 2014 die Nutzenbewertung von Arzneimitteln, die sich vor dem 1. Januar 2011 in Verkehr befanden (sog. „Bestandsmarkt"), abgeschafft hat, haben über dieses Kriterium auch die frei gewählten Preise von Bestandsmarktarzneimitteln bleibenden, preiserhöhenden Eingang in die Preisverhandlungen gefunden, speziell im Bereich der Onkologie (Richard et al. 2021). Dies mag in Deutschland ein weiterer Grund dafür sein, weshalb bei dieser Indikation in besonderem Maße keine Korrelation zwischen Zusatznutzen und Vergütungshöhe feststellbar ist (Ludwig und Vokinger 2021). Mit einer im System angelegten Preisfortschreibung geht zwangsläufig eine Schwächung des Evidenzanreizes einher.

Bei Arzneimitteln ohne Zusatznutzen darf die Preisobergrenze des § 130b Absatz 3 Satz 1 SGB V in Höhe der Jahrestherapiekosten der zweckmäßigen Vergleichstherapie (zVT) unterschritten werden (BSG 2021); unterhalb der Preisobergrenze besteht theoretisch Gestaltungsspielraum für eine auf Unterschieden beim *Value* basierte Bepreisung zur Entlastung der GKV. Dennoch wird de facto die Korrelation zwischen mangelndem *Value* und Erstattungsbetrag einseitig zugunsten der Unternehmen ausgelegt oder sogar durch den Gesetzgeber geschwächt: Seit 2011 gab es noch nie einen Schiedsspruch, der eine Unterschreitung der Jahrestherapiekosten der wirtschaftlichsten zVT festgesetzt hat. Im Gegenteil: Die Schiedsspruchpraxis hat die Preisobergrenze jahrelang auf immer wieder neue Art nach oben ausgedehnt (Haas et al. 2020).

Die vom Unternehmer durch Unterlassen von Evidenzeinreichung erzeugbare Unsicherheit wirkt sich zusammen mit der Drohung des Marktrückzuges zugunsten des pharmazeutischen Unternehmers aus. Immerhin setzen seit 2019 Schiedsentscheidungen wieder vermehrt die wirtschaftlichste zVT als Preisobergrenze an (Verfahren 5 P 7–20, 10 P 12–20, 17 P 28–21). Einer dieser Sprüche ist durch ein Urteil des Bundessozialgerichts 2021 bestätigt worden (BSG 2021). Auch wenn dies eine Trendwende darstellt, wirken die überpreisten Arzneimittel durch die AMNOG-Binnenbezüge sich bereits als zweckmäßige Vergleichstherapie oder als vergleichbares Arzneimittel in der nächsten Generation der Verhandlungen preishebend aus. Das Narrativ von der „Versorgungslücke" hat inzwischen zur gesetzlichen Modifikation geführt, dass die zuvor uneingeschränkte Preisobergrenze seit 2017 in Ausnahmefällen überschritten werden darf (AMVSG 2017). Ein Prinzip *„better safe than sorry"* hebelt die Intention des Gesetzes aus, dass keine Mehrkosten ohne ein Mehr an Nutzen anfallen sollen (vgl. ◘ Abb. 19.5, ► Abschn. 19.1).

Relativierung der Korrelation zwischen Value und Mischpreis

Das Preisrecht nach Arzneimittelgesetz (AMG) sowie das aktuelle Zulassungsrecht machen im Regelfall derzeit einen einheitlichen Erstattungsbetrag über alle Patientengruppen mittels Mischpreis rechtlich unumgänglich (BSG 2018).[4] Damit verdeckt

---

4 Nach derzeitigem Zulassungsrecht erhält ein Wirkstoff in der Regel nur eine Zulassung, die um neue Indikationen erweitert wird (Konzept „Globalzulassung"). Ausnahme ist, dass derselbe Wirkstoff eine Zulassung als Orphan-Arzneimittel und als Arzneimittel in einer *Nicht-Orphan-Designation* eine Zulassung auf Antrag des Unternehmers erhalten kann. Aufgrund § 78 Absatz 3 Satz 1 SGB V hat der Unternehmer für dasselbe Arzneimittel einen einheitlichen Abgabepreis sicherzustellen.

der Mischpreis aber Unterschiede im Zusatznutzen in den einzelnen Indikationen und relativiert damit die Korrelation zwischen *Value* und Erstattungsbetrag. Dem Mischpreis darf zudem laut BSG (BSG 2018) eine nicht empirisch gestützte, sondern auf Erwartungen basierende Gewichtung von Patientengruppen mit Zusatznutzen zugrunde gelegt werden.

Gerade der Wirkstoff Dapagliflozin zeigt, dass ein für sich genommen niedrig wirkender Preis pro Mengeneinheit aufgrund hoher Absatzmengen ein Jahresausgabenvolumen bedeuten kann, das für die Krankenkassen einen signifikanten *Budget Impact* darstellt. Dies kann sogar bis zur Beitragssatzrelevanz reichen: Im Jahr 2012 hatte der G-BA im Anwendungsgebiet Diabetes Typ 1 keinen Zusatznutzen feststellen können. Im Jahr 2021 kam es zur Erweiterung der Zulassung des Wirkstoffs Dapagliflozin auf das neue Anwendungsgebiet „Behandlung der Herzinsuffizienz"; der G-BA stellte in drei von acht Patientenuntergruppen einen Anhaltspunkt auf einen geringen Zusatznutzen fest. Die Schiedsstelle setzte einen Erstattungsbetrag für beide Indikationen mit und ohne Zusatznutzen fest, der zu einem Preisanstieg von 1,19 € auf 1,96 € Therapiekosten pro Tag, also um plus 70 % führte. Unter der Annahme, dass sich die Gesamtanzahl an potenziellen Patientinnen und Patienten für alle mittlerweile zugelassenen Anwendungsgebiete auf insgesamt 7,1 Mio. Patienten beziffert, kommt man für diesen Wirkstoff allein auf ein potenzielles Ausgabenvolumen von 5 Mrd. €.

Angesichts dieses Beispiels verwundert es nicht, dass der größte Anstieg der Ausgaben auf Arzneimittel mit gemischtem Zusatznutzen entfällt (vgl. ◘ Abb. 19.5, ► Abschn. 19.1). Zugleich führt das Beispiel vor Augen, dass die GKV vor einem unangemessenen Preis-Mengen-Verhältnis oder einer massiven Steigerung des Ausgabevolumens nicht hinreichend geschützt ist, da diese Aspekte derzeit nur als optionale Vereinbarungsinhalte ausgestaltet sind.

Grenzen des Value-based Pricing à la AMNOG: Der Preis folgt nicht der Zahlungsfähigkeit der Nachfragenden

Legt man eine Bepreisung zugrunde, die auf die Zahlungsfähigkeit bzw. Zahlungsbereitschaft der Nachfragenden abstellt (Dintsios und Chernyak 2021), zeigt sich, dass diese Definition im Kontext von AMNOG schlicht ungeeignet ist. In einem krankenkassenbasierten Gesundheitssystem sind Nachfragende und Zahlende des Produktes (Patientinnen und Patienten und Versichertengemeinschaft) nicht deckungsgleich und zudem besteht eine asymmetrische Informations- und Entscheidungssituation mit dem zusätzlichen Akteur Ärzteschaft. Die Zahlungsfähigkeit der einzelnen Versicherten soll im Krankheitsfall in der GKV gerade keine Rolle spielen. Passender erscheint es daher, die GKV als Nachfragende zu begreifen, die sich aufgrund ihrer Leistungspflicht jedoch nicht einfach ab einem bestimmten Preis gegen ein Produkt entscheiden kann. Man kann hier genau genommen nicht von einer Zahlungs*bereitschaft*, sondern Zahlungs*pflicht* sprechen. Hingegen kann das pharmazeutische Unternehmen sich bei Missfallen mit dem Ergebnis der Nutzenbewertung ohne Verhandlung („Opt-out") oder aber bei Unzufriedenheit mit einem Erstattungsbetrag vom deutschen Markt zurückzuziehen („Außer Vertriebnahme"). Verstärkt wird diese Asymmetrie dadurch, dass ein patentrechtlich geschütztes Angebotsmonopol besteht. Ein Marktrückzug des pharmazeutischen Unternehmens aus Deutschland führte in solchen Fällen lediglich dazu, dass die ggf. noch höheren Kosten für den Import aus anderen Ländern zu übernehmen sind. Oft bleibt es jedoch nur bei einer Androhung der Marktrücknahme. Es lassen sich sieben Marktrücknahmen im direkten zeitlichen Zusammenhang mit einem Schiedsverfahren identifizieren, die mehrheitlich in der Frühphase des AMNOG zustande kamen.

Zugleich kann die Zahlungsfähigkeit der „Nachfragerin“ GKV nicht preisbegrenzend wirken, da die GKV – anders als Großbritannien beispielsweise – keine Budgetgrenze kennt und auch nicht wie Frankreich das Umsatzwachstum von pharmazeutischen Unternehmen auf eine jährliche Zuwachsrate kappt. Der Grundsatz der Beitragssatzstabilität ist lediglich als Programmsatz ausgestaltet, der keine absolute Ausgabenobergrenze einzieht und Beitragserhöhungen letztlich nicht verhindert (Krauskopf 2021). Eine beitragssatzrelevante Finanzdimension in Form eines Zehntel-Beitragssatzpunktes ist ab 1,6 Mrd. € erreicht. Insofern ist unterhalb dieses Volumens der Beitrag einzelner Vereinbarungen zum Ziel der Beitragssatzstabilität kaum messbar. Es bedarf einer operationalisierbaren Verknüpfung zwischen den Erstattungsbeträgen (ggf. in einem Anwendungsgebiet) und der Auswirkung auf die GKV-Finanzen. Die Berücksichtigung von Gesamtausgabevolumen oder Mengenaspekten ist gegen den Willen des Unternehmens in Schiedsverfahren derzeit nicht durchsetzbar (Verfahren 16 P 21–20; 18 P 30–21). Im Gegenteil: Das pharmazeutische Unternehmen hat in Deutschland die ökonomisch geradezu paradoxe Möglichkeit, Mengenausweitungen mit einem steigenden Preis zu verbinden (Verfahren 18 P 30–21).

Die Wahrnehmung des *Values* aus Sicht der Nachfragenden kommt dadurch zum Tragen, dass neue Arzneimittel hochgradig mit der Hoffnung auf längere Lebenszeit, Linderung von Schmerz und auf mehr Teilhabe am Leben durch verringerte Nebenwirkungen verbunden sind. Die emotionale Komponente des VBP kann Unternehmen helfen, wesentlich höhere Preise als mit anderen Bepreisungsmodellen zu realisieren (Liozu 2017). Entsprechende Öffentlichkeitsarbeit erzeugt eine Art gesellschaftliche Toleranzentwicklung, durch die exorbitante Preise zunehmend Akzeptanz finden sollen: Im Jahr 2014 hatten die Preisvorstellungen des pharmazeutischen Unternehmens dem Arzneimittel Sovaldi mit dem Wirkstoff Sofosbuvir den Beinamen „1.000-Dollar-Pille“ zugetragen und für Schlagzeilen gesorgt. Mittlerweile wird nur noch über Therapiekosten in Höhe von 2–3 Mio. € pro Gentherapie öffentlich diskutiert.

Als Fazit bleibt: Nahezu alle Argumentationslinien des VBP führen derzeit zu einem Preis zugunsten des pharmazeutischen Unternehmens – die Verbindung zwischen Zusatznutzen und Preis wird schrittweise relativiert. Damit der Preis wieder stärker den Nutzen als das „wesentliche Orientierungskriterium“ (BSG 2018) und damit den wirklichen Innovationsgrad des neuen Arzneimittels widerspiegelt, müssen die Kriterien zur Findung des Erstattungsbetrages rationaler gestaltet werden.

19.3 Strukturelle qualitätsorientierte Maßnahmen um Kostendämpfung ergänzen

In den vergangenen Jahren sind viele Gelegenheiten, die Arzneimittelausgaben qualitäts- und zusatznutzenbasiert zu gestalten, verpasst worden. Qualitätsbezogene Vorschläge des GKV-Spitzenverbandes wie die Weiterentwicklung von der schmalen Bewertung einzelner Wirkstoffe im Vergleich zu einer konkreten Vergleichstherapie hin zu einer horizontalen Bewertung von indikationsbezogenen Therapiestrategien unter Verortung sämtlicher medikamentöser Therapieoptionen und nicht-medikamentöser Behandlungen zueinander (Stackelberg et al. 2018) oder die Möglichkeit indikationsspezifischer Preise (Haas et al. 2016) wurden vom Gesetzgeber nicht aufgriffen oder erste Schritte dahin sogar explizit abgelehnt (AMVSG 2017). Die Bereitschaft bei den Politikverantwortlichen, sich einem Interimspreismodell, d. h. einem auf der Preisebene ansetzenden Modell zur Verbesserung der Evidenzlage bei beschleunigten Zulassungen zuzuwenden (GKV-Spitzenverband 2021b), ist noch nicht zu erkennen. Die eher langfristig angelegten strukturellen Neuregelungen zur Betonung der Qualitätsdimension von Arzneimitteln über die anwendungsbegleitenden Datenerhebungen (AbD) geht zwar in die richtige Richtung, ist aber von der Datengrundlage bis hin zum derzeit hochaufwändigen Verfahrensablauf dringend weiterentwicklungsbedürftig.

Im Leistungsbereich „Arzneimittel" steigen derweil die Ausgaben kontinuierlich und die Ausgabensteigerung fällt überdurchschnittlich im Vergleich zu den allgemeinen Leistungsausgaben aus. Daher ist jetzt der Zeitpunkt, effektive Maßnahmen zur rationalen Preisbildung und Ausgabensenkung zu ergreifen. Dabei gilt es, den international einmaligen unmittelbaren Zugang zu neuen Arzneimitteln ab Zulassung für die Patienten zu erhalten.

Die derzeitigen Kriterien für den Erstattungsbetrag führen insbesondere bei hochpreisigen Vergleichstherapien zu unangemessenen Ergebnissen. Damit der Preis wieder stärker den Nutzen und Innovationsgrad des neuen Arzneimittels widerspiegelt, müssen die Kriterien rationaler gestaltet werden. Dies wird erreicht durch die stärkere Operationalisierung des Grundsatzes „keine Mehrkosten ohne ein Mehr an Nutzen". Entsprechend ist dafür Sorge zu tragen, dass die Preisobergrenze bei Arzneimitteln ohne Zusatznutzen wieder verpflichtend einzuhalten ist. Außerdem sollte eine Preisdifferenzierung von patentgeschützten *Me-toos* ermöglicht werden. Unsichere Studienergebnisse sollten generell mit einem Preisabschlag beantwortet werden, um einen finanziellen Anreiz zur Evidenzgenerierung zu setzen. Statt der Kosten vergleichbarer Arzneimittel sollten die tatsächlichen Forschungs- und Entwicklungskosten berücksichtigt werden, die selbstverständlich manipulationsfrei und um öffentliche Subventionen und Marketingkosten bereinigt von den Unternehmen darzustellen sind. Als Gegengewicht zu dem „Preisanker"-Effekt des freigewählten Einstandspreises muss über die rückwirkende Geltung des Erstattungsbetrages ab dem 1. Tag ein Anreiz zu angemesseneren Erstjahrespreisen gesetzt werden.

Neben hohen Preisen für Neueinführungen verfolgen pharmazeutische Unternehmen auch Strategien, um die Mengen (und damit die Umsätze) ihrer Arzneimittel zu steigern. Während Preisregelungen aber verpflichtender Teil der Erstattungsbetragsverhandlungen sind, gilt für Mengenaspekte derzeit noch: Eine Berücksichtigung ist nur möglich, wenn beide Verhandlungspartner das wollen. Deshalb sollten Mengenaspekte künftig in Erstattungsbetragsverhandlungen verpflichtend berücksichtigt werden.

Ein anderer wirksamer Ansatzpunkt wäre die Einhegung des Ausgabenanstiegs aufgrund des Einsatzes von Arzneimitteln in jeglicher Kombination: Der Umsatz der AMNOG-Arzneimittel, die explizit für einen Einsatz in Kombination zugelassen sind, belief sich im Jahr 2020 allein im ambulanten Bereich auf 7,5 Mrd. €. Im Vergleich zum Vorjahr ist dies ein Anstieg um 32 %. Der Umsatzanteil der Orphan-Arzneimittel, die in Kombination zugelassen sind, stieg zuletzt sogar um mehr als 50 % (Parow et al. 2022). Das AMNOG-Verfahren mit Nutzenbewertung und Erstattungsbetragsverhandlungen beschränkt sich auf laut Fachinformation explizit in Kombination mit anderen Wirkstoffen zu verordnende Arzneimitteltherapien.[5] Nicht erfasst werden jedoch alle implizit zugelassenen Kombinationen und alle Kombinationen mit Bestandsmarktarzneimitteln. Die Problematik der Kombinationstherapien über eine Multiple-Therapien-Nutzenbewertung und Mehrparteienverhandlungen zu lösen, ist komplex und benötigt Zeit. Die Ausgabenentwicklung erfordert hingegen sofortiges Handeln. Als Übergangslösung bedarf es daher eines einfachen Instruments wie eines zusätzlichen Herstellerabschlages auf den kombinierten Einsatz von Arzneimitteln. Ein Abschlag auf den Erstattungsbetrag von 20 % ergäbe abhängig vom Ergebnis der Erstattungsbetragsverhandlung ein Einsparvolumen von 185 bis 250 Mio. €/Jahr (BMG 2022).

5 Daneben gibt es Arzneimittel, die aufgrund der ärztlichen Therapiefreiheit in Kombination eingesetzt werden können, aber nicht müssen (sog. „implizite Kombinationstherapien").

Des Weiteren sollte die Wirtschaftlichkeitsproblematik des packungsgrößenbedingten Verwurfes angegangen werden. Durch eine zu große Packungsgröße werden Krankenkassen gezwungen, mehr Wirkstoffmenge zu bezahlen, als für die ausreichende Versorgung des Patienten notwendig ist. Für die USA wurde hochgerechnet, dass 10 % der Ausgaben für onkologische Arzneimittel (ca. 2,8 Mrd. $) jährlich für Verwurf ausgegeben werden (Bach et al. 2016). Das präzise datenauslesbare Kostenvolumen für den sog. „unvermeidbaren Verwurf" bei parenteralen Zubereitungen im AMNOG- und Bestandsmarkt betrug im Jahr 2021 rund 50 Mio. €. Hinzu kommen datentechnisch derzeit überhaupt nicht erfassbare Kosten durch den Verwurf von individuell dosierten Fertigarzneimitteln beim Patienten. Die Ausgabenrelevanz von Verwurf bei Patientinnen und Patienten nimmt aufgrund der Tendenz zu immer höheren Packungspreisen für Fertigarzneimittel zu. Im wachsenden Segment der hochpreisigen Orphan-Arzneimittel sind Verwürfe besonders ausgabenträchtig.

Die Redewendung vom „lernenden System" mit Bezug auf das AMNOG-Verfahren ist mehr als eine Floskel. Tatsächlich wird das AMNOG als Regulierungssystem eines der versorgungsrelevantesten wie ausgabeträchtigsten Leistungsbereiche der GKV in Wechselwirkung mit den gesamtwirtschaftlichen Rahmenbedingungen und finanzstrukturellen Grundentscheidungen zur GKV immer neu kalibriert werden müssen.

Literatur

AMVSG – GKV-Arzneimittelversorgungsstärkungsgesetz (2017) BT-Drs. 18/11449

Angelis A, Lange A, Kanavos P (2018) Using health technology assessment to assess the value of new medicines: results of a systematic review and expert consultation across eight European countries. Eur J Health Econ 19(1):123–152. https://doi.org/10.1007/s10198-017-0871-0

Angelis A, Linch M, Montibeller G, Molina-Lopez T, Zawada A, Orzel K, Arickx F, Espin J, Kanavos P (2020) Multiple criteria decision analysis for HTA across four EU member states: Piloting the advance value framework. Soc Sci Med 246:112595. https://doi.org/10.1016/j.socscimed.2019.112595

Bach PB, Conti RM, Muller RJ, Schnorr GC, Saltz LB (2016) Overspending driven by oversized single dose vials of cancer drugs. Analysis. BMJ 352:i788. https://doi.org/10.1136/bmj.i788

Bassler D, Briel M, Montori VM, Lane M, Glasziou P, Zhou Q, Heels-Ansdell D, Walter SD, Guyatt GH, STOPIT-2 Study Group (2010) Stopping randomized trials early for benefit and estimation of treatment effects. Systematic review and meta-regression analysis. JAMA 303(12):1180–1187. https://doi.org/10.1001/jama.2010.310

Beletsi A, Koutrafouri V, Karampli E, Pavi E (2018) Comparing use of health technology assessment in pharmaceutical policy among earlier and more recent adopters in the European Union. Value Health Reg Issues 16:81–91. https://doi.org/10.1016/j.vhri.2018.08.002

Berlin JA, Glasser SC, Ellenberg SS (2008) Adverse event detection in drug development: recommendations and obligations beyond phase 3. Am J Public Health 98(8):1366–1371. https://doi.org/10.2105/AJPH.2007.124537

Bletzer K (1993) Perceived severity: do they experience. Illness severity as we conceive it? Hum Organ 52(1):68–75. https://doi.org/10.17730/humo.52.1.t63404005746052j

BMG – Bundesministerium für Gesundheit (2022) GKV-Finanzstabilisierungsgesetz (BMG GKV-FinStG). Entwurf eines Gesetzes zur finanziellen Stabilisierung der gesetzlichen Krankenversicherung – Bearbeitungsstand: 30.06.2022. https://www.bundesgesundheitsministerium.de/fileadmin/Dateien/3_Downloads/Gesetze_und_Verordnungen/GuV/G/RefE_GKV-FinStG.pdf. Zugegriffen: 18. Juli 2022

BSG – Bundessozialgericht (2018) Urteil vom 4. Juli 2018 Az. B 3 KR 20/17 R

BSG – Bundessozialgericht (2021) Urteil vom 12. August 2021, B 3 KR 3/20 R

DAK-Gesundheit (2018) Forsa. Angst vor Krankheiten. https://www.dak.de/dak/download/forsa-umfrage-2112958.pdf. Zugegriffen: 14. Juni 2022

Deutscher Ethikrat (Hrsg) (2011) Nutzen und Kosten im Gesundheitswesen – Zur normativen Funktion ihrer Bewertung. https://www.ethikrat.org/fileadmin/Publikationen/Stellungnahmen/deutsch/DER_StnAllo-Aufl2_Online.pdf. Zugegriffen: 14. Juni 2022

Dintsios CM, Chernyak N (2021) How far is Germany from value-based pricing 10 years after the introduction of AMNOG? Appl Health Econ Health Policy 20:287–290. https://doi.org/10.1007/s40258-021-00712-x

Downing NS, Shah ND, Aminawung JA, Pease AM, Zeitoun JD, Krumholz HM, Ross JS (2017) Postmarket safety events among novel therapeutics approved by the US food and drug administration between 2001 and 2010. JAMA 317(18):1854–1863. https://doi.org/10.1001/jama.2017.5150

Epstein D, Espín J (2020) Evaluation of new medicines in Spain and comparison with other European countries. Gac Sanit 34(2):133–140. https://doi.org/10.1016/j.gaceta.2019.02.009

Espay AJ, Norris MM, Eliassen JC, Dwivedi A, Smith MS, Banks C, Allendorfer JB, Lang AE, Fleck DE, Linke MJ, Szaflarski JP (2015) Placebo effect of medication cost in Parkinson disease. A randomized double-blind study. Neurology 84(8):794–802. https://doi.org/10.1212/WNL.0000000000001282

EUnetHTA (2016) EUnetHTA JA2 WP8 deliverable. HTA core model version 3.0. http://www.corehta.info/model/HTACoreModel3.0.pdf. Zugegriffen: 14. Juni 2022

Gagnon H, Legault GA, Bellemare CA, Parent M, Dagenais P, Bédard SK, Tapin D, Bernier L, Béland JP, Daniel CÉ, Patenaude J (2020) How does HTA addresses current social expectations? An international survey. Int J Technol Assess Health Care 37(1):e9. https://doi.org/10.1017/S0266462320000793

García-Mochón L, Espín Balbino J, de Labry lima AO, Caro Martinez A, Martin Ruiz E, Pérez Velasco R (2017) HTA and decision-making processes in Central, Eastern and South Eastern Europe: Results from a survey. Health Policy 123(2):182–190. https://doi.org/10.1016/j.healthpol.2017.03.010

GKV-Spitzenverband (Hrsg) (2021a) GKV-Arzneimittel-Schnellinformation für Deutschland - nach § 84 Abs. 5 SGB V. https://www.gkv-gamsi.de/media/dokumente/quartalsberichte/2021/q4_25/Bundesbericht_GAmSi_202112_konsolidiert.pdf. Zugegriffen: 31. August 2022

GKV-Spitzenverband (Hrsg) (2021b) Echte Arzneimittelinnovationen fördern und die Versorgung stärken. Positionspapier des GKV-Spitzenverbandes zu patentgeschützten Arzneimitteln. https://gkv-spitzenverband.de/gkv_spitzenverband/presse/pressemitteilungen_und_statements/pressemitteilung_1266624.jsp. Zugegriffen: 13. Juni 2022

Goetghebeur MM, Wagner M, Samaha D, O'Neil W, Badgley D, Castro-Jaramillo H, Abrishami P, Sarria-Santamera A, Cleemput I, Tringali M (2017) Exploring values of health technology assessment agencies using reflective multicriteria and rare disease case. Int J Technol Assess Health Care 33(4):504–520. https://doi.org/10.1017/S0266462317000915

Gonçalves E (2020) Advanced therapy medicinal products: value judgement and ethical evaluation in health technology assessment. Eur J Health Econ 21:311–320. https://doi.org/10.1007/s10198-019-01147-x

Haas A, Tebinka-Olbrich A, Kleinert JM, Różyńska C (2016) Konzeptpapier: Nutzenorientierte Erstattung. https://www.gkv-spitzenver-band.de/media/dokumente/presse/presse_themen/amnog_verhandlungen/20160608_Konzeptpapier_NoE_AMNOG.pdf. Zugegriffen: 22. Juni 2022

Haas A, Tebinka-Olbrich A, Erdmann D, Henck S, Kuhn M, Nickel A (2020) Rückblick und Ausblick aus Sicht des GKV-Spitzenverbandes. In: Storm A (Hrsg) AMNOG Report 2020. 10 Jahre AMNOG – Rückblick und Ausblick. Beiträge zur Gesundheitsökonomie und Versorgungsforschung (Bd 32), S 87–104. https://www.dak.de/dak/bundesthemen/dak-amnog-report-2020-2331046.html#/. Zugegriffen: 22. Juni 2022

Hofmann B, Cleemput I, Bond K, Krones T, Droste S, Sacchini D, Oortwijn W (2014) Revealing and acknowledging value judgments in health technology assessment. Int J Technol Assess Health Care 30(6):579–586. https://doi.org/10.1017/S0266462314000671

IQWiG (2022a) Allgemeine Methoden. Version 6.1 vom 24.01.2022. https://www.iqwig.de/methoden/allgemeine-methoden-v6-1.pdf. Zugegriffen: 13. Juni 2022

IQWiG (2022b) EFPIA patients W.A.I.T. indicator 2021 survey. https://www.efpia.eu/media/636821/efpia-patients-wait-indicator-final.pdf. Zugegriffen: 22. Juni 2022

Krauskopf (2021) Soziale Krankenversicherung, Pflegeversicherung; Werkstand: 113. EL Dezember 2021 Rn. 6 (in press)

Kristensen FB, Lampe K, Wild C, Cerbo M, Goettsch W, Becla L (2017) The HTA core models – 10 years of developing an international framework to share multidimensional value assessment. Value Health 20(2):244–250. https://doi.org/10.1016/j.jval.2016.12.010

Kristensen FM, Nielsen CP, Panteli D (2019) Regulating the input – health technology assessment. In: Busse R, Klazinga N, Panteli D, Quentin W (Hrsg) Improving healthcare quality in Europe. Characteristics, effectiveness and implementation of different strategies. Health policy series, Bd. 53, S 151–174

Liang F, Wu Z, Mo M, Zhou C, Shen J, Wang Z, Zheng Y (2019) Comparison of treatment effect from randomised controlled phase II trials and subsequent phase III trials using identical regimens in the same treatment setting. Eur J Cancer 121:19–28. https://doi.org/10.1016/j.ejca.2019.08.006

Liozu SM (2017) Value-based pricing special issue: Editorial. J Revenue Pricing Manag 16:1–3. https://doi.org/10.1057/s41272-016-0058-9

Ludwig WD, Vokinger KN (2021) Hochpreisigkeit bei Onkologika. In: Schröder H, Thürmann P, Telschow C, Schröder M, Busse R (Hrsg) Arzneimittel-Kompass 2021. Springer, Berlin, Heidelberg https://doi.org/10.1007/978-3-662-63929-0_6

Lühmann D, Raspe H (2008) Ethik im Health Technology Assessment – Anspruch und Umsetzung. Z Evid Fort-

bild Qual Gesundhwes 102(2):69–76. https://doi.org/10.1016/j.zefq.2008.02.003
Lühmann D, Rüther A, Schwarzer R, Gawlik C, Schiffner R, Perlet M (2014) Grundlagen und Prinzipien von Health Technology Assessment (HTA). In: Perleth M, Busse R, Gerhardus A, Gibis B, Lühmann D, Zentner A (Hrsg) Health Technology Assessment. Konzepte, Methoden, Praxis für Wissenschaft und Entscheidungsfindung. MWV Medizinisch Wissenschaftliche Verlagsgesellschaft, Berlin, S 1–57
Marsh K, Ganz ML, Hsu J, Strandberg-Larsen M, Palomino Gonzalez R, Lund N (2015) Expanding health technology assessments to include effects on the environment. Value Health 19(2):249–254. https://doi.org/10.1016/j.jval.2015.11.008
Mostaghim SR, Gagne JJ, Kesselheim AS (2017) Safety related label changes for new drugs after approval in the US through expedited regulatory pathways: retrospective cohort study. BMJ 358:j3837. https://doi.org/10.1136/bmj.j3837
Parow D, Weidlich M, Witte J (2022) Hochpreisige Arzneimittel in Kombitherapien: Fakten und Handlungsoptionen. In: Storm A (Hrsg) AMNOG-Report 2022. Beiträge zur Gesundheitsökonomie und Versorgungsforschung (Bd 38). S 99–106. https://www.dak.de/dak/download/report-2524570.pdf. Zugegriffen: 22. Juni 2022
Polisena J, De Angelis G, Kaunelis D, Shaheen M, Gutirrez-Ibarluzea I (2018) Environmental impact assessment of a health technology: a scoping review. Int J Technol Assess Health Care 34(3):317–326. https://doi.org/10.1017/S0266462318000351
Rawlins MD (2014) Evidence, values, and decision making. Int J Technol Asseshealth Care 30(2):233–238. https://doi.org/10.1017/S0266462314000154
Richard S, Jablonka S, Bogum J, Opitz G, Wolf C (2021) Reformbedarf für angemessene Arzneimittelpreise aus Sicht der gesetzlichen Krankenkasse. In: Schröder H, Thürmann P, Telschow C, Schröder M, Busse R (Hrsg) Arzneimittel-Kompass 2021. Springer, Berlin, Heidelberg https://doi.org/10.1007/978-3-662-63929-0_12
Scott AW, Bressler NM, Ffolkes S, Wittenborn JS, Jorkasky J (2016) Public attitudes about eye and vision health. JAMA Ophthalmol 134(10):1111–1118. https://doi.org/10.1001/jamaophthalmol.2016.2627
Sehdev S, Chambers A (2022) Is it time to commit to a process to re-evaluate oncology drugs? A descriptive analysis of systemic therapies for solid tumour indications reviewed in Canada from 2017 to 2021. Curr Oncol 29(3):1919–1931. https://doi.org/10.3390/curroncol29030156
Shepshelovich D, Tibau A, Goldvaser H, Molto C, Ocana A, Seruga B, Amir E (2018) Postmarketing modifications of drug labels for cancer drugs approved by the US food and Drug Administration between 2006 and 2016 with and without supporting randomized controlled trials. J Clin Oncol 36(18):1798–1804. https://doi.org/10.1200/JCO.2017.77.5593
v. Stackelberg JM, Haas A, Tebinka-Olbrich A, Zentner A, Ermisch M, Schubert A, Erdmann D (2018) Ergebnisse des AMNOG-Erstattungsbetragsverfahrens. In: Schwabe U, Paffrath D, Ludwig WD, Klauber J (Hrsg) Arzneiverordnungs-Report 2018. Springer, Berlin, Heidelberg https://doi.org/10.1007/978-3-662-57386-0_6
Vogler S, Schneider P, Zimmermann N (2019) Evolution of average European medicine prices: Implications for the methodology of external price referencing. Pharmacoeconom Open 3:303–309. https://doi.org/10.1007/s41669-019-0120-9
Waber RL, Shiv B, Carmon Z, Ariely D (2008) Commercial features of placebo and therapeutic efficacy. JAMA 299(9):1016–1017. https://doi.org/10.1001/jama.299.9.1016

Arzneimittelmarkt und -versorgung in Deutschland im europäischen Vergleich

Reinhard Busse, Cornelia Henschke, Dimitra Panteli und Sabine Vogler

Inhaltsverzeichnis

H. Schröder et al. (Hrsg.), *Arzneimittel-Kompass 2022*, https://doi.org/10.1007/978-3-662-66041-6_20

Zusammenfassung

Der vorliegende Beitrag beschreibt anhand vierer zentraler Parameter (Ausgaben, Verbrauch, Generikaanteile und Preise) im Zeitraum von 2010 bis 2020 gemessene Entwicklungen im deutschen Arzneimittelmarkt im Vergleich mit zehn europäischen Ländern, darunter große Arzneimittelmärkte und Nachbarländer Deutschlands. Bei allen analysierten Parametern liegt über die Jahre hinweg Deutschland im Spitzenfeld bzw. im oberen Mittelfeld. So waren 2010 und 2020 die Pro-Kopf-Arzneimittelausgaben Deutschlands die höchsten. Deutschland wies im Betrachtungszeitraum hohe Steigerungsraten sowohl bei den Pro-Kopf-Arzneimittelausgaben als auch beim Verbrauch auf. Die Generikaanteile lagen mengenmäßig bereits auf einem hohen Niveau und wuchsen im untersuchten Zeitraum nur geringfügig, während die Generikaanteile wertmäßig (d. h. unter Berücksichtigung der Preiskomponente) sanken. Laut internationaler Preisvergleichsstudien ist und bleibt Deutschland ein Hochpreisland, insbesondere bei neuen, patentgeschützten Arzneimitteln.

20.1 Arzneimittelmarkt und -versorgung

Der internationale Vergleich von Arzneimittelmärkten und -versorgung wird in der Gesundheitssystemforschung häufig angewendet, um Unterschiede zwischen Ländern zu beleuchten und Auffälligkeiten für einzelne Länder aufzudecken, oftmals mit dem Ziel, mögliche Verbesserungspotentiale abzuleiten und der Politik Informationen bereitzustellen. Neben der Betrachtung von Entwicklungen über die Zeit stellt dies eine der Hauptannäherungen dar, die zur Identifizierung von prioritären Bereichen für gesundheitspolitische Interventionen dienen können.

Zur Kontextualisierung der Arzneimittelversorgung werden häufig vier Hauptmerkmale international verglichen: (1) die Ausgaben, (2) der Verbrauch, (3) die Entwicklung unterschiedlicher Marktsegmente (vor allem patentfrei vs. patentgeschützt) und (4) die Preise. Je nach Motivation der Untersuchung variieren die jeweiligen Indikatoren und die herangezogenen Vergleichsländer. Aus deutscher Perspektive sind Vergleiche mit Ländern der Europäischen Union (EU) und des Europäischen Wirtschaftsraums (EWR) besonders zielführend, nicht zuletzt aufgrund des gemeinsamen regulatorischen Rahmens für die Zulassung und Vermarktung von Arzneimitteln.

Vor diesem Hintergrund werden in diesem Beitrag Daten zu Arzneimittelausgaben und -verbrauch, auch unter Betrachtung von unterschiedlichen Marktsegmenten, longitudinal über den Zeitraum 2010 bis 2020 (konkret für die Jahre 2010, 2015 und 2020) für Deutschland und die folgenden zehn Länder verglichen (darunter die Länder mit den größten europäischen Arzneimittelmärkten sowie direkte Nachbarländer von Deutschland (DE)): Belgien (BE), Dänemark (DK), Frankreich (FR), Italien (IT), Niederlande (NL), Österreich (AT), Spanien (ES), Schweden (SE), Schweiz (CH), Vereinigtes Königreich (UK). Wo es sinnvoll und machbar ist, werden auch die Durchschnittswerte dieser zehn Länder im Vergleich zu Deutschland aufgeführt. Als zentrale Quelle der Länderübersicht dienten die Daten der Organisation für wirtschaftliche Zusammenarbeit und Entwicklung (OECD 2022a), die um Informationen aus der Literatur ergänzt wurden. Darüber hinaus wird eine Übersicht von relevanten und möglichst aktuellen Studien zu Arzneimittelpreisvergleichen präsentiert, bei denen Deutschland eingeschlossen war – die Bandbreite weiterer Vergleichsländer war hier größer.

20.2 Arzneimittelausgaben im europäischen Vergleich (2010, 2015, 2020)

Im Ländervergleich lassen sich Arzneimittelausgaben insbesondere auf drei Arten quantifizieren: (1) die Arzneimittelausgaben pro Kopf,

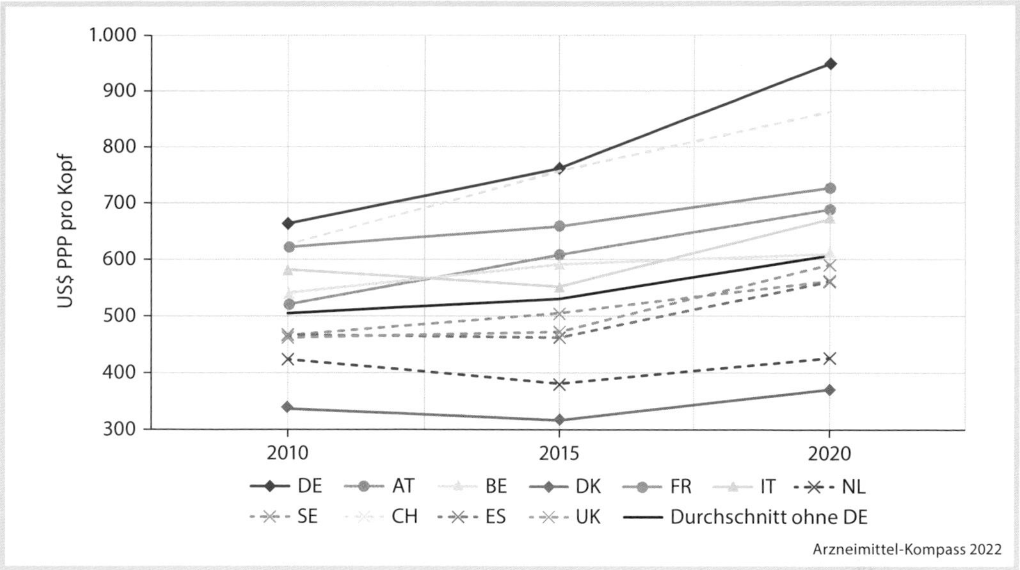

Abb. 20.1 Arzneimittelausgaben pro Kopf, kaufkraftbereinigt (in USD PPP); 2010, 2015, 2020. PPP: Purchasing Power Parities (Kaufkraftparitäten). (Quelle: OECD Health Statistics 2022)

(2) der Anteil der Arzneimittelausgaben an den gesamten Gesundheitsausgaben und (3) der Anteil der Arzneimittelausgaben am Bruttoinlandsprodukt (BIP) (Panteli et al. 2016).

Bei Betrachtung der (kaufkraftbereinigten) Arzneimittelausgaben pro Kopf (Abb. 20.1) lag Deutschland im Jahr 2010 unter den Vergleichsländern auf Platz eins, gefolgt von der Schweiz und Frankreich. Im Vergleich dazu betrugen die Arzneimittelausgaben pro Kopf in Dänemark etwa die Hälfte. Bei Betrachtung über den dargestellten Zeitraum zeigt sich, dass Deutschland 2015 einzig mit der Schweiz nahezu gleichauf rangierte, gefolgt von Frankreich, Österreich und Belgien. Insgesamt stiegen die Arzneimittelausgaben pro Kopf von 2010 auf 2015 in sieben Ländern (Belgien, Deutschland, Frankreich, Österreich, Schweden, Schweiz, Vereinigtes Königreich); prozentual gesehen am stärksten in der Schweiz (20,8 %), gefolgt von Österreich (16,8 %) und Deutschland (14,8 %). Von 2015 auf 2020 war für alle elf betrachteten Länder ein Anstieg der Arzneimittelausgaben pro Kopf zu verzeichnen. Dieser fiel prozentual am stärksten im Vereinigten Königreich (25 %) aus, gefolgt von Deutschland (24,5 %), Italien (21,5 %) und Spanien (21,3 %), und am geringsten in Belgien (3,1 %). Die Niederlande waren das einzige Land unter den analysierten Ländern, in dem sich die Arzneimittelausgaben pro Kopf im Jahr 2020 nahezu auf dem Ausgangsniveau von 2010 bewegten. In allen anderen Ländern haben sich diese deutlich erhöht. Der Abstand der Arzneimittelausgaben pro Kopf hat sich in Deutschland und der Schweiz zu den anderen Ländern von 2010 zu 2020 deutlich vergrößert.

Im Rahmen der Interpretation der Ausgaben müssen verschiedene Aspekte beachtet werden: So enthalten die Daten lediglich Ausgaben für Arzneimittel im ambulanten Sektor (verschreibungspflichtige sowie nichtverschreibungspflichtige Medikamente des Einzelhandels), nicht jedoch Ausgaben, die in Krankenhäusern und anderen Einrichtungen des Gesundheitswesens verbraucht werden (OECD 2022b). Insgesamt spiegelt die Analyse der Arzneimittelausgaben im ambulanten Sektor nur einen Teil der Arzneimittelkosten im Gesundheitssystem wider. Die nicht enthaltenen Ausgaben für Arzneimittel im Krankenhaussektor können erheblich sein, z. B. 2013 in Deutschland etwa zusätzlich 10 % zu den ambulanten Arzneimittelausgaben, während dieser Anteil in anderen Ländern noch größer ausfallen kann (z. B. 27 % in Spanien, 2013) (Belloni et al. 2016; OECD 2015). In Österreich entfielen im Jahr 2015 17 % der gesamten Arzneimittelausgaben auf den stationären Sektor (Zimmermann und Habimana 2017). Für 2020 wird aus Dänemark berichtet, dass die Arzneimittelausgaben im Krankenhaus diejenigen im ambulanten Sektor sogar knapp übersteigen (Statista 2022). Auch die Arzneimittelausgaben im Krankenhaus sind in den letzten zehn Jahren erheblich gestiegen, was u. a. auf das Aufkommen neuer kostenintensiver Behandlungen, insbesondere in der Onkologie und Immunologie zurückzuführen ist. Hier ist zu beobachten, dass die Arzneimittelausgaben im Krankenhaussektor rascher als die Ausgaben im ambulanten Sektor gestiegen sind, wobei für die hier ausgewerteten elf Länder nur Daten für drei Länder vorlagen: Die höchste Wachstumsrate für Arzneimittelausgaben (2010–2019) im Krankenhaussektor war mit 8,5 % in Spanien zu verzeichnen, während sie in Dänemark bei 3,6 % und in Deutschland bei 3,2 % lag (OECD 2021).

Des Weiteren beziehen die Arzneimittelausgaben die Umsatzsteuer mit ein, wodurch sie in Ländern, in denen sie relativ hoch ist (etwa in Dänemark mit 25 % oder Deutschland mit 19 %), anteilig stärker ins Gewicht fällt als in Ländern mit niedriger Rate (etwa 0 % in Schweden, 2,5 % in der Schweiz oder 4 % in Spanien). Auch sind in den meisten Ländern Rabatte berücksichtigt, die von Herstellern, Großhändlern oder Apotheken gewährt werden (OECD 2022b), d. h. sie können als „Netto"-Ausgaben interpretiert werden.

Drei zentrale Parameter können die Unterschiede in den Pro-Kopf-Ausgaben für Arzneimittel bedingen: zum einen die Mengenkomponente, das heißt der Arzneimittelverbrauch insgesamt (bzw. für verschiedene Indikationsgebiete; vgl. ► Abschn. 20.4), zweitens die Strukturkomponente, also der unterschiedliche Einsatz von neuen, oftmals hochpreisigen und alteingesessenen, eher preisgünstigen Arzneimitteln, und drittens die Preiskomponente, das heißt Preisunterschiede bei gleichen Arzneimitteln (Panteli et al. 2016).

Ein weiterer wichtiger Indikator neben den Pro-Kopf-Arzneimittelausgaben ist die Arzneimittelausgabenquote, also die Ausgaben für Arzneimittel als Anteil der gesamten Gesundheitsausgaben (■ Abb. 20.2). Die Arzneimittelausgabenquote betrug in den Vergleichsländern im Jahr 2020 durchschnittlich 11,6 %, allerdings mit beachtlichen Unterschieden zwischen den Ländern (6,5 % in Dänemark und 17,9 % in Italien). Mit Ausnahme der Schweiz nahm diese Quote über den Zeitraum ab. Zugleich zeigte sich – mit Ausnahme von Schweden – auch eine recht stabile Reihung der betrachteten Länder.

Eine deutlich höhere Arzneimittelausgabenquote eines Landes im Vergleich zu seiner Reihung bei den Pro-Kopf-Arzneimittelausgaben (■ Abb. 20.1) impliziert einen im Vergleich zu anderen Gesundheitsleistungen überdurchschnittlich hohen Arzneimittelverbrauch und/oder ein – im Vergleich zu den anderen, überwiegend von Personalkosten geprägten Gesundheitsleistungen – höheres Preisniveau (z. B. Spanien und Italien), auch wegen des niedrigen Generikaanteils (s. u.). Dahingegen weist eine niedrigere Lage in ■ Abb. 20.2 im Vergleich zu ■ Abb. 20.1 auf einen geringen Arzneimittelverbrauch bzw. niedrigere Preise hin (z. B. Österreich), wobei auch hier wieder die angesprochene Limitation (Nicht-Berücksichtigung der stationären Arzneimittelausgaben in zahlreichen Ländern) zu beachten ist. Mit einer Arzneimittelausgabenquote von 15 % befand sich Deutschland im Jahr 2010 1,5 Prozentpunkte über dem Durchschnitt. Wenngleich die Arzneimittelausgabenquote auf 13,7 % im Jahr 2020 sank, vergrößerte sich der Abstand zum Durchschnitt der betrachteten Länder (11,6 %) leicht, da bei der Mehrheit der Länder die Arzneimit-

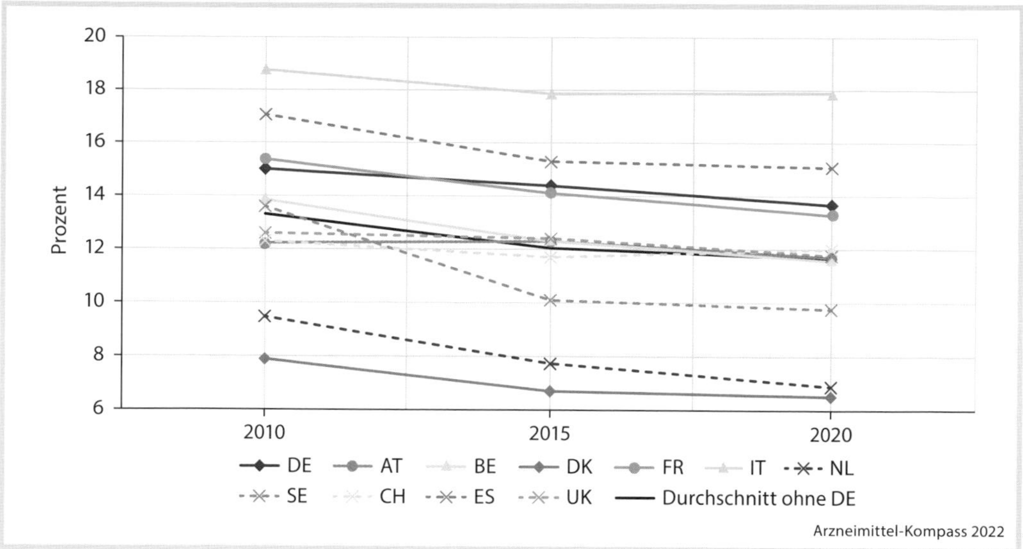

Abb. 20.2 Arzneimittelausgaben in Prozent der gesamten Gesundheitsausgaben; 2010, 2015, 2020. (Quelle: OECD Health Statistics 2022)

telausgabenquote stärker als in Deutschland sank – mit Ausnahme von Österreich, der Schweiz, dem Vereinigten Königreich und Italien. Diese Entwicklungen sind vor dem Hintergrund der Datenlimitationen, vor allem hinsichtlich der fehlenden Informationen zu stationären Arzneimittelausgaben zu interpretieren (siehe oben).

Bei den Arzneimittelausgaben als Anteil des BIP (Abb. 20.3), dem dritten wesentlichen Parameter zur Beurteilung der Arzneimittelausgaben, zeigte sich von 2010 auf 2015 eine leichte Abnahme in Deutschland und den Vergleichsländern – mit Ausnahme von Österreich und der Schweiz. Dieser Trend konnte nur in den Niederlanden und Belgien bis 2020 fortgesetzt werden. In Dänemark blieb das Niveau gleich, während in allen anderen Vergleichsländern der Anteil der Arzneimittelausgaben am BIP bis 2020 wieder stieg; am stärksten in Spanien und im Vereinigten Königreich, gefolgt von Deutschland und Italien. Während sich Deutschland im Jahr 2010 auf Platz 3 hinter Italien und Frankreich befand, rangierte es 2020 auf Platz 1, gefolgt von Italien, Frankreich und Spanien. In den vier letztgenannten Ländern war dabei der Anteil der Arzneimittelausgaben am BIP im Jahr 2020 mehr als doppelt so hoch wie in Dänemark und den Niederlanden. Dabei hat sich der Abstand des Anteils der Arzneimittelausgaben am BIP bei den beiden Ländergruppen von 2010 auf 2020 erhöht.

Die relative Stabilität der Ausgaben als Anteil des BIP im Gegensatz zu einer sinkenden Arzneimittelausgabenquote (d. h. an den laufenden Gesundheitsausgaben) lässt sich dadurch erklären, dass in den meisten in die Analyse eingeschlossenen Ländern die Ausgaben für andere gesundheitliche Dienstleistungen und Waren stärker als das BIP-Wachstum zugenommen haben, während die Steigerung der ambulanten Arzneimittelausgaben im Wesentlichen gleich hoch wie beim BIP ausfiel. Ein weiterer Faktor für eine allfällige Dämpfung der Arzneimittelausgaben könnte der Ablauf des Patentschutzes bei einigen ausgabenstarken Arzneimitteln und damit die Verfügbarkeit der preisgünstigen Generika sein.

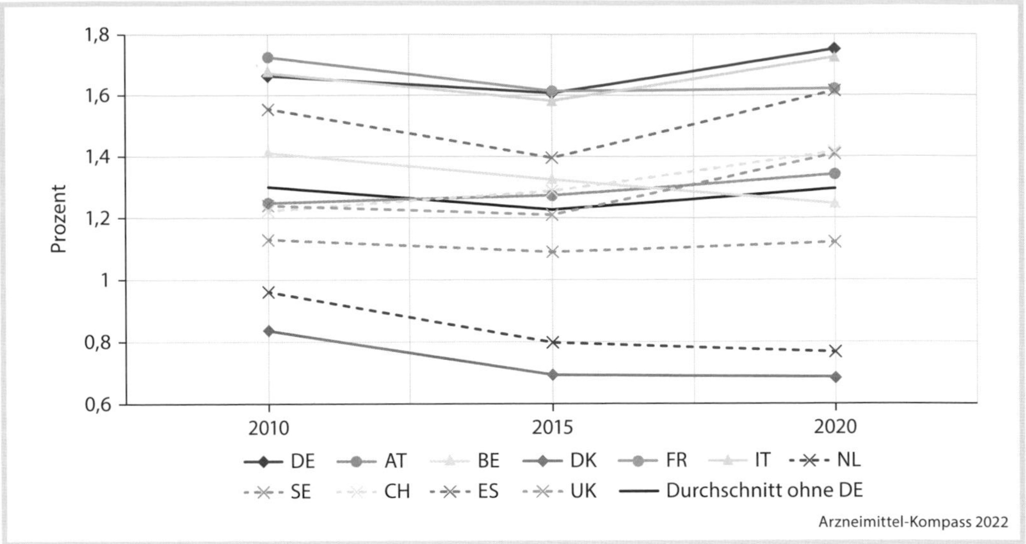

Abb. 20.3 Arzneimittelausgaben als Anteil des Bruttoinlandsprodukts; 2010, 2015, 2020. (Quelle: OECD Health Statistics 2022)

20.3 Arzneimittelverbrauch im europäischen Vergleich (2010, 2015, 2020)

Eine Reihe von Faktoren prägen sowohl die Menge als auch die Zusammensetzung des Arzneimittelverbrauchs in einem Land: so etwa die landesspezifische Krankheitslast, unterschiedliche regulatorische Vorgaben, Leitlinien und Verschreibungspraxen und auch Unterschiede in Kultur und Patientenverhalten. Insgesamt ist anzunehmen, dass die demographische Entwicklung die Verordnungen von Arzneimitteln, die im Rahmen von chronischen oder altersbedingten Erkrankungen eingesetzt werden, gesteigert hat. Dieser Effekt kann je nach Alters- und Geschlechtsstruktur der Bevölkerung unterschiedlich ausfallen; zum Beispiel schwankte im Jahr 2021 der Anteil der über 65-Jährigen in den untersuchten Ländern zwischen 18,2 % (Großbritannien) und 23,5 % (Italien) (Median 19,8 %) (Statista 2022). In Anbetracht der genannten Limitationen in der Vergleichbarkeit versucht der folgende Abschnitt, einen Überblick des Verbrauchs in den Vergleichsländern über wichtige Indikationsgruppen hinweg zu verschaffen, ohne Erklärungsmodelle aufzustellen.

Zur Beschreibung des Arzneimittelverbrauchs in den Vergleichsländern wurden die folgenden acht Indikationsgruppen auf Basis der ATC-Klassifikation (BfArM 2022) aus der OECD-Gesundheitsstatistik (OECD 2022a) extrahiert:

- A: Alimentäres System und Stoffwechsel (inkl. Magen-Darm-Mittel und Antidiabetika)
- B: Blut und blutbildende Organe (inkl. Antithrombotika und Antihämorrhagika)
- C: Kardiovaskuläres System (inkl. Herzglykoside, Antiarrhythmika, Hemmstoffe des Renin-Angiotensin-Systems, Betarezeptorenblocker, Antihypertensiva, Diuretika und lipidsenkende Mittel)
- G: Urogenitalsystem und Sexualhormone
- H: Systemische Hormonpräparate (exkl. Sexualhormone und Insuline)
- M: Muskel- und Skelettsystem (inkl. Antirheumatika)

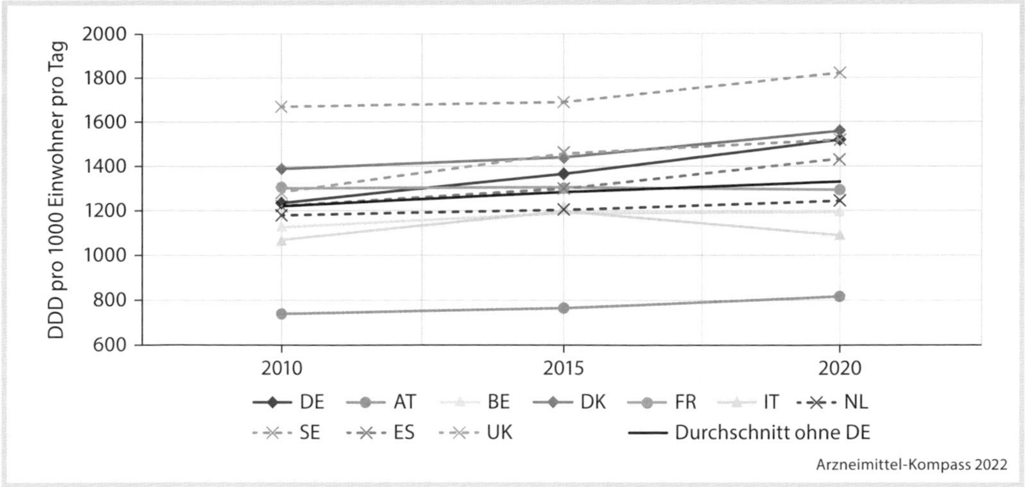

Abb. 20.4 Gesamtverbrauch über acht Indikationsgruppen, DDD pro 1.000 Einwohner und pro Tag; 2010, 2015, 2020. (Quelle: OECD Health Statistics 2022)

- N: Nervensystem (inkl. Analgetika, Antiepileptika und Psychopharmaka)
- R: Respirationstrakt (inkl. Bronchospasmolytika und Antiasthmatika)

Die definierten Tagesdosen (*defined daily doses*, DDD) pro 1.000 Einwohnerinnen und Einwohner und pro Tag wurden per Indikationsgruppe für die Jahre 2010, 2015 und 2020 aufbereitet und anschließend aufsummiert, um einen Wert über die acht Gruppen hinweg zu bekommen. Auch hier sind methodische Unterschiede zu berücksichtigen: So gibt es Länder, die wie Deutschland nur die ambulanten verordneten und erstatteten Arzneimittel berücksichtigen (Österreich, Belgien, Niederlande und das Vereinigte Königreich), während in anderen auch Arzneimittel im Krankenhaus (Dänemark, Frankreich, Italien, Schweden und Spanien seit 2018) und/oder OTC-Arzneimittel (Dänemark, Frankreich und Schweden) berücksichtigt werden (OECD 2022c). Für die Schweiz waren keine Daten verfügbar.

In der Gesamtbetrachtung über alle Indikationsgruppen hinweg (vgl. Abb. 20.4) zeichnet sich für Deutschland eine kontinuierliche Zunahme im Verbrauchsvolumen ab. Das Bild findet sich für die Mehrheit der Vergleichsländer wieder, abgesehen von Frankreich und Italien, wo im Jahr 2020 weniger DDDs als 2015 verordnet wurden; in Belgien gab es von 2015 auf 2020 nur einen marginalen Anstieg. Über die Betrachtungszeitpunkte hinweg befindet sich Deutschland in der oberen Hälfte der Länderstichprobe, mit bedeutend höheren Verbrauchsmengen als der Durchschnitt der Vergleichsländer; auch wenn der untere Ausreißer Österreich herausgerechnet wird, liegt Deutschland weiterhin über dem Durchschnitt (2010: 1.297; 2015: 1.347; 2020: 1.393 DDD). Als Maximalverbraucher in der Stichprobe erscheint Schweden, wo für alle drei Erhebungsjahre mit Abstand die meisten verordneten Tagesdosen dokumentiert wurden.

Betrachtet man das Verbrauchsgeschehen für die einzelnen Indikationsgruppen (vgl. Anhang), wird deutlich, dass in Deutschland vor allem Arzneimittel zur Bewältigung von kardiovaskulären Erkrankungen einen beträchtlich höheren Einsatz finden als in den Vergleichsländern, und das über die Betrachtungszeitpunkte hinweg (die Zunahme von 2015 auf 2020 ist darüber hinaus steiler als die von 2010 auf 2015). Überdurchschnittlich mehr als in den Vergleichsländern werden außerdem durchgehend Arzneimittel für musku-

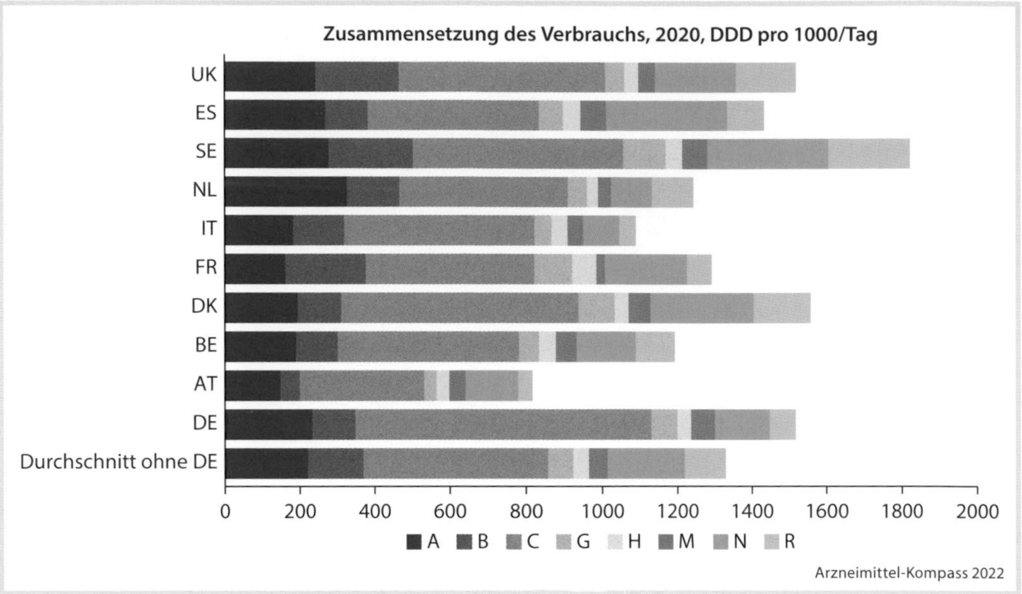

Abb. 20.5 Zusammensetzung des Gesamtverbrauchs nach Indikationsgruppen im Jahr 2020 (DDD pro 1.000 Einwohner und Tag), in absoluten Zahlen. Abkürzungen Indikationsgruppen: A: Alimentäres System und Stoffwechsel (inkl. Magen-Darm-Mittel und Antidiabetika); B: Blut und blutbildende Organe (inkl. Antithrombotika und Antihämorrhagika); C: Kardiovaskuläres System (inkl. Herzglykoside, Antiarrhythmika, Hemmstoffe des Renin-Angiotensin-Systems, Betarezeptorenblocker, Antihypertensiva, Diuretika und lipidsenkende Mittel); G: Urogenitalsystem und Sexualhormone; H: Systemische Hormonpräparate (exkl. Sexualhormone und Insuline); M: Muskel- und Skelettsystem (inkl. Antirheumatika); N: Nervensystem (inkl. Analgetika, Antiepileptika und Psychopharmaka); R: Respirationstrakt (inkl. Bronchospasmolytika und Antiasthmatika) (Quelle: OECD Health Statistics 2022)

loskelettale Erkrankungen und marginal auch für Erkrankungen des alimentären Systems und Stoffwechsels verordnet. Hingegen liegen die definierten Tagesdosen in Deutschland durchgehend unter dem Durchschnitt für Arzneimittel aus den Bereichen Blut und blutbildende Organe, systemische Hormonpräparate, Nervensystem und respiratorisches System. Arzneimittel, die ihre Anwendung für Erkrankungen des Urogenitalsystems finden, wurden im Jahr 2010 unterdurchschnittlich, 2020 jedoch in durchschnittlichen Mengen verordnet.

Abb. 20.5 und 20.6 stellen die Zusammensetzung des Gesamtverbrauchs aufgeschlüsselt nach Indikationsgruppen in absoluten DDD pro 1.000 Einwohner und Tag sowie anteilig für das Jahr 2020 dar. So wird als ein Beispiel deutlich, dass in Spanien verordnete Tagesdosen im Bereich des Nervensystems einen größeren Anteil am Gesamtverbrauch darstellen, obwohl in absoluten Zahlen das Volumen von dem in Schweden kaum abweicht. Sowohl das Volumen als auch der Anteil der verordneten Tagesdosen, die in den Niederlanden auf Arzneimittel des Verdauungssystems und Stoffwechsels entfallen, sind überdurchschnittlich hoch, obwohl sich der Gesamtverbrauch auf durchschnittlicher Ebene bewegt (von 2010 auf 2020 lässt sich darüber hinaus ein steiles Wachstum feststellen).

Die aggregierte Darstellung der definierten Tagesdosen auf Indikationsgruppen-Ebene verdeckt die Entwicklungen auf der Ebene einzelner Arzneimittelgruppen; so ließ sich in der Vergangenheit feststellen, dass die Arzneimitteltherapie des Diabetes mellitus in Deutschland in den Jahren 2005 bis 2015 kontinuierlich zunahm – eine Tatsache, die u. a. mit dem

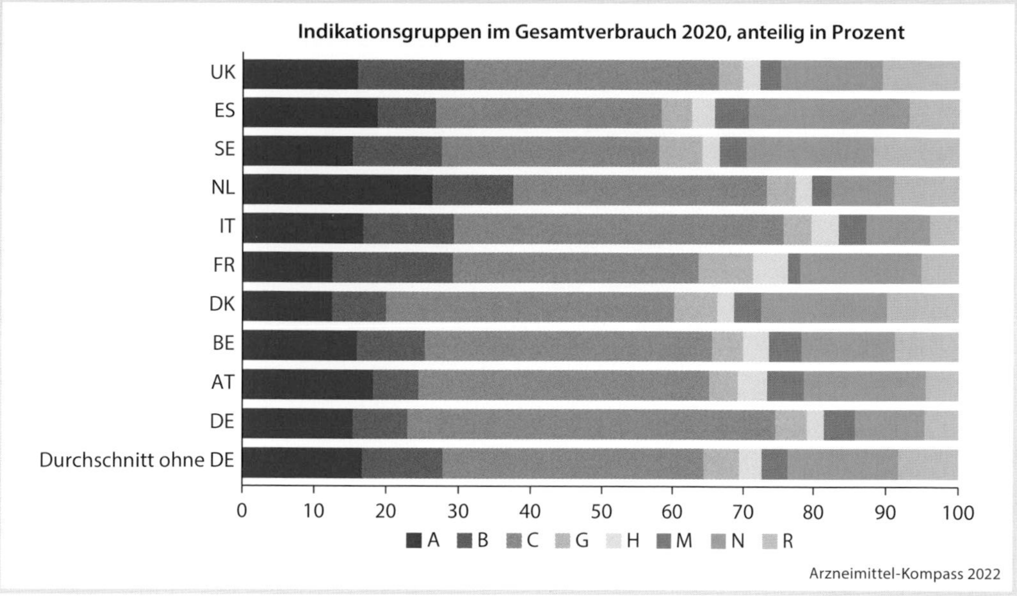

Abb. 20.6 Zusammensetzung des Gesamtverbrauchs nach Indikationsgruppen im Jahr 2020 (DDD pro 1.000 Einwohner und Tag), anteilig. Abkürzungen Indikationsgruppen: A: Alimentäres System und Stoffwechsel (inkl. Magen-Darm-Mittel und Antidiabetika); B: Blut und blutbildende Organe (inkl. Antithrombotika und Antihämorrhagika); C: Kardiovaskuläres System (inkl. Herzglykoside, Antiarrhythmika, Hemmstoffe des Renin-Angiotensin-Systems, Betarezeptorenblocker, Antihypertensiva, Diuretika und lipidsenkende Mittel); G: Urogenitalsystem und Sexualhormone; H: Systemische Hormonpräparate (exkl. Sexualhormone und Insuline); M: Muskel- und Skelettsystem (inkl. Antirheumatika); N: Nervensystem (inkl. Analgetika, Antiepileptika und Psychopharmaka); R: Respirationstrakt (inkl. Bronchospasmolytika und Antiasthmatika). (Quelle: OECD Health Statistics 2022)

Anstieg von Insulinanaloga sowie der Prävalenz von Übergewichtigkeit verbunden sein könnte (vgl. Busse et al. 2015). Für mehrere Vergleichsländer ist eine solche steigende Tendenz von 2010 auf 2015 erkennen, das Phänomen flacht aber danach zumeist ab.

Abbildungen zu einzelnen Indikationsgruppen sind im Anhang am Ende des Kapitels zu finden (Abb. 20.9–20.16).

20.4 Entwicklung unterschiedlicher Generikaanteile

Die Förderung des Generikaeinsatzes wird in vielen Ländern als Instrument zur Kostendämpfung und Effizienzsteigerung bei den Arzneimittelausgaben genutzt. Generika werden in allen Vergleichsländern verordnet, aber in unterschiedlichem Maße. Die nächsten Abschnitte vergleichen die Anteile, die auf Generika entfallen (1) im Gesamtumsatz für Arzneimittel („Generikaanteil wertmäßig") und (2) im Gesamtvolumen der Arzneimittelverordnungen („Generikaanteil mengenmäßig").

Beim Generikaanteil wertmäßig (vgl. Abb. 20.7) lag Deutschland im Jahr 2010 auf Platz 2, ab 2015 auf Platz 3 unter den Vergleichsländern mit vorhandenen Daten (2020: Platz 1: Österreich, Platz 2: Vereinigtes Königreich). Dabei fiel der Generikaanteil wertmäßig in Deutschland von ca. 35 % im Jahr 2010 auf ca. 30 % im Jahr 2020. Österreich blieb bei dieser Statistik durchgehend auf Platz 1, mit einem steigenden Generikaanteil wertmäßig (von ca. 40 % 2010 auf ca. 50 % 2020). Allerdings zeigt das Beispiel

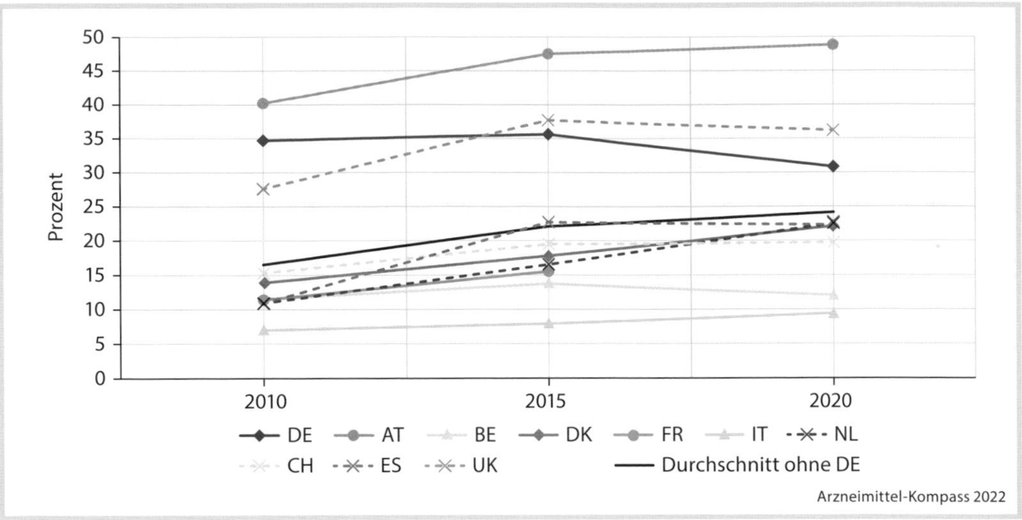

Abb. 20.7 Generikaanteil am Arzneimittelgesamtumsatz (Generikaanteil wertmäßig); 2010, 2015, 2020. (Quelle: OECD Health Statistics 2022)

Österreich auch die Problematik der Vergleichbarkeit, da die Daten für Österreich sich auf den sogenannten „generikafähigen" (d. h. nur patentfreie Wirkstoffe), niedergelassenen Erstattungsmarkt beziehen, während andere Länder Generikaanteile für den Gesamtmarkt angeben (Vogler et al. 2019a). Am anderen Ende des Spektrums befindet sich Italien mit einem Generikaanteil wertmäßig, der erst 2020 die 10 %-Marke zu erreichen scheint. Auch in Belgien und der Schweiz blieb der wertmäßige Generikaanteil über die Beobachtungsperiode hinweg unter 20 %, in Belgien ist dieser sogar von 2015 auf 2020 zurückgegangen. Im Durchschnitt (mit und ohne Deutschland) sind die Generikaanteile wertmäßig gestiegen; von 2010 auf 2015 stärker als von 2015 auf 2020.

Während die Daten zu den wertmäßigen Generikaanteilen auch stark vom Preisniveau der patentfreien Arzneimittel in einem Land bestimmt werden (vgl. Abschnitt zu Preisvergleichen), informiert der Indikator „Generikaanteil mengenmäßig" (d. h. Anteil der Generika an Arzneimittelverordnungen insgesamt) über die Marktdurchdringung mit Generika in einem Land. Auch in dieser Betrachtung (vgl. Abb. 20.8) befand sich Deutschland in den Jahren 2015 und 2020 auf dem zweiten Platz hinter dem Vereinigten Königreich (2010 waren die Werte für die zwei Länder vergleichbar). Für beide Länder zeigten die anteiligen Generikaverordnungen eine steigende Tendenz, die auch für die Mehrheit der anderen Vergleichsländer zu erkennen war. Lediglich in Österreich und in der Schweiz stieg der wertmäßige Generikaanteil zunächst von 2010 auf 2015, um bis 2020 erneut zu sinken. Interessant ist, dass Österreich mit Platz 1 bei den wertmäßigen Generikaanteilen (vgl. oben) bei der mengenmäßigen Betrachtung lediglich auf Platz 4 lag, mit Anteilen, die teilweise fast 30 Prozentpunkte unter denen von Deutschland und dem Vereinigten Königreich rangierten. Das suggeriert, dass die relativ hohen wertmäßigen Generikaanteile höheren Preisen geschuldet waren. Ergänzend sei wieder auf die grundsätzlich eingeschränkte Vergleichbarkeit hingewiesen (auch hier beziehen sich die Daten auf den generikafähigen Markt). Das umgekehrte Phänomen zeichnet sich für die Niederlande ab: vergleichsweise hohe Generikaanteile mengenmäßig und geringe Generikaanteile wertmäßig. Dies weist auf eine starke Marktdurchdringung von Generika zu relativ

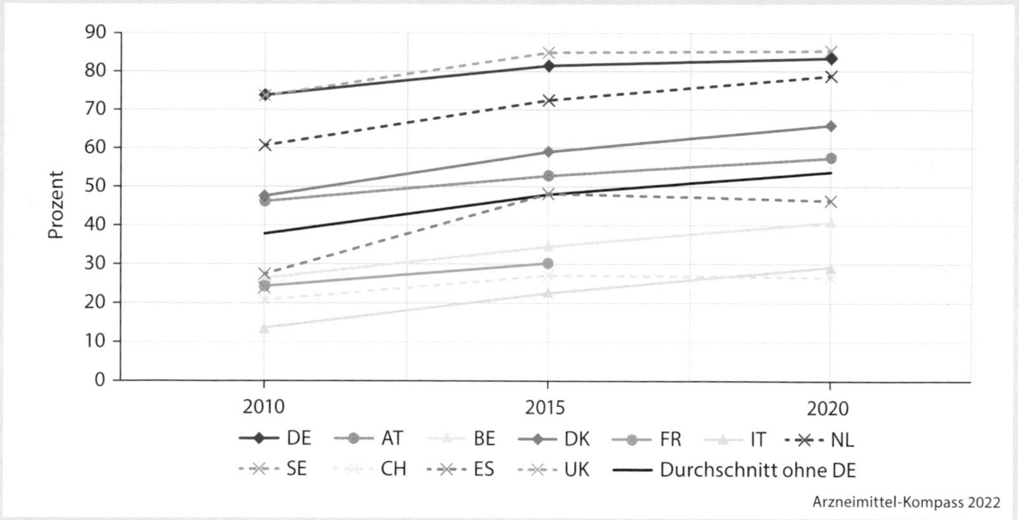

Abb. 20.8 Generikaanteil am Gesamtvolumen von Arzneimittelverordnungen (Generikaanteil mengenmäßig); 2010, 2015, 2020. (Quelle: OECD Health Statistics 2022)

günstigen Preisen, also die Nutzung von Effizienzpotenzialen hin. In der Tat wenden die Niederlande – wie auch Deutschland – eine Reihe von Maßnahmen zu Förderung des Einsatzes von Generika an (Vogler et al. 2019b, 2021a). Auch bei den mengenmäßigen Generikaanteilen befindet sich Italien am unteren Ende des Spektrums, wobei sich der Wert jedoch von 2010 auf 2020 verdoppelt hat; in der Schweiz hingegen, die sich auch im niedrigen Bereich bewegte, sank der Generikaanteil mengenmäßig nach einem ursprünglichen Anstieg erneut auf unter 30 % im Jahr 2020.

20.5 Internationale Preisvergleiche aus deutscher Perspektive: Kurze Ergebnisdarstellung basierend auf vorhandener Literatur

Im Gegensatz zu den meisten anderen Ländern ist die grundsätzliche Verfügbarkeit von Preisinformationen zu Medikamenten für Deutschland in internationalen Gegenüberstellungen vergleichsweise hoch. In zahlreiche internationale, in der Praxis meist europäische Preisvergleiche wurde Deutschland eingeschlossen, selbst wenn die Analysen in Summe nur wenige Länder umfassten. Dies ist der geo- und wirtschaftspolitischen Bedeutung Deutschlands als großes, wirtschaftsstarkes Land geschuldet; eine Rolle mag gegebenenfalls auch das Interesse an der deutschen Arzneimittelpolitik spielen (die Konzepte rund um das Arzneimittelmarktneuordnungsgesetz (AMNOG), und auch die Rabattverträge sind international durchaus bekannt). Darüber hinaus kann eine hohe Datenverfügbarkeit angenommen werden, da Deutschland oft das erste europäische Land ist, in dem Arzneimittel auf den Markt gebracht werden (Danzon et al. 2005; Vogler et al. 2019b).

Angesichts des internationalen Interesses sind die hier dargestellten Studien zu einem nicht unbeachtlichen Teil Forschenden außerhalb von Deutschland zuzuordnen. Einige der Arbeiten wurden aus der Perspektive eines anderen Landes erstellt und hatten das Ziel, das Arzneimittelpreisniveau des jeweiligen Landes mit weiteren (meist europäischen) Ländern zu vergleichen (z. B. Brekke und Holmås 2012 und TLV 2022: Perspektive von Schweden; Arbeiten der Gesundheit Österreich (GÖG), z. B. Vogler et al. 2021b und Schneider et al. 2018: Österreich). Zum Teil war die Fokussierung auf das eigene Land so gegeben, dass keine bzw. weniger Ergebnisse für Deutschland ausgewiesen wurden. Einige Preisstudien hatten eine geringere Anzahl an Ländern eingeschlossen (neben Deutschland waren große Länder wie Frankreich oder das Vereinigte Königreich und skandinavische Länder stark vertreten), während andere Arbeiten de facto alle EU-Mitgliedstaaten abdeckten.

◘ Tab. 20.1 bietet einen Überblick über relevante internationale Arzneimittelpreisanalysen aus dem letzten Jahrzehnt, die Ergebnisse zu Deutschland im Vergleich zu anderen Ländern ausweisen. Bei den meisten Studien wurden die Preise auf Herstellerpreisebene (Fabrikabgabepreis, FAP) angeführt, manchmal ergänzend auch auf der Ebene des Apothekenabgabepreises, wobei nicht immer klar war, ob die Daten Steuern (z. B. Umsatzsteuer) beinhalten. Die Preisdaten wurden exklusive der vertraulich vereinbarten Rabatte, die bei neuen hochpreisigen Arzneimitteln zwischen Zahlern und pharmazeutischen Unternehmern abgeschlossen werden, analysiert. Busse et al. (2016a, 2016b, 2017) und neuere Arbeiten der Gesundheit Österreich (Vogler et al. 2021b; Schneider et al. 2018) berücksichtigten die gesetzlichen Herstellerrabatte, die neben Deutschland einige wenige weitere Länder (Griechenland, Italien, Spanien) anwenden. Die Preise wurden im Allgemeinen pro Dosis bzw. pro Stück verglichen und waren meist in Kaufkraftparitäten ausgewiesen. Bei einigen wenigen der in ◘ Tab. 20.1 dargestellten Studien (Wouters und Kanavos 2017; Wouters et al. 2017) wurden nicht die offiziell publizierten Listenpreise herangezogen, sondern Preise auf Basis von Umsatzdaten und Mengen ermittelt („Preis-Proxies“).

Mehrere Preisvergleiche wurden für eine – zum Teil beachtliche – Auswahl an Produkten (z. B. über 200 Arzneispezialitäten) durchgeführt, meist zu jenen Medikamenten, die für hohe Umsätze zulasten der öffentlichen Zahler verantwortlich waren (insbesondere neue hochpreisige Arzneimittel), oder für patentfreie Medikamente (Generika und Biosimilars). Im Falle einer Fokussierung auf bestimmte therapeutische Gruppen lag hier das Interesse insbesondere im Bereich der Krebsmedikamente.

Abgesehen von einigen wenigen Einzelpreisvergleichen wurden in den untersuchten Studien die Ergebnisse indexiert dargestellt, häufig mit Deutschland als Basisland. Mehrere Arbeiten wandten verschiedene Indizes an, unter anderem auch mit der Absicht, die Auswirkungen der gewählten Methodik auf die Ergebnisse aufzuzeigen.

In der Tat variierten die Ergebnisse (eines Datensatzes) je nach gewähltem methodischem Ansatz. Eine robuste Aussage über das Arzneimittelpreisniveau Deutschlands ist angesichts der Unterschiede in der Methodik der vorliegenden Studien nicht möglich. Erschwerend kommt hinzu, dass bei einigen Studien die Daten zu Deutschland nicht explizit ausgewiesen wurden (z. B. nur im Rahmen von Abbildungen dargestellt bzw. als Rohdaten in den Anhängen bereitgestellt).

Angesichts dieser Limitation können lediglich vorsichtige Schlussfolgerungen gezogen werden: Insbesondere bei stark budgetwirksamen, neuen Medikamenten rangierte Deutschland über die Jahre hinweg als Hochpreisland. Einzelpreisvergleiche zeigen auf, dass bei einer Reihe von Medikamenten die deutschen Preise die höchsten im EU-Raum sind. Werden auch Schweizer Preise einbezogen, so liegen diese meist höher als jene in Deutschland. Die deutschen Preise von Generika und zum Teil auch von Biosimilar-Medikamenten liegen im oberen Mittelfeld in der EU.

Tab. 20.1 Überblick über relevante internationale Arzneimittelpreisanalysen

Referenz (Kurz)	Jahr der Erhebung	Länder	Markt/eingeschlossene Produkte	Preisstufe(n)	Umrechnung/ Gewichtung	Weiteres (z. B. zur Methodik)	Ergebnisse
TLV (2022)	2021 (weitere Analysen zum Zeitraum 2014–2021)	20 europäische Länder (AT, BE, CH, CZ, DE, DK, EL, ES, FI, FR, HU, IE, IT, NL, NO, PL, PT, SE, SK, UK)	Markt ohne Wettbewerb: 745 Wirkstoffe (4.744 Medikamente) Markt mit Wettbewerb: 173 Wirkstoffe (623 Medikamente)	AEP (offizielle Listenpreise), keine Berücksichtigung von Rabatten	Angaben in SEK, Wechselkurs (Dreijahresmittelkurs) Gewichtet nach Umsatzdaten für SE bzw. Vergleichsländer	Bilateraler Vergleich mit SE internationaler Preisvergleich über alle eingeschlossenen Länder (Mindestdatenverfügbarkeit: 8 Länder) – zur Darstellung der Entwicklung des schwedischen Preisniveaus gegenüber dem europäischen Durchschnitt	Markt ohne Wettbewerb: DE +33 % höher als SE (gewichtet nach SE-Umsatzdaten) bzw. +18 % (gewichtet nach DE-Umsatzdaten) Markt mit Wettbewerb: DE +107 % höher als SE (gewichtet nach SE-Umsatzdaten) bzw. −4 % (gewichtet nach DE-Umsatzdaten)
Vogler et al. (2021b)	2021	16 europäische Länder (DE, alle Referenzländer von DE, NO)	Biologische Arzneimittel mit Biosimilars am Markt (10 Wirkstoffe, 49 AS (Referenz-AM und Biosimilars))	FAP (offizielle Listenpreise)	Angaben in KKP	Einzelpreisvergleich, Pro-Stück-Preis	DE-Preise bei 16 der 49 AS (33 %) am höchsten DE-Preise bei 37 AS (76 %) im oberen Quartil DE-Preise bei 43 AS (88 %) über dem Median
Vogler et al. (2021b)	2019	27 europäische Länder (alle EU-Länder zum Stand 2019 exkl. MT)	80 ausgabenstarke AS (ausgabenstark aus Sicht der österreichischen Zahler): 60 AS aus dem niedergelassenen Sektor, 20 AS aus dem stationären Sektor	FAP (Berücksichtigung von gesetzlichen Herstellerrabatten, keine Berücksichtigung von vertraulichen Rabatten) AEP (nur niedergelassen) AVP netto (nur niedergelassen)	Angaben in Euro, Wechselkurs (Monatsmittelkurs); alternativ KKP	Einzelpreisvergleich, Pro-Stück-Preis und ungewichteter Index	Index (AT = 100) FAP (niedergelassen): am höchsten LU: 124; am niedrigsten SI: 36; DE: 99 AEP (niedergelassen): am höchsten IT: 130; am niedrigsten SI: 36; DE: 111 AVP netto (niedergelassen): am höchsten IT: 130; am niedrigsten SK: 27; DE: 111 FAP (stationär): am höchsten AT: 100; am niedrigsten EL: 70; DE: 85

Tab. 20.1 (Fortsetzung)

Referenz (Kurz)	Jahr der Erhebung	Länder	Markt/eingeschlossene Produkte	Preisstufe(n)	Umrechnung/ Gewichtung	Weiteres (z. B. zur Methodik)	Ergebnisse
Moye-Holz und Vogler (2022)	2017	11 europäische Länder (AT, DE, EL, ES, FR, HU, NL, PL, RO, SE, UK) und 5 lateinamerikanische Länder (Brasilien, Chile, Kolumbien, Mexiko, Peru)	Krebsmedikamente: 19 Arzneispezialitäten (13 Wirkstoffe) – DE-Preise bei 17 AS verfügbar	FAP – europäische Länder, Beschaffungspreis – lateinamerikanische Länder	Angaben in USD KKP	Einzelpreisvergleich, Pro-Stück-Preis	DE-Preise bei 13 AS höher als Median (in 2 Fällen Preisdifferenz von > 75 %) DE-Preis bei einem AS am Median DE-Preis bei 3 AS unter dem Median (Preisdifferenz von < 20 %)
Busse et al. (2017)	2017	9 europäische Länder (AT, BE, DE, DK, FI, FR, NL, SE, UK)	250 umsatzstärkste patentgeschützte AS, die 2015 zu Lasten der GKV verordnet wurden	FAP (offizieller Listenpreis), FAP reduziert um gesetzliche Rabatte	Gewichtung nach KKP („Kaufkraftstandard-normierte Herstellerpreise" und Adjustierung des BIP)	Index	Index-FAP (Listenpreise), BIP-adjustiert DE am höchsten, Index = 100 UK = 82, BE und FR = 81, AT = 80, NL = 79, FI = 78, DK = 69, SE = 65
Schneider et al. (2018)	2017	27 europäische Länder (alle EU-Länder zum Stand 2019 exkl. MT)	100 ausgabenstarke AS (ausgabenstark aus Sicht der österreichischen Zahler): 60 AS aus dem niedergelassenen Sektor, 40 aus dem stationären Sektor	FAP (Berücksichtigung von gesetzlichen Herstellerrabatten, keine Berücksichtigung von vertraulichen Rabatten) AEP (nur niedergelassen) AVP netto (nur niedergelassen)	Angaben in Euro, Wechselkurs (Monatsmittelkurs); alternativ KKP	Einzelpreisvergleich, Pro-Stück-Preis und Index (gewichtet nach Umsatz mit der Sozialversicherung und Verordnungen in Österreich für den niedergelassenen Sektor und ungewichtet – stationär)	Index (AT = 100) FAP (niedergelassen): am höchsten IE: ca. 102; am niedrigsten EL: ca. 70; DE: ca. 83 FAP (stationär): am höchsten DE: ca. 130; am niedrigsten EL: ca. 80

Tab. 20.1 (Fortsetzung)

Referenz (Kurz)	Jahr der Erhebung	Länder	Markt/eingeschlossene Produkte	Preisstufe(n)	Umrechnung/ Gewichtung	Weiteres (z. B. zur Methodik)	Ergebnisse
Wouters et al. (2017)	2013	13 Länder: BE, CH, DE, DK, EL, ES, FR, IT, NL, PL, SE, UK, US	80 patentfreie Wirkstoffe	„Preis-Proxies“: ermittelt auf Basis von IMS-Umsatzdaten pro Dosis, auf FAP- und AVP-Ebene (keine Angabe, ob AVP brutto oder netto)	Angaben in Euro, umgerechnet zum Jahresmittelkurs	Lasypeyres-Index	Preise in DE liegen im Mittelfeld. FAP: DE: 100, höchstes Preisniveau in CH: ca. 260, niedrigstes in UK: ca. 40 AVP: geringere Spannbreite über die Länder; DE: 100, höchster Wert in CH: ca. 150, niedrigster Wert in PL: ca. 40
Wouters und Kanavos (2017)	2013	7 Länder: BE, DK, ES, FR, DE, IT, SE	110 patentfreie Wirkstoffe	„Preis-Proxies“: ermittelt auf Basis von IMS-Umsatzdaten pro Dosis bzw. pro Gramm, auf FAP- und AVP-Ebene (keine Angabe, ob AVP brutto oder netto)	Angaben in Euro, umgerechnet zum Jahresmittelkurs	4 Indizes: ungewichtet, Paasche-, Laspeyres- und Fisher-Index (Deutschland als Basis genommen)	Deutliche Unterschiede bei den Ergebnissen je nach angewandter Methodik. Preise in DK und SE waren tendenziell die niedrigsten, während Preise (v. a. FAP) von FR und IT tendenziell zu den höchsten zählen. Die DE-Preise lagen tendenziell im oberen Mittelfeld
Busse et al. (2016b)	2015	6 EU-Mitgliedstaaten: AT, DE, DK, FR, NL und UK	260 umsatzstärkste patentgeschützte AS, die 2013 zu Lasten der GKV verordnet wurden	FAP	Gewichtung nach KKP („Kaufkraftstandard-normierte Herstellerpreise“ und Adjustierung des BIP)	Index	Unterschiedliche Ergebnisse je nach verwendeter Methodik (Berechnung in Euro, in KKS oder BIP-adjustiert) Index – nach KKS: DE = 100; AT = 81, DK = 74, NL = 87, PT = 74, UK = 70 Index-BIP-adjustiert: DE = 100; AT = 79, DK = 73, NL = 83, PT = 84, UK = 80

Tab. 20.1 (Fortsetzung)

Referenz (Kurz)	Jahr der Erhebung	Länder	Markt/eingeschlossene Produkte	Preisstufe(n)	Umrechnung/ Gewichtung	Weiteres (z. B. zur Methodik)	Ergebnisse
Vogler et al. (2016a)	2015	Alle 28 EU-Mitgliedstaaten	60 ausgabenstarke AS (ausgabenstark aus Sicht der österreichischen Zahler): 45 AS aus dem niedergelassenen Sektor, 15 aus dem stationären Sektor	FAP (offizielle Listenpreise) AEP – nur niedergelassen AVP netto und brutto – nur niedergelassen	Angaben in Euro, umgerechnet zum Wechselkurs (Monatsmittelkurs)	Einzelpreisvergleich, Pro-Stück-Preis	FAP (niedergelassen): Preise in DE in 6,1 % im Q1, 9,1 % im Q2, 3 % in Q3 und 81,8 % in Q4. In keinem Fall waren die Preise in DE die niedrigsten; in 41,2 % waren die DE-FAP der eingeschlossenen Arzneispezialitäten am höchsten. Ergebnisse für AEP und AVP (niedergelassen): ähnlich, allerdings für AVP netto tendenziell etwas niedriger FAP (stationär): Preise in DE in 8,3 % im Q1, 0 % im Q2, 8,3 % in Q3 und 83,3 % in Q4. In keinem Fall waren die Preise in DE die niedrigsten; in 41,7 % waren die DE-FAP der eingeschlossenen Arzneispezialitäten am höchsten
Van Harten et al. (2015)	2015	15 europäische Länder (BE, CZ, DE, EE, ES, FR, IT, LT, HU, NL, NO, RO, PL, PT, UK)	9 Krebsmedikamente	„Echtpreise" (inkl. vertraulicher Rabatte) und offizielle Listenpreise exkl. Umsatzsteuer (Preisstufe nicht explizit angeführt)	Angaben in Euro, Tageswechselkurs	Einzelpreisvergleich, pro kleinster Dosis	Keine Analyse des Preisniveaus von DE und weiterer eingeschlossener Länder Ausgewiesene Preisdaten im Anhang erlauben aber Vergleich Bei 5 Arzneimitteln, bei denen Daten für Echtpreise für DE erhoben werden konnte, zeigt sich ein sehr uneinheitliches Bild, wo die deutschen Echtpreise je nach Produkt hoch bzw. niedrig im Vergleich sind

Tab. 20.1 (Fortsetzung)

Referenz (Kurz)	Jahr der Erhebung	Länder	Markt/eingeschlossene Produkte	Preisstufe(n)	Umrechnung/ Gewichtung	Weiteres (z. B. zur Methodik)	Ergebnisse
Wouters et al. (2017)	2013	13 europäische Länder (BE, CH, DE, DK, ES, EL, FR, IT, NL, PL, PT, SE, UK)	Generika: 200 patentfreie Wirkstoffe (meistverschriebene Wirkstoffe im Jahr 2013)	FAP, AVP (keine Angabe, ob brutto oder netto)	Angaben in Euro, Jahresmittel-Wechselkurs	Einzelpreisvergleich, in „Standard Unit“ Laspeyres-Index für 80 Wirkstoffe (gewichtet mit DE-Daten, weil dies der größte Markt ist)	FAP-Index: DE = 100. Unter 100: UK (40), NL, DK, PL; SE; über 100: PT, ES, BE, FR, IT, EL (ca. 200), CH (ca. 260) AVP-Index: DE = 100. Unter 100: PL (ca. 40), DK SE, PT, ES, BE; über 100: EL, IT (120), CH (ca. 170) Angaben zu den Indizes nicht explizit ausgewiesen
Vogler et al. (2016b)	2013	16 europäische Länder (AT, BE, CH, DE, DK, EL, ES, FI, FR, IE, IT, NL, NO, PT, SE, UK), Australien, Neuseeland	31 Krebsmedikamente	FAP (offizielle Listenpreise, ohne Berücksichtigung von Rabatten)	Angaben in Euro, Monatsmittelkurs	Einzelpreisvergleich, Pro-Stück-Vergleich	Preise in DE zählten gemeinsam mit den Preisen in CH, DK und SE zu den höchsten, bei einzelnen Produkten waren die Preise in DE, CH und SE Ausreißer nach oben
Vogler et al. (2015b)	2013	16 europäische Länder (AT, BE, DE, DK, EL, ES, FI, FR, IE, IT, HU, NL, PT, SE, SK, UK)	30 ausgabenstarke Arzneispezialtäten (ausgabenstark aus Sicht der österreichischen Zahler): 15 Arzneispezialitäten aus dem niedergelassenen Sektor, 15 aus dem stationären Sektor	FAP (offizielle Listenpreise, alternativ: DE-Preise unter Berücksichtigung der gesetzlichen Herstellerrabatte) AEP – nur niedergelassen AVP netto und brutto – nur niedergelassen	Angaben in Euro, umgerechnet zum Wechselkurs (Monatsmittelkurs)	Einzelpreisvergleich, Pro-Stück-Preis	FAP (niedergelassen und stationär): Preise in DE in 7 % im Q2, 13 % in Q3 und 80 % in Q4. In keinem Fall waren die Preise in DE die niedrigsten; in 43 % waren die DE-FAP der eingeschlossenen Arzneispezialitäten am höchsten. Ergebnisse für AEP und AVP (niedergelassen) – nicht explizit für DE ausgewiesen

Tab. 20.1 (Fortsetzung)

Referenz (Kurz)	Jahr der Erhebung	Länder	Markt/eingeschlossene Produkte	Preisstufe(n)	Umrechnung/ Gewichtung	Weiteres (z. B. zur Methodik)	Ergebnisse
Vogler et al. (2015a)	2012	16 europäische Länder (AT, BE, CH, DE, DK, EL, ES, FI, FR, IE, IT, NL, NO, PT, SE, UK), Neuseeland	14 ausgabenstarke Arzneispezialitäten mit entsprechender Datenverfügbarkeit	FAP (offizielle Listenpreise, ohne Berücksichtigung von Rabatten)	Angaben in Euro, umgerechnet zum Wechselkurs (Monatsmittelkurs)	Einzelpreisvergleich, Pro-Stück-Preis	Preise in DE zählten gemeinsam mit den Preisen in CH, DK und SE zu den höchsten. Im Ländervergleich lagen DE-Preise für betrachtete Arzneispezialitäten nie in Q1, bei 6 % in Q2, 18 % in Q3 und 76 % in Q4
Brekke und Holmås (2012)	2010	9 europäische Länder (AT, BE, DE, DK, FI, IE, NL, PT, UK)	153 verordnungspflichtige Arzneimittel (ohne generischen Wettbewerb)	AEP AVP netto	Unklar	Index	SE-Preise sind Index = 100. AEP: DE = 119 (pro AS) bzw. 129 (pro Dosis) AVP: DE = 124 (pro AS) bzw. 134 (pro Dosis)

Länderabkürzungen: AT: Österreich, BE: Belgien, CH: Schweiz, CZ: Tschechien, DE: Deutschland, DK: Dänemark, EL: Griechenland, ES: Spanien, FI: Finnland, FR: Frankreich, HU: Ungarn, IE: Irland, IT: Italien, MT: Malta, NL: Niederlande, NO: Norwegen, PL: Polen, PT: Portugal, SE: Schweden, SK: Slowakei, UK: Vereinigtes Königreich

Weitere Abkürzungen: AEP: Apothekeneinkaufspreis (Großhandelspreis), AM: Arzneimittel, AS: Arzneispezialität (Arzneimittel in einer bestimmten Darreichungsform und Dosierung), AVP: Apothekenverkaufspreis, BIP: Bruttoinlandsprodukt, EU: Europäische Union, FAP: Fabrikabgabepreis (Herstellerpreis), GKV: Gesetzliche Krankenversicherung, KKP: Kaufkraftparitäten, KKS: Kaufkraftstandards, Q1: erstes Quartil (unter der 25. Perzentile), Q2: zweites Quartil (über der 25. Perzentile und unter dem Median), Q3: drittes Quartil (über dem Median und unter der 75. Perzentile), Q4: viertes Quartil (über der 75. Perzentile), SEK: schwedische Kronen, TLV: Tandvårds- och läkemedelsförmånsverket (Dental and Pharmaceuticals Agency, Schweden), USD: United States Dollar

Auswahl von Preisvergleichsstudien, die mindestens zehn Medikamente untersuchen und Deutschland als Vergleichsland anführen. Darstellung der Ergebnisse absteigend gereiht nach dem Jahr der Analyse. Sofern nicht anders angeführt, bezieht sich die Darstellung der Ergebnisse auf die Standardvariante in den identifizierten Studien (nicht auf alternative Szenarien)

Arzneimittel-Kompass 2022

20.6 Fazit

Der vorliegende Beitrag hat Arzneimittelausgaben, -konsum und -preise in Deutschland mit denjenigen in zehn wichtigen Vergleichsländern über den Zeitraum von 2010 bis 2020 betrachtet. Dabei zeigte sich folgendes Bild: Hinsichtlich der Arzneimittelausgaben pro Kopf ist Deutschland unter den betrachteten Ländern das Land mit der insgesamt höchsten Steigerung – bei gleichzeitig höchstem Ausgangsniveau. Bei Betrachtung des Anteils der Arzneimittelausgaben an den gesamten Gesundheitsausgaben zeigt sich in Deutschland – wie in den anderen Ländern – eine Senkung des Anteils, wobei Deutschland 2020 den vierthöchsten Anteil aufweist. Deutschland weist zudem über die betrachteten Zeitpunkte hinweg einen der höchsten Anteile (2020 den höchsten Anteil) der Arzneimittelausgaben am BIP auf.

Hinsichtlich des Verbrauchs von Arzneimitteln gehört Deutschland zu den Vergleichsländern, in denen ein Anstieg infolge der demographischen Entwicklung zu erwarten ist. In Deutschland werden überdurchschnittlich viele Tagesdosen verordnet; vor allem für bestimmte Indikationsgruppen, z. B. für kardiovaskuläre Erkrankungen, erscheint es sinnvoll, den determinierenden Faktoren nachzugehen.

Für Deutschland könnte die Senkung des Generikaanteils wertmäßig – in Anbetracht des leicht gestiegenen Generikaanteils – mengenmäßig darauf hindeuten, dass zwischen 2015 und 2020 die Preise von Generika stärker kontrolliert wurden, oder aber die Kosten von patentgeschützten Arzneimitteln verhältnismäßig schneller gewachsen sind, oder eine Kombination von beidem.

Aussagen über das deutsche Arzneimittelpreisniveau im europäischen Vergleich sind mit Vorbehalt zu treffen, da zwar Deutschland häufig in Preisvergleichsstudien eingeschlossen wird, aber die Arbeiten auf unterschiedlichen methodischen Zugängen basieren. Tendenziell bestätigen aber die Studien den Status von Deutschland als Hochpreisland; häufig sind die Preise einzelner Arzneimittel wie auch das Preisniveau (indexiert) für Arzneimittelgruppen die höchsten in Europa. Dies betrifft insbesondere neue patentgeschützte Arzneimittel.

Anhang

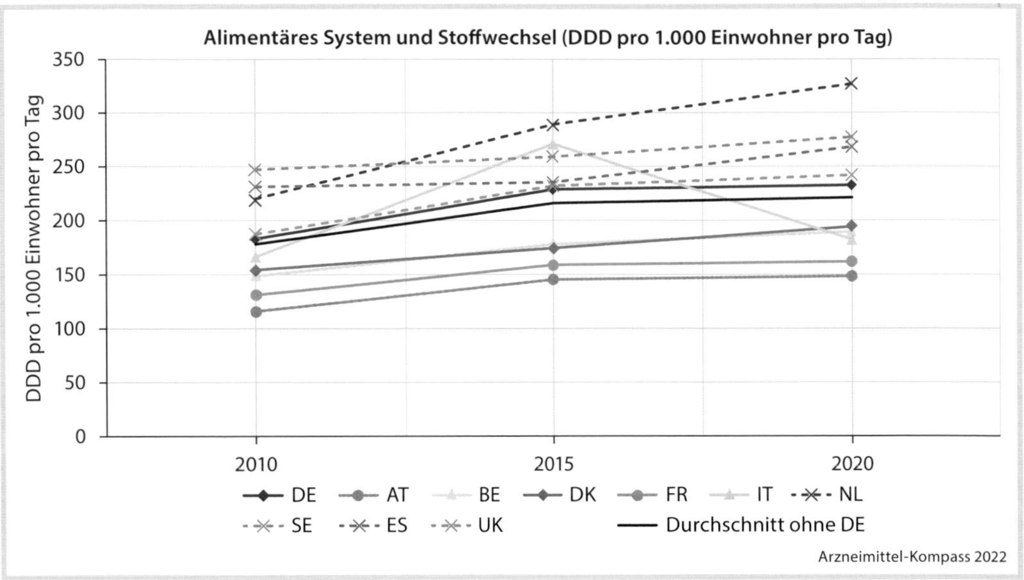

Abb. 20.9 Alimentäres System und Stoffwechsel (DDD pro 1.000 Einwohner pro Tag)

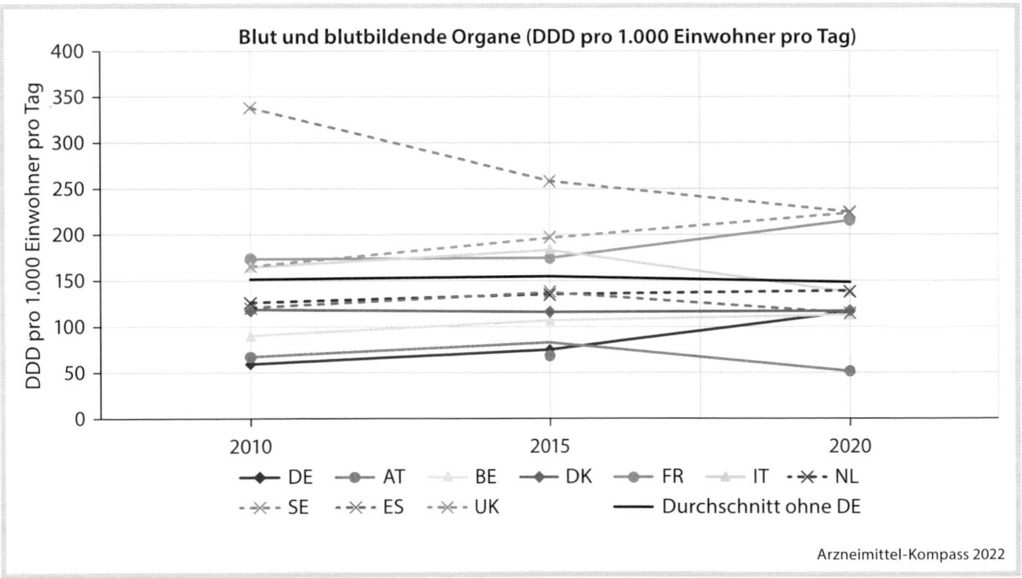

Abb. 20.10 Blut und blutbildende Organe (DDD pro 1.000 Einwohner pro Tag)

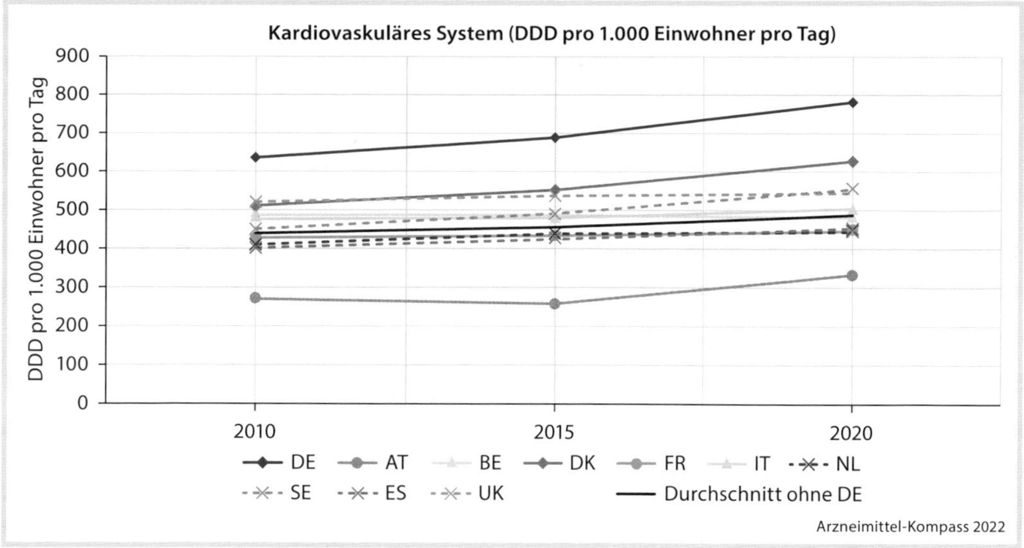

Abb. 20.11 Kardiovaskuläres System (DDD pro 1.000 Einwohner pro Tag)

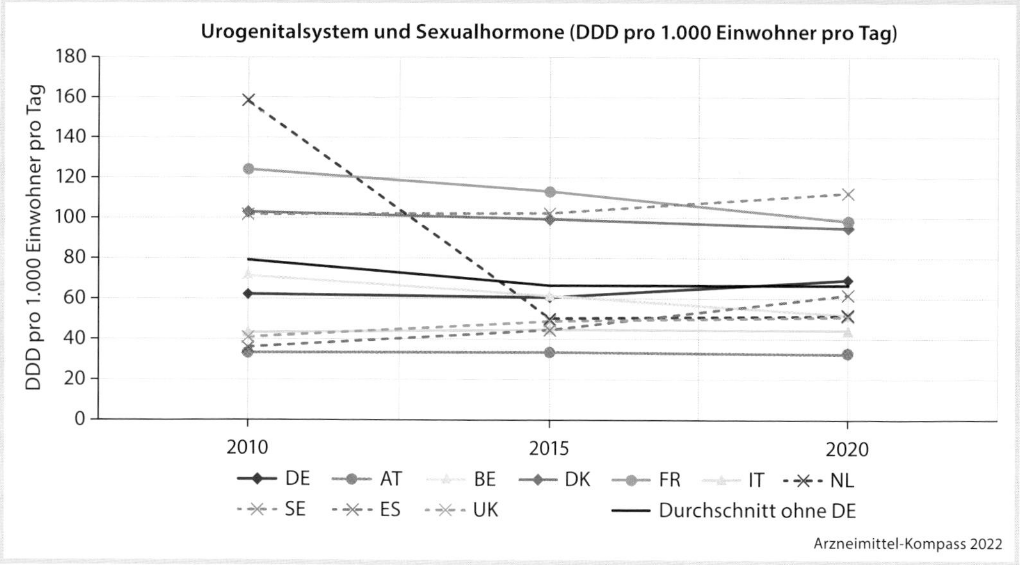

Abb. 20.12 Urogenitalsystem und Sexualhormone (DDD pro 1.000 Einwohner pro Tag)

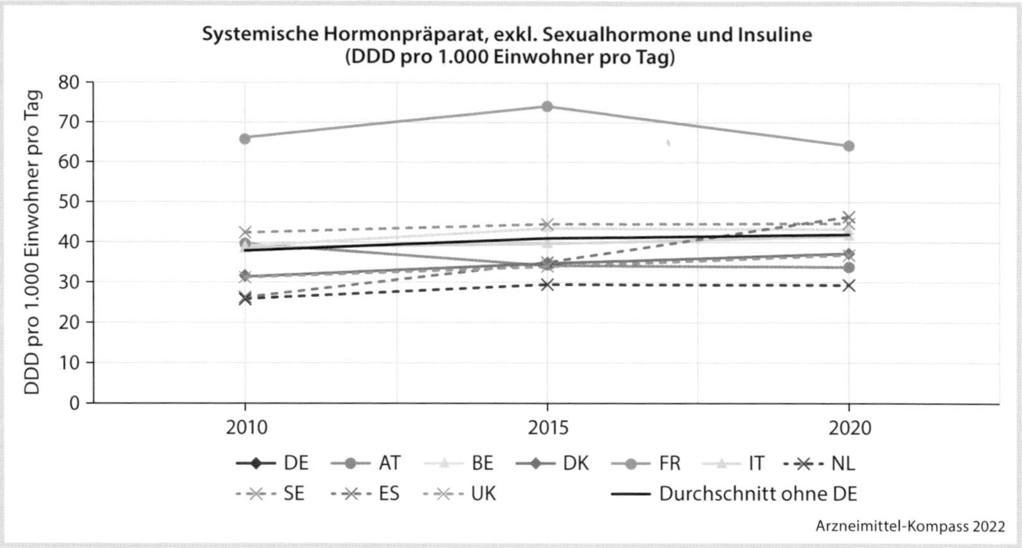

Abb. 20.13 Systemische Hormonpräparat, exkl. Sexualhormone und Insuline (DDD pro 1.000 Einwohner pro Tag)

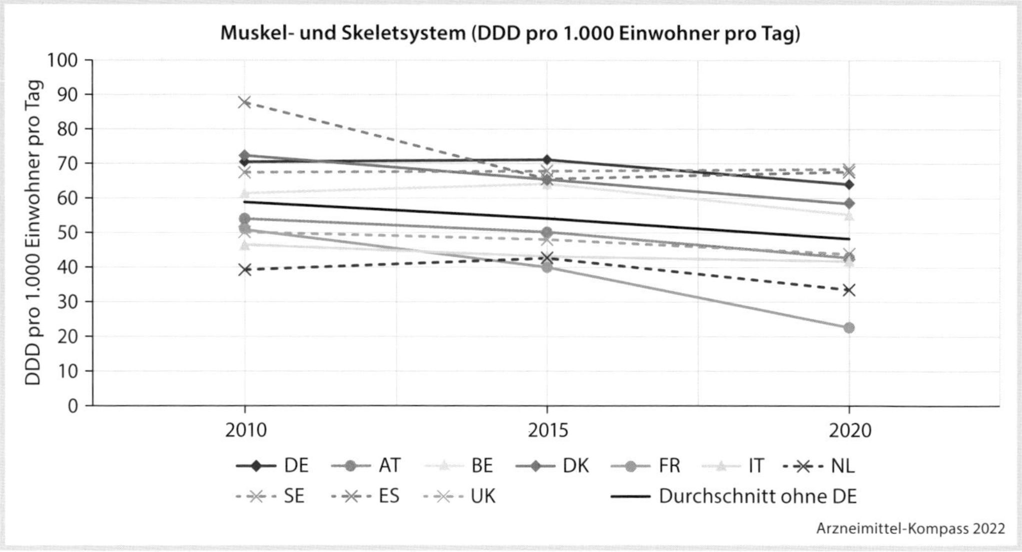

Abb. 20.14 Muskel- und Skelettsystem (DDD pro 1.000 Einwohner pro Tag)

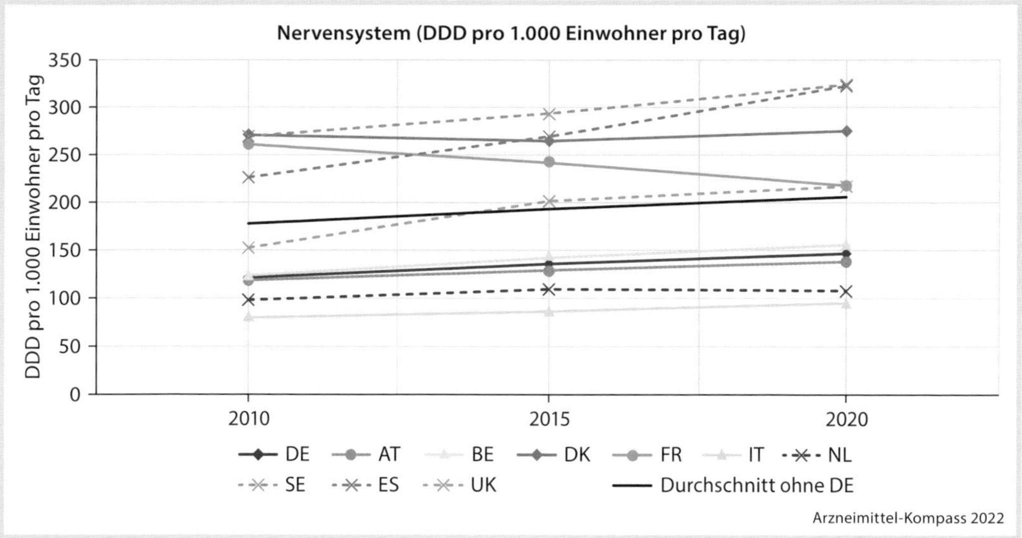

Abb. 20.15 Nervensystem (DDD pro 1.000 Einwohner pro Tag)

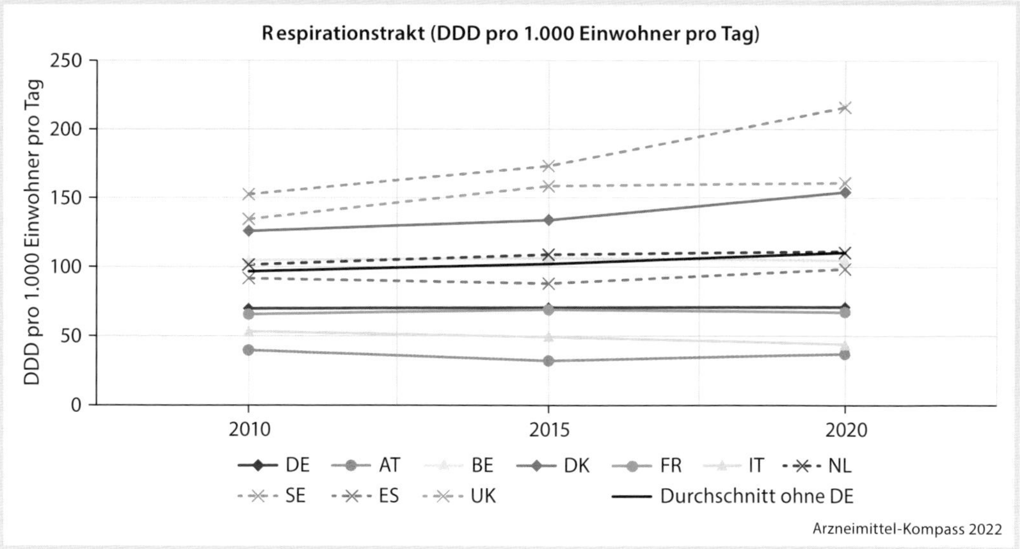

Abb. 20.16 Respirationstrakt (DDD pro 1.000 Einwohner pro Tag)

Literatur

Belloni A, Morgan D, Paris V (2016) Pharmaceutical expenditure and policies: past trends and future challenges. OECD Health Working Papers, No. 87. OECD Publishing, Paris https://doi.org/10.1787/5jm0q1f4cdq7-en

BfArM (Hrsg) (2022) Anatomisch-therapeutisch-chemische Klassifikation mit Tagesdosen. Amtliche Fassung des ATC-Index mit DDD-Angaben für Deutschland im Jahre 2022. https://www.bfarm.de/SharedDocs/Downloads/DE/Kodiersysteme/ATC/atc-ddd-amtlich-2022.pdf?__blob=publicationFile. Zugegriffen: 20. Sept. 2022

Brekke KR, Holmås TH (2012) Prices of pharmaceuticals: a comparison of prescription drug prices in Sweden with nine European countries. SNF Report No. 01/12. Institute for Research in Economics and Business Administration, Bergen

Busse R, Panteli D, Henschke C (2015) Arzneimittelversorgung in der GKV und 15 anderen europäischen Gesundheitssystemen Ein systematischer Vergleich. Working papers in health policy and management Band 11. Universitätsverlag der TU Berlin, Berlin. https://depositonce.tu-berlin.de/bitstream/11303/4756/2/busse_paneteli_henschke.pdf. Zugegriffen: 20. Sept. 2022

Busse R, Panteli D, Schaufler J, Schröder H, Telschow C, Weiss J (2016a) Europäischer Preisvergleich für patentgeschützte Arzneimittel. In: Schwabe U, Paffrath D (Hrsg) Arzneiverordnungs-Report 2016. Springer, Heidelberg, S 193–206

Busse R, Panteli D, Schaufler J, Schröder H, Telschow C, Weiss J (2016b) Preise patentgeschützter Arzneimittel im europäischen Vergleich. Die deutschen Arzneimittelpreise im Vergleich zu den Listenpreisen in fünf ausgewählten europäischen Ländern. Wissenschaftliches Institut der AOK (WIdO) und TU Berlin, Berlin

Busse R, Panteli D, Schröder H, Schröder M, Telschow C, Weiss J (2017) Europäischer Preisvergleich für patentgeschützte Arzneimittel. In: Schwabe U, Paffrath D, Ludwig W-D, Klauber J (Hrsg) Arzneiverordungs-Report 2017. Springer, Berlin Heidelberg, S 195–208

Danzon PM, Wang YR, Wang L (2005) The impact of price regulation on the launch delay of new drugs – evidence from twenty-five major markets in the 1990s. Health Econ 14(3):269–292

van Harten WH, Wind A, de Paoli P, Saghatchian M, Oberst S (2015) Actual costs of cancer drugs in 15 European countries. Lancet Oncol 17(1):18–20

Moye-Holz D, Vogler S (2022) Comparison of prices and affordability of cancer medicines in 16 countries in europe and Latin America. Appl Health Econ Health Policy 20:67–77

OECD (2015) Health at a Glance 2015: OECD Indicators. OECD Publishing, Paris https://doi.org/10.1787/health_glance-2015-en

OECD (2021) Health at a glance 2021: OECD indicators. OECD Publishing, Paris https://doi.org/10.1787/ae3016b9-en

OECD (2022a) OECD health statistics. https://www.oecd.org/els/health-systems/health-data.htm. Zugegriffen: 20. Sept. 2022

OECD (2022b) Pharmaceutical spending (indicator). https://doi.org/10.1787/998febf6-en

OECD (2022c) OECD health statistics 2022 definitions, sources and methods. https://www.oecd.org/els/health-systems/Table-of-Content-Metadata-OECD-Health-Statistics-2022.pdf

Panteli D, Arickx F, Cleemput I, Dedet G, Eckhardt H, Fogarty E, Gerkens S, Henschke C, Hislop J, Jommi C, Kaitelidou D, Kawalec P, Keskimäki I, Kroneman M, Lopez Bastida J, Pita Barros P, Ramsberg J, Schneider P, Spillane S, Vogler S, Vuorenkoski L, Wallach Kildemoes H, Wouters O, Busse R (2016) Pharmaceutical regulation in 15 European countries: review. Health Syst Trans 18(5):1–118

Schneider P, Vogler S, Zimmermann N, Zuba M (2018) Preisvergleich ausgabenstarker Arzneispezialitäten 2017. Wissenschaftlicher Ergebnisbericht. Gesundheit Österreich, Wien

Statista (2022) Share of expenditure on pharmaceuticals in Denmark in 2020. www.statista.com/statistics/948996/share-of-expenditure-on-pharmaceuticals-in-denmark-by-type-of-pharmaceutical/. Zugegriffen: 20. Sept. 2022

TLV (2022) International Price Comparison 2021. An analysis of Swedish pharmaceutical prices in relation to 19 other European countries. Tandvårds- och läkemedelsförmånsverket (TLV), Stockholm

Vogler S, Kilpatrick K, Z-U-D B (2015a) Analysis of medicine prices in New Zealand and 16 European countries. Value Health 18(4):484–492

Vogler S, Zimmermann N, Habl C (2015b) Preisanalyse von 30 kostenintensiven Arzneispezialitäten in Österreich im Vergleich mit anderen europäischen Ländern. Gesundheit Österreich, Wien

Vogler S, Schneider P, Zimmermann N (2016a) Preisvergleich kostenintensiver Arzneimittel 2015. Gesundheit Österreich, Wien

Vogler S, Vitry A, Z-U-D B (2016b) Cancer drugs in 16 European countries, Australia, and New Zealand: a cross-country price comparison study. Lancet Oncol 17(1):39–47

Vogler S, Zimmermann N, Haasis MA (2019a) PPRI report 2018 – pharmaceutical pricing and reimbursement policies in 47 PPRI network member countries. WHO collaborating centre for pricing and reimbursement policies. Gesundheit Österreich, Wien

Vogler S, Schneider P, Zimmermann N (2019b) Evolution of average European medicine prices: implications for the methodology of external price referencing. Pharmacoecon Open 3(3):303–309

Vogler S, Panteli D, Busse R (2021a) Biologika und Biosimilars in Deutschland und im europäischen Vergleich – Marktsteuerungsmechanismen und Preisvergleich. In: Ludwig W-D, Mühlbauer B, Seifert R (Hrsg) Arzneiverordnungs-Report 2021. Springer, Berlin Heidelberg, S 75–107

Vogler S, Schneider P, Fischer S, Haasis MA, Heindl B, Windisch (2021b) Preisvergleich ausgabenstarker Arzneispezialitäten 2019. Gesundheit Österreich, Wien

Wouters OJ, Kanavos PG (2017) A comparison of generic drug prices in seven European countries: a methodological analysis. BMC Health Serv Res 17(1):242

Wouters OJ, Kanavos PG, McKee M (2017) Comparing generic drug markets in Europe and the United States: prices, volumes, and spending. Milbank Q 95(3):554–601

Zimmermann N, Habimana K (2017) Arzneimittelausgaben in Österreich. Wissenschaftlicher Ergebnisbericht. Gesundheit Österreich, Wien. https://ppri.goeg.at/sites/ppri.goeg.at/files/inline-files/G%C3%B6FP_HVB_AM_Ausgaben_in_%C3%96sterreich_korr_230318.pdf. Zugegriffen: 20. Sept. 2022

Serviceteil

H. Schröder et al. (Hrsg.), *Arzneimittel-Kompass 2022*, https://doi.org/10.1007/978-3-662-66041-6

Verzeichnis der Autorinnen und Autoren

Dr. Jana Bauckmann

Wissenschaftliches Institut der AOK (WIdO)
Berlin

Dr. Jana Bauckmann ist Projektleiterin im Bereich Arzneimittelrabattverträge im Wissenschaftlichen Institut der AOK (WIdO). Nach dem Studium der Informatik an der Humboldt-Universität zu Berlin promovierte sie am Hasso-Plattner-Institut im Bereich Informationssysteme und arbeitet seit 2012 als wissenschaftliche Mitarbeiterin im Forschungsbereich Arzneimittel im WIdO.

Dr. med. Maria J. Beckermann

Köln

Dr. med. Maria Beckermann ist Frauenärztin und Psychotherapeutin. Sie arbeitete von 1977 bis 2010 in Kliniken und zwei eigenen Gemeinschaftspraxen. Ihre Schwerpunkte sind die gynäkologische Endokrinologie, speziell die Peri- und Postmenopause, sowie die Psychoonkologie und Sexualtherapie. Sie ist Mitherausgeberin des 2004 im Schwabe-Verlag Basel publizierten Fachbuchs „Frauen-Heilkunde und Geburtshilfe – Integration von Evidence-based Medicine in eine frauenzentrierte Gynäkologie". Von 2002 bis 2016 war sie Fachgutachterin bei der Stiftung Warentest. Sie ist Mitglied der Leitlinienkommission der S3-Leitlinien zur Peri- und Postmenopause 2009 und 2020. Ihr aktuelles Buch „Wechseljahre – Was muss ich wissen, was passt zu mir?" bezieht sich auf die Empfehlungen der S3-Leitlinie „Peri- und Postmenopause – Diagnostik und Interventionen" von 2020.

Susann Behrendt

Wissenschaftliches Institut der AOK (WIdO)
Berlin

Studium der Kommunikationswissenschaft, Soziologie und Interkulturellen Wirtschaftskommunikation an der Friedrich-Schiller-Universität Jena, der Universidad de Salamanca und der University of Limerick. Wissenschaftliche Tätigkeiten am Europäischen

Migrationszentrum, am Statistischen Bundesamt sowie am IGES Institut mit Schwerpunkt Versorgungsforschung, Qualitätsmessung und Sekundärdatenanalysen. Seit Dezember 2017 als wissenschaftliche Mitarbeiterin am WIdO befasst mit Themen rund um die Versorgungsqualität in der Langzeitpflege und insbesondere zuständig für die „Qualitätsmessung in der Pflege mit Routinedaten" (QMPR).

Prof. Dr. med. Achim Berthele

Klinik und Poliklinik für Neurologie
Klinikum rechts der Isar der TU München
München

Medizinstudium an der Philipps-Universität Marburg und der TU München, Masterstudium (MHBA) an der Universität Erlangen-Nürnberg. Nach AiP im Max-Planck-Institut für Psychiatrie seit 1997 an der Neurologischen Klinik und Poliklinik der TU München, Klinikum rechts der Isar; leitender Oberarzt der Klinik seit 2007, Leiter der Neuroimmunologischen Ambulanz mit Studienambulanz; Apl. Professor seit 2012. Forschungsinteressen: Diagnostik und Therapie neurologischer Autoimmunerkrankungen (Multiple Sklerose, Neuromyelitis optica, Myasthenia gravis), Liquordiagnostik, neuropathischer Schmerz.

Maximilian Blindzellner

GKV-Spitzenverband
Berlin

Maximilian Blindzellner ist Apotheker. Seit 2017 ist er als Referent für den Bereich AMNOG G-BA in der Abteilung Arznei- und Heilmittel des GKV-Spitzenverbands tätig. Neben dem Hauptberuf studiert er Jura zum LL.B. an der Fernuniversität in Hagen. Zuvor war er als Fachlicher Leiter im Corona-Impfzentrum Berlin Velodrom, an der LMU München, in der öffentlichen Apotheke und in der pharmazeutischen Industrie im Bereich Market Access beschäftigt.

Anna Böhnlein

AOK-Bundesverband
Berlin

Anna Böhnlein ist Apothekerin. Seit 2020 ist sie Referentin für Arzneimittel beim AOK-

Bundesverband. Nach ihrem Studium an der Julius-Maximilians-Universität Würzburg war sie in öffentlichen Apotheken und der pharmazeutischen Industrie beschäftigt.

Dr. med. Marzia Bonsignore

Fachbereich Infektionsprävention
und Infektiologie
Helios Kliniken
Duisburg

Fachärztin für Anästhesie und Intensivmedizin, Krankenhaushygienikerin (curr. Fortbildung), Infektiologin (Ärztekammer und DGI) und ABS-Expertin. Nach ihrer Facharztausbildung am Knappschaftskrankenhaus Bochum-Langendreer wurde sie 2012 Oberärztin in der Anästhesie Helios St. Elisabeth Krankenhaus Oberhausen. Von 2016 bis September 2021 war sie Ärztliche Leiterin des Zentrums für Infektiologie und Krankenhaushygiene an den Evangelischen Kliniken Gelsenkirchen. Seit Oktober 2021 ist sie Chefärztin der Infektionsprävention und Infektiologie der Helios Kliniken Duisburg.

Prof. Dr. med. Reinhard Busse, MPH

Fachgebiet Management
im Gesundheitswesen
Technische Universität
Berlin

Prof. Reinhard Busse ist Universitätsprofessor für Management im Gesundheitswesen an der Fakultät *Wirtschaft und Management* der Technischen Universität Berlin sowie Co-Direktor des European Observatory on Health Systems and Policies. Seine Forschungsschwerpunkte sind Gesundheitssystemforschung, insbesondere im europäischen Vergleich, zum Spannungsfeld zwischen Markt und Regulation sowie zum Performance Assessment, Versorgungsforschung, Gesundheitsökonomie sowie Health Technology Assessment (HTA). Seit 2011 ist er Editor-in-Chief des internationalen Peer-Review-Journals *Health Policy*, seit 2012 Leiter des BMBF-geförderten Gesundheitsökonomischen Zentrums Berlin (BerlinHECOR) und seit 2018 Vorsitzender des Wissenschaftlichen Beirats des WIdO. Er war Sprecher des Direktoriums der Berlin School of Public Health (2015–2018) und Vorsitzender der Deutschen Gesellschaft für Gesundheitsökonomie (2016–2017).

Mirjam Dieckelmann

Institut für Allgemeinmedizin
Goethe-Universität
Frankfurt am Main

Mirjam Dieckelmann ist Sportwissenschaftlerin und Gesundheitswissenschaftlerin. Als wissenschaftliche Mitarbeiterin am Institut für Allgemeinmedizin in Frankfurt befasst sie sich aktuell mit Multimorbidität im Kindes-, Jugend- und mittleren Erwachsenenalter sowie mit nicht-pharmakologischen Ansätzen zur Therapie und Prävention chronischer Krankheiten.

Prof. Dr. Frank Dörje, MBA

Apotheke des Universitätsklinikums Erlangen
Friedrich-Alexander-Universität
Erlangen-Nürnberg
Erlangen

Prof. Frank Dörje ist Past President des Bundesverbandes Dt. Krankenhausapotheker e. V. (ADKA). Von 2010 bis 2016 war er Sprecher der Arbeitsgruppe der Ltd. Universitätsapotheker im Verband der Universitätsklinika Deutschlands (LAUD im VUD). Seit 2014 ist er Honorarprofessor für Pharmazie an der Friedrich-Alexander-Universität Erlangen-Nürnberg und seit 2017 Mitglied der Arzneimittelkommission Deutscher Apotheker. Hauptberuflich leitet Dörje seit 2001 die Apotheke des Universitätsklinikums Erlangen. Abschlüsse als praktischer Betriebswirt für Pharmazie und als MBA Health Care Management runden sein Kompetenzprofil ab.

Dr. Daniel Erdmann

GKV-Spitzenverband
Berlin

Dr. Daniel Erdmann ist Volkswirt. Seit 2012 arbeitet er in der Abteilung Arznei- und Heilmittel des GKV-Spitzenverbands und leitet das Team für Querschnittsaufgaben innerhalb des Referats AMNOG EBV.

Dr. Eike Katharina Eymers

AOK-Bundesverband
Berlin

Dr. Eike Eymers ist Fachärztin für Anästhesie, Zusatzbezeichnung Rettungsmedizin und hat das Schweizer Diplom als Fachärztin für Intensivmedizin. Nach mehrjährigen Auslandsaufenthalten in Österreich, der Schweiz und Spanien ist sie seit 2010 im Stab Medizin des AOK-Bundesverbandes als Referentin für medizinische Grundsatzfragen tätig.

Dr. Christine Göppel, M. Sc.

GKV-Spitzenverband
Berlin

Dr. rer.medic. Christine Göppel ist Apothekerin. Seit 2018 ist sie als Referentin für den Bereich AMNOG G-BA in der Abteilung Arzneimittel und Heilmittel des GKV-Spitzenverbands tätig. Sie absolvierte ein Masterstudium in Epidemiologie und promovierte in Globalen Gesundheitswissenschaften an der Charité – Universitätsmedizin Berlin.

Prof. Dr. med. Daniel Grandt

Klinik für Innere Medizin
Klinikum Saarbrücken
Saarbrücken

Internist und Gastroenterologe, Chefarzt Innere Medizin I, Klinikum Saarbrücken. Gründungsvorstand und erster Geschäftsführer des Aktionsbündnisses für Patientensicherheit e. V. 2007–2020 Mitglied des Vorstands der Arzneimittelkommission der deutschen Ärzteschaft (AkdÄ). Organisator und Präsident der Deutschen Kongresse für Patientensicherheit bei Arzneimitteltherapie seit 2005, Mitglied der Koordinierungsgruppe des Bundesministeriums für Gesundheit für den Aktionsplan Arzneimitteltherapiesicherheit für Deutschland seit 2007, Leiter der Kommission Arzneimitteltherapiesicherheit und Arzneimitteltherapiemanagement der Deutschen Gesellschaft für Innere Medizin (DGIM), Koordinator der S2k-Leitlinien Arzneimitteltherapie bei Multimorbidität bei der AWMF. Zusammenarbeit mit Krankenkassen und ihren Konsortialpartnern zur Verbesserung von AMTS u. a. im Rahmen von durch den Innovationsfonds geförderten Forschungsprojekten.

Dr. Nina Griese-Mammen

ABDA – Bundesvereinigung Deutscher Apothekerverbände e. V.
Berlin

Dr. Nina Griese-Mammen ist Apothekerin und leitet die Abteilung Wissenschaftliche Evaluation im Geschäftsbereich Arzneimittel der ABDA – Bundesvereinigung Deutscher Apothekerverbände e. V. in Berlin.

Dr. med. Antje Haas

GKV-Spitzenverband
Berlin

Dr. med. Antje Haas ist Fachärztin für Innere Medizin, Hämatologie, internistische Onkologie und Hämostaseologie. Seit 2012 leitet sie die Abteilung Arznei- und Heilmittel des GKV-Spitzenverbandes. Von 2008 bis 2012 war sie als Referatsleiterin in der Abteilung Krankenhäuser des GKV-Spitzenverbandes tätig. Nach berufsbegleitendem postgradualem Studium erwarb sie 2007 den MBA Health Care Management. Von 1987 bis 2008 arbeitete sie klinisch und wissenschaftlich in der stationären und ambulanten Krankenversorgung in Berlin und Potsdam.

Prof. Dr. med. Sebastian Harder

Institut für Klinische Pharmakologie
Goethe-Universität
Frankfurt am Main

Facharzt für Klinische Pharmakologie, 1987 Promotion am Institut für Klinische Pharmakologie der Goethe-Universität Frankfurt am Main, 1996 Habilitation im Fach Klinische Pharmakologie. Wissenschaftlicher Mitarbeiter und apl-Professor am Institut für Klinische Pharmakologie, Klinikum und Fachbereich Medizin der Goethe-Universität Frankfurt am Main, Forschungsschwerpunkt Arzneimittelanwendungsforschung/Pharmakoepidemiologie.

Prof. Dr. med. Christiane S. Hartog

Berlin

Fachärztin für Allgemeinmedizin, langjährige wissenschaftliche Mitarbeiterin an der Klinik für Anästhesiologie m. S. operative Intensivmedizin der Charité Universitätsmedizin Berlin und Chefärztin für patienten- und angehörigenzentrierte Versorgung an der Klinik Bavaria, Kreischa. Sie leitet die Ethik-Sektion der European Society of Intensive Care Medicin (ESICM) und ist Mitglied der Ethiksektion der DIVI.

Susanne Henck

GKV-Spitzenverband
Berlin

Susanne Henck ist Volljuristin mit Schwerpunkt im Gesundheits- und Finanzverfassungsrecht. Sie ist seit 2014 als Fachreferentin für den Bereich AMNOG EBV in der Abteilung Arznei- und Heilmittel des GKV-Spitzenverbands tätig. Davor arbeitete sie in Forschung und Lehre an der Universität Regensburg sowie in verschiedenen Rechtsanwaltskanzleien mit Schwerpunkt Gesundheits- und Wirtschaftsrecht.

PD Dr. Cornelia Henschke

Fachgebiet Management
im Gesundheitswesen
Technische Universität
Berlin

PD Dr. Cornelia Henschke ist habilitierte Gesundheitsökonomin und leitet den Schwerpunktbereich Gesundheitsökonomie am Fachgebiet Management im Gesundheitswesen der TU Berlin. Sie ist stellvertretende Leiterin des Gesundheitsökonomischen Zentrums Berlin (BerlinHECOR) und gehört dem Steering Committee der European Health Policy Group sowie dem International Advisory Board der Zeitschrift *Health Economics, Policy and Law* an. Forschungsschwerpunkte umfassen unter anderem den Bereich der Regulierung von Gesundheitstechnologien in Deutschland und international sowie Anreizmechanismen vom Vergütungssystemen im Gesundheitswesen.

Prof. Dr. med. Peter Hensen, M. A., MBA

Alice Salomon Hochschule
Berlin

Studium der Medizin in Essen, Marburg und Münster; Arzt für Medizinische Informatik und Ärztliches Qualitätsmanagement; Promotion (2000) an der Philipps-Universität Marburg; Arzt und wissenschaftlicher Mitarbeiter am Universitätsklinikum Münster (2000–2008); Habilitation (2006) im Fach Medizinmanagement an der Westfälischen Wilhelms-Universität Münster; seit 2010 Professor für Qualitätsentwicklung und -management im Gesundheits- und Sozialwesen am Fachbereich Gesundheit, Erziehung und Bildung an der Alice Salomon Hochschule Berlin.

Melanie Hoberg

Wissenschaftliches Institut der AOK (WIdO)
Berlin

Melanie Hoberg studierte Betriebswirtschaft an der Fachhochschule Schmalkalden. Sie ist seit 2018 im Wissenschaftlichen Institut der AOK (WIdO) im Backoffice tätig und u. a. verantwortlich für den Satz der WIdO-Publikationen und die Website-Pflege. Mitverantwortlich für das Lektorat des Arzneimittel-Kompass.

Heike Hoffmeister

Wissenschaftliches Institut der AOK (WIdO)
Berlin

Heike Hoffmeister absolvierte ein Studium der Neueren/Neuesten Geschichte und Skandinavistik (M. A.) und eine Ausbildung als pharmazeutisch-technische Assistentin. Seit 2016 ist sie im Wissenschaftlichen Institut der AOK

(WIdO) im Forschungsbereich Arzneimittel tätig. Mitverantwortlich für das Lektorat des Arzneimittel-Kompass.

Florian Innig

Bundesverband Kleinwüchsige Menschen und ihre Familien e.V.
Bremen

Florian Innig ist seit 25 Jahren für den Bundesverband Kleinwüchsige Menschen und ihre Familien e. V. tätig. Zunächst lange ehrenamtlich, später hauptamtlich. Neue Therapieoptionen führten zu einer themenbezogenen Patientenvertretung im Unterausschuss Arzneimittel im G-BA (UA AM). Nach einiger Zeit als ständiger Patientenvertreter ist er seit 2020 Sprecher im UA AM. Er hat in Enschede und Münster Politikwissenschaften studiert.

Dr. med. Caroline Isner

Klinik für Innere Medizin/Infektiologie
Auguste-Viktoria-Klinikum
Berlin

Dr. med. Caroline Isner ist Chefärztin in der Klinik für Innere Medizin/Infektiologie am Auguste-Viktoria-Klinikum und leitet das Zentrum für Infektionsmedizin in den Vivantes Kliniken in Berlin. Nach ihrer Facharztweiterbildung in den USA war sie von 2014 bis 2019 Oberärztin in der Abteilung für Innere Medizin m. S. Infektiologie und Pneumologie an der Charité. Sie ist Fachärztin für Innere Medizin (ABIM und ÄK) und Infektiologie (ABIM, ÄK und DGI).

Sabine Jablonka

AOK-Bundesverband
Berlin

Sabine Jablonka ist Apothekerin und Dipl.-Biologin und seit 2006 beim AOK-Bundesverband, zuletzt als Abteilungsleiterin Arzneimittel im Geschäftsbereich Versorgung. Zuvor war sie in einem Beratungsinstitut mit Projekten in der beruflichen Bildung, der Gesundheitsforschung sowie in der Unternehmensberatung tätig.

Prof. Dr. Ulrich Jaehde

Pharmazeutisches Institut
Rheinische Friedrich-Wilhelms-Universität
Bonn

Prof. Ulrich Jaehde studierte Pharmazie an der Freien Universität Berlin, erhielt 1985 die Approbation als Apotheker, wurde 1989 zum Dr. rer. nat. promoviert und ist seit 1999 Professor für Klinische Pharmazie an der Rheinischen Friedrich-Wilhelms-Universität Bonn. Er und seine Arbeitsgruppe entwickeln unter anderem pharmakometrische Modelle zur Individualisierung der Tumortherapie sowie Strategien zur Verbesserung der Arzneimitteltherapiesicherheit für onkologische und ältere Patienten. Ulrich Jaehde ist Mitglied der nationalen Koordinierungsgruppe für den Aktionsplan AMTS, der Arzneimittelkommissionen der deutschen Apotheker und der deutschen Ärzteschaft sowie der Wissenschaftlichen Beiräte des Bundesinstituts für Arzneimittel und Medizinprodukte (BfArM) und der Bundesapothekerkammer.

PD Dr. Claudia Langebrake

Klinikapotheke
Universitätsklinikum Hamburg-Eppendorf
Hamburg

PD Dr. Claudia Langebrake leitet den Bereich Forschung und Lehre in der Klinikapotheke des Universitätsklinikums Hamburg-Eppendorf und ist Stationsapothekerin der dortigen Klinik für Stammzelltransplantation. Nach dem Studium der Pharmazie Promotionsstudium zum Dr. rer. medic. in der pädiatrischen Hämatologie/Onkologie und Weiterbildung zur Fachapothekerin für Klinische Pharmazie in der Klinikapotheke des Universitätsklinikums Münster. Während ihrer Postdoc-Zeit in der AML-BFM-Studienzentrale absolvierte sie einen Forschungsaufenthalt am Dana-Farber Cancer Institute (Boston, USA). 2006 wechselte sie an das Universitätsklinikum Hamburg-Eppendorf und habilitierte sich dort im Fach klinische und experimentelle Pharmakologie. Ihre wissenschaftlichen Interessen umfassen Arzneimitteltherapiesicherheit im Krankenhaus, pharmazeutische Interventionen sowie klinische Pharmakokinetik. Neben ihrem Engagement für die ADKA (Vorsitzende des wissenschaftlichen Komitees und des Ausschusses für pharmazeutische Interventionen) ist sie in verschiedenen nationalen und internationalen Fachgesellschaften und Gremien aktiv.

Lukas Lehmann

GKV-Spitzenverband
Berlin

Lukas Lehmann ist Wirtschaftsingenieur mit Vertiefungsrichtung Gesundheitstechnik. Seit 2019 ist er als Fachreferent für den Bereich AMNOG EBV in der Abteilung Arznei- und Heilmittel des GKV-Spitzenverbandes tätig.

Nina-Kristin Mann

Lehrstuhl für Klinische Pharmakologie
Universität Witten/Herdecke
Witten

Nina-Kristin Mann hat Pharmazie in Bonn studiert. Nach einem praktischen Jahr in Münster, u. a. beim Landeszentrum für Gesundheit NRW, war sie als Wissenschaftliche Mitarbeiterin am Lehrstuhl für Klinische Pharmakologie und am Zentrum für Klinische Studien der Universität Witten/Herdecke tätig. Derzeit ist sie Doktorandin am Lehrstuhl für Klinische Pharmakologie der UWH und arbeitet in einer öffentlichen Apotheke in Zürich, in der sie zusätzlich die Weiterbildung zur Fachapothekerin für Offizinpharmazie absolviert.

Katrin Moritz

Arbeitsgruppe Arzneimitteltherapiesicherheit
Kinder- und Jugendklinik
Universitätsklinikum Erlangen
Erlangen

Katrin Moritz studierte Pharmazie an der Friedrich-Alexander-Universität Erlangen-Nürnberg (FAU). Seit 2018 ist die Fachapothekerin für Arzneimittelinformation als wissenschaftliche Mitarbeiterin in der Arbeitsgruppe Arzneimitteltherapiesicherheit an der Kinder- und Jugendklinik am Universitätsklinikum Erlangen tätig.

Univ.-Prof. Dr. med. Ingrid Mühlhauser

Hamburg

Prof. Ingrid Mühlhauser ist habilitierte Ärztin für Innere Medizin, Fachärztin für Endokrinologie und Diabetologie. Seit 1996 ist sie Professorin für Gesundheitswissenschaften an der Universität Hamburg (seit 2019 i. R.). Von 2015 bis 2017 war sie Vorsitzende des Deutschen Netzwerks Evidenzbasierte Medizin. Seit 2017 ist sie Vorsitzende des Arbeitskreises Frauengesundheit in Medizin, Psychotherapie und Gesellschaft e. V.

Dr. Uta Müller

ABDA – Bundesvereinigung Deutscher Apothekerverbände e. V.
Berlin

Dr. Uta Müller ist Apothekerin, Gesundheitswissenschaftlerin und Gesundheitsökonomin (FH) und leitet die Abteilung Wissenschaftliche Entwicklung im Geschäftsbereich Arzneimittel der ABDA – Bundesvereinigung Deutscher Apothekerverbände e. V. in Berlin.

Prof. Dr. med. Christiane Muth, MPH

AG Allgemein- und Familienmedizin
Medizinische Fakultät OWL
Universität Bielefeld
Bielefeld

Foto: © Oliver Krato, Uni Bielefeld

Prof. Christiane Muth ist Internistin und Magistra Public Health. Ihr Forschungsschwerpunkt liegt in der Klinischen Entscheidungsunterstützung bei chronischer Krankheit mit Multimorbidität und Multimedikation. Dazu hat sie an der Goethe-Universität, Frankfurt am Main, im Fach Allgemeinmedizin habilitiert und arbeitet an der (Weiter-)Entwicklung evidenzbasierter Leitlinien. Seit 2020 leitet sie den Aufbau der Allgemein- und Familienmedizin an der medizinischen Fakultät OWL der Universität Bielefeld.

PD Dr. med. Irit Nachtigall, MHBA

Fachbereich Krankenhaushygiene
Helios Klinikum Emil von Behring GmbH
Berlin

PD Dr.med. Irit Nachtigall ist Fachärztin für Anästhesie und operative Intensivmedizin. Sie war von 1997 bis 2016 in der Charité beschäftigt, davon neun Jahre als Oberärztin. Habilitiert hat sie sich zur Überwindung von Barrieren in der Standardisierung von Antibiotikatherapien. 2016 bis 2017 war sie Chefärztin für Anästhesiologie und wechselte 2017 in die Regionalleitung Hygiene und Infektionsprävention der Helios Kliniken. Seit 2021 ist sie Regionalleiterin Infektiologie und ABS und Fachgruppenleiterin Infektiologie der Helios Kliniken.

Prof. Dr. Antje Neubert

Zentrale für klinische Studien in der Pädiatrie
Kinder- und Jugendklinik Universität Erlangen
Erlangen

Prof. Antje Neubert studierte Pharmazie an der Friedrich-Alexander-Universität Erlangen-Nürnberg, wo sie 2003 in der Pharmakologie promovierte und 2012 im Fach Pädiatrische Pharmakologie habilitierte. Nach fünfjährigem Aufenthalt in London am Centre for Paediatric Pharmacy Research, University College London, kehrte sie 2011 nach Erlangen zurück und leitet dort seit 2011 die Zentrale für Klinische Studien in der Pädiatrie an der Kinder- und Jugendklinik sowie die Arbeitsgruppe Arzneimitteltherapiesicherheit in der Pädiatrie. Sie ist Vorsitzende der Kommission für Arzneimittelsicherheit der Deutschen Gesellschaft für Kinder- und Jugendmedizin. Von 2013 bis 2018 war sie Mitglied im Pädiatrischen Committee der Europäischen Arzneimittelbehörde EMA.

Dr. Katja Niepraschk-von Dollen

Wissenschaftliches Institut der AOK (WIdO)
Berlin

Dr. rer. medic. Katja Niepraschk-von Dollen ist Apothekerin. Seit 2015 arbeitet sie als Wissenschaftliche Mitarbeiterin im Wissenschaftlichen Institut der AOK (WIdO) im Forschungsbereich Arzneimittel. Im WIdO beschäftigt sie sich mit zentralen Fragen der Arzneimittelversorgung.

Tanyel Özdes

Wissenschaftliches Institut der AOK (WIdO)
Berlin

Studium der Mathematik mit dem Schwerpunkt „Wirtschaftsmathematik und Statistik" an der ehemaligen Beuth-Hochschule für Technik Berlin. Seit 2020 ist Tanyel Özdes wissenschaftliche Mitarbeiterin im Forschungsbereich Pflege am WIdO. Davor war sie ein Jahr lang als studentische Mitarbeiterin tätig. Zusätzlich unterstützt sie seit Anfang des Jahres 2022 das Team im Forschungsbereich Krankenhaus. Ihre aktuellen Arbeitsschwerpunkte liegen bei statistischen Analysen von Routinedaten der Kranken- und Pflegeversicherung.

Dr. Dimitra Panteli

European Observatory on Health Systems and Policies
Eurostation
Brüssel

Dr. Dimitra Panteli leitet den Fachbereich Innovation des European Observatory on Health Systems and Policies in Brüssel und habilitiert an der Technischen Universität Berlin zum Thema Gesundheitssystemforschung. Sie hat Medizin und Public Health studiert und zu Fragestellungen der evidenzbasierten Entscheidungsfindung promoviert.

Prof. Dr. med. Friedemann Paul

Zentrum für experimentelle und klinische Forschung (ECRC)
Charité – Universitätsmedizin Berlin
Berlin

Prof. Friedemann Paul ist seit 2003 Facharzt für Neurologie. Er ist Gruppenleiter der Abteilung Klinische Neuroimmunologie des NeuroCure Clinical Research Center (NCRC) sowie leitender Neurologe an der Charité seit 2004 bis heute. Seit 2010 leitet er die Neuroimmunologische Ambulanz in Buch. 2018 wurde er wissenschaftlicher Direktor des Zentrums für experimentelle und klinische Forschung (ECRC). Seine Forschungsschwerpunkte sind Neuromyelitis optica (Devic-Syndrom), Neurodegeneration und Neuroprotektion bei Multipler Sklerose (MS), Experimental Autoimmune Enzephalomyelitis (EAE). Prof. Paul ist Mitglied des MS-Unterausschusses der European Neurological Society (ENS), Mitglied des Editorial Board, EPMA Journal, Mitherausgeber *Neurology: Neuroimmunologie und Neuroinflammation* und Medizinischer Berater für EU-Bekanntmachungen für Forschungsprogramme zu seltenen Krankheiten (E-RARE)

Prof. Dr. med. Thomas Römer

Evangelisches Klinikum Köln
Weyertal GmbH
Köln

Prof. Thomas Römer beendete sein Medizinstudium 1988 an der Ernst-Moritz-Arndt-Universität Greifswald und promovierte 1989. Seit 1995 ist er Facharzt für Frauenheilkunde und Geburtshilfe. Zudem ist er seit 2001 Chefarzt der Abteilung für Frauenheilkunde und Geburtshilfe am Evangelischen Krankenhaus Köln-Weyertal. Er war Vorsitzender der Deutschen Gesellschaft für Gynäkologische Endoskopie (2008/2009) und ist im wissenschaftlichen Beirat der Stiftung Endometriose.

Prof. Dr. Dominik Rottenkolber, MBR

Alice Salomon Hochschule
Berlin

Studium der Betriebswirtschaftslehre mit den Schwerpunkten Gesundheitsökonomie, Wirtschaftsinformatik und Neue Medien an der Ludwig-Maximilians-Universität München. 2007–2013 wissenschaftlicher Mitarbeiter und Promotion zum Dr. oec. publ. am Institut für Gesundheitsökonomie und Management im Gesundheitswesen der LMU München. Anschließend verschiedene Tätigkeiten in öffentlichen und privaten Einrichtungen des Gesundheitswesens in Deutschland und der Schweiz. Seit 2018 Professor für Gesundheitsökonomie und Gesundheitspolitik am Fachbereich Gesundheit, Erziehung und Bildung an der Alice Salomon Hochschule Berlin.

Dr. André Said

ABDA – Bundesvereinigung Deutscher Apothekerverbände e. V. &
Arzneimittelkommission der Deutschen Apotheker (AMK)
Berlin

Dr. André Said ist Apotheker und leitet die Geschäftsstelle der AMK im Geschäftsbereich Arzneimittel der ABDA – Bundesvereinigung Deutscher Apothekerverbände e. V. in Berlin.

Dr. Jochen Ulrich Schnurrer

Universitätsklinikum Essen
Apotheke
Essen

Dr. Jochen Ulrich Schnurrer ist Fachapotheker für Klinische Pharmazie und Leitender Apotheker des Universitätsklinikums Essen. Nach seinem Studium der Pharmazie in Marburg promovierte er am Institut für Klinische Pharmakologie der Medizinischen Hochschule Hannover auf dem Gebiet der elektronischen Arzneimittelverordnung und der Arzneimitteltherapiesicherheit. Seit 2002 ist er im Bundesverband Deutscher Krankenhausapotheker (ADKA) e. V. aktiv und seit 2012 Mitglied des ADKA-Präsidiums. Im BfArM-Beirat zu Liefer- und Versorgungsengpässen vertritt er die ADKA in Fragen der Versorgungssicherheit.

Helmut Schröder

Wissenschaftliches Institut der AOK (WIdO)
Berlin

Helmut Schröder ist Diplom-Soziologe und stellvertretender Geschäftsführer des Wissenschaftlichen Instituts der AOK (WIdO). Nach seinen beruflichen Stationen beim Wissenschaftszentrum Berlin für Sozialforschung (WZB), beim Zentrum für Umfragen, Methoden und Analysen e. V. (ZUMA) in Mannheim sowie beim Institut für Sozialforschung der Universität Stuttgart ist er seit 1996 im Wissenschaftlichen Institut der AOK (WIdO) und dort insbesondere in den Bereichen Arzneimittel, Heilmittel, Betriebliche Gesundheitsförderung sowie Versorgungsforschung tätig.

Dr. Melanie Schröder

Wissenschaftliches Institut der AOK (WIdO)
Berlin

Dr. rer. pol. Melanie Schröder ist Diplom-Volkswirtin und arbeitet seit 2017 als wissenschaftliche Mitarbeiterin im Forschungsbereich Arzneimittel im WIdO. Nach ihrem Diplom im Jahr 2009 war sie zunächst als Referentin im Institut der deutschen Wirtschaft (IW) in mehreren Drittmittelprojekten des BMWI beschäftigt. Es folgten Beschäftigungen in Lehre und Forschung an der Europa-Universität Viadrina sowie der Universität Hamburg, an der sie 2018 in Volkswirtschaftslehre promovierte.

Prof. Dr. Martin Schulz, FFIP, FESCP

ABDA – Bundesvereinigung Deutscher Apothekerverbände e. V. &
Arzneimittelkommission der Deutschen Apotheker (AMK)
Berlin

Prof. Martin Schulz ist Fachpharmakologe DGPT und Fachapotheker für Arzneimittelinformation. Nach dem Studium der Pharmazie (Approbation 1983) und Medizin promovierte er in Pharmakologie zum Dr. rer. nat. Seit 1988 ist er bei der ABDA beschäftigt; seit 2008 als Geschäftsführer Arzneimittel von ABDA, BAK und DAV. Zudem ist er seit 2002 GF Pharmazie des Deutschen Arzneiprüfungsinstituts e. V. (DAPI) und seit 2009 Vorsitzender der AMK. 2005 wurde er zum Honorarprofessor an der Goethe-Universität Frankfurt und 2019 an der Freien Universität Berlin, Institut für Pharmazie, berufen.

Dr. Antje Schwinger

Wissenschaftliches Institut der AOK (WIdO)
Berlin

Pflegestudium an der Napier University Edinburgh und Studium der Gesundheitsökonomie an der Universität zu Köln. Nach Tätigkeiten im Wissenschaftlichen Institut der AOK (WIdO) und im AOK-Bundesverband mehrere Jahre am IGES Institut tätig mit den Themenschwerpunkten vertragsärztliche Vergütung und Pflegeforschung. Leitung des Forschungsbereichs Pflege im WIdO. 2017 Abschluss der Promotion an der Universität Bremen zum Thema Pflegekammern.

Susanne Sollmann

Wissenschaftliches Institut der AOK (WIdO)
Berlin

Susanne Sollmann studierte Anglistik und Kunsterziehung an der Rheinischen Friedrich-Wilhelms-Universität Bonn und am Goldsmiths College, University of London. Von 1986 bis 1988 war sie wissenschaftliche Hilfskraft am Institut für Informatik der Universität Bonn. Seit 1989 ist sie im Wissenschaftlichen Institut der AOK (WIdO) tätig, u. a im Projekt Krankenhausbetriebsvergleich und im Forschungsbereich Krankenhaus. Sie ist verantwortlich für das Lektorat der WIdO-Publikationen.

Han Steutel

Verband Forschender
Arzneimittelhersteller e. V. (vfa)
Berlin

Han Steutel ist seit 2019 Präsident des Verbandes der forschenden Pharma-Unternehmen (vfa). Seit 2009 war er in dessen Vorstand und seit 2016 Vorsitzender dieses Gremiums. Davor war er Senior Vice President & General Manager Germany bei dem forschenden Pharmaunternehmen Bristol-Myers Squibb. Er begann seine Karriere 1987 bei AstraZeneca in den Niederlanden, seit 1999 war er bei Bristol-Myers Squibb beschäftigt. Bevor er 2008 in Deutschland die Geschäftsführung des Unternehmens übernahm, leitete er fünf Jahre als General Manager die niederländische Zentrale von Bristol-Myers Squibb. Er war zudem in den Niederlanden u. a. Vorsitzender der Pharmagruppe der American Chamber of Commerce der Niederlande und später Vorsitzender des niederländischen Verbandes der Forschenden Arzneimittelunternehmen Nefarma (heute VIG). Han Steutel ist im Vorstand des BDI (Bundesverband der Deutschen Industrie) und Mitglied des Board of Directors of the American Chamber of Commerce (AmCham).

Dr. Anja Tebinka-Olbrich

GKV-Spitzenverband
Berlin

Dr. Anja Tebinka-Olbrich ist Volkswirtin und Gesundheitsökonomin. Seit 2012 leitet sie das Referat AMNOG des GKV-Spitzenverbandes und seit 2015 das Referat AMNOG EBV. Von 2008 bis 2012 war sie in der Abteilung Arznei- und Heilmittel des GKV-Spitzenverbandes als Referentin beschäftigt. Davor arbeitete sie in Forschung und Lehre an verschiedenen Universitäten im In- und Ausland

Dr. Carsten Telschow

Wissenschaftliches Institut der AOK (WIdO)
Berlin

Dr. Carsten Telschow ist Apotheker. Nach seinem Pharmazie-Studium und der Promotion in Pharmazeutischer Biologie an der Universität des Saarlandes durchlief er Stationen in mehreren öffentlichen Apotheken. Von 2008 bis 2012 war er im Bereich Arzneimittel des IGES Instituts tätig und seit 2013 leitet er den Forschungsbereich Arzneimittel im WIdO. Dort beschäftigt er sich mit dem Arzneimittelmarkt der GKV und untersucht Markttrends und deren Auswirkungen auf die Versorgung.

Susanne Teupen, MPH

Stabsstelle Patientenbeteiligung
Gemeinsamer Bundesausschuss
Berlin

Seit 2008 Referentin in der Stabsstelle Patientenbeteiligung im Gemeinsamen Bundesausschuss. Referentin eines Bundestagsabgeordneten für Gesundheitspolitik. Wissenschaftliche Mitarbeiterin am Institut für Gesundheitssystemforschung an der Charité – Universitätsmedizin Berlin. Projektleitung ambulantes und stationäres Kinderhospiz Berlin. Projektmanagement Fresenius. Studium der Humanmedizin an der Freien Universität Berlin und der Pflegewissenschaften in Berlin mit einer Diplomarbeit zur Arbeit von Kinderhospizen. Studium Public Health an der Technischen Universität in Berlin mit dem Schwerpunkt Statistik und Methoden. Hertha-Nathorff-Preis für die Abschlussarbeit zu Übergewicht und Adipositas bei Kindern in Berlin – Einflussfaktoren und sozialräumlicher Kontext.

Prof. Dr. med. Petra Thürmann

Philipp Klee-Institut für
Klinische Pharmakologie
Universität Witten/Herdecke
Helios Universitätsklinikum Wuppertal
Wuppertal

Nach dem Studium der Humanmedizin in Frankfurt am Main arbeitete Prof. Petra Thürmann bis zur Habilitation 1997 am Klinikum der Johann-Wolfgang-Goethe-Universität, Frankfurt/Main. Seit 1997 ist sie am Helios Universitätsklinikum in Wuppertal und am Lehrstuhl für Klinische Pharmakologie der Universität Witten/Herdecke tätig. Seit 2011 ist sie Mitglied im Sachverständigenrat zur Begutachtung der Entwicklung im Gesundheitswesen. Ihre Forschungsschwerpunkte umfassen Arzneimitteltherapiesicherheit und Medikamente im Alter.

Dr. Irmgard Toni

Zentrale für Klinische Studien in der Pädiatrie
Kinder- und Jugendklinik
Universitätsklinikum Erlangen
Erlangen

Dr. rer. nat. Irmgard Toni ist Fachapothekerin für Arzneimittelinformation und Mitglied im Prüfungs- und Fachausschuss für das Gebiet Arzneimittelinformation der Bayerischen Landesapothekerkammer. Seit 2012 arbeitet sie in der Kinder- und Jugendklinik des Universitätsklinikums Erlangen, wo sie sich insbesondere mit Maßnahmen zur Verbesserung der Arzneimitteltherapiesicherheit in der Pädiatrie beschäftigt. Ihre wissenschaftlichen Schwerpunkte liegen im Bereich Pharmakovigilanz und Pharmakoepidemiologie im Kindes- und Jugendalter.

Prof. Dr. Marjan van den Akker

Institut für Allgemeinmedizin
Goethe-Universität
Frankfurt am Main

Prof. Marjan van den Akker ist Gesundheitswissenschaftlerin und Epidemiologin. Seit 2019 leitet sie am Institut für Allgemeinmedizin der Goethe-Universität in Frankfurt am Main den Arbeitsbereich „Multimedikation und Versorgungsforschung“. Multimorbidität und Multimedikation sind die Schwerpunkte in ihrer Forschungsarbeit, die sie in innovative, multi-professionelle Lehrkonzepte für Studierende der Humanmedizin und Pharmazie an der Goethe-Universität implementiert.

Prof. Dr. med Maria Vehreschild

Zentrum für Innere Medizin
Universitätsklinikum Frankfurt
Frankfurt am Main

Prof. Maria J. G. T. Vehreschild ist die Leiterin des Schwerpunktes Infektiologie im Zentrum für Innere Medizin des Universitätsklinikums Frankfurt. Sie ist Fachärztin für Innere Medizin, Innere Medizin/Hämatologie/Onkologie und führt die Zusatzbezeichnung Infektiologie der Ärztekammer und der Deutschen Gesellschaft für Infektiologie.

Dr. Sabine Vogler

Gesundheit Österreich GmbH (GÖG)
Wien

Dr. Sabine Vogler, eine promovierte Sozial- und Wirtschaftswissenschaftlerin, leitet die Abteilung *Pharmaökonomie* am Public-Health Institut *Gesundheit Österreich GmbH* (GÖG) in Wien. Des Weiteren ist sie Direktorin des seit 2010 an der GÖG eingerichteten WHO-Kooperationszentrums für Arzneimittelpreisbildung und -erstattung. Daneben arbeitet sie wissenschaftlich auch am Fachgebiet Management im Gesundheitswesen an der Technischen Universität Berlin.

Constanze Wolf

AOK-Bundesverband
Berlin

Constanze Wolf ist Apothekerin. Seit 2012 ist sie Referentin für Arzneimittel beim AOK-Bundesverband. Nach dem Studium der Pharmazie an der Freien Universität Berlin war sie in einer öffentlichen Apotheke sowie in der Zulassungsabteilung eines pharmazeutischen Unternehmens beschäftigt.

Dr. Julia Zahn

Zentrale für Klinische Studien in der Pädiatrie
Kinder- und Jugendklinik
Universitätsklinikum Erlangen
Erlangen

Dr. rer. biol. hum. Julia Zahn arbeitet seit 2016 in der Zentrale für klinische Studien in der Pädiatrie der Kinderklinik des Universitätsklinikums Erlangen. Nach dem Studium der Pharmazie an der Friedrich-Alexander-Universität Erlangen-Nürnberg (FAU) promovierte sie im Bereich der Arzneimitteltherapiesicherheit in der Pädiatrie an der Medizinischen Fakultät der FAU. Seit 2022 ist die Fachapothekerin für Arzneimittelinformation Mitglied im Ausschuss Pädiatrie des Bundesverbandes Deutscher Krankenhausapotheker e. V. (ADKA).

Dr. Anette Zawinell

Wissenschaftliches Institut der AOK (WIdO)
Berlin

Dr. rer. nat. Anette Zawinell ist Fachapothekerin für Arzneimittelinformation. Seit 2002 arbeitet sie als Wissenschaftliche Mitarbeiterin im Wissenschaftlichen Institut der AOK (WIdO) im Forschungsbereich Arzneimittel. Im WIdO beschäftigt sie sich mit zentralen Fragen der Arzneimittelversorgung.

Stichwortverzeichnis

G

H

I

K

L

M

N

O

W

Z

Printed by Wilco bv, the Netherlands